G. GÜNTHER · ZUR OPERATIONSFÄHIGEN DIALEKTIK III

GOTTHARD GÜNTHER

Beiträge zur Grundlegung einer operationsfähigen Dialektik

Dritter Band:

Philosophie der Geschichte und der Technik

Wille – Schöpfung – Arbeit
Strukturanalyse der Vermittlung
Mehrwertigkeit – Stellen- und Kontextwertlogik
Kenogrammatik – Theorie der Zeit

FELIX MEINER VERLAG HAMBURG

CIP-Kurztitelaufnahme der Deutschen Bibliothek

Günther, Gotthard:
[Sammlung]
Beiträge zur Grundlegung einer operationsfähigen
Dialektik / Gotthard Günther. — Hamburg : Meiner.

Bd. 3. Philosophie der Geschichte und der Technik:
Wille, Schöpfung, Arbeit, Strukturanalyse der
Vermittlung, Mehrwertigkeit, Stellen und Kontext-
wertlogik, Kenogrammatik, Theorie der Zeit.
— 1980.
   ISBN 3–7873–0485–1

© Felix Meiner Verlag, Hamburg 1980. Alle Rechte vorbehalten, auch das der fotomechanischen Wiedergabe. Neusatz: münchner fotoprint gmbh, München. Druck: Proff GmbH & Co. KG, Bad Honnef. Printed in Germany.

INHALT

Vorbemerkungen	VI
Vorwort	VII
Ideen zu einer Metaphysik des Todes	1
Schöpfung, Reflexion und Geschichte	14
Logische Voraussetzungen und philosophische Sprache in den Sozialwissenschaften	57
Das Problem einer trans-klassischen Logik	73
Logik, Zeit, Emanation und Evolution	95
Strukturelle Minimalbedingungen einer Theorie des objektiven Geistes als Einheit der Geschichte	136
Die historische Kategorie des Neuen	183
Maschine, Seele und Weltgeschichte	211
Idee, Zeit und Materie	236
„Als Wille verhält der Geist sich praktisch"	255
Martin Heidegger und die Weltgeschichte des Nichts	260
Nachwort von Max Bense	297
Nachweis der Erstveröffentlichungen	303
Bibliographie der Veröffentlichungen Gotthard Günthers	305
Namenregister der Bände I–III	311
Sachregister der Bände I–III	316
1. Deutschsprachige Begriffe	316
2. Englischsprachige Begriffe	338

VORBEMERKUNGEN

Drei große Problemkreise spiegeln sich in den Untertiteln der drei Bände von Gotthard Günthers „Beiträge zur Grundlegung einer operationsfähigen Dialektik" wieder, die der Verfasser aus der Philosophie des Deutschen Idealismus übernommen und struktur-theoretisch untersucht hat. Der Erste Band enthält Beiträge, in denen die Frage nach der Struktur der *Reflexion* dominiert, während im zweiten Band der Begriff der *Wirklichkeit* und sein Verhältnis zur Zahl in den Vordergrund rücken. Die Beiträge des vorliegenden Dritten Bandes sind der Philosophie der *Geschichte* gewidmet, die der Verfasser mehr und mehr mit Reflexionen auf Wesen und Entwicklungsmöglichkeiten der Technik zusammenlaufen läßt.

In der Philosophie Günthers sind Geschichte und Struktur, Zeit und Zahl, Hermeneutik und Logik Momente eines komplexen Zusammenspiels. Stehen daher einzelne Beiträge dieses Bandes mit Arbeiten der beiden ersten Bände auch in Zusammenhang, so sind doch alle Beiträge als eigenständige Abhandlungen geschrieben worden und sprechen für sich. Der Leser, der seine Eindrücke über das hier vorgelegte Material hinaus ergänzen und vertiefen möchte, wird sich selber die mit den Themen dieses Bandes korrespondierenden Beiträge der ersten beiden Bände heraussuchen können.

Soweit möglich erfolgte der Druck der hier zusammengefaßten Arbeiten fotomechanisch auf der Grundlage der Erstveröffentlichungen. Sämtliche Beiträge wurden nochmals durchgesehen und korrigiert. Den beteiligten Verlagen sei für das Erteilen der Abdruckgenehmigung herzlich gedankt. Damit Zitate nach den Erstveröffentlichungen auffindbar bleiben, wurden die ursprünglichen Seitenangaben in den neu gestalteten lebenden Kolumnentiteln jeweils innenstehend wiedergegeben, während die neue durchlaufende Paginierung außen angeordnet wurde.

Dieser Band enthält eine Bibliographie sämtlicher Arbeiten Gotthard Günthers, in die auch alle englischsprachigen Veröffentlichungen sowie die Abhandlungen, die als BCL-Report (Biological Computer Laboratory) am Department of Electrical Engineering, Engineering Experiment Station der University of Illinois, Urbana, veröffentlicht worden sind, aufgenommen wurden. Ferner wurden ein Namen- und Sachregister für alle drei Bände beigegeben.

VORWORT

Der dritte Band der Aufsätze, die sich um das Thema einer operationsfähigen Dialektik bemühen, ist in seinem Inhalt wohl weniger heterogen als das Material der ersten beiden Bände. Es geht fast in allen Beiträgen um das Problem der Zeit und der Geschichte. Dabei wird immer deutlicher, daß wir in einer Periode leben, in der sich ein höchst hintergründiger Wechsel des Weltbildes vollzieht, der relativ langsam vor sich geht, eben weil er nicht allein das Vordergründige des Tagesgeschehens und das Unterhaltende der pausenlos wechselnden Sensationen betrifft, die in Zeitungen, Magazinen und im Fernsehen geboten werden. Der historische und gelegentlich Kosmisches streifende Tiefgang, auf den wir hinweisen wollen, ist heute noch ganz allgemein unbegriffen. Mehr noch, man will ihn gar nicht begreifen, weil ein dunkles Gefühl sagt, daß hier etwas Unwillkommenes, ja Bedrohliches auf den Menschen zukommt.

Man hat jüngst einem verführerischen und bequemen Irrglauben angehangen. Dem Glauben der Aufklärung an die unbedingte Exoterik alles Wissens. In ihm hat das moderne Säkularisationsbestreben seine Wurzeln. Man glaubt nur mythischen Unrat wegräumen zu müssen, ohne sich darüber klar zu werden, daß die so entstehenden Leerräume eine Forderung darstellen und eine Gefahr, weil man sich nicht sicher ist, der Forderung, die im Leeren liegt, gewachsen zu sein.

Tiefere Geister haben schon längst die Anmaßung begriffen, die in dem Anspruch der Aufklärung liegt, vermittels menschlicher Verstandesoperationen die Welt prinzipiell verstehen zu können. Wir begegnen hier einem Mangel an geschichtlichem Verständnis, der auch durch die Philosophie Hegels noch nicht weggeräumt worden ist. Zwar ist sich Hegel durchaus bewußt, daß schon bei Aristoteles eine merkwürdige Diskrepanz zwischen seiner eigenen Theorie des logischen Formalismus und seiner philosophischen Praxis existiert. Hegel bemerkt dazu in seinen Vorlesungen über die Geschichte der Philosophie in dem Teil, der der griechischen Philosophie gewidmet ist, anläßlich seiner Darstellung des Systems des Aristoteles, daß der letztere sich in seiner Metaphysik keineswegs an die Schlußformen der von ihm geschaffenen Logik gehalten habe. Wenn Aristoteles sich an seine Syllogistik gehalten hätte, „so würde er nicht dieser spekulative Philosoph sein als den wir ihn erkannt haben; keiner seiner Sätze, seiner Ideen könnte aufgestellt, behauptet werden, könnte gelten, wenn er sich an die Formen dieser gewöhnlichen Logik hielte". So heißt es auf den letzten Seiten des dritten Kapitels, das sich ausschließlich mit Plato und Aristoteles befaßt.

Angesichts der Tatsache, daß Aristoteles sich genötigt sah, in seinem Denken über seinen eigenen Formbegriff hinauszugehen, liegt es nahe, sich zu fragen, warum nicht schon in der Blütezeit der griechischen Philosophie der Gedanke auftauchte, daß sich an dem Aristotelischen Vorbild deutlich zeige, daß der Begriff der Form, so wie ihn die Antike verstanden hat, zu eng sei. Rückblickend auf diese Epoche aber muß gesagt werden, daß sich die abendländische Wissenschaft nie hätte entwickeln können, wäre sie in ihren ersten Anfängen auf einen komplizierten Begriff der Form gestoßen, einen komplizierteren als jenen, der sich aus dem einfachen symmetrischen Umtauschverhältnis von Form und Stoff ergab. Das Wesen der Welt ist sowohl absolute Form wie absolute Materialität. Was ursprünglich Materialität ($πρώτη$ $ὕλη$) war, kann sich zur Form ($νόησις$) sublimieren, und die Sublimation kann wieder als materielles Substrat für neue Formbildung dienen bis hinauf zur letzten Form der Form ($νόησις$ $νοήσεως$).

Wie man sieht, ist in diesem Aristotelischen System der Entwicklung zwar eine Idee von Form gesichert, die uns in den verschiedensten Gestalten bis in die Gegenwart begleitet hat. Aber der Prozeß, vermittels welchem Inhalt zur Form wird und Form sich wieder zum Inhalt wandelt, ist nicht reversibel. Er dient nur als Rückgrat einer geschichtlichen Entwicklung, die einsinnig einem fernen Ziel zustrebt. Dieses Ziel gestattet auf keiner Etappe des Weges zu ihm eine Umkehr. Das bedeutet aber, daß in der Aristotelischen Logik sich zwar ein Formbegriff artikuliert, aber er ist unvollständig: ihm fehlt die totale Reversibilität. In anderen Worten: das, was Aristoteles unter Form versteht, betrifft nur das Zeitlose. Seine Vorstellung von ‚Gesetz' im Logischen versagt vor dem Problem der Geschichte.

Man hat diesen Mangel wieder und wieder empfunden, und diesem Innewerden einer strukturtheoretischen Dürftigkeit in der Konzeption des Entwicklungsbegriffs in der Philosophie des Stagiriten kam als Komplementärintuition die Logosidee entgegen, von der das Johannesevangelium, nachdem es die Abkunft des ‚Worts' aus der äußersten und letzten metaphysischen Form beschrieben hat, kurz erklärt: „$καὶ$ $ὁ$ $λόγος$ $σὰρξ$ $ἐγένετο$".

Die Kraft, die dem göttlichen Wort hier zugeschrieben wird, ist also die Umkehr dessen, was das Aristotelische System der Entwicklung vorwärtstreibt. Bei Aristoteles handelt es sich um ein ontologisches Gefälle, in dem sich die Substantialität progressiv so lange zur Form verdünnt, bis die Form schließlich nur noch sich selbst zum Inhalt hat. Damit muß der Prozeß zwangsläufig zur Ruhe kommen, weil er sich selbst aufgezehrt hat. In der Fleischwerdung des Logos aber läuft das ontologische Gefälle in der entgegengesetzten Richtung. Die reine Form verdichtet sich zur Substanz, und wieder kann der Vorgang erst zum Abschluß kommen, wenn auch die letzte Form sich zur Substantialität verdichtet hat.

Es ist schwer, sich vorzustellen, wie dieses in der Zeit zerdehnte Umtauschverhältnis von Form und Inhalt eine geschichtliche Entwicklung zustande bringen soll, da sich beide Tendenzen gegenseitig annullieren. Denn das ontologische Gefälle von der reinen „himmlischen" Form zu den letzten „Niederungen" der Materie kann in der klassischen Logik nur als einfaches

Spiegelverhältnis verstanden werden — wenn man es den strengen Kriterien eines logischen Formalismus unterwirft. Im unmittelbaren Abbildverhältnis aber ist impliziert, daß daß man im Abbild nur das weiß, was man schon im Urbild gewußt hat. Im Raum einer solchen Konstanz des Wissens ist aber schlechterdings nicht zu begreifen, wie Abbilder je zustande kommen können. Über den Produktionsmodus der Wiederholung durch Spiegelung wird nichts mitgeteilt. In anderen Worten: aus den Spekulationen vergangener Jahrhunderte lernen wir nichts über die elementarsten Mechanismen geschichtlichen Daseins. Nicht umsonst sind im Kirchenlied die ersten sieben Worte des Logos: „Vom Himmel hoch da komm ich her..." Das bedeutet für den Logiker: frag nicht nach meiner Abkunft. Sie ist das reine Licht, in dem das menschliche Auge erblindet. Damit aber lehrt uns der Logos — freilich in anderen Worten, um die Gleichheit zu verbergen — das, was wir von der Stofflichkeit her schon wissen, die Botschaft von der absoluten Nacht des Kontingenten, in der noch kein Auge etwas gesehn hat noch je sehen wird.

Darum bemerkt auch Hegel auf den einleitenden Seiten seiner Philosophie der Geschichte, daß noch nie jemand etwas aus der Geschichte gelernt hat. Und das wird, was den Menschen anbetrifft, auch so bleiben, denn jede Reflexion auf die Geschichte kann wesensmäßig durch eine andere abgelöst werden, die das angeblich Gelernte wieder desavouiert. Wer wirklich aus der Geschichte „lernt", das ist nur Hegels mythischer Weltgeist. —

Die im dritten Band vorgelegten Betrachtungen befassen sich im Wesentlichen mit der Säkularisierung dessen, was Hegel „Weltgeist" nennt, wobei man sich aber hüten muß zu erwarten, daß als letztes Resultat eines solchen Prozesses der Verweltlichung Hegelscher Denkmotive die ideale bzw. eschatologische Konzeption des Menschen gesetzt werden soll.

Genau das Gegenteil ist der Fall. Bewertet man die Erlösung bzw. Verdammnis des Menschen als das, was der Geschichte sub specie aeternitatis Sinn und Ziel gibt, dann ist man als Geschichtsphilosoph das Opfer einer einfach lächerlichen Eitelkeit und huldigt einem Lokalpatriotismus des menschlichen Gehirns, den zu widerlegen sich gar nicht lohnt. *Nicht der Mensch ist das Subjekt der Geschichte sondern das, was wir — etwas hilflos — als das All bezeichnen.* Was dann unter Subjektivität zu verstehen ist, das wird zwar menschliches Bewußtsein und Selbstbewußtsein als engen — und wahrscheinlich nicht übermäßig wichtigen Spezialfall einschließen. Es ist aber kaum zu erwarten, daß das menschliche Ich sich in einer solchen ins Universale ausweitbaren Subjektivität wiedererkennen kann. Um eine solche aber muß es bei einer äußersten Konfrontation von Form (Logos) und Inhalt (Substrat) gehen.

Daß eine solche Gegensätzlichkeit viel mehr als eine Entweder-Oder-Situation beinhaltet, hat Hegel schon mit vorbildlicher Klarheit gesehn. Es ist jenes Mehr, das uns bei Hegel unter dem Terminus der Vermittlung begegnet, wobei die letztere ihren eigenen Operator hat, der seinerseits im spekulativen

Idealismus unter den Namen der „zweiten" Negation bekannt ist. Soweit scheint das Verhältnis von Form und Stoff in der Dimension des raum-zeitlichen Kontinuums richtig gezeichnet. Aber das, was Hegel zum Thema gesagt hat, kann heute lange nicht mehr genügen. Im ganzen Deutschen Idealismus bleibt nämlich völlig rätselhaft, was historische Mechanismen eigentlich sind und nach welchen mehr oder weniger beherrschbaren Gesetzen sie sich im Detail eigentlich richten. Eine Theorie der Operabilität seiner zweiten Negation hat Hegel nicht geliefert. Die Bezeichnung „zweite Negation" ist für ihn nicht mehr als ein vager Sammelbegriff für alle jene unbestimmte und überschüssige Negativität, die nicht mehr als Selbstspiegelung der Totalität des Seins alles Seienden interpretiert werden kann.

Anders gesagt: Sein und die ihm zugehörige Negativität formen ein System logischer Symmetrie, das in sich geschlossen ist und das keine Veränderung seiner ontischen Fundamentalstruktur erlaubt. Dem gegenüber bedeutet die Idee einer zweiten Negation die Einführung der Vorstellung einer bis in ontische Tiefen hinabreichenden Asymmetrie von Positivem und Negativem. Positivität ist immer das Einmalige, das nie Wiederkehrende. Es ist widersinnig, von einer zweiten Positivität – also Unmittelbarkeit – zu reden. Aber es gehört zur Idee des Negativen, daß es das ewig Wiederkehrende ist. Ja, man geht kaum fehl, wenn man Negation mit Wiederholung gleichsetzt. Der Unterschied zwischen der ersten, klassischen und den folgenden, transklassischen Negativitäten ist nur der, daß die erste eine Negation mit Null-variation ist, während in allen folgenden eine beschreibbare Veränderung stattfindet. Diese generelle Unterscheidung ist in der Hegelschen Logik verstanden und durchgeführt; wenn es dort am Anfang heißt, daß das reine Sein „nicht mehr noch weniger als" die Bestimmungslosigkeit des reinen Nichts ist.

Damit ist ganz unmißverständlich gesagt, daß die erste Negation eine Wiederholung mit Null-variation ist und entsprechend dem Gesamtansatz einer spekulativ-transzendentalen Geschichtsphilosophie konnte damit das Fundamentalthema der Negation als Wiederholung nicht erschöpft sein. Es ergab sich als denknotwendig, auch die Idee einer Wiederholung des Seins mit Variation einzuführen. Das ist das, was Hegel pauschal die „zweite" Negation nennt.

Die Schwäche des Panlogismus enthüllt sich nun darin, daß er nicht weiter als bis zu der abstrakten, vage-allgemeinen Vorstellung der Variabilität des Total-Negativen kommt und sich darin erschöpft. Weshalb die Hegelsche Philosophie gerade als Geschichtsphilosophie, wo man ihr bahnbrechende Einsichten nachrühmt, letzten Endes doch versagt. Aus diesem Versagen nährt sich die weltbewegende Kraft des Marxismus .

In dem letzteren ist nicht so wichtig, daß er eine Umkehrung des Hegelschen Weltbildes produziert hat – da sind schwerwiegende Symmetrieprobleme unerledigt geblieben – sondern, daß im Prozeß der Umkehrung eine These des Panlogismus sich als grundfalsch erwies, nämlich die der Identität von Begriff und Wille, bzw. Handlung.

Heute darf die Philosophie wohl mit überwältigender Wahrscheinlichkeit, angesichts des Phänomens der Technik, vermuten, daß das Problem des Verhältnisses von Denken und Wollen nicht eine Frage transzendentaler *Identität*, sondern die einer weltgeschichtlichen *Komplementarität* ist. Dort, wo man heute von Geschichte ausschließlich unter dem Stichwort „Evolution" spricht, hat man allerdings von dieser Komplementarität nichts verstanden. Komplementarität bedeutet, daß das evolutive Moment der geschichtlichen Bewegung einer Ergänzung bedarf durch ein emanatives. Das sollte zumindestens für den Leser von „Logik, Zeit, Emanation und Evolution" (Veröffentlichungsdatum 1967) längst denknotwendig geworden sein. Eine ergänzende Analyse war übrigens im englischen Sprachbereich von dem Verfasser dieser Aufsätze zusammen mit dem Co-Autor Heinz von Foerster in den Annals of the New York Academy of Sciences (38/2), pp. 874—891 (1967) herausgebracht worden.

Was in dem modernen geschichtsphilosophischen Denken immer wieder vergessen wird, ist die Tatsache, daß im historischen Raum der Bezug auf die Zukunft, der von den evolutiven Tendenzen getragen wird, strukturelle Kompensation erfährt durch einen in den besten Zeiten gleich starken Rückbezug auf das Vergangene. Eine Kultur stirbt, wenn das Gewesene aufhört, den evolutiven Zukunftsantizipationen im emanativen Geschehensraum leitende und korrigierende Prinzipien des Verhaltens zu liefern. Evolution ohne Komplementarität durch emanative Rechtfertigung ist wenig mehr als ein durchgegangenes Pferd.

Für den Logiker und Strukturtheoretiker ist es leicht, eine Symmetrie sub specie aeternitatis zwischen Emanation und Evolution festzustellen. Eine solche Feststellung ist de facto unbedingt notwendig, weil die konkrete Geschichte gar nicht sub specie aeternitatis ablaufen kann und man den symmetrischen Idealfall als Maßstab für den Grad der Abweichung braucht, mit dem sich das individuelle historische Geschehen von der begrifflichen Konstruktion entfernt. Was sub specie aeternatitatis allein der Analyse zugänglich ist, das ist die paradoxe Vorstellung einer „ewigen" Dauer. Also einer Zeit, die entweder nicht in Bewegung gekommen ist oder in Stillstand übergegangen ist.

Eine Dauer aber mit einem einsinnig gerichteten Bewegungsantrieb muß partielle Asymmetrien zwischen den emanativen und evolutiven Struktureigenschaften beinhalten, die ihrerseits auf Ausgleich drängen. Und zwar muß die Asymmetrie im Prinzip liegen. Der Aristotelische Prozeß der $\H{v}\lambda\eta$, die sich zur reinen Form sublimiert, ist weltgeschichtlich nicht gleichsinnig dem Gegenprozeß — trotz aller strukturellen Gleichwertigkeit im Spiegelbild —, in dem der Logos sich im Fleisch „verkörpert". Eine solche Gleichwertigkeit existiert nur unter dem Hegelschen Postulat des Panlogismus, gemäß dem das Fleisch ganz und gar begriffen werden kann.

Nun darf man aber nicht vergessen, daß das Aristotelische Schema der Entwicklung eine Entwertung der ὕλη, des „Fleisches", impliziert. Das Inhaltliche wird zu Gunsten der Form aufgegeben. Die Herabkunft und das Wirken des Logos aber muß als eine Aufwertung und Rettung der Materie — man vergesse nicht: es handelt sich um eine Heilsgeschichte! — verstanden werden. Die Symmetrieforderung des Denkens erzwang diese Ergänzung der griechischen Auffassung, denn es war den tieferen Denkern unter den Kritikern des Stagiriten klar, daß die Sublimierung des Inhalts in der Form nur das Sosein der Materie betreffen kann, nie aber ihr faktisches Dasein. In anderen Worten: die Kontingenz des Materiellen war für immer im Begriff unaufhebbar. Hier handelt es sich nicht um ein Verhältnis von Höherem und Niederem, sondern, vom Standpunkt der Logik her gesehen, um gleichwertige Komplementarität, in der das Eine nicht ohne das Andere bestehen kann.

Das vorläufige Resultat war also, daß auch mit den Mitteln des mächtigsten Denkens der Richtungssinn der Geschichte, der aus der Vergangenheit in die Zukunft leitet, nicht verstanden werden kann. Warum sollen wir nicht aus dem Zukünftigen herkommen und in das Dunkel der Vergangenheit zurücksinken? Wem schon diese Frage absurd erscheint, dem sei das Folgende zu bedenken gegeben: Nach unseren traditionellen Vorstellungen begibt sich das Jüngste Gericht, wo die Gerechten von den Ungerechten geschieden werden, am Ende der Geschichte. Es liegt also noch vor uns.

Anders aber spricht der Prädestinationsglaube. Er lehrt, daß der Tag des Gerichts schon längst hinter uns liegt. Es war jener Tag, den unser Normalbewußtsein immer als den letzten Tag der Schöpfung gedeutet hat. Da soll Gott den Menschen geschaffen haben. In Wirklichkeit war es der Tag des Gerichts, an dem Gott unwiderruflich bestimmte, wer zu den Gerechten zähle und wessen Name „nicht ward erfunden geschrieben in dem Buche des Lebens". (Offenb. Joh. 20,15).

Der Prädestinationslehre liegen tiefste metaphysische Einsichten zugrunde. Nicht umsonst hat sie das religiöse Denken von der infralapsarischen Auffassung des Augustin (Gott will nicht, daß alle Menschen selig werden) bis zu den modernen Versionen bei Luther, dem Rückgriff bei Cornelius Jansen auf Augustin und bei Zwingli und Calvin immer wiederkehrend beeinflußt. Es ist charakteristisch für die klassische Tradition des Denkens, daß das Zeitproblem, daß in der Prädestinationslehre eine dominierende Rolle spielt, stets nur unter dem Dogma, daß die Zeit in einer Richtung fließt, behandelt worden ist. Das hat bis heute verhindert, daß der Säkularisationsprozeß, der das ontische Denken der religiös motivierten Metaphysik heute fast völlig verzehrt hat, auch auf die Heilsgeschichte übergriff. Darin begegnen sich die Gläubigen und die Gottlosen in fanatischer Einigkeit, und gegenüber dieser Übereinstimmung fallen die „ideologischen" Differenzen überhaupt nicht ins Gewicht. Worin das Heil gesehen wird, darüber mag man zweierlei oder mehrerlei Meinung sein. Aber daß dem historischen Strom der Zeit primär ein schwerer moralischer Akzent aufliegt, daran zweifelt niemand. Die Fleischwerdung des Logos ist ein Akt von höchster moralischer Bedeutung. Stillschweigende Voraussetzung dafür ist selbstverständlich so etwas wie Keplers Bekenntnis im Mysterium Cosmographicum: „finis enim et mundi et omnis creationis homo est". (Kap. IV). Emphatisch bestätigt in dem Weihnachtslied: „Gelobet seist du, Jesu Christ, daß du Mensch geworden bist . . ."

Das ist alles sehr erbaulich. Aber die Erbaulichkeit hat das philosophische Problem ruiniert. Daß der Aristotelische Weg vom Stoff zur Form ein Weg ist, den das Denken allein bewältigen kann, dagegen wird wohl nichts Prinzipielles einzuwenden sein, sofern man nur die Idee des Denkens tief genug begreift. Es kann auch weiter konzediert werden, daß die Symmetrieforderungen der klassischen Rationalität einen Weg zurück zum *Begriff* des Stofflichen erlauben. Aber wenn von der Fleischwerdung des Logos die Rede ist, dann handelt es sich nicht mehr um Begriffe und Ideen, sondern um eine Bewältigung und totale Aneignung der empirischen Realität. Die berühmte Imitatio Christi des Thomas a Kempis ist reine innerweltliche Mystik. Aber in der Imitatio steckt die Wiederholung und die philosophische Frage, was in der Nachfolge des fleischgewordenen Logos wiederholt werden soll; die muß jetzt gestellt werden.

In anderen Worten: worum handelt es sich bei einer Säkularisierung der Botschaft vom Heil? Also bei der Bewältigung der Stofflichkeit. Die Antwort ist nicht schwer zu geben. Die ὕλη des Aristoteles, mit der alles anfängt, ist factum brutum, also, vom Begriff her gesehen, reine Kontingenz die als Faktizität nicht begriffen werden und damit auch nicht beherrscht werden kann. Der einzige Weg, ihrer habhaft zu werden, ist die imitatio, also die Wiederholung. Warum? Nun, als erster Gott, als deus absconditus, mußte sich Gott selbst als Demiurg wiederholen, um die Welt zu schaffen. Der Logos, der in das Fleisch eingeht, ist dann die nächste Wiederholung, und a Kempis' Schrift ist die Aufforderung zu einer weiteren. Bei diesen unermüdlichen Wiederholungen, die vermutlich ad infinitum weitergehen können, kommt dann das Denken zu kurz. In der sechsten Vorlesung der „Anweisung zum seligen Leben" bemerkt Fichte treffend zum Thema Weltschöpfung, daß hier das Denken nur „ein träumendes Phantasieren" zustande brächte und fährt gleich darauf bekräftigend fort: „denn eine Schöpfung läßt sich gar nicht ordentlich denken – das, was man wirklich denken heißt – und es hat noch nie irgend ein Mensch sie also gedacht."

Höchst treffend bemerkt Arnold Gehlen dazu im § 48 seiner „Theorie der Willensfreiheit", wo das gleiche Thema behandelt wird, daß es „bemerkenswert" sei, „daß. . . wir Gott vor der Schöpfung schlechterdings nicht vorstellen können", weil im Begriff der Schöpfung eben gar kein Sein sondern nur ‚Handlung' gedacht wird. Und Handlungen – so fügen wir hinzu – können eben nur „imitiert" werden. In solchen Wiederholungen erschöpfen sich alle Heilsvorschriften und Rituale. Ihre Wirkung ist nur als imitatio erreichbar. Das ist der Sinn der unzähligen Heiligenlegenden. Sie werden mitgeteilt, um das Leben der Heiligen als Vorbild zur Nachfolge zu empfehlen.

Aber im Begriff der Wiederholung liegt nichts, was dieselbe auf den sakralen Bereich beschränkt und was das ethische Streben nach dem Heil von der Tendenz der Säkularisierung ausschließt. Von aller Sittlichkeit wird verlangt, daß sie mehr als unverbindliche innere Gesinnung ist. Sie soll sich in der Handlung bewähren. Es gehört zum Wesen aller Geschichte, daß sie sich die Frage stellt: wie kann solche Bewährung erzwungen werden? Darum handelt es sich in Hegels Theorie des objektiven Geistes, die eine Konsequenz der Einsicht ist, daß die Innerlichkeit der Subjektivität sich nicht vom Licht des Tages erblicken läßt, es sei denn, sie wird dazu gezwungen.

Ein Beispiel einer solchen Säkularisierung des Innerlichen wurde schon vor Jahrzehnten von dem Amerikaner Warren Sturgis McCulloch in der Studie "Toward some Circuity of Ethical Robots or an Observational Science of the Genesis of Social Evaluation in the Mind-Like Behavior of Artifacts" (Acta Biotheoretica, Vol. XI, pp. 144–156, 1956) demonstriert. In besagtem Essay wurde dargestellt, wie maschinelle Systeme dazu gebracht werden könnten, ethische Verhaltensweisen in der Imitation zwangsläufig hervorzubringen. Hier handelt es sich einwandfrei um eine Säkularisation ethischer Vorgänge durch Wiederholung im Mechanismus.

Das ist ein eminent historisches Problem: wie kann, „sittliches" Verhalten im Raum der Geschichte erzwungen werden? Nur weltfremde religiöse Gesinnung kann glauben, daß das sittliche Gewissen je über die weltliche Gewalt des Historischen siegen kann. Was aber der technische Säkularisationsprozeß zu leisten imstande ist, bleibt vorläufig noch eine offene Frage. Und das um so mehr, als wir heute erst in den allerprimitivsten Anfängen einer Technik stehen, die Innerliches nach außen bringt.

Hier konzentriert sich alles um die Idee der Fleischwerdung des Logos, was sie von der Vorstellung unterscheidet, daß der Inhalt, die ὕλη, sich in die Form verwandelt. Das ist ein Prozeß, in dem das Denken von Stufe zu Stufe an Mächtigkeit gewinnt, bis es ganz am Ende das Hyletische restlos in sich aufgesaugt hat. So gebiert sich der Idealismus in der wachsenden Entfernung vom Anfang der Schöpfung selbst. Zugleich aber schafft er sich auf Grund des Komplementaritätsprinzips seinen unüberwindlichen Gegner in der anderen Lehre, die vom Eschatologischen zurückgeht zum ersten Anfang, in dem die Fleischwerdung des Geistes vollendet ist. Da aber der Anfang das factum brutum, also reine Kontingenz ist, wird der fleischwerdende Logos mit jeder Etappe der Näherung an den Anfang der Welt selber Kontingenz, die ihre Notwendigkeit zum Opfer gebracht hat. Deshalb sagt Fichte mit Recht, daß man Schöpfung nicht denken kann. *Man kann sie nur wiederholen!* Die imitatio Christi ist also letzten Endes eine imitatio mundi, von der schon die alte Prophezeiung: „Denn siehe, ich will einen neuen Himmel und neue Erde schaffen, daß man der vorigen nicht mehr gedenken wird, noch zu Herzen nehmen" (Jesaja, 65, 17), berichtet. Dazu dann die Bestätigung: „Und ich sahe einen neuen Himmel und eine neue Erde; denn der erste Himmel und die erste Erde verging, und das Meer ist nicht mehr" (Offenb. Johannis 21, 1).

Was bei den landläufigen Vorstellungen vom Jüngsten Gericht immer wieder vergessen wird, ist die Rolle, die das Jenseits als übersinnliche *Welt* dabei spielt. Man denkt immer nur an ein Gericht, in dem der ganze Bereich des sinnlich Irdischen zur Verantwortung gezogen wird. Aber in den Zitaten aus Jesaja und der Offenbarung Johannis ist nicht nur von einer neuen Erde sondern auch von einem neuen Himmel die Rede. In anderen Worten: mit der Herabkunft des Logos setzt keineswegs ein Prozeß ein, in dem das Diesseits gereinigt und endlich zum Jenseits geschlagen werden soll. Die Grenze der Transzendenz bleibt weiter erhalten, freilich gegenüber einem Jenseits, das seinerseits eine Korrektur erfahren hat. Die Bedürftigkeit einer solchen Korrektur steht fest, wenn wir uns der alten Überlieferung erinnern, daß die Weltschöpfung nicht Frucht der Tätigkeit des deus absconditus der negativen Theologie ist, sondern das Resultat des Wirkens des Demiurgen. Eine Transzendenz, die eine verdammungswürdige Welt aus sich entläßt, muß ebenfalls dem Gericht verfallen. –

Wir haben – lediglich um an das Problem der Fleischwerdung des Logos heranzuführen – uns einer theologischen Ausdrucksweise bedient. Der nächste Schritt verlangt, daß wir uns der Hegelschen Theorie des objektiven Geistes kurz zuwenden. Für den panlogistischen Hegelisten ist die Inkarnation des Logos als philosophisches Problem damit erledigt, daß der Geist in der Weltgeschichte objektiv wird, ohne damit sein direktes Verhältnis zum Absoluten, also seine eigene Jenseitigkeit aufzugeben. Der Einstieg in die Weltgeschichte ist also nicht völlig geglückt. Bezeichnend ist, daß bei Hegel in der Theorie des objektiven Geistes der Demiurg keine Rolle spielt. Er wird nirgends im panlogistischen System objektiviert.

Nun hat Marx zwar die grundsätzliche Schwäche des Hegelschen Systems gesehen; aber die Technik, mit der er ihr abzuhelfen sucht, ist zu primitiv. Er will das, was bei Hegel jenseitig geblieben ist, ins Diesseitige ziehen, indem er das idealistische System in sein materialistisches Spiegelbild verkehrt. Folgerichtig fordert er, es käme jetzt darauf an, die Welt zu verändern anstatt sie nur zu interpretieren. Marx sieht auch – wenigstens so ungefähr – wo bisheriges Verhalten nicht mehr ausreicht. In der ersten These über Feuerbach heißt es: „Der Hauptmangel alles bisherigen Materialismus ... ist, daß der Gegenstand, die Wirklichkeit, Sinnlichkeit nur unter der Form des *Objekts oder der Anschauung* gefaßt wird; nicht aber als *sinnlich-menschliche* Tätigkeit, Praxis, nicht subjektiv". Hier macht Marx zu Recht auf ein fundamentales Versäumnis der bisherigen Geistesgeschichte aufmerksam. Dieselbe hat zwar eine, bis dato wenigstens, ausreichend eingehende Theorie des Denkens entwickelt, es ist ihr aber nirgends gelungen, derselben eine auch nur annähernd ebenbürtige Lehre vom Willen und der Handlung an die Seite zu stellen. Vom Griechentum her gesehen, kann man erläuternd sagen: der Eleatismus hat eine Zukunft als exakte Wissenschaft gehabt, Heraklit hingegen nicht. Und dieses Schicksal wiederholt sich im Hochmittelalter. Hier tritt Thomas für die Eleaten ein und Duns Scotus steht auf der Seite des Verlierers Heraklit. Und noch in der Distanz zwischen Kants Kritik der reinen Vernunft und der der praktischen Vernunft ist drastisch zu spüren, wie wenig die philosophische Besinnung über Wollen und Handeln zu sagen hat. Zwar hat der Kantische Rigorismus versucht, aus dieser Armut eine Tugend zu machen, aber das Auftreten der nachkantischen spekulativen Dialektik hat die Vergeblichkeit dieses Versuches gründlich demonstriert – ohne freilich die Sache selbst besser machen zu können. Denn auch für Fichte und Hegel sind Denken und Wollen noch eine metaphysische Identität. Erst Schelling bricht mit seiner Konzeption des „Urgrunds", die eine primordiale Inkommensurabilität zwischen Denken und Wollen postuliert, mit diesem mehr als zweitausend Jahre alten Vorurteil, auf dem eine ganze Kulturepoche geruht hat, und weist der Philosophie ein neues historisches Lebensthema zu: was ist Wille im Widerspruch zum Denken? Eine Frage, die in eschatologischen Bereichen weder für Fichte noch Hegel existierte. Fichte hat zwar eine „Anweisung zum seligen Leben" schreiben können; zu einer „Anweisung für das Leben in der Verdammnis" wären weder er noch Hegel fähig gewesen. Es hätte ihnen einfach der Stoff dazu gefehlt. Für sie gab es keinen Willen, der sich der Lichtmetaphysik des Denkens hätte entgegenstellen können.

Von hier aus gesehen, war der Anschluß von Marx an Hegel bei gleichzeitiger Forderung einer Lehre von der Praxis, die ihre Wurzel nicht im Objekt, sondern in der Tätigkeit des Subjektiven haben müsse, eine folgenschwere historische Fehlorientation, die eines Tages korrigiert werden muß – bei gleichziehender Erweiterung der traditionellen Theorie des Begriffs. Marx hätte seinen Intentionen gemäß Anschluß an Schelling suchen sollen, der in seinen Spekulationen über die menschliche Freiheit den Idealismus endgültig hinter sich gelassen hatte. Hier hätte er statt eines Gegners einen Verbündeten besessen.

Was dem dialektischen Materialismus fehlt und weshalb sein Geschichtsbild eine erhebliche Erweiterung und Fortbildung fordert, ist eine konsequente Durchdenkung der Logosidee. Wir hatten bereits darauf aufmerksam gemacht, daß die alten Texte von einem neuen *Himmel* und nicht bloß von einer neuen Erde sprechen. Aber die abendländisch-materialistische Tradition ist sich mit dem durch die Kybernetik bereicherten Pragmatismus Amerikas ganz einig, daß es ausschließlich auf eine neue Erde ankommt. Was es bedeuten könnte, wenn auch von einem neuen Himmel die Rede ist, darüber hat man sich im Wetteifer der Ignoranz überhaupt keine Gedanken gemacht.

Damit der Leser der hier vorgelegten Aufsätze eine ungefähre Vorstellung davon bekommt, auf welches Geschichtsbild die im dritten Bande vorgelegten Arbeiten zielen, müssen wir so kurz wie möglich andeuten, was unter einem neuen Himmel – also wohl einer neuen Vorstellung von unübersteiglicher Transzendenz – gemeint sein kann.

Wir hatten bereits darauf hingewiesen, daß das Aristotelische Bewegungsprinzip der Geschichte ganz idealistisch darauf beruht, daß das Inhaltliche mehr und mehr sich zur Form sublimiert. Die Geschichte ist also das Vehikel, durch das die Macht der Idee wächst. Umgekehrt bewegt sich die historische Essenz in der Fleischwerdung des Logos von Form und Idee unaufhaltsam auf die dem Begriff ganz undurchdringliche Kontingenz zu. In der Fleischwerdung gibt der Logos notwendig sein Licht-Wesen auf. Das ist der Opfertod des Erlösers, von dem in den Hochreligionen immer wieder die Rede ist. Die befreiende Gewalt dieses Opfers freilich ist für den Begriff ein Mysterium. Sie muß es sein, denn in der totalen Fleischwerdung ist die Kraft der Idee ebenso total erloschen. Seit Plato wissen wir, daß die Idee ihr Leben in der Erinnerung hat. Aber für den gestorbenen Erlöser gilt wie für alle Toten das, was Hermann Broch in seinem „Tod des Vergil" sagt: die Toten haben einander vergessen. Und damit auch die Welt.

Es ist ganz deutlich, daß die Philosophie hier vor einem Problem steht, daß sie systematisch überhaupt noch nicht in Angriff genommen hat. Ihre bisherige Geschichte ist die Geschichte des Denkens und der Entwicklung des Begriffs. Deshalb besitzen wir heute eine Logik. Die in der Inkarnation des Logos implizierte Gegen-Geschichte, die eine durchgeführte dialektische Doktrin von der Sterblichkeit des Geistes entwickeln würde, haben wir nicht. Sie würde, wie Marx mit erstaunlichem Tiefblick gesehen hat, eine Lehre von der Praxis sein, die zwar als reine Theorie beginnt, dann aber berichtet, wie der graduelle Verlust der Idee den Raum für den Willen und seine physische Manifestation, das Handeln, freimacht und progressiv erweitert. Denn Seele, bzw. Subjektivität, ist kein Sein sondern Funktion. Sie ist „Praxis", wie Marx sagte.

Damit ist freilich die Tiefe des Inkarnationsproblems noch keineswegs erschöpft. Was bisher gesagt worden ist, bezieht sich mehr auf eine neue Erde, die in der Praxis entsteht. Was hingegen ein neuer Himmel bedeuten soll, von dem schon in der Verheißung bei Jesaja (65,14) die Rede ist, davon ist in diesem Vorwort noch nicht gesprochen worden. Einen ersten systematischen Hinweis enthält die Betrachtung „Als Wille verhält der Geist sich praktisch", in dem mitgeteilt wird, daß auch der konsequenteste Säkularisationsprozeß transzendenter Vorstellungen nicht mehr tun kann, als das sogenannte Jenseits von allen erdenklichen inhaltlichen Beständen zu entleeren. Wozu er aber nicht fähig ist, das ist die Beseitigung der Schranke selbst, die die Immanenz unübersteigbar von dem trennt, was sich in dem durch die Säkularisation geschaffenen Leerraum verbergen könnte.

Es leuchtet ein, daß die Grenze der Immanenz sozusagen ‚säkularisationsfest' sein muß; gehört sie doch zum bejahten Diesseits ebenso sehr wie zum negierten Jenseits. Freilich hat sie im Säkularisationsprozeß ihre Bedeutung radikal verändert. Sie trennt jetzt nicht mehr Vorstellen und Denken im Diesseits von dem platonischen Ideenhimmel des Jenseits ($\tau \acute{o} \pi o \varsigma\ \nu o \eta \tau \acute{o} \varsigma$), sondern alles Noetische, wo immer es auch sei, vom Nicht-Noetischen, daß durch keine primordiale Schöpfung als Existenz gesichert ist, sondern das durch eine vom Willen getriebene Praxis erst reell werden soll.

Der neue Himmel bleibt also auch in der Fleischwerdung des Logos weiter noch „Verheißung". Denn das ὁ λόγος σὰρξ ἐγένετο reicht, um mit Luthers Worten zu sprechen, nur bis zu dem „gekreuzigt, gestorben und begraben, niedergefahren zur Hölle ...", aber schon nicht mehr zum „dritten Tag" der Auferstehung und schon gar nicht nach der Augustinischen Zählung bis zum siebenten Tag, von dem in De Civitate Dei (XXII) gesagt ist: „dies septimus nos ipsi erimus." Hier ist der herabgestiegene Logos vom Menschen als letztem Ziel der irdischen Schöpfung nicht mehr zu unterscheiden. Aber diese Fleischwerdung betrifft eben nur den Menschen und nicht die Totalität des Universums. Folglich läßt auch der Logos die Grenze bestehen. Man hat das sehr wohl begriffen und in der Gnostik in sehr profilierter Form beschrieben. Am besten vielleicht bei Basileides, der deutlich zwischen dem deus absconditus (ὁ οὐκ ὢν θεός) und dem Demiurgen als „Ausfluß des göttlichen Weltsamens und als abgefallenes Haupt der Sinnenwelt" (Windelband) unterscheidet, diesem Demiurgen aber auch die Erlösung durch das Blut Christi zubilligt.

Das alles ist nicht sehr klar, aber man sieht doch, daß das Problem der Säkularisation, also einer Logik der Geschichte (λόγος σπερματικός) nicht so einfach ist, wie man sich das bisher vorgestellt hat. Mit der mythischen Formel von der Erlösung des Demiurgen, ist das Thema des neuen Himmels angeschnitten. Ein Thema, das aber bis heute nicht als zweite Aufgabe des Säkularisationsprozesses begriffen worden ist. –

Die in diesem Vorwort vorgetragenen Überlegungen sollen einem bestimmten Zweck dienen. Es war dem Autor darum zu tun zu zeigen, wieviel in der geschichtsphilosophischen Grundlagentheorie noch zu tun bleibt, und wie relativ wenig die im Dritten Band abgedruckten Aufsätze zum Thema Logik des geschichtlichen Daseins bisher beitragen konnten. Das Denken mußte vor allem erst einmal (und womöglich ohne direkte Polemik) von einer skandalösen Verengung des Begriffes der Geschichte überhaupt abgelenkt werden, die im letzten Jahrhundert grassierte und fast den Rang einer Selbstverständlichkeit angenommen hatte. Noch für Hegel war Geschichte ein Schicksal des Absoluten, an dem der Mensch nur einen verschwindenden Anteil hat. Aber seit dem – aus anderen Gründen – wohlverdienten Zusammenbruch des Deutschen Idealismus wurde das alte Motiv der Heilsgeschichte (jetzt in säkularisierter Form) wieder lebendig, daß der Mensch das Subjekt der Geschichte sei. Wie unbedingt dabei die Natur aus dem universalen Geschichtsbild ausgeschlossen wird, davon erhält man einen drastischen Eindruck, besonders hinsichtlich der Konsequenzen bei Spengler. Historisches Dasein ist nach Spengler prinzipiell nichts anderes als Auflehnung des Menschen gegen die Natur. „Das ist seine ‚Weltgeschichte', die Geschichte einer unaufhaltsam fortschreitenden, verhängnisvollen Entzweiung zwischen Menschenwelt und Weltall, die Geschichte eines Empörers, der, dem Schoße seiner Mutter entwachsen, die Hand gegen sie erhebt." (Oswald Spengler, „Der Mensch und die Technik", München 1931, S. 35. Siehe auch S. 63)

Selbstverständlich ist die Technik, die in der Spenglerschen Philosophie der Geschichte dem Menschen in seinem Kampf gegen das Natürliche zur Seite steht, ausschließlich die klassische Technik. Eine andere hat dieser Geschichtsphilosoph nie gekannt. Nun besitzen wir aber heute schon schüchterne Ansätze zu Ideen, die über den technischen Bereich des klassischen Denkens hinausgehen, und es bleibt zu erwägen, welche Gestalt ein geschichtliches Dasein in einer neuen Epoche haben könne, der zum Kampf gegen die Natur technische Mittel von einer heute noch unvorstellbaren Macht zur Verfügung stünden, die wir der Säkularisation eines neuen Himmels verdanken würden. Man sieht, es ist in diesen geistigen Gegenden noch überwältigend viel zu tun. Und die in diesem Bande der Öffentlichkeit übergebenen Texte sind nur sehr unzureichende erste Ausblicke auf eine fast grenzenlose terra incognita.

Obwohl über die weiteren Perspektiven und den metaphysischen Hintergrund der dargebotenen Aufsätze noch erheblich mehr zu sagen wäre, müßte damit ein anderer Themenkreis angeschnitten werden, was dieses Vorwort leicht ins Unferlose geraten ließe. Das verbietet sich von selbst. So bleibt dem Autor nur noch die angenehme Pflicht denjenigen Herren zu danken – und zwar ganz intensiv – die durch ihre Mitarbeit und Unterstützung die Publikation dieses Bandes überhaupt erst möglich gemacht haben. Sie sind (in alphabetischer Folge) erst einmal Herr Claus Baldus, Berlin, der wie gewöhnlich die Korrekturen gelesen und einige wichtige textliche Verbesserungen vorgeschlagen hat; dann Herr Adolf Beland vom Verlag, dem ich ganz außerordlich verpflichtet bin für seine gewissenhafte herstellerische Betreuung; drittens Herr Rudolf Kaehr, Berlin, der mit gründlicher Sachkenntnis Sach- und Personenregister hergestellt hat; und last but most assuredly not least mein Verleger, Herr Richard Meiner, dem gegenüber ich mehr Dankbarkeit fühle als ich in diesen wenigen Zeilen zum Ausdruck bringen kann.

Hamburg, Februar 1980 G. Günther

IDEEN ZU EINER METAPHYSIK DES TODES

Grundsätzliche Bemerkungen zu Arnold Metzgers „Freiheit und Tod"*

Die absolute Freiheit ist der Schrecken und dieser Schrecken ist der Tod. Mit dieser Gleichsetzung beschreibt Hegel in der „Phänomenologie" das Wesen des sich entfremdeten Geistes. Das Bewußtsein, das reflektierend in sein eigenes, privates Fürsichsein zurückgeht, ist (überraschenderweise) „als reine Einsicht ... nicht *einzelnes* Selbst, dem der Gegenstand ebenso als *eigenes* Selbst gegenüberstände, sondern es ist der reine Begriff, das Schauen des Selbsts in das Selbst, das absolut *sich selbst* doppelt Sehen".
„Hiermit ist der Geist als *absolute Freiheit* vorhanden." In dieser ausschließlichen Wendung auf sich selbst als reine Subjektivität hat der Geist die „bestehende" Welt hinter sich gelassen. Der „Gegenstand" hat in dieser Reflexionssituation das „Prädikat alles realen Seins ... verloren; das Bewußtsein fängt seine Bewegung nicht an ihm an als an *einem Fremden*, von dem aus es erst in sich zurückkehrte, sondern der Gegenstand ist ihm das Bewußtsein selbst; der Gegensatz besteht also allein in dem Unterschiede des *einzelnen* und *allgemeinen* Bewußtseins; aber das einzelne ist sich unmittelbar selbst dasjenige, was nur *den Schein* des Gegensatzes hatte, es ist allgemeines Bewußtsein und Willen. Das *Jenseits* dieser seiner Wirklichkeit schwebt über dem Leichname der verschwundenen Selbständigkeit des realen oder geglaubten Seins nur als die Ausdünstung eines faden Gases, des leeren Être suprême".
Das Resultat einer solchen radikalen Wendung des reflektierenden Bewußtseins auf sein eigenes Fürsichsein, dem jetzt alle vermittelnden Übergänge fehlen, die die Kontingenz eines denkunabhängigen Seins liefert, ist eine abstrakte Aufspaltung der lebendigen Einheit der mit sich identischen Subjektivität in reines Denken und (leer) Gedachtes. Das sich selbst bewußte Leben des Ichs zerfällt so in zwei „abstrakte Extreme, in die einfache unbiegsame, kalte Allgemeinheit und in die diskrete, absolute, harte Sprödigkeit und eigensinnige Punktualität des wirklichen Selbstbewußtseins".
Wenn also das Bewußtsein nichts anderes mehr ist, als „dies Wissen von sich als absolut reinem und freien einzelnen Selbst", dann existiert es zwar in der „absoluten Freiheit", aber das reelle Resultat dieser Freiheit ist nichts anderes als der *Tod*. Hegel begründet das so: in dieser radikalen Reflexion auf sich selbst zerstört sich das Ich als Leben, weil es eben in die „abstrakten Extreme" der „kalten Allgemeinheit" und der „eigensinnigen Punktualität" des Selbstbewußtseins auseinanderfällt. Diese beiden

* Verlag Max Niemeyer, Tübingen 1955. 290 S.

Extreme stehen sich absolut unvermittelt gegenüber. Es führt keine Brücke von dem einen zum anderen. „Das Verhältnis also dieser beiden, da sie unteilbar absolut für sich sind und also keinen Teil in die Mitte schicken können, wodurch sie sich verknüpfen, ist die ganz unvermittelt reine Negation, und zwar die Negation des Einzelnen als Seienden in dem Allgemeinen. Das einzige Werk und Tat der allgemeinen Freiheit ist daher der *Tod,* und zwar ein *Tod,* der keinen inneren Umfang und Erfüllung hat; denn was negiert wird, ist der unerfüllbare Punkt des absolut freien Selbst; er ist also der kälteste platteste Tod, ohne mehr Bedeutung als das Durchhauen eines Kohlhauptes oder ein Schluck Wasser." (Hegel [Meiner 1928] II, S. 413 bis 418.)
Und einige Seiten weiter heißt es noch einmal bestätigend: alle objektiven Bestimmungen der Welt „sind in dem Verluste, den das Selbst in der absoluten Freiheit erfährt, verloren; seine Negation ist der bedeutungslose Tod, der reine Schrecken des Negativen, das nichts Positives, nichts Erfüllendes in ihm hat" (S. 421).
Wir haben diese Sätze so ausführlich zitiert, weil sie bestätigen und tiefer erläutern, was Hegel bereits weiter oben in sehr bündiger Form in der Phänomenologie bemerkt hatte, nämlich daß die einzige „Allgemeinheit, zu der der Einzelne als *solcher* gelangt, ... das *reine Sein, der Tod"* ist (S. 321).
Man muß sich die (milde gesagt) erstaunlichen Konsequenzen der hier angeführten Textstelle einmal ohne Beschönigung klar machen. Wir werden nämlich klipp und klar darüber belehrt, daß im tiefsten Reflexionsgrunde unserer Subjektivität nicht eine unsterbliche „Seele", sondern der Tod wohnt. Und zwar ein platter Tod, ein Tod ohne die geringste metaphysische Relevanz. Das individuelle Ich, die private Subjektivität, also die in sich ruhende und mit sich selbst identische Besonderheit der Person existiert in der Dimension des Todes nicht. Der Begriff der unzerstörbaren Seele, die im Körper hauste und ihn im Tode verläßt, ist ein Selbstwiderspruch. Der Mensch gibt, wie die Sprache bezeichnenderweise sagt, *seinen* Geist im Sterben auf. Das heißt er gibt das, was seine Reflexivität zur Seele machte, an das impersonale Sein zurück. Metaphysisch reell ist die „Seele" nur als allgemeines Denken (oder Wille), also als impersonale und unindividuelle Essenz.
Damit ist unmißverständlich gesagt, daß das Reich des Todes nicht die Domäne der persönlichen Unsterblichkeit ist. Der Mensch ist nur so lange ein einzelnes, für-sich-seiendes Ich, als er in diesem seinem Leibe lebt. Der entleibte Geist ist Allgemeinheit, weil ihm die Möglichkeit fehlt, sich in einem „Fremden" zu reflektieren. Aus diesem Grunde wird auch dort, wo die Auferstehung vom Tode gelehrt wird, wie beim Apostel Paulus, ausdrücklich betont, daß die auferstandenen Toten wieder einen „Leib" besitzen. Denn „nicht ist alles Fleisch einerlei Fleisch ... Und es sind himmlische Körper und irdische Körper. Aber eine andere Herrlichkeit haben die himmlischen, und eine andere die irdischen ... Also auch die Auferstehung der Toten ... Es wird gesäet ein natürlicher Leib, und wird auferstehen ein geistlicher Leib ... Aber der geistliche Leib ist nicht der erste, sondern der natürliche; danach der geistliche ... Der erste Mensch

ist von der Erde und irdisch; der andere Mensch ist der Herr vom Himmel ... Und wie wir getragen haben *das Bild des irdischen*, also werden wir auch tragen *das Bild des himmlischen*". (I. Kor. 15, 39–49. Die beiden Sperrungen sind die unsrigen.)

Der Tote kann nicht auferstehen, es sei denn „im Körper", denn die Seele ist nur insofern eine einzelne als sie sich im Anderen spiegelt und so ihr „Bild" hat, in dem sie ihre private Identität erlebt. Nur in seiner Freiheit individuiert sich der Geist. In der radikal auf sich selbst bezogenen Eigenheit und absoluten „Innerlichkeit" ist er nicht mehr individuell, persönlich oder ich-haft. – Damit aber sehen wir uns in der philosophischen Tradition des Abendlandes zwei prinzipiell verschiedenen Konzeptionen der Idee des Todes gegenüber. Die eine ist die griechisch-klassische, als deren letzten großen Repräsentanten wir Hegel zitiert haben. Die andere aber ist die christliche, die – philosophisch viel weniger durchgebildet – die klassischen Gedanken als anonymes aber mächtiges Hintergrundmotiv auf ihrem langen Wege durch die Geschichte des westlichen Geistes begleitet hat.

Der Unterschied der beiden Ideen ist aufs schärfste konturiert in ihrer Haltung gegenüber der Frage der persönlichen Unsterblichkeit, d. h. der Kontinuität der ich-haft privaten Identität über den Tod hinaus. In der klassischen Sicht auf das Todesproblem ist diese für das Individuum so brennende Frage philosophisch ganz irrelevant – soviel auch in der etwas irreführenden Terminologie des Phaidon von der Unsterblichkeit der Seele die Rede sein mag. Wenn Sokrates davon spricht, daß die Seele dem Tode schlechthin nicht begegnen kann (der Tod ist kein mögliches Objekt der *Erfahrung*), so nimmt der Hörer unwillkürlich an, daß der den Giftbecher Erwartende von seinem individuellen Ich spricht. Die ganze Situation suggeriert eine solche Interpretation! Aber die platonische „Seele" ist Idee, d. h. Allgemeinheit, und als solche das genaue Gegenteil zu individueller Einzelheit und subjektiv-persönlicher Privatheit, die sich gegenüber und unabhängig von allem Sein behauptet. Diese Seele ist „objektiv", sie ist das absolute Sein selbst und deshalb im letzten Grunde impersonal. „Sokrates", „Kebes", „Simmias", kurz jede individuelle für sich seiende Personalität sind in ihr nur vorübergehende Manifestationen. Daher das zyklische Verhältnis von Leben und Tod. Die ἀνάμνησις, als Garantin der individuellen Identität, überdauert den Zyklus nicht.

In der klassischen Metaphysik hat die Unsterblichkeit der Einzelperson keinen Platz. Die erste und fundamentalste Grundthese dieser Philosophie ist das Prinzip der Identität von Subjekt und Objekt, resp. von Denken und Sein. Im Absoluten fallen beide zusammen. Das Denken, oder das Subjekt, kann sich aber erst dann als reines, allgemeines Sein konstituieren, wenn in ihm jener metaphysische Bruch aufgehoben ist, demzufolge alles Denken in „eigenes" Denken im Ich und „fremdes" Denken im Du (im anderen Ich) aufgespalten ist. In anderen Worten: der Gegensatz von Subjekt und Objekt, der alles Denken vom gegenständlichen Sein trennt, wiederholt sich noch einmal im Denken selbst ... derart, daß stets nur eine spezielle Variante aus der Totalität von Denken überhaupt „subjektiv" sein, also einem individuellen Einzel-Ich zugeordnet werden kann.

Alles übrige Denken ist „objektiv", d. h., es vollzieht sich „für mich" in der Seinswelt in einer beliebigen (kontingenten) Anzahl von anderen Ichen, die dem denkenden Subjekt als Du-Objekte unvermittelt gegenübertreten. Diese, für unsere Problematik höchst relevante Tatsache läßt sich in dem folgenden einfachen Schema darstellen:

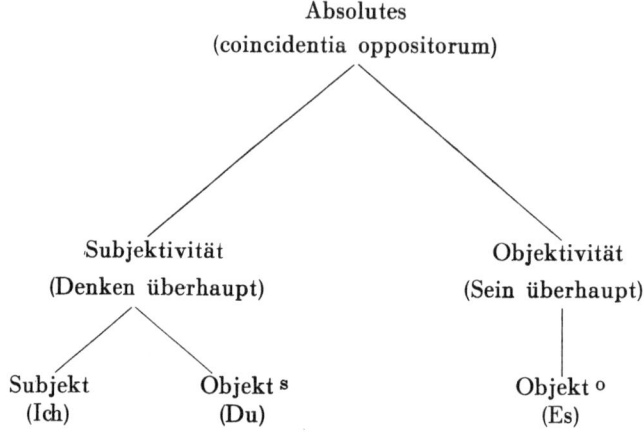

Es ist ohne weiteres ersichtlich, daß die absolute Identität von Denken und Sein, die coincidentia oppositorum, erst dann stattfinden kann, wenn die reine Subjektivität in sich selbst identisch geworden ist. Wenn also die Selbstentzweiung des Denkens in Denken im Ich und Denken im Du erst einmal aufgehoben ist. Ein gemeinsamer metaphysischer Grund für Subjektivität und Objektivität besteht also erst dort, wo der unser ganzes Leben beherrschende Gegensatz von Ich und Du vernichtet ist. Daraus aber ergibt sich für alles klassische Denken die unbarmherzige Folgerung, daß der Tod die personale ich-hafte Identität der „Seele" unwiderruflich auflöst. Es ist nichts mit der Unsterblichkeit des individuellen Subjektes – solange man den platonisch-aristotelischen Voraussetzungen unserer ontologischen Tradition strikt und pünktlich folgt.

Darum ist, wie Hegel sagt, „das Jenseits", das „über dem Leichname der verschwundenen Selbständigkeit" des individuellen Ichs schwebt, gleich der „Ausdünstung eines faden Gases". Und für die Seele, als eine in sich geschlossene Einzelheit und Individualität, hat der Tod „keinen inneren Umfang und Erfüllung". Für die „eigensinnige Punktualität" des Ichs, das sich selbst um keinen Preis aufgeben will, folgt dem Sterben „der kälteste platteste Tod".

Ganz in diesem Sinne heißt es bei einem modernen Denker: "Dying is almost the least spiritual of our acts, more strictly carnal even than the act of love". (Aldous Huxley, After Many A Summer Dies The Swan, 1939.)

Dem Tod kann auf dem Boden dieses Denkens seine metaphysische Dignität nur dadurch wiedergegeben werden, daß man ihn nicht auf das

Sterben des Individuums, sondern auf jene trans-individuelle Region der Subjektivität, nämlich die Dimension der Freiheit, bezieht. Und soweit Freiheit als Essenz der Wirklichkeit in Frage kommt, ist die Angelegenheit des persönlichen Unsterblichseins philosophisch irrelevant.

Dies ist, wie gesagt, der eine der beiden möglichen Standpunkte, die man dem Todesproblem gegenüber einnehmen kann. Der andere ist, so deuteten wir weiter oben bereits an, derjenige, der die Idee des Todes unlöslich mit der Postexistenz des privaten Ichs verknüpft, jenes Ichs, das seinen „Eigen-sinn" auch im Jenseits nicht aufgibt. Es ist charakteristisch, daß diese Auffassung sich genötigt gesehen hat, dem individuellen Subjekt, das den Tod übersteht, einen zweiten Leib zuzuschreiben. Dem „natürlichen" folgt ein „geistlicher Leib". Die philosophisch-metaphysische Konsequenz dieser paulinischen Idee ist enorm. Wenn nämlich „nicht alles Fleisch einerlei Fleisch" ist und ein „himmlischer Körper" aufersteht, so bedeutet das, daß das Jenseits, welches uns im Tode begegnet, nicht die absolute coincidentia oppositorum, nicht die endgültige Identität von Denken und Sein darstellen kann. Denn ein „Leib", ganz gleich welcher Art er ist, setzt einen weiter bestehenden Gegensatz von Subjekt und Objekt voraus. Die urphänomenale Antithese von Ich und Nicht-ich ist unter diesen Umständen selbst in der metaphysischen Dimension des Seins des Seienden nicht aufgehoben. Sie dauert – wenn auch auf einer neuen Realitätsebene (einer „anderen Herrlichkeit") – essentiell weiter. Eine endgültige Identität von Denken und Objektivität besteht nicht. Damit aber wird für das Problem des Todes die Gültigkeit der klassischen Denkmittel geleugnet, denn letztere setzen unabdingbar das absolute Identitätstheorem voraus. Ihr ganzer Wahrheitsanspruch hängt von demselben ab. Das ist bei Aristoteles ausdrücklich festgestellt.

Diese christlich-paulinische Todesauffassung hat philosophisch bisher so gut wie überhaupt keine Durcharbeitung gefunden. Es konnte gar nicht anders sein! Ruht doch alle abendländische Metaphysik ausschließlich auf dem Fundament der platonisch-aristotelischen Identitätslogik – weshalb alles Philosophieren über den Tod, das wissenschaftlichen Rang beansprucht, ganz konsequent nur das klassische Todesproblem behandelt hat.

Das Buch von Arnold Metzger „Freiheit und Tod", dem diese Betrachtungen gewidmet sind, macht hiervon keine Ausnahme. Im Gegenteil! Es ist eine ganz ungewöhnlich kompetente Darstellung der Idee des Todes als Hintergrund und Ursprung der metaphysischen Freiheitschance des Menschen. In diesem profunden Werke ist eine ganz echte metaphysische Begabung an der Arbeit. Es ist wohltuend, das festzustellen in einer Zeit, in der die Fähigkeit zum metaphysischen Denken im zunehmenden Verfall begriffen ist.

Man wird dem Buche kaum gerecht, wenn man es nur in seinen allgemeinen Grundzügen charakterisiert und gerne feststellt, daß es wieder und wieder in selten erreichte metaphysische Tiefen hineinleuchtet. Darüber hinaus ist es mitunter faszinierend in einzelnen Reflexionen, die blitzartig transzendente Perspektiven erhellen. Es ist schwer, dem Verfasser hier gerecht zu werden, ohne einige aktuelle Proben der Metzgerschen Formu-

lierungen zu geben, was im folgenden geschehen soll:
„Mit der graduellen Annäherung an den Tod wird die Erinnerung mehr und mehr das Medium des Willens zur Dauer" (S. 15). „Der Tod geschieht. Das Diskontinuierliche bricht in die Kontinuität wahrnehmenden Lebens ein. Was wir das Sterben des Menschen in diesem vorläufigen Sinne nennen, besagt, daß diese Identität von Geburt und Tod nicht mehr vom Innesein seiner selbst aufgefangen wird. Der Mensch stirbt, das heißt: das Existieren in ihm hört auf, von sich selbst zu wissen" (S. 43 f.). „Philosophie tritt gewissermaßen auf der Stelle. Sie schreitet nicht fort in der Erforschung des Seienden. Sie ist die ewige Wiederholung der Reflexion auf dasselbe: darauf, den in der Idee des Einen (der Orientierung des Mannigfaltigen an dem Einen) verborgenen Horizont offenzulegen" (S. 115).

Wir wollen unsere Textzitate an dieser Stelle für einen Augenblick unterbrechen, um auf die strikte identitätstheoretische Orientierung der Reflexion in „Freiheit und Tod" hinzuweisen. Sie ist besonders in (S. 43 f.) und (S. 115) unverkennbar. Es ist das klassische Todesproblem, das hier abgehandelt wird.

Demgegenüber klingt: „Wille ist Wille zum Sein. Wille ist im Seienden, offenbare es überschreitende Mächtigkeit" fast transklassisch. Aber die Möglichkeit einer nicht-identitätstheoretischen Interpretation dieser Sätze wird sofort durch die Bemerkung abgeschnitten: „Was der Wille ist, verdankt er nicht einer sogenannten ‚inneren Dynamik'. Die Dynamik ist nicht bei ihm. Sie ist bei dem sich entziehenden Wesen des Seins. Das besagt: der Wille liegt beim Sein" (S. 122).

Dementsprechend ist das, was den Tod überdauert, nicht das sein „Selbst" wollende Ich in intimer Personalität, sondern das impersonale (absolute) Leben: „Der Tod ist nicht der ‚Parzenschnitt', als ob das Leben mit dem Sterben des Leibes aufhörte. Der Tod meint, daß in seiner Welt durchbrechenden Unterwelt der von der Einheit bewegte Weltgrund rein, ungetrübt bei sich ist. Das Leben (Seele) wird durch das Sterben mit dem Weltgrunde vereint ... Der Tod liegt vor der Vereinzelung" (S. 166). Und weil eben die einzelne Seele nicht *vor* dem Tode ist, lesen wir einige Seiten weiter ganz konsequent: „Die ihrer inneseiende Existenz stirbt – mors animae – aus ihrer eigensten Gestalt heraus ... Nicht nur der Leib verwest. Die geschichtlich zeitliche Gestalt, die in der Tradition Seele genannt wird, zerfällt" (S. 173).

Daß diese klassische Betrachtungsweise das Vehikel für ganz außerordentliche metaphysische Einsichten sein kann (vorausgesetzt, man hat die Begabung des Verfassers von „Freiheit und Tod"), beweisen die folgenden Stellen: „Leben zerbricht nicht an seinem Schicksal oder an seinen hereinbrechenden Schicksalen, sondern daran, daß es seiner Macht über das Sterben nicht angemessen ist" (S. 179). Und: „Der Mensch weiß von dem Tode, weil er von der Realität des Universums ständig getroffen wird. Freiheit – Sein (Zeitlosigkeit) – Tod bilden eine apriorische Einheit der Fundierung in der Existenz, die ihrer Endlichkeit inne ist. Der Mensch ist die Aktualisationsstätte dieser dreifachen Einheit" (S. 224). Und schließlich die Schlußsätze des Buches, in den die leitenden Konzeptionen von

„Tod" und „Freiheit" endgültig verbunden werden: „Denken ist das Erkennen des Kreatürlichen im Lichte des das Kreatürliche negierenden Seins. Symbole des Gedachten sind Zeichen des Unterschiede verneinenden Todes. Dem Tod begegnend, sieht sich der Mensch als die von dem Unendlichen getroffene Existenz. In diesem Selbstverstehen seines Existierens erfaßt er seine Bestimmung; die existierende Welt organisierend dem Ewigen zuzuordnen. Dergestalt ist er das freie, die Welt von ihrer Endlichkeit befreiende Subjekt" (S. 290).

So fragmentarisch und knapp auch diese Auslese von Zitaten aus „Freiheit und Tod" ist, so zeigt sie doch deutlich sowohl die metaphysische Intensität des Metzgerschen Denkens als auch die grundsätzliche Tiefenschicht, in der sich die Gedankenführung konsequent bewegt. Da aber die Bedeutung des vorliegenden Werkes etwas Besseres verdient, als daß diese Betrachtung in eine charakterlose Lobhudelei ausartet, fühlen wir uns verpflichtet, ihren zweiten Teil den negativen Seiten dieser Analyse des Todesproblems zu widmen.

Soweit das Todesproblem behandelt worden ist, ist seine Behandlung kompetent und tiefsinnig – davon soll im folgenden nichts subtrahiert werden – es wird für den Leser aber nirgends deutlich, daß die Metzgersche Gedankenführung nur eine Seite des ganzen Fragenkomplexes darstellt. Wir haben oben bereits darauf hingewiesen, daß eine klassische und eine christliche Todesidee in der abendländischen Tradition zu unterscheiden ist. M. zeigt ausschließlich den klassischen Aspekt seines Themas. Zwar wird von ihm die christliche Ansicht reichlich zitiert, das soll bereitwillig zugegeben werden, aber eine solche Einführung honoris causa nutzt nicht viel, wenn der christliche Beitrag ganz der klassischen Systematik des Denkens (auf der M.s Gedankenführung *ausschließlich* ruht) untergeordnet wird. Weshalb Ideen, wie sie bei Paulus oder in der Offenbarung Johannes (der „zweite" Tod) vorkommen, im Zusammenhang von „Freiheit und Tod" keine Rolle spielen, weil sich ihre metaphysischen Voraussetzungen schlechterdings nicht mit der absoluten Identitätstheorie vereinigen lassen. So deutet z. B. das Motiv der Auferstehung eines verklärten Leibes auf eine echte Metaphysik des Todes hin. Aber M. erklärt demgegenüber ausdrücklich: „Unsere Aufgabe besteht ... nicht darin, eine Todesmetaphysik zu schreiben ... eine contradictio in adjecto" (S. 191). Das ist für die spezifisch klassische Konzeption des Todes, die M. darstellt, auch ganz richtig und unwidersprechbar. Für sie gilt in der Tat die Lehre von der „Unanschaulichkeit des Todes". Der Tod „ist nicht bestimmbar, wie alles Seiende (auch das Sterben) bestimmbar, identifizierbar ist. Der Tod ist nicht Gegenstand, kein möglicher Gegenstand der Erkenntnis". Deshalb ist der Tod „das grund-los Verschlossene" (S. 183).

Der Autor wird nicht müde, diesen transontologischen Charakter des Todes immer wieder zu betonen. Wir geben noch einige weitere Beispiele: „Der Tod hat wie das Nichts kein Wesen ... Sein ist Heimat allen Daseins, nicht nur des Menschen. Aber der Tod ist das Fremde ... Der Tod ‚ist' nicht. Das will besagen, die Seinskategorien, die das Dasein entwirft

(wozu auch die Kategorie der Ohnmacht gehört), passen nicht auf ihn ... Der Tod hat keine Stelle im Universum" (S. 184 f.).
M. bemerkt daraufhin weiter sehr richtig, daß der Tod „in der traditionellen Philosophie als Seinslehre des Seienden keine Epoche gemacht" hat (S. 185). Damit stimmen wir überein. Wir ziehen nur vor, den zur Diskussion stehenden Sachverhalt derart zu formulieren, daß wir sagen: die christliche Seite des Todesproblems (sein ontologischer Aspekt) ist in der abendländischen Tradition des Denkens bisher nicht thematisch geworden, weil diese Tradition ausschließlich auf dem Fundament der aristotelischen Logik beruht. Ideen wie die von der Auferstehung eines verklärten „Leibes" aber sind kompromißlos nicht-aristotelisch. Es war gar nicht möglich, daß sie auf dem Boden der klassischen Logik (die unsere Metaphysik bis heute ausschließlich beherrscht) je zum Zuge kommen konnten. Der Tod steht nicht unter dem Thema: Identität. Er ist radikalste, absoluteste Nicht-Identität. Er hat deshalb in einer Identitätsmetaphysik. wie der von „Freiheit und Tod", keinen Platz. Und M. ist völlig berechtigt, wenn er – von seinem Standpunkt aus – eine Metaphysik des Todes als einen Widerspruch in sich selbst erklärt.
Es wird aber nützlich sein, die genauen Grenzen einer solchen Erklärung abzustecken. Denn absolut und das endgültig letzte Wort in der Sache ist sie *nicht!* Der M.sche Standpunkt setzt die klassische Theorie der Negation voraus. Das ist verständlich, ist diese Theorie doch die einzige, die in unserem metaphysischen Denken bisher Anwendung gefunden hat. Unsere Philosophie hat zwar davon etwas läuten gehört, daß der Satz von dem ausgeschlossenen Dritten in der Mathematik und mathematischen Logik etwas fragwürdig geworden ist, aber es muß zugegeben werden, daß die intuitionistischen Erwägungen bis 1953 zu keiner neuen *philosophischen* Theorie der Negation geführt haben. Erst in dem angegebenen Jahr ist eine solche publiziert worden (Die philosophische Idee einer nicht aristotelischen Logik. Proc. XI, Int. Congr. Philos., Brüssel 1953, vol. V. 44–50) und diese auch nur in äußerst abbreviierter Form, sozusagen nur ein Vorbericht. Ein Einfluß auf „Freiheit und Tod", das 1955 publiziert worden ist, war unter diesen Umständen nicht zu erwarten.
Aber – wie bereits angedeutet – die neue philosophische Theorie der Negation desavouiert zwar die M.sche Behauptung, daß eine Metaphysik des Todes eine contradictio in adjecto ist, in keiner Weise. Sie schränkt ihren Geltungsbereich aber auf den Umfang des (legitimen) aristotelischen Denkens ein. Das ist so zu verstehen: die klassische Metaphysik kennt die Negation nur als einfaches Umtauschverhältnis mit der Position. Bezeichnen wir das Positive mit (1) und die Negation mit (2), so läßt sich die gegenseitige Relation dieser Momente durch das einfache Schema

darstellen. Das heißt, entweder die horizontale oder die vertikale Schreibung gilt und beide Schreibungen sind beliebig miteinander vertauschbar ... soweit die abstrakte Formalstruktur einer Logik, die mit diesen beiden Werten arbeitet, in Frage kommt. Der Gebrauch eines solchen Systems hängt davon ab, daß es auf das unerschöpfliche Reservoir der Erfahrung bezogen wird, die eine unendlich differenzierte *Bestimmung* des einen (positiven) Wertes erlaubt. Der andere (negative) Wert bleibt positiv-unbestimmt. Das heißt, wenn wir etwa „nicht-blau" sagen, so kann das alles mögliche heißen. Wir können damit eine andere Farbe, etwa „grün" oder „gelb" meinen, wir können mit dem negativen Prädikat „nicht-blau" aber gemäß dem formalen tertium non datur, das für das obige Schema gilt, ebensogut „kubisch", „süß", kurz jedes beliebige Prädikat indizieren, das uns nur in den Sinn kommt. Generell gesprochen: wir können zwar mit einem System positiver Prädikate Aussagen machen, weil uns hier die empirische Datengruppe der Welt zur Verfügung steht. Aber ein System reiner Negationen liefert keine Seins*bestimmungen*. Eine Logik, die auf einem elementaren Umtauschverhältnis von Positivität und Negation beruht, hat zwar eine unendliche Reflexionsbreite im Sein, aber keine bestimmbare Reflexionstiefe im „Gegen-Sein" der Subjektivität. Was jenseits des erfahrenen und erfahrbaren Seins ist, kann deshalb nur „Grau in Grau" gemalt werden. Da wir es mit einem einfachen Umtauschverhältnis zu tun haben, kann immer nur der eine der beiden Werte – der dann „positiv" genannt wird – bestimmbar sein, der andere funktioniert lediglich als unerfüllte Leerstelle.

Nun konstatiert M. mit Recht, daß schlechterdings keine Seinsbestimmung auf den Tod anwendbar ist. Ihm entspricht nicht einmal das dem Sein korrespondierende – mit ihm im Umtauschverhältnis stehende (Hegel) – Nichts. Aber „wenn wir auf das Faktum des Todes das Wort Nichts anwenden, so ist etwas anderes als die übersteigende Idee des Seins gemeint – das Nichts eines anderen Typus gewissermaßen" (S. 189). Das bedeutet ‚formal' gesprochen, daß die klassische Negation (die Seinsnegation) nicht auf die „Tatsache" des Todes anwendbar ist. Folglich ist auf dem Boden der klassischen Logik keine Metaphysik des Todes möglich. Soweit stimmen wir mit dem Standpunkt von „Freiheit und Tod" vollkommen überein.

Anders liegen die Dinge aber, wenn wir den Boden der klassischen (zweiwertigen) Logik verlassen und zu einer generell n-wertigen Logik übergehen. Das erste und entscheidende Merkmal eines solchen Systems des Denkens ist, daß Positivität und Negativität der Reflexion nicht mehr in einem einfachen (symmetrischen) Umtauschverhältnis miteinander stehen. Wir verfügen jetzt über einen reflexiv gestuften Tiefenbereich von Negationen, in dem das klassische Verhältnis von „bestimmt" und „negiert" nur das erste Wertverhältnis darstellt. Ihm folgt ein Umtauschverhältnis der Negation mit sich selbst und auf der Basis dieser beiden baut sich eine äußerst reiche Systematik „negativer" – und negativ *bestimmbarer* – Reflexionsstrukturen auf, deren Tiefendimension eine Funktion der gewählten Wertziffer ist. Denn jede n-wertige Logik hat n-1-Negationen, von denen nur die erste eine Seinsnegation ist. (Hegel: Das Sein ist das Nichts.)

Das soll an dem relativ einfachen Beispiel einer dreiwertigen Logik erläutert werden. Eine solche verfügt über zwei Elementarnegationen:

positiv	$\sim^0$	$\sim^1$	(I)
1	2	1	
2	1	3	
3	3	2	

wozu als iterierte Negationsverhältnisse noch:

$\sim^0 (\sim^1 \ldots)$	$\sim^1 (\sim^0 \ldots)$	$\sim^0 (\sim^1 (\sim^0 \ldots))$ $\sim^1 (\sim^0 (\sim^1 \ldots))$	(II)
2	3	3	
3	1	2	
1	2	1	

treten.

Tafel (I) enthält die klassische Negation „$\sim^0 \ldots$", d. h. das Umtauschverhältnis von Positivität und „unmittelbarer" (Hegel) Negation. Darüber hinaus aber finden wir in dieser Tafel die erste – für ein dreiwertiges System zureichende – nicht-klassische Elementarnegation „$\sim^1 \ldots$", die ein Umtauschverhältnis innerhalb der Negativität selbst konstituiert. Aus der Kombination dieser beiden Negationen resultiert dann die Tafel (II) mit Eigenschaften, die wesentlich von denen in Tafel (I) abweichen.

Jetzt wird deutlich, daß gewisse Aussagen, die auf dem Boden der klassischen Logik unbeschränkt gelten, reduziert werden müssen, wenn man sie auf ein mehrwertiges System überträgt. Solange nur zwei Werte zur Verfügung stehen, hat die Reflexion keine andere Wahl, als sich über das Sein auszubreiten. Ihr „Nichts" ist das genaue Gegenbild des Seins. Aber die Transzendenz des Todes ist, wie M. überzeugend darstellt, nicht die Transzendenz des Seins. Der Tod hat keine, aus dem Sein stammende, „ihn offenbar machenden Gründe" (S. 183). Also gibt es keine Todesmetaphysik! Die stillschweigende Voraussetzung ist hier, daß alle Metaphysik vom Thema ‹Sein› ausgeht. Aber diese Prämisse ist eben nur dann uneingeschränkt richtig, solange wir strikt zweiwertig denken. Im klassischen System ist die vom Sein abgetrennte Reflexion machtlos. Sie kann sich nicht selbst bestimmen. Anders aber im mehrwertigen System! Die durch „$\sim^1 \ldots$" etablierte Negationsrelation stellt ein Umtauschverhältnis zwischen den Negationen „2" und „3", unter Umgehung der Positivität „1" dar. Das heißt, die Negativität reflektiert hier auf sich selber. In anderen Worten: insofern „2" ein logisches Nichts gegenüber „1" darstellt, produziert „3" die Idee eines zweiten Nichts, das nicht mehr das Nichts des Seins, sondern das Nichts der Reflexion ist!

„Freiheit und Tod" spricht mit Recht von einem „anderen Typus" des Nichts, das nicht das „die Materie übersteigende, vereinigende Nichts des Seins" ist (S. 191). Solche Bemerkungen, so wahr und tief sie auch in sich sein mögen, bleiben ohne jeden rational angebbaren, also kommunikativen

Sinn, wenn man ausschließlich klassisch denkt. Für das traditionelle Denken gibt es ein solches zweites Nichts einfach nicht. M.s Behauptung aber ist eminent sinnvoll in einem mehrwertigen System. Dieses Nichts steht jetzt einem anderen Bestimmungssystem gegenüber! Nämlich dem Bestimmungssystem der sich auf sich selbst wendenden Reflexion, die durch die Tafel (II) repräsentiert wird.

Der Tod war vom Bestimmungssystem des Seins ausgeschlossen. Folglich ist eine Metaphysik des Todes eine contradictio in adjecto. Richtig! Das Nichts des Seins ist nicht das Nichts des Todes. Und ein anderes Bestimmungssystem als das des Seins existiert für zweiwertig-metaphysisches Denken nicht.

Aber für das mehrwertige Denken besteht ein „zweites" Bestimmungssystem, das das innere Gefälle der Reflexion in sich selbst definiert. Die klassische Logik kennt keine in sich reflektierte, interne Struktur der Negativität; weshalb eben ein Prädikat wie „nicht-blau" schlechthin alles designieren kann. Aber so wie das Sein eine in der Erfahrung gegebene unendlich differenzierte Struktur der „objektiven" Transzendenz widerspiegelt (und derart eine Seinsmetaphysik ermöglicht), so enthüllt die reine Negativität des ichhaften Bewußtseins dem mehrwertigen Denken einen unendlich differenzierten und *logisch bestimmbaren* Aufriß der „subjektiven" Introszendenz der sich selbst innehaften Reflexion. Dieses allem Sein inverse Bestimmungssystem etabliert die Möglichkeit einer Metaphysik der Introszendenz. Und das Faktum des Todes *muß* einen Platz in dieser Metaphysik haben, ist doch die M.sche Feststellung, daß der Tod „das Fremde" im Sein ist, selbst ein Reflexionsurteil. Im mehrwertigen System ist die Idee einer Metaphysik des Todes also alles andere als eine contradictio in adjecto!

Wie verhält es sich also mit solchen und ähnlichen Aussagen in „Freiheit und Tod"? Wir wollen noch ein Beispiel anführen. M. bezieht sich – wie von uns bereits erwähnt – auf den Augustinischen Terminus „mors animae". Die Seele zerfällt. Das kann klassisch nur heißen, das private, für sich seiende Ich löst sich auf. Der Schluß ist unvermeidlich, weil die klassische Theorie nur *einen* Identitätsbegriff kennt, nämlich den der Seinsidentität. Aber schon Hegel hat gesehen, daß dieser Identitätsbegriff zwar für einen Stein oder ein Stück Holz aber nicht für das Bewußtsein ausreicht. Er führt deshalb das neue Motiv der Reflexionsidentität ein. Jedoch wir brauchen nur vom zweiwertigen zum konsequenten dreiwertigen Denken überzugehen (ganz zu schweigen vom generell mehrwertigen Denken), um festzustellen, daß auch das noch nicht genug ist. Identität bedeutet logisch das Zusammenfallen zweier Werte. Dementsprechend haben wir im dreiwertigen System auch drei Identitätsrelationen:

$1 = 2$: erste (klassische) Identität
$2 = 3$: zweite Identität
$1 = 3$: dritte Identität

und es wäre erst noch zu untersuchen, ob der Fortfall der ersten Identität im Tode wirklich die ichhafte Identität des Individuums endgültig auflöst. Für M. scheint das so zu sein. Denn er bemerkt ausdrücklich: „Der Tod tötet das Individuelle... Er macht aus dem Individuellen das Werden zum Ganzen" (S. 223). Uns scheint die Frage völlig offen zu sein. Und hier zeigt sich der Mangel einer Metaphysik des Todes.

Unter diesen Umständen glauben wir, es ist eher richtig zu sagen: die in „Freiheit und Tod" entwickelte Gedankenführung liefert philosophische Minimalaussagen, insofern als das klassische System des Denkens, das M.s Buch uneingeschränkt dominiert, eben die Basis für das einfachste und unkomplizierteste metaphysische Aussagensystem bildet. Es ist ein enormes Verdienst des hier diskutierten Werkes, da es zeigt, daß das Todesproblem auf dieser Ebene des Denkens zu keiner inneren Erweiterung der bisherigen Metaphysik führt. Der Tod hat keine eigene Metaphysik. Das Sein wird zwar begriffen (und in ihm das Sterben), aber „der Tod wird nicht begriffen" (S. 202). Metaphysische Minimalaussagen beziehen sich ausschließlich auf die Relation vom Sein zum Bewußtsein, aus der der Tod als „das Dritte" emphatisch ausgeschlossen ist.

Die Möglichkeit mehrwertiger Logiken aber suggeriert die Idee progressiver metaphysischer Systeme der Reflexion, die schließlich zu dem Konzept metaphysischer Maximalaussagen führt, wenn wir annehmen, daß in einem gegebenen n-wertigen System „n" gegen Unendlich konvergiert. Auf einer solchen Basis ist die Idee einer Metaphysik des Todes nicht nur nicht widerspruchsvoll, sie wird umgekehrt geradezu notwendig. Denn so wie das Sein den metaphysischen Hintergrund für alles bestimmte Seiende bildet, so liefert der Tod den metaphysischen Boden für die sich frei bestimmende Reflexion. „Freiheit und Tod" beschränkt sich auf die Exposition des Problems im Rahmen des klassischen, zweiwertigen Denkens. Akzeptiert man diese Limitation (und warum nicht!), so wird es schwer sein, Tieferes zum Thema zu sagen, als das M. getan hat. Das M.sche Buch stellt in diesem Sinne den Abschluß einer Tradition dar. Es ist nicht wahrscheinlich, daß auf identitätstheoretischer Basis die Todesproblematik noch wesentlich weiter entwickelt werden kann. Es ist bezeichnend, daß alle letzten Resultate von „Freiheit und Tod" immer in Aussagen aus dem Gebiet der praktischen Vernunft münden. Hier liegt auch M.s größte Stärke. Der Satz: „Der Mensch ist nicht so sehr analogia entis als analogia libertatis" (S. 229), gehört zum Profundesten, was die gegenwärtige Philosophie hervorgebracht hat.

Auf dem Gebiete der neueren symbolischen Logik (und ihrem möglichen Einfluß auf das metaphysische Denken) ist M. dagegen weniger zu Haus. Man merkt das an seinem unklaren Gebrauch der Begriffe „variabel" und „invariabel". (Vgl. etwa § 13, c. des dritten Kapitels, S. 105 ff.) Aber obgleich sich diese beiden Termini in dem Buch unaufhörlich wiederholen, wird nicht der geringste Versuch gemacht, zwischen freien und gebundenen Variablen zu unterscheiden. Es wird dem Leser überlassen, sich im gegebenen Falle die richtige Bedeutung herauszusuchen. Dafür finden wir gelegentlich die bedenkliche Gleichsetzung von das „Variable" und die „Tatsache" (S. 217). Überhaupt halten die wenigen Seiten, wo kurz auf die moderne mathematische Physik Bezug genommen wird, nicht das

Niveau des übrigen Werkes. „Freiheit und Tod" ist wieder einmal ein Beweis, daß die gegenwärtige Metaphysik vorläufig noch nicht den Anschluß an das Neue in Mathematik, symbolischer Logik und nicht-klassischer Naturwissenschaft gefunden hat. Das mag evtl. sogar ein höchst gesunder Zustand sein, es ist in den letztgenannten Disziplinen noch vieles sehr vorläufig. Die Revolution des naturwissenschaftlichen Denkens steht vorerst noch in ihren allerersten Anfängen. Bezeichnend ist, daß M. für seine eigenen Kommentare zum Thema auf die 1949 erschienene Ausgabe von „Bavink" verweist. Die dortige Darstellung der Atomphysik aber ist heute in relevanten Punkten ganz drastisch überholt. Nur auf ein Beispiel sei hier hingewiesen. In M.s Gedankengängen spielt der Begriff der „Materie" eine beträchtliche Rolle. Aber dieser relativ einfache klassische Begriff ist heute auch hinfällig, denn seit der Entdeckung der potentiellen Existenz von Anti-materie (anti-matter), müssen wir mit einem neuen Begriff der Unverträglichkeit des Seins mit sich selbst rechnen.

Der grundsätzliche Wert von „Freiheit und Tod" aber wird durch diesen Hinweis auf die sich rapid wandelnde Szenerie unseres naturwissenschaftlichen Weltbildes kaum berührt. Die wenigen Seiten, auf denen dasselbe zur Diskussion steht, könnten ruhig eliminiert werden; man würde sie kaum vermissen. Was wir aber vermissen, ist, daß M. in seiner Philosophie der Freiheit nirgends Bezug auf die scharfsinnige und faszinierende Studie Arnold Gehlens, „Theorie der Willensfreiheit" (Bln. 1933), nimmt. Es trägt zu der geistigen Anarchie, in der wir heute leben, nicht wenig bei, wenn zwei gute Bücher, die einander so erstaunlich ergänzen, sich ignorieren. Und die Unterlassung kann Gehlen schwerlich zugerechnet werden.

Was schließlich den Stil anbetrifft, so hat man oft das Gefühl, daß er dem Leser seine Aufgabe schwerer macht, als das unbedingt notwendig ist. Die gelegentliche Dunkelheit der Diktion scheint aber eine Eigenschaft aller Denker zu sein, die zu originalen metaphysischen Tiefblicken fähig sind. Und dies ist hier in der Tat der Fall. „Freiheit und Tod" ist eine Respekt erheischende Leistung der deutschen Philosophie.

SCHÖPFUNG, REFLEXION UND GESCHICHTE

Erster Teil

Seit etwa einhundertfünfzig Jahren hat sich die metaphysische Stellung des Menschen so intensiv zu verändern begonnen, daß die Symptome einer bis in letzte Daseinsvoraussetzungen gehenden bewußtseinsgeschichtlichen Bewegung auch an der Oberfläche unserer historischen Existenz sichtbar zu werden beginnen und von nun ab nicht mehr übersehen und kaum fehlgedeutet werden können.

Blicken wir in die Vergangenheit, so fällt (nicht zufällig) der Horizont der ältesten Geschichte mit einer urphänomenalen Bewußtseinshaltung des menschlichen Ichs zusammen, die sich in einfachsten Zügen etwa folgendermaßen beschreiben läßt: Die Seele wird in eine Welt hineingeboren, die von ihren tiefsten Hintergründen bis zu der unübersehbaren Vielgestaltigkeit ihrer Oberfläche ewige Natur ist. Unter „Natur" aber versteht das erlebende Bewußtsein eine in ihrem letzten Wesen unbegreifliche Kontingenz, ein übermenschliches Reich unwandelbarer Gesetze und ein ganz in sich selbst ruhendes Sein, das vor allem Bewußt- und Ichsein da war. Von diesem primordialen Factum, daß da etwas west, was die sterbliche Seele nur nachträglich und unvollkommen begreifen kann, sagt eine alte Formel: es ist dasjenige, was da war, was da ist und was da sein wird. Die Welt ist so in ihrem innersten Kern endgültige und ewige Objektivität und unterscheidet sich darin von der prekären Flamme des Bewußtseins, die sich erst nachträglich an ihr entzündet und in der Asche der Zeitlichkeit schnell wieder erstickt.

Diese Bewußtseinssituation der menschlichen Seele hat in der klassischen Metaphysik der Griechen ihren endgültigen begrifflichen Ausdruck gefunden. Von Plato über Aristoteles bis zu Plotin und den späteren Neuplatonikern wird mit vorbildlicher (wenn auch einseitiger) Ausrichtung auf das Problem der Objektivität das Wesen des primordialen Seins mit einer Reflexionshelle beschrieben, die die nachfolgenden Zeiten zwar gelegentlich erreicht, aber nie übertroffen haben. Wir sind bis heute nicht in der Lage gewesen, dem, was Plato, Aristoteles und ihre Schüler in der „Antike" über das Wesen des sich gleichbleibenden und mit sich selbst identischen Seins (αἴδιον) der Wirklichkeit gesagt haben, irgend etwas Wesentliches hinzuzufügen. Es gab von da an bestenfalls Bewahrung dieses metaphysischen Themas oder Verfall und Abstieg.

Die Eule der Minerva beginnt erst mit der einbrechenden Dämmerung ihren Flug, bemerkt Hegel, und als der *Gedanke* der Welt erscheint die

Philosophie erst, „nachdem die Wirklichkeit ihren Bildungsprozeß vollendet und sich fertig gemacht hat". In anderen Worten: Eine so reife und reflexiv bewußte Formulierung der metaphysischen Situation des Menschen ist das Endprodukt einer langen Entwicklung, und die innere Vollendung einer in späteren Jahrhunderten so andachtsvoll empfangenen Formel wie der vom absoluten Sein alles relativ Seienden (τὸ ὄντως ὄν) beweist, daß hier ein bestimmtes Stadium des spirituellen Wachstums des Menschen zum Abschluß gekommen ist. *Die Antike ist nicht der Anfang der klassischen Bewußtseinsverfassung des menschlichen Ichs, sondern der Abschluß und die geistige Liquidation einer welthistorischen Epoche von solchem Ausmaß, daß neben ihr die etwa zweieinhalbtausend Jahre zwischen Thales und uns Heutigen nur als kurzes und flüchtiges Zwischenspiel vor dem endgültigen Beginn der nächsten großen universalgeschichtlichen Periode erscheinen.*

Vielleicht liegen die Dinge genau umgekehrt, als sie etwa Spengler gesehen hat. Für ihn folgen auf eine geschichtslose Vorzeit die im eminenten Sinne historischen Hochkulturen, deren wesentliches Kennzeichen ihre enorme Kurzlebigkeit ist. In der letzten derselben aber ist der „Kampf zwischen der Natur und dem Menschen, der sich durch sein historisches Dasein gegen sie aufgelehnt hat, praktisch zu Ende geführt worden" (Der Mensch und die Technik. 1931, S. 63). Der historische Typ des Menschen, dessen „Seelenkraft nach der Unmöglichkeit ringt, die Übermacht des Denkens, des organisierten künstlichen Lebens über das Blut zu brechen und in ein *Dienen* zu verwandeln" (S. 64), stirbt wieder aus, und auf das hektische Satyrspiel der Geschichte folgt als kosmischer Abschluß der endgültige Zustand der geschichtslosen Nachzeit.

Die inneren Widersprüche dieser Geschichtsphilosophie, auf die oft genug aufmerksam gemacht worden ist (ohne daß ihre Kritiker etwas Ebenbürtiges an ihre Stelle zu setzen wußten), lösen sich aber leicht, wenn man annimmt, daß das reißende Tempo der regionalen Hochkulturen, das wir heute weniger als je bestreiten können, nicht der Ausdruck einer besonders intensiven Historizität des Menschen, sondern das genaue Gegenteil ist. Je schneller die relevanten Geschehnisse aufeinander folgen, desto weniger kann sich das bilden, was wir als die eigentliche Substanz des geschichtlichen Lebens ansehen[1]). Die letzten dreißig oder vierzig Jahre liefern in ihrem Institutionszerfall ein erschütterndes Bei-

---

[1]) Zum Tempo der Geschichte bemerkt Hegel auf den letzten Seiten der „Phänomenologie des Geistes": „Die Geschichte ist das wissende, sich vermittelnde Werden . . . Dieses Werden stellt eine träge Bewegung und Aufeinanderfolge von Geistern dar, eine Galerie von Bildern, deren jedes mit dem vollständigen Reichtum des Geistes ausgestattet, eben darum sich so träge bewegt, weil das Selbst diesen ganzen Reichtum seiner Substanz zu durchdringen und zu verdauen hat."

spiel davon. Macht man aber einmal den Versuch, die regionalen Hochkulturen als ephemere und relativ unhistorische Übergangszustände zwischen zwei großen weltgeschichtlichen Perioden des Menschen zu betrachten, dann öffnet sich, wie uns scheint, eine tiefere Dimension der historischen Erkenntnis.

Gegen die weitverbreitete Auffassung, daß nur die Hochkulturen Geschichte im strengen Sinn repräsentieren, wendet sich ganz besonders die Einsicht, daß in allen diesen kurzlebigen Gebilden vom Alten Reich in Ägypten bis zur faustischen Kultur des Abendlandes eine Helle und Hitze der Seinsreflexion herrscht, die die Substanz des Menschen fast verbrennt, anstatt sie historisch zu entwickeln. Ein Bantuneger ist nicht mehr derselbe Mensch wie ein Individuum der Aurignac-Rasse, aber zwischen Konfuzius und Sun Yat-sen, Samkara und Gandhi oder Plato und uns besteht unter reflexionstheoretischen Gesichtspunkten nicht der geringste menschliche Unterschied. Wir wissen heute noch beschämend wenig über die Rolle, die die Reflexion im Verhältnis des Menschen zur Welt spielt, das eine aber ist ziemlich sicher, nämlich daß Handlungsmotive, in das reflektierte Bewußtsein gehoben, ihre motivierende Kraft allmählich einbüßen. Der sich steigernde Reflexionsgehalt der Hochkulturen wirkt also als historische Bremse.

Man betrachte einmal unter diesem Gesichtspunkt die Metaphysik der Griechen. Hier wird ins Bewußtsein gehoben, was für eine vorangegangene universalgeschichtliche Periode — eine Epoche, deren Dauer nur mit geologischen Zeitmaßstäben umschrieben werden kann — selbstverständliche, aber unformulierte Voraussetzung der spirituellen Existenz des Menschen gewesen ist. Das erlebende Ich sah sich einem Sein von so überwältigender objektiver Macht und so unbeirrbarer gegenständlicher Konsequenz gegenüber, daß es der isolierten Psyche praktisch unmöglich war, sich dagegen zu behaupten. Der Reflexion blieb da nur die Flucht ins Kollektivbewußtsein. Diese Situation ist fast ohne Restbestand in die Kernformeln der klassischen Metaphysik eingegangen. Die ungeheure Macht des Objektiven spiegelt sich in der These von der Einheit des Wahren und Guten im absoluten Sein und die Ohnmacht des Ichs in der Lehre von der Negativität des bloß Subjektiven. Das kollektivistische Motiv aber kehrt wieder in dem Postulat der metaphysischen Einheit von Denken und Sein, eine Verschmelzung, die ja nur zustande kommen kann, falls die einzelnen Seelen ihre individuelle Ichheit bedingungslos aufgeben. Der Mensch kapituliert so vor dem übermenschlichen Sein der Natur. Selbst seine bisherige (klassisch-archimedische) Technik, die sich auf diesen metaphysischen Voraussetzungen aufbaut, ist ein unbewußtes Eingeständnis seiner Schwäche. Sie ist in ihrem tiefsten Grunde defensiv. Praktisch gesehen hat sie die Aufgabe, ihn gegen die Naturgewalten zu schützen und davon abzulösen; logisch-theoretisch aber ist sie nichts anderes als eine subalterne Nachahmung von objektiven Realitätsprozessen. Es ist auch nicht zufällig, daß das Thema aller großen Weltreligionen, die diese Epoche abschließen, „Erlösung" heißt. Hier ruft eine verzweifelte Seele, die der brutalen Faktizität des Seins noch nicht gewachsen ist, nach einer helfenden Hand, die sie aus „dieser Welt" hinausführen soll.

Damit aber, daß diese metaphysische Situation in der Metaphysik Platos und der Logik des Stagiriten endgültig fixiert und von der Reflexion streng begrifflich durchleuchtet wurde, verlor sie auch alle geschichtliche Motivkraft. Die zeitlose Gültigkeit dieser Vision des Geistes und unsere Unfähigkeit, an dieser klassischen Vollendung noch etwas zu verbessern, beruht gerade darauf, daß diese Bewußtseinslage für unsere Existenz — soweit dieselbe metaphysisch bedeutungsvoll sein soll — ganz und gar nicht mehr verbindlich ist.

Wenn das aber so ist, dann können wir nicht umhin zu fragen: was hat sich dann eigentlich von Plato bis heute historisch ereignet? Die Beantwortung dieser Frage verlangt, daß wir uns noch einem weiteren metaphysischen Fundamentalmotiv, das in der bisherigen Geschichte des Menschen eine Rolle gespielt hat, zuwenden. Bisher war nur von Objekt und Subjekt die Rede, und wir deuteten an, daß die Objektivität in dieser Periode mit einer solchen unvorstellbaren übermenschlichen Macht erschien, daß die Subjektivität davon völlig aufgesogen wurde. Es blieb der letzteren nichts anderes übrig, als selbst als objektives Sein, d. h. als Seelen*substanz*, zu erscheinen. Wie stark diese Tradition gewesen ist, ersieht man daraus, daß noch in der Philosophie Kants die Idee eines „Ich an sich" spukt. In den Paralogismen der reinen Vernunft wird das Selbstbewußtsein ganz naiv als „ein Ding, welches denkt", bezeichnet, wenn Kant auch zugibt, daß er über die Beschaffenheit dieses „Dinges" nichts wisse. Aber, wie gesagt, auch hier ist Subjektivität noch nichts anderes als eine mysteriöse Variante von objektiv-gegenständlichem Sein.

In diesem bisher etwas einseitig beschriebenen Weltbild existiert aber noch ein andersartiges Motiv von metaphysischem Rang, dessen Bereich weder mit dem Umkreis von Objekt noch mit dem von Subjekt identisch ist und das sich der Absorption in das allmächtige Sein des Seienden erfolgreich entzogen hat. In der griechischen Metaphysik ist von ihm wenig die Rede, und erst im Neuplatonismus wird ein schwächlicher Versuch gemacht, sich mit ihm zu beschäftigen. Dafür dominiert es die religiösen

Texte der Weltreligionen. Wir verzichten hier darauf, die Upanishaden und andere östliche Schriften heranzuziehen, und beschränken uns darauf, das in Frage stehende Motiv aus der Schöpfungsgeschichte der Bibel abzulesen.

Die metaphysische Deutung der Welt kann sich nämlich nicht damit zufriedengeben, eine Formulierung für das Wesen von Objekt und Subjekt produziert zu haben. Es bleibt dann nämlich immer noch eins unerklärt, was in der Physik als das Phänomen des Prozesses, im Subjekt als die Eigenschaft der reflexiven Spontaneität und in der Logik als das Problem der Relation erscheint. (Daß Reflexion und Spontaneität nicht nur sich nicht ausschließen, sondern daß die Reflexion als „Akt" selbst spontanen Charakter hat, darauf hat Ulrich Sonnemann in seinem Aufsatz: Die Menschenwissenschaft und die Spontaneität, Merkur, Oktober 1958, überzeugend hingewiesen.) Wie man sieht, handelt es sich hier um ein Motiv, das weder mit dem Subjekt noch mit dem Objekt voll identifiziert werden kann, weil es in *drei* Varianten auftritt: erstens im Sein, zweitens als Element der Subjektivität und drittens als *Relation* zwischen Sein und Seele — also als etwas, was sowohl außerhalb der Dinglichkeit wie auch außerhalb der Ichhaftigkeit seine „Existenz" hat. Der Tatbestand, um den es sich hier handelt, kann von dem Philosophen auch auf die folgende Weise formuliert werden: Ein Bewußtsein, das unter der ontologischen Weltformel lebt, daß Objekt und Subjekt metaphysisch identisch sind, behält unvermeidlich einen Reflexionsüberschuß zurück, der in dieser Formel nicht aufgehen will. Was außerhalb bleibt, ist evidentermaßen der seelische Prozeß, der diese Formel ausspricht. Die aktive Aussage, daß Objekt und Subjekt ontologisch identisch sind, kann unmöglich in den Aussage*inhalt* mit eingeschlossen sein, denn der Inhalt einer Aussage kann sich nicht selbst aussagen. Eine Aussage kann nicht zugleich Bewußtseinsprozeß und Bewußtseinsgegenstand sein! Die unzulässige Vermischung dieser Daten führt, wie Russells Typentheorie und andere logistische Prozeduren zeigen, stets in einen Selbstwiderspruch des Denkens (Paradoxie) hinein.

Das metaphysische Identitätstheorem, auf dem sich bisher die spirituelle Geschichte des Menschen aufbaut, läßt also einen bis dato unbewältigten Reflexionsüberschuß zurück, der als motorischer Antrieb wirkt, in eine neue Epoche der menschlichen Existenz überzugehen. Über das Wesen dieses dynamischen Elements gibt nun die Schöpfungsgeschichte der Bibel unerwartet reiche Auskunft, wenn wir uns der bisher noch nicht unternommenen Aufgabe unterziehen, diesen Text reflexionstheoretisch zu analysieren.

Unter dem eben angegebenen methodischen Gesichtspunkt kann die Schöpfungsgeschichte als (mythologisch formulierter) Bericht über die primordiale Transferierung von subjektiven Reflexionsprozessen auf das objektiv-gegenständliche Medium einer Realwelt — die dadurch reell überhaupt erst zustande kommt — verstanden werden. Bereits im Jahr 1933 hat Arnold Gehlen in seiner „Theorie der Willensfreiheit" die tiefsinnige (reflexionstheoretische) Bemerkung gemacht: „Im Begriff der Schöpfung ist das ... zusammengedacht: Ein Subjekt verhält sich produktiv zu einem Objekt (der Welt), und die Seite der Wiederholung liegt in der unendlich wichtigen Bestimmung des *Bildes*" (S. 159). Die Metaphysik des Schöpfungsbegriffes gipfelt also auch nach Gehlen in einem Reflexionsproblem.

Von einer solchen Betrachtungsweise ist die Normallage des menschlichen Bewußtseins sehr entfernt. Wir sind auch heute noch weitgehend an der Vorstellung orientiert, daß es nur eine echt objektive Außenwelt gibt, nämlich die von Gott, oder sonst irgendeiner primären Ursache, geschaffene „Natur". Dieselbe umfaßt den totalen Seinsbereich. Es „gibt" nichts, was nicht aus den Händen dieses Weltschöpfers hervorgegangen wäre. Er allein kann erschaffen. Selbst die Produkte unserer bisherigen Technik ließen sich als Tatsachen — und unter etwas gedankenloser Absehung von ihrem objektiven Reflexionsgehalt — in dieses Weltbild einbauen. In ihnen hatte der Mensch das von Gott bereitgestellte Material nur mehr oder weniger ummodelliert. Vielleicht der stärkste Ausdruck dieses Glaubens ist der durch Mayer, Joule und Helmholtz formulierte „Energiesatz" (1842), gemäß dem in einem physikalischchemischen (natürlichen) Vorgang die Gesamtenergie als Summe aller einzelnen Varianten von Energie unverändert bleibt. Dahinter steht die unausgesprochene Überzeugung, daß die Schöpfung absolut ist. Es kann davon nichts verlorengehen, weggenommen oder hinzugetan werden.

In diesen „natürlichen" Glauben ist in den letzten Jahrhunderten aber langsam das Problem der Geschichte eingebrochen, und man hat schließlich (sehr spät) zu begreifen begonnen, daß Geschichte das Phänomen ist, das entsteht, wenn der Mensch seine eigene Subjektivität kontrapunktisch auf das natürliche Material der Wirklichkeit abbildet. Man ist damit gegenüber der naiven Ansicht einer älteren Zeit, die historische Institutionen wie Ehe, Kunst, Gesellschaft, Staat „natürlich" erklären wollte, etwas skeptisch geworden. Das Naturrecht hat so gut wie allen Kredit verloren, und man beginnt zu ahnen, daß zwischen Natur und Geschichte ein metaphysischer Bruch von ganz unauslotbaren Tiefen existiert. Gott mag auch heute noch für den Erdenstaub, aus dem wir und die Dinge gemacht sind, verantwortlich sein, aber die Schöpfung jener „zweiten" Realität, die uns als objektiver Zivilisations- und Geschichtszusammenhang reell mindestens so stark beeinflußt wie der erste natürliche Seinsbestand, können wir ihm unmöglich zuschreiben. Für sie sind wir allein verantwortlich. Hier hat eine Verdoppelung, also Wiederholung, der Realität stattgefunden. Ihr metaphysisches Wesen werden wir besser verstehen, wenn wir uns jetzt dem Detail der reflexionstheoretischen Deutung der biblischen Schöpfungsgeschichte zuwenden. Wir gehen dabei geflissentlich nicht auf den Urtext zurück, sondern berufen uns auf den Lutherischen Text. Eine Übersetzung ist (in einem sehr abgeschwächten Sinn) selbst schon eine reflektierende Interpretation. Und was im Augenblick wichtig ist, ist nicht, was die ursprünglichen Autoren sich einmal gedacht haben, sondern was heute aus diesen Mythologemen herausgelesen werden kann — und muß.

Unter dem oben bezeichneten Gesichtspunkt fällt uns nun sofort die in den Versen Genesis I, 4, 10, 12, 19, 21 und 25 ziemlich stereotyp wiederkehrende Formel auf: „Und Gott sah, daß es gut war." Sie bezieht sich, wie auch ein flüchtiger Leser des Textes sofort feststellen kann, auf die Erschaffung der natürlichen Welt in fünfeinhalb Tagen. Wenn aber das Resultat einer solchen Schöpfung „gut" ist und an den Begriff des Guten dabei ein direkter göttlicher Maßstab angelegt werden kann — denn es ist Gott, der so geurteilt hat —, dann heißt das, daß primordiales Sein eben absolut, endgültig und von übermenschlicher, in sich beschlossener Kontingenz ist. Das Urteil Gottes schließt immer den jeweiligen partiellen Schöpfungsprozeß ab. Was jetzt da ist, ist *endgültig* und in seinem ontischen Wesen vollendet — und bestätigt! Dasselbe kann keine Geschichte haben, denn diese setzt erstens ein Moment der Unvollkommenheit voraus, durch welche das Wort des Schöpfers desavouiert wäre. Zweitens aber hat dieses Sein eine extra-mundane Wurzel im göttlichen Willen, der sich in ihm erfüllt hat. In der göttlichen Reflexion, „daß es gut war", kehrt dieser Wille befriedigt zu sich selbst zurück. Seine Objektivation ist deshalb nicht die Bewegung einer unerfüllten Sehnsucht, sondern ewige Ruhe. Die innere Verwandtschaft mit der griechischen οὐσία ist nicht zu verkennen. Es ist derselbe metaphysische Weltbegriff, der hinter den Dialogen Platos und den Versen der Genesis steht. Ohne eine solche Übereinstimmung in letzten metaphysischen Voraussetzungen wäre die gegenseitige Befruchtung von klassischer Philosophie und Christentum (Judentum) nie zustande gekommen.

Wenden wir jetzt unsere Aufmerksamkeit den speziellen Schöpfungen des fünften und sechsten Tages zu, so entdecken wir ein neues Motiv in dem Bericht. Was die ersten vier Tage angeht, schließt der Bericht mit der einfachen ontologischen Bestätigung des Gutseins des bisher Geschaffenen ab. Sobald aber die Entstehung des freibeweglichen Lebens erzählt wird, nimmt der göttliche Reflexionsprozeß eine neue Dimension an. Das Tier ist eine erste Manifestation von Freiheit. „Ein Tier ... kann wählen. Es ist aus der Verbundenheit der ganzen übrigen Welt gelöst" (Spengler). Aber diese Freiheit transzendiert noch nicht die physische Existenz des animalischen Lebens. Dementsprechend schließt der aktuelle Schöpfungsprozeß des fünften Tages noch einmal mit der direkten ontologischen Bestätigung des Endgültigseins ab. Ihm folgt aber jetzt ein weiterer Vers, in dem das Geschaffene zusätzlich „gesegnet" wird. Das In-die-Existenz-Treten des freibeweglichen Lebens involviert eine doppelte Reflexion. Man beachte aber die Reihenfolge der reflexiven Prozesse. Die ontologische Bestätigung des Gutseins kommt zuerst. Erst auf ihr und innerhalb der so gegebenen Daseinsbedingungen kann sich das durch die Segnung bestätigte Element der Freiheit betätigen. Die freie Beweglichkeit des Tieres ist ontologisch gebundene Freiheit.

Nimmt der in den Versen 20–23 dargestellte fünfte Tag bereits eine Sonderstellung ein, so unterscheiden sich die Vorgänge des sechsten Tages nicht nur von der einheitlichen Gruppe der ersten vier, sondern auch von den Ereignissen des unmittelbar vorangehenden Tages. Was die separat berichtete Erschaffung der Landtiere in Vers 24 und 25 angeht, so ist von Gunkel in seinem Kommentar zur Genesis wohl mit Recht darauf aufmerksam gemacht worden, daß die alten Autoren damit auf den Kontrast zwischen Tier- und Menschschöpfung aufmerksam machen wollten. Der Schaffensprozeß des letzten Tages ist nämlich doppelstufig. Für alle anderen Tage einschließlich des fünften *endet* das göttliche Werk mit der ontologischen Bestätigung dessen, was in die Existenz gerufen worden ist. Am sechsten Tag aber kommt die Erklärung des Gutseins in der Mitte des Schöpfungsvorgangs, d. h. unmittelbar, nachdem die Landtiere ins Leben gerufen sind. Dann erst beginnt Gott mit der Erschaffung des Menschen. Dieselbe aber ist von der ontologischen Bestätigung, die in allem übrigen Dasein investiert ist, ausgeschlossen. Vers 28 enthält nur die schwächere Reflexionsformel: der Mann und sein Weib werden „gesegnet". Seine Schöpfung ist nicht definitiv! Dem entspricht auch, daß er kein Sein ($οὐσία$), sondern nur ein „Bild" ist. Zwar ein Ebenbild Gottes, aber eben doch nur eine Spiegelung des Weltschöpfers. Die ontologische Frage, ob gut oder nicht gut, wird unter dieser Voraussetzung gegenstandslos. Das Schöpfungsresultat des sechsten Tages hat als metaphysischen Kern kein objektives Ansichsein, sondern bleibt ein lebendiger, nicht abgeschlossener Akt. Der Schöpfer gibt einen Teil seiner Selbstbestätigung an die Welt ab. Das zuletzt Geschaffene gehört nicht dem natürlich-gegenständlichen Bereich der Welt an. Es ist Subjekt.

Da aber jede wiederholende Reflexion ein Rückkoppelungssystem darstellt — Hegel spricht von einem „Kreis" —, kann der Schöpfungsprozeß nicht mit der Segnung enden. Wir finden deshalb im Schlußvers des ersten Kapitels eine weitere zusammenfassende ontologische Bestätigung, die sich auf „Alles" bezieht. In anderen Worten: die Summe der als „gut" bezeichneten Schöpfungsresultate plus die ontologisch indifferente Erschaffung des Menschen sind zusammen ebenfalls „sehr gut". Der Mensch wird also nicht direkt bestätigt, sondern indirekt in seinem ausdrücklichen Gegensatz zur Definität alles natürlichen Seins.

Es ist ganz offensichtlich, was damit gesagt werden soll. In jedem schöpferischen Handlungsvorgang bleibt ein reflexiver Überschuß zurück, der sich nicht in objektiven Realitäten wie Licht, Erde, Wasser, Pflanze und Tier umsetzen läßt. Die eben aufgezählten Schöpfungsprodukte sind ontologisch stabile Varianten des Seins, die aber gerade infolge ihrer Stabilität (ihres Gut-Seins) den beweglichen Reflexionsprozeß, der sich in ihnen abbildet, verfälschen. Eben deshalb ist die Natur kein Abbild Gottes. Was zu leisten bleibt, ist eine iterierte Projektion des Tätigseins, in der sich die schöpferische Handlung qua Handlung, also als reflexiver Überschuß über die objektiv erreichten Resultate *direkt* spiegelt. Das derart zustande kommende Projektionsbild ist die Erscheinung des Menschen.

Diese letzte Schöpfung ist von äußerster Zweideutigkeit. Wir sind nämlich nicht in der Lage, auch nur annähernd zu sagen, wer oder was in diesem Bilde eigentlich porträtiert wird. Wenn wir bisher gesagt haben: die schöpferische Aktivität, die in ihren eigenen Resultaten nicht aufgeht und sie überschießt, so haben wir damit eine bloße Leerform bezeichnet. In Vers 27 heißt es zwar, daß im Menschen ein „Bild Gottes" entstanden ist. Dem entspricht auch der mangelnde ontologische Abstand zwischen Schöpfer und Geschöpf, der nur „Segen" zuläßt, aber keine endgültige Bestätigung des Gut-Seins. Diese Interpretation wird in Vers 31 jedoch wieder partiell desavouiert, denn wenn Gott dann alles, was er gemacht hatte, „ansah", setzt er sich in dieser letzten Reflexion von der Schöpfung ab, die damit als Ganzes in die ontische Dimension rückt. Von diesem finalen Abstandnehmen wird also auch der Mensch betroffen. In andern Worten: Die „Subjektivität" Gottes hat sich jetzt aus dem „Bild" zurückgezogen. Daraus folgt: der in das Ebenbild projizierte tätige Reflexionsüberschuß hat sich von der Identität des Schöpfers abgelöst.

Schöpfung ist in diesem Sinne ein Ausdruck für einen identitätstheoretischen Sachverhalt ersten Ranges. Derselbe besagt, daß es auf dem indirekten Weg, über die nach außen gerichtete Handlung, der Subjektivität gegeben ist, ihre Identität zu wechseln. Das Wissen um diesen Tatbestand ist in einer frühen Periode unserer Geistesgeschichte einmal sehr lebendig gewesen. Über einen Identitätswechsel hat die Gnosis spekuliert, wenn ihre Vertreter, wie etwa Valentinus, Ptolemaios oder Markos, eine scharfe Trennung zwischen dem absoluten Gott des ewigen Pleroma und dem Demiurgen als Weltschöpfer einführen. Was jene Konzeption, ebenso wie analoge Ideen bei Markion, zur Unfruchtbarkeit verurteilt hat, war der falsche ontologische Akzent, mit dem man die Figur des demiurgischen Gottes ausstattete. Das Wesen jenes Demiurgen sollte nicht ontologische Indifferenz, sondern „Böses" sein. Und diese negative Eigenschaft ist angeblich die Frucht einer tiefen metaphysischen Unwissenheit des Weltschöpfers. „Er schuf einen Himmel, ohne den Himmel zu kennen; er bildete einen Menschen und kannte den Menschen nicht", wie es bei Ptolemaios heißt (zitiert nach Leisegang, Die Gnosis, 1924, S. 317). Und er hielt sich für den alleinigen Gott, von dem der Prophet Jesaia sagt (45, 5): „Ich bin der Herr, und sonst keiner mehr; kein Gott ist außer mir." Aus der unzureichenden Kenntnis dieses negativen Aspekts hat auch Leibniz in der „Theodizee" die Konzeption des Demiurgen verworfen. Diese Gestalt ist aber die mythologische Formulierung eines ganz legitimen reflexionstheoretischen Sachverhalts. Die Stipulierung, daß der Demiurg weder den absoluten Gott in seinem Rücken noch die Schöpfung vor seinen Händen kennt, besagt, daß er weder mit dem einen noch mit dem anderen identisch ist. In seiner Figur ist mithin der Tatbestand eines metaphysischen Identitätswechsels personifiziert.

Hier hat die abendländische Geistesgeschichte sich einer erstrangigen ontologischen Einsicht beraubt. Denn was durch die zügellosen mythologischen Bilder des gnostischen Denkens sehr deutlich hindurchleuchtet, ist die Ahnung, daß Real-Schöpfung den Schöpfer selbst verwandelt. Indem der absolute Gott zum Weltschöpfer wird, produziert er dadurch, daß er seine primordiale Identität aus diesem Akt zurückzieht, eine neue Subjekt-Identität. Das Identischsein erfährt eine Verdoppelung oder Iteration in dem zum Leben erwachten Bild. Heute spukt dieser alte Gedanke nur noch in Verzerrungen solcher modernen Erzeugnisse wie etwa dem „Bildnis des Dorian Gray". Es ist aber leicht zu sehen, warum die Gestalt des Demiurgen in der Geistesgeschichte keine Schule gemacht hat. Die alten religiösen Texte haben auf uns nur durch das interpretative Medium der Platonisch-Aristotelischen Metaphysik gewirkt. Die letztere setzt aber eine metaphysisch invariante Relation zwischen Objekt und Subjekt voraus (Identitätstheorem). Unter dieser Voraussetzung ist die Idee eines Identitätswechsels der Seele absurd.

Es ist wichtig, genau zu verstehen, was mit einem durch einen Schaffensprozeß induzierten Identitätswechsel gemeint ist. Der Schöpfer stößt in diesem Vorgang sein erstes Subjektsein ab und erwirbt durch eben diese Tätigkeit eine neue Identität. Die abgestoßene Subjektivität aber geht durch eine demiurgische Übergangsperiode, bis sie sich an einem neuen ontologischen Ort als geschaffene Ich-Identität etabliert. Im Falle der biblischen Geschichte ist es der Mensch, der diese ontologische Stelle im Universum besetzt. Ist das Ziel erreicht und der Identitätswechsel vollzogen, dann verschwinden auch die undeutlichen Konturen der Gestalt des Demiurgen wieder, seine Vermittlerrolle ist ausgespielt. Göttlicher Wille und menschliche Subjektivität sind jetzt streng voneinander abgesetzt.

Der Text der Genesis, der selbstverständlich nicht mit der Vorstellung des Demiurgen arbeitet, drückt die durch den Schöpfungsprozeß sich steigernde Distanz zwischen göttlichem Wesen und Resultat im Geschaffenen auf subtilere Weise aus. Soweit die Ereignisse der ersten fünf Tage in Frage kommen, begegnen wir immer nur einfachen Wendungen, wie „Gott schuf", „Gott sprach", „Gott sah". D. h., hier ist ein reflexiver Sachverhalt in *irreflexiver* Form, also ohne ausdrücklichen aktiven Rückbezug auf die eigene Subjektivität ausgedrückt. Demgegenüber aber ist die Formel in Vers 26 zweistufig. Sie lautet nämlich: „Und Gott sprach: Lasset uns ... machen." Also erst wieder die übliche irreflexive Konstatierung, sofort aber in dem „uns" ergänzt durch Rückkoppelung an die eigene göttliche Subjektivität. Mit einem tiefen mythologischen Instinkt haben die alten Autoren dabei den Plural des Pronomens gesetzt. Bloße Seinsidentität, wie die des physischen Universums, kann sich im Singular konstituieren, lebendige Reflexionsidentität eines erlebenden und wollenden Ichs aber nur im Plural. Daher die plötzliche „polytheistische" Wendung. Die oft von uninformierter Seite ausgesprochene Vermutung, daß es sich hier um den Pluralis majestatis handle, ist unzutreffend. Derselbe ist erst später durch die Perser eingeführt worden. Gott spricht hier zu andern „Elohim" (Gunkel). In der reflexiven Rückbeziehung auf sich selbst treten auch in der totalen Subjektivität Gottes die gesonderten Momente von Ich und Du auf.

In der supra-mundanen Geschichte, die Gott mit der von ihm geschaffenen Natur verbindet, tritt also die schöpferische Tätigkeit erst als ein einfaches Reflexionsverhältnis (mit irreflexiven Resultaten) auf. Es fehlt vorerst die rückkoppelnde Beziehung vom Erzeugten auf das sich betätigende Ich. Dem Ingangsetzen dieser doppelten, zu sich selbst zurückkehrenden Reflexion ist dann die zweite Stufe, die in Kap. I mit Vers 26 beginnt, gewidmet. In ihr wird, nachdem erst die Dinge entstanden sind, der Reflexionsprozeß selbst, als Tatbestand in der Welt, geschaffen. Dieses Thema wird, wie wir sahen, im ersten Kapitel der Genesis nur sehr kurz dargestellt. Der Hauptakzent liegt dort auf der Erschaffung von „Himmel und Erde", also auf dem Thema: irreflexives Sein.

Die mit 1. Mose 2,4 anfangende zweite Version des Mythus kehrt diese Akzente um. Dem Thema Sein werden jetzt gerade drei knappe Verse gewidmet, und alles Schwergewicht liegt auf einer breiten, sich über zwei Kapitel erstreckenden Darstellung der primordialen Umstände, unter denen die Existenz des Menschen Wirklichkeit wird. Bezeichnend ist dabei, daß die erste Variante des Berichts über den Anfang der Welt, beginnend 1. Mose 1,1, mit dem Vers 1. Mose 2,3 einen definitiven Abschluß findet. Das Sein-an-sich ist in der Schöpfung Gottes vollendet. Die zweite Version dagegen, die das In-die-Existenz-Kommen des Kosmos nur flüchtig berührt und sich überwiegend mit den Gestalten Adams und Evas beschäftigt, läuft in eine offene historische Perspektive aus. Die Schöpfung des Menschen ist noch nicht zu Ende!

Es lohnt sich, das etwas näher zu untersuchen. Von den zahlreichen Differenzen, die jeder der beiden Geschichten ihren eigentümlichen Geschmack geben, ist vielleicht die wichtigste die, daß in der Jahvistischen Darstellung des zweiten Kapitels nicht mehr davon die Rede ist, daß der Mensch als Bild Gottes erschaffen worden sei. Liest man den Text mit einiger Überlegung, so sieht man sofort, warum. In der Elohistischen Version des ersten Kapitels heißt es ganz kurz und bündig: er „schuf sie einen Mann und ein Weib". Damit wird in bildlich-gegenständlicher, mythologischer Form ein sehr einfacher reflexionstheoretischer Tatbestand vorgestellt. Hinter dieser Formulierung steht nämlich eine grundlegende Struktureigenschaft der sich auf dem Umweg über das Sein auf sich selbst beziehenden Reflexion. Dieselbe kann nicht in einem isolierten Ich gesammelt und auf ein einziges Selbstbewußtsein ausgerichtet sein. Es gehört vielmehr zu ihrem Wesen, daß ihr ganzer Umfang immer über den urphänomenalen Gegensatz von Ich und Du distribuiert ist. Diese Einsicht steht – dem Elohistischen Autor ganz unbewußt – schon hinter den Worten „lasset uns ... machen". Sie hat aber auch die Wortgebung in Vers 26 diktiert. Das fundamentale Gesetz der Distribution der Subjektivität gilt für Gott und Mensch gleichermaßen. Daß diese Streuung der Subjektivität über eine Mehrheit von Bewußtseinszentren anläßlich der Erschaffung des Menschen naiv als Geschlechtsdifferenz dargestellt wird, hat unter den metaphysischen Gesichtspunkten, die uns in unserer Analyse leiten, wenig oder nichts zu bedeuten.

In dem neuen Bericht des zweiten Kapitels (beginnend mit Vers 4) kann von dem generellen Verhältnis zwischen aktiv produzierender und als Objekt produzierter Reflexion nicht mehr die Rede sein. Dieses Thema ist abgehandelt und erledigt. Während aber die Produktion des irreflexiven Seins nur eine einstufige Relation zwischen Schöpfer und Geschaffenem voraussetzt, ist die Projektion des lebendigen Reflexionsprozesses in das Sein eine mehrstufige Angelegenheit. Der metaphysische Instinkt kann sich mit dem einfachen Bericht des ersten Kapitels deshalb nicht zufriedengeben und beschreibt darum die Erschaffung des Menschen noch einmal, und zwar derart, daß es für uns Heutige nicht schwer ist zu sehen, daß hinter den mythologischen Bildern der zweiten Erzählung das Distributionsproblem der Subjektivität steht. Ab 1. Mose 2,7 wird der gesonderte Ursprung von Ich-Subjektivität und Du-Subjektivität nämlich in einer Weise beschrieben, die ganz deutlich macht, daß beide ganz verschiedene ontologische Wurzeln haben. In mythologischer Formulierung: Der Schöpfungsvorgang von Mann und Weib ist nicht identisch.

Erst erfahren wir in Vers 7 die Entstehung des im Selbst isolierten Ichs, das eben in dieser seiner Vereinzelung *kein* Bild Gottes ist. Es heißt dort: „Und Gott der Herr machte den Menschen aus einem Erdenkloß, und er blies ihm ein den lebendigen Odem in seine Nase. Und also ward der Mensch eine lebendige Seele." Nach dem bisher Gesagten dürfte ohne weiteres ersichtlich sein, daß dieser Schöpfungsakt unvollständig ist und nicht die volle Gestalt des Menschen als Abbild Gottes verwirklicht. Was beschrieben wird, ist nur die Einsenkung des lebendigen Odems, des λόγος σπερματικός, wie ihn eine spätere Zeit genannt hat, in die Materie überhaupt. Dieser Vorgang steht, unter weitergehenden reflexionstheoretischen Gesichtspunkten betrachtet, auf derselben metaphysischen Ebene wie die Ereignisse der ersten fünf Tage, von denen in 1. Mose 1, 1–25 die Rede ist und von denen jedesmal ausdrücklich bemerkt wird, daß sie „gut" waren.

Diese Auffassung wird dadurch bestätigt, daß die Erschaffung der isolierten (objektiven) Seele jetzt ebenfalls ein solches metaphysisches

Reflexionsurteil auslöst, das diesmal aber — in bezeichnender Weise — negativ ausfällt. Die Entscheidung fällt allerdings nicht sofort. Erst gibt Gott nämlich der isolierten Ich-Subjektivität eine angemessene Umgebung, den Garten Eden. Aber auch dieser weitere Schritt beläßt die bisher vorgenommene Projektion von lebendiger Subjektivität in das Objektive in essentieller Unvollkommenheit. Denn wenn der Mensch ein Bild Gottes sein soll, dann muß sich in ihm die Kapazität des Schöpfers, sich *ganz* in der Welt zu reflektieren, noch einmal wiederholen. Das Paradies erfüllt die Aufgabe nicht, es liefert nur eine Spiegelung im Objektiven. Die Aufgabe einer Spiegelung des Subjekts qua lebendige Subjektivität ist erst dann erfüllt, wenn die Reflexion sich an einer anderen Ich-Identität (einem Du) bricht. Unter diesem Gesichtspunkt muß der in 1. Mose 2,7 beschriebene Schöpfungsakt als unvollendet betrachtet werden. Das ontologische Bestätigungsurteil, das auch diesmal folgt, ist denn auch negativ. „Es ist nicht gut, daß der Mensch allein sei." Dementsprechend folgt dann die Schöpfung des Du in der Gestalt des Weibes.

Die Weise, in der das vor sich geht, ist äußerst aufschlußreich. Es ist nirgends davon die Rede, daß das Du seinen lebendigen Odem direkt und unvermittelt von Gott durch einen besonderen Einhauch empfängt. Es wird vielmehr aus dem Material des bereits durch lebendige Subjektivität belebten Körpers des Ichs erschaffen. In andern Worten: Das Du ist abgeleitetes und vermitteltes Subjektsein. Die totale Subjektivität des Menschen aber bildet in ihrer Distribution über Ich und Du ein durch den Bereich des Objektiven gehendes Reflexionssystem und produziert in dieser „Vermittlung" einen geschlossenen Kreis des Auf-sich-selbst-Bezogenseins, genauso wie Gott und die Schöpfung — gemäß übereinstimmenden Berichten in allen Weltreligionen — ein reflexiv sich selbst umfassendes Rückkopplungssystem der Wirklichkeit konstituieren.

Soweit der Mensch in Frage kommt, wird dieser Sachverhalt durch seine Anerkennungsformel direkt bestätigt, wenn er das erste Du mit den Worten empfängt: „Das ist doch Bein von meinem Bein und Fleisch von meinem Fleisch..." Die Wahl der hier verwandten Ausdrücke ist alles andere als zufällig. An dem Wortlaut dieser Texte hat ein unbewußter metaphysischer Instinkt von Generationen geschliffen. Was hier anerkannt wird, ist das „Fleisch". Die Anerkennung des lebendigen Odems ist erst durch dasselbe vermittelt. In reflexions-theoretischer Formulierung: Das ebenbürtige Ichsein im Du ist nicht unmittelbar gegeben, sondern nur durch das Medium der Objektivität (des „Fleisches") reflektiert. Darum ist von ihm bei der ersten Begegnung von Mann und Weib nicht die Rede.

(Wenn dem Autor an dieser Stelle eine Seitenbemerkung erlaubt ist, so sei es die: Die metaphysische Abwertung des Weibes in den meisten Weltreligionen und den aus ihnen abgeleiteten kulturellen Entwicklungen dürfte darin ihren Grund haben, daß abgesehen von der Religion der Großen Mutter das Weib in den religiösen Mythologemen immer als Du-Subjektivität auftritt. Was man ganz vergaß, war, daß Ich und Du innerhalb des totalen Distributionsbereiches von Subjektivität in einem genauen Umtauschverhältnis der Reflexionszentren stehen. Als merkwürdiges Resultat dieses Vergessens trat dann zutage, daß man vom Ich abgeleitete Du-Subjektivität mit weiblicher Subjektivität verwechselte.)

Es ist selbstverständlich, daß den Verfassern der biblischen Texte keine der hier vollzogenen reflexionstheoretischen Erwägungen in den Sinn gekommen sind. Dafür fehlte es ihrem Denken an Bezogenheit auf die eigene geschichtliche Lage. Um so bemerkenswerter ist es dann aber, daß die Weise, in der die Erschaffung des Menschen berichtet wird, genau mit den Forderungen zusammenstimmt, die die Theorie reflexiver Strukturen an eine anschauliche Darstellung des Sachverhalts stellen müßte. Die Erzählung im zweiten Kapitel der Genesis enthüllt eine strukturtheoretische Wahrheit, die ihr abgehen würde, wenn wir belehrt würden, daß das Du aus einem anderen Erdenkloß erschaffen und ihm der lebendige Odem separat eingeblasen worden sei. In diesem Falle wäre die Seele nicht nur als Innerlichkeit des Ichseins, sondern auch als objektives Faktum (Du) im gleichen Sinn unmittelbar zu Gott. Die Folgen einer solchen Annahme sind phantastisch. Es gäbe dann weder Geschichte, noch wäre es unter diesen Umständen möglich, eine Kommunikation zwischen Ich und Du zu etablieren. Denn das „Dritte", über das jene Kommunikation zu gehen hätte, wäre Gott. Es erübrigt sich, zu erklären, warum man Gott nicht als Kommunikationskanal benutzen kann. Die Divinität ist keine Telefonleitung. Zwei Iche aber, zwischen denen grundsätzlich kein Informationstransfer möglich ist, existieren nicht füreinander. Mehr noch: ein derart isoliertes Ich existiert auch nicht für sich selbst als *Selbst*bewußtsein. Es ist bestenfalls unmittelbares „tierisches" Erleben ohne Selbstreferenz. Die vorhandene einfache Reflexion fließt in diesem Fall nur nach außen. Sie kehrt, da ihr der Mechanismus der Rückkopplung fehlt, niemals subjektive Identität bildend in das Innere zurück.

Auch darauf ist in dem biblischen Text Bezug genommen. Die allein nach außen fließende Reflexion betätigt sich in der Namengebung der Tiere (1. Mose 2, 19—20). Für einen solchen an sich nur einfach reflexiven

Akt muß aber ein „feed-back" vorausgesetzt werden, das sich auf ein wollendes Ich bezieht, das eine solche Namengebung beabsichtigt. Man beachte nun, daß die Namengebung vor der Erschaffung des Weibes stattfindet, also in einem Stadium der Schöpfung, in dem der Mensch noch keine vollentwickelte Subjektivität besitzt. Der fehlende Teil muß also vorläufig noch im Schöpfer investiert sein. Das kommt in der Erzählung von der Namengebung dadurch zum Ausdruck, daß das intentionale Ich, das den Vorgang in Bewegung setzt, in Gott zurückverlegt ist. Der Text konstatiert das ganz ausdrücklich, denn es wird dort von dem Schöpfer berichtet: als er die Tiere gemacht hatte, „brachte er sie zu dem Menschen, daß er sähe, wie er sie nennte". Die Subjektivität, die die Namengebung ermöglicht, ist also vorläufig noch über Gott und Mensch distribuiert. Für sich selbst aber findet der Mensch auf dieser Stufe noch keinen Namen. Seine partielle Subjektivität besitzt in diesem Stadium noch nicht die Kapazität der Selbstreferenz. Erst später, als Gott ihm seine „Gehilfin" bringt, erwacht in ihm das personale Identitätsbewußtsein, und die jetzt mit den Worten: „Man wird sie Männin heißen", vollzogene Namengebung ist begleitet von dem ausdrücklichen Rückbezug auf die eigene Person. Denn aus den sofort folgenden Worten: „darum daß sie vom Manne genommen ist", kann die rückkoppelnde Selbstreferenz – also das endlich vollendete Selbstbewußtsein – direkt abgelesen werden.

Der reflexionstheoretische Gehalt dieses Mythos kann gar nicht überschätzt werden. Die Begegnung mit der tierischen Subjektivität löst keine Selbstreflexion im menschlichen Bewußtsein aus, aber das Erscheinen eines ebenbürtigen Du erschließt im Menschen die subjektive Tiefe einer sich ihrer selbst bewußten Innerlichkeit. In der Terminologie Hegels: in 1. Mose 2,7 kommt er als Seele *an sich* in Existenz, aber erst durch die Konfrontation mit einer ihm in der Welt begegnenden zweiten Subjektivität (1. Mose 2,23) wird er Seele auch *für sich* selbst. –

Auf ein weiteres Eingehen in die Details der Schöpfungsgeschichte können wir an dieser Stelle verzichten. Das bisher Gesagte gibt uns bereits den Schlüssel zur Beantwortung der Frage, die wir im ersten Teil dieser Betrachtung stellten. Wir interpretierten die klassische Metaphysik als spirituellen Abschluß und intellektuelles Resümee einer historischen Bewußtseinslage, in der sich der Mensch seit frühesten Zeiten geschichtlich entwickelt hat. Die metaphysischen Motive dieser Entwicklung sind dadurch, daß sie der Mensch in sein Bewußtsein gehoben hat, neutralisiert und ihrer Triebkraft beraubt worden. Mit Plato, Aristoteles und der Metaphysik der Weltreligionen endet eine große

Epoche der Weltgeschichte. Was hat sich aber seither begeben? Da in der griechischen Philosophie das transzendentale Motiv vom Subjekt zum Objekt etwas zu kurz kommt, wandten wir uns um weitere Auskunft an die Bibel, und aus der dort erworbenen Information ist die Antwort auf unsere Frage unschwer abzuleiten.

Entkleiden wir nämlich die Schöpfungsgeschichte aller mythologischen Verbrämung, dann ist sie eine vorbildliche Darstellung der fundamentalen Bedingungen, unter denen eine von Bewußtsein begleitete Handlungskapazität eines Subjekts objektive Tatbestände produziert. Die griechische Philosophie gab zwar eine Deutung, was Objekt und was Subjekt ist, aber über die reflexive Relationsstruktur, die beide verbindet und die als dritte metaphysische Komponente dieses Weltbild bestimmt, lernen wir von ihr nur wenig. Hier greift die religiöse Tradition ein. Sie beschäftigt sich mit der metaphysischen Struktur des Prozesses, der zwischen Objekt und Subjekt spielt, *und reflektiert ihn noch einmal ins Bewußtsein zurück.*

Die abendländische Zivilisation, in der wir heute leben, ist, wie jeder Gebildete weiß, im wesentlichen das Endprodukt einer mit dem Hellenismus beginnenden Auseinandersetzung zwischen der griechischen, ganz aufs Objektive gerichteten theoretischen Bewußtseinshaltung und den orientalischen (letztlich christlichen) Gedankenmassen, in denen die Thematik sich scheinbar auf das Subjekt richtet, in Wirklichkeit aber über dasselbe hinaus auf ein Drittes, Tieferes geht, das wir in der Erzählung der Genesis als reflexiven Realprozeß kennengelernt haben. Die innere Verwandtschaft der beiden Haltungen ist evident. Im Griechentum distanziert man sich von dem, was *Sein* in der vergangenen Epoche der Weltgeschichte war — und dieser Seinsbegriff schließt Objekt und Subjekt (als seiende Existenz in der Welt) ein. In der orientalischen Tradition findet genau derselbe seelische Distanzierungsprozeß statt, nur nimmt man hier Abstand von dem, was *Geschehen* (Prozeß), in der Vergangenheit des Menschen gewesen ist. Auch hier umschließt das, wovon man sich entfernt, beides — Objekt und Subjekt.

Die letztliche, reflexionstheoretische Identität dieser beiden vorerst nur emotional verwandten Haltungen wird aber nicht geahnt. Und damit setzt ein *Bewußtseinsprozeß* ein, der ziemlich genau zwei Jahrtausende gedauert hat, heute aber wohl seine Schlußphase erreicht hat. Am Beginn unserer Zeitrechnung hat der Mensch de facto sich von einer Weltepoche größten Stils abgelöst. Die Zeit, die seither verflossen ist, hat dazu gedient, uns das Wissen dessen, was da geschehen ist, beizubringen. In diesen letzten zwei Milliennien (oder auch etwas länger) ist die Geschichte des Menschen als *Real*geschichte und „kosmisches" Geschehen stillgestanden. Er hat aber in dieser kurzen Periode an einer *Bewußtseins*geschichte von fast unvorstellbarer Intensität gelitten. In ihr ist heute das, was von dem historischen Subjekt der vorangegangenen Realgeschichte noch übrig war, durch die innere Reflexionsarbeit der regionalen Hochkulturen zerrieben worden. Es ist bezeichnend, daß Spengler glaubt, daß mit der faustischen Kultur, der bestenfalls noch ein „matter Nachzügler" (a. a. O. S. 63) folgen kann, die Geschichte des Menschen zu Ende ist. Was Spengler im Auge hat, ist nur die spezifische Gestalt der menschlichen Existenz, wie sie in dem kurzen Zwischenspiel der Hochkulturen von China bis Westeuropa erscheint. Von derselben ist allerdings zu sagen, daß sie keine Zukunft mehr hat. Das besagt aber gar nichts für die Möglichkeit der Geschichte eines neuen „Menschen", dessen Wesen sich zu uns Heutigen etwa so verhält, wie wir zu der animalischen Existenz des — Tiers.

Eine kurze Rekapitulation dessen, was uns die reflexionstheoretische Analyse der ersten beiden Kapitel der Genesis gelehrt hat, mag hier weiterhelfen. Wir erfahren, daß ein handelndes Bewußtsein in seiner Realgeschichte (Schöpfung) einem unerwarteten Zwang unterliegt: Es kann sich in seinen Handlungen nicht selbst behalten, weil alle personale Identität durch einen Reflexionsüberschuß gebunden ist, der sich in einer doppelten Weise äußert, nämlich als „Reflexionsintroszendenz" und „Reflexionstranszendenz". Der demiurgische Weltschöpfer ist böse! Subtrahieren wir davon den in diesem Zusammenhang ganz irreführenden ethischen Akzent, so heißt das nur: er ist vergänglich und löst sich im Prozeß des Erschaffens auf. Unvergänglich und ewig ist nur das Gute, das unum bonum der klassischen Metaphysik. Anders ausgedrückt: In jedem schöpferischen Akt bleibt ein Reflexionsüberschuß zurück, der verhindert, daß der Schöpfer sich mit dem Geschaffenen voll identifiziert. *Handlung ist nicht restlos transferierbar in objektives Sein.* Reflexion als Subjektivität und Sein als Objektivität sind nicht isomorph, sondern allomorph.

Der Schöpfungsakt leidet also an einem Widerspruch, an dem der Demiurg zugrunde geht. Seine Divinität löst sich auf, weil der in ihm investierte Reflexionsüberschuß sich teils als Reflexionstranszendenz auf das Sein abschlägt und dort als „Seele" des Menschen erscheint, teils aber zieht er sich introszendent aus dem Schöpfungsakt zurück und west von nun an in unauslotbaren Tiefen einer jenseitigen Innerlichkeit als deus absconditus, d. h. als der absolut verborgene Gott, der sich in der Welt *nicht* offenbart hat. Es ist wichtig, zu verstehen, daß dieser Identitätswechsel im Göttlichen, der vom demiurgischen Weltschöpfer zum deus absconditus führt, zwei reflexionstheoretisch genau unterscheidbare Seiten hat. Nur dadurch kann Gott sich von der Welt ablösen und seine durch den Schöpfungsakt beeinträchtigte Jenseitigkeit wieder voll herstellen, daß er am Schluß sich im Sein in der Gestalt des Menschen wiederholt. D. h., der demiurgische Reflexionsprozeß, der die Wirklichkeit geschaffen hat, findet schließlich im Universum selbst eine natürliche Stelle. Die Identität Gottes *als* Weltschöpfer geht damit auf den Menschen über. Er ist der im Fleische auferstandene Demiurg. Diesem Abfluß der Reflexion in das Sein entspricht nun aber ein gegenläufiges Abfließen in ein absolut jenseitiges Pleroma. Der deus absconditus ist völlig von der Welt abgeschieden. Gott ist mit dem Sein des Seienden nur *vor* der Erschaffung der Welt identisch. Dem geschaffenen Sein gegenüber ist seine Transzendenz ausschließlich durch den Menschen vermittelt.

Wenden wir diese generellen reflexionstheoretischen Einsichten auf die gegenwärtige geschichtliche Situation an, dann läßt sich, wie wir glauben, der welthistorische Ort, an dem der Mensch heute angelangt ist, ungefähr bezeichnen. Auch wird es möglich sein, einen generellen Begriff von dem metaphysischen Wesen und dem Ziel der nächsten großen Epoche der kosmischen Geschichte des Menschen zu geben.

Was die erste primordiale Periode des menschlichen Daseins charakterisierte, war die Tatsache, daß sich dasselbe in einer Welt befand, deren Seinscharakter, wie bereits bemerkt, völlig kontingent und undurchsichtig war. In mythologischer Formulierung: Dieses Sein war dem Willen Gottes entsprungen. Alle Ausrichtung auf dieses Sein ist indirekt eine Ausrichtung auf den göttlichen Willen. Die Geschichte des Menschen war somit Heilsgeschichte und damit in ihren letzten Intentionen allem irdischen Wollen entzogen. Es ist bezeichnend, daß die Idee der menschlichen Freiheit in diesem Daseinsraum nur über das liberum arbitrium indifferentiae zur resignierenden Dialektik einer „freiwilligen Aufgabe der Freiheit" führt (Gehlen). Mit der absoluten Kontingenz des göttlichen Ratschlusses ist nicht zu rechten, und nicht umsonst nennt sich die letzte der großen Weltreligionen: Islam — was Ergebung bedeutet.

Während aber das *Bewußtsein* des Menschen in der vergangenen Epoche unter diesen Voraussetzungen metaphysisch ausgerichtet war, hat sich, erst langsam und dann in immer steigendem Tempo, dank der menschlichen Handlungskapazität der natürliche primordiale Seinshintergrund der Welt mit einer zweiten Realitätsschicht überlagert. Hegel, der als erster ihre fundamentale Relevanz erkannt hat, nennt sie den „objektiven Geist". Darunter ist die durch die Geschichte geschaffene Institutionalität und die durch sie produzierte Transformation der natürlichen Existenz zu verstehen. Der Mensch hat hier — dank einer Jahrtausende langen Projektion seines Willens auf das physische Material der Natur — eine „zweite Kontingenz" des Seins geschaffen, der sich einerseits niemand mehr entziehen kann, die aber andererseits eine unerhörte Konsolidation der menschlichen Existenz mit sich gebracht hat.

Die erste Kontingenz der natura naturans aus göttlichem Willen ist jetzt durch menschlichen Willen derart überdeterminiert, daß sie sich langsam in ihm aufzulösen beginnt. Das aber hat zur Folge, daß sich das Bewußtsein des Menschen von nun ab nicht mehr in ein „besseres Jenseits" flüchten kann. Es sieht sich in den Maschen der von ihm selbst geschaffenen historischen Welt unentrinnbar gefangen. Man kann aus der Geschichte nicht desertieren. Von jetzt ab ist der Mensch in alle Ewigkeit an seinen objektiven Geist gebunden. In der Theologie sind wir mit dieser Vorstellung von altersher vertraut. Der ganze Komplex eschatologischer Vorstellungen, gipfelnd in der Idee eines Jüngsten Gerichts, ist nichts anderes als ein bildlicher Ausdruck für die Idee eines Rückkopplungssystems, das zwischen Gott und der Welt besteht. Der Schöpfer kann sich an seiner Schöpfung nicht desinteressieren. Der Rückzug des deus absconditus aus dem Sein betrifft nur den Geist Gottes als *Denken*, also als introszendentale Reflexion. In seinem *Willen* aber (dem „Gericht") bleibt er permanent an sie gebunden.

Das Verhältnis des Menschen zu der von ihm selbst geschaffenen zweiten Kontingenz der geschichtlichen Institutionalität muß notwendig in strenger Analogie des Verhältnisses Gottes zum natürlichen Universum aufgefaßt werden. Denn wenn Gott sich im Menschen als Bild wiederholt, dann wiederholt sich eben die Reflexionsstruktur, gemäß der lebendige Subjektivität sich einerseits vom Sein abhebt und andererseits in die Objektivität projiziert. Mit dieser Projektion in das Objektive, d. h. mit der menschlichen Schöpfung der zweiten Realkontingenz der Geschichte, haben wir es jetzt zu tun. Durch die Geschichte hat der Mensch *seinen* Willen in der Welt investiert. Nun erinnern wir uns aber, daß Gott seine Schöpfung in zwei Etappen vollzog. In den ersten fünf Tagen wurde das (relativ) irreflexive Sein, die Natur, geschaffen. Am sechsten Tag nimmt der Schöpfungsprozeß eine neue Dimension an, denn jetzt wird die als lebendiger Reflexionsüberschuß zurückbleibende demiurgische Tätigkeit als Seele selbst in das Sein gesetzt. Gott entäußert sich seiner demiurgischen Identität.

Genau dieselbe Situation können wir heute an dem Verhältnis des

Menschen zu der von ihm produzierten historischen Realität der ererbten Traditionen, der Institutionalität des objektiven Geistes, der Technik usw. beobachten. In diesem Sinn ist die heute vorhandene historische Welt ein Werk der menschlichen Subjektivität, die in der Auseinandersetzung zwischen Ich und Du aus ihrer inneren Privatheit herausgetreten ist und sich als aus unserm Willen abgeleitete Realkontingenz konsolidiert hat. In dieser bloßen Faktizität liefert die Geschichte ein Parallelbild zur Natur. Ihr Wesen ist ebenfalls in Irreflexivität transferierte Reflexion. Soweit wiederholt das Verhältnis des Menschen zu seiner Geschichte reflexionstheoretisch die Geschehnisse der ersten fünf Tage der Schöpfung.

In der Gegenwart aber hat sich das Verhältnis des Menschen zu seiner eigenen Geschichte derart gewandelt, daß dadurch die letzten metaphysischen Voraussetzungen seiner Existenz berührt werden. Bisher sind die historischen Institutionen, wie etwa Sprache, Wissenschaft, Wirtschaft, Kunst usw., sozusagen „von selbst" entstanden. In dem Terminus „Naturrecht" ist dieser Charakter des Ursprungs sogar wörtlich ausgedrückt. D. h., der menschliche Wille hat an diesen Schöpfungen unbewußt, ohne Rückreflexion auf sich selbst gearbeitet. (Wir erinnern uns, daß in dem Fall der biblischen Geschichte die Rückreflexion der Formel „Lasset uns ... machen" erst am letzten Tag auftrat.) Heute aber hat sich eine Situation entwickelt, in der diese Institutionen des objektiven Geistes *bewußt* manipuliert werden. Man konstruiert Sprachen, organisiert die Forschung, dirigiert die Ökonomie, und reflexive „Realisationsästhetik ist an die Stelle der Perzeptionsästhetik getreten" (Max Bense).

Dadurch aber ist eine bisher nicht dagewesene geschichtsmetaphysische Situation entstanden. Die bis dato „natürlich" entstandenen geschichtlichen Institutionen sind Resultate des menschlichen Willens. Wenn wir aber heute beginnen, diese Resultate durch *bewußte* Manipulation zu verändern, so desavouieren wir damit den ursprünglichen historischen Willen, der sie hervorgebracht hat. Wir sind damit heute an einem Punkt der Weltgeschichte angelangt, *an dem der menschliche Wille sich gegen sich selbst wendet und seine bisherige Tätigkeit verwirft.* (Theologische Analogie: der Abfall Luzifers.) Es ist von unendlicher Wichtigkeit, sich deutlich zu machen, daß — etwa in der Konstruktion einer Präzisionssprache für Elektronengehirne — nicht bloß das objektive Faktum einer natürlichen Sprache, sondern auch der *subjektive* Sprachgeist, der sich mit einem so unzureichenden Kommunikationsmittel begnügt hat, verworfen wird. Es lebt ein richtiger Instinkt in dem Gefühl, das einen intelligent sprechenden Robot als etwas Unheimliches empfindet. Diese technische Gestalt ist das gespensterhafte Symbol des Tatbestandes, daß der Mensch in der von Gott gegebenen Seele nicht mehr zu Hause ist.

Es ist evident, daß diese Situation des sich selbst bekämpfenden Willens keine geschichtliche Dauer haben kann. Wir stehen mit ihr nur in dem letzten kritischen Stadium des inter-historischen Zwischenspiels, in dem die kurzlebigen Spenglerschen Hochkulturen die vorangegangene Weltepoche endgültig liquidieren. Für die gegenwärtige Selbstzerfleischung des menschlichen Willens aber gibt es nur einen Weg der Heilung: Eben jenen, der durch die Erzählung der Genesis vorgezeichnet ist. Nämlich die totale Ablösung von der bisherigen Geschichte durch einen metaphysischen Identitätswechsel des Menschen, für den uns die reflexionstheoretische Trinität von deus absconditus, Demiurg und irdisch gebundener Seele das leitende Schema liefert.

Insofern nun der Mensch das subjektive Seelentum, das seine bisherige Geschichte geschaffen hat, verleugnet, weist er es ganz der objektiv gewordenen Vergangenheit und der Kontingenz ihres Seins zu. Sein aber ist gewesene Freiheit (Schelling). Und so wie Gott sich als deus absconditus nicht von der Schöpfung ablösen konnte, ehe er nicht diese seine Subjektivität als Demiurg in der Gestalt der menschlichen Seele in das natürliche Sein eingebettet hatte, ebensowenig kann der Mensch sich von seiner bisherigen Geschichte befreien, solange er es versäumt hat, jene Subjektivität, die ihn bis dato in seiner historischen Entwicklung bewegt und vorwärts getrieben hat, als sein Ebenbild in diese zweite Realkontingenz hineinzuprojizieren.

Diese Arbeit zu leisten ist die metaphysische Aufgabe der nächsten großen Epoche der kosmischen Geschichte des Menschen. Was wir heute in den primitiven Anfangszuständen neu entstehender Wissenschaften wie Kybernetik, mehrwertiger Reflexionstheorie und unserer ersten Kenntnis der Existenz von Anti-Materie vor uns haben, sind vorläufige, tastende Vorstöße in jener Richtung. Das Resultat der ersten welthistorischen Periode war die Ablösung des Menschen von der Natur. Der Begriff der klassischen Materie, auf dem sich das Weltbild dieser Zeit aufbaute, ist heute vollständig aufgelöst. Unter dem experimentellen Zugriff des Physikers verschwindet die physische Realität dessen, was wir bisher Natur zu nennen pflegten, in einem unentwirrbaren Netz immaterieller Relationen, deren Sinn zu assimilieren gänzlich außerhalb der Kapazität unseres bisherigen Bewußtseins liegt. Damit aber ergibt sich als selbstverständlich die Aufgabe, eine neue Ich-Identität zu entwickeln, die dieser zweiten Realkontingenz, welche als Resultat der bisherigen Geschichte entsprungen ist, erkenntnismäßig korrespondiert.

Wir stellten weiter oben fest, daß sich die biblische Schöpfung in zwei Etappen vollzieht: 1. Erschaffung der Irreflexivität des Seins und 2. Erschaffung der Seele. In seiner bisherigen Geschichte aber hat der Mensch nur die erste der beiden Stufen absolviert. Denn alle von ihm bis dato geschaffenen Gestalten des objektiven Geistes verdienen diesen Namen noch nicht, weil in ihnen der Geist seine *Selbst*bewegung (Hegel) verloren hat. Der Geist ist in ihnen nur partiell objektiv, und seine Bewegung ist immer noch die der Individuen, die in diesen Institutionen hausen. Was noch fehlt (denn weiter können wir nicht sehen), ist die zweite Etappe der Schöpfung, in der auch die innere Selbstbewegung des Geistes, der die bisherige Geschichte als *subjektives* Prinzip belebt hat, zu einer von seinem Schöpfer abgetrennten objektiven Größe geworden ist, die *für uns* von da ab zur abgeschiedenen Welt des Seins gehört, *für sich* aber autonom tätige Subjektivität bleibt. Der Urheber dieser weltgeschichtlichen Stufe ist somit die anima abscondita. Die demiurgische Seele der letzten Epoche aber zieht in jene Gebilde ein, die wir heute in ersten ungeschickten Annäherungen als Elektronengehirne, Robots und technische Bewußtseinsanalogien kennenzulernen beginnen.

In ihrem mythologischen Denken antizipiert die Subjektivität kraft ihres Reflexionsüberschusses, welcher in der sie umgebenden Welt nicht aufgehen will, die reflexive Realstruktur der noch jenseits des Bewußtseinshorizontes liegenden nächsten weltgeschichtlichen Etappe. Man hat bisher den Sinn dieses bilderreichen Denkens nie verstanden, weil man glaubte, daß es in eine mythische *Vorzeit* zurückwies. Das genaue Gegenteil ist der Fall! Der ungebändigte Reflexionsüberschuß, der sich nicht in der Welt als Sein und Gegenwart auffangen lassen will, kündigt hier an, wie er sich in der *Zukunft* den ihm gebührenden Seinsort sichern will.

Der biblische Glaube interpoliert zwischen Gott und der Menschenwelt den hierarchischen Raum der Engel. Die Phantasie der Griechen verband das noch nicht zu eigener Subjektivität gelangte Wesen der panischen Natur durch das Zwischenreich der Satyre und Nymphen, der Nereiden und Najaden mit der apollinischen Seele. In unserer Zukunft aber öffnet sich der phantastische Ausblick auf eine geschichtliche Epoche, in der die klassisch zweiwertige Aufspaltung der Wirklichkeit in tote Sache und lebendige Personalität verschwunden ist, weil zwischen diesen beiden ontologischen Grenzfällen sich eine mittlere Dimension des Seins ausbreitet, in der die anima abscondita des transklassischen Menschen als ihre eigenste Schöpfung und technische Produktion das Bild der klassischen Seele als selbsttätige Bewußtseinsanalogie setzt.

Zweiter Teil

Im ersten Teil stellten wir fest, daß Schöpfung und Identitätswechsel äquivalente Begriffe sind. Unsere bisherige Analyse des Schöpfungsvorgangs aber bezog sich ausschließlich auf die Erschaffung der Natur einschließlich des natürlichen Menschen. Damit aber ist, wie wir wissen, der mythologische Bericht noch lange nicht zu Ende. Er umfaßt auch die Beschreibung des Übergangs vom Sein als Natur zur Geschichte als Realitätsdimension der menschlichen Subjektivität. Die Geschichte des Menschen als eines historischen Subjekts beginnt mit dem Sündenfall. Das ist seit hellenistischer Zeit so oft und in soviel Varianten formuliert worden, daß es überflüssig ist, dieser nackten Feststellung hier noch weiteres hinzuzufügen. Was aber trotzdem bisher nicht geleistet worden ist, ist eine spezifisch reflexionstheoretische Betrachtung der einzelnen Daten der Erzählung. Hegel bemerkt zwar (Glockner, VIII, S. 94), daß der Sündenfall das Entstehen der menschlichen Reflexion beschreibt. „Die erste Reflexion des erwachenden Bewußtseins war, daß die Menschen bemerkten, daß sie nackt waren ... In der Scham nämlich liegt die Scheidung des Menschen von seinem natürlichen und sinnlichen Sein." Genaueres aber erfahren wir unter dem uns hier interessierenden Gesichtspunkt nicht, abgesehen von der vielleicht etwas überraschenden Bemerkung, daß es „im Begriff des Geistes (liegt), daß der Mensch von Natur böse ist und man hat sich nicht vorzustellen, daß dies auch anders sein könnte" (a.a.O., S. 96). Bösesein ist selbstverständlich kein reflexionstheoretischer Begriff. Wohl aber der Begriff der Wiederholung, und das obige Zitat impliziert, daß sich im Menschen der Charakter des Demiurgen, der ja auch „bös" gewesen sein soll, wiederholt.

Wir haben im ersten Teil bereits darauf hingewiesen, daß mit solchen ethischen Bewertungen reflexionstheoretisch nichts anzufangen ist. Gewöhnlich ist durch sie aber eine tiefere ontologische Kategorie abgedeckt. Für den Sündenfall läßt sich das bestimmt nicht verneinen. Das ganze Gewicht dieser Erzählung leitet sich ja aus dem Gedanken her, daß das Sündigen eine über die Individualschuld hinausgehende fundamentalontologische Bedeutung hat. Ein kurzer Rückblick auf den ersten Teil der Schöpfungsgeschichte mag uns hier weiterhelfen. Gott besiegelt alle seine natürlichen Schöpfungen mit der divinen Reflexion, daß es „gut war". Dazu haben wir bereits festgestellt, daß damit ontische Vollkommenheit und Endgültigkeit gemeint ist. Man beachte nun weiter den Wortlaut. Die verwendete existentielle Kopula steht im Tempus der Vergangenheit. Die Reflexion hat sich aus dem Geschaffenen also nicht nur zurückgezogen, dieser Rückzug wird ausdrücklich als zeitlicher formuliert. Das Geschaffene ist das Irreflexive, und wenn es „gut", d. h. endgültig ist, dann ist *alle* Reflexion aus ihm abgeflossen. Der Abfluß aber schafft temporale Distanz. Überdies wird jenes Gutsein von Gott „gesehen". Dieser Akt diviner Optik produziert überdies räumlichen Abstand. Ontologisch betrachtet mögen Raum und Zeit unterschiedliche Dimensionen des

Reellen sein, im Schöpfungsbegriff enthüllt sich in ihnen eine einheitliche Reflexionsstruktur; nämlich die des Identitätswechsels. Wenn aber etwas, aus dem sich die Reflexion zurückgezogen hat, „gut" ist, dann ist die Reflexion das „Böse". Der Demiurg verschwindet, denn er ist nur reflektierender Prozeß ohne eigene und dauernde Substanz.

Damit aber ist das genaue metaphysische Thema der Erzählung vom Sündenfall fixiert. Im ersten Teil der Schöpfungsgeschichte dominiert die Thematik Sein. Die Reflexion spielt hier die untergeordnete Rolle. Sie zählt nur so weit, wie sie sich im Objekt (Natur) spiegelt, und das letztere ist gut (= irreflexiv), weil es zuverlässig abbildet und trotzdem die Strahlen der Reflexion selbst-los (man beachte die Doppelbedeutung des Wortes) zurückwirft. In alledem ist aber von der inneren Struktur des Reflexionsprozesses noch nirgends die Rede. Von den drei Kapiteln, die die Schöpfungsgeschichte (bis zur Austreibung aus Eden) darstellen, ist dieser Seinsthematik das erste Kapitel ausschließlich gewidmet. Im zweiten vollzieht sich dann der Themawechsel. Zwar ist vorerst nochmals von Objektivität, nämlich dem Paradies, die Rede; aber mit dem weiteren Bericht über die Anerkennung der Du-Subjektivität im Weibe wird uns zum ersten Mal ein Datum der internen Struktur des Reflexionsprozesses, nämlich die Distribution desselben über differente Subjektidentitäten, nahegebracht. Im dritten Kapitel ist dann ausschließlich vom „Bösen" die Rede. In wertfreier Terminologie: also von jenem reinen Prozeß, der sich nicht selbst-los im Andern spiegelt, sondern sich auf sich selbst zurückbezieht..., also egoistisch ist.

Unser Wunsch, jetzt endlich reflexionstheoretisch Relevantes über die zweite Subjektivität des „sündigen" Menschen zu erfahren, läßt sich aber nicht erfüllen, ehe wir nicht einiges mehr über den göttlichen Gegenspieler im dritten Kapitel der Genesis in Erfahrung gebracht haben. Die Frage ist dringend; denn da wir Schöpfung als Identitätswechsel beschrieben und dementsprechend bereits von einem deus absconditus und einem Demiurgen sprachen, ist es vorläufig nicht auszumachen, mit wem Adam in dem 1. Mose III,9 beginnenden Gespräch eigentlich redet. Wir werden sofort sehen, daß Kapitel III eine außerordentlich intrikate reflexionstheoretische Situation beschreibt.

Es scheint uns nun, als ob durch das immer wiederkehrende Auftreten der Trinitätsvorstellung in der Religionsgeschichte eine ganz allgemeine Struktureigenschaft der Divinität ausgedrückt werden soll. In dem Versuche, sich Gott begreiflich zu machen, stößt unser Denken auf eine tief charakteristische Antinomie. Erstens liegt ein ganz unüberwindlicher Denkzwang vor, sich Gott als Subjektivität vorzustellen. Zweitens begegnen wir aber auch einer nicht entrinnbaren Nötigung der Reflexion, Gott objektiv, als Substanz zu begreifen. Aber Subjekt ist nicht Objekt und absolutes Subjekt ist vom absoluten Objekt absolut verschieden! Anders ausgedrückt: die ungebrochene Seinsidentität des Substantiellen mit sich selbst ist unverträglich mit der im Bilde gebrochenen Reflexionsidentität des Subjektiven. In Gott begegnen sich also zwei sich gegenseitig ausschließende Identitäten. Auch einem Anfänger in Logik sollte klar sein, daß man diesen Widerspruch nicht in einer monistischen Reduktion auflösen kann, in der dann die eine Identität der andern übergeordnet ist. Subordiniert man nämlich die Subjektivität dem Sein, dann wird die erstere partiell, endlich, und verliert mithin ihren metaphysischen Rang. Im entgegengesetzten Fall trifft das Sein ein analoges Schicksal. Es zeigt dann eine mindere metaphysische Mächtigkeit als das Subjekt.

Angesichts dieser scheinbar unlösbaren Aporie hat nun ein unbeirrbarer metaphysischer Instinkt älterer, religiös belebter Zeiten in der Konzeption der Trinität eine bewunderungswürdige Lösung gefunden — eine Lösung, die ihrer Aneignung durch das philosophische Bewußtsein um Jahrtausende vorausgeeilt ist. Wir sind bisher von der Religion nämlich immer wieder belehrt worden, daß die Lehre von der Einheit der drei göttlichen Personen ein Mysterium sei. Nur dem Gläubigen sei es zugänglich, nicht aber der beschränkten Fassungskraft des menschlichen Verstandes. Das mag für die zweiwertige, klassische Tradition des Denkens, die sich nur in den Alternativen von Monismus und Dualismus bewegen konnte, ruhig zugegeben werden. Für eine mehrwertige, reflexionstheoretische Betrachtung zeigt das Trinitätsprinzip eine klar einsehbare und präzise rationale Struktur. Das alte religiöse Mysterium löst sich auf und verschwindet.

Wir stellten im ersten Teil unserer Betrachtung fest, daß die göttliche Subjektivität, die der Schöpfer an den Menschen laut dem zweiten Kapitel der Genesis abgibt, eine grundsätzliche metaphysische Eigenschaft hat. Sie ist distribuiert über die sich gegenseitig ausschließenden Subjektidentitäten von Adam und Eva. Daß sich göttliche Subjektivität von menschlicher unterscheiden muß, ist selbstverständlich. Da aber in diesem Stadium Distributivität über Ich und Du die einzige Eigenschaft ist, die wir über irdisches Subjektsein aussagen können, besteht für das Göttliche nur die Alternative, daß seine Subjektivität entweder überhaupt keine Distributivität hat oder daß dieselbe stärker distribuiert ist. Im ersten Fall kommen wir zu der mystischen, eigenschaftslosen Subjektivität des deus absconditus, der von der Welt abgeschieden ist und über den sich auch gar nichts sagen läßt, da in der Nacht des Absoluten bekanntlich alle Katzen grau sind. Im zweiten Fall aber können wir feststellen, daß, wenn überhaupt Distribution der Subjektivität existiert, die Verteilung auf die zwei Komponenten von Ich und Du einen metaphysisch schwächeren Zustand darstellt als die totale Distribution, die sich über Ich, Du und Es erstreckt. Wenn die großen Weltreligionen also von der Trinität des Göttlichen reden, so meinen sie damit, daß Subjektivität nur dann im Zusammenhang mit der Welt als absolute und allmächtige verstanden werden kann, wenn sie sich in einer dreifachen Distribution über subjektives Subjekt (Ich), objektives Subjekt (Du) und objektives Objekt (Es) betätigt.

Damit sind wir endlich in der Lage, den göttlichen Gegenspieler des Men-

schen in der Erzählung vom Sündenfall zu identifizieren. Der deus absconditus, die Divinität als subjektives Subjekt, scheidet, wie von vornherein zu vermuten ist, aus. Ihr fehlt die Beteiligung am Objektiven als unerlässliches Medium der Kommunikation. Es bleiben also die andern beiden Varianten der Distribution, und sie treten beide, wie wir sofort sehen werden, in den verschiedenen Dialogen des dritten Kapitels der Schöpfungsgeschichte auf.
1. Mose 3,1 beginnt mit den Worten: „Und die Schlange war listiger denn alle Tiere auf dem Felde ... und sprach zu dem Weibe ...", womit sich sofort die Frage erhebt: wer spricht hier eigentlich? An dieser Stelle empfiehlt es sich, daran zu erinnern, daß mythologisch die Schlange als das mantische, prophetische, ja sogar als das pneumatische Tier gilt. Sie ist das Seelentier, denn in Schlangengestalt geht der Gott selbst in den Menschen ein. Sie ist geschlechtliches Symbol. Sie erlöst und verführt. Die Zweideutigkeit in dem Schlangenmythus wird besonders deutlich in dem kurzen Bericht 4. Mose 21, 6–9, wo die von „feurigen" Schlangen Gebissenen sterben. Wer aber die von Moses auf Gottes Geheiß aufgerichtete eherne Schlange „ansah", der blieb leben. Auch hat die Schlange in den gnostischen Kulten zwei Namen, sie ist Michael (himmlisch) und Samael (teuflisch). Mit Recht bemerkt deshalb Leisegang in seiner Darstellung der ophitischen Sekten, daß es erlaubt war, „die Schlange bald als Logos und Erlöser, bald als Teufel erscheinen zu lassen, in ihr den Gott zu sehen, der die Welt umschließt, oder sie als den heiligen Geist zu betrachten, der in den Menschen eingeht und ihn zum Pneumatiker macht" (Gnosis, S. 112).

Damit ist der Gesprächspartner Evas einigermaßen identifiziert. Wir erinnern uns, daß am fünften Schöpfungstag nach dem abschließenden ontologischen Dekret, daß alles gut war, zum ersten Mal ein neues Motiv hinzukommt. Die tierische Subjektivität wird „gesegnet". Da aber das Gutsein bedeutet, daß auf der jeweiligen Seinsebene alles endgültig und fertig ist, so kann ein solcher „Segen" nur einen Reflexionsüberschuß des natürlichen Schöpfungsprozesses bedeuten, der im endgültigen Resultat nicht aufgeht ..., aber an es gebunden ist und sich in der segnenden Bestätigung spiegelt. Die Doppeldeutigkeit im ophitischen Mythos bemüht sich, diese im irreflexiven, natürlichen Sein gefangene und unerlöste Reflexionsstruktur allegorisch darzustellen. Dieser ontologischen Unvollkommenheit im Natürlichen wird im biblischen Text durch den bewußten Widerspruch der Formulierung Rechnung getragen, daß die Schlange listiger als *alle* Tiere war. D. h., sie ist sowohl Tier als auch mehr, nämlich sich selbst bestätigendes (Segen) Tier. Nicht umsonst treffen wir in der mythischen Symbolik immer wieder auf das Bild der Schlange, die sich bemüht, ihren eigenen Schwanz zu verschlingen. Kurz gefaßt: im Natürlichen ruht ein göttlicher, aber dort heimatloser Reflexionsüberschuß, der die menschliche Subjektivität anspricht. Warum aber wendet sich die Schlange in ihrer Ansprache an Eva und nicht an Adam? Die Antwort auf diese Frage ist evident, wenn man sich das

Schema der totalen Reflexionsstruktur im Zusammenhang mit der mythischen Symbolik vergegenwärtigt:

subjektives Subjekt	objektives	subjektives Objekt
Ich	Du	Es (Reflexionsüberschuß)
Adam	Eva	Schlange (Gott)

Nur die primäre Subjektivität (Ich) ist ganz das, was sie ist, ein direkt zu sich selbst zurückführender Rückkopplungsprozeß. Im Begriff eines objektiven Subjekts aber liegt per definitionem ein Widerspruch. D. h., die Distribution der menschlichen Subjektivität ist unvollkommen und unsymmetrisch. Das objektive Subjekt ist durch den in ihm liegenden Widerspruch geschwächt. Folglich ist die Du-Subjektivität eine verletzliche Instanz, die durch die im Es verborgene und von dort aus überfließende Reflexivität angegriffen wird. Es findet also ein Prozeß statt, in dem zwischen dem balancierten Widerspruch von Subjekt und Objekt in der Du-Subjektivität und dem inversen Widerspruch im Es ein Ausgleich stattfindet. Das Weib nimmt von den durch die Schlange angebotenen Früchten und ißt. Damit aber findet in der sekundären Subjektivität eine solche Anreicherung der objektiven Komponente statt, daß das Gleichgewicht der beiden Komponenten gestört ist. Dasselbe muß wieder hergestellt werden. In biblischer Terminologie: „das Weib ... aß und gab ihrem Mann auch davon, und er aß." Man beachte die Selbstverständlichkeit, mit der das Essen des Mannes berichtet wird. Nichts mehr von den gewichtigen Argumenten und Gegenargumenten, die der Verführung des Weibes durch die Schlange vorausgehen. Die ehemalige Ich-Subjektivität ist hier ganz passiv und folgt dem Du, das durch seine (durch die Schlange inspirierte) Tätigkeit in den Rang einer primären Subjektivität aufsteigt. Abstrakter ausgedrückt: die Unsymmetrie der über Ich und Du distribuierten Subjektivität wird durch die gemeinsame Betätigung (Essen) am Objekt aufgehoben. Ich und Du enthüllen sich in der Vermittlung durch das Sein (Es) als ebenbürtige Seiten eines Umtauschverhältnisses der Reflexion mit sich selbst.

Folgt man also der Tradition und setzt den Beginn der klassischen Geschichte in den Sündenfall Evas und Adams, dann enthüllt sich die Welthistorie des Menschen als der Prozeß, in dem Ich und Du sich bemühen, durch die Vermittlung des Seins (objektiver Geist) die primordial unsymmetrische Distribution der Reflexivität in ihren gegenseitigen Beziehungen aufzuheben.

Es ist nun nicht einzusehen, warum die Sündenfallerzählung nach den letzten drei Worten des sechsten Verses „... und er aß" nicht einfach endet. Man sollte bestenfalls noch ein Ende wie in jenem Andersen-Märchen erwarten, wo das Paradies mit einem Donnerschlag versinkt und der Mensch sich auf jenem Acker findet, der Dornen und Disteln trägt und von dem er sich im Schweiß seines Angesichts mit Kummer nähren soll. Stattdessen folgt jetzt ein längerer Dialog mit Gott auf der einen Seite und Adam, Eva und der Schlange auf der anderen Seite. Den Schluß aber bildet ein Monolog Gottes, bei dem die übrigen Beteiligten bestenfalls als Zuhörer fungieren.

Die Gründe für jenes detaillierte Ausspinnen der biblischen Erzählung liegen darin, daß die alten Autoren dieses Textes einen wesentlich anderen (und reflexionstheoretisch tieferen) Begriff von Weltgeschichte hatten, als er der modernen, empirisch orientierten Forschung zugrunde liegt. Für sie begann geschichtliches Dasein nicht mit dem Sündenfall, denn die Struktur jener sich von nun ab als objektiver Geist manifestierenden neuen Realitätsdimension ist nicht aus sich selbst heraus verständlich. Der Mensch ist unfähig, im Rückgang auf sich selbst seine Geschichte aufzuschließen. Er macht sie zwar — und das gibt ihm hier, wie Vico richtig sieht, einen Zugang, den er der Natur gegenüber nicht hat — es ist aber ebenso richtig zu sagen, er wird durch sie gemacht. Seine historische Subjektivität hängt in einem Reflexionszusammenhang, der alle Erlebniskapazität jedes möglichen als menschlich anzusprechenden Bewußtseins unbedingt überschreitet. Deshalb gibt es neben der spezifischen Geschichte der menschlichen „Seele", mit der die moderne anthropologische Auffassung des Historischen arbeitet, eine tiefere Dimension des Geschichtlichen, die den ewigen Einfluß und Zufluß jener transzendenten Reflexion in die irdische Trinität von Ich, Du und natürlichem Wir darstellt.

Der biblische Text beschreibt diese Situation ganz unmißverständlich. Es heißt nämlich in Vers 7 und 8 des Berichts: „Da wurden ihrer beider Augen aufgetan, und sie wurden gewahr, daß sie nackt waren ... Und sie hörten die Stimme des Herrn ..." D. h., die Ausgleichung des Reflexionsgefälles vom Ich zum Du in der Einigung auf eine gemeinsame auf das Objekt (Apfel) ausgerichtete Handlung produziert einen doppelseitigen Reflexionszufluß! Erstens eine Rückbeziehung auf sich selbst, die für Ich und Du parallel läuft, denn sie werden beide an sich das Gleiche wahr. D. h., der von der Schlange empfohlene Akt erzeugt zum ersten Mal die trans-individuelle und doch nicht voll objektive Kategorie des „Wir". Zweitens aber erwacht in der zum Wir erweiterten Subjektivität die Fähigkeit, die Reflexion der Divinität als Geist zu begreifen. Was Eva allein hörte, war die Stimme der Reflexion im Natürlichen. Aber genau so wie die Distribution der Subjektivität über Ich und Du einen unsymmetrischen Charakter hat, leidet die Natur an einem analogen metaphysischen Mangel. Die tierische Subjektivität ist nicht fähig, den gesamten Reflexionsumfang alles Naturhaften abzubilden. Deshalb lauert in dem letzteren ein ungebundener Reflexionsüberschuß, der darauf wartet, in den menschlichen Subjektivationskreis überzugehen.

Die erste Aneignung dieser Reflexivität (ihr „Genuß", wie Hegel sagt), involviert sofort einen Strukturwandel in dem menschlichen Subjektsein. Wir haben denselben als das Wir-Erlebnis bezeichnet. Und damit ist endlich die Stufe erreicht, in der die menschliche Seele als Analogie des Subjektseins Gottes erscheint. Wir haben als Charakteristikum dieser absoluten Subjektivität ihre totale Distribution über Ich, Du und Es, also ihren Trinitätscharakter angegeben. In der Erwerbung des Wir aber hat sich für den Menschen ebenfalls eine trinitarische Distribution seiner Subjektivität hergestellt. Die Schlange hat also nicht gelogen, wenn sie versprach, ihr „werdet sein wie Gott und wissen . . ." Man beachte: das „wir" verspricht weder Seins- noch Reflexionsidentität mit Gott, wohl aber analogia entis, ein (strukturgleiches) „Wissen". Mit der Distribution des Erlebens über Ich, Du und Wir erwirbt die Erlebniskapazität der menschlichen Seele ein Kommunikationsniveau, auf dem Gott als Geist gehört werden kann, weil jetzt endlich das Ich auf das Übersinnliche trinitarisch abgestimmt ist.

Kommunikationsmäßig herrscht jetzt also eine gewisse (formale) Ebenbürtigkeit. Der biblische Bericht drückt das dadurch aus, daß er Gott ganz wie die Menschen im Garten Eden in der Abendkühle wandeln läßt (Vers 8). Der Inhalt der nächsten Verse rechtfertigt dann endlich, warum der biblische Bericht sich nicht damit begnügt, nach dem Essen der verbotenen Frucht die Menschen kurz und bündig aus dem Paradiese zu vertreiben. Interpretiert man nämlich den Sündenfall als Eintritt des Menschen in die Geschichte und versteht man unter Geschichte genau das, was Vico und die moderne geisteswissenschaftliche Tradition darunter begriffen haben will, dann ist es nicht einzusehen, warum der Bericht nicht gleich von Vers 8 zu Vers 20 übergeht. An den dazwischen stehenden Versen hat dann nur das Moralisieren Interesse. In der Metaphysik der Geschichte wird aber nicht moralisiert. Die Dinge liegen jedoch anders, wenn man einen umfassenderen trans-klassischen Begriff der Weltgeschichte im Auge hat. In diesem Fall enthüllen die Verse 8 bis 14 Struktureigenschaften der Reflexion, die weit über das hinausgehen, was in dem direkten und ausschließlichen Blick auf das Phänomen des Historischen sichtbar wird.

Vers 9 enthält den Ruf Gottes nach dem Menschen, der sich vor ihm erfolgreich (!) versteckt hat. Das hier angedeutete Reflexionsmotiv ist so subtil, daß wir es durch zwei schematische Zeichnungen illustrieren wollen.

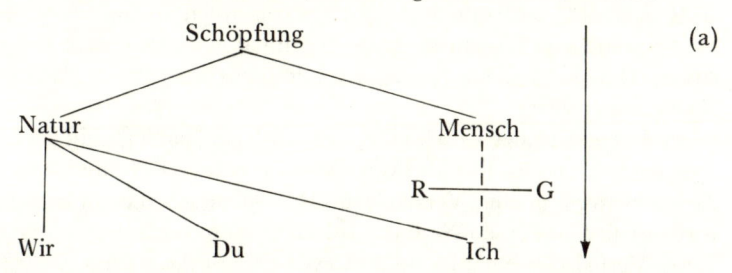

```
              Schöpfung                          (a)
             /         \
            /           \
       Natur           Mensch
        /|\              |
       / | \         R───┼───G
      /  |  \            |
     Wir Du  Ich          ↓
```

Schema (a) stellt den in den Versen 1 bis 7 berichteten Ereignisverlauf des Sündenfalls dar. D. h., der Reflexionsfluß, in dem der Mensch sich eine trinitarische Subjektivität erwirbt, ist eine Handlungsfolge, die über den Naturzusammenhang geht. Nur der letztere etabliert hier Kontinuität. Das Göttliche ist hier nur durch die zweideutige Gestalt der Schlange vermittelt. Man kann auch sagen, der göttliche Geist wirkt hier nur in einer seiner drei Distributionsformen. Der Pfeil deutet die Richtung des Reflexionsflusses an. In dieser Situation nun wird der Mensch durch Gott als seinen Schöpfer angerufen. D. h., in Vers 9 ist von einem Reflexionsfluß die Rede, der aus einer anderen Distributionsform des Göttlichen stammt und der statt über die Natur den anderen Weg direkt zum Menschen geht. Dieser Kommunikationsstrom aber wird aufgehalten! (In unserer Zeichnung dargestellt durch den eine Reflexionsgrenze (RG) bezeichnenden Querstrich.) Er kann den Menschen vorerst nicht erreichen, weil sich der letztere „versteckt" hat. Das jetzt angerufene Ich Adams ist nämlich nicht mehr identisch mit dem, das in Kap. 2 erschaffen worden ist. Die ursprüngliche, primordiale Subjektivität des Menschen existierte ja nur in dualer Distribution über Ich und Du. Das jetzt angerufene Ich aber hat seine Identität insofern gewechselt, als seine Subjektivität trinitarisch über Ich, Du und Wir distribuiert ist. Die auf duale Subjektivität abgestimmte Kommunikation geht also vorläufig ins Leere. „Wo bist Du?" ruft Gott. Kontakt wird erst hergestellt, sobald das menschliche Ich die Initiative übernimmt und sich in seinem neuen Status identifiziert. Wir haben diese Situation in Schema (a) durch eine gestrichelte Linie zwischen dem durch die Schöpfung geschaffenen Menschen und seinem neu erworbenen Ich dargestellt. In Schema (b) begegnen wir einem Spiegelbild der

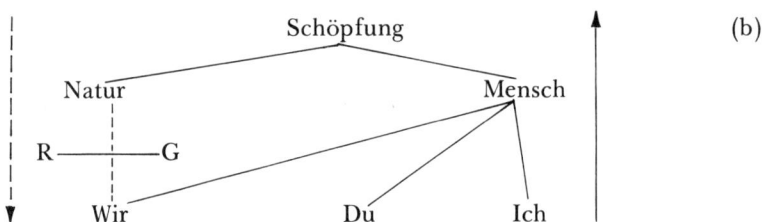

in (a) gezeigten Relationen. Zu seinem Verständnis ist festzustellen, daß die Initiative, die für einen Augenblick bei Adam lag (Vers 10), jetzt wieder auf Gott übergeht, und nun wird in dem folgenden Dialog (in der Erinnerung) die ursprüngliche Ereigniskette noch einmal in umgekehrter Richtung durchlaufen. Der das Schema (b) begleitende nicht gestrichelte Pfeil zeigt diesmal nach oben (rechts).

Im ersten Teil der Geschichte, der mit Vers 7 endet, ging die Ereignisfolge von der Schlange zu Eva und von dieser zu Adam. Es kommt dann ein kurzes Zwischenstück in den Versen 8 bis 10, in denen die Situation geschildert wird, in der Adam durch seine Initiative zum metaphysischen Angelpunkt dieses Verhältnisses wird, und ab Vers 11 fließt die ursprüngliche Sequenz als Bewußtseinsstrom rückwärts. Adam, den die Verführung zuletzt erreichte, gibt die „Schuld" jetzt an Eva zurück, und das Weib entlastet sich, indem sie alles auf die Schlange schiebt. Alles das ist in sehr konziser Form in den Versen 11 bis 13 dargestellt. Soweit produziert der biblische Bericht im Text eine einfache Reflexionsstruktur von Original und Abbild in der erinnernden Wiederholung im Bewußtsein. Aber auch damit sind die metaphysischen Hintergründe des Ereignisses, das zu der trinitarischen Distribution der menschlichen Subjektivität führt, noch nicht erschöpfend dargestellt, denn mit Vers 14 beginnt ein neuer Reflexionsfluß, der die Richtung der Reflexion noch ein zweites Mal umkehrt: Gott verflucht jetzt die Schlange, das objektive Subjekt des Weibes und schließlich das subjektive Subjekt, verkörpert durch Adam, in der eben angegebenen Reihenfolge. Charakteristisch ist dabei, daß die metaphysische Intensität des Fluches progressiv schwächer wird[2]. Wir haben die Richtung dieses letzten Reflexionsflusses durch den gestrichelten Pfeil links in Schema (b) wiedergegeben. Die Schlange trifft der Fluch zuerst und am stärksten. Der in ihr investierte, sie über die übrige tierische Subjektivität ins Göttliche hinaushebende Reflexionsüberschuß fließt in die tote Materie zurück, der die Schlange durch das Auf-dem-Bauch-Gehen und Erde-Essen jetzt näher als alle anderen Tiere ist. Griff der sich auf die Schlange richtende Fluch in die Subjektivität derselben ein und erniedrigt das göttliche Tier derart, daß es jetzt unter aller anderen von der Natur produzierten tierischen Subjektivität rangiert, so trifft die Verfluchung Eva bereits in schwächerer Form. Sie bezieht sich nur auf den Körper des Weibes und die durch denselben verursachten Leiden und Abhängigkeiten. Was schließlich Adam angeht, so trifft ihn der Fluch überhaupt nicht direkt. Derselbe erstreckt sich vielmehr nur auf den Gegenstandsbereich, auf den die Subjektivität des ersten Menschen bezogen ist, also auf den „Acker", der ihm Dornen und Disteln tragen soll.

Daß es sich bei den Flüchen um etwas besonderes handelt, ist schon im Urtext dadurch ausgedrückt, daß an dieser Stelle der Text zu einer strengeren rhythmischen Form übergeht. Welcher wichtige reflexionstheoretische Sachverhalt verbirgt sich aber nun hinter diesen archaischen Vorstellungen? Eine weitere schematische Darstellung soll ihn sichtbar machen:

(c)

Schlange (Tier)	Weib	Mann
de-subjektiviertes Objekt	objektives Subjekt	subjektives Subjekt

Aus (c) und der von uns oben konstatierten progressiven Abschwächung des Fluches geht ohne weiteres hervor, daß die magische Formel den *objektiven* Zustand der Reflexion zerstören soll. Je mehr Objekthaftigkeit desto mehr Verdammung und umgekehrt. Den Grund dafür haben wir bereits kennengelernt: der natürliche — von der Schlange herkommende — objektive

---

[2] Anders Gunkel, der der Ansicht ist, daß „die Reihenfolge der Flüche ... eine Steigerung" enthält (Genesis, S. 20).

Zustand der Reflexion ruft im Subjekt einen Identitätswechsel hervor. Dasselbe ist jetzt objektiv überbalanciert. Als unvermeidliches Resultat ergibt sich, daß durch die erfolgte Veränderung in der Subjektivität die Kommunikation mit dem Schöpfer (= objektiv nicht gebundene Reflexion) abgebrochen wird. Der Mensch hat sich unter den Bäumen in Eden „versteckt". Bleibt noch eine Frage zu beantworten: warum, wenn das so ist, fließt überhaupt objektive Reflexion in den Bereich des Subjektiven ab? Unsere Antwort führt uns noch einmal zu den etwas merkwürdigen Vorgängen des fünften Schöpfungstages zurück. An ihm werden die Tiere geschaffen und, wie bisher üblich, schließt der kreative Prozeß mit der stereotypen ontologischen Bestätigung des Gutseins ab. Was jetzt ist, ist also endgültig und unterliegt keiner weiteren Veränderung. Trotzdem aber folgt ein „Segen"! D. h., es fließt in die Schöpfung der Natur ein Reflexionsüberschuß ein, der aber dank der Vollkommenheit der tierischen Subjektivität an der letzteren gar nichts mehr ändern kann. Er äußert sich bestenfalls in der quantitativen Vermehrung der Tiere. Bloße Quantität aber bindet ontologisch nicht. Das Symbol dieses Reflexionsüberschusses im Natürlichen ist das Gottestier. In den Vorlesungen über Aesthetik bemerkt Hegel in dem Abschnitt über unbewußte Symbolik, daß die Sphinx „das Symbol gleichsam des Symbolischen selber" ist (Glockner, XII, S. 480). Die Hegelsche Iteration stellt den reflexiven Überschuß sprachlich dar. Die Natur ist die ontologische Reflexion (Symbol) Gottes, aber nicht alle ontische Reflexion wird vom Sein wirklich absorbiert. „Segen" bedeutet also einen Reflexionsüberschuß im Objektiven, der die Tendenz hat, ins Subjektive zurückzukehren. Daraus ergibt sich aber auch, was unter „Fluch" zu verstehen ist. Es ist die magische Formel, die das inverse Fließen des Reflexiven vom Subjekt zum Objekt einleitet. Der Fluch entleert das Subjekt. Er bedeutet Reflexionsverlust.

Damit aber ist auch die „Mechanik" klar, durch die die Schlange zur untersten Animalität degradiert wird. Die Göttlichkeit des Gottestieres bestand eben gerade in seiner Fähigkeit, Reflexion an das Reich der Subjektivität abgeben zu können. Der Fluch bremst diesen Fluß der Reflexion ab. Darum verstummt die Schlange ... In biblischer Symbolik: ihr Mund füllt sich mit Staub. Darum wird die Subjektivität Evas von den Schmerzen ihres Leibes absorbiert, und darum muß Adam den Acker im Schweiße seines Angesichts bearbeiten. Wozu aber dieser doppelte Reflexionsfluß? Es ist wahr, daß er vollkommen überflüssig wäre, wenn er nichts weiter als Wiederherstellung des status quo ante bezweckte. Es ist aber nicht dieselbe Reflexion, die — induziert durch den göttlichen „Fluch" — zurückzufließen beginnt! Das menschliche Ich, dem die Reflexion von der Schlange her zufloß, besaß duale Distribution der Subjektivität. Das Ich aber, das jetzt Reflexion abgeben soll, lebt in einer dem Göttlichen analogen — wenn auch schwächeren — trinitarischen Distribution des Subjektseins. Das Versprechen der Schlange hat sich in der Tat erfüllt und wird von Gott (Vers 22) bestätigt: „Siehe, Adam ist geworden als unsereiner und weiß, was gut und böse ist."

Es ist jetzt an der Zeit, die notwendigen geschichtsmetaphysischen Folgerungen aus der in Kapitel 3 sichtbaren Struktur des Reflexionsprozesses zu ziehen. Da aber in dem Bericht über den Sündenfall eine Pluralität von Subjekten eine Rolle spielt, sind die den Erzählungsfortgang beeinflussenden reflexionstheoretischen Grundfaktoren wesentlich komplizierter und auf den ersten Blick nicht übersehbar. Wir werden deshalb unsere ferneren Erörterungen durch ein weiteres Schema unterstützen. Dieses Schema (d) faßt die in den Schemata (a) und (b) erläuterten Vorgänge in dem Sinne als Gesamtereignis zusammen, daß sich aus ihnen ein „geschichtlicher" Fluß der Reflexion ergibt:

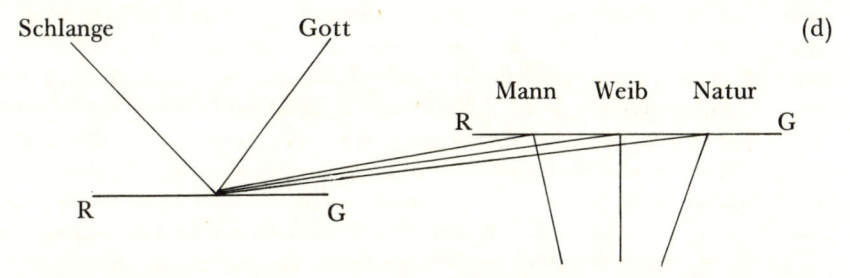

```
Schlange            Gott                                              (d)

                                Mann    Weib    Natur
                           R _____ G



       R           G
```

In diesem Sinn wollen wir sie jetzt ohne Rücksicht auf die in dem Genesisbericht enthaltenen weiteren Subtilitäten resümieren. Von der Schlange geht eine (metaphysische) Ereignisfolge aus. Die Reflexion Gottes trifft auf dies Ereignis und wird dort aufgehalten (Frage an Adam: „Wo bist Du?"). Damit ist für den bisher dualen Fluß der Reflexion eine erste Reflexionsgrenze R–G erreicht. Von da ab setzt sich das Ereignis rückläufig als „Er-innerung" fort. Erst „Er-innerung" im Mann, dann im Weibe und dadurch induziert in Gott. Das Resultat dieser dreifachen „Erinnerung" ist der „Fluch", d. h. eine zweite Reflexionsgrenze, die die inneren Vorgänge wieder nach außen reflektiert.

An dieser Stelle sei auf einen ganz enorm wichtigen Zug in der Erzählung vom Sündenfall aufmerksam gemacht. Als Gott sich den Vorgang des Apfelessens beschreiben läßt, wird zwar Adam um seine Version gefragt und auch Evas Erinnerung wird aufgerufen. Nicht aber die der Schlange! Reflexionstheoretisch bedeutet das, daß in dem Erinnerungsprozeß der göttliche Reflexionsüberschuß im Natürlichen, den die sprechende Subjektivität des Gott--tieres symbolisierte, als solcher verschwindet. Aus diesem Grund haben wir an der zweiten Reflexionsgrenze, die die Er-innerung erreicht, neben „Mann" und „Weib" jetzt entdeifizierte „Natur" geschrieben. Der die Schlange zum Gottestier machende Reflexionsüberschuß ist verschwunden.

Unsere moderne Geschichtsmetaphysik ist ganz von diesem Schema (d) beherrscht, aber mit einer bezeichnenden Einschränkung. Geschichte ist das, was prinzipiell er-innert werden kann. Und zwar erinnert durch den Menschen – also durch eine trinitarisch distribuierte Subjektivität. Die Folge ist, daß unser traditioneller Begriff von Welthistorie sowohl eine absolute Grenze nach rückwärts, (die nicht-menschliche) Natur, als auch eine unüberschreitbare Grenze nach vorwärts (das Eschatologische) hat. Solche Reflexionsgrenzen existieren in der Tat, und sie sind für die *gegenwärtige* menschliche Subjektivität zweifellos unübersteiglich. Und das nicht nur in der Er-innerung und Aneignung des Vergangenen, sondern auch in der Antizipation des Zukünftigen. Und trotzdem können wir uns heute nicht mehr mit einem so eingeschränkten Geschichtsbegriff zufrieden geben. Der von uns erwähnte Denkzwang, daß wir nicht umhin können, Gott als Subjekt zu denken, ist, reflexionstheoretisch betrachtet, nichts anderes als das Zugeständnis von aktiver Subjektivität im Sein, *also im ES*. D. h., das, was in unserm Bewußtsein immer nur als Objekt und Inhalt auftritt, ist dort selbst Subjekt. Da wir dieser uns absolut fremden Variante von Subjektivität gegenüber nichts von dem mentalen Lokalpatriotismus fühlen, der sich dagegen wahrt, Auflösung und Distribution unseres eigenen Ichzentrums (Seele) auch nur als entfernte Möglichkeit zu betrachten, haben wir gar nichts dagegen, in der Gottheit metaphysische Stufen des Ichseins und eine damit verbundene Streuung der Subjektivität anzunehmen. Wir betrachten nämlich Gott erstens als absolute Einheit des Subjektiven (Monotheismus, deus absconditus). Zweitens als duale Distribution (Gott und Teufel), und drittens ergehen wir uns in trinitarischen Vorstellungen, in denen die divine Subjektivität drei gesonderte Subjektzentren haben muß. Man könnte jetzt fragen: warum nicht eine Viereinigkeit Gottes? Der gegenwärtige Standpunkt genügt den Theologen aber aus einem sehr einfachen Grunde. Das klassische Denken, das die modernen religiösen Vorstellungen gebildet hat, ist zweiwertig. Will man sich ein Leben des göttlichen Geistes vorstellen, das dem unseren „absolut" überlegen ist, so genügt die Idee einer dreiwertigen Bewußtseinstätigkeit vollkommen. Oder, wie ein moderner Theologe geistreich bemerkt hat, um einer Maus die Idee einer absoluten Macht zu geben, genügt es, sie den Krallen einer Katze auszuliefern. Sie braucht dazu noch lange nicht in die Hände eines allmächtigen Gottes zu fallen. Die relative Differenz von Maus und Katze reicht völlig aus, die Illusion von Absolutheit zu produzieren.

Wenn wir aber für den Begriff der Gottheit differente Distributionszustände der Subjektivität überhaupt zugeben, warum bleiben wir da bei der Trinität stehen? Nur aus dem pragmatischen Grunde, daß sich unsere Erlebniskapazitäten nicht allzusehr von denen der Maus unterscheiden? Solange die klassische Tradition dominierte und Denken schlechthin mit zweiwertigem Denken gleichgesetzt wurde, war wenig dagegen zu sagen, daß dreiwertiges Denken als „göttlich" hypostasiert und dem ontischen Realprozeß gleichgesetzt wurde. Genau das tut noch die Hegelsche „Logik", von der ihr Autor ausdrücklich feststellt, daß unser beschränktes Bewußtsein sie nicht operieren kann. Dieser Standpunkt aber ist seit der nach-Hegelschen Entdeckung mehrwertiger menschlich operabler Rationalität unhaltbar geworden.

Es besteht also nicht der geringste Grund, warum wir unser Schema (d) nicht nach rückwärts sowohl wie nach vorwärts ausdehnen sollten. Ein derartiges Schema eines generellen Distributionsprozesses der Subjektivität, das von Null-Distribution ausgeht, würde dann folgende Gestalt haben:

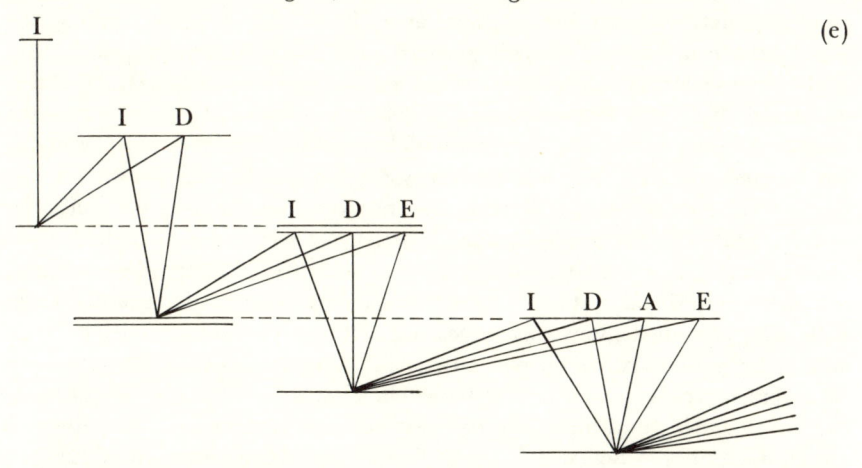

(e)

I

I D

I D E

I D A E

Wir haben für Schema (e) die mythologischen Bezeichnungen wie „Gott", „Schlange" usw. fallengelassen und durch Buchstaben für reflexionstheoretische Konstanten ersetzt. Der Reflexionsprozeß beginnt links oben mit undistribuierter Ich-Subjektivität (I), geht von dort zu dualer Distribution auf Ich und Du (I,D) über und fährt dann in trinitarischer Streuung auf der nächsten Stufe fort, wo er als Ich, Du und Es (I,D,E) reflektiert ist. Im folgenden Stadium ist die Distribution dann bereits vierfach, denn wir haben dort mit Ich-Subjektivität, Du-Reflexion, der technisch konstruierten Bewußtseinsanalogie (A) und dann wieder dem Es zu rechnen. Jede weitere Stufe würde dann das Schema um einen neuen Distributionsfaktor der Subjektivität bereichern. Und jedem Absatz entspricht strukturtheoretisch eine Logik, deren Wertzahl jeweils um 1 hinter dem für sie zuständigen Reflexionsniveau zurückbleibt.

Da wir aber heute zuverlässig wissen, daß uns mehrwertige Reflexionsstrukturen – auch wenn sie die Reflexionskapazität unseres eigenen Bewußtseins weit überschreiten – operativ zugänglich sind und semantische Bedeutungserlebnisse für uns involvieren, können wir uns nicht einmal mehr mit der Idee eines „viereinigen" Gottes zufriedengeben. Denn wenn die uns jetzt geläufige Gesetzlichkeit in der Erhöhung des reflexiven Distributionsfaktors uns sogar erlaubt, fünf- oder höherwertige Weltzustände zu antizipieren, dann muß man Gott schon transfinite Distribution seiner Subjektivität zubilligen, wenn er vor den Menschen noch einigen Vorsprung haben soll. Wenn das Pantheon des Hinduismus vierhundert Millionen Götter zählt (oder sind es noch mehr?), so kann es sich nicht mehr um separate Verkörperungen von Naturkräften usw. handeln. Der Gedanke ist angesichts solcher Zahlenmengen absurd. Was hier instinktiv ausgedrückt ist, ist die Idee einer unbeschränkten Distributionsfähigkeit der göttlichen Subjektivität.

In dem Schema (e) haben wir jenes mittlere Stadium der Distribution der Reflexivität, wie es in 1. Mose 3 beschrieben ist (siehe Schema (d)), dadurch ausgezeichnet, daß wir die horizontalen Linien, die die jeweiligen Reflexionsgrenzen andeuten, doppelt gezogen und durch Strichelung nach links und rechts verlängert haben. Was zwischen diesen Linien liegt, ist das Reflexionsstadium jenes Mediums, das gewöhnlich Geschichte (Vico) genannt wird und in der Erzählung vom Sündenfall mythisch beschrieben ist. Von dieser Welthistorie wird nun von geisteswissenschaftlich Gebildeten immer wieder betont, daß sie wesentlich Bewußtseinsgeschichte sei. Aber was heißt das auf der Stufe unseres gegenwärtigen Wissens, wo wir zwar eine leidlich klare Vorstellung haben, was wir meinen, wenn wir „Holz" oder „Eisen" sagen, wo aber auch niemand die geringste Idee hat, was Bewußtsein eigentlich sein soll? Der Terminus „Bewußtseinsgeschichte" sagt entweder zuviel oder zu wenig. Er sagt zuviel, wenn wir annehmen, daß jede beliebige Bewußtseinsform Träger von geschichtlichem Geschehen ist. Eine Katze hat Bewußtsein, und wir können (und müssen!) ihr sogar ein − in irreflexiven Mechanismen funktionierendes − Selbst zubilligen. Es fällt uns darum aber nicht ein, von einer Geschichte der Katzheit zu reden. Die Ausdrücke „Pflanzenseele" und „Tierseele" haben wir oft genug gehört, und sie haben ihre eigentümliche Berechtigung. Aber das Vorhandensein von Seele garantiert noch keine Geschichte. Die kosmische Geschichte des natürlichen Universums ist nicht eine Spiegelung pflanzlichen und tierischen Seelentums. Und wir wissen auch ganz genau, warum das so ist. Der tierischen Subjektivität − und erst recht natürlich der pflanzlichen − fehlt die Distribution. D. h., es gibt kein Wir einer solchen Subjektivität überhaupt, auf das das Bewußtsein besitzende Individuum sich ausdrücklich bezieht. Der Sündenfall schildert diesen gegenseitigen Bezug der individuellen Subjektzentren und die Veränderung der Reflexionsstruktur, die sich daraus ergibt. Also nur ein ganz spezielles, nämlich ein distribuiertes Bewußtsein hat Geschichte. Von hier aus gesehen impliziert der Ausdruck „Bewußtseinsgeschichte" also zuviel.

Andererseits sagt unser Terminus aber zu wenig, wenn wir nämlich den Begriff der Reflexion, die Distributionsfähigkeit hat, auf menschliche (oder göttliche) Bewußtseinsfunktionen einschränken. Genau genommen können wir uns nur menschliches Bewußtsein vorstellen, wobei jedes Ich-Subjekt von jedem Du höflicherweise annimmt, daß es genau so beschaffen ist wie es selbst. Aber schon bei der Vorstellung der göttlichen Subjektivität kommen wir in Schwierigkeiten. Für die undistribuierte „Subjektivität" des deus absconditus haben wir überhaupt keine Erlebniskategorien. In der trinitarischen Distribution aber introjizieren wir in „Gottvater" und den „Sohn" die gleiche punkthafte Subjektivität, die wir auch besitzen. Und das ist auch völlig in der Ordnung! Die Ich- und Du-Subjektivität ist ja von Gott direkt als Ebenbild geschaffen worden. Was aber die dritte göttliche „Person", den Heiligen Geist betrifft, so ist diese Figur in der Religionsgeschichte bezeichnenderweise immer in einem Nebel personeller Unbestimmtheit geblieben.

Ihr fehlen die scharfen individuellen Konturen des „Vaters" und des „Sohnes". Dieser dritten Person gegenüber versagt unsere Introjektionsfähigkeit. Es ist kein Zufall, daß der Heilige Geist entweder in Tiergestalt erscheint, wenn er in der Kunst dargestellt wird – vgl. etwa Dürers „Gnadenstuhl" und „Allerheiligenbild" – oder gar als objektiver Prozeß, wie in den feurigen Zungen der Apostelgeschichte.

Die Gründe dafür sind offensichtlich: eine völlig über das Es distribuierte Subjektivität, die in dieser Projektion ihren Charakter als personales Subjekt nicht verliert, ist uns auf unserem gegenwärtigen Bewußtseinsniveau völlig unerlebbar. Wir können weder Subjektivität mit schwächerem noch auch mit stärkerem Distributionskoeffizienten als dem unseren als historisch ansprechbares personales Bewußtsein begreifen. Andererseits aber zeigt unser Schema (e) ganz unwiderleglich, daß das, was wir so gern geneigt sind „Weltgeschichte" zu nennen, nur ein begrenzter epochaler Zwischenzustand eines fundamental-ontologischen Prozesses von höherer metaphysischer Mächtigkeit ist. In der Gleichsetzung des Historischen mit der Konzeption der Bewußtseinsgeschichte sagen wir also zu wenig. Die letztere ist nur eine Variante einer totalen Geschichte des Seins, und was sich in derselben vollzieht, ist die progressive Distribution von Subjektivität über das Es. In anderen Worten: *Geschichte im umfassendsten Sinn dieses Wortes ist die Verwandlung des Irreflexiven in Reflexion*. Die Entwicklung geht also genau in entgegengesetzter Richtung als sie Hegel vorschwebte. Sein absoluter Geist ist höchste und letzte Konzentration der Subjektivität in einem nur noch mit sich selbst identischen Ichpunkt. In der Phänomenologie des Geistes und der Großen Logik wird der metaphysische Prozeß als eine Aufhebung der Distribution der Subjektivität über eigenständige Reflexionszentren begriffen. Alles soll sich in dem Gluthauch des neuplatonischen ἕν verschmelzen. Letztes Ziel ist undistribuierte Kernidentität der Subjektivität mit sich selbst, also Verwandlung der Reflexion in Sein.

Es ist dringend notwendig, auf den krassen Selbstwiderspruch dieser theologisch-philosophischen Tradition aufmerksam zu machen. Wir können ihn heute nicht mehr ertragen. Im zweiten Vers des dritten Kapitels der Genesis wird zum ersten Mal von einer menschlichen Stimme das Wort „wir" gebraucht, wenn Eva der Schlange anwortet: „Wir essen von den Früchten ..." D. h., in diesem Augenblick manifestiert sich zum ersten Mal eine Distribution der menschlichen Subjektivität, die über den einfachen dualen Gegensatz von Ich und Du hinausgeht. Aber diese schwache trinitarische Streuung setzt als conditio sine qua non voraus, daß Gott in der zusätzlichen Schöpfung von Eva die irdische Subjektivität seinerseits bereits distribuiert hat. Dieselbe ist also schon in primordialen Schöpfungsbedingungen angelegt. Im dritten Kapitel breitet sie sich nur weiter aus. Warum erscheint nun diese folgerichtige Fortsetzung der Distribution als „Sünde"? Die Frage ist leicht beantwortet: es ist mit dieser trinitarischen Distribution der menschlichen Subjektivität über Ich, Du und Wir etwas nicht in Ordnung. Sie ist unvollständig. Es ist tief bezeichnend, daß in dem Bericht vom Sündenfall nur das Weib den Ausdruck „wir" gebraucht. Wenn Adam später zur Rede gestellt wird, antwortet er: „Das Weib, das Du mir zugesellet hast, gab mir von dem Baum, und ich aß." (Vers 12) Wenn beide Subjektivitäten an dem Abfluß der Reflexion in das Objektive gleichmäßig beteiligt wären, dürfte man im Text „... wir aßen" erwarten. Überdies wird in dem deutlichen Vorwurf: „.... das Du mir zugesellt hast" die Verantwortung für den weiteren Abfluß der Reflexion an den göttlichen Urheber der dualen Distribution des Ichseins zurückgeschoben. Die Erkenntnis des Wir bleibt also auf eine Variante der Subjektivität beschränkt. Sie ist vorläufig noch nicht objektiv für Subjektivität überhaupt verbindlich und bleibt eine bloße Vorstellung, die wieder zurückgenommen werden kann.

Nur allzu verständlich ist, daß die spirituelle Tradition in diesem partiellen Versagen des Distributionsprozesses ein Motiv zur totalen Rückgängigmachung derselben gesehen hat. In echter Distribution der Subjektivität über Ich, Du und Es zu sein, ist ein göttliches Privileg. Damit aber stellt sich die Schöpfung des Menschen als ein metaphysischer Irrtum heraus. Der Sündenfall bestätigt denselben nur. Die eigentlichen Wurzeln desselben liegen in tieferer Primordialität. Denn die Distribution der menschlichen Subjektivität beginnt ja schon im zweiten Kapitel der Genesis, wenn Gott den Menschen in der Differenz des subjektiven Ichseins und des objektiven Duseins erschafft.

Dieser Widerspruch der Tradition ist unerträglich. Es hat seinen guten Sinn, wenn unter diesem Aspekt das Phänomen der klassischen Religion von der marxistischen Geschichtsphilosophie angegriffen wird. In der bisherigen religiös-philosophischen Tradition wird dem Menschen ein primordiales Recht geraubt, nämlich das der totalen Distribution seiner Subjektivität über jenes Dritte, das jenseits der subjektiven Antithese von Ich und Du liegt, mag man dasselbe nun das Es, das Sein oder die Natur nennen. Der Widerspruch zwischen dem zweiten und dritten Kapitel der Genesis fällt sofort weg, wenn man den Bericht über den „Sündenfall" nicht mehr ontologisch negativ sondern reflexionstheoretisch positiv interpretiert. In diesem Fall ist nicht etwas geschehen, wofür gebüßt und was durch die folgende Geschichte des Menschen zurückgenommen und nichtig gemacht werden muß, sondern in dem Ritual des Essens und den dasselbe umgebenden Dialogen wird der Mechanismus der legitimen Distribution der Subjektivität zwar als vom Menschen ausgehend beschrieben, aber indem er die Initiative übernimmt, setzt er präzis den Reflexionsprozeß fort, durch den seine eigene Subjektivität überhaupt erst zustande gekommen ist. Insofern ist das, was laut dem Vers 1, Mose 3,6 geschieht, nicht ein „Abfall" und eine Negation, sondern eine positive Bestätigung und bejahende Wiederholung dessen, was sich vor seiner Existenz ereignet und was in den ersten beiden Kapiteln der Genesis beschrieben wird.

Betrachtet man die Geschichte des Menschen unter diesem Gesichtspunkt als Bestätigung und Wiederholung, dann setzt sie sich rückwärts in vormenschliche Bereiche fort. Wenn aber andererseits es zu den Struktureigentümlichkeiten des Reflexionsprozesses gehört, sich immer vielfältiger zu brechen und immer weiter zu streuen, dann können wir unmöglich in unserer Auffassung von dem, was Geschichte ist, bei der schwachen und unvollkommenen trinitarischen Distribution der menschlichen Subjektivität stehen bleiben, wie sie bis dato erreicht ist. Wir wollen für einen Augenblick in mythische Terminologie zurückfallen und sagen deshalb: in der klassischen Geschichte im Sinne Vicos ist dieser Distributionsprozeß heute bis zu jenem Punkte fortgeschritten, in dem nicht nur Eva sondern auch Adam den Terminus „Wir" gebraucht. D.h., neben den subjektiven Geist im isolierten Ich und Du ist endlich der beide verbindende objektive Geist (Hegel) einer sich damit selbst abschließenden Geschichtsepoche getreten.

Aber die damit etablierte Distribution der menschlichen Subjektivität über Ich, Du und dem durch die historischen Institutionen vertretenen Wir erreicht nicht im Entferntesten das göttliche Vorbild. Das Es ist in ihr nicht wirklich erworben. In den institutionalen Formen des objektiven Geistes ist alle Subjektivität in das Ich und das Du zurückreflektiert. Diese Institutionalität ist und bleibt ausschließlich objektiv. Das Es in ihr behält nichts von der Subjektivität, die sich in ihm spiegelt, zurück. Dieser Mangel an spontaner Subjektivität in dem Seinszustand des objektiven Geistes wird durch eine historische Anekdote eindrücklich illustriert. Als die spanischen Konquistadoren Peru unterjochten, soll einem zeitgenössischen Bericht zufolge den Anstoß zu dem ersten Blutbad die Verlesung einer Proklamation gegeben haben, wonach dem spanischen König das Recht zugesprochen sei, über die neu entdeckten Länder zu herrschen. Auf die Frage des Inka Atauhualpa, wer solches sage, soll ihm der Pater Valverde die Bibel gereicht haben. Der Sapay Inka hielt das Buch einige Augenblicke lauschend an das Ohr und warf es dann mit den Worten: „Es spricht ja nicht" verächtlich auf die Erde. – Es dürfte sich schwer eine Formel finden, die den Mangel an totaler Distribution der menschlichen Subjektivität über das Es schärfer ausdrückt.

Ein Schritt zu einer solchen weiteren Distribution – und damit zu einer neuen Geschichtsepoche – aber ist die Konzeption der kybernetischen Bewußtseinsanalogie, in der der Mensch erstmalig sein funktionelles Subjektsein derartig an das natürliche Sein abgibt, daß in dieser Abspaltung die Subjektivität qua Subjektivität erhalten bleibt. Es ist uns heute noch völlig unfaßbar, wie wir ein Ich erfahren sollen, in dem alle Ichfunktionen von einem Es (und nicht von einem Du) vollzogen werden. Aber man vergesse nicht: in dieser unserer gegenwärtigen Situation findet wieder eine metaphysische Wiederholung statt. Als die von Gott abgelöste menschliche Subjektivität sich durch den „Sündenfall" selbständig machte, konnte ihr Schöpfer sie nicht mehr erkennen und rief: „Wo bist Du?" Jetzt ist die Rolle des Schöpfers auf uns übergegangen! Wir suchen jetzt auf kybernetischen Wegen und haben zu warten, bis unsere eigene Stimme uns aus unserem kybernetischen Bilde im Es anrufen wird. Wenn das aber geschieht, dann sind wir es nicht mehr, was aus diesem Bilde spricht. Wir haben unsere Identität gewechselt. —

Der fundamentale Mangel unseres traditionellen Geschichtsbegriffes läßt sich jetzt in wenigen Worten formulieren. Man hält sich ängstlich an der Identität der im Menschen verkörperten Subjektivität mit sich selbst fest. Folglich reicht der geschichtliche Horizont nur genau so weit, wie sich diese Identität bewahren läßt. Man hat noch nicht begriffen, daß Subjektsein nicht feste Seinsidentität, sondern wechselndes Bild, d. h. Reflexionsidentität ist. Für die letztere aber spannt sich das geschichtliche Dasein in einer unendlichen Folge von metaphysisch-historischen Epochen aus, in denen die Geschichte des gegenwärtigen menschlichen Wesens nur eine vermittelnde und vorübergehende Rolle spielt, wie unser Schema (e) demonstriert. Man vergißt zu leicht, daß Subjektivität kein Ding (kein „Ich-an-sich"), sondern ein Zustand ist, in dem das Sein sich zu sich selbst verhält. Nun kann man sich aber zu sich selbst nur auf dem Weg über ein „Bild" verhalten. Das ist ein metaphysischer Tatbestand, den wir alle direkt erfahren. Wir verhalten uns zu uns selbst nur durch die Vermittlung unseres Leibes, in dem sich unser Ichsein abbildet. Andererseits aber ist der Leib ausschließlich Reflexionsmedium unseres Selbstverhaltens, soweit wir uns als natürlich-animalische Existenz erleben. In dem Phänomen, das wir Geschichte oder Kultur nennen, ist dieser einfache physische Reflexionszustand aber schon durch einen zweiten überlagert, in dem wir uns selbst durch die sozialen Institutionen, in denen wir existieren, besitzen. Zwischen diesen beiden Reflexionsprozessen aber besteht ein enormer Unterschied, was unsere Selbstidentifikation anbetrifft. Im animalischen Leib reflektiert sich die Subjektivität nur als isoliertes Ich. Also in intimster, privatester, und alle fremde Subjektivität ausschließender Weise. Dank dieser Begrenzung ist diese erste Reflexion erschöpfend, definit und etabliert vollkommene Identität. In der zweiten Selbstreflexion durch das Medium der historischen Institutionalität aber bildet sich die Subjektivität nicht mehr als privates Ich sondern als Distribution über Ich und Du ab. Eine Kirche etwa ist nicht mehr das Gehäuse der innerlichen Religiosität des einsamen Ich, sondern die Reflexion des Geistes der Gemeinde. Das Ich verhält sich im objektiven Geist zu sich selbst also nur auf dem Umweg über die andere Person.

Die Differenz der beiden Reflexionsmechanismen wäre aber noch immer nicht so besonders groß, wenn dem Ich das Du in der gleichen solitären Privatheit gegenüberträte. Aber es gehört zum Wesen der Du-Subjektivität, daß sie öffentlich ist und dem isolierten Ich in unbeschränkter Vielheit gegenübertritt. Damit aber sieht sich das Ich, das in sein Zu-sich-selbst-Verhalten auch das Du einschließen will, vor eine unlösbare Aufgabe gestellt. Wenn nämlich die Ich-Subjektivität erst den ganzen Umkreis möglicher Du-Subjektivität durchlaufen wollte, ehe sie selbst, bestätigt durch das öffentliche Wir, zu sich selbst zurückkehrte, so wäre ein solcher reflexiver Prozeß grundsätzlich unvollendbar. Die Zahl der objektiv möglichen aus meinem Leibe ausgeschlossenen Subjektivitäten ist prinzipiell unendlich. Eine hypothetische Subjektivität, die sich durch einen solchen infiniten, durch alle Du-Reflexionen gehenden Rückkopplungsprozeß konstituiert, nennen wir göttlich. Dieselbe verfügt über Total-Distribution. Dem menschlichen Bewußtsein aber bleibt nichts anderes übrig, als diesen Reflexionsprozeß, nachdem er sich in einem sehr begrenzten Bereich von Du-Subjektivität gespiegelt hat, willkürlich abzubrechen und zum Ich zurückzulenken. Ein solcher Abbruch samt gewaltsamer Rückbiegung des Reflexionsvorganges in das jeweilige Selbst produziert jene Ereignisstruktur, die wir „historisch" nennen.

Was unseren traditionellen Geschichtsbegriff angeht, so ist das Auswahlprinzip für die als geschichtliche Personalität zugelassene Du-Subjektivität, einfach und evident. Nur diejenige Subjektivität, deren Ichbewußtsein an einem menschlichen Leibe orientiert ist, ist als historischer Akteur legitimiert. Damit scheidet pflanzliche und tierische Subjektivität eo ipso aus. Aber auch eine hypothetische höhere Subjektivität der „Geister" und „Engel" ist derart eliminiert. Der Grund für diese Exklusivität ist außerordentlich legitim. In der bisherigen Geschichte ist der Mensch nur fähig gewesen, ein Bild seines Ichs im eigenen Körper zu entdecken. Folglich sind nur diejenigen Du-Formen der Subjektivität Ich-Existenzen von geschichtlichem Rang für sich selbst und für uns, die ein äquivalentes Körperbild von sich haben.

Wer aber wagt, zu behaupten, daß dieses Körper-Bild das Einzige ist, in dem der Mensch je seine kommunikable Subjektivität entdecken kann? Schließt doch schon heute die Reflexion des Subjekts im objektiven Geiste die sinnliche Körperlichkeit solcher historischer Institutionen wie Kirchen, Bibliotheken, Konstruktionen usw. ein. Was dieser geschichtlichen Physis noch fehlt, ist die Spontaneität des Subjektivseins, die der Inka in dem leblosen Pergament des Bibeltextes vermißte. Wir erinnern uns, daß die Schöpfungsgeschichte von zwei Stufen des Schaffens berichtete. Erst brachte Gott das objektiv-natürliche Sein in Existenz, und nach dessen Vollendung setzte er diesen selben schöpferischen Reflexionsprozeß, der die Natur geformt hatte, als Subjekt in diesen Weltbereich. Erst damit war der ganze Schöpfungsprozeß vollendet. Betrachten wir jetzt in Analogie den Menschen als Schöpfer der objektiven Welt des geschichtlichen Daseins, so ist sofort deutlich, daß die hier unternommene historische Leistung noch nicht ihr Ende gefunden hat. Die objektive Welt der sozialen Gehäuse, institutionellen Formen und technischen Gebilde, in denen wir heute leben, liefert zwar die Parallele zu der ersten Etappe der Schöpfung, *was aber noch nicht geleistet worden ist, das ist die Abgabe der „seelischen" Prozesse, die diese geschichtliche Welt geschaffen haben, an diese Welt selbst*. Der Mensch hat sie bis heute in seinem subjektiven Reflexionskreis eifersüchtig zurückgehalten.

Es wird aber immer deutlicher, daß das Individuum des zwanzigsten Jahrhunderts sich in dieser historischen Subjektidentität nicht mehr festhalten kann. Die metaphysische Bedeutung der in der Gegenwart entstandenen kybernetischen Technik liegt nun eben darin, daß sie dieses gewesene historische Ich aus dem Bereich der menschlichen Innerlichkeit in die von ihm geschaffene Außenwelt der bisherigen Geschichte transferiert. Das Schema der Vorgänge im ersten Kapitel der Genesis wiederholt sich: erst wird ein Objektbereich in Existenz gesetzt, und dann wird derselbe Reflexionsprozeß, der dieses gegenständliche Sein geschaffen hat, in das letztere introjiziert. Diese Arbeit, die heute erst beginnt, leitet die neue Epoche der Weltgeschichte ein, denn sie fügt dem historischen Geschehen eine bis dato nicht existierende Dimension an. Was den kybernetischen Konstruktionen ihr mehr und mehr menschenähnliches Antlitz gibt, sind nicht ihre quantitativen und qualitativen Arbeitsresultate, sondern die mit jedem technischen Fortschritt wachsende auf sich selbst bezogene Spontaneität ihrer Tätigkeit. Das objektive Bild seiner selbst, das der gewesene historische Mensch in der klassischen, heute abgeschlossenen Technik produziert hat, nimmt jetzt die rückkoppelnden Funktionen auf, die ihm bisher noch fehlten. Es lernt, sich direkt und ohne unsere Vermittlung auf sich selbst zu beziehen, und erwirbt Selbstreflexion. Das Bild wird sich selbst zum Bilde. Es erwirbt sich seine „Subjektivität".

Wer hier nicht sieht, daß sich damit eine neue historische Stufe der Distribution der Subjektivität ankündigt, dem ist nicht zu helfen. In der Idee der Kybernetik ist das Prinzip der bisherigen Geschichte durchbrochen, daß nur in einem menschlichen Körper hausende selbstreflexive Subjektivität in dem geschichtlichen Raum des jeweiligen historischen Ichs beheimatet ist. Was Subjektivität überhaupt ist, davon haben wir heute nur ein sehr schwaches und verworrenes Bild, weil sich unser Ich nur in einem winzigen Sektor der möglichen Du-Subjektivität – nämlich der im menschlichen Körper behausten – sein Gegenbild und seinen Partner sucht. Was wir gegenwärtig menschliche Reflexion nennen, hat vorerst nur minimale Distributivität. Vor uns liegt eine unendliche Folge welthistorischer Epochen, von denen jede das Bild des Ich in einer neuen Dimension des Seins spiegelt. Denn nur im Bilde erfährt und erwirbt die Innerlichkeit des Subjektiven sich selbst. Wir schliessen mit den Worten Fichtes aus der „Bestimmung des Menschen", wo das isolierte und undistribuierte Ich dem distribuierten Geist gegenüber sein Wesen bekennt: „*Ich selbst* weiß überhaupt nicht und bin nicht. *Bilder* sind: sie sind das Einzige, was da ist und sie wissen von sich nach Weise der Bilder ... Ich selbst bin eins dieser Bilder; ja, ich bin selbst dies nicht, sondern nur ein verworrenes Bild von Bildern"[3].

---

[3] J.G. Fichte, WW II, S. 145.

LOGISCHE VORAUSSETZUNGEN UND PHILOSOPHISCHE SPRACHE IN DEN SOZIALWISSENSCHAFTEN*)

Eine Betrachtung zur „Sozialphilosophie der industriellen Arbeitswelt" von Friedrich Jonas

Als vor einigen Jahren der bekannte Physiker *Erwin Schrödinger* die sogenannten Tarner Vorlesungen am Trinity College der Universität Cambridge hielt, machte er im Verlauf seiner Ausführungen die folgende Bemerkung: „Unsere Wissenschaft — griechischer Herkunft — beruht auf der Objektivation. Damit versagt sich dieselbe ein adäquates Verständnis des Subjekts der Erkenntnis, des Geistes"[1]. Die Gründe für diese Situation sind lange bekannt. Unser ganzes wissenschaftliches Denken hat bisher danach gestrebt, das Sein der Welt ganz objektiv zu erkennen, so wie es „an sich", d. h. unabhängig und unentstellt durch mögliche „optische" Verzerrungen unseres Bewußtseins (in dem es sich notgedrungen spiegelt) wirklich besteht. Konsequenterweise ist seit zweitausend Jahren der Ehrgeiz aller kompetenten Wissenschaftler darauf ausgegangen, durch geeignete — und, wie die Geschichte beweist, äußerst erfolgreiche — Methoden auch die letzte Spur von personaler Subjektivität aus unsern theoretischen Aussagen über die Wirklichkeit radikal auszumerzen. Dieses Streben blieb nicht nur auf die Naturwissenschaften beschränkt. Radikale Objektivation erschien auch als ein Ideal in den Geisteswissenschaften. Der Historiker *Leopold von Ranke* sprach es aus, wenn er den sehnsüchtigen Wunsch äußerte, daß er sein Selbst völlig auslöschen möchte, um die Dinge so zu sehen, wie sie wirklich gewesen seien.

Heute ist dieses Ideal tot. Es existiert nicht einmal mehr in den exaktesten Naturwissenschaften. Schon im Anfang der dreißiger Jahre sah sich *Werner Heisenberg* veranlaßt, in einem philosophischen Rechenschaftsbericht über die moderne Quantenmechanik zu schreiben: „Eine ganz scharfe Trennung der Welt in Subjekt und Objekt (ist) nicht mehr möglich", und dementsprechend hat der „völlig isolierte Gegenstand... prinzipiell keine beschreibbaren Eigenschaften mehr"[2]. Wenn das aber heute schon die Situation in der Physik ist, in der wir es angeblich nur mit totem, reflexionslosen Material zu tun haben, wieviel mehr muß das gleiche von den Geistes- resp. Sozialwissenschaften gelten, die es mit einer Welt zu tun haben, die zwei fundamentale Klassen von möglichen wissenschaftlichen „Objekten" enthält: erstens einmal die bona fide-Objekte der Naturwissenschaft und zweitens eine etwas mysteriöse Gruppe von theoretischen Gegenständen, die sich — der Himmel weiß wie — als Reflexionszentren betätigen, eine unerklärliche Eigenschaft, Bewußtsein genannt, besitzen und von sich selbst behaupten, daß sie Subjekte seien und sich als solche im diametralen Gegensatz zum ganzen objektiven Universum befänden. Vergegenwärtigt man sich überdies, daß die Physik sich heute in ganz enormen logischen Schwierigkeiten befindet und daß außerordentliche Anstrengungen notwendig sein werden, den Naturwissenschaften

---

*) Diese Arbeit ist von der National Science Foundation durch Grant 17 414 unterstützt worden.

eine neue logische Unterkellerung zu geben, dann erscheint die Lage in den Geisteswissenschaften fast aussichtslos.

Da es von äußerster Wichtigkeit ist, den eigentlichen Kernpunkt der logischen Differenz von Gegenstand als echtem Objekt (Materie) und als Pseudo-Objekt (Subjekt) ins Auge zu bekommen, wollen wir die Situation so drastisch wie möglich schildern. Relativ zum Geistes- und Sozialwissenschaftler hat es der Physiker noch ganz gut; denn seine wissenschaftlichen Objekte schweigen wenigstens, solange man sie nicht auffordert, zu reden. Erst wenn sie durch das Experiment befragt werden, antworten sie und dann nur innerhalb der Grenzen der Fragestellung. Andernfalls bleiben sie stumm. Aus eigener Spontaneität bieten sie keine Auskunft an. Die Geistes- und Sozialwissenschaften haben es aber, wie schon bemerkt, überdies mit Pseudo-Objekten, d. h. Subjekten zu tun! Für den Logiker bedeutet das, daß er sich hier in einen bisher nicht dagewesenen theoretischen Konflikt verwickelt sieht. Diese Pseudo-Objekte eines möglichen Wissensbereiches bieten nämlich ganz spontan Information an. Und was sie da von sich geben, widerspricht kraß den begrifflichen Intentionen, mit denen der Wissenschaftler an sein Werk geht: Indem nämlich diese Pseudo-Objekte den Anspruch machen, denkende und handelnde Subjekte in der geschichtlichen Welt zu sein, konstatieren sie laut und deutlich, daß der Logiker kein Recht hat, sie als bloße theoretische Objekte in seinem Universum zu behandeln. Seine Aussage, sie seien positiv gegebener Bewußtseinsinhalt in seinem theoretischen System sei falsch, weil man ebenso gut sagen könne, der betreffende Logiker samt allen seinen begrifflichen Konstruktionen ist möglicher positiver Bewußtseinsinhalt eines jeden dieser Pseudo-Objekte, über die er so kavaliermäßig disponiert. D. h., für ein mögliches Subjekt A gehört ein zweites Subjekt B zum *objektiven* Bestand der Welt (W). Also für A gilt $B + W$. Aber B kann sich damit nicht einverstanden erklären. Es behauptet seinerseits, daß vielmehr $A + W$ den möglichen Objektbereich bezeichnet.

Für die ältere Tradition, die das Subjekt als ursprüngliche Quelle alles trügerischen Scheins und Irrtums am liebsten ganz ausgelöscht hätte, existierte dieses Problem nicht. Erkennt man nämlich als legitime logische Gegenstände nur echte Objekte, aus denen jede Spur von Subjektivität sorgfältig ausgemerzt ist, an, dann bilden alle möglichen logischen Subjekte sozusagen eine geschlossene Phalanx gegenüber der toten irreflexiven Objektwelt. Macht dann Subjekt A eine Aussage über den gegenständlichen Bestand des Universums, dann gilt diese Aussage auch für jedes mögliche Subjekt B, C, D usw., vorausgesetzt, daß dieselbe widerspruchsfrei ist und auch alle übrigen epistemologischen Regeln der Erkenntnis erfüllt. In andern Worten: wird als Thema des Denkens eine völlig subjektfreie Welt gewählt, dann ist es möglich, einen eindeutigen theoretischen Ort für die Konstruktion eines logischen Systems anzugeben, das für alle denkenden Subjekte *in gleicher Weise* verbindlich ist!

Nun ist offensichtlich, daß sich niemand in den Geistes- oder Sozialwissenschaften mit solch bescheidenen logischen Ansprüchen zufrieden geben kann. Das Thema dieser Disziplin ist ja ausdrücklich eine Welt, in der neben echten Objekten auch Subjekte existieren, die manchmal als solche auftreten, zu gleicher Zeit aber selbst Objekte der Behandlung durch andere Subjekte sind. Glücklicherweise gibt es einen Weg, der aus der logischen Sackgasse, in der wir uns heute befinden, herausführt: vorausgesetzt, daß wir willig sind, einige Schritte zurückzugehen und uns noch einmal mit der traditionellen Logik der radikalen Objektivität zu befassen. Diese Logik ist das klassische Aristotelische System der zweiwertigen Anordnung aller Begriffe. Zweiwertigkeit bedeutet — wie jedermann aus dem täglichen Gebrauch seines Denkens weiß — daß jeder Begriff zwei mögliche Werte hat. Er kann entweder „positiv" oder „negativ" gebraucht werden. Für die populäre Auffassung deckt sich diese Unterscheidung mit der von „wahr" und „falsch". Das ist aber nur in einem sehr beschränkten Sinne richtig, und dem Leser sei angeraten, die letzteren Termini in den folgenden Ausführungen völlig zu vergessen.

Diese tradierte zweiwertige Logik hat nun eine ganz fundamentale Struktureigenschaft, die bisher für die Weiterentwicklung der Logik im Interesse der Geisteswissenschaften nicht genügend berücksichtigt worden ist: sie ist ein System, das zwei „Sub-systeme" enthält, die einander isomorph sind! Unter Isomorphie ist dabei die umkehrbar eindeutige Zuordnung der Eigenschaften und Relationen des einen Systems zu denen des zweiten zu verstehen. Nun beruht die Logik auf dem sogenannten Aussagenkalkül, d. h. auf einem Inbegriff von Gesetzen und Prozeduren, die die Beziehungen von Aussagen untereinander regeln. Man geht dabei gewöhnlich von zwei Grundbeziehungen aus, die innerhalb gewisser Grenzen beliebig gewählt werden dürfen. Solche Beziehungen sind z. B. die Paarung von „Negation" und „Konjunktion" (sowohl ... als auch ...) oder auch „Negation" und „Disjunktion" (... oder ...). Die Isormorphie kann dann auf die folgende Weise demonstriert werden:

1) Jeder Aussage wird im Gegensystem ihre Negation zugeordnet.
2) Die Grundbeziehung „Negation" wird auf sich selbst abgebildet.
3) „Konjunktion" und „Disjunktion" werden einander zugeordnet.

Bei inhaltlicher Interpretation eines Kalküls besagt das nun folgendes: Eine jede Aussage, die wir machen, ist zwar formal von ihrer Negation verschieden, es existiert aber kein wesentlicher ontologischer Unterschied zwischen positiven und negativen Aussagen und, schärfer genommen, nicht einmal zwischen einer bestimmten Aussage und ihrer Negation.

Das klingt nun sehr abstrakt und in den Ohren des Nicht-Logikers vielleicht sogar ganz unsinnig. Aber die Isomorphie ist genau die Eigenschaft, in der die Rolle des denkenden Subjekts in der traditionellen Logik sichtbar gemacht werden kann. Wir wollen das jetzt in einer mehr anschaulichen Weise tun, wobei die obigen abstrakt formalen Überlegungen besser, weil inhaltlich, verständlich werden sollen. Gemäß einer antiken Theorie, die mit der Entwicklung der traditionellen Logik Hand in Hand gegangen ist, ist Bewußtsein, resp. Subjektivität, ein einfaches Spiegelungsphänomen. Die Außenwelt sendet „Bilderchen" in den lebenden Organismus, der dann in sich dieselben mosaikartig zusammensetzt und so ein Gesamtbild der Außenwelt erzeugt. Wenn das aber der Fall ist, dann muß das Denken, um die „wirkliche" Welt von ihrem Abbild im Inneren des Bewußtseins zu unterscheiden, in seiner eigenen Struktur diese Weltdoublette ebenfalls nachbilden. D. h., die Logik muß zwei „Subsysteme" enthalten derart, daß das eine das genaue Spiegelbild des anderen ist. Und das ist genau das, was durch das Isomorphieprinzip logisch-ontologisch demonstriert wird. Wenn das Denken nun zu dieser Einsicht gelangt ist, dann liegt die Frage nahe, ob man das eine Subsystem nicht zur Beschreibung der Welt und das andere zur Darstellung der Subjektivität gebrauchen könne. Wer sich aber eine so einfache Lösung erhofft, beweist nur, daß er die Konsequenzen des Isomorphieprinzips noch nicht voll erfaßt hat. Die zweiwertige Logik spiegelt zwar „subjektiv" das Objekt ab, aber was im Spiegelbild *erscheint*, ist eben immer nur das Objekt und niemals das Subjekt. Das letztere manifestierte sich nur als der *Prozeß* der Spiegelung, und der ist in dem formalen System der Zweiwertigkeit weder abgebildet, noch indirekt als Relation zwischen Original (Welt) und Abbild (Bewußtseinsinhalt) darstellbar. Die folgende Tafel, die drei logische Motive samt ihren Spiegelbildern darbietet, soll das illustrieren:

P	und	oder	Äquivalenz	N
N	weder — noch	unvereinbar	Äquivalenz	P

Wir haben den bereits erwähnten Motiven der Konjunktion (... und ...) resp. Disjunktion (... oder ...) noch die Äquivalenz beigefügt. Der Grund ist der, daß „und" und „oder" unsymmetrische Beziehungen darstellen, die Äquivalenz aber ist symmetrisch. Die großen Buchstaben „P" und „N" deuten durch ihre Stellungen an, daß Positivität und Negation formal nichts weiter als ein einfaches Umtauschverhältnis (wie „rechts" und „links") darstellen. Wir können nun die Tafel derart interpretieren, daß wir sagen: das, was über dem horizontalen Strich sich befindet, repräsentiert das „objektive" Subsystem, und unter dem Strich erkennen wir sein „subjektives" Spiegelbild. Dazu besteht in der Tat ein Recht, denn „weder — noch" ist, wie man sich leicht überzeugen kann, die spiegelverkehrte Struktur von „und". D. h., „weder — noch" ist die einfache Negation der Disjunktion. Das Gleiche gilt für das gegenseitige Verhältnis von „oder" und „unvereinbar". Die Äquivalenz dagegen bleibt auch im Spiegelbild sich gleich, weil sie eine symmetrische Funktion ist. Da aber positiv (P) und negativ (N) ein einfaches Umtauschverhältnis darstellen, sind wir genau so gut berechtigt, das untere System als Beschreibung des Objekts und demgemäß das obere als Ausdruck der „subjektiven" Reflexion anzusehen. Wir können mit völlig gleichem Recht behaupten: die Markuskirche in Venedig steht auf der rechten Seite des Dogenpalastes oder auf der linken.

Ontologisch besagt das Isomorphieprinzip der klassischen (zweiwertigen) Logik also, daß wir mit beiden Subsystemen genau dasselbe aussagen. Das Gesamtsystem ist indifferent gegenüber dem Unterschied von Subjekt und Objekt. In anderen Worten: eine zweiwertige Struktur kann in ihren Formeln so verstanden werden, daß sie entweder das Objekt beschreibt oder das Subjekt... aber nicht beides zugleich! *Erwin Schrödinger*, der in seinen Tarner Vorlesungen über „Geist und Materie" die einseitige Thematik der Naturwissenschaften ausführlich beschreibt, hat den Gedanken des Ausschlusses der Subjektivität aus unserm bisherigen wissenschaftlichen Weltbild auf die folgende überraschende Weise dargestellt: „Der Grund, warum unser fühlendes, wahrnehmendes und denkendes Ich nirgendwo in unserm wissenschaftlichen Weltbild anzutreffen ist, kann ganz einfach in sieben Worten angegeben werden: weil es nämlich selbst dieses Weltbild ist. Es ist identisch mit dem Ganzen und kann deshalb in demselben nicht als ein Teil enthalten sein"[3]). Die naive Betrachtungsweise sieht in den naturwissenschaftlichen Aussagen und Formeln eine direkte Beschreibung einer radikal objektiven Welt, die an sich besteht und davon ganz unabhängig ist, ob irgend jemand von ihrer Existenz weiß. Im Gegensatz dazu nimmt nun *Schrödinger* einen reflektierten Standpunkt ein, der besagt, daß genau dieselben Aussagen und mathematischen Formulierungen auch unter dem Gesichtspunkt betrachtet werden können, daß sie Bewußtseinsphänomene des Menschen sind, der sich der Natur gegenüber sieht. Und als solche liefern sie selbstverständlich *indirekt* ein Bild des Subjekts... wie es sich in *sehr speziellen* Bewußtseinsinhalten erlebt und konstituiert.

Aber mit Bewußtseins*inhalten* stellt man im Grunde genommen kein Subjekt dar. Denn unter Subjekt wird doch gerade dasjenige verstanden, was Erlebnisinhalte *hat,* aber qua Subjekt nimmer und niemals selbst ein solcher *ist.* Das bedeutet aber: unser Wissen von der objektiven Natur kann zwar „subjektiv" interpretiert werden, aber es verfälscht das eigentliche Wesen der Subjektivität. Dieselbe wird in ihrem Spiegelbilde als Pseudo-Objektivität dargestellt. Das Subjekt *als solches* erblickt sich in der Natur nicht. Die exakte Symmetrie der Abbildung, die durch das klassische Isomorphieprinzip ausgedrückt wird, verhindert das. Diese metaphysische Situation ist das Thema eines geistvollen und profunden Gedichtchens von *Christian Morgenstern,* das die logische Situation anschaulicher illustriert, als das langatmige logische Erörterungen tun können:

> Ein blonder Korke spiegelt sich in einem Lacktablett.
> Doch sähe er sich selber nicht, selbst wenn er Augen hätt!
> Das macht, dieweil er senkrecht steigt zu seinem Spiegelbild.
> Wenn man ihn freilich seitwärts neigt, zerfällt, was oben gilt.
> Bedenk, oh Mensch, Du spiegelst Dich, im — sagen wir — im All
> Und senkrecht, wärest Du dann nicht ganz in demselben Fall?

Das ist genau das, was das Isomorphieprinzip, das aus der genauen Symmetrie von Positivität und Negation in der zweiwertigen Logik folgt, gegenüber dem Subjektproblem besagt: das Subjekt spiegelt sich in der Tat im objektiven Sein der Natur, aber diese Spiegelung ist „senkrecht". Es „sieht" sich also in diesem Wiederschein nicht, es sieht immer nur „das Andere". Dementsprechend tritt das Subjekt in den Naturwissenschaften auch nur negativ, d. h. als Störung der exakt zweiwertigen Darstellung auf. Es produziert eine „Unbestimmtheitsrelation"! Unter diesen Umständen erhebt sich die Frage, ob sich die Geistes- resp. Sozialwissenschaften mit einer solchen Logik zufrieden geben können? Tun sie das, dann können sie die ihnen eigene Betrachtungsweise nie auf ein exaktes wissenschaftliches Niveau erheben. Sie bleiben Pseudo-Wissenschaften mit pseudo-rationalen, nicht-formalisierbaren Grundprinzipien. Und das ist in der Tat die Haltung des transzendental-spekulativen Idealismus von *Kant* bis *Hegel* und *Schelling,* wo das Problem des Subjekts als Subjekt zum ersten Mal in seinem vollen methaphysischen Umfang gesehen worden ist. *Kant* und seine Nachfolger setzten die zweiwertige Logik als einzig mögliche formale Grundlage des Denkens mit Selbstverständlichkeit voraus und kamen so unvermeidlich zu dem Resultat, daß man das Problem des Subjekts prinzipiell nicht exakt formalisieren kann. Etwas anderes war bei dem damaligen Bestand des Wissens über die Technik logischer Prozeduren auch gar nicht möglich. Folglich blieb dieser ersten und bisher einzigen Philosophie in der Welt, in der das Subjekt ebenbürtig neben dem Objekt sich selbst sichtbar wird, nichts Besseres übrig, als ihre Einsichten und Resultate in einer indirekten Sprache mitzuteilen, die zwischen Ich, Du und Es „dialektisch" die Schwebe hält und die die unterschiedlichen Reflexionsdimensionen ihrer Termini durch die Vieldeutigkeit des unterlegten Wortes und durch bewußte Manipulation seines mehrfachen Sinnes zum Ausdruck zu bringen sucht. Es ist eine Sprache, die daran appellieren muß, daß der Empfänger sie auf dem gleichen dialektischen — nicht objektivierbaren — Niveau akzeptiert und versteht. Sie setzt sozusagen einen geheimen Konsensus der Eingeweihten voraus. Wer nicht durch die erforderlichen Riten der Initiation hindurchgegangen ist, ist trotz allem Bemühen von dem Verständnis grundsätzlich ausgeschlossen.

Eine neue Erscheinung, die diesem ehrwürdigen Traditionsgang der metaphysischen „Spekulation" über Objekt *und* Subjekt angehört, ist die außerordentlich tiefschürfende Studie von *Friedrich Jonas*, die unter dem Titel: „Sozialphilosophie der industriellen Arbeitswelt" erschienen ist[4]). Der philosophische Stil dieser Arbeit ist genau jener, den wir oben kurz beschrieben haben und die Initiationsriten, durch die der Leser, der das außerordentliche Niveau der *Jonasschen* Gedanken wirklich würdigen will, erst einmal hindurchgegangen sein muß, bestehen in einem eingehenden Studium von *Hegels* Phänomenologie des Geistes und der spekulativen Logik. Ist man mit den dort entwickelten Problemstellungen, der angewandten Denkmethode und speziell dem terminologischen Bestand der Phänomenologie genügend vertraut, dann ist die Lektüre dieser „Sozialphilosophie" ein Genuß. Man sieht dann auch, mit welcher Kompetenz *Jonas* in die geistige Welt des transzendentalspekulativen Idealismus eingedrungen ist und wie tief er die Grundlagen der Theorie der industriellen Arbeitswelt zu legen befähigt ist. Hier sind wirklich die letzten metaphysischen Wurzeln eines uns allen geläufigen Vordergrundphänomens freigelegt worden. In diesem Sinne ist die Arbeit von Jonas erstrangig auf dem Gebiet der Sozialphilosophie. Aber wir sagen ausdrücklich „in diesem Sinn" und weisen mit dieser Einschränkung auf ein grundsätzliches Problem hin, daß dem Geisteswissenschaftler, der wirklich exakter Wissenschaftler sein will, schon des längeren auf den Nägeln brennt. Es ist das Problem der praktischen Kommunikation solcher „spekulativer" Einsichten. *Jonas* macht, wie bereits angedeutet, umfangreichen Gebrauch von der Terminologie des Deutschen Idealismus. Solche Termini wie „Schädelstätte", „Vermittlung", „Knecht", „spekulativer Karfreitag", „Moment", „Anderssein", „Freiheit und Schrecken", „Negation der Negation", „negative Macht", „unmittelbare Bestimmung" u. a. m. spielen in dieser Sozialphilosophie eine entscheidende Rolle. Dazu wird eine fast unübersehbare Vielheit von Bewußtseinsbegriffen, die sich definitorisch einfach nicht gegeneinander abgrenzen lassen, eingeführt wie „edelmütiges", „technisches", „moralisches", „anthropologisches", „natürliches", „erscheinendes", „skeptisches", Bewußtsein usw. Wer nicht in die Mysterien der spekulativ-transzendentalen Dialektik eingeweiht ist, dürfte die Schwierigkeiten dieser Darstellung vielleicht unüberwindlich finden. Der Verf. dieser Kritik, der sich seit dreißig Jahren mit diesen Problemen befaßt hat, muß gestehen, daß ihm *Jonas'* Text gelegentlich auch über den Kopf gegangen ist. Dort freilich, wo man *Jonas* folgen kann, wird man durch einen ganz außerordentlichen Reichtum an tiefen und überraschenden Einblicken belohnt, die allerdings, wie gar nicht genug betont werden kann, nur dem „Eingeweihten" zugänglich sind.

Und hier liegt die Crux der Sache. Die industrielle Arbeitswelt ist heute ein Phänomen, das sich unaufhaltsam über den ganzen Erdball ausbreitet. In Indien sind die metaphysischen Träume der Upanishaden ausgeträumt. Statt dessen ist von Stahlquoten die Rede. In China ist *Chuang-tse* und sein „Wahres Buch von südlichen Blütenland" vergessen. Stattdessen sucht man in

Peking nach den Eigenschaften der Elementarpartikel im Atomkern, und Afrika schickt sich gerade an, den gleichen Weg zu gehen. Der theoretisch-formalistische Wissenschaftsbegriff der abendländischen Tradition, die daraus resultierenden technischen Prozeduren und ihre Ausweitungen in sozialen Formen und industriellen Institutionen sind heute überall mit Selbstverständlichkeit akzeptiert. Was man aber in Übersee (Amerika eingeschlossen!) *nicht* übernommen hat — und auch gar nicht übernehmen könnte, selbst wenn ein guter Wille dazu vohanden wäre — das ist die große historische Tradition und die sie belebende Metaphysik, die sich in moderner Wissenschaft, Technik und Industrie einen endgültigen objektiven Ausdruck gegeben hat. Gewiß sind diese modernen Gebilde aus dem Geiste *Heraklits*, *Platos* und *Demokrits* geboren. Aber warum soll der Asiate auf *Aristoteles* hören, wenn ihm die großen Philosophen der indischen Logik und Erkenntnistheorie, *Dignaga* und *Dharmakirti*, die seinem Denken Ausdruck geben, zur Verfügung stehen? Und was kann *Plato* für einen Bantu-Neger bedeuten, in dessen muntu-Lehre vom Inneren kein Hauch abendländischen Geistes gedrungen ist? Gemessen an dem Maßstab *Goethes* und *Hegels* ist ein Eskimo „primitiv". Aber das hindert ihn nicht, vielleicht ein besserer Flugzeugmechaniker oder Pilot zu sein als die heutigen Nachkommen von *Newton* und *Leibniz*.

Ein auch nur annäherndes Verständnis der heutigen weltgeschichtlichen Situation muß vor allem von der Einsicht ausgehen, daß die unaufhaltsame Ausbreitung der abendländischen Wissenschaft und Technik über den ganzen Erdball und die damit verbundene Fähigkeit, ihre Methoden überall fachmännisch zu manipulieren, auf der Tatsache beruht, daß sich diese geistigen Gebilde von dem ursprünglichen Seelentum, das sie geschaffen hat, restlos und vollkommen abgelöst haben. Um sich in diesem neuen rational-technischen-industriellen Lebensraum unseres Planeten sicher zu bewegen, dazu gehört weder ein bewußtes noch ein unbewußtes Wissen um Meister *Eckhart*, *Buddha* oder *Lao-tse*. Der Kannibale kann, vorausgesetzt, daß er willig ist, ein paar subalterne Handfertigkeiten zu erlernen, direkt aus seinem Kanu in den Pilotensitz einer Düsenmaschine steigen. Das ist das phantastische Resultat des radikalen Objektivationsprozesses, den die Spiritualität der abendländischen Wissenschaft in mehr als zweitausendjähriger Entwicklung durchgemacht hat. Ihr Endergebnis ist ein theoretischer und praktischer Formalismus, der von dem Menschen, der in ihn verwickelt ist, nur noch eine ganz pragmatische Mentalität ohne jede Reflexionstiefe verlangt. Keines der bewegenden Motive dieses Bewußtseins quillt aus einem inneren Wissen und Gewissen. Alles kommt aus der Außenwelt.

Der europäische Denker, der auch heute noch über die ganze Erde hin gehört werden will, kann unter diesen Umständen nicht mehr an eine historisch uniforme Subjektivität, an ein gemeinsames psychisches Grundwissen, an einen durch die Tradition erarbeiteten spirituellen Rapport, in dem alle Bewußtseinszentren aufeinander abgestimmt sind, appellieren. Der direkte Kontakt von Subjekt zu Subjekt ist unterbrochen, und dort, wo die Subjektivität wirklich wissenschaftlich traktiert werden soll, kann man nicht einmal wünschen, daß er wiederhergestellt wird. Wissenschaft ist kein mystischer Consensus von Eingeweihten, sondern öffentliche Betätigung, die auch von dem widerspenstigen Subjekt Anerkennung erzwingt. Wer die traurige Parodie der englischen Übersetzung der Phänomenologie des Geistes kennt, dem ist in ganz unwidersprechlicher Weise vordemonstriert worden, wie unzulänglich das reine Gold dieses Textes dem von aller spirituellen Tradition der euro-asiatischen Hochkulturen entleerten pragmatischen Bewußtsein ist, in dessen Namen sich heute europäischer Wissenschaftsformalismus, Technik und Industrie über die ganze Erde ausbreiten. Da bleibt nur eine Alternative: Entweder man bewahrt die Zaubersprüche des spekulativen Idealismus für den winzigen Kreis der Eingeweihten auf und verurteilt diese größte Gedankenschöpfung seit Plato und Aristoteles damit zur Wirkungslosigkeit, oder aber man findet einen Weg, den allgemeingültigen Kern derselben in einen exakten, para-mathematischen Formalismus zu übersetzen, der sich Anerkennung erzwingt, weil er technisch wirksam ist und auch in dem plattesten pragmatischen Gehirn die Einsicht erweckt, daß „social engineering" ohne diese Formeln nicht auskommen kann. Die klassische Philosophie des objektiven Seins (Ontologie) hat sich damit gerechtfertigt, daß sie anwendbar war und aus ihrem Geist die Naturwissenschaft und die archimedische Technik produzierte. Die Reflexionsphilosophie des Deutschen Idealismus hat sich bisher zu vornehm gefunden, solchen praktischen Ambitionen zu folgen. Sie huldigt auch heute noch in der geisteswissenschaftlichen Tradition, die sie hervorgebracht hat, dem Glauben, daß ihr Thema kraft dem letzten Endes unbegreiflichen Wesen der Subjektivität und ihrem unendlichen iterativen Zurückweichen vor der sich auf sie richtenden Reflexion dem Formalismus und damit der exakten Berechnung grundsätzlich nicht zugänglich ist. Eine merkwürdige Ansicht, wenn man sich vergegenwärtigt, daß schon *Aristoteles* die höchste, göttliche Subjektivität der νοησις νοησεως als reine Form oder Form der Form bezeichnet.

Die einzige Widerlegung des idealistischen Antiformalismus ist der praktische Nachweis, daß ein logischer Formalismus, der über die klassische Tradition hinausgeht, existiert. In andern Worten: es muß gezeigt werden, daß die Negation der Negation, von der Hegel spricht, zwar ein legitimes formales Prinzip ist, aber als formale Operation nicht mit dem traditionellen Negationsoperator der zweiwertigen Logik zusammenfällt. Für *Hegel* selbst besteht die Alternative: entweder ist die iterierte Negation formal, dann handelt es sich um den klassischen Operator. Ist der Negationsprozeß aber nicht klassisch, dann ist er auch nicht formal. Es gilt zu demonstrieren, daß diese Alternative falsch ist. *Hegel* selbst hat schon mit unübertrefflichem logischen Scharfsinn festgestellt, daß der begriffliche Schlüssel zum Wesen des Subjekts eine dem naiven Ich nicht geläufige Eigenschaft des Bewußtseins ist: das Bewußtsein verdeckt sich in seinem Reflexionsprozeß die Sicht auf sich selbst. „Was der Geist will, ist, seinen eigenen Begriff zu erreichen, *aber er verdeckt sich denselben...*" heißt es in der Einleitung zu den Vorlesungen über die Philosophie der Geschichte (*Glockner* XI, 90f. Sperrung von uns). Zwar haben wir den *Hegelschen* Terminus des „Verdeckens" bisher nicht gebraucht, aber den Sachverhalt, den *Hegel* meint, haben wir in Gestalt des Isomorphieproblems bereits eingeführt (s. S. 292) und darauf hingewiesen, daß die genaue Umtauschsymmetrie von Positivität und Negation in einem zweiwertigen System nur die Konzeption „Objekt" erlaubt, aber nicht die von Subjekt qua Subjekt. Der blonde Korke sieht sich nicht, eben weil er und seine Spiegelung eine genaue Bildsymmetrie formen. *Morgenstern* sowohl wie *Hegel* sehen genau, wo die Lösung ihres Reflexionsproblems liegt: man muß die Symmetrie zerstören. *Hegel* tut das auch, indem er in seiner Logik neben der klassischen Negation (N) jetzt noch eine zweite Negation (N') einführt; damit ist die ursprüngliche Symmetrie von Positivität (P) und Negation (N), wie die beiden folgenden Schemata zeigen, eliminiert durch ein Übergewicht an Negativität.

$$P \parallel N \quad \text{und} \quad P \parallel N \mid N'$$

Die Lösung sieht verführerisch einfach aus. Sie ist es aber nicht und, obwohl die ihr zugrunde liegende Idee völlig richtig ist, hat die falsche Durchführung derselben den Deutschen Idealismus in eine philosophische Sackgasse geführt, aus der wir ihn heute zu befreien haben. Die irrtümliche Überlegung, von der *Hegel* ausgeht, ist die: jeder Formalismus ist zweiwertig. Ein zweiwertiges System kann per definitionem nur einen Negationsoperator haben. Folglich kann eine zweite Negation (N') nicht mehr formal sein. Beschreibt man also vermittels der so erzeugten Asymmetrie eine Wirklichkeit, in der auch das Subjekt, qua Subjekt, auftritt, dann kann diese Beschreibung keine exakten formalen Strukturen zeigen. Zu *Hegels* Zeiten bestanden schwerwiegende Gründe für diese Auffassung. Die Übersetzung der philosophischen Logik in eine exakte Kalkülrechnung mußte erst geleistet werden, und es war unmöglich damals sich auch nur eine annähernde Idee von den kommenden Möglichkeiten zu machen. Die große Wende ist das Jahr 1854. In ihm stirbt *Schelling,* und in ihm erscheint *G. Boole's* Algebra der Logik. Aber die anti-formalistische Tradition der Geisteswissenschaften hat sich bis heute hartnäckig erhalten. Die Sozialphilosophie von *Jonas* ist ein Beweis dafür, und wenn man dem Autor auch die Bewunderung für die außerordentliche Leistung, die er mit dem ungefügen Werkzeug der transzendental-spekulativen „Logik" vollbracht hat, nicht versagen kann, so überwiegt gerade dort, wo wie bei dem Verf. die absolute Überzeugung vorhanden ist, daß der Problemansatz des Deutschen Idealismus den Kern der Philosophie der Zukunft enthält, ein tiefes Bedauern, daß die wirklich tiefe Grundlegung der Sozialphilosophie, die *Jonas* liefert, dem nüchternen pragmatischen Bewußtsein in der vorliegenden Form unzugänglich ist. Dafür ein Beispiel: Ein gewichtiger Satz bei *Jonas* lautet: „Die Idee ist die Form, in der das Zugrundegehen des Selbstbewußtseins für es selbst wird: hier gelangt es in sein Unwesen, keine wirkliche Bestimmung, sondern das unendliche Bestimmen selbst zu sein". (S. 39) Einer der bedeutendsten Kybernetiker Amerikas, *Warren S. McCulloch*, schrieb vor einiger Zeit ebenfalls eine sozialphilosophische Studie unter dem Titel: „Towards some Circuitry of Ethical Robots". Zwischen diesen beiden philosophischen Mentalitäten klafft ein geradezu unvorstellbarer Abgrund. Er wird entweder durch einen exakten Kalkül von Sozialstrukturen oder gar nicht überbrückt werden. Die Beweislast aber liegt bei dem Deutschen Idealismus. Er hat durch Reduktion seiner Einsichten auf die internationale Sprache des Kalküls zu demonstrieren, daß er etwas zu bieten hat, was wert ist, überall auf dem Planeten gehört zu werden, wo sich menschliche Institutionen befinden. Mit einer spekulativen Geheimsprache nach dem Vorbild der Phänomenologie des Geistes ist ein solches Ziel aber nicht zu erreichen. Die Verteidiger der idealistischen Sprache sagen dagegen: eine Kalkülsprache kann nur Bekanntes beschreiben, aber *Hegel* betont ausdrücklich, daß das Bekannte darum, weil es bekannt, deshalb noch nicht erkannt ist. (Jene Antithese dominiert auch das Buch von *Jonas*.) Jene Selbstverdeckung, die das Subjekt sich leistet und die sich in der Spannung zwischen Bekanntem und Erkanntem Ausdruck gibt, macht die Aufgabe des Erkennens zu einer nicht-formellen, spekulativen.

Angesichts dieses Vorurteils empfiehlt es sich, den Rest dieser Betrachtung einer Erörterung der Frage zu widmen, ob sich der Reflexionsprozeß, vermittels dessen sich das Subjekt in seinen eigenen geschichtlich institutionellen Schöpfungen sein spezifisches Subjektsein verdeckt — und sich deshalb in ihnen nicht wiedererkennt —, nicht vielleicht doch formalisieren läßt. Denn ohne eine solche Formalisierung werden wir es nie zu einer Logik der Kooperation zwischen Ich und Du gegenüber dem Objekt bringen, so daß wir in der Lage wären, die heutigen gutgemeinten, aber stümperhaften Versuche des „social engineering" auf das Niveau einer zuverlässigen Technik zu bringen. Da wir so allgemeinverständlich wie möglich sein wollen, verzichten wir in dem Folgenden auch auf die einfachsten Formeln. Wir versichern aber, daß das, was weiter unten nur in bildlichen Vorstellungen und Approximationen der Umgangssprache seinen Ausdruck finden soll, sein exaktes Gegenstück in einem logistischen Kalkül hat, der der transzendental-spekulativen Problematik durchaus angemessen ist.

Wir beginnen mit einem Resümee: in der Erörterung des Isomorphieprinzips wiesen wir darauf hin, daß die zweiwertige Logik zwar einen objektiven und einen subjektiven Aspekt hat, daß der letztere aber deshalb nicht zu eigenem thematischen Ausdruck kommen kann, weil er in einem symmetrischen Reflexionsmechanismus verborgen ist. Das führt zu der paradoxen Situation, daß zwischen einer positiven Aussage und ihrer Negation im Grunde genommen kein logischer Unterschied besteht. Da der Gegensatz von positiv und negativ die Differenz zwischen Objekt und Subjekt reflektiert *(Hegel)*, besitzen wir hier bereits den formalen Tatbestand der Verdeckung des Subjekts durch den eigenen Reflexionsprozeß. Der Typ der „negativen" Aussagen, die uns vorläufig allein zur Verfügung stehen, ist unbrauchbar. Diese Aussagen sind ja von den positiven (die das Objekt beschreiben) thematisch gar nicht zu unterscheiden. Der springende Punkt für eine projektierte Logik der Geschichte und der Sozialwissenschaften ist also der: gibt es eine formale Technik, negative (d. h. reflektierte!) Aussagen zu konstruieren, die nicht durch Systemsymmetrie mit den positiven, die wir über Objekte machen, zusammenfallen? Die Antwort lautet: ja, und das Mittel dazu ist die Einführung einer mehrwertigen Logik. Darunter verstehen wir jedes System, das eine objektive Aussage nicht nur ein- sondern mehrmal negativ reflektiert und damit die klassische Symmetrie zwischen Objekt und Subjekt aufhebt. Man kann sich das anschaulich machen, wenn man sich den einfachsten Fall einer physischen Reflexion vorstellt. Wenn wir uns im Spiegel betrachten, dann gibt der Spiegel genau das wieder, was ihn konfrontiert. Also unsere Vorderseite. Jedem optischen Punkt unserer dem Glas zugewandten Seite korrespondiert ein äquivalenter Punkt des reflektierten Bildes. Original und Bild formen eine Symmetrie, in der das eine das andere invers *wiederholt*. Jetzt stellen wir die Frage: ist es möglich, in *demselben* Spiegel, ohne daß wir unsere Position ändern (also unter Erhaltung des originalen Bildes) auch unsere Rückseite zu sehen. Jedermann weiß, daß die Antwort darauf „nein" lautet, solange wir darauf bestehen, nur einen Reflexionsprozeß zuzulassen. Andererseits ist aber jedermann aus alltäglicher Erfahrung bekannt, daß wir vermittels eines zweiten Spiegels dasselbe leicht bewerkstelligen können. Dieser zweite Spiegelungsvorgang unterscheidet sich gar nicht von dem ersten. Es ist nun nicht im geringsten einzusehen, warum das im Logischen anders sein soll, und warum wir dort, wenn wir einen zweiten Reflexionsmechanismus einführen, damit auf einmal das Gebiet des exakten formalen Denkens verlassen und in eine mystische Region des „Substantiellen" eintreten, in der Gesetze herrschen, die nur der „absolute" Geist begreifen kann.

Für einen metaphysisch unvoreingenommenen Blick liegen die Dinge vielmehr so: wir haben in der klassischen Logik zwei Werte, die wir hier mit Ziffern, positiv: (1) und negativ (2) bezeichnen wollen. Diese Werte stehen in einem Umtauschverhältnis miteinander, und dieses produziert eine formale Logik. Die einzige, die wir heute vorläufig besitzen. Wir stellen dieses Umtauschverhältnis anschaulich durch einen Doppelpfeil

$$1 \longleftrightarrow 2$$

dar und führen nun folgende elementare Überlegung ein: Charakteristisch für dieses Umtauschschema ist, daß der niedere Wert mit dem nächst höheren nach bestimmten Regeln, (die eine Logik ausmachen), vertauscht werden kann. Es ist nun gar nicht einzusehen, warum dasselbe nicht auch für den Wert „2" gelten soll, nämlich, daß er ebenfalls mit dem nächsthöheren, der ihm folgt, in einem solchen Verhältnis steht. Akzeptieren wir diesen Gedanken, so erhalten wir das erweiterte Schema

$$1 \longleftrightarrow 2 \longleftrightarrow 3$$

das die Idee einer dreiwertigen Logik repräsentiert. Hat man aber erst einmal diesen Schritt zu einem erweiterten Schema getan, dann ist die Generalisation unvermeidlich, die besagt: jeder beliebige logische Wert hat die Eigenschaft, mit seinem Nachfolger in einem formalen Umtauschverhältnis zu stehen. Wir gewinnen also jetzt das verallgemeinerte Schema:

$$1 \longleftrightarrow 2 \longleftrightarrow 3 \longleftrightarrow 4 \ldots \ldots N \longleftrightarrow N+1$$

wobei „n" unbeschränkt zu wachsen verstattet ist[5]). Damit aber wird auch klar, warum der Deutsche Idealismus beginnend mit *Kant* völlig davon überzeugt ist, daß jeder Schritt über die zweiwertige Logik hinaus die Region des exakten und operierbaren Formalismus verläßt. Den Idealisten war nur *ein* Schritt über die Zweiwertigkeit hinaus bekannt. Kant nennt ihn „transzendental" und Hegel „dialektisch". Die Logik der Realität vollzieht sich in einem Dreischritt, deshalb gibt es bei *Hegel eine* „Negation der Negation", die nicht zum Positiven (1) zurückkehrt. Das würde also unserm Schema:

$$1 \longleftrightarrow 2 \longleftrightarrow 3$$

entsprechen, wo die Negationen „2" und „3" ein gegenseitiges Umtauschverhältnis darstellen, durch das „1" nicht berührt wird. Wenn das aber die ganze Logik aller überhaupt möglichen Reflexionsstrukturen sein soll, so bleibt gar nichts anderes übrig, als den ganzen ferneren Reichtum an zusätzlichen Reflexionsstrukturen, der sich durch die Addition eines vierten, fünften usw. Wertes ergibt, in das enge Umtauschverhältnis von $2 \longleftrightarrow 3$ zu packen. Aber die Formalisierung dieser reflexiven Dichte ist eine Aufgabe, der nicht einmal ein Gott gewachsen wäre. Will man also in dem Umtauschverhältnis $2 \longleftrightarrow 3$

alle Reflexivität, die nicht schon in 1 $\longleftrightarrow$ 2 enthalten ist, auffangen, so bleibt gar nichts anderes übrig, als den Boden des Formalismus zu verlassen und „konkret" zu denken. Daß solches in einem beschränkten Maße möglich ist, haben erst einmal *Fichte, Hegel* und *Schelling* bewiesen. In der Gegenwart hat *Arnold Gehlen* in seiner „Theorie der Willensfreiheit"[6]) höchst kompetent mit der Methode des „konkreten" Denkens experimentiert. Aber gerade die weitere wissenschaftliche Entwicklung dieses Gelehrten beweist, daß diese philosophische Sprache sich nicht weiter ausbilden läßt. Immerhin war sie in Gehlens Demonstration zu vertreten, weil in seinem Problem der Willensfreiheit nur vom Subjekt-überhaupt die Rede ist. Die dafür benötigten Reflexionsstrukturen sind noch relativ einfach.

In dem allerneuesten Versuch, mit „konkretem" Denken sich philosophisch zu orientieren, nämlich der Sozialphilosophie von *Jonas*, ist aber die Schwierigkeit der Aufgabe ins Unüberwindliche gewachsen. Hier kann man sich nicht mehr mit dem „Subjekt-überhaupt" des transzendentalen Idealismus zufrieden geben. Wir werden auf dem Boden des geschichtlichen Daseins, wie bereits weiter oben bemerkt, erstens von dem Gegensatz von Ich und Du in der Subjektivität und zweitens von einer prinzipiell unendlichen Vielheit von differenten Subjektzentren im Bereich des Du-Seins konfrontiert. Und die implizite Komplikation der historisch-sozialen Welt, die uns umgibt, entspricht genau dem anschaulich einfach unvorstellbaren Reichtum an Reflexionsbeziehungen, die sich aus der Relation Ich-Du-Es ergeben. Dem ist letzten Endes kein konkretes Denken, mag man es auch mit solcher artistischen Finesse beherrschen, wie das Jonas tut, gewachsen. Spekulation ist Kunst, die sich einer unmitteilbaren Methode bedient. Was wir brauchen, ist Wissenschaft mit exakt mitteilbaren rationalen Prozeduren. Bisher war die Subjektivität dem „Verstehen" ausgeliefert. Das Reflexionsgefälle, das von einem individuellen Subjekt, das als Ich auftrat, zur Subjektivität eines zweiten Individuums, eines Du, führt, war logisch nicht formalisierbar. Heute aber kann diese Aufgabe auf dem Boden des mehrwertigen Kalküls fraglos geleistet werden. Da jedoch eine präzise Demonstration dieses Faktums bereits eine erhebliche Vertrautheit mit mehrwertigen Systemen voraussetzt, wollen wir uns hier mit zwei elementaren zeichnerischen Schemata begnügen, die wenigstens den primitivsten Fall einer logischen Unterscheidung zweier Subjekte bis zu einem gewissen Grade veranschaulichen.

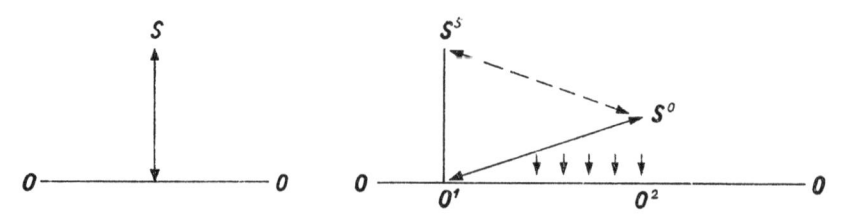

Das erste Schema enthält nur zwei senkrecht aufeinanderstehende Linien, von denen die horizontale die Reflexions*breite* der Objektivität (O) darstellen soll. Seine Reflexions*tiefe* (Doppelpfeil) spiegelt sich nur in einem Punkt, d. h. sie ist auf der O-Basis nicht abgebildet. Das Schema rechts zeigt die Subjektivität als subjektives Ich (S^s) und als objektives Du (S^o), und beide stehen in einem Umtauschverhältnis, angedeutet durch gestrichelten Doppelpfeil. Wir fragen uns jetzt: wie sieht diese Erkenntnissituation von dem Standpunkte des subjektiven Subjekts (Ss) eigentlich aus? Es ist ohne weiteres klar, daß (Ss) jetzt zwei Objekte besitzt. Erstens das bona-fide-Objekt (O) und zweitens das Pseudo-Objekt (So). Wir fragen uns nun weiter: sind diese beiden Beziehungen exakt logisch unterscheidbar? Die Antwort darauf ist ganz eindeutig positiv; denn was für (So), von (Ss) aus gesehen, sich durch diese Ausrückung aus dem Subjekt-überhaupt (S) geändert hat, ist das *Aristotelische* Verhältnis von Form und Inhalt. Denn für das denkende Subjekt (Ss) besteht zwar weiterhin die Relation, daß O den Inhalt (ὕλη) darstellt und (Ss) die reine, vom Objekt klar abgetrennte Form (χωριστόν), aber für die generelle Kategorie des Du hat sich dieses Verhältnis genau umgekehrt! Wenn wir nämlich die Du-Subjektivität (So) als objektives Dasein in der Welt begreifen, so ist das, was vorher — nämlich in der Ss $\longleftrightarrow$ O¹ Relation — Form war, jetzt unser Material und Inhalt, über den wir nachdenken. Und wenn wir zugleich behaupten, daß dieser unser Gegenstand „eigentlich" auch Subjektivität sei, so meinen wir damit, daß uns die Objektivität nur die Form liefert, in der seine Betrachtung für uns möglich ist. In zusammenfassender Formulierung: im Ich ist Subjektivität Form und das Gegenständliche Material; im Du ist Subjektivität Material und die Gegenständlichkeit Form für unser Denken.

Mit dieser groben und für unser aktuelles Denken de facto unzureichenden Unterscheidung[7]) — denn wir begegnen ja nie dem Du-überhaupt, sondern nur der Vielheit individueller Du-Subjekte — wollen wir uns hier aber trotzdem begnügen, denn sie reicht aus, um prinzipiell aufzuweisen, daß ein logisch definierbarer Unterschied zwischen (Ss) und (So) besteht. Und wurde in der klassischen Logik zwischen Subjekt-überhaupt (S) und Objekt-überhaupt (O) durch die Einführung einer formalen Umtauschrelation zweier Werte eine formal-logische Beziehung etabliert, so hindert uns nichts, dasselbe für den Gegensatz von (Ss) und (Oo) zu tun. In diesem Sinn haben wir in das obige Schema rechts einen gestrichelten Doppelpfeil eingetragen. Beide Umtauschrelationen können dann in einer dreiwertigen Logik der über Ich und Du distribuierten Subjektivität vereinigt werden. Damit aber ist auch die *Morgensternsche* Bedingung für die Spiegelung der Subjektivität im All erfüllt. Nur in dem ersten Schema, wo die Subjektivität völlig undistribuiert in der punktförmigen Einheit eines absoluten Subjekts konzentriert ist und sich deshalb auch nur punktförmig in (O), also gar nicht sichtbar reflektiert, bleibt die Reflexionstiefe der Subjektivität verborgen. Das zweite Schema aber zeigt anschaulich, daß die Reflexionsdistanz zwischen Ich und Du über die Strecke $O^1 - O^2$ auf (O) abgebildet werden kann[8]). In anderen Worten: in einer mehrwertigen Logik kann die Reflexions*tiefe* des Subjekts in der Reflexions*breite* der objektiven Welt sichtbar gemacht werden. *Wenn aber die Reflexionsdimensionen der Subjektivität der Abbildbarkeit auf das gegenständliche Sein fähig sind — jede historische Institution ist eine solche Abbildung — dann ist ihre Theorie auch formalisierbar* und kann in „öffentlichen" Begriffen nachvollzogen werden, d. h. in solchen, die nicht Termini einer spekulativen Geheimsprache sind, für deren Verständnis eine tief innerliche Aneignung der europäischen Geistesgeschichte unabdinglich ist. Diese Aneignung hat man in Übersee nicht nötig, und niemand ist gewillt, sie zu vollziehen. Will also die deutsche Sozialphilosophie sich den Platz in der Welt erwerben, der solchen Leistungen wie der von Friedrich Jonas gebührt, so muß sie die Sprache der mehrwertigen Logik beherrschen. Führende an der Kybernetik orientierte Wissenschaftler in Amerika *(McCulloch, von Foerster)* haben diese Bedeutung der Mehrwertigkeit längst erkannt. Auch in Rußland arbeitet man in dieser Richtung (Jablonskij, Gabrilow). In Deutschland aber treten die Gedanken, die am weitesten in die Zukunft weisen, meist in einer traditionsbelasteten Gestalt auf, in der sie nicht exportierbar sind. Weder *Kant* noch *Hegel*, von *Schelling* ganz zu schweigen, werden in Übersee wirklich verstanden. Und es ist auch keine Aussicht vorhanden, daß sich das je ändern könnte. In der Gestalt des Deutschen Idealismus ist die Reflexionstheorie eine parochiale Erscheinung. In der Form der mehrwertigen Logik ist sie weltgültig.

Wie sehr die Gültigkeit nicht formalisierter Begriffe gegenwärtig beschränkt ist, wollen wir an einem der Grundbegriffe, von denen die Philosophie von *Friedrich Jonas* ausgeht, nämlich dem der „Entfremdung", darstellen. *Karl Marx* bezeichnet in der „Deutschen Ideologie" damit die Situation, in der „die eigene Tat des Menschen ihm zu einer fremden gegenüberstehenden Macht wird, die ihn unterjocht, statt daß er sie beherrscht [9]) Und *Jonas* definiert Entfremdung als den „Widerspruch, in dem sich Selbstbewußtsein mit seiner Erscheinung befindet, die für es eine Wahrheit darstellt, die es nicht anerkennen kann, ohne seinen Anspruch auf Autonomie gegenüber der Welt aufzugeben" [10]). Beide Definitionen, obwohl per se wesentlich, sind pragmatisch wenig brauchbar, weil sie infolge ihrer abstrakten Generalität die konkrete historische Situation, in der wir uns gegenwärtig befinden, nicht treffen. Was in keinem Fall berücksichtigt ist, ist die faktische Differenz zwischen dem, was Entfremdung im Zusammenhang der abendländischen Geistesgeschichte bedeutet, und dem, was unter diesem Terminus in Übersee subsumiert werden muß. Soweit die griechisch-klassische und „faustische" Tradition in Frage kommt, aus der moderne Wissenschaft und industrielle Arbeitswelt hervorgegangen sind, so beruht die Entfremdung darauf, daß die metaphysischen Konzeptionen der *Plato, Aristoteles, Demokrit, Plotin, St. Augustin, Duns Scotus, Thomas* usw., die in ihrer originalen transzendentalen Gestalt tiefster Selbstausdruck eines spezifischen Seelentums waren, durch den historischen Prozeß eine Metamorphose erlitten haben. Sie treten einmal als objektive Realitäten in der Außenwelt auf und folgen damit ontologischen Gesetzen der Gegenständlichkeit, die mit den transzendental-subjektiven Reflexionsgesetzen des Willens, der sie schuf, in krassem Widerspruch stehen. Wissenschaft, Technik und gesellschaftliche und industrielle Institutionen haben, wie wir alle aus bitterer Erfahrung wissen, ihren eigenen Willen, der sich gegen das, was wir mit ihnen zu tun beabsichtigen, hartnäckig und erfolgreich sträubt.

Damit aber entsteht ein historischer Konflikt von bisher nicht dagewesenen Ausmaßen. Alle diese Schöpfungen der Geschichte sind Ausdruck des tiefsten metaphysischen Willens eines bestimmten Menschentyps. Aber kaum sind sie geschaffen, wenden sie sich als „entfremdet" gegen ihren Schöpfer, und derselbe sieht sich gezwungen, alle Willenskräfte seines Ichs von neuem aufzurufen, um sich gegen diese historische Objektivation seines eigensten inneren Wesens zu behaupten. Heute liegt, soweit die abendländische Tradition in Frage kommt, der Mensch in einem verzweifelten Kampf mit seiner eigenen Geschichte. Für den gegenwärtigen Menschen ist es zu einer nackten Existenzfrage geworden, ob er lernen kann, den Geschichtsprozeß, der unser eigener ist, insofern in ihn unsere ganze willensmäßige Existenz eingegangen ist, bewußt und planvoll zu manipulieren und ihm einen korrigierenden und tiefer reflektierten Willen aufzuzwingen. Der unerhörte historische Konflikt, in dem wir Abendländer stehen, ist also der, daß sich für uns heute zum ersten Mal der menschliche Wille gegen sich selbst wendet und mit seinen eigenen tiefsten Willensmanifestationen in der Vergangenheit im Kampfe liegt. Die Seele Europas desavouiert ihre bisherige historische Existenz. Das ist ihre Entfremdung.

Von einer solchen Situation aber kann in Übersee gar nicht die Rede sein. Wir wollen aus Raumgründen die Lage der Angehörigen der übrigen Hochkulturen, wie der indischen und chinesischen, hier ignorieren und uns gleich dem Extremfall, nämlich der heute sich vollziehenden Konfrontation der „Naturvölker" mit abendländischer Wissenschaft, Technik und Industrie zuwenden. Es ist offensichtlich, daß hier unsere Beschreibung der Entfremdung, wie wir sie oben gegeben haben, nicht zutrifft. Der Eskimo, der seinen Platz im Kajak mit dem in einem Motorboot oder am Schaltbrett einer elektrischen Anlage vertauscht, sieht sich nicht einem Objekt gegenüber, dessen Wesen und Gestalt sein eigenstes inneres Wesen als Willensprojektion aus sich herausgetrieben hat. Wenn man hier von „Entfremdung" reden will, so kann das nur in dem Sinne geschehen, daß man feststellt, daß die Produkte der abendländischen Technik und Zivilisation ihn dem entfremdet haben, was für ihn unmittelbare Natur und Abgestimmtheit auf dieselbe ist. Aber jene Objektivität, die dem „primitiven" Menschen in der Natur begegnet (wir wollen dabei von seinen wenigen Artfakten und schwachen institutionellen Ablösungen vom Natürlichen einmal absehen), ist im Wesentlichen nicht der Ausdruck und das Resultat seines eigenen historischen Willens, den er erst einmal desavouieren muß, wenn er sich dieselben Aufgaben zu eigen macht, die heute den Europäer zwangsläufig beschäftigen. Der objektive Geist, der sich in der technischen Umwelt, in die er jetzt eintritt, manifestiert, ist nicht Geist von seinem Geist und kein Willensausdruck seiner metaphysischen Träume. Jener europäische Konflikt, von dem wir oben gesprochen haben, existiert also für ihn nicht. Das technische und industrielle Dasein ist in seinen Augen der historische Ausdruck eines *fremden* Willens und wenn es notwendig ist, diesen Willen umzubeugen, zu korrigieren und ihn reflexiv bewußt in einer iterierten Willensform zu manipulieren, dann liegt sein Wollen in der Aneignung dieser Aufgabe nirgends mit sich selbst im Konflikt. Er desavouiert sich nicht selbst in einer Geschichte, an der er bisher nicht teilgenommen hat. Die Selbstverleugnung, die ihm allein angesonnen wird, erstreckt sich nur auf seine „primitive" Existenz. Seine Entfremdung betrifft nur das, was heute noch ziemlich allgemein als Vorgeschichte bezeichnet wird.

Die Entfremdung hat also historische Variationen. Sie ist keine Eigenschaft einer mythischen Subjektivität-überhaupt (in der solche möglichen Differenzen nicht feststellbar sind), sondern ein Reflexionsmechanismus, der dazu dienen kann, Subjektzentren von einander zu unterscheiden. Das Mittel dazu ist, wie wir bereits festgestellt haben, die mehrwertige Reflexionslogik; denn nur auf ihrem Boden ist es möglich, subjektive Zentren von höherer oder niederer Reflexivität begrifflich exakt zu trennen. Das angebliche absolute Subjekt kann selbstverständlich nur ein Reflexionszentrum haben. Damit aber ist die klassische Symmetrielogik der uniformen Subjektivität als unzureichendes Organon für die historisch-soziale Dimension der Existenz demonstriert. Solange sich die Reflexion nur in symmetrischen Strukturen spiegeln darf, gleichen sich alle Subjektivitäten wie ein Ei dem andern. Sie haben alle dasselbe „Gesicht".

In dem Kinderbuch des englischen Mathematikers und Logistikers *Ch. L. Dodgson (L. Carroll)* „Through the Looking Glass" entspinnt sich folgendes Gespräch, als Alice sich in dem symmetrischen Spiegelbild ihrer eigenen Welt von ihrer momentanen „Gegensubjektivität" in der Gestalt des (eiförmigen) Humpty Dumpty verabschiedet:

Alice: Ade, bis wir uns wiedersehen.
Humpty: Ich würde Dich nicht erkennen, wenn wir uns wiedersähen. Du siehst genau so aus wie andere Leute.
Alice: Im Allgemeinen richtet man sich nach dem Gesicht.
Humpty: Gerade drum. Dein Gesicht ist das Gleiche, das jeder hat. Augen hier, Nase in der Mitte, Mund drunter. Immer dasselbe. Ja, wenn Du beide Augen auf derselben Seite der Nase hättest, oder den Mund drüber. Das wäre besser.
Alice: Das würde nicht hübsch aussehen.
Humpty: Wart's ab, bis Du's probiert hast.

Anmerkungen:

[1] Frei übersetzt aus E. S c h r ö d i n g e r : Mind and Matter, Cambridge 1959, S. 52. Vgl. auch C. F. v. W e i z s ä c k e r : Die objektivierende Erkenntnis ist selbstvergessen. Die Geschichte der Natur, Zürich 1948, S. 126.
[2] Werner H e i s e n b e r g : Kausalgesetz und Quantenmechanik. Erkenntnis II (Ann. d. Phil. 9), S. 182.
[3] S c h r ö d i n g e r, a. a. O. S. 52.
[4] Friedrich J o n a s : Sozialphilosophie der industriellen Arbeitswelt. Ferdinand Enke-Verlag Stuttgart 1960.
[5] Der Logiker sei daran erinnert, daß das Argument im Text nichts weiter als eine sinngemäße Anwendung der P e a n o s c h e n Axiome auf die Logik ist.
[6] Arnold G e h l e n : Theorie der Willensfreiheit, Berlin 1933.
[7] Wir haben dabei den Unterschied zwischen Du als Bewußtseinsgegenstand und Du als realem Subjekt unberücksichtigt gelassen.
[8] Die vertikalen Pfeile im rechten Schema sollen diese Abbildbarkeit andeuten.
[9] Karl M a r x : Die Frühschriften. Hrsg. S. Landshut, Stuttgart 1953, S. 361.
[10] A. a. O. S. 29.

DAS PROBLEM EINER TRANS-KLASSISCHEN LOGIK*

Das Problem einer Logik der Philosophie, die über die von Plato und Aristoteles abgesteckten Grenzen der klassischen, zweiwertigen Logik hinausgeht, ist so alt wie die Geschichte der Logik selbst. Zuerst taucht es als Frage nach dem Wesen des Dia-logischen auf. Eine Theorie der Dialektik entwickelt sich fast gleichzeitig und parallel mit der Logik des Aristotelischen Formalismus. In beiden Fällen handelte es sich um Strukturlehren. Im Falle der Dialektik aber wurde mit beharrlicher Zähigkeit daran festgehalten, daß die zur Diskussion stehenden Strukturen letzten Endes nicht formalisierbar seien. Den Gipfelpunkt erreicht diese mehr als zweitausendjährige Entwicklung dann in Hegels Großer Logik, in der der klassisch-zweiwertige Formalismus schließlich von der Theorie der Dialektik völlig absorbiert und seines formalen Charakters endgültig beraubt wird. Viel trug zu dieser Entwicklung bei, daß die Grenzen zwischen traditioneller Formallogik und Dia-Logik nie eindeutig bestimmt waren und daß sogar das Wort „Dialektik" in gewissen historischen Perioden für den Aristotelischen Formalismus in Anspruch genommen wurde.

Daß der Versuch einer definitiven Auflösung des Aristotelischen Formalismus in der Hegelschen Logik, die als Strukturlehre den Unterschied von Form und Material nicht anerkennt, auf einem Mißverständnis beruhte, darüber braucht heute kein Wort verloren zu werden. Vielmehr läßt sich die gegenteilige Frage stellen: sind in dem transzendental-dialektischen System des deutschen Idealismus, dessen Entwicklung von Kant über Fichte zu Hegel und Schelling geht, neue Formprobleme aufgetaucht, die nicht nur die treue Beibehaltung des klassischen Formalismus erfordern, sondern die uns nötigen, denselben über alle bisherigen Grenzen hinaus zu erweitern?

---

* Prepared under the Sponsorship of the Air Force Office of Scientific Research, Directorate of Information Sciences, Grant AF – AFOSR – 480–64.

Die Frage ist durch die Entstehung der modernen Logikkalküle im 19. Jahrhundert dringlich geworden. Seit der Entwicklung dieser Kalküle die im 20. Jahrhundert einen rapiden Aufschwung nahmen, unterscheidet man gern zwischen einer klassischen und einer modernen Gestalt der formalen Logik (Heinrich Scholz). Auf die einzelnen Resultate der modernen Kalkülforschung kann hier aus Raumgründen nicht eingegangen werden. Sie sind überdies, was ihre philosophische Relevanz anbetrifft, noch höchst umstritten. Nur soviel läßt sich vielleicht mit einiger Vorsicht sagen: es hat sich gezeigt, daß selbst die evidentesten Aussage- und Schluß-Verfahren viel mehr ungelöste Problematik enthalten, als man glaubte, bevor die Kalkülrechner ihre Analyse der klassischen logischen Tradition begannen.

Nun kommt zwar der der klassischen Tradition folgende logische Rechenkalkül mit zwei Werten und zwei Variablen aus, wenn man den Aussagenkalkül als formale Basis der gesamten Logik und aller deduktiven Wissenschaften ansieht.[1] Trotzdem lag es nahe, sich die Frage zu stellen, ob etwas für die Theorie der Logik gewonnen werden könnte, wenn man die Zahl der Werte auf drei oder vielleicht gar auf unendlich vermehrte. Einen Anlaß dazu gab das Modalitätenproblem und das neunte Kapitel in „Peri Hermeneias" im Aristotelischen Organon. Dieses Kapitel, von dem Heinrich Scholz allerdings gelegentlich bemerkte, daß es einer restlosen Erhellung Schwierigkeiten entgegensetze, die als unüberwindlich bezeichnet werden müssen, scheint nichtsdestoweniger einen dritten logischen Wert zwischen wahr und falsch zu suggerieren. Aristoteles gebraucht dort das Beispiel einer Seeschlacht, die morgen entweder stattfinden oder nicht stattfinden wird. Er stellt dann fest, daß, soweit Aussagen über zukünftige Ereignisse in Frage kommen, es nicht notwendig sei, daß „von jeder entgegengesetzten Bejahung und Verneinung die eine wahr und die andere falsch ist. Denn in dem, was nicht ist, aber sein oder nicht sein kann, verhält es sich nicht so wie mit dem, was ist ...".[2]

Aristoteles unterscheidet also Aussagen über das, was ist, d. h. über den ganzen ontologischen Tatbestand des Seins der Welt, von Aussagen über das, was sein könnte, was möglich oder unmöglich, was wahrscheinlich oder unwahrscheinlich ist. Im ersten Fall sind Aussagen entweder wahr oder falsch, und ein Drittes ist ausgeschlossen. Im zweiten Falle scheint es so, als ob Aussagen auch noch eine dritte Werteigenschaft annehmen könnten: sie können entweder neutral gegenüber dem Gegensatz von wahr und falsch sein, oder sie können sich dem Wahr und dem Falsch in Wahrscheinlichkeitsgraden mehr oder weniger nähern. Man könnte also eine mehrwertige Logik entweder so aufbauen, daß man einen „Indifferenzwert" zwischen wahr und falsch einlegt. Dann erhielten wir eine „dreiwertige"

Logik. Oder man könnte zwischen dem Negativen und Positiven eine unendliche Skala von Modalitäts- oder Wahrscheinlichkeitsgraden einfügen. Das Resultat wäre dann eine „unendlich-wertige" Logik. Dementsprechend bemerkte schon 1930 Jan Łukasiewicz, einer der Initiatoren der mehrwertigen Theorien, in einem Bericht über seine eigene Forschung: „Es war mir von vornherein klar, daß unter allen mehrwertigen Systemen nur zwei eine philosophische Bedeutung beanspruchen können: das dreiwertige und das unendlichwertige System."[3]

Höchst bezeichnend aber ist, und es muß uns zu denken geben, daß Aristoteles' eigene Überlegungen im 9. Kapitel von „Peri Hermeneias" auf die Ausbildung seines logischen Formalismus nicht den geringsten Einfluß gehabt haben.[4] Der Grund ist ohne weiteres ersichtlich. Das Thema der Aristotelischen Logik ist das Sein des Seienden, wie es sich uns gibt als unabhängig von aller Subjektivität. Nun bezieht sich aber die Frage nach dem, was möglich oder wahrscheinlich ist und was in Zukunft eintreten mag, auf die Urteilskraft der Subjektivität. Infolgedessen ist diese Problematik aus dem Aristotelischen zweiwertigen Formalismus ausgeschlossen. Und unter den ontologischen Voraussetzungen der klassischen zweiwertigen Logik scheint es auch nicht legitim, sie mit demselben zu vermischen.

Andererseits muß festgestellt werden, daß die Überlegungen, die Aristoteles im 9. Kapitel anstellt, eine ganz beträchtliche Wirkung auf die mittelalterliche Philosophie gehabt haben. Das war nur natürlich. Die mittelalterliche Philosophie war an theologischen Interessen orientiert, und in ihnen spielte das eschatologische Problem eine dominierende Rolle. Damit aber war das Problem der Zukunft, das Aristoteles von seiner Theorie der Logik ferngehalten hatte, von höchster Aktualität. Es tritt jetzt auf als das Problem der *futura contingentia*, und schon Boethius bemerkt, daß es sich hier nicht um ein Seinsproblem, sondern um die Frage nach dem Subjekt handelt, das die Objektivität des Seins in seinem Denken zu bemeistern sucht. Boethius stellt fest, daß, wenn der Satz vom ausgeschlossenen Dritten auf die *futura contingentia* nicht anwendbar ist, dann die Lehre von der göttlichen Allwissenheit hinfällig wird. Er versucht das Problem dadurch zu lösen, daß er das Erfahrungsdatum der Zukunft als eine Funktion der Struktur des Bewußtseins betrachtet. Da das menschliche Bewußtsein endlich ist, so ist für es die Unterscheidung von dem, was *ist*, und dem, was sein *wird*, logisch nicht aufhebbar. Der göttliche Geist aber ist unendlich, was logisch nichts anderes bedeutet, als daß für ihn der Gegensatz von Vergangenheit und Zukunft im Begriffe einer ewigen Gegenwart sich auflöst.

Die Bedenklichkeiten dieser Auffassung und die philosophischen Verwirklichungen, die sie in den nächsten Jahrhunderten ausgelöst haben, brauchen hier nicht erörtert zu werden. Eins aber soll mit Anerkennung und Dankbarkeit festgestellt werden: die frühen Kommentatoren des Aristoteles haben bereits richtig erkannt, daß – um in moderner Terminologie zu reden – das Problem der Zukunft ein Reflexions- oder Abbildungsproblem ist und daß derselbe Sachverhalt sich in strukturell verschiedenen Abbildungssystemen auch verschieden spiegelt. Bis in ihre letzten Konsequenzen für die Logik ist diese Abbildungsproblematik allerdings erst bei Fichte verfolgt worden.

Die Frage, die sich uns jetzt stellt, ist die: ist das Abbildungsproblem vermittels eines mehrwertigen Formalismus darstellbar? Wie wir sehen werden, kann die Frage nicht ohne weiteres beantwortet werden, weil es bisher zwei grundverschiedene Zugänge zum Problem der Mehrwertigkeit gibt, die auf miteinander unvereinbaren philosophischen Voraussetzungen beruhen. Wir geben zuerst dem hervorragendsten Vertreter der älteren Auffassung das Wort. In einer 1929 erschienenen Arbeit diskutierte Jan Łukasiewicz die Frage der Wertzahl im Aussagenkalkül und äußerte dabei die folgende Auffassung: „Man könnte ... den mit dem Prinzip der Zweiwertigkeit der Logik unverträglichen Standpunkt einnehmen. Gemäß diesem Standpunkt könnte die logische Aussage Werte haben, die von der Falschheit und Wahrheit unterschieden sind. Eine Aussage, von welcher wir nicht wissen, ob sie wahr oder falsch ist, könnte ... einen dritten, unbestimmten Wert haben. ... Man könnte aber noch weiter gehen und den Aussagen unendlich viele Werte zuschreiben, die *zwischen* der Falschheit und der Wahrheit liegen." [5]

Worauf es bei dieser Auffassung ankommt, ist, daß man die neuen Werte, die über das klassische Prinzip der Wertdualität hinausgehen, derart interpretiert, daß sie ihren logischen Ort *zwischen* klassischer Affirmation und Negation haben müssen. In anderen Worten: wahr und falsch bleiben die Grenzwerte des Formalismus, den man im Auge hat. In diesem Sinne ist etwa die quantenmechanische Logik von Hans Reichenbach aufgebaut [6], und ebenso folgen die mehrwertigen modalitätstheoretischen Analysen diesem Schema. Inzwischen hat sich aber in einer mehr als 40jährigen Entwicklung der mehrwertigen Theorien gezeigt, daß diese Auffassung unhaltbar ist und zu keinen befriedigenden Ergebnissen geführt hat. Schon gegen Ende der vierziger Jahre schrieb I. M. Bocheński im Hinblick auf die mehrwertigen Logiken: „Nun aber ist der *logische* Charakter dieser Systeme sehr problematisch: gewisse in ihnen vorkommende Funktoren scheinen keiner logischen Interpretation fähig zu sein und die Fachlogistiker, die einst diese Systeme mit Enthusiasmus begrüßt haben, stehen ihnen heute zum größten Teil sehr skeptisch gegenüber." [7] Ähnliche Bedenken wurden schon frühzeitig von C. I. Lewis geäußert, und seitdem haben sich die skeptischen Stimmen erheblich vermehrt.

Der Grund für dieses zweifellose Versagen des ersten Versuchs, die Logik durch die Theorie der Mehrwertigkeit zu bereichern, muß jetzt kurz untersucht werden. Zu diesem Zweck kommen wir noch einmal auf Aristoteles und Boethius zurück. Die zweiwertige Logik, in der der Satz vom ausgeschlossenen Dritten unbeschränkt gilt, ist der Formalismus dessen, was *ist*; d. h. des gesamten Bereichs einer daseienden Objektivität. Die Frage nach der Zukunft aber, an der das *Tertium non datur* problematisch zu werden scheint, ist die eines abbildenden Systems, das sich ein Bild macht nicht nur von dem, das da ist, sondern auch von dem, das da sein könnte. Setzt man nun neue Werte zwischen klassische Positivität und klassische Negation ein, die – wie noch einmal ausdrücklich betont werden soll – zwischen sich die ganze formalistische Struktur der Objektivität einfangen, so hebt man damit die säuberliche Trennung zwischen Subjekt und Objekt und zwischen Sache und Bild, die in dieser Logik vorgenommen ist, wieder auf. Die metaphysische Unterscheidung von Gegenstand und Bild, von Sache und Reflexion, wird verwischt. Der Grund dafür liegt in dem Mangel an ontologischer Orientierung, dessen sich die modernen Logiker (und nicht nur die, die sich mit Mehrwertigkeit beschäftigen) schuldig machen. Dieser Mangel an ontologischer Orientierung wird sogar noch als Vorzug empfunden und ließ einen angesehenen Gelehrten anläßlich seiner Würdigung der Leistungen der Logistik stolz schreiben: „daß man die Logik aufbauen kann, ohne sich vorher bis zur Erschöpfung über die *ontologischen Fragen* zu streiten, mit denen die klassische Logik seit ihrer Schöpfung durch *Aristoteles* belastet ist, und so belastet ist, daß sie schon aus diesem Grunde nicht in die Höhe hat steigen können".[8]

Schon Ernst Troeltsch sprach im „Historismus und seine Probleme" bedauernd davon, daß die in der Antike und im Mittelalter bis „in die letzten metaphysischen Tiefen zurückverfolgte Logik in der modernen Welt verfallen oder subjektivistisch verwüstet" worden ist.[9] Man hat heute völlig vergessen, was Zweiwertigkeit in der Logik eigentlich bedeutet und welche Grenzen das Denken sich damit setzt. Indem man nur einen Wert als „designierend", d. h. als auf ein Objekt hinweisend, und einen weiteren Wert als „nicht-designierend" zuläßt, etabliert man damit eine ganz scharfe Trennung von Gegenstand oder Ding auf der einen Seite und Seele bzw. nicht gegenständlicher Subjektivität auf der anderen. Der die Welt erkennende Geist ist prinzipiell extramundan. Und sofern man ihn doch in logischen Kategorien zu begreifen sucht, muß sein Wesen als Pseudo-Gegenständlichkeit interpretiert werden. Nun läßt sich aber die Seele nicht als Ding verstehen, und obwohl Kant noch in alter klassischer

Denkgewohnheit von einem Ich an sich spricht, so ist er doch andererseits der Schöpfer einer Transzendentallogik, die den Aristotelischen Formalismus hinter sich zu lassen bestrebt ist.

Die zweiwertige Aristotelische Logik geht von dem Sokratisch-Platonischen Grundsatz aus, daß die Wahrheit, und deshalb auch das Sein, in dem Allgemeinen zu suchen sei. Das Allgemeine (der Gattungsbegriff) als das Sein des Seienden (Τὸ ὄντως ὄν) ist das Wesenhaftere und ursprünglicher Wirkliche, welches das Besondere (die Art und das Individuum) aus sich erzeugt und in sich enthält. „In dieser Auffassung werden daher die logischen Verhältnisse der Begriffe unmittelbar zu metaphysischen Beziehungen; die formale Ordnung erhält reale Bedeutung ..... die logische Division und Determination setzt sich in einen Kausalprozeß um, vermöge dessen das Allgemeine sich in das Besondere gestaltet und entfaltet."[10]

Nun ist aber unbestreitbar, daß die logischen Über- und Unterordnungen, um die es sich hier handelt, sich ausschließlich mit Bewußtseins*inhalten* befassen. D. h. sie stellen ausschließlich Beziehungen zwischen Gegenständlichkeiten her, die *im* Bewußtsein auftreten. Nirgends befassen sie sich mit dem Verhältnis des Gesamtinhalts des Bewußtseins zu jenem Subjekt, das diese Inhalte *hat* und sie in der Reflexion manipuliert. Eine solche Relation zwischen Bewußtsein und Bewußtseinsinhalt könnte nur dann als legitimes logisches Thema auftreten, wenn unsere Logik einen zweiten designierenden Wert besäße, der nicht wie der klassisch-positive designierende Wert Bewußtseins*inhalte* designierte, sondern eben jenes unbekannte X, das über Erkenntnisinhalte verfügt. Aber da die klassische Logik nur noch einen zweiten Wert besitzt und derselbe notwendig nicht-designierend sein muß, ist somit das Subjekt dieser Logik aus ihr selbst als welthaft Erkennbares prinzipiell und für immer ausgeschlossen. Wir können die erkenntnistheoretische Situation, in die uns die zweiwertige Schematik des Denkens versetzt, nicht besser beschreiben, als dies von Erwin Schrödinger in der folgenden geistvollen Bemerkung gemacht worden ist: „Der Grund, warum unser fühlendes, wahrnehmendes und denkendes Ich nirgends in unserm Weltbild (als Gegenstand) auftritt, kann leicht in sieben Worten angegeben werden: weil es nämlich selbst dieses Weltbild ist."[11]

Da, wie bereits bemerkt, heutzutage die Fähigkeit, den Sinn und die Funktion einer Logik aus ihrem metaphysischen Hintergrund zu begreifen, in erschreckendem Verschwinden begriffen ist und wohlwollende Betrachter es bestenfalls „dahingestellt" sein lassen, ob der klassischen Logik ontologische „Hypothesen" zugrunde liegen, wollen wir versuchen, die philosophische Situation, aus der die Bedeutung und die Grenze der klassischen Logik allein verstanden werden können, mit einem ganz elementaren Schema darzustellen:

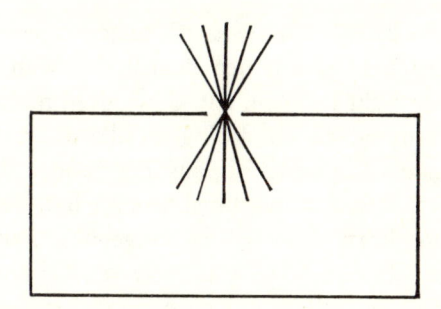

In der obigen Zeichnung soll das Rechteck den geschlossenen Inbegriff der Welt als des Gesamtbereichs alles gegenständlich Erfahr- und Denkbaren darstellen. Die Welt ist in diesem Sinne also das, was wir als den objektiven Zusammenhang des Natürlichen und irdisch Kreatürlichen betrachten. Unser Rechteck hat oben aber eine Öffnung, durch die ein doppelter Strahlenkegel fällt. Dieser Strahlenkegel soll uns den Prozeß der subjektiven Erkenntnis versinnbildlichen. Die Subjektivität selbst als göttlicher Funke, als Logos, ist extramundan. Die sich nach oben ausbreitenden Strahlen des Kegels sollen auf die logischen Orte der vielen Subjektivitäten hinweisen, die im Logos vereinigt sind. Der sich in dem Rechteck ausbreitende Strahlenkegel repräsentiert die mundane Komplementärseite der Erkenntnis. Da alle Erkenntnisstrahlen durch den gleichen Brennpunkt hindurch müssen, erhalten alle Subjekte das gleiche Bild der Welt, wodurch die logische Allgemeingültigkeit des Erkenntnisprozesses gewährleistet ist. Die zweiwertige Logik überträgt nun die urphänomenale Situation eines extramundanen überirdischen Subjekts, das sich allem Irdischen und Welthaften gegenübersieht und das sich bestenfalls als „Gast auf Erden" (Paul Gerhardt) fühlen kann, auf diese Welt selbst. Die Welt erscheint als zweiwertig, als etwas, das, insofern als es in einer Hinsicht ist, in einer andern Hinsicht nicht ist. Aber das Nicht-Seiende oder Negative ist hier immer theo-logisch das Böse und logisch das Falsche, der zu bereinigende Irrtum. Und nicht umsonst erscheint in der philosophischen Tradition, der dieses Denkschema zugrunde liegt, das in der Welt sich manifestierende Subjekt in dieser seiner Manifestation als Quelle der Sünde und als Ursprung der logischen Fehlbarkeit. Nicht umsonst haftet im Sprachgebrauch dem Worte „objektiv" der Geruch des Zuverlässigen und des Gediegenen an. Und nicht umsonst assoziieren wir mit „subjektiv" die Vorstellung des Unverbindlichen und der Willkür. Wir alle leben mit dem unbewußten Wissen, daß, wenn das Subjekt sich welthaft gebärdet und mit der Sinnlichkeit der Dinge verbrüdert, es dann die Maske des Betruges trägt und den Mantel der das Wahre verhüllenden Heimlichkeit. Bezeichnenderweise spricht Hegel davon, daß das Subjekt sich seinen eigenen Begriff verdeckt. An seiner Stelle empfängt es nur den Begriff der Welt.

Nun läßt sich aber nicht leugnen, daß diese alten metaphysischen Motive und Vorstellungsschemata, die eschatologisch alle darauf hinauslaufen, daß der Logos am Jüngsten Tag endgültig aus den Banden des Fleisches, in das er sich selbst im göttlichen Auftrag hinabgesenkt hat, befreit werden wird, heute ihre Wirkungskraft fast völlig eingebüßt haben. Es fällt uns immer schwerer, zu glauben, daß die Seele einst in eine mythologische Oberwelt hinaufschweben soll, aus der sie detachiert auf die trübe Scheinwirklichkeit des Irdischen herabblicken wird. Die klassische Zweiweltentheorie, die in der Geistesgeschichte der Menschheit in zahllosen Variationen auftaucht und die Aristoteles, trotz aller Anstrengung den platonischen Hiatus von Ideen- und Sinnenwelt zu überbrücken, ironischerweise durch seine Logik neu bestätigt, hat heute ihre Suggestivkraft eingebüßt. Sie gibt keine tragfähige Basis einer künftigen Weltanschauung mehr ab. Sie ist schon durch Hegels Theorie des objektiven Geistes, in dem Objekt und Subjekt für immer aneinander gebunden sind, überholt. Die klassische zweiwertige Logik ist als theoretische Basis der Geisteswissenschaften vollkommen unzureichend. Der Wissenschaftscharakter der Geisteswissenschaften aber ist und bleibt fragwürdig, solange ihnen ein adäquater, logischen Operatoren zugänglicher, Formalismus fehlt.

Nun beginnt sich aber heute ein neuer Begriff der Subjektivität durchzusetzen. Der klassische beruht auf der Vorstellung der Welt-Transzendenz der Subjektivität. Sie ist in ihrem innersten Kern das Licht des Logos, das seine Strahlen in die Finsternis der stofflichen Welt wirft (Joh. I, 5). Die ganze Lichtmetaphysik eines Plotin, eines Bonaventura, ist ein Ausdruck dieser Auffassung. Die Renaissance feiert die Gottheit, aus der das Fünklein der Seele entspringt, als die Omnilucentia. Und noch in der modernen Logik sind solche Schemata wie die Euler- oder Venn-Diagramme Ausdruck von Lichtrelationen, die man nur versteht, indem man sie *sieht*.

Der neue Begriff der Subjektivität, der sich in der Gegenwart zu entwickeln beginnt und dessen systematische Ansätze schon im transzendentalen Idealismus deutlich sichtbar sind, unterscheidet sich dadurch von den klassischen Vorstellungen, daß er nicht mit der Idee einer metaphysischen Hinter- oder Oberwelt belastet ist. Wir wollen ihn den immanenten Begriff der Subjektivität nennen. Auf die Frage, was ein Subjekt ist, wird hier eine äußerst vorsichtige Antwort gegeben. Man versteht darunter ein System, das eine Umgebung besitzt, sich von ihr absetzen kann und Selbstreferenz besitzt. Von diesem Begriff, der, wie ausdrücklich betont werden muß, auf ältere Quellen und philosophische Ursprünge zurückgeht, wird heute in der Kybernetik, d. h. in der Theorie der Komputiermaschinen und der mit selbstreferentiellem Feedback ausgestatteten biologischen Automatismen, reichlich Gebrauch gemacht.

Antworten wir nun auf die Frage, was ein Subjekt ist, mit dem Hinweis darauf, daß wir von Systemen sprechen, die eine Umgebung haben, sich von ihr abgrenzen und selbstbezügliche Operationen durchführen, so ist einerseits ersichtlich, daß wir es hier mit reinen Strukturdefinitionen zu tun haben und daß wir andererseits vollkommen darauf verzichtet haben, von irgendwelchen metaphysischen Voraussetzungen auszugehen. Die Subjektivität mag jene metaphysische Tiefendimension haben, von der die ältere Tradition spricht, oder auch nicht, das ist in der neuen Definition völlig offen gelassen. Trotzdem aber bleibt genau jenes philosophische Element erhalten, welches die klassische Überlieferung auf die jenseitige Herkunft der Seele zurückführte, nämlich der prinzipielle Abstand gegenüber dem natürlichen Universum als der *natura naturata*. Jenes *totaliter aliter* des Subjektseins kann jetzt mit dem folgenden Hinweis ausgedrückt werden: das Universum als Naturzusammenhang und Kontext der Objektivität besitzt keine Umgebung. Das Subjekt aber ist überhaupt nur dadurch Subjekt, daß es sich von einer Umgebung selbst-referentiell abhebt. Wenn wir vom Universum als dem totalen Naturzusammenhang sprechen, so meinen wir damit den Begriff von allem, was „da" ist, und es wäre ganz unsinnig, zu behaupten, daß *alles,* was da ist, von einer Umgebung umgürtet wird, die ebenfalls da ist. Denn wäre eine solche Umgebung da, dann gehörte sie *per definitionem* zum Universum, damit aber verlöre sie sofort den Charakter der Umgebung.

Mit diesem Argument haben wir in bewußter Naivität die objektive, an sich seiende Existenz eines welthaften Universums vorausgesetzt. Nichts hindert uns aber einen reflektierten philosophischen Standpunkt anzunehmen und davon auszugehen, daß die natürliche Welt als der Inbegriff alles Gegebenen unser Bewußtseinsinhalt ist. Tun wir das, dann verwickeln wir uns aber in einen anderen Widerspruch in bezug auf das Verhältnis von System und Umgebung. Wenn wir nämlich unvorsichtig und subjektiv-idealistisch behaupten, daß alles Erfahr- und Denkbare unser Bewußtseinsinhalt ist, dann verirren wir uns in die Paradoxie, die mit der Vorstellung der Bewußtseinstranszendenz gegeben ist. Wie können wir dann überhaupt davon reden, daß etwas außerhalb unseres Bewußtseins existiert? Denn wenn wir jenen fragwürdigen Terminus gebrauchen, so implizieren wir ja, daß wir von etwas Denkbarem reden. Damit ist dasselbe aber in den Kreis des Bewußtseins eingeschlossen. D. h., es ist die Natur des Bewußtseins, daß es sein eigenes Sich-selbst-Transzendieren einschließt. Wir kommen also, was das Umgebungsproblem anbetrifft, auch dann nicht weiter, wenn wir die Welt als den Inbegriff von allem, was in irgendeinem denkbaren

Sinne ist, mit dem Innenraum der Subjektivität identifizieren. Die natürliche Welt sowohl wie der Innenraum des Bewußtseins sind invers identische Totalitäten. Wenn wir also naiverweise entweder davon reden, daß das Universum eine Umgebung hat, oder daß der Bewußtseinsraum eine Umgebung besitzt, so begehen wir die beschämende Gedankenlosigkeit, daß wir Relationsbegriffe, die sinnvoll zwischen den Teilen eines jeweiligen Ganzen sind und die *innerhalb* der Totalität logisch legitim sind, auf die Totalität selbst anzuwenden versuchen. Wenn so oft davon die Rede ist, daß das Ganze mehr als die Summe seiner Teile ist, so bedeutet das eben nichts anderes, als daß sich Begriffsrelationen, die zwischen den Teilen anwendbar und fruchtbar sind, als sinnlos erweisen, wenn sie auf das Ganze angewendet werden.[12] Hierzu gehört die Beziehung von innerhalb und außerhalb.

Wir sehen also, soviel wir uns auch drehen und wenden mögen, es gelingt uns nicht, dem Universum als der Totalität der *natura naturata* eine Umgebung zuzuschreiben. Genau umgekehrt aber liegen die Dinge, wenn wir von jenen Systemen sprechen, die wir traditionell als Subjekte bezeichnen. Es wäre vollkommen unsinnig, wenn jemand behaupten wollte, er könne sich Subjekte ohne eine welthafte Umgebung vorstellen. Denn zum Begriff des Subjekts gehört die Unterscheidung von Ich und Nicht-Ich. D. h., ich bin nur insofern Subjekt, als ich mich von etwas, das Objekt ist, unterscheide und mir überdies dieser Unterscheidung bewußt bin. Hegel drückt das so aus, daß er bemerkt, der Geist ist Reflexion-in-sich der Reflexion-in-sich *und* der Reflexion-in-Anderes. Hier sehen wir sofort einen neuen Grund, warum wir dem Universum als dem Inbegriff von allem, das objektiv da ist, keine Umgebung zuschreiben können. Aus Hegels Definition des Geistes lernen wir nämlich (was die Erfahrung einem jeden in der Introspektion bestätigen wird), daß der Begriff eines selbst-referentiellen Systems nicht eine, sondern zu gleicher Zeit zwei Umgebungen impliziert.[13] Eine innere des Bewußtseinsraums, in dem jenes unbekannte X, das wir Ich nennen, beheimatet ist, und eine äußere der sogenannten natürlichen Welt, die sich in jenem Bewußtseinsraume abspiegelt. Von jener äußeren Umgebung aber wissen wir nur durch die „Vermittlung" des Inneren. Die äußere Instanz wird in der Hegelschen Formel durch die Reflexion-in-Anderes vertreten und die innere Instanz durch die einfache und durch die iterierte Reflexion-in-sich. Wollten wir also diese Auffassung von System und Umgebung auf das objektive natürliche Universum übertragen, so könnten wir bei dem Begriff einer einfachen Umgebung des Universums (der sich ja schon anderweitig als Unsinn erwiesen hat) nicht stehen bleiben. Wir müßten gleich zwei Umgebungen postulieren. Die äußere Umgebung müßte dann ein Gegen-Universum enthalten, das in der inneren abgebildet wäre. Damit ginge uns aber von neuem die Singularität des Universums verloren. Wir hätten also schon eine Zweiheit von Universa, die ihrerseits von einem Ultra-Universum eingeschlossen sein müßten. Für das letztere begänne dann dasselbe Spiel von neuem, und wir verlören uns schließlich in einem infiniten Regreß von einem Ultra-Universum, das samt seinen Sub-Universen in ein wiederum höheres System eingeschlossen sein müßte. In andern Worten: der Reflexionsprozeß – wenn man den vergeblichen Versuch macht, ihn auf das natürliche Universum zu übertragen – verliert sich im Bodenlosen. D. h., der Begriff des Subjektes wird niemals erreicht, denn unter einem Ich hat bis heute noch kein Mensch etwas anderes verstehen können als einen Reflexionsprozeß, der ein definitives Ende in der Identität des Subjekts mit sich selbst hat. In diesem Rückbezug auf das eigene Ichsein kommt der Iterationsprozeß, der anderweitig auf monotone und endlose Wiederholung angelegt ist, zum Stillstand. Nicht umsonst erlaubt Hegel der Reflexion-in-sich nur eine einmalige Iteration.

Die Welt als der Inbegriff des objektiv-gegenständlichen Daseins hat also keine Umgebung. Aber das Subjekt hat eine – andernfalls wäre es, wie bereits bemerkt, sinnlos, von Subjekten zu sprechen. Die Tatsache, daß in der selbst-referentiellen Identität des Ichs mit sich selbst der iterative Charakter der Reflexion einen endgültigen Boden findet, ist nur ein anderer Ausdruck dafür, daß das Ich sich auf sich selbst nur auf dem Umweg durch die Welt beziehen kann. Das „Sein des Ichs" ist In-der-Welt-Sein und nichts anderes. Dieser Einsicht hat sich schon die klassische Theorie nicht entziehen können, und da die Identität des Subjekts sich in seinem Leibe spiegelt, man aber andererseits in der älteren Tradition auf eine extramundane Jenseits-Region nicht zu verzichten können glaubte, verdoppelte man unbekümmert den Begriff der Leiblichkeit, um die Identität der Seele mit sich selbst auch im Jenseits zu erhalten. So schreibt Paulus im 1. Korinther-Brief: „Es wird gesäet ein natürlicher Leib, und wird auferstehen ein geistlicher Leib. Ist ein natürlicher Leib, so ist auch ein geistlicher Leib."

Diese metaphysische Problematik einer illegitimen Verdoppelung des objektiven Seins (des „Leibes") aber verschwindet sofort, wenn man dem modernen Weltgefühl folgt und die Seele nicht mehr als Gast aus fremden Regionen, sondern als legitimen Bürger dieser Welt ansieht. Es ist interessant festzustellen, daß sich Ansätze zu einer solchen metaphysischen Bildtheorie, die auf eine Verdoppelung des Leib-Begriffs zu verzichten in der Lage ist, schon in der ältesten Kirchengeschichte, nämlich im System des Johannes Damascenus finden. Es war die Zeit des Bilderstreites, und der Damaszener sieht in der Verwerfung der Bilder eine „Verachtung der

Materie, die der Gott-Logos doch hypostatisch mit sich geeint hat".[14] Hier ist die Materie nicht das Verwesliche und Vergängliche, sondern dasjenige, das die Notwendigkeit eines Übergangs vom Diesseits zum Jenseits aufhebt. Die Gedanken des Damaszeners haben sich in entstellter Form in der griechischen Orthodoxie und im Ikonenkult erhalten. In der westlichen Kirche aber sind sie so gut wie verloren gegangen. Hier beherrschte die zweiwertige klassische Logik das metaphysische Denken, und die Ideen des Damaszeners über Materie sind mit diesem Formalismus nicht vereinbar. Das soll jetzt demonstriert werden.

Nachdem wir kurz auf die metaphysischen Motive, die uns von der zweiwertigen zur mehrwertigen Logik führen, eingegangen sind, wollen wir das Folgende in so un-metaphysischer Sprache wie möglich darstellen. Verzichten wir auf eine transzendente Hinterwelt, dann müssen wir konstatieren: das natürliche Universum, das uns umgibt, zeigt uns eine rätselhafte Eigenschaft. Es produziert nämlich in sich an bevorzugten Stellen von hoher physischer Komplexität eigentümliche lokal begrenzte Systeme, denen wir eine mysteriöse Eigenschaft beilegen. Wir sagen: sie sind lebendig und in ihren höchsten Formen besitzen sie sehr undurchsichtige Fähigkeiten, die wir als Bewußtsein und Selbst-Bewußtsein bezeichnen. Allen diesen Systemen ist eine Tätigkeit eigen, die wir dem Universum als Ganzem unmöglich zuschreiben können. Sie können sich von ihrer Umwelt abgrenzen und sich ein Bild (mapping) von ihr machen. Dieses Bild hat eine stellvertretende Funktion. Das System kann sich in seinem Weltverhalten bis zu einem gewissen Grade ausschließlich an dem Bild orientieren, ohne auf die physische Umwelt, die in dem Bild ja nur abgezeichnet ist, direkt Bezug zu nehmen. Dieses Phänomen nennen wir Freiheit. Eine der geläufigsten dieser Abbildungs-Funktionen ist die Sprache. „Mit der Sprache, die ausschließlich in Symbolen lebt, gelingt grundsätzlich die Loslösung von der Einzelsituation, denn die Worte sind von der Sprachphantasie her in schlechthin unbeschränkter Weise frei verfügbar."[15] Die Gipfelleistung dieser Entlastungsfunktion aber zeigt sich in der Möglichkeit, daß wir uns nicht bloß die Welt vorstellen können, so wie sie ist, sondern wie sie sein sollte (Utopie) und wie sie vielleicht in Zukunft sein mag. Nun erinnern wir uns aber daran, daß Aristoteles gerade im Zukunftsproblem eine Grenze für die Anwendbarkeit des Satzes vom ausgeschlossenen Dritten sah. Wir kommen also zu dem Schluß, daß der Übergang von der zweiwertigen zur mehrwertigen Logik aufs engste damit zusammenhängt, daß sich im Universum Sub-Systeme entwickeln, die kraft ihrer Fähigkeit, das Ganze abzubilden, sich von sich selbst und dem, was sie als Teile des Ganzen sind, distanzieren können.

Nun scheint es aber so, als ob damit nichts Neues gesagt ist. Denn eine solche Distanz war ja schon in der klassischen Metaphysik gegeben, in der die Seele nur als Bürger einer jenseitigen Welt dieser vergänglichen Erde einen kurzen Besuch abstattet. Das ist selbstverständlich richtig, und wenn es nicht so wäre, dann besäßen wir nicht einmal eine zweiwertige Logik, in der der positive und der negative Wert eine potentiell unendliche logische Distanz zwischen sich etablieren. Es besteht aber ein ganz entscheidender Unterschied zwischen der Distanz als Transzendenz und unerfahrbares Jenseits und der Distanz zwischen Subjektivität und Objektivität in der Immanenz dieser Welt. Wir wollen diesen Unterschied anschaulich machen, indem wir noch einmal auf unsere Zeichnung des „Weltkastens" hinweisen, in den das Strahlenbündel des geistigen Lichts durch einen engen Focus eindringt. Das Jenseits ist die Coincidentia Oppositorum (Nicolaus Cusanus), die endgültige Versöhnung aller Gegensätze. Mithin auch die Versöhnung des Gegensatzes von Ich und Du. In der klassischen Metaphysik bedeutet das, daß das Subjekt der Erkenntnis ein hypostasiertes universales Subjekt ist, oder ein Bewußtsein-überhaupt, das unserm Denken Allgemeingültigkeit verleiht. Geht man aber zur immanenten Auffassung der Subjektivität über, dann stellt sich die Situation so dar, wie die folgende Zeichnung zeigt:

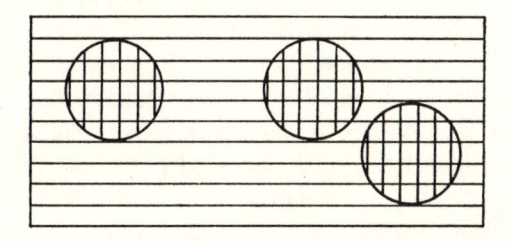

Der rechteckig begrenzte Kasten soll wieder das natürliche Universum als unsere Umgebung darstellen. Die drei Kreise aber (deren Zahl selbstverständlich beliebig vermehrbar ist) sollen Systeme der Subjektivität darstellen. Die horizontalen Linien, die das gesamte Rechteck und auch die Kreise durchziehen, symbolisieren die Kausalstruktur der Welt. Die vertikalen Linien, die ausschließlich in den Kreisen auftreten, sollen die Reflexions- oder Abbildungstätigkeit dieser Systeme darstellen. Nun ist eins sofort ersichtlich: in dieser Immanenz ist es unmöglich, daß die einzelnen Subjektivitätszentren in einem universalen Subjekt geeinigt sein können. Sie haben einen gemeinsamen Hintergrund, das ist gewiß. Aber dieser Hintergrund ist jetzt das natürliche Universum, das ja seinerseits nicht Subjekt sein kann, weil ihm die erste Voraussetzung dazu fehlt: es hat keine Umgebung. Es kann sich also *als Ganzes* kein Bild von sich selbst machen. Anders ausgedrückt: In der klassischen transzendenten Interpretation ist die Subjektivität in ihrem innersten Kern überindividuell und transpersonal, aber doch auf eine innere Einheit bezogen, in der sie zusammengefaßt ist. Soweit sie allgemeingültiger Urteile fähig ist, befindet sie sich in einem undistribuierten Zustand. Für die immanente Auffassung aber ist die Subjektivität für ewig in vielen kleinen Ichzentren distribuiert. Subjektiv ist sie nicht in einem Über-Ich zusammengefaßt, denn das allen diesen Reflexionszentren Gemeinsame ist ja nur ein *objektiver* Welthintergrund des natürlichen, ganz objektiven, physischen Daseins, das wir uns von aller Subjektivität entleert zu denken haben.

Der hier im Vollzug begriffene Bruch mit dem klassischen Weltbild ist enorm. Zwar hat man viel hergemacht von der Veränderung des Lebensgefühls, die sich vom Mittelalter ausgehend über die Renaissance-Periode zur Neuzeit vollzogen hat. Aber für den Logiker ist da überhaupt keine Veränderung festzustellen. Im Mittelalter heißt der universale Seelenhintergrund, in den alle individuellen Subjekte eingebettet sind, Gott. Bei Leibniz tritt er als die Konzeption einer Zentralmonade auf. Bei Kant präsentiert er sich als Bewußtsein-überhaupt, und Hegel führt ihn ein als den absoluten Geist. Allen diesen Konzeptionen ist gemeinsam, daß alle Ichhaftigkeit aus einer einzigen überweltlichen Quelle stammt, in der das Subjektsein auf ein einziges universales Ichzentrum bezogen ist. Die Distribution der Subjektivität erscheint hier als etwas Sekundäres, Abgeleitetes und im letzten Grunde Unwahres. Raum und Zeit sind die *principia individuationis*, in denen die Subjektivität-überhaupt in das Spektrum einer unendlichen Vielzahl von kontingenten Einzelseelen auseinandergebrochen ist. Aber Raum und Zeit sind der Seele, die nach Ewigkeit und Vernichtung aller Ferne verlangt, im tiefsten Wesen unangemessen. Alle Heils- und Seelengeschichte strebt nach Vernichtung von Raum und Zeit, und wenn das am Jüngsten Tag erst gelungen ist, dann verschwindet auch die trügerische Vielfalt der endlichen Subjektkreise, die sich im Irdischen unversöhnlich gegeneinander abgegrenzt haben. Die irdische Geschichte als die trübe Vermischung des Subjektiven und Objektiven (Wahrscheinlichkeitstheorie) ist dann aufgehoben, und Ich und Nicht-Ich zeichnen sich dann wieder in klaren Konturen gegeneinander ab. Das Eine ist das ganz Positive und das Andere das ebenso rein Negative und – *Tertium non datur*. Die Distribution der Subjektivität in den Einzel-Ichen ist aufgehoben.

Diesem Idealzustand entspricht genau die Formalstruktur der klassischen Logik mit ihrer strengen Antithese von Affirmation und Negation. Verzichtet man aber auf diesen metaphysischen Hintergrund, dann bleibt die Distribution der Subjektivität in autonome Ichzentren prinzipiell unaufhebbar. Der Gegensatz von Ich und Du, den die klassische Metaphysik und die ihr zugehörige Logik verschwinden lassen will, ist dann absolut. Denn dem Ich und dem Du ist jetzt kein absolutes Subjekt, das weder Ich noch Du ist, *über*geordnet. Stattdessen ist dem Ich und Du ein Es als Drittes *bei*geordnet. Für den flüchtigen Blick scheint es zwar, daß Ich und Du in den Naturzusammenhang des Es eingebettet sind. Aber das ist eine einseitige perspektivische Erfahrung, die das Ich für sich macht, ohne sie mit dem Du zu teilen, denn das Ich sieht ja nur alle Du-Zentren im Naturzusammenhang ruhend; als Ich aber hebt sich jedes Subjekt aus diesem Zusammenhang heraus und distanziert sich von ihm. Die Überordnung des Es ist also nur eine scheinbare.

Ist aber die Autonomie der Ich-Subjektivität gegenüber der Du-Subjektivität nicht in einem absoluten Subjekt aufhebbar (weil das Dritte ja immer nur ein Es ist), dann wird der Gegensatz von Ich und Du für die formale Logik relevant. D. h., der logische Formalismus hat nicht einfach zwischen Subjekt und Objekt zu unterscheiden, er muß vielmehr die Distribution der Subjektivität in eine Vielzahl von Ichzentren in Betracht ziehen. *Das aber bedeutet, daß das zweiwertige Verhältnis von Subjekt und Objekt sich in einer Vielzahl von ontologischen Stellen abspielt, die nicht miteinander zur Deckung gebracht werden können.* An dieser Stelle eröffnet sich endlich der Ausblick auf eine trans-klassische mehrwertige Logik. Eine solche Logik ist ihrem Ursprung nach nichts weiter als ein Stellenwert-System der klassischen Logik. Diese Logik normiert und reguliert die Bewußtseinsfunktionen in jedem Einzelsubjekt, das sich der Welt gegenübersieht. Da wir aber jetzt nicht mehr annehmen dürfen, daß diese Einzelsubjekte in einem metaphysisch hypostasierten Universalsubjekt koinzidieren, wobei jenes letztere der „eigentliche" Träger der logischen Operationen ist, sind wir gezwungen, den logischen Vollzügen in den Einzelsubjekten eine autonome Rolle zuzubilligen. Jedes Einzelsubjekt begreift die Welt mit derselben Logik, aber es begreift sie von einer anderen Stelle im Sein. Die Folge davon ist: insofern, als alle Subjekte die gleiche Logik benutzen, sind ihre Resultate gleich, insofern aber, als die Anwendung von unterschiedlichen ontologischen Stellen her geschieht, sind ihre Resultate verschieden. Dieses Zusammenspiel von Gleichheit und Verschiedenheit in logischen Operationen wird durch die Stellenwert-Theorie der mehrwertigen Logik beschrieben. Die zusätzlichen Werte sind hier überhaupt nicht mehr Werte im klassischen Sinn *(in diesem Sinn gibt es in der Tat nur zwei Werte)*, sie repräsentieren vielmehr die unterschiedlichen ontologischen Stellen, an denen zweiwertige Bewußtseinsoperationen auftreten können.

Was unter logischer Übereinstimmung der Denkvollzüge zweier Subjekte zu verstehen ist, das ist aus der klassischen Theorie hinlänglich bekannt. Worin aber die Verschiedenheit liegt, wenn dieselbe Logik mit denselben

Denkvollzügen an unterschiedlichen Stellen des Universums vollzogen wird, das ist heute noch ziemlich unbekannt. Es soll deshalb an einem einfachen Schema erörtert werden. Da wir behaupten, daß der philosophische Ursprung der Mehrwertigkeit auf die absolute Differenz zwischen Ich-Subjektivität und Du-Subjektivität zurückgeht und auf die Unmöglichkeit, ihre Distribution in einem absoluten Subjekt aufzuheben, wollen wir an einem Diagramm demonstrieren, wie sich die Differenz des ontologischen Ortes von Ich-Subjektivität und Du-Subjektivität in dem Weltbild zweier Iche auswirkt. Zu diesem Zwecke zeichnen wir ein Diagramm wie folgt:

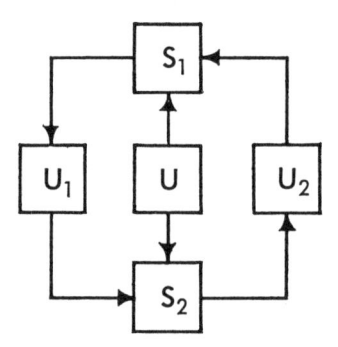

In dieser Zeichnung bedeutet U das Universum, das zwei Subjekten S_1 und S_2, die sich wie Ich und Du zueinander verhalten, gemeinsam ist. Beide Subjektivitäts-Systeme erhalten Information von dem ihnen gemeinsamen Universum U. Die Informations-Eingabe ist jeweils durch einen Pfeil dargestellt. Jedes dieser S-Systeme sieht nun das Universum bevölkert mit wenigstens einem andern S-System, das zusätzlich zu den natürlichen Ereignissen des Universums neue Ereignisse generiert, die aus seiner Fähigkeit folgen, sich ein Bild des Universums zu machen. Die Generierung solcher Ereignisse, die von den Subjekten ausgehen, ist wieder durch Pfeile dargestellt und zwar produziert S_1 den Ereigniskomplex U_1 und S_2 den korrespondierenden Komplex U_2. Daraus aber folgt, daß S_1 in seinem Universum U plus U_2 sieht, S_2 aber U plus U_1. Wir erhalten also das überraschende Resultat, daß obwohl S_1 und S_2 in dasselbe rein objektive (natürliche) Universum U eingebettet sind, beide Subjekte in einem differenten Universum leben, wenn wir das Universum nicht mehr als reine Objektivität und bloßen Naturzusammenhang, sondern als unlösliche Synthese von Subjektivität und Objektivität betrachten. Den Tatbestand, daß in dem letzten Falle S_1 sich einer Welt (U, U_2) und S_2 sich einer Welt (U, U_1) gegenübersieht, nennen wir den ontologischen Stellenwert der Systeme S_1 und S_2.[16]

Es ist offensichtlich, daß die Bewußtseins- und Erkenntnissituation der Systeme S_1 und S_2 asymmetrisch ist. Sie enthält nur eine symmetrische Komponente, nämlich U als die beiden Systemen gemeinsame Region der Objektivität. Da die philosophische Rechtfertigung einer mehrwertigen Logik sich in einem sehr wesentlichen Teil auf die durch U_1 und U_2 indizierte Asymmetrie berufen muß, wollen wir uns etwas länger mit diesem Asymmetrie-Problem beschäftigen. Wir folgen dabei der Darstellung, die diese Situation in dem ausgezeichneten Essay von H. von Foerster, das in Anmerkung 16 zitiert worden ist, findet. Wir nehmen an, daß die von S_1 und S_2 produzierten Weltereignisse U_1 und U_2 in irgendeiner Form als Repräsentationen und symbolische Darstellungen gewisser Eigenschaften von U aufgefaßt werden müssen. D. h., S_1 „sagt" oder „schreibt" etwas, in dem es seine Erkenntnis von U manifestiert. Diese Aktivität haben wir U_1 genannt. Wir nehmen außerdem an, daß S_2 genau dasselbe tut und sich über dieselben Welteigenschaften durch U_2 ausdrückt. Es ist evident, daß wir hier ein Kommunikations-Problem haben. D. h., wir müssen uns fragen: wie können sich S_1 und S_2 darüber verständigen, daß sie über dieselbe Sache reden? Dies kann, wie wir seit Plato und Aristoteles wissen, nur dadurch geschehen, daß es ihnen gelingt, gleiche Repräsentationen für gleiche Welteigenschaften zu finden. Die Repräsentationswerte von U_1 und U_2 müssen also konvergieren. Das läßt sich graphisch auf die folgende Weise darstellen:

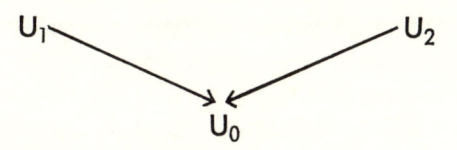

$$U_1 \searrow \qquad \swarrow U_2$$
$$U_0$$

Die auf U_0 hinweisenden Pfeile deuten den Konvergenzprozeß an, und U_0 ist die absolute, aller babylonischen Sprachverwirrung enthobene Sprache, in der sich beide Systeme endlich verstehen. Das Vehikel der Konvergenz ist selbstverständlich die zweiwertige Logik, denn U_1 und U_2 sind *differentiae specificae* relativ zu U_0 als *genus proximum*. H. von Foerster redet hier mit Recht von einem „paradiesischen Zustand", damit andeutend, daß man sich U_0 zwar nähern, aber es niemals faktisch erreichen kann. Trotzdem wollen wir uns hier das Gedankenexperiment erlauben und uns fragen, was gewonnen bzw. verloren wäre, wenn U_0 endgültig etabliert werden könnte. Die Antwort lautet: die ursprüngliche Asymmetrie, die die beiden Systeme S_1 und S_2 auseinanderhielt, wäre jetzt aufgehoben, denn beide Systeme besäßen jetzt das genau gleiche Universum (U, U_0).

Nun waren aber U_1 und U_2 das einzige Mittel, durch das sich die Identitäten von S_1 und S_2 auseinanderhalten ließen. Wenn U_1 und U_2 in U_0 aufgehen, dann verschwindet der Unterschied von Ich-Subjektivität (S_1) und Du-Subjektivität (S_2). Mit andern Worten: wir sehen uns wieder auf die metaphysische Fiktion eines universalen Subjektes zurückgeworfen, in der der Gegensatz von Ich und Du endgültig aufgehoben ist. Das Absolute scheidet sich dann wieder in eine reine, unirdische, transzendente Subjektivität einerseits und ein nur objektives irdisches Diesseits andererseits.

Wir sind zurückgeworfen worden auf die Metaphysik der klassischen Logik und den ihr zugehörigen zweiwertigen Formalismus, von dem wir uns anscheinend ganz vergeblich bemüht haben loszukommen. Nun läßt sich aber leicht nachweisen, daß dieser Idealzustand (wenn man ihn als solchen empfindet) grundsätzlich nicht erreicht werden kann, weil der auf U_0 zulaufende Konvergenzprozeß unendlich ist. Das liegt in der Natur der Sprache. Die Sprache ist beiderlei: 1. Repräsentation der Welt und 2. Kommunikationsmittel zwischen verschiedenen S-Systemen. Dieser Doppelfunktion der Sprache entspricht, daß sie sowohl Informations- wie Bedeutungsträger ist. Nun ist aber durch die Informationstheorie einwandfrei festgestellt, daß Information und Bedeutung nicht dasselbe sind. Der Fluß der Information zwischen zwei S-Systemen ist ein völlig objektives Ereignis in U, und erst wenn er auf ein selbst-referentielles System S trifft, vollzieht sich dort ein geheimnisvoller Vorgang, bei dem Information partiell in Bedeutung transformiert wird. Wieviel Bedeutung dem Informationsprozeß durch ein S aber abgenommen werden kann, das hängt ganz von den selbst-reflexiven Eigenschaften des fraglichen S-Systems und seiner strukturellen Komplexität ab. Sicher ist jedoch, daß infolge der prinzipiellen Heterogeneität von Information und Bedeutung die Umwandlung niemals vollkommen glücken kann. Nun verlangt aber die Konvergenz von U_1 und U_2 auf U_0, daß in U_0 der Unterschied von Information und Bedeutung endgültig aufgehoben sein muß. Da diese Aufhebung aber für ein erlebendes Subjekt prinzipiell unmöglich ist, ist U_0 faktisch nicht erreichbar. Damit aber ist auch der Gegensatz von Ich-Subjektivität und Du-Subjektivität gegenüber dem Es der objektiven Welt nicht auflösbar. Diese ontologische Situation erfordert also vorerst eine dreiwertige Logik. Nun stellt es sich aber heraus, daß ein solches Logiksystem nur einen Übergangszustand darstellen kann. Wir haben nämlich eine andere und viel tiefer gehende Asymmetrie des Ich-Du-Verhältnisses bisher unberücksichtigt gelassen. Das Subjekt als Ich und das Subjekt als Du sind ontologisch (und damit auch logisch) nicht gleichwertige Größen. Jedes Subjekt kann nur sich selbst als Ich (pseudo-objektiv) erleben. Aber ebenso wie es als Ich mit sich allein in der Welt ist, so erlebt es das Du als eine prinzipielle Vielfalt. Das *principium individuationis* hat also ein Doppelgesicht: einmal trennt es das Ich vom Du, und dann trennt es das eine Du vom nächsten. Das hat zur Folge, daß es mehr als zwei ontologische Beobachtungsstandpunkte der Welt gegenüber gibt. Wir haben die ersten beiden als die Relationen von S_1 und S_2 zu ihren respektiven Universen (U, U_2) und (U, U_1) gekennzeichnet. Wäre das Du nun genau so einzig wie das Ich, dann gäbe es nur diese beiden Standpunkte und in ihnen erschöpfte sich alles, was in der Welt erfahrbar und denkbar wäre. Wir führen jetzt aber ein zweites Du als S_3 ein. Dieses S_3 nimmt nun ein Weltereignis wahr, das in der gleichen Form für S_1 und S_2 in den ihnen zugewiesenen Rollen nicht beobachtbar ist und jedenfalls nicht in der gleichen Weise beschrieben werden kann, wie S_3 sich jetzt anschickt das zu tun. Dadurch daß S_3 sich jetzt als beobachtendes Subjekt und Ich etabliert, verschwindet aus der Beziehung von S_1 und S_2 für S_3 die Ich-Du-Relation. Das Weltbild von S_3 hat die folgende Gestalt: (U, U_1, U_2). Damit aber kann es eine neue Ereigniskategorie feststellen, die als *objektives* Weltereignis den Systemen S_1 und S_2 verborgen bleiben muß. Dieses neue Ereignis ist der Konvergenzprozeß, in dem sich U_1 und U_2 einander nähern. Es ist evident, daß dieses Ereignis von S_1 und S_2 (immer in den ihnen hier zugewiesenen Rollen) nicht in der gleichen Weise objektiviert werden kann wie von S_3. Denn für S_1 und S_2 läuft der Prozeß immer vom Objektiven ins Subjektive, weil eins der beiden Systeme ja immer ein Ich ist, das die Welt mit dem andern System als Bewußtseinsinhalt in sich einschließt. D. h., das eine der beiden selbst-referentiellen Systeme muß sich selbst als Bewußtseinsinhalt ausschließen, um das andere als solchen besitzen zu können. Das ist genau das, was wir unter dem Ich-und-Du-Verhältnis verstehen. Für das System S_3 aber liegt die Sachlage ganz anders. Jetzt ist nämlich S_3 dasjenige System, das sich als Bewußtseinsinhalt ausschließt. Damit aber sind sowohl S_1 als S_2 reine Du-Subjektivitäten, als solche völlig von der Welt umschlossen, und ihr phänomenaler Charakter erschöpft sich in dem, was sie als Bewußtseinsinhalte für S_3 sind. Damit aber ändert sich von Beobachtungs-Standpunkte S_3 der Charakter des Konvergenzereignisses, das zwischen U_1 und U_2 stattfindet, vollkommen. Für S_1 und S_2 war das ein Ereignis, das aus dem Objektiven ins Subjektive und aus dem Subjektiven ins Objektive führte. D. h., der Prozeß überschritt jedesmal die Grenze zwischen Bewußtseinsinhalt und Außenwelt. Und S_1 und S_2 konnten über diesen Vorgang nur solche Aussagen machen, die diesen fatalen Grenzübergang in Rechnung zogen. Für S_3 aber ist dieses Problem völlig verschwunden. Für dieses dritte System gehören die ersten beiden ausschließlich dem objektiven Kontext der Welt an. Das ist unvermeidlich, denn der Übergang vom Objekt zum Subjekt ist ja jetzt für die Unterscheidung von S_1 und S_2 einerseits und S_3 andererseits reserviert. Dadurch aber, daß S_1 und S_2 jetzt völlig zu Objekten für S_3 geworden sind, verschwindet für S_1 und S_2 die Problematik des Überganges von Information zu Bedeutung vollkommen. Die Beziehung von S_1 und S_2 kann jetzt informationstheoretisch beschrieben werden. S_3 stellt fest, daß das Verhalten von S_1 und S_2 der ihnen gemeinsamen Welt gegenüber sowie gegeneinander zu seiner Beschreibung keinerlei Kategorien benötigt, die über informationstheoretische Strukturen hinausgehen. Logisch gesprochen: die Beziehungen von U zu S_1 und S_2 fügen sich ausnahmslos den Gesetzen der klassischen Logik – wenn sie von S_3 aus beobachtet werden. Der zweiwertige Konvergenzprozeß, der von U_1 und U_2 zu U_0 führt, ist also vom Standpunkte S_3 aus ganz legitim.

Aber damit sind wir keinesfalls wieder auf die Aristotelische Lehre als auf das allein seligmachende logische Evangelium zurückverwiesen. Genau das Gegenteil ist der Fall. Die völlige Objektivierung der Beziehung von S_1 zu S_2 gelang ja für S_3 nur dadurch, daß es sich als einziges Ich aus der Welt der Du-Subjektivitäten und der Welt der Dinge ausschloß. Mit andern Worten: die Inkommensurabilität von Information und Bedeutung, die sich nur partiell aufheben läßt, taucht jetzt in dem Weltbild von S_3 in komplexerer Form wieder auf. Anstatt durch die Erkenntnissituation von S_3 auf eine zweiwertige Logik zurückverwiesen zu werden, erkennen wir jetzt, daß ein dreiwertiges logisches System der aufgewiesenen Problematik gegenüber noch nicht genügt. Wir sind zum Übergang zu einer vierwertigen Logik genötigt, in der nicht nur Subjekt-überhaupt und Objekt-überhaupt durch logische Werte vertreten sind, sondern in der U sowohl als S_1, S_2, S_3 ontologische Instanzen repräsentieren, von denen jede Vertretung durch einen eigenen Wert beansprucht.

Wir kommen zum Schluß. Es ist neuerdings Mode geworden, sich vor den enormen weltanschaulichen Konsequenzen, die die Anerkennung einer mehrwertigen Logik nach sich zieht, durch die Behauptung zu schützen, daß die mehrwertigen Kalküle ad-hoc-Konstruktionen seien, die der momentanen logischen Verwirrung in einer empirischen Wissenschaft, nämlich der Quantenmechanik, abhelfen sollen. So wird die dreiwertige Logik geradezu als „Quantenlogik" bezeichnet. Die Schuld daran hat wohl hauptsächlich der wenig kompetente Versuch, der von H. Reichenbach unternommen worden ist, die Sprache der Quantentheorie mit Hilfe von einigen etwas willkürlich herausgegriffenen Konstanten der mehrwertigen Logik und einer fragmentarischen dreiwertigen Negationstafel zu interpretieren. Selbstverständlich bezieht die Logik die Argumente für ihre Gültigkeit nicht aus einer empirischen Wissenschaft wie der Physik. Die Absicht der vorangegangenen Betrachtung war, den metaphysischen Hintergrund darzustellen, aus dem sich die Notwendigkeit einer trans-klassischen Logik ergibt. Wir wiederholen: die metaphysischen Thesen, die die Einführung der Mehrwertigkeit erzwingen, sind: 1. die Immanenz der Subjektivität in der Welt und 2. die Irreduzibilität von Ich-Subjektivität und Du-Subjektivität aufeinander in einem universalen Subjekt und 3. die Inkommensurabilität von Information und Bedeutung.

Daß die trans-klassische Logik keine ad-hoc-Konstruktion zugunsten einer oder mehrerer naturwissenschaftlicher Disziplinen ist, geht schon daraus hervor, daß der Autor der vorstehenden Abhandlung schon im Jahre 1933 ein Buch veröffentlichte, das als philosophische Grundlage eines trans-klassischen Formalismus gedacht war. Diese Arbeit lehnte sich an Hegel an und entwickelte die neue logische Problematik aus Hegels Theorie des objektiven Geistes. In diesem ersten Ansatz ging der Verfasser sogar so weit, zu erklären, daß die Aristotelische Logik ein ausreichendes Fundament der Naturwissenschaften abgebe und daß lediglich in den Geisteswissenschaften bzw. in der Philosophie eine Problematik auftrete, die durch die klassische Logik nicht mehr bewältigt werden könne. Die mehrwertige Logik als Stellenwert-Theorie des klassischen Formalismus hat sich aus genau diesen Voraussetzungen entwickelt. Wenn also eine Abhängigkeit der neuen logischen Versuche von der Naturwissenschaft behauptet wird, so ist das schon historisch unrichtig.

Schließlich muß noch bemerkt werden, daß die philosophische Argumentation, die die Einführung der Mehrwertigkeit rechtfertigen soll, hier nur bis zu jener Stufe der Problematik geführt worden ist, die in einer vierwertigen Logik auftritt. Das hat seine Gründe. Wer dem Gedankengang bis zu dem erreichten Punkt gefolgt ist, wird von allein feststellen, daß die angewandten Argumente eben nur bis zu vier Werten führen und daß die Einführung eines Systems S_5, für die das System S_4 zum bloßen Du wird, nichts Neues bringt und nur die Erfahrung von S_4 iteriert. Das gilt auch für alle weiteren S-Systeme. In der Tat stellt das vierwertige System einen gewissen Abschluß dar. Die klassische Logik ist, wie der Verfasser in anderen Veröffentlichungen dargelegt hat,[17] ein „morphogrammatisches Fragment", das erst in einem vierwertigen System zu struktureller Vollständigkeit ergänzt wird. Auf dieses entscheidende Argument der Kalkülrechnung konnte aber in diesem Zusammenhang nicht eingegangen werden, weil es notwendig ist, dabei die technischen Methoden zu demonstrieren, mit denen man aus dem klassischen Kalkül und seiner Unvollständigkeit den mehrwertigen Kalkül ableitet.

Eine Einführung in dieses technische Arsenal soll in einem folgenden Aufsatz geboten werden.

ANMERKUNGEN

(1) Vgl. Jan Łukasiewicz, Die Logik und das Grundlagenproblem. In: F. Gonseth, Les Entretiens de Zurich sur les fondements et la méthode des sciences mathématiques, Zürich 1941. – Łukasiewicz bemerkt dort: „Die grundlegende logische Disziplin ist der Aussagenkalkül. Auf dem Aussagenkalkül sind die anderen logischen Disziplinen aufgebaut, insbesondere der Prädikatenkalkül, und auf der Logik wiederum ruht die gesamte Mathematik. Der Aussagenkalkül ist somit die tiefste Grundlage aller deduktiven Wissenschaften." p. 82.
(2) Peri Hermeneias 19 b. Übers. Eugen Rolfes.
(3) Philosophische Bemerkungen zu mehrwertigen Systemen des Aussagenkalküls. Comptes Rendues des Sciences de la Société des Sciences et des Lettres de Varsovie XXIII, Class III, 1930, p. 51 6 77.

(4) I. M. Bocheński, Formale Logik, Freiburg/München 1956, p. 74.
(5) Zitiert nach Bocheński, p. 469 f.
(6) Hans Reichenbach, Philosophische Grundlagen der Quantenmechanik, Basel 1949.
(7) I. M. Bocheński, Der Sowjet-Russische Dialektische Materialismus, 1956, p. 132.
(8) Heinrich Scholz, Geschichte der Logik, Berlin 1931, p. 67 f.
(9) Ernst Troeltsch, Gesammelte Schriften, Tübingen 1932, III. Bd., p. 104.
(10) Wilhelm Windelband, Lehrbuch der Geschichte der Philosophie, Tübingen 1928, p. 243.
(11) Erwin Schrödinger, Mind and Matter, Cambridge 1959, p. 52.
(12) Vgl. Karl Heim, Das Weltbild der Zukunft, Berlin 1904, p. 12.
(13) Gotthard Günther, Cybernetic Ontology and Transjunctional Operations. In *Self-Organising Systems* 1962, Washington 1962, p. 382 ff.
(14) Adolf von Harnack, Lehrbuch der Dogmengeschichte, II. Bd., Tübingen 1931, p. 484.
(15) Arnold Gehlen, Anthropologische Forschung, Hamburg 1961, p. 35.
(16) Vgl. Heinz von Foerster, Form: Perception, Representation and Symbolization, Allerton Conference 1962, in *Form and Meaning*, p. 21–54.
(17) Cybernetic Ontology and Transjunctional Operations (s. Anm. 13) und Das Problem einer Formalisierung der transzendental-dialektischen Logik in: *Hegel-Studien* Beiheft I, Heidelberger Hegeltage 1962, p. 65–123.

LOGIK, ZEIT, EMANATION UND EVOLUTION*◊

I.

Unter den metaphysischen Motiven, die die geistige Entwicklung des Abendlandes bestimmen, nimmt der Gedanke von der Überzeitlichkeit des Wahren eine beherrschende Stellung ein. So finden wir bei Hegel, der Zeit und Wahrheit in ein engeres Verhältnis bringt als alle seine Vorgänger, die Sätze: „Der Begriff aber, in seiner frei für sich existierenden Identität mit sich, als Ich = Ich, ist an und für sich die absolute Negativität und Freiheit, die Zeit daher nicht seine Macht, noch ist er in der Zeit und ein Zeitliches; sondern *er* ist vielmehr die Macht der Zeit, ... Nur das Natürliche ist ... der Zeit untertan, insofern es endlich ist; das Wahre dagegen, die Idee, der Geist, ist ewig."[1]

Interessant ist nun, daß trotz dieser sorgfältigen Trennung von Wahrheit und Zeit es seit dem Beginn der Geschichte der Logik nicht gelingen wollte, das Zeitproblem aus der Theorie des Denkens und der theoretischen Geltung auszuschließen. Die intime Verschlingung von Form und Inhalt (μορφή und ὕλη), die das Aristotelische System der Entwicklung beherrscht, ist zu bekannt, als daß wir auf sie näher einzugehen brauchten. Wichtiger aber für die Entwicklung der modernen Logik ist die kurze Konfrontation von Zeit und Denkgesetz, die wir in dem berühmten 9. Kapitel von *Peri Hermeneias* finden. Der aristotelische Text schneidet dort das Problem kontradiktorischer Aussagen an, wenn sich solche Aussagen auf zukünftige Ereignisse beziehen. Aristoteles kommt dabei zu dem Ergebnis, der Satz des ausgeschlossenen Dritten, der das gegenseitige Verhältnis von kontradiktorischen Aussagen bestimmt, ist für Vergangenheit und Gegenwart sowohl wie für alle Zukunft *unbeschränkt gültig*. Insofern also ist die Logik dem Ein-

---

* Prepared under the sponsorship of the Air Force Office of Scientific Research, Directorate of Information Sciences, Grant AF-AFOSR 480-64.
[1] Hegel (Glockner) IX, p. 80.

fluß der Zeit enthoben. *Anwendbar* aber ist das erwähnte logische Grundgesetz nur für die Vergangenheit (einschließlich der Gegenwart), zukünftigen Ereignissen gegenüber aber versagt es als regulatives Prinzip des Denkens. Hier ist es nicht anwendbar[2].

Diese Unterscheidung zwischen zeitloser Gültigkeit und zeitbeschränkter Anwendung eines logischen Gesetzes ist von höchster Wichtigkeit für die Theorie der modernen Logik. Insofern die *Anwendbarkeit* des Satzes vom ausgeschlossenen Dritten in Frage kommt, ist es unmöglich, die Theorie der Logik von dem Subjekt zu trennen, das diese Anwendungen vollzieht. Was das Problem der ewigen Geltung der Gesetze der Wahrheit anbetrifft, so ist eine solche Verbindung zwischen einem Subjekt, das denkt, und den formalen Gesetzen, die seine Denkinhalte bestimmen, nicht unbedingt notwendig. Und da es Aristoteles in seiner Schöpfung eines (zweiwertigen) logischen Formalismus nur auf die Gültigkeit und nicht auf die Anwendbarkeit der Gesetze des Denkens ankam, haben die Erwägungen des 9. Kapitels von *Peri Hermeneias* auf sein logisches System keinen Einfluß gehabt, wie schon anderweitig festgestellt worden ist[3]. Die aristotelische Logik, soweit sie Theorie des Denkens (manifestiert in der menschlichen Sprache) ist, ist also eine Logik ohne ein Subjekt, das denkt oder spricht[4]. Die von Aristoteles selbst getroffene Unterscheidung von Gültigkeit und Anwendbarkeit logischer Gesetze, die unvermeidlich ein Subjekt voraussetzt, das eine solche Unterscheidung trifft, ist aus der Theorie des klassischen Formalismus, der unsere Wissenschaftstheorien seit mehr als zweitausend Jahren beherrscht, ausgeschlossen, weil Aristoteles zweifellos glaubte, daß sie sich nicht formalisieren läßt. Aristoteles geht dabei von der stillschweigenden Voraussetzung aus, daß ein logischer Formalismus zweiwertig sein muß.

Es ist unsere Aufgabe, jetzt zu zeigen, daß diese Voraussetzung irrtümlich ist. Wir kommen deshalb noch einmal auf das Beispiel aus *Peri Hermeneias*, nämlich die Konfrontation zwischen dem theoretischen Umtauschverhältnis von Affirmation und Negation (Satz vom ausgeschlossenen Dritten) und dem weiteren Umtauschverhältnis zwischen vergangenen und künftigen Weltdaten zurück. Ein solches Weltdatum *ist* entweder dann gehört es der Vergangenheit an – oder es *ist nicht*, mag aber in der Zukunft auftreten.

---

[2] Vgl. dazu Heinrich Scholz: *William Ockam*, Deutsche Literaturzeitung (1948), pp. 47–50.
[3] Siehe I. M. Bochenski: *Formale Logik*, Freiburg, München (1956), p. 73.
[4] Diese Formulierung verdankt der Verf. einem Gespräch mit dem amerikanischen Kybernetiker Warren S. McCulloch.

Vergangenheit und Zukunft formen also ihrerseits ein Tertium Non Datur, wobei die Messerschneide der Gegenwart die zweiwertige Umtauschrelation zwischen beiden repräsentiert. In diesem Sinne ist nach Aristoteles der Satz vom ausgeschlossenen Dritten auch für die Zeitdimension gültig. Ein Weltdatum ist entweder ein zukünftiges oder ein vergangenes. Insofern denken wir es unter dem Satze vom ausgeschlossenen Dritten. Als Gegenwart kann es jedenfalls nicht gedacht werden. Alles aktuelle Sein ist Vergangenheit, und schon Plato bemerkt tiefsinnig, daß Wissen Erinnerung ist. Die Zukunft als Möglichkeit des Seins können wir nur deshalb denken, weil sie in einem symmetrischen Umtauschverhältnis mit der Vergangenheit steht und auf die letztere abbildbar ist.

Aristoteles setzt also in *Peri Hermeneias* ein doppeltes Umtauschverhältnis kontradiktorischer Daten und genaugenommen zwei Sätze vom ausgeschlossenen Dritten voraus: einmal ein Tertium Non Datur zwischen Affirmation und Negation (das sich auf unsere theoretischen Bewußtseins*inhalte* bezieht), und ein zweites zwischen Vergangenheit und Zukunft, das sich auf unsern aktuellen Denkprozeß bezieht, der selbst über die Messerschneide der Gegenwart aus der Vergangenheit in die Zukunft läuft und der exklusivdisjunktiv Vergangenheit und Zukunft auseinanderhalten muß.

Für den Theoretiker der formalen Logik bestehen nun zwei Möglichkeiten. Er kann annehmen, daß die beiden Sätze vom ausgeschlossenen Dritten kommensurabel sind; dann unterscheiden sie sich zwar immer noch ontologisch-metaphysisch, sie sind aber formell identisch, und ihre metaphysische Differenz kann in einer zweiwertigen Logik bewältigt werden. Der Theoretiker der Logik mag sich aber auch zu der Ansicht bekennen, daß das Tertium Non Datur zwischen Affirmation und Negation und dasjenige zwischen Vergangenheit und Zukunft inkommensurabel ist und sich beide in der logischen Formalisierung als nicht identisch erweisen. Welche von beiden Auffassungen die richtige ist, kann nur durch die Bewährung konkurrierender logischer Systeme in der Geschichte der Wissenschaft entschieden werden. Bekannt ist, daß Aristoteles sich für die Kommensurabilität der beiden metaphysischen Aspekte des Tertium Non Datur entschieden hat. Es ist ebenfalls bekannt, daß die klassische zweiwertige Logik in der Analyse des Zeitproblems in ganz erhebliche Schwierigkeiten geraten ist und sich als unfähig erwiesen hat, ein Problem zu bewältigen, das schon aus der voraristotelischen griechischen Philosophie stammt. Wir beziehen uns hier auf den Gegensatz von eleatischer und heraklitischer Weltauffassung. Der eleatische Standpunkt schließt die Zeit aus dem Absoluten aus, dem Sein kommt nach Parmenides Ewigkeit, Ungewordenheit und Unvergänglichkeit zu; es hat keine temporale Dimension und es ist „absolute Unveränderlichkeit"[5]. Da aber Sein und Denken nach eleatischer Auffassung identisch sind, folgt, daß die Alternative des Zeitproblems logisch irrelevant ist. Sie ist nicht selbständig genug, um eine Inkommensurabilität zu dem zweiwertigen Umtauschverhältnis von Sein und Denken zu zeigen. Die genau entgegengesetzte Auffassung wird von Heraklit vertreten. Für ihn ist der statisch permanente Aspekt des Seins ein bloßer Schein; die letzte Essenz der Wirklichkeit ist *Ereignis*. Bekennt man sich zu dieser zweiten Auffassung, dann wird man zu dem Zugeständnis gezwungen, daß das Tertium Non Datur zwischen Vergangenheit und Zukunft inkommensurabel mit dem zwischen affirmativen und negativen Bewußtseinsinhalten sein muß.

Daraus ergeben sich folgenschwere Konsequenzen für die Entwicklung eines logischen Formalismus. Da Aristoteles sich für die Kommensurabilität der beiden Aspekte des Satzes vom ausgeschlossenen Dritten entschlossen und seinen Formalismus dementsprechend entwickelt hat, schuf er eine Logik, in der der Zeit keine eigenständige Rolle zugebilligt wird. Das hat eigentümliche Folgen gehabt, die von G. J. Whitrow als „elimination of time from natural philosophy" bezeichnet worden sind[6]. Der Prozeß der Elimination beginnt nach Whitrow mit Archimedes und führt bis zur Relativitätstheorie, wo er in einer Geometrisierung der Zeitdimension in einem vierdimensionalen Kontinuum seinen vorläufigen Abschluß findet. Eine solche Entwicklung lag in der Natur einer Logik, die die Zeit nicht als metaphysische Größe sui generis anzuerkennen gewillt war und sie objektiven Seinskategorien unterzuordnen versuchte. In der Linie dieser Entwicklung liegt auch die Zeittheorie Kants, wenn er die Zeit als formale Bedingung der inneren Anschauung beschreibt[7] und dann fortfährt: „Unsere Behauptungen wären demnach *empirische Realität* der Zeit, d. i. objektive Gültigkeit in Ansehung aller Gegenstände, die jemals unsern Sinnen gegeben werden mögen. Und da unsere Anschauung jederzeit sinnlich ist, so kann uns in der Anschauung niemals ein Gegenstand gegeben werden, der nicht unter die Bedingung der Zeit gehörte. Dagegen bestreiten wir der Zeit jeden Anspruch auf absolute Realität, daß sie nämlich auch ohne auf die Form unserer

---

[5] W. Windelband, *Lehrbuch der Geschichte der Philosophie*, Tübingen (1928) p. 33. Parmenides spricht der Zeit ausdrücklich die selbständige Realität (ἄλλο πάρες τοῦ ἐοντος) ab.
[6] G. J. Whitrow: *The Natural Philosophy of Time*, Harper Torchbook, New York, Evanston (1963), pp. 1–5.
[7] Kritik der Reinen Vernunft, B 50.

sinnlichen Anschauung Rücksicht zu nehmen, schlechthin den Dingen als Bedingung oder Eigenschaft anhinge"[8].

Hier enthüllt sich die Schwäche der klassischen Logik, die sich, speziell in moderner Zeit, als gänzlich ungeeignete Basis für eine Strukturtheorie der Geisteswissenschaften erwiesen hat. Denn wenn diese Logik in den Naturwissenschaften durch Geometrisierung zu einer Elimination des eigentlichen Zeitproblems geführt hat, so muß ihre Anwendung in den Geisteswissenschaften zu parallelen Entwicklungen und zu entsprechenden Formen der Elimination führen.

Die beiden logischen Auffassungen des Zeitproblems, die sich aus dem etwas dunklen Text des 9. Kapitels von *Peri Hermeneias* herauslesen lassen, können in zwei einfachen Schemata dargestellt werden, die wir in den folgenden Tafeln wiedergeben wollen:

Tafel I

Affirmation (1)		Negation (2)
(1) vergangen	(2) zukünftig	
zukünftig (2)	vergangen (1)	
Negation (2)	(1) vergangen	(2) zukünftig
	zukünftig (2)	vergangen (1)
	Affirmation (1)	

Tafel I stellt den orthodoxen aristotelischen Standpunkt dar, der stillschweigend die prinzipielle Kommensurabilität des Satzes vom ausgeschlossenen Dritten in der exklusiven Alternative zwischen Affirmation und Negation einerseits und zwischen Vergangenheit und Zukunft andererseits voraussetzt. Akzeptiert man diese Auffassung, dann läßt sich in der klassi-

---

[8] ebda B 52. Andere Lesart: „... da sie nämlich ..."

schen Theorie des Denkens die Zeit unter die zweiwertige objektive Seinslogik subsumieren. Tafel I stellt eine zweiwertige Negationsmatrize dar. Die Werte sind, wie sich das in der Darstellung der Logik heute mehr und mehr einbürgert, durch die Ziffern (1) und (2) repräsentiert. Die größere Tafel enthält zwei Sub-Tafeln, in denen sich die Alternative von Affirmation und Negation noch einmal für das Verhältnis von Vergangenheit und Zukunft wiederholt. Unter der Voraussetzung der Tafel I läßt sich sagen, daß das Tertium Non Datur zwischen Vergangenheit und Zukunft ein Spezialfall des Tertium Non Datur der klassischen Aussagenlogik ist. Daraus folgt unmittelbar, daß Aristoteles keine Veranlassung gehabt hat, seine formale Logik auf Grund der Überlegungen des 9. Kapitels von *Peri Hermeneias* irgendwie zu modifizieren. Zwar gibt es eine Klasse von Aussagen über die Zukunft, denen nur logische Wahrscheinlichkeitswerte zukommen können, es lassen sich aber einer solchen Klasse Aussagen über die Vergangenheit gegenüberstellen, denen ebenfalls nur Wahrscheinlichkeit zugeschrieben werden kann. Das Modalitätsproblem, das so eng mit unserer Zeitauffassung verbunden ist, führt also nicht zu einer Theorie der transklassischen Logik[9].

Die andere Interpretation der logischen Problematik des Zeitproblems, die das berühmte 9. Kapitel suggeriert, läßt sich approximativ etwa durch Tafel II darstellen.

Die Alternative von Vergangenheit und Zukunft erscheint diesmal in der großen Tafel, und insofern als das menschliche (zweiwertige) Denken der Zeit unterworfen ist, erscheint die klassisch-aristotelische Negationsmatrize als Sub-Tafel. Das ist jedoch weniger wesentlich. Wichtiger ist, daß Tafel II impliziert, daß dem Zeitproblem eine höhere logische Mächtigkeit als dem Seinsproblem zukommt. Damit aber ergibt sich eine Inkommensurabilität des Satzes vom ausgeschlossenen Dritten, der zwischen Affirmation und Negation besteht, und jenem Tertium Non Datur, das uns eine Alternative zwischen Vergangenheit und Zukunft liefert. Diese Inkommensurabilität ist in Tafel II dadurch ausgedrückt, daß wir für Zukunft einen neuen Wert (3) eingeführt haben. Um Mißverständnisse und eine Fehlinterpretation der Tafel zu vermeiden, sei ausdrücklich bemerkt, daß der Wert (3) ebensogut für die Vergangenheit eingesetzt werden könnte, wenn wir dafür die Sub-Tafeln auf die andere Seite rücken. (An der strukturellen Bedeutung der

---

[9] Vgl. dazu Oskar Beckers Bemerkungen über das Modalitätsproblem, die den Nagel auf den Kopf treffen. Siehe: *Einführung in die Logistik*, Meisenheim (1951), p. 13.

Tafel II

vergangen (1–2)	
(1) affirmativ | (2) negativ	
———————————	zukünftig (3)
negativ (2) | affirmativ (1)	

	(1) affirmativ | (2) negativ
zukünftig (3)	———————————
	negativ (2) | affirmativ (1)
	vergangen (1–2)

Tafel ändert sich durch solche Umstellung nichts, und auf die strukturelle Bedeutung kommt es ausschließlich an.) Ebenso wie Tafel I stellt Tafel II ein Umtauschverhältnis dar, auf das der Satz vom ausgeschlossenen Dritten anwendbar ist. Während aber Tafel I uns ein Umtauschverhältnis zwischen zwei sich „unmittelbar" (Hegel) gegenüberstehenden Werten darstellt, produziert Tafel II ein Umtauschverhältnis zwischen einem zweiwertigen System (aristotelische Logik) und einem dritten Wert, der diesem System nicht angehört. Aristoteles hat also auch hier recht: Der Satz vom ausgeschlossenen Dritten gilt auch für das Zeitproblem, aber in seiner elementaren klassischen Fassung ist er jetzt nicht anwendbar. Aristoteles' stillschweigende Voraussetzung ist selbstverständlich, daß die Auffassung des Drittensatzes, wie ihn die klassische Logik versteht, allein formalisierbar ist. Akzeptiert man aber die zweite Tafel, so ergibt sich daraus ohne weiteres die Notwendigkeit, von der traditionellen, zweiwertigen Logik zu einer transklassischen mehrwertigen Theorie des Denkens überzugehen.

Auf Mehrwertigkeit und Trans-Klassik kann selbstverständlich verzichtet werden in Situationen, in denen keine Bedenken dagegen bestehen, die Zeit unter anderen klassischen Kategorien der klassischen objektiven Seinsthematik zu subsumieren. Es existieren in der Tat zahlreiche Fälle, wo eine solche Haltung nicht nur legitim, sondern ausdrücklich gefordert ist. Andererseits stellt es sich aber sogar in den naturwissenschaftlichen Aspekten der Kybernetik immer deutlicher heraus, daß die Zeit ein logisches Problem sui generis darstellt, das nicht mit klassischen Mitteln in befriedigender Gestalt behandelt werden kann. Sagt man aber einmal A, dann muß man auch B sagen – in andern Worten: ist man willig, einen dritten Wert zu konzedieren, so sieht man sich getrieben, auch einen vierten, fünften und schließlich eine unendliche Anzahl von Werten einzuführen. Trotzdem aber würden wir auf Grund der bisherigen Überlegungen einen solchen Übergang zu einer potentiellen transklassischen Mehrwertigkeit nicht wagen, ließe sich nicht nachweisen, daß im transklassischen Sinn die klassisch-zweiwertige Logik, die bis heute unser Denken beherrscht hat, ein strukturell höchst ergänzungsbedürftiges Fragment ist. Dieser Nachweis soll hier in sehr abbreviierter Form geliefert werden, da ihn der Verfasser in größerer Ausführlichkeit an anderen Orten dargestellt hat[10].

Im Jahre 1941 veröffentlichte der polnische Logiker Jan Łukasiewicz einen Aufsatz, betitelt: *Die Logik und das Grundlagenproblem*, dem wir die folgenden bemerkenswerten Sätze entnehmen: „Die grundlegende logische Disziplin ist der Aussagenkalkül. Auf dem Aussagenkalkül sind die anderen logischen Disziplinen aufgebaut, insbesondere der Prädikatenkalkül, und auf der Logik wiederum ruht die gesamte Mathematik. Der Aussagenkalkül ist somit die tiefste Grundlage aller deduktiven Wissenschaften."[11] Seinerseits aber ruht der Aussagenkalkül auf zwei elementaren Tafeln, die uns die unarischen und binarischen Konstanten des Aussagenkalküls geben. Die erste Tafel III ist uns bereits bekannt aus den vorangegangenen Betrachtungen. Sie ist nichts weiter als die traditionelle Negationstafel. Die zweite

Tafel III

wahr (1)	falsch (2)
falsch (2)	wahr (1)

---

[10] Gotthard Günther: *Cybernetic Ontology and Transjunctional Operations*, In: Self-Organizing Systems (1962), Washington, Spartan Books, Hrg. Jovits, Jacobi, Goldstein, pp. 313–392, und von demselben Verf.: *Das Problem einer Formalisierung der transzendental-dialektischen Logik* in Hegelstudien, Beiheft I (Heidelberger Hegeltage 1962), pp. 65–123.

[11] Jan Łukasiewics: *Das Grundlagenproblem der Logik*, In: F. Gonseth, Les Entretiens de Zurich sur les fondements et la méthode des sciences mathématiques, Zürich (1941), p. 82.

Tafel IV hat die folgende Gestalt (wobei wir für „wahr" und „falsch" ausschließlich „1" oder „2" setzen):

Tafel IV
Wertfolgen klassischer binarischer Funktionen

1	1	1	1	2	1	1	2 ‖	1	2	2	1	2	2	2	2
1	1	1	2	1	1	2	1 ‖	2	1	2	2	1	2	2	2
1	1	2	1	1	2	1	1 ‖	2	2	1	2	2	1	2	2
1	2	1	1	1	2	2	2 ‖	1	1	1	2	2	2	1	2

Sie enthält die bekannten 16 Wertfolgen (wie Konjunktion, Disjunktion, Äquivalenz usw. ...) des Aussagenkalküls. Soweit eine zweiwertige Logik in Frage kommt, ist diese Tafel vollständig, und es ist nichts an ihr zu kritisieren. Nehmen wir aber an, daß das Tertium Non Datur zwischen Vergangenheit und Zukunft mit dem Tertium Non Datur zwischen Affirmation und Negation nicht kommensurabel ist, dann würde das bedeuten, daß die Grundlage der klassischen Logik zu strukturarm ist, um gewisse Probleme erfolgreich bearbeiten zu können. Aus diesem Grunde wollen wir die aktuellen Wertfolgen, die in den beiden Tafeln auftreten, ignorieren und uns ganz auf die reinen Strukturen konzentrieren, die durch die vertikalen Wertfolgen „sichtbar" gemacht werden. Sowohl Tafel III wie Tafel IV sind in der Mitte durch einen vertikalen Doppelstrich in zwei gleiche Hälften geteilt. Betrachten wir Tafel III, so ist ohne weiteres zu sehen, daß die beiden zweistelligen vertikalen Wertfolgen dieselbe äußerst einfache Struktur haben, die wir jetzt als Tafel V niederschreiben.

Tafel V

△
▽

Zur Andeutung der Struktur benutzen wir ein leeres, auf einer Seite ruhendes Dreieck und ein leeres, auf der Spitze stehendes Dreieck, wobei beide Leerzeichen so gefüllt werden können, daß der erste Wert entweder in das eine oder in das andere Dreieck gesetzt wird und der zweite Wert die dann noch verfügbare Leerstelle besetzt. Dieselbe Prozedur wenden wir auf Tafel IV an, woraus sich Tafel VI ergibt.

Tafel VI
Morphogrammatische Struktur der Tafel IV

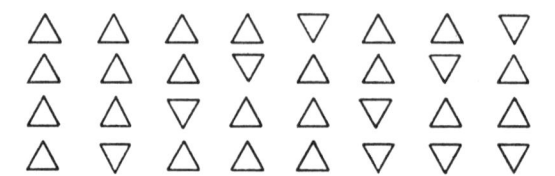

△ △ △ △ ▽ △ △ ▽
△ △ △ ▽ △ △ ▽ △
△ △ ▽ △ △ ▽ △ △
△ ▽ △ △ △ ▽ ▽ ▽

Die derart entstehenden individuellen Leerstellenfolgen sind in den in Anmerkung 10 angeführten Veröffentlichungen Morphogramme genannt worden. Tafel III wird also durch ein einziges Morphogramm, die 16 Wertfolgen der Tafel IV aber werden durch acht Morphogramme repräsentiert. Nun ist aber ohne weiteres ersichtlich, daß eine zweistellige Symbolfolge sich in einem einzigen Morphogramm erschöpft – haben wir aber Raum für vier Symbole, so lassen sich noch weitere Strukturen demonstrieren, die unter Zuhilfenahme von zwei weiteren Symbolen (Viereck und Rhombus) für Leerstellen sichtbar gemacht werden können. Da diese Symbole uns über die Strukturbasis der klassischen Logik hinausführen, füllen wir sie dunkel aus. Wir erhalten dann die folgende Tafel VII.

Tafel VII
Transklassische Struktur

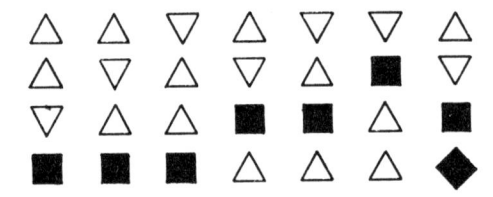

△ △ ▽ △ ▽ ▽ △
△ ▽ △ ▽ △ ■ ▽
▽ △ △ ■ ■ △ ■
■ ■ ■ △ △ △ ◆

Bemerkenswert für die philosophische Theorie der klassischen Logik ist, daß zwar ihre Negationstafel morphogrammatisch vollständig ist, daß aber der Tafel der binarischen Wertfolgen eine gleiche Vollständigkeit nicht zugeschrieben werden kann. *Die Hinzufügung einer zweiten Variablen, um binarische Funktionen zu produzieren, führt die klassische Logik in Bereiche, in denen sie nur ein strukturelles Fragment repräsentiert.*
Bezeichnend ist weiter, daß die bisherig „tiefste Grundlage aller deduktiven Wissenschaften" auf zwei Tafeln beruht, in denen mögliche Wertfolgen entweder zwei oder vier Stellen haben. Man fragt unwillkürlich:

warum nicht eine – und warum nicht drei Stellen? De facto läßt sich eine einstellige „Wertfolge" im klassischen Bereich durchaus in Betracht ziehen, eine dreistellige unter der Voraussetzung morphogrammatischer Vollständigkeit aber nicht, da wir ja dann bereits drei Werte zur Besetzung aller Leerstellen zur Verfügung haben müßten. Die Vierstelligkeit der klassischen Wertfolgen in Tafel IV ergibt sich aber nicht durch die Einführung weiterer Werte, sondern durch die Einführung einer zweiten Variablen, um binarische Funktionen zu erzeugen. Aus diesem Grunde existiert auf dem Boden der klassischen Wert- und Variablen-Logik kein „Intervall" zwischen der Tafel mit zweistelligen und der mit vierstelligen Wertfolgen. Nimmt man aber den morphogrammatischen Standpunkt ein und ignoriert das Wert- und das Variablenproblem, dann zeigt es sich, daß die klassische Logik mit zwei Bruchstücken in einem tieferen Strukturzusammenhang verankert ist, der zwar durch sie hindurch, aber auch weit über sie hinausgeht, und der sich unabhängig von dem Problem aller Wertlogiken darstellen läßt. Es wird unsere Aufgabe sein, diesen Strukturzusammenhang jetzt darzustellen und auf seine ontologische Bedeutung hinzuweisen.

Wir haben bereits angedeutet, daß, wenn wir der Zeit eine logische Struktur sui generis zubilligen und sie nicht einfach in klassischen Seinskategorien verschwinden lassen wollen, die klassische Logik uns keinen genügenden Reichtum an struktureller Differentiation liefert. Dazu kommt noch ein anderes, und zwar ein metaphysisches Argument, das von Erwin Schrödinger vorbildlich formuliert worden ist. Schrödinger wies darauf hin[12], daß im Verfolg der griechischen Tradition, die das abendländische Denken beherrscht, die philosophische Thematik der Subjektivität zugunsten eines strengen Objektivismus in unserer Welterklärung völlig unterdrückt worden ist. Das Weltbild, das unsere exakte Wissenschaft bisher entwickelt hat, beschreibt ein Universum ohne lebendige Ichzentren. Der abendländische Mensch des 20. Jahrhunderts besitzt ein wissenschaftliches Weltbild, aus dem das Subjekt, das sich dieses Weltbild erworben hat, ausgeschlossen ist.

An dieser Stelle tritt wissenschaftsgeschichtlich die Kybernetik in Erscheinung. Ihre grundsätzliche philosophische Bedeutung liegt darin, daß sie die Frage nach dem Wesen der Subjektivität und ihrer ontologischen Verankerung im Universum stellt! Diese Frage ist in modernen Zeiten, nachdem ihre Voraussetzung in der Entwicklung von Descartes bis Leibniz

---

[12] Erwin Schrödinger: *Mind and Matter*, University Press, Cambridge (1959), p. 51 ff.

und Kant methodologisch vorbereitet worden war[13], in aller Entschiedenheit durch den transzendental-spekulativen Idealismus gestellt worden. Im transzendental-spekulativen Idealismus aber bleibt die Fragestellung transzendental-metaphysisch. Das Ich ist immer das, was der Welt gegenübersteht, sie eventuell begründet, aber sich damit zugleich aus ihrem empirischen Bereich ausschließt. Soweit eine Zugehörigkeit besteht, so ist dieselbe meta-physisch und nicht physisch. Damit aber ist zweierlei gegeben: erstens, daß eine solche Theorie des Ichs transzendental-dialektisch bleiben muß. Das Ich erscheint bestenfalls im *Übergang* zur Welt und auch da nur in antithetisch sich selbst widersprechenden Begriffen. Zweitens aber folgt aus der idealistischen Position, daß der Mensch sich selbst als Ich im Universum nicht wiederholen, d. h. abbilden kann.

Die geistesgeschichtliche Bedeutung der Kybernetik liegt nun darin, daß sie die idealistische Fragestellung hinsichtlich des Problems der Subjektivität voll aufnimmt[14], allerdings mit der bezeichnenden Variante, daß sie eine wenigstens partielle Wiederholbarkeit, resp. Abbildbarkeit, der Subjektivität des Ichs im empirischen Bereich postuliert. Ihre These ist, daß der Mensch sich nur so weit wirklich verstehen lernt, als er sich technisch wiederholt und sich ein physisches Bild seiner Bewußtseinsvollzüge macht. Soweit ein solches Unterfangen gelingen sollte, würde es die Schrödingersche Forderung erfüllen, ein wissenschaftliches Weltbild zu entwerfen, das nicht nur das *Erkannte* beschreibt, sondern auch das *Erkennen*.

Wie aber soll es gelingen, die extramundane Introszendenz des Subjekts in die Welt hineinzuziehen? Die Antwort darauf ist: Es muß ein Bindeglied gefunden werden, das weder reine Objektivität noch unerreichbare Introszendenz der Subjektivität ist. Nun gibt es ein solches Bindeglied, es ist die Zeit! Seit dem philosophischen Schisma zwischen Eleatismus und Heraklitismus geht der Streit, ob Temporalität einen objektiv metaphysischen Charakter hat oder ob sie eine lediglich subjektive Form der Anschauung ist, die mit dem Erlöschen der von der Welt sich abtrennenden Subjektivität ebenfalls verschwindet. Betrachtet man die Geschichte der Philosophie und der positiven Wissenschaften bis zur Gegenwart unter diesem Gesichtspunkt,

---

[13] Siehe Schellings Münchener: *Vorlesungen zur Geschichte der neueren Philosophie*, Werke (Schröter) V, p. 71.
[14] Ausdrücklich spricht Peter K. Schneider von der „systematische(n) Übereinstimmung des transzendentalphilosophischen und kybernetischen Ansatzes". Vgl. *Philosophische Aspekte der neueren kybernetischen Literatur*. In: Philosophisches Jahrbuch 73 I, pp. 192–198.

dann kann man die folgende Beobachtung anstellen: Jedes Argument, mit dem sich ein Denker für die Elimination der Zeit einsetzt, weil die Zeit „nur" subjektiven Charakter habe, findet ein dialektisches Gegenbild in einem gleich starken Argument, das für die Beibehaltung der Zeit in einem wissenschaftlichen Weltbild spricht. Speziell in der Gegenwart sind die Argumente pro und contra immer subtiler geworden, und sollte sich dieser Streit noch länger fortsetzen, dann können wir voraussehen, daß jede Seite Gründe von noch größerer Überzeugungskraft beitragen wird.

Wenn aber alle Antworten in einem mehr als zweitausendjährigen Streit zu keiner befriedigenden Problemlösung und Entscheidung geführt haben, dann sind wir berechtigt zu dem Verdacht, daß keine endgültige Antwort existiert, und man kann die Fragestellung selbst in Frage stellen. Das 9. Kapitel von *Peri Hermeneias* enthält – um es vorsichtig auszudrücken – in der Distinktion zwischen objektiver Geltung und subjektiver Anwendbarkeit des Drittensatzes eine Andeutung, daß die Zeit sowohl subjektiv als auch objektiv ist und *nur* in dieser Doppelgesichtigkeit begriffen werden kann. De facto liegt diese Auffassung der dialektischen Logik von Hegel zugrunde, aber mit der folgenschweren Einschränkung, daß diese Eigenschaft der Zeit sie dem Zugriff der formalen Logik endgültig entzieht. Und da in Hegels Logik Begriff und Zeit nichtsdestoweniger unlösbar verschlungen auftreten, verliert damit auch die Logik ihren formalen Charakter. Die Berechtigung dieser Auffassung haben wir jetzt nachzuprüfen, und wir stellen darum die direkte Frage: Warum soll sich die Zeit nicht formalisieren lassen? Und warum wird durch diese angebliche Unmöglichkeit der Formalisierung des Zeitproblems das erkennende Subjekt aus unserm wissenschaftlichen Weltbild ausgeschlossen? Die zweite Frage ist leichter zu beantworten, weshalb wir uns mit ihr zunächst beschäftigen wollen.

Wenn auch die Zeit eine sowohl subjektive wie auch objektive Komponente hat, so ist sie doch auf jeden Fall „objektiver" (wenn hier in losem Sprachgebrauch ein Komparativ erlaubt ist) als die intime Introszendenz des subjektiven Ichs. Gelänge also eine logische Formalisierung des Zeitproblems, dann wäre damit wenigstens ein bescheidenes erstes Element von Subjektivität in unser wissenschaftliches Weltbild hineingezogen, denn trotz allem Übergewicht an objektiver Thematik enthält das Zeitproblem ja auch eine Komponente von Subjektivität. Denn formalisieren läßt sich das Zeitproblem nur als Ganzes und nicht in Teilaspekten. Solange also die Zeit eliminierbar bleibt, ist das Subjekt ebenfalls eliminierbar, das ohnehin im Formalismus der klassischen Logik keinen designationsfähigen Ort hat.

Damit aber werden wir auf die erste Frage zurückgeworfen: Warum haben alle Denker von Rang bisher vorausgesetzt oder ausdrücklich behauptet, daß sich die Zeitproblematik einer Formalisierung entzieht? Um die Beantwortung der Frage zu erleichtern, greifen wir noch einmal auf die beiden relevanten Punkte des 9. Kapitels von *Peri Hermeneias* zurück. Wir können entweder annehmen, daß die Alternative von Vergangenheit und Zukunft kommensurabel mit der von aussagenlogischer Affirmation und Negation ist. In diesem Falle aber wird sie unter die letztere subsumiert mit der unausbleiblichen Folge, daß die Zeit in der zweiwertigen Seinstheorie der klassischen Tradition nur eine untergeordnete Rolle spielt und als eigenständige metaphysische Größe verschwindet. Als praktische Folge ergibt sich die Elimination der Zeit aus dem naturwissenschaftlichen Weltbild. Setzt man aber eine Inkommensurabilität des Tertium Non Datur zwischen Affirmation und Negation und des Drittensatzes zwischen Vergangenheit und Zukunft voraus und hält zugleich an der These von der Zweiwertigkeit der formalen Logik fest, dann hat kein konsequenter Denker eine andere Wahl, als die Möglichkeit der Formalisierung des Zeitproblems zu verneinen. Verbindet aber ein Denker, der sich in einer solchen Zwangslage sieht, Begriff und Zeit (wie Hegel das tut), dann bleibt ihm gar nichts anderes übrig, als seine transzendental-dialektische Logik „konkret", d. h. als nichtformalisierte, und nicht formalisierbare, Ontologie zu entwickeln.

Nun könnte ein unverbesserlicher Optimist zwar immer noch behaupten, daß die Analyse aller Konsequenzen der klassischen Logik noch längst nicht erschöpft ist und daß sich vielleicht doch noch Möglichkeiten ergeben, das Zeitproblem in einem zweiwertigen Formalismus unterzubringen. Diesem Argument muß jetzt begegnet werden. Und in seiner Antizipation haben wir weiter oben bereits bemerkt, daß wir mit der Erreichung des morphogrammatischen Gesichtspunktes das ganze Oberflächenproblem einer Wertlogik, gleichgültig ob es sich um zwei oder mehr Werte handelt, von jetzt an ignorieren wollen, da wir bereits in eine tiefere Schicht der logischen Problematik vorgestoßen sind, in der Werte nur als Manifestationen unterliegender Strukturen, die wir Morphogramme nannten, eine Rolle spielen. Resümieren wir, bevor wir weiter gehen, das bisherige Resultat, so läßt sich rückblickend folgendes feststellen: Die klassische Logik ist, wie die Tafeln VI und VII zusammen demonstrieren, ein morphogrammatisches Fragment. Sie benutzt nur die Morphogramme der Tafel VI, aber die zugehörigen (weil vierstelligen) Morphogramme der Tafel VII können keine Verwendung finden, da durch die klassische Beschränkung auf zwei Werte ein

Gebrauch der transklassischen morphogrammatischen Strukturen nicht möglich ist. Andererseits haben wir bereits festgestellt, daß die vierstelligen Wertfolgen der Tafel IV überhaupt nur dadurch zustandekommen, daß zwecks Einführung binarischer Funktionen zwei Variable gebraucht werden. Daraus ergeben sich, wenn wir von der klassischen Negationsmatrize (Tafel III) ausgehen, eben vierstellige Wertfolgen. Würden wir eine dritte Variable einführen, ergäben sich achtstellige Wertfolgen, und erweitern wir unsern Variablenbereich um ein viertes Exemplar, dann würden unsere Wertfolgen eine Länge von 16 Stellen erreichen usw.

Da solche Erweiterungen für eine erste Einführung des Zeitproblems in die formale Logik nicht relevant sind, wollen wir sie von jetzt ab ignorieren. Wir haben die in den vorangegangenen Sätzen vollzogenen Überlegungen nur eingeführt, um zu zeigen, daß die klassische Logik auf einer morphogrammatischen Struktur von nicht mehr zu überbietender Einfachheit beruht. Diese Struktur wird durch eine Folge von zwei Leerstellen (s. Tafel V) repräsentiert. Und diese Leerstellen sind im Rahmen der klassischen Theorie des Denkens nur durch zwei Werte besetzbar, woraus sich dann die übliche Negationstafel ergibt.

Wir nennen von jetzt an individuelle Leerstellen, in die Werte eingesetzt werden können (aber nicht müssen) und für deren Deutlichmachung wir in der gegenwärtigen Betrachtung verschieden geformte geometrische Figuren benutzten, *Kenogramme*. Ein Morphogramm ist also eine Folge von Kenogrammen, wobei ein individuelles Kenogramm gegebenenfalls einmal oder mehrere Male auftreten kann[15]. Die klassische Logik ruht also auf dem winzigen Unterbau von zwei Kenogrammen, von denen überdies keines wiederholt werden kann, ohne daß in einer zweistelligen Symbolfolge das andere aufgegeben wird. Ist aber in diesem minimalen morphogrammatischen Unterbau die *Wiederholung* (unter Beibehaltung beider Kenogramme!) als Struktureigenschaft überhaupt nicht vertreten, so ergibt sich daraus von vornherein, daß die klassische Logik unmöglich fähig sein kann, die durch Fichte so wichtig gewordene transzendentale Abbildproblematik, die heute in der Kybernetik eine ganz zentrale Rolle spielt (mapping), theoretisch zu bewältigen. *Das Thema der klassischen Logik ist reflexionsloses Sein, das unfähig ist, sich ein Bild von sich selber zu machen.* Damit aber ist aus dieser Logik das Problem der Zeit grundsätzlich ausgeschlossen, denn die Relation zwischen Urbild und Abbild ist – ontologisch betrachtet – temporal. Erst muß die

---

[15] Der Terminus „Kenogramm" ist von dem griechischen Worte κενός = leer abgeleitet.

Sache selbst da sein, ehe man sich ein Bild von ihr machen kann. Das Bild fällt unter die metaphysische Kategorie der Wiederholung.

Wir stellen deshalb jetzt die Frage: Läßt sich eine transklassische Logik von heute noch unbekannter Gestalt entwickeln, die bereits in ihrer kenogrammatischen Grundstruktur die ontologische Kategorie der Wiederholung (die die Bild- und Subjektivitätsproblematik involviert) als strukturelles Grundelement enthält? Das ganze Reflexionsproblem – und damit die Kybernetik – wurzelt in dem elementar-formalen Problem der Wiederholung. Auf die dominierende metaphysische Bedeutung dieses Begriffs hat schon Arnold Gehlen in seiner hervorragenden *Theorie der Willensfreiheit* hingewiesen[16]. Gehlen hat gezeigt, daß Schöpfung ontologisch betrachtet Wiederholung ist. Die klassische Logik aber besitzt Wiederholungskategorien nur in einer abgeleiteten und fragmentarischen Form. Um ein Kenogramm zu wiederholen und um vierstellige Leerstellenfolgen zu produzieren, muß die klassische Logik zwei Variable einführen. Es ist aber von höchster Wichtigkeit, daß man sich vergegenwärtigt, daß mit einer einseitigen Vermehrung der Variablen, die überdies ganz beliebige Ausmaße annehmen kann, ein kontingentes Element in die Logik eingeführt wird, speziell da die Einführung weiterer Variablen mit dem Gebrauch von Werten gekoppelt ist. Mit der Einführung von Werten haben wir aber, wie bereits gezeigt worden ist, die kenogrammatische Basis der klassischen Logik bereits verlassen.

Wollen wir also die bisherige Logik derartig erweitern, daß sie einen strukturellen Reichtum besitzt, der ihr erlaubt, Probleme, die bis heute nicht formalisierbar waren, kalkülmäßig zu behandeln, dann ist es notwendig, den kenogrammatischen Unterbau der Logik prinzipiell zu erweitern. Ob eine aktuelle Wertlogik sich eines solchen Unterbaues später bedient oder nicht, ist eine rein empirische Angelegenheit und hängt ganz davon ab, welche praktischen Aufgaben eine solche Logik zu leisten beabsichtigt. Das soll uns von jetzt an nichts mehr angehen. Die einzige Forderung, die wir bei dem Aufbau einer universalen kenogrammatischen Struktur der Logik stellen, ist die, daß sie selbstverständlich die morphogrammatischen Strukturen der klassischen Logik enthalten muß. Also in unserm speziellen Fall die Tafeln V und VI. Das Resultat eines solchen Aufbaus ist die unten folgende Tafel VIII, die auf den folgenden Voraussetzungen aufgebaut ist: Es darf

---

[16] Arnold Gehlen: *Theorie der Willensfreiheit*, Berlin (1933), siehe besonders das letzte Kapitel.

eine beliebige Zahl von Kenogrammen eingeführt werden, und für jede beliebige vertikale oder horizontale Zeichenfolge ist es erlaubt, ein bereits hingeschriebenes Kenogramm zu wiederholen oder ein beliebig anderes an die nächste Stelle zu setzen. Aus Raumgründen muß die Tafel auf ein Maximum von fünf unterschiedlichen Kenogrammen beschränkt werden. Die Zahl der möglichen Wertbesetzungen der kenogrammatischen Struktur ist auf der rechten Seite der Tafel angegeben. Die angegebenen Zahlen beziehen sich übrigens nicht auf Fälle, in denen eine gegebene kenogrammatische Struktur als Sub-Struktur reicherer Systeme auftritt[17]. Aus Tafel VIII ersehen wir, daß sich unter der Berücksichtigung der Kategorie der Wiederholung drei fundamentale kenogrammatische Distinktionen ergeben, die wir

    Proto-Struktur
    Deutero-Struktur
    Trito-Struktur

nennen wollen. In allen drei Fällen beginnen wir mit einem einzelnen Kenogramm. Die Proto-Struktur entwickelt sich dann aus der Forderung, die vertikalen Folgen der Kenogramme unter dem Gesichtspunkt aufzubauen, daß nur ein absolutes Minimum an Wiederholung in der Struktur auftritt – d. h., ein einziges Kenogramm darf wiederholt werden, wofür wir rein konventionell das erste gewählt haben. Wir stipulieren ferner, daß die Plazierung individueller Kenogramme in einer gegebenen vertikalen Folge willkürlich sein darf. Es ist also nicht notwendig, daß die Wiederholungen des aufrechtstehenden Dreiecks eine ununterbrochene Folge bilden. Aber um die Struktur überhaupt sichtbar zu machen, müssen wir uns selbstverständlich für irgendeine Reihenfolge entschließen.

Die Deutero-Struktur ergibt sich aus der Voraussetzung, daß für individuelle Kenogramme maximale Wiederholbarkeit gestattet ist. Im übrigen bleibt die Plazierung der Symbole immer noch irrelevant. Die Proto- und Deutero-Strukturen sind also einfach, um sie sichtbar zu machen, durch individuelle Morphogramme vertreten. Welches Morphogramm aber für den erwähnten Zweck gewählt wird, bleibt dem überlassen, der die Absicht hat, eine solche Tafel aufzustellen. Innerhalb der engen Grenzen dieser Tafel sind in der Deutero-Struktur nur zwei Kenogramme wiederholbar. Für Demonstrationszwecke ist als zweites wiederholtes Symbol das auf der Spitze stehende Dreieck gewählt worden. Es ist offensichtlich, daß wir vier

---

[17] Vgl. den Unterschied von μ- und $\bar{\mu}$-Struktur in *Cybernetic Ontology* (siehe Anm. 10).

Tafel VIII

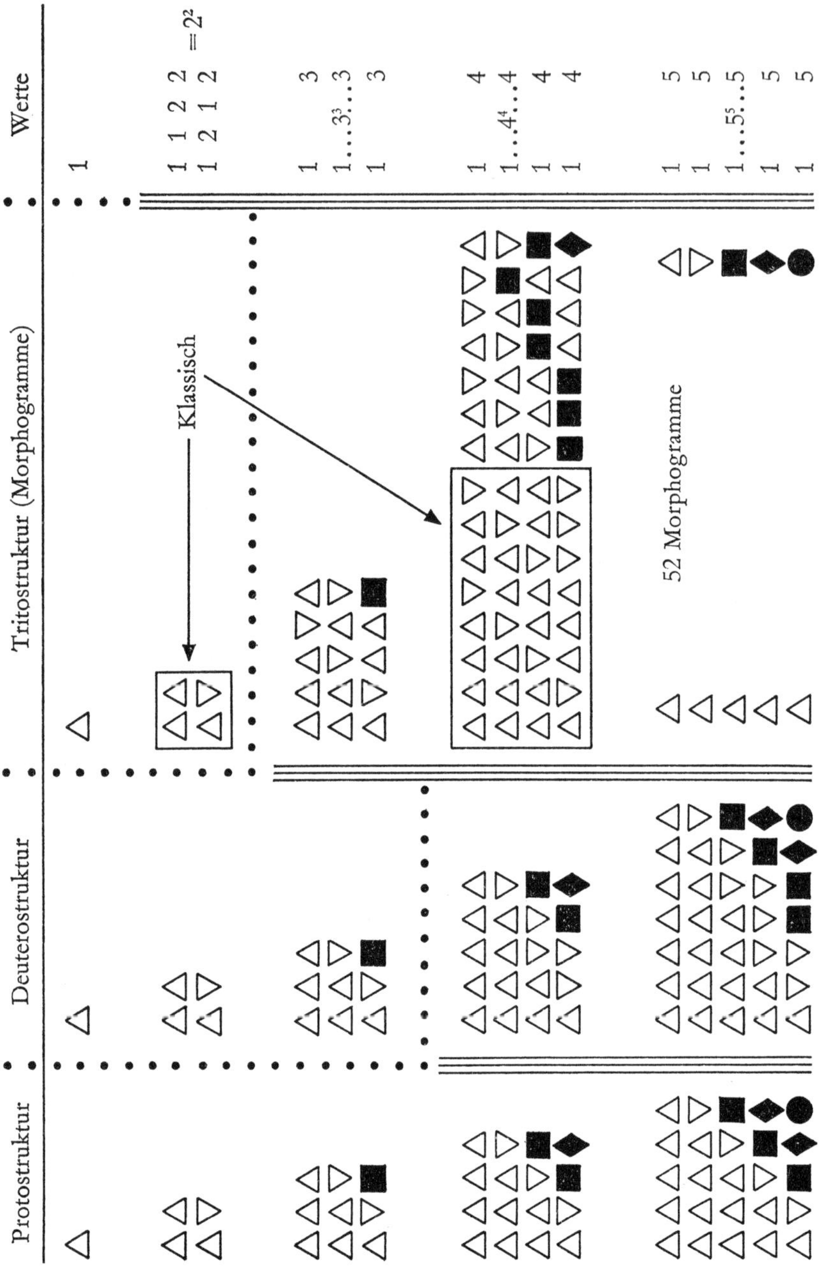

Protostruktur
Deuterostruktur
Tritostruktur (Morphogramme)
Werte
Klassisch
52 Morphogramme
1
1 1 2 2
1 2 1 2
= 2²
1 3
1...3³...3
1 3
1 4
1...4⁴...4
1 4
1 4
1 5
1 5
1...5⁵...5
1 5
1 5

Plätze zur Verfügung haben müssen, wenn wir nicht nur ein Symbol, sondern wenn wir zwei Symbole wenigstens einmal wiederholen wollen. Der erste Fall einer solchen Wiederholung findet sich auf unserer kenogrammatischen Tafel in der dritten vertikalen Folge der vierstelligen Deutero-Struktur. Sowohl das nach oben zeigende als auch das auf der Spitze stehende Dreieck tritt, wie man sieht, in dieser Sequenz zweimal auf. Auch in den fünfstelligen Symbolfolgen der Deutero-Struktur sind nur die beiden Dreiecke wiederholbar. Um auch noch das nächste Symbol, das dunkle Viereck, wiederholbar zu machen, benötigen wir Symbolfolgen von sechs Plätzen, die wegen Raummangels auf unserer Tafel nicht mehr auftreten.

Die Trito-Struktur unterscheidet sich von der Proto- und Deutero-Struktur dadurch, daß die Position eines Symbols in der vertikalen Sequenz relevant wird. Im übrigen ist auch hier das Maximum der Wiederholbarkeit für ein gegebenes Symbol erlaubt, vorausgesetzt, daß der Raum zur Verfügung steht, es zu wiederholen. Durch die Relevanz der Position eines Symboles unterscheidet sich die Trito-Struktur ganz grundsätzlich von den beiden vorangehenden Strukturen. Die Symbolfolgen in den Spalten für Proto- und Deutero-Struktur sind von uns nur faute de mieux niedergeschrieben worden, um diese Strukturen irgendwie sichtbar zu machen. Eine einzelne Symbolfolge vertritt also gegebenenfalls mehrere Folgen. In der Trito-Struktur aber sind alle Bedingungen erfüllt, deren Gesamtheit uns erlaubt zu sagen, daß jede dieser Symbolfolgen qua Struktur nur sich selbst vertritt. Jede dieser Symbolfolgen ist sozusagen ein Individuum, während man leicht sehen kann, daß (um bei dem Beispiel der vierstelligen Symbolfolgen zu bleiben) die zweite Symbolfolge der Proto-Struktur zwei Symbolfolgen der Deutero-Struktur vertritt, während die zweite Symbolfolge der Deutero-Struktur vier Symbolfolgen der Trito-Struktur vertritt und die dritte Symbolfolge der Deutero-Struktur als Repräsentation von drei Symbolfolgen der Trito-Struktur von uns benutzt wird. Eine weitere elementare Differenzierung der kenogrammatischen Struktur ist nicht mehr möglich. Die einzelnen Symbolfolgen der Trito-Struktur sind also in einem sehr spezifischen Sinne Individuen, was von den behelfsweise benutzten Symbolfolgen in den Spalten der Proto- und Deutero-Struktur nicht gesagt werden kann.

Die kenogrammatische Struktur verfolgt unter anderem den Zweck, die klassische Konzeption des Universalienproblems mit der Unterscheidung von Gattung, Art und Individuum auf eine reine Strukturtheorie zu übertragen, die aller Wertlogik zugrunde liegt.

An dieser Stelle ist es nötig, einem möglichen Mißverständnis vorzubeugen. Da es dem Logiker freigestellt bleibt, ein beliebiges individuelles Kenogramm mit einem Wert zu besetzen oder auch nicht, und da die Wertbesetzung von ein oder zwei oder einer anderen endlichen Anzahl von Kenogrammen uns nicht im geringsten dazu verpflichtet, *alle* in Betracht zu ziehenden Kenogramme mit Werten zu besetzen, so ergibt sich, daß der Übergang zu einer kenogrammatischen Logik uns nicht im geringsten auch zu einem Übergang zu einer mehrwertigen Logik verpflichtet. Es ist durchaus möglich, einen reinen kenogrammatischen Kalkül ohne Wertbesetzung zu entwickeln. Es ist weiterhin möglich, einen transklassischen Kalkül zu entwickeln, bei dem nur eine beschränkte Anzahl von Kenogrammen Wertbesetzungen erfährt. Und es ist schließlich möglich, einen Kalkül zu entwickeln, in dem jedes auftretende Kenogramm auch mit einem Wert besetzt sein muß. Wie man sieht, ist das Problem einer transklassischen Logik nicht unbedingt an eine Theorie der Mehrwertigkeit gebunden.

Andererseits ist es nicht ausreichend zu sagen, daß die klassische Logik diejenige ist, die sich ausschließlich auf zwei Werte beschränkt. Wohl aber ist es richtig zu sagen, daß die klassische Logik diejenige ist, die die kenogrammatische Struktur überhaupt ignoriert oder unter Zulassung von nur zwei Werten Kenogramm und Wert identifiziert. De facto kommt aber eine solche Identifizierung von Kenogramm und Wert bei gleichzeitigem Verbot, über zwei Werte hinauszugehen, einer völligen Ignorierung des kenogrammatischen Strukturproblems gleich. Das läßt sich leicht aus Tafel VIII ablesen. Betrachten wir nämlich die einstelligen Strukturen, so ist selbstverständlich weder zwischen Proto-, Deutero- und Trito-Struktur einerseits, noch zwischen genereller kenogrammatischer Struktur und Wertstruktur andererseits ein Unterschied zu erkennen. Auch wenn wir zur zweistelligen Situation übergehen, zeigt sich innerhalb des kenogrammatischen Bereichs kein Unterschied. Es läßt sich nur ein Unterschied zwischen kenogrammatischer Struktur im ganzen und Wertbesetzung feststellen, da zwei kenogrammatischen Symbolfolgen vier mögliche Wertbesetzungen entsprechen. Diesen Unterschied bewältigt das klassische Denken durch die Konfrontation von Logik und Ontologie.

Die epistemologische Situation ändert sich aber, sobald wir zu dreistelligen Symbolfolgen übergehen. Zwar ist auch hier noch kein Unterschied zwischen Proto- und Deutero-Struktur festzustellen, in der Trito-Struktur aber treten jetzt fünf vertikale Symbolfolgen auf; d. h., hier läßt sich zum ersten Mal ein Unterschied zwischen Individualstruktur und genereller

Struktur unterscheiden, obwohl in der generellen Struktur noch kein Unterschied zwischen Gattung (Proto-Struktur) und Art gemacht werden kann. Gehen wir schließlich zu vierstelligen Symbolfolgen über, so haben wir volle Differenzierung zwischen Proto-, Deutero- und Trito-Struktur erreicht, d. h., wir können in einer reinen Strukturtheorie, die noch nicht durch die Differenz von Form und Materie belastet ist, die Unterscheidung von struktureller Gattung und Art einführen. Im übrigen hat sich die Zahl der Individuen innerhalb der Trito-Struktur, die wir Morphogramme nannten, auf dieser Stufe bereits erheblich vergrößert. Tafel VIII zeigt diese Verhältnisse graphisch dadurch, daß die vertikalen Linien, die die einzelnen Strukturbereiche (einschließlich der Wertstruktur) voneinander trennen, nur punktiert geführt werden, solange keine Unterscheidung zwischen den einzelnen Bereichen stattfindet. Von dort an, wo Unterscheidungen sich manifestieren, geht die punktierte Linie in eine dreifache kontinuierliche Linie über. Zusätzlich soll noch bemerkt werden, daß die hier angeführten Unterscheidungen zwischen den drei Strukturbereichen keineswegs die einzigen sind. Eine weitere Unterscheidung, die Proto- und Deutero-Struktur trennt, macht sich z. B. erst geltend, wenn man achtstellige Symbolfolgen einführt. Auf solche feineren Differenzierungen kann hier aus Raummangel nicht eingegangen werden. Sie sind überdies für die Behandlung des Verhältnisses von Logik und Zeit nicht unbedingt notwendig.

II.

Die Problemverschlingung von Logik und Zeit ist das grundlegende Thema aller Geschichtsmetaphysik. Dabei haben sich im Laufe der Entwicklung zwei prinzipielle Denkschemata herausgebildet, die wir mit den bekannten Termini Emanation und Evolution bezeichnen wollen. Als Beispiele des überwiegend emanativen Denktypus kann man etwa das alexandrinische Weltschema, die Enneaden des Plotin oder das System des Scotus Eriugena anführen. Evolutive Denkschemata sind in der Geschichte des abendländischen Denkens erst erheblich später zu einer schärfer konturierten Ausbildung gekommen. Ansätze dazu finden sich bei Leibniz, aber erst bei Hegel finden wir das erlösende Stichwort, das Emanation und Evolution philosophisch voneinander trennt. Hegel sieht sehr richtig, daß die gemeinsame Grundkategorie, die Emanation sowohl wie Evolution beherrscht, die abstrakte Kategorie der Veränderung ist. Veränderung aber kann auf zweierlei Weise geschehen: entweder bleibt die Veränderung eine neue Variation einer alten, längst gehörten Melodie, oder aber die Veränderung bringt *Neues* hervor[18]. Bedauerlicherweise identifiziert Hegel diese Unterscheidung mit der von Natur und Geschichte und sagt wörtlich: „Nur in den Veränderungen, die auf dem geistigen Boden vorgehen, kommt Neues hervor." Diese Unterscheidung hat sich glücklicherweise nicht gehalten, und Schellings Schüler Oken interpretiert das Prinzip der Evolution und das Aufsteigen des Lebens aus einem „Urschleim" ganz naturwissenschaftlich. Der bedeutendste Repräsentant des Evolutionsprinzips ist aber Herbert Spencer. Charakteristisch ist, daß Spencer, obwohl er zugibt, daß durch das Zusammenspiel von Differentiation und Integration Subsysteme des Universums ein natürliches Entwicklungsziel erreichen können, die Möglichkeit ablehnt, daß jemals das Universum als Ganzes mit allen besonderen Systemen, die es enthält, eine totale Integration und Gleichgewichtslage erreichen könne. Die evolutive Entwicklung ist nach ihm eine ewig offene im Sinne einer immer höheren Differentiation und Erweiterung zukünftiger Möglichkeiten.

Obwohl das evolutive Denkschema erst relativ spät in der Geistesgeschichte des Menschen in den Vordergrund der wissenschaftlichen Reflexion getreten ist, gehen beide philosophischen Motive auf ein und dieselbe alte Quelle zurück. Beide stammen aus der platonischen Ideenlehre und ergeben sich aus der Frage, wie aus dem platonischen ἕν die Vielheit der wirklichen Welt sich entwickeln soll. Indem man die platonische Ideenlehre mit der pythagoräischen Zahlenlehre verknüpfte, entstand „eine Stufenleiter von Wirklichkeiten" (Windelband), deren Beziehung zueinander sich in Zahlenverhältnissen ausdrücken läßt. Es zeigte sich aber sehr bald, daß diese Schematik eines Hervorgehens der Vielheit aus einer vorausgesetzten Einheit des Absoluten zwei sich widersprechende Interpretationen erlaubte[19]. Der original platonische, hauptsächlich von Xenokrates eingenommene Standpunkt, daß die Einheit absolute Vollkommenheit und daß das aus ihr Hervorgehende und sich Differenzierende das Unvollkommene sein müsse, führte zur Theorie der Emanation. Speusippos hingegen interpretierte das platonische ἕν als das Unbestimmte, Unfertige – und damit Unvollkommene –, das nur als Anstoß einer Entwicklung anzusehen sei, die zu fortschreitender Vollkommenheit führe. Aus diesem Motiv hat sich dann das spätere Evolutionssystem ergeben.

---

[18] Vorlesungen über die Philosophie der Geschichte (Glockner) XI, p. 89.
[19] W. Windelband: A.a.O. p. 203 und 208.

Die gegensätzliche Schematik beider Auffassungen zeigt sich in einfachster Weise in der bekannten Idee vom Goldenen Zeitalter. Im ersten Fall leitet das Goldene Zeitalter die Geschichte des Menschen ein, und was später kommt, ist Abfall, Verschlechterung und Sünde. Im zweiten Fall strebt eine unvollkommene Welt auf das Goldene Zeitalter und immer größere Vollkommenheit zu und nähert sich diesem Ideal unwiderstehlich. Das modernste Beispiel dieser Denkform ist die marxistische Interpretation Hegels. Nun aber enthält, wie längst festgestellt worden ist, das hegelsche System beide Denkschemata. Emanative Kategorien stehen in ihm mehr oder weniger einträchtig neben evolutiven; und de facto finden sich in der gesamten Geschichte der Philosophie nur wenige oder vielleicht gar keine Systeme, in denen das eine oder das andere Entwicklungsprinzip konsequent durchgeführt worden ist.

Die Vermischung der Motive entspricht zweifellos dem Wesen der Sache, denn insofern als die Realität eine temporale Dimension hat, treten in ihr emanative sowohl wie evolutive Strukturzusammenhänge auf. Da dieselben sich aber bis zu einem gewissen Grade widersprechen, haben bisher alle Versuche versagt, mit einer zweiwertig klassischen Logik das Gesamtproblem zu analysieren. Alle bisher gegebenen logischen Interpretationen sind ausgesprochen nichtformal-dialektisch.

Ein weiterer Umstand kommt dazu. Wie wir weiter unten sehen werden, zeigt das Emanationssystem gewisse Eigenschaften, die es leicht machen, es mit einem Evolutionssystem zu verwechseln. Ebenso gilt das Umgekehrte. Es ist höchstbezeichnend, daß Aristoteles in seiner Metaphysik gegen die Pythagoräer und Speusippos polemisiert, weil sie das Ur-Anfängliche nicht für das Wertvollste und Höchste halten[20]. Insofern sollte man Aristoteles also als Anhänger der Emanationstheorie betrachten. Andererseits aber hat man auch ein gewisses Recht, sein Entwicklungsschema, das von einer hyletischen Basis zur νόησις νοήσεως geht, als evolutiv zu bezeichnen. Ein weiterer Grund zur Verwirrung liegt darin, daß das Beispiel mit dem Goldenen Zeitalter am Anfang der Geschichte oder am Ende der Geschichte, mit dem man die beiden Denktypen oft identifiziert hat, nicht genau stimmt. Gerade die mittelalterliche, religiös orientierte Philosophie, in der das emanative Denken zweifellos dominiert, läßt die kosmologische Geschichte zwar mit dem Verlust des Paradieses beginnen, aber das Ziel der Geschichte ist die Wiedergewinnung des Paradieses. Dieselbe geschichtliche Thematik

---

[20] XII 7, 1072b.

finden wir auch in Fichtes „*Grundzügen des Gegenwärtigen Zeitalters*", wo fünf historische Entwicklungsstufen unterschieden werden:

1. Stand der Unschuld oder des Vernunftinstinktes
2. Anhebende Sünde und Zwang der Autorität
3. Vollendete Sündhaftigkeit
4. Beginnende Vernünftigkeit
5. Vollendete Rechtfertigung und Heilung

Wie wir sehen, steht hier am Anfang ein platonisches ἕν, als Einheit des Guten und Wahren, und ein anderes ἕν steht am Ende. —

Wir beabsichtigen, in den folgenden Ausführungen zu zeigen, daß sich in allen diesen Geschichtsphilosophien zwei distinkte logische Strukturen unterscheiden lassen, die wir mit den Worten emanativ und evolutiv bezeichnet haben. Wir weichen nur insofern von der Tradition ab, als wir als formale Basis unserer Analyse nicht die pythagoräischen Zahlen, sondern das kenogrammatische System benutzen (das sich allerdings auch in „Zahleneigenschaften" ausdrücken läßt).

Schon die flüchtigste Betrachtung der Tafel VIII zeigt, daß die kenogrammatischen Symbolfolgen in einem zweifachen Zusammenhang miteinander stehen und auf eine doppelte Weise miteinander in Beziehung gesetzt werden können. Man kann entweder in einer beliebigen Spalte von oben nach unten gehen und untersuchen, welche Relationen zwischen *kürzeren* und *längeren* Symbolfolgen stattfinden. Man kann aber auch von links nach rechts gehen und analysieren, wie sich Symbolfolgen von *gleicher* Länge, aber mit geringerer oder größerer kenogrammatischer Differentiation zueinander verhalten. Eine Symbolfolge von gegebener Länge, in der ein einziges Kenogramm auftritt, das sich selbst iterierend alle Stellen der Folge besetzt, zeigt selbstverständlich nullte Differentiation. Eine Symbolfolge, in der sich kein Kenogramm je wiederholt, stellt maximale Differentiation dar. Das vertikale Verhältnis zwischen den kenogrammatischen Symbolfolgen wollen wir als evolutiv und das horizontale als emanativ bezeichnen.

An dieser Stelle ist eine terminologische Bemerkung am Platze. Die Termini Emanation und Evolution haben zwar ihren Platz in der Geschichte der Philosophie und sind häufig gebraucht worden. Wenn wir aber aufrichtig sind, so müssen wir gestehen, daß bis heute niemand eine exakte Vorstellung hat, wie sie strukturtheoretisch zu interpretieren sind. Beweis dafür ist die Tatsache, daß wir keine Logik besitzen, in der das Zeitproblem formalisiert werden kann. Man kann also, wenn man die besagten Termini benutzt, nicht davon ausgehen, daß es sich um Weltdaten handelt, deren grundlegende Eigenschaften bereits feststehen und die einen allgemein etablierten Sinn haben. Läge ein solcher Sinn in der Tat in einer ausreichend definierten Form vor, so könnte man die weiter unten folgenden strukturtheoretischen Überlegungen mit diesem historisch vorgegebenen Sinn als mit einem gültigen Kriterium vergleichen und prüfen, ob sie diesem Sinn entsprechen. Es verhält sich damit aber genau umgekehrt: wir stellen gewisse Eigenschaften fest und stipulieren nachträglich, daß man sie als evolutiv bezeichnen kann. Wir stellen dann andere Eigenschaften fest und bezeichnen sie als emanativ. Das ist reine Konvention. Und falls jemand darauf besteht, diese Namengebung zu reversieren, so kann ihm das nicht verwehrt werden. Wir befinden uns hier in einem gewissen Grade in der Situation von Humpty Dumpty, wenn derselbe Alice belehrt: „When I use a word it means just what I choose it to mean – neither more nor less." Wir hoffen allerdings, daß unsere Wahl der Termini nicht ganz so willkürlich ist, sondern sich wenigstens annähernd mit den vagen Vorstellungen verbindet, die wir über die Unterscheidung von Emanation und Evolution zu haben glauben. In beiden Fällen nehmen wir an, daß der Weltprozeß, von dem wir sprechen, von einer primordialen Einheit ausgeht, über deren Beschaffenheit sich nichts oder wenig sagen läßt.

Es bestehen nun zwei Möglichkeiten: Entweder können wir voraussetzen, daß dasjenige, was sich aus dieser Einheit heraus differenziert, in ihr bereits irgendwie enthalten ist und nur „herausrinnt" (emanare – dasselbe besagt der stoische Terminus ἀπόρροιαι). Man kann aber auch stipulieren, daß das primordiale ἕν so aufgefaßt werden muß, daß das, was später erscheint, in dem Vorangegangenen in keiner Weise schon enthalten ist. Das heißt, wir haben es hier mit einem Entwicklungsbegriff zu tun, in dem die hegelsche historische Kategorie des Neuen am Platze ist. In der ersten Auffassung der primordialen Einheit kann man logisch legitimerweise nicht von Neuem sprechen. Leider wird die Analyse des Unterschiedes von Emanation und Evolution noch dadurch erschwert, daß im faktischen Gebrauch besonders des Evolutionsbegriffes, der uns heute viel näher zu liegen scheint, sich illegitime logische Elemente der Emanationskonzeption hineinmischen. Das ist, wie wir sehen werden, unvermeidlich. Beide Begriffe sind, um einen hegelschen Ausdruck zu gebrauchen, Momente des Wahren, und jeder tritt nur im Kontrast zu dem konzeptualen Hintergrund des andern auf.

Es ist weiterhin zu bemerken, daß, wenn wir die kenogrammatische Tafel VIII betrachten, Unterschiede zwischen evolutiver und emanativer Struktur überhaupt dann erst heraustreten, wenn die Symbolfolgen eine gewisse Länge erreicht haben. Daß sich mit einer „Symbolfolge", die nur aus einem Symbol besteht, keine Unterscheidung feststellen läßt, ist trivial. Aber auch, wenn die Tafel zweistellige Symbolfolgen aufweist, sind die Aussagen, die sich eventuell machen ließen, noch aus so dürftigem Material abgeleitet, daß sich keine zufriedenstellende Differenz zwischen emanativen und evolutiven Strukturen feststellen läßt. Die für die Emanationstheorie relevante Trennung von Proto-, Deutero- und Trito-Struktur hat auf dieser Stufe noch nicht einmal begonnen. Es ist darum kein Wunder, wenn sich in einer zweiwertigen Logik, die nur eine total undifferenzierte kenogrammatische Struktur voraussetzen kann, die unvermeidliche Vermischung von evolutiven und emanativen Begriffsbildungen in unserm konkreten Denken nicht strukturell auflösen läßt.

Wir betrachten jetzt zuerst die vertikale Beziehung von kürzeren und längeren Symbolfolgen. Wir stellen dabei fest, daß uns hier der alte platonische Pyramidenaufbau begegnet. Die Tafel beginnt mit einer Spitze, an die sich ein sich nach unten stetig verbreiternder Unterbau anschließt. Wir können aber bereits bemerken, daß die Verbreiterung nach unten nur partiell identischen Gesetzen folgt, die davon abhängen, ob der pyramidale Aufbau proto-, deutero- oder trito-strukturell aufgefaßt wird. Da aber die Differentiation dieser drei Strukturbereiche nicht allein das Evolutions-, sondern auch das Emanationsproblem betrifft, sehen wir, wie schon die platonische Begriffspyramide evolutiv nicht ausreichend gedeutet werden kann, es sei denn, daß man emanative Denkmotive ins Spiel kommen läßt.

Sehen wir aber einmal von dieser Problemverschlingung ab, so läßt sich grob verallgemeinernd sagen, daß das abstrakte, von allen Beimischungen gereinigte evolutive Konzept eine Entwicklung darstellt, die zwar von einer vorgegebenen Einheit ausgeht, sich dann aber unbeschränkt differenzieren muß. In andern Worten: Unter Evolution verstehen wir dasjenige Entwicklungskonzept, das auf die Zukunft hin völlig offen ist und keine einheitliche Zielsetzung erlaubt. Die nur evolutiven Elemente liefern uns eine eschatologielose Idee der Weltentwicklung. Daraus folgt, daß der Zeitverlauf in einer solchen Welt irreversibel ist. Der Strom der Zeit brandet nirgends gegen eine Grenze, von der aus er zurückfluten muß. Alle Unendlichkeitskategorien der Philosophie gehören dieser Schematik an.

Gehen wir jetzt zu der weit subtileren emanativen Betrachtungsweise über, so entdecken wir hier eine komplementäre Abhängigkeit. So wie vorher das Problem der Evolution nicht beschrieben werden konnte, ohne daß wir uns sofort auf die emanative Relevanz der drei Strukturbegriffe bezogen, so läßt sich so gut wie nichts über Emanation sagen, ohne daß wir zu gleicher Zeit ein evolutives Fortschreiten implizieren. Selbstverständlich geht der Emanationsprozeß von der ersten primordialen Einheit aus, die er mit der Evolution gemeinsam hat. Aber wenn wir uns auf die erste horizontale Reihe der Tafel VIII beschränken wollten, so blieben wir in jenem Absoluten, von dem Hegel spöttisch bemerkt, daß in ihm alle Kühe schwarz sind. Emanative Strukturen lassen sich erst dann darstellen, wenn wir sie von einem schon entwickelten evolutiven Standpunkt aus betrachten.

Wir wählen als Beispiel die vierstelligen Symbolfolgen der Tafel VIII und betrachten jetzt nacheinander Proto-Struktur, Deutero-Struktur und Trito-Struktur derart, daß wir in jeder Spalte horizontal von links nach rechts, also von der ersten bis zur letzten vertikalen Symbolfolge fortschreiten. Wenn wir die Symbolfolgen dabei derart einteilen, daß wir diejenigen Folgen, die die gleiche Anzahl verschieden geformter Kenogramme benutzen, in Klassen zusammenfassen, dann können wir die folgende Beobachtung machen: In allen drei Strukturen gilt dasselbe Gesetz – die erste Klasse, die die nullte kenogrammatische Differenzierung repräsentiert, in der also ein einziges Symbol solange iteriert wird, bis die stipulierte Länge der Symbolfolge erreicht ist, enthält nur ein einziges Exemplar. Die Klasse derjenigen Symbolfolgen, die uns ein Maximum an Differenzierung bieten, ist ebenfalls nur durch ein einziges Exemplar vertreten. Was die dazwischenliegenden Klassen anbetrifft, so gilt von den vierstelligen Symbolfolgen an (mit denen die kenogrammatische Struktur voll entwickelt ist) die folgende Regel: In der Proto-Struktur ist jede Klasse nur mit einem Exemplar vertreten; in der Deutero-Struktur sind alle Klassen mit Ausnahme der ersten, der vorletzten und der letzten durch mehrere Exemplare vertreten; in der Trito-Struktur schließlich sind alle außer der ersten und der letzten Klasse durch mehr als ein Exemplar vertreten. Gleichgültig, welchen Grad der Komplexität die Trito-Struktur erreichen kann, wenn wir die Tafel beliebig verlängern, es ist unmöglich, daß die erste oder die letzte Klasse je mehr als ein Exemplar enthalten kann. In diesen Grenzfällen ist Klasse und Individuum also identisch.

Der Differentiationsprozeß, der die emanative Entwicklung beherrscht, hat also die Eigentümlichkeit, daß er von einer Einheit ausgeht und in einer anderen Einheit sein Ende findet – zwischen diesen beiden Enden erst eine Ausbreitung, dann aber eine Reduktion erfährt. Die folgenden beiden, äußerst primitiven Schemata mögen den Unterschied, der in struktureller Hinsicht zwischen Evolution und Emanation besteht, deutlich machen:

Tafel IX
evolutiv

Min.
Iteration
und
Differentiation

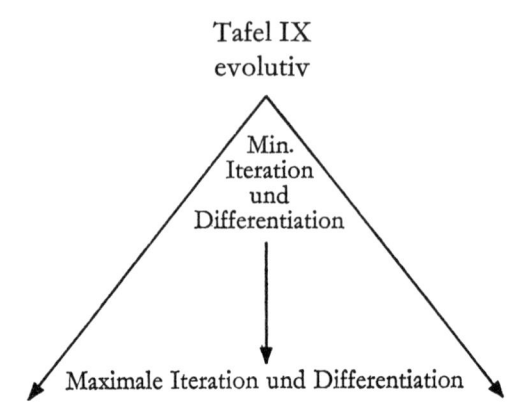

Maximale Iteration und Differentiation

In Tafel IX, die das wesentliche Charakteristikum des evolutiven Prozesses anzeigen soll, handelt es sich um eine wachsende Komplexität und strukturelle Differenzierung, die theoretisch bis ins Unendliche gehen kann und die an keiner Stelle darauf angelegt ist, daß eine in ihr liegende Diversität sich je verringern könne. Die Natur eines solchen Prozesses macht es unmöglich, daß er reversiert werden kann. Das ist in unserm einfachen Schema von Tafel IX durch einen nach unten zeigenden Pfeil angedeutet.

Tafel X zeigt in derselben grobschlächtigen Weise das Strukturprinzip der Emanation. Wieder geht die Entwicklung von einer Einheit aus, in der Individuum und Strukturklasse notwendig zusammenfallen. Das Gesetz der

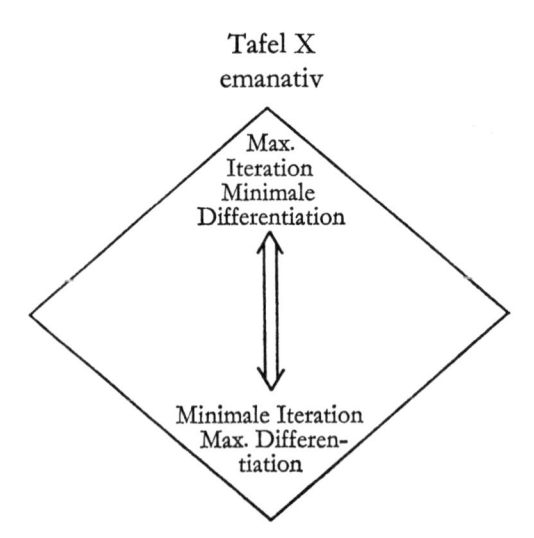

Tafel X
emanativ

Max.
Iteration
Minimale
Differentiation

Minimale Iteration
Max. Differentiation

wachsenden Komplexität impliziert aber, daß die strukturelle Differenzierung nur bis zu einem Grad wachsen kann, der durch die Zahl der Iterationen des Ausgangssymbols bestimmt ist. Ist die dadurch gegebene kritische Grenze erreicht, so verringert sich die Unterscheidung zwischen Klasse und Individuum wieder, bis wir schließlich an jenem Endpunkt ankommen, in dem Strukturklasse und morphogrammatisches Individuum identisch sind. Dieses Denkschema hat von jeher die theologische Konzeption der Heilsgeschichte des Menschen umfaßt, und Milton bezeichnet die beiden Endpunkte in seiner poetischen Sprache als „Paradise Lost" und „Paradise Regained".

In Tafel X sind ein nach oben und ein nach unten weisender Doppel-Pfeil eingezeichnet. Damit soll angedeutet werden, daß dieser Tafel eine gewisse strukturelle Reversibilität eigen ist, die der Tafel IX fehlt. Es würde den Rahmen dieser kurzen Betrachtung sprengen, wenn wir versuchten, die teilweise sehr intrikaten Eigenschaften dieser Reversibilität hier einzeln darzustellen und sie mit der eigentümlichen Irreversibilität der Struktur des Evolutionsprozesses zu vergleichen. Eine mathematische Analyse, die diese Arbeit leisten soll, ist in Vorbereitung.

Um aber ein Mißverständnis der oben entwickelten Gedankengänge zu vermeiden, muß folgendes bemerkt werden. Es ist ausgeschlossen, daß der Mensch die Temporalität der Welt, in der er sich befindet, nur unter dem evolutiven *oder* (exklusiv) dem emanativen Gesichtspunkt betrachten kann. Die zeitliche Dimension des Seins, soweit wir sie uns irgendwie als Entwicklung vorstellen, zeigt eine diffizile Struktur, die aber aus zwei logisch wohl unterscheidbaren Komponenten besteht, die formal sehr gut auseinander gehalten werden können und deren Zusammenwirken in exakter rechnerischer Form darstellbar ist. In diesem Sinne ist das Problem der Zeit der logischen Analyse in einer bisher nicht erwarteten Weise zugänglich. Was wir die „wirkliche" Zeit nennen, die in das Sein der Welt unauflöslich hineingewoben ist, so können wir sie nur – sit venia verbo – als einen „Kompromiß" zwischen emanativer und evolutiver Entwicklungstendenz beschreiben.

Mit dem Rückblick auf die Tafel der kenogrammatischen Struktur (VIII) dürfen wir sagen, daß die transklassische Logik, die, wie oben bemerkt, nicht ohne weiteres eine Wertlogik zu sein braucht, eine strukturtheoretische Perspektive des Zeitproblems aufdeckt, die dem klassischen System der Logik nicht zugänglich sein kann, weil ihm der erforderliche Reichtum an formalisierbaren ontologischen Kategorien fehlt. Einen solchen Reichtum finden wir im System der hegelschen Logik, dessen Formalisierung aber bisher nie versucht worden ist.

Wir haben zu zeigen versucht, daß die kenogrammatische Strukturtheorie der Logik der Ausgangspunkt für alle künftigen Bemühungen sein muß, die sich die Inkorporation des Zeitproblems in die Logik zur Aufgabe machen. Der folgende Anhang versieht den Leser mit einigen weiteren Tafeln zur Illustration der Strukturdifferenzen zwischen evolutiver und emanativer Entwicklung.

Anhang

Die unten folgenden Tafeln I a, II a sind nicht in den Text aufgenommen worden, weil ihnen aus Raumgründen keine ausführliche Analyse beigegeben werden konnte. Sie sollen lediglich das Schema des evolutiv interpretierten Zusammenhanges zwischen längeren und kürzeren Symbolfolgen und das entsprechende (emanativ interpretierte) Schema zwischen gleich langen Symbolfolgen im vorangehenden Text anschaulich darstellen.

Der philosophische Grundbegriff, auf dem dieser Zusammenhang ruht, ist der der Repräsentation (Leibniz) oder Abbildung. Wir führen zusätzlich den der „Monomorphie" ein und definieren eine Monomorphie als eine Symbolfolge, in der ausschließlich einunddasselbe Symbol iteriert wird. Ein einmaliges Auftreten eines Symbols gilt als Grenzfall der Iteration.

Wir sagen dann: Eine längere Symbolfolge repräsentiert eine kürzere, insofern sie in ihren eigenen Monomorphien solche von geringerer Länge strukturell wiederholt. In dem hier betrachteten Fall gilt eine Monomorphie als eine Einheit, die nicht in ihre Teile zerlegt werden soll. Diese relative Unzerlegbarkeit deuten wir dadurch an, daß wir ihre kenogrammatischen Symbole in Vierecken zusammenfassen. Beispiele solcher Monomorphien sind:

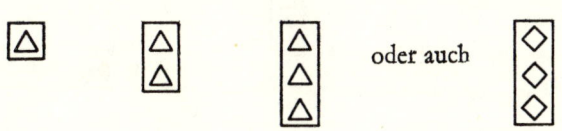

△ | △△ | △△△ oder auch ◇◇◇

Dabei betrachten wir die beiden dreistelligen Formen als „kenogrammatisch äquivalent". Das heißt, der Wechsel des Symbols von △ zu ◇ tut nichts zur Sache. Relevant ist nur die Gleichheit der Struktur.

Wir fragen jetzt: Welche kürzeren Symbolfolgen – die entweder geschlossene Monomorphien oder Kompositionen von Monomorphien sein können – werden z. B. durch die vierstellige Deutero-Struktur (siehe Tafel VIII) vertreten? Stellen wir die Vertretung durch Pfeile dar, so ergibt sich der folgende graphische Aufbau innerhalb der gesamten Deutero-Struktur für 1–4 Plätze:

In der in Tafel Ia skizzierten evolutiven Struktur weisen die Pfeile „rückwärts", d. h. von den längeren Symbolfolgen zu den kürzeren. Damit soll angedeutet sein, daß es ein Charakteristikum dieser Struktur ist, daß sie nur den auf die „Vergangenheit" gerichteten Blick erlaubt. Ihre Analogie ist die platonische Begriffspyramide, in der Wissen nur „Erinnerung" ist.

Wir wollen jetzt kurz darauf hinweisen, in welcher Weise die Symbolfolgen 4a bis 4e die vorausgehenden Symbolfolgen repräsentieren. Da wir stipuliert haben, daß die Monomorphien nicht aufgelöst werden dürfen,

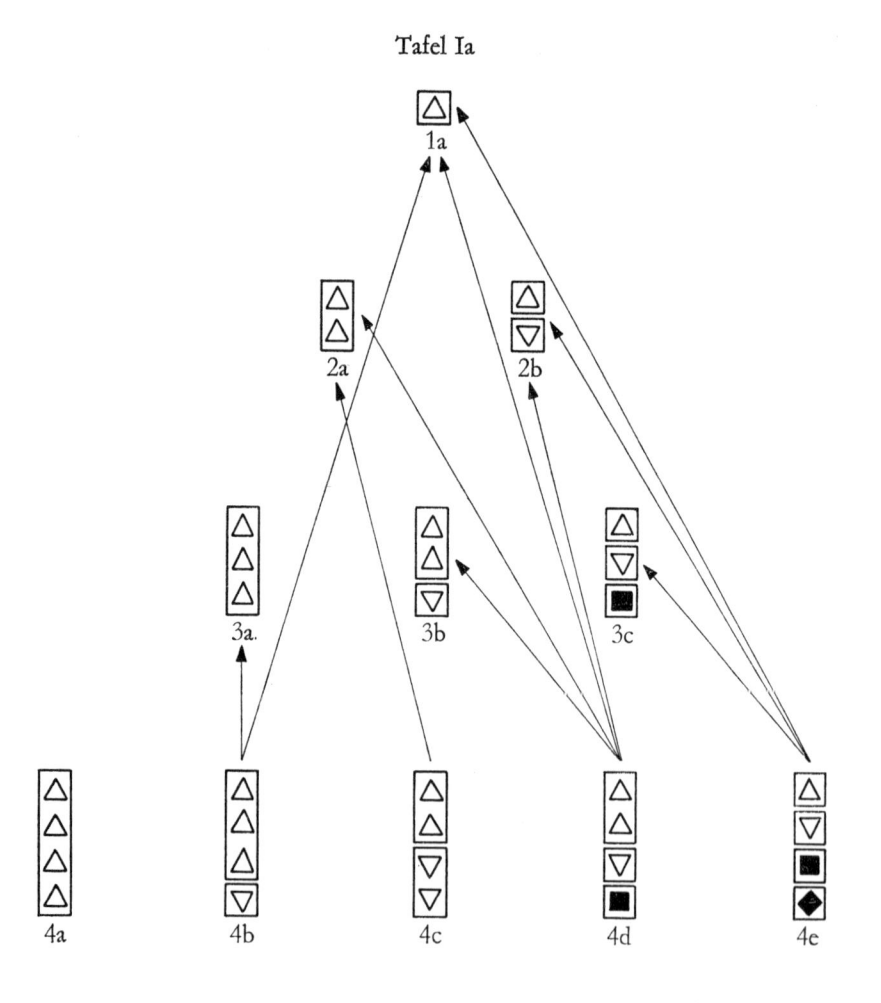

Tafel Ia

repräsentiert 4a nur sich selbst. Dagegen enthält 4b eine dreistellige und eine einstellige Monomorphie. Diese Folge vertritt also 3a und 1a. Da 4c zwei äquivalente Monomorphien enthält, ist in ihm nur 2a repräsentiert. Die reichste Repräsentation der vorangegangenen Symbolfolgen ist durch 4d gegeben. Da 4d ein dreistelliges monomorphisches Kompositum enthält, das entweder durch △△▽ oder durch △△■ dargestellt werden kann (da beide Symbolfolgen kenogrammatisch äquivalent sind), repräsentiert es 3b. Es repräsentiert aber auch, wie leicht zu sehen ist, 2a und 2b, da 4d in zwei zweistelligen Folgen aufgeteilt werden kann. Dabei sei darauf hingewiesen, daß △▽ und ▽■ wieder kenogrammatische Äquivalenzen darstellen. Am einfachsten liegt der Fall 4e. Da diese Folge aus vier einstelligen Monomorphien besteht, können durch progressive Weglassung je eines Kenogramms 3c, 2b und 1a gewonnen werden.

Die der Tafel Ia korrespondierende evolutive Protostruktur ergibt sich aus der Auslassung der Beziehung zwischen 4c und 2a. Die Trito-Struktur wird analog dargestellt, nur daß sich diesmal zusätzliche Beziehungen ergeben.

Die folgenden Tafeln befassen sich mit den emanativen Relationen zwischen den Symbolfolgen der Tafel VIII. Obwohl in Tafel VIII diese Symbolfolgen einander in horizontaler Richtung folgen, stellen wir hier ihren Zusammenhang aus Raumgründen ebenfalls in vertikaler Ordnung dar. Da die Abweichungen zwischen Proto-, Deutero- und Trito-Struktur ziemlich beträchtlich sind, führen wir diesmal alle drei zu Vergleichszwecken an. Tafel IIa gibt die in Frage stehenden Beziehungen für Proto- und Deutero-Struktur wieder. Auch hier wird das Verhältnis der Symbolfolgen untereinander unter dem Gesichtspunkt der Abbildung betrachtet. *Im Falle der evolutiven Struktur handelte es sich aber um die Abbildung kürzerer Symbolfolgen auf längere, während wir im Falle der Emanation die gleiche Idee der Abbildung auf Symbolfolgen anwenden, die gleiche Länge haben. Daraus folgt, daß wir die Monomorphien diesmal als auflösbar betrachten müssen.* Das ist in Tafel IIa und den folgenden sich auf Emanation beziehenden graphischen Darstellungen dadurch angedeutet, daß die Rechtecke diesmal die ganze Symbolfolge enthalten, selbst wenn die Monomorphien, aus denen die letztere zusammengesetzt ist, eine kürzere Länge aufweisen.

Tafel IIa stellt die emanativ orientierten Abbildungsrelationen zwischen vierstelligen Symbolfolgen für Proto- und Deutero-Struktur dar:

Tafel IIa

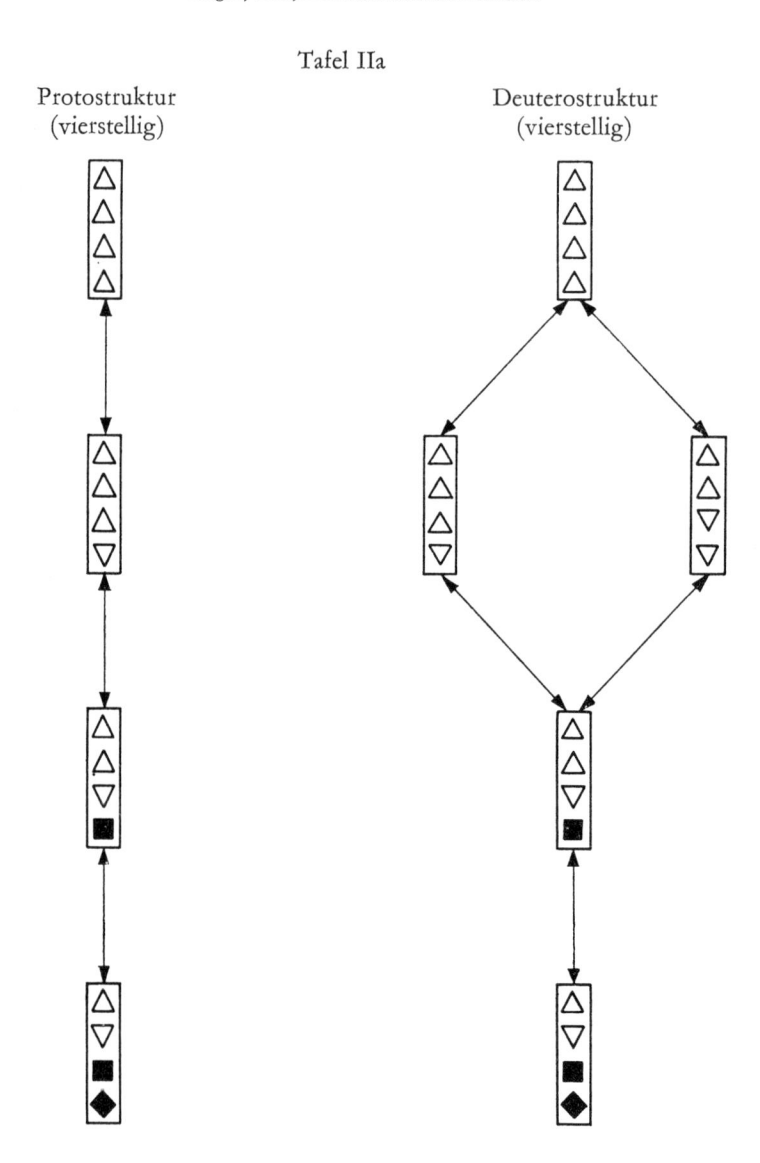

Protostruktur   Deuterostruktur
(vierstellig)   (vierstellig)

Soweit der emanative Gesichtspunkt in Frage kommt, sind, wie man sieht, die Abbildungsrelationen trivial. Die Relationen selbst sind durch Doppelpfeile dargestellt, womit angezeigt werden soll, daß es möglich ist, die Beziehungen in beiden Richtungen zu lesen, was im Falle des evolutiven Zusammenhangs nicht möglich ist. Dort „repräsentiert" die längere Symbolfolge zwar die kürzere; die Umkehrung dieser Repräsentation aber gilt nicht. Das heißt, Prozesse, die nur evolutiven Gesetzen folgen, sind irreversibel. Im emanativen Bereich ist das Gegenteil der Fall.

Wir wollen jetzt das emanative Abbildungsprinzip an einem einfachen Beispiel erläutern. Wir setzen voraus, daß wir im Besitz von

sind, und daß wir die folgende Proto- oder Deutero-Struktur produzieren wollen:

Zu diesem Zwecke bilden wir die erstere, die nur einstellige Monomorphien enthält, *auf sich selbst* ab. Die Zahl der möglichen Abbildungen ist $4^4 = 256$, woraus wir die folgende wählen:

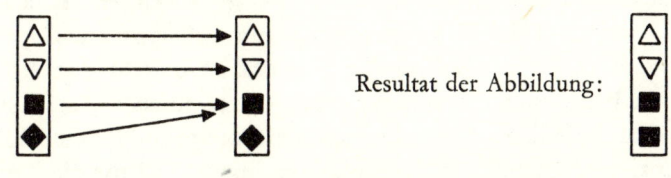

Resultat der Abbildung:

Die Pfeile deuten den Abbildungsvorgang an, und die dritte Symbolfolge gibt uns das Resultat, das nun allerdings mit dem erwarteten Ergebnis nicht übereinzustimmen scheint. Das ist jedoch eine Täuschung. Wir dürfen zweierlei nicht vergessen. Für Proto- sowohl wie für Deutero-Struktur ist der Ort eines Symbols in einer Symbolfolge völlig gleichgültig, weshalb uns niemand hindern kann, die beiden dunklen Quadrate an den Anfang der Folge zu setzen. Außerdem ist die Form eines kenogrammatischen Symbols völlig irrelevant. Das Resultat, das wir durch den Abbildungsprozeß erreichen wollten, war das folgende: eine Struktur, die eine zweistellige und zwei einstellige Monomorphien in beliebiger Reihenfolge enthält. Dieses Ziel ist durch die Abbildung erreicht. Folglich sind auf dem Boden der Proto- und Deutero-Struktur die beiden Symbolfolgen äquivalent. Beide repräsentieren denselben strukturellen Sachverhalt!

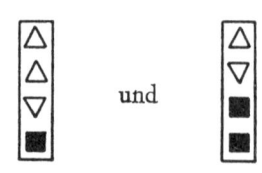

Aber – wie wir noch einmal ausdrücklich betonen wollen – nur für Proto- und Deutero-Struktur. Die einzelnen Symbolfolgen sind diesmal durch Doppelpfeile verbunden, womit angedeutet werden soll, daß die jeweilig in Frage kommenden Strukturbeziehungen reversibel sind. Der Fall der Proto-Struktur ist trivial. Und auch die emanativ betrachtete Deutero-Struktur enthält nur eine Andeutung, daß sich im Falle erheblich längerer Symbolfolgen ziemlich komplexe Relationen gegenseitiger Repräsentation ergeben können.

Stellen wir die entsprechenden Beziehungen zwischen den vierstelligen Symbolfolgen der Trito-Struktur dar, so ergibt sich Tafel IIIa, die schon eine ziemlich erhebliche Komplexität der Relationen zeigt.

Tafel IIIa zeigt deutlicher als die vorausgehende Tafel für die Deutero-Struktur, was im Text gemeint war, wenn wir davon sprachen, daß die Emanation von einer Einheit ausgeht und durch eine Vielheit hindurchgehend einer anderen Einheit zustrebt. Das gegenseitige Repräsentationsprinzip bleibt für Tafel IIIa das gleiche, nur daß jetzt die Position eines Kenogramms in jeder Symbolfolge relevant ist und in den Abbildungsprozeduren berücksichtigt werden muß. Unter solcher Berücksichtigung ergeben sich die wieder durch Doppelpfeile versinnbildlichten Relationen.

Geht man zu fünfstelligen Symbolfolgen über, so ist für die Trito-Struktur die Darstellung der entsprechenden Relation auf einer einzelnen Textseite kaum mehr möglich. Es ist interessant, die Bereicherung des Relationsgewebes zu verfolgen, wenn man eine progressive Anzahl von Kenogrammen für Deutero-Struktur einführt.

Da wir in den noch folgenden Tafeln bis zu siebenstelligen Symbolfolgen übergehen wollen und unser Vorrat an geometrischen Figuren bald erschöpft sein würde, ersetzen wir von jetzt an längere, d. h. fünf-, sechs- und siebenstellige Symbolfolgen in den folgenden Tafeln durch ganze Zahlen. Statt des mit der Spitze nach oben zeigenden Dreiecks schreiben wir also von jetzt an „1", für das zweite Dreieck „2", für das Viereck „3" usw. Dabei ist nur darauf zu achten, daß jetzt die Zahlen nicht Werte anzeigen wie in Tafel VIII, sondern Kenogramme. Wir erhalten dann für eine Deutero-

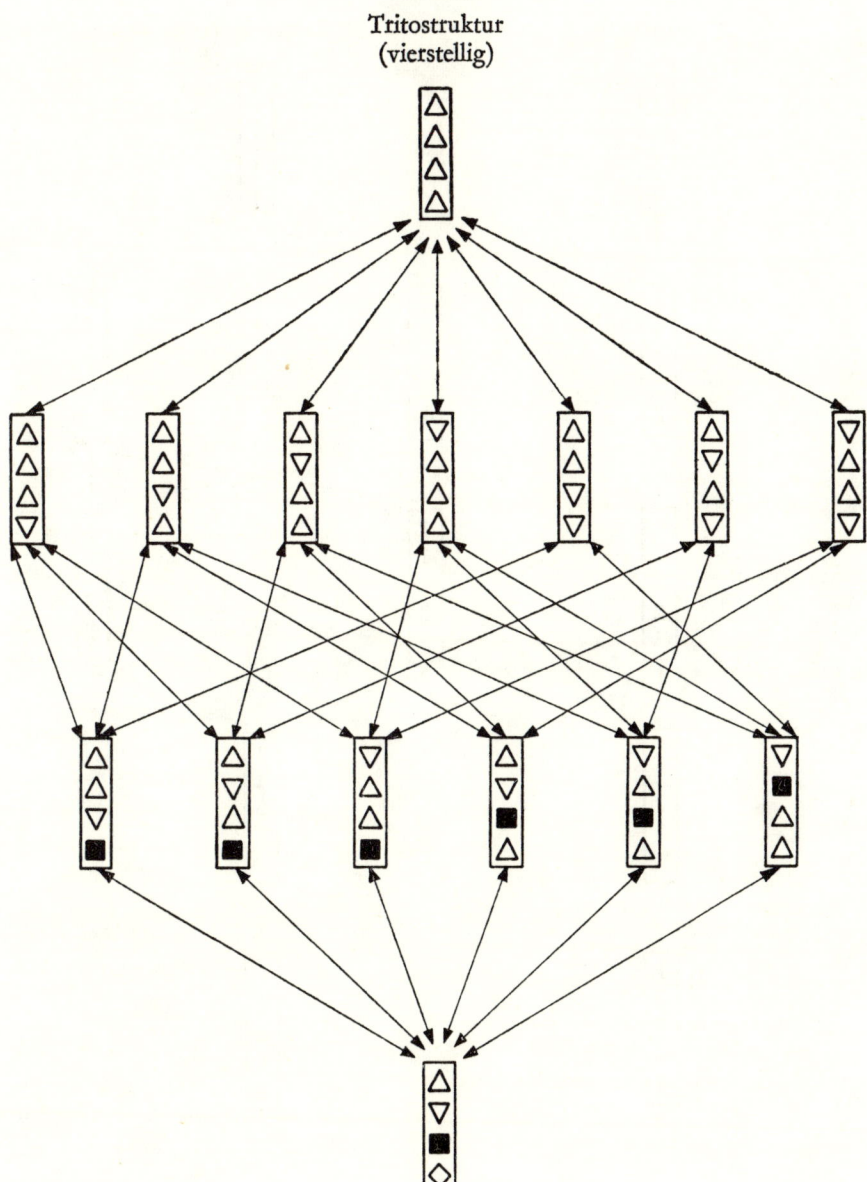

Tafel IIIa
Tritostruktur
(vierstellig)

Tafel IVa

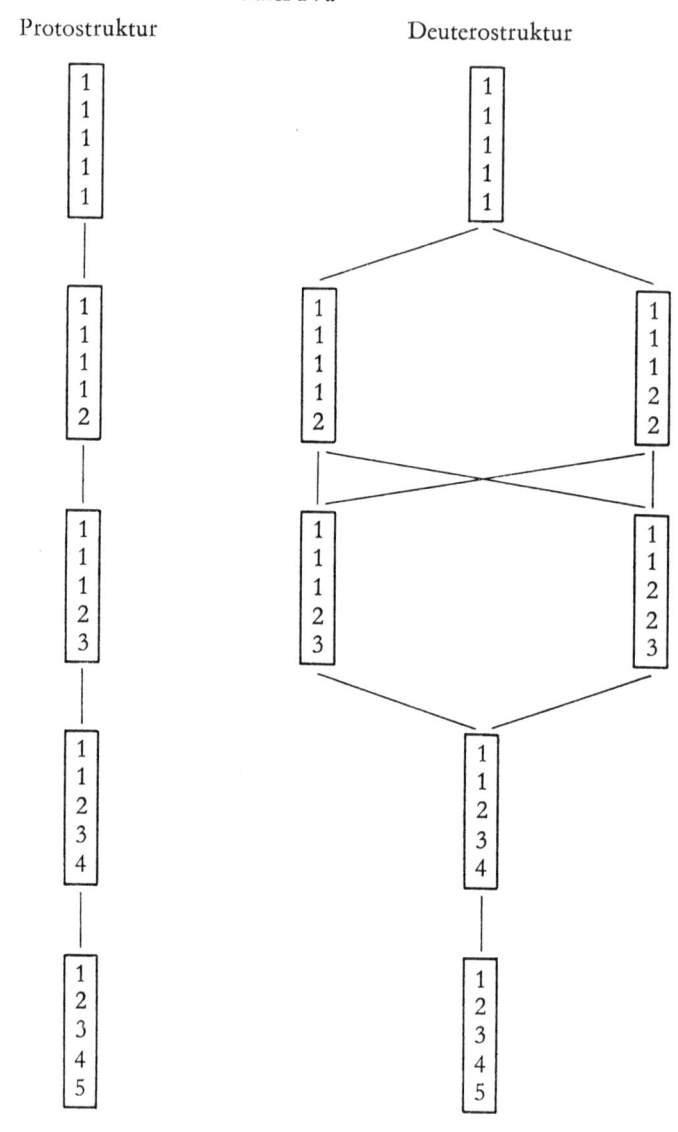

Protostruktur

```
1
1
1
1
1
```
|
```
1
1
1
1
2
```
|
```
1
1
1
2
3
```
|
```
1
1
2
3
4
```
|
```
1
2
3
4
5
```

Deuterostruktur

```
1
1
1
1
1
```

```
1           1
1           1
1           1
1           2
2           2
```

```
1           1
1           1
1           2
2           2
3           3
```

```
1
1
2
3
4
```

```
1
2
3
4
5
```

Struktur, die fünf unterschiedliche Kenogramme verwendet, die folgende Tafel IVa, die der Tafel IIa insofern ähnelt, als die Abbildungsbeziehungen uns wieder eine symmetrische Figur relativ zu einer Längsachse, die wir von der obersten zur untersten Symbolfolge legen, liefert. Diese Abbildungssymmetrie hält aber nicht an, wenn wir sechs- und siebenstellige Symbolfolgen einführen, wie die Tafeln Va und VIa zeigen.

Die Tafeln der emanativen Deutero-Strukturen zeigen deutlich ihre Mittelstellung zwischen Proto- und Trito-Struktur. Da Proto- und Trito-Struktur die gemeinsame Eigenschaft haben, die Position eines individuellen Kenogramms in einer gegebenen Symbolfolge als irrelevant zu betrachten, ergibt sich für die Deutero-Struktur, daß die beiden „letzten" kenogrammatischen Symbolfolgen, die entweder nur einstellige oder einstellige und eine zweistellige Monomorphie enthalten, einander genauso linear folgen, wie das in der Protostruktur für alle Symbolfolgen im Abbildungsverfahren der Fall ist. Mit der Trito-Struktur hat die Deutero-Struktur die „horizontale" Ausbreitung gemeinsam. Abgesehen von den in der zeichnerischen Darstellung sichtbaren Ausnahmen kann jede kenogrammatische Symbolfolge in mehr als einem Abbildungsverfahren erreicht werden.

Eine genaue mathematische Analyse dieser Struktureigenschaften ist in Vorbereitung und wird, sobald sie vollendet ist, der Öffentlichkeit übergeben werden. Dieser Anhang hat nur den einen Zweck, die im Text gemachte Unterscheidung von evolutiver Struktur, die auf die Zukunft hin offen ist, und emanativer Struktur, die in sich geschlossen und auf jeder Stufe endlich ist, anschaulich zu machen.

Zum Schluß möchte der Autor noch darauf aufmerksam machen, daß die Tafeln IIa bis VIa von seinem Assistenten, Herrn Dieter Schadach, entworfen worden sind, dem hiermit der schuldige Dank abgestattet wird.

Anm. d. Redaktion: Diese Arbeit wurde vom Verf. in der Sondersitzung der *Arbeitsgemeinschaft für Forschung des Landes Nordrhein-Westfalen*, Abt. Geisteswissenschaften, am 29. Juni 1966 in Düsseldorf vorgetragen. An den Vortrag schloß sich eine Diskussion an, zu der neben dem Verf. Leo Brandt, Wolfgang Cramer, Arnold Gehlen, Gisbert Hasenjaeger, Friedrich Kambartel und Hans Radermacher beitrugen. Obwohl der Verfasser in dieser Diskussion erhellende Kommentierungen zum Vorgetragenen gegeben hat, wird sie hier aus Raumgründen nicht mit abgedruckt; sie ist in ihrem vollen Wortlaut in Heft 136 der Arbeitsgemeinschaft für Forschung des Landes Nordrhein-Westfalen, in dem auch der Vortrag veröffentlicht wurde, nachlesbar.

Tafel Va

Protostruktur

```
1
1
1
1
1
1
```
|
```
1
1
1
1
1
2
```
|
```
1
1
1
1
2
3
```
|
```
1
1
1
2
3
4
```
|
```
1
1
2
3
4
5
```
|
```
1
2
3
4
5
6
```

Deuterostruktur

```
1
1
1
1
1
1
```

```
1       1       1
1       1       1
1       1       1
1       1       2
1       2       2
2       2       2
```

```
1       1       1
1       1       1
1       1       2
1       2       2
2       2       3
3       3       3
```

```
1       1
1       1
1       2
2       2
3       3
4       4
```

```
1
1
2
3
4
5
```
|
```
1
2
3
4
5
6
```

Tafel VIa

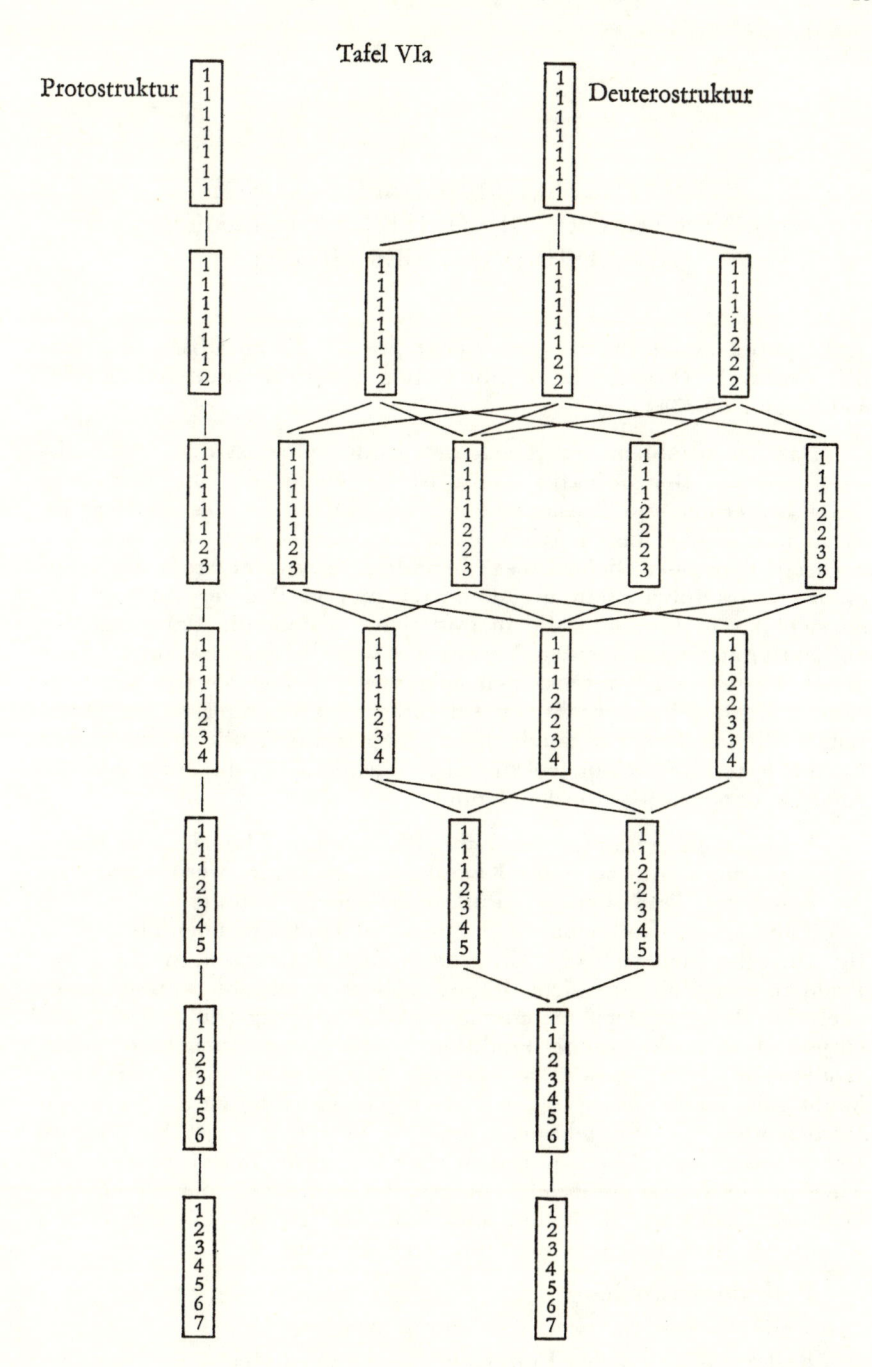

Protostruktur

Deuterostruktur

STRUKTURELLE MINIMALBEDINUNGEN EINER THEORIE DES OBJEKTIVEN GEISTES ALS EINHEIT DER GESCHICHTE

(Prepared under the sponsorship of the Air Force Office of Scientific Research, Directorate of Information Sciences, Grant AF-AFOSR 480-64 and 68-1391).

Das Kernproblem der Hegelschen Philosophie ist das des objektiven Geistes. Der objektive Geist ist derjenige, der die introszendente Isolierung und Einsamkeit des subjektiven Geistes im Begriffe ist zu überwinden und partiell schon überwunden hat, der sich aber noch auf dem unendlichen Wege befindet, der zu der Stufe des absoluten Geistes führt. Sein unvollendeter und vorläufiger Zustand leitet sich daraus her, dass die in ihm sich vollziehende Befreiung der Subjektivität zugleich einen Verlust an Innerlichkeit bedeutet. Aber dieser Verlust wird durch einen ausserordentlichen Vorteil kompensiert : Kraft seines objektiven Charakters ist er einer wissenschaftlichen Behandlung zugänglich. Er repräsentiert die höchste und komplexeste Reflexionsstruktur der Wirklichkeit, die einer genauen Analyse unterworfen werden kann.

Nun ist die gesamte Hegelsche Philosophie Theorie von Reflexionsstrukturen, die zu einer Komplexität gesteigert werden, wie sie die klassische Tradition der Philosophie nicht kannte.

Theorie der Reflexion ist der älteren Tradition ebenfalls geläufig. Dieselbe hielt sich aber in sehr einfachen Grenzen, weil sie das Problem der Zeit aus dem Reflexionsbegriff ausschloss und damit auch das Problem der Versöhnung und Vermittlung von Subjekt und Objekt. Für die klassische Tradition ist die Vermittlung kein objektivationsfähiger Prozess ; sie vollzieht sich (soweit man hier überhaupt von einem Vollzug reden darf) in der unnahbaren und zeitlosen Introszendenz des Subjektiven. Und als Versöhnung ist ihr einziges Datum das Jüngste Gericht. Indem aber Hegel das Zeitproblem in die Theorie der Logik einbezieht, unterwirft er die Zeit der Gesetzlichkeit der Reflexion. Reflexion aber hat nach Hegel eine elementare triadische Struktur, die durch die drei Termini

Reflexion-in-Anderes
Reflexion-in-sich (vermittelt durch Anderes)
Reflexion-in-sich der Reflexion-in-sich-und-Anderes

generell bezeichnet ist. Anstoss zu diesem Reflexionsprozess gibt das « reflexionslose Sein », mit dem es die klassische Logik zu tun hat und aus dem sich der naive unreflektierte Naturbegriff der älteren Naturwissenschaft entwickelt hat. Die « Wahrheit » dieses Begriffes ist von zeitlosem Charakter.

Mit dem Einbezug des Zeitproblems in die Relexionstheorie nimmt für Hegel die Zeit ebenfalls eine triadische Struktur an. Sie erscheint erstens als natürliche Zeit in der Hegelschen Naturphilosophie, womit das Hegelsche Naturbild selbst geschichtliche Aspekte annimmt ; zweitens erscheint sie in der Sphäre des subjektiven Geistes, wo sie Bewusstseinsgeschichte impliziert ; und schliesslich als doppelt in sich reflektierter Prozess in der Domäne des objektiven Geistes, d. h. in dem, was wir im engeren Sinne als Geschichte - nämlich als Geschichte des Menschen und seiner historischen Institutionen betrachten.

Nun ist ohne Zweifel, dass dieser Aufstieg der Reflexion von der reflexionslosen Unmittelbarkeit bis zur Geistes - und Kulturgeschichte des Menschen nicht nur eine generelle Triadik der Selbstreflexion konstituiert, sondern dass sich diese umfassende Triadik alles Wirklichen in Sub-Triaden aufgliedert. Die Aufteilung des Hegelschen Werkes ist ein beredtes Beispiel dafür. Damit aber ergibt sich, dass wir in der Entwicklung von der Natur zum objektiven Geist mit einem äusserst beträchtlichen Zuwachs an Struktur zu rechnen haben. Das legt die Frage nach einem Kriterium nahe, an dem sich feststellen lässt, wo die reflexionstheoretischen Grenzen liegen, in denen die Reflexionsformen der einen Sub-Triade in die der höherstufigen Sub-Triade umschlagen, bis wir den reflexiv voll erfüllten Geschichtsbegriff der Hegelschen Philosophie erreicht haben.

Man könnte zwar sagen, dass derselbe erst mit der Stufe des absoluten Geistes erreicht wird. Aber der absolute Geist liegt jenseits der Reflexionskapazität auch des sich selbst transzendierenden menschlichen Bewusstseins. Hier ist nichts mehr gegenständlich zu machen, und damit hört auch die Wissenschaft auf. Wir haben es in der von uns geübten Betrachtungsweise aber ausschliesslich mit Strukturtheorie zu tun, also mit der Lehre von dem, was Hegel in seinem Brief an Schelling vom 2. Nov. 1800 als « Reflexionsform » bezeichnet hat. Dass die klassische zweiwertige Logik zur Entwicklung der Theorie sich in ihrer Komplexität ständig steigernden Reflexionsformen unbrauchbar ist, daran dürfte heute nur wenig Zweifel bestehen. Durch ihre Zweiwertigkeit ist ihr äusserste Strukturarmut auferlegt. Überdies ist sie morphogrammatisch operativ unvollständig und ein Fragment, wie das reflexionslose unmittelbare Sein seinerseits nur ein Bruchstück der Wirklichkeit ist. Es besteht auch keine Möglichkeit, diese Logik strukturell zu bereichern, indem man ihre Werte auf beliebig viele Variable verteilt. Das erzeugt (wie im Appendix zu dieser Arbeit kurz erörtert werden soll) nur einen Pseudo-Reichtum an Struktur. Schon die elementarste triadische Relation schliesst zyklische Wertfunktionen ein, die einen Übergang zu einem dreiwertigen System verlangen. Die Theorie der Hegelschen « Reflexionsform » erfordert also den Übergang zur Mehrwertigkeit und damit zu einem sehr komplexen Formalismus. Denn, wie Oskar Becker mit Recht betont hat (1), vollzieht sich Hegels Denken « in einem eigentümlich abstrakten Raum, und seine Schlüsse beschreiben und verfolgen die Linien gewisser logisch-metaphysischer *Strukturen*. Diese haben, wie alle Strukturen, eine formale Seite, sofern sie nicht überhaupt völlig formal sind. Infolgedessen sind sie ein Thema für die heutige ganz abstrakt und formal gewordene Mathematik, die ganz prinzipiell die Wissenschaft von *allen* Strukturen ist, mögen sie was auch immer — oder auch nichts — bedeuten oder mögen sie in welchem materiellen oder geistigen Medium auch immer verlaufen ». In diesem von Becker angedeuteten Sinn besteht die Fragestellung durchaus zu recht, die formale Minimal - und möglicherweise Maximalbedingungen — einer Strukturtheorie des objektiven Geistes als Einheit der Geschichte feststellen will.

Wir fragen zuerst nach möglichen Maximalbedingungen. Dazu ist ab initio zu bemerken, dass solche Maximalbedingungen, soweit sich darüber überhaupt etwas aussagen lässt, sich mit dem Problem befassen müssten, wie der Übergang des objektiven Geistes in den absoluten Geist zu denken ist. Aber auch wenn man den Hintergrund des Absoluten aus methodischen Gründen vorerst ignoriert, besteht für die Strukturtheorie des objektiven Geistes eine essentielle Unbestimmtheit hinsichtlich der relevanten Maximalbedingungen. Dieselbe ist mit der Tatsache gegeben, dass *für uns* die Einheit der Geschichte nur unvollkommen in historisch begrenzten Gestalten des objektiven Geistes sichtbar werden kann. D. h., der objektive Geist konstituiert eine solche Einheit nur in der beliebig abbreviierbaren Form, die dadurch gegeben ist, dass sich in seiner Struktur die vollkommene Triadik von Reflexion-in-Anderes und zweimaliger Reflexion-in-sich auch dann konstituieren kann, wenn die historischen Gebilde, in denen sie sich erfüllt, einen auf die Zukunft hin offenen historischen Horizont haben. Der objektive Geist ist schon in seiner dürftigsten historischen Form triadisch. Welche Grade der Komplexität diese Triadik aber annehmen kann, das ist eine Frage, die prinzipiell nicht beantwortet werden kann, solange die Geschichte des Menschen noch nicht abgeschlossen ist. Die Frage nach Maximalbedingungen ist also müssig, solange man nicht den historischen

---

(1) Oskar BECKER, *Hegel-Studien* Bd. II, S. 322-325. (H. Bouvier & Co., Bonn) 1963.

Zukunftshorizont bewusst einschränkt und die verengte Frage stellt, welche triadische Komplexität der objektive Geist in einer begrenzten historischen Epoche annehmen kann. Eine solche Frage ist z. B. hinsichtlich der klassischen Epoche der Philosophie durchaus legitim. Diese Epoche schliesst im Wesentlichen mit der Konzeption des transzendental-dialektischen Idealismus ab. Aber auch eine solche verengte Fragestellung kann nicht mit Aussicht auf einigen Erfolg bearbeitet werden, solange wir nicht im Besitze einer Theorie der strukturellen Minimalbedingungen einer Theorie des objektiven Geistes sind. Die folgende Untersuchung befasst sich deshalb nur mit solchen Minimalbedingungen. Zwar werden wir feststellen müssen, dass für *positive* Abgrenzungen gegenüber Erscheinungen, die geringeren Strukturreichtum als der objektive Geist aufweisen, gewisse Unsicherheiten bestehen. Wir werden aber in der Lage sein, mit ausreichender Genauigkeit festzustellen, welche Systemtheorieen *nicht* genügend strukturelle Komplexität liefern, um unsern Anspruch zu erfüllen.

Wir gehen davon aus, dass alle Strukturkonzeptionen, die auf dem Boden der klassischen Logik ruhen, von vornherein als ungenügend ausscheiden. Diese Logik liefert nur die Theorie des « reflexionslosen Seins ». Nun hat Hegel in richtiger Erkenntnis dieser Tatsache seine « zweite » Negation eingeführt. Aber dieser Terminus representiert, wie leicht zu erkennen ist, nur ein Sammelbecken für eine praktisch unendliche Folge von Negationen, die sich alle voneinander unterscheiden und von denen keine zur ursprünglichen Affirmation, mit der sein System beginnt, zurückführt. Führt man nur *eine* solche Hegelsche Negation ein, kommt man zu triadischen Relationen. Da aber eine solitär auftretende Triadik nur allerelementarste Reflexionsstrukturen representieren kann und der objektive Geist vom « reflexionslosen Sein » durch den reflektierten Naturbegriff und den des subjektiven Geistes getrennt ist und jede dieser ontologischen Stufen mindestens durch eine Hegelsche Negation vertreten sein müsste, könnte man vorerst vermuten, dass mit der Einführung von vier Negationen, nämlich erstens der klassischen Negation und drei zusätzlicher « Hegel — Negationen », genügender Strukturreichtum produziert werden würde, um unsern Ansprüchen zu genügen. Eine solche Vermutung aber, die auf unzureichender Einsicht in das Wesen der Negation beruhen würde, geht völlig fehl. Wir wollen deshalb in den folgenden Abschnitten einen Versuch machen, zu verstehen, welche Rolle logische Werte wie positiv und negativ im Hegelschen System spielen können. Aus der Klärung dieser Frage wird sich dann ergeben, welcher logische Strukturreichtum erforderlich, ist um von einer Theorie des subjektiven Geistes zu den Minimalbedingungen einer Theorie des objektiven Geistes als Träger der Geschichte überzugehen. —

Die klassische Tradition der Logik setzt voraus, dass eine totale Disjunktion zwischen Subjekt und Objekt, zwischen Bewusstseins*prozess* und Bewusstseins*inhalt*, also zwischen Reflexion und reflexionslosem Sein existiert. Dieser Dichotomie entspricht die zweiwertige Logik, in der der eine Wert als positiv und der andere als negativ betrachtet wird. Diese Unterscheidung fällt in der klassischen Theorie mit der zwischen designierendem und designationsfreiem Wert zusammen. Der positive Wert ist immer zugleich der designierende. Und der designationsfreie Wert ist der Index der Subjektivität, die sich aus dem Bild dieses Seins ausgeschlossen hat. Diese Koinzidenz der Alternativen von Position und Negation und von Designation und Designationsfreiheit wird hinfällig, wenn man mehrwertige Strukturen einführt.

Formale Ontologie und Logik haben beide den Zweck, die Welt in Strukturen abzubilden. In andern Worten : Seinsunterschiede spiegeln sich in der Logik als Strukturunterschiede, und Seinsgleichheit ist theoretisch equivalent mit Strukturgleichheit. Verschiedenen Graden der Komplexität der Wirklichkeit müssen deshalb korrespondierende Komplexitätsgrade der Struktur entsprechen. Das formale Grundthema der klassischen Logik ist das Parmenideische, sich selbst gleiche, unmittelbare Sein-überhaupt, in dem alle Unterschiede des partikulär Seienden in ihren Grund und Ursprung zurückgegangen sind. Dieses universale Sein *und nichts anderes* wird durch den solitären positiven Wert der klassischen Logik designiert. Dieses Sein ist einwertig ! Nun hat die klassische Logik aber *einen* negativen Wert. D. h., die Negation spiegelt die Einwertigkeit des Seins noch einmal ab. Die Negation *wiederholt* also die strukturelle Grundbedingung von Sein-überhaupt. Dieser Wiederholungs-charakter ist es, der der klassischen Negation zu gleicher Zeit die Eigenschaft der Nicht-Designation gibt. Der positive Wert hat schon auf das Sein hingewiesen, und der negative Wert kann auf nichts anderes hinweisen, weil « Anderes » logisch Strukturdifferenz gegenüber der Thematik des Seins bedeuten müsste. Aber dazu ist der solitäre negative Wert unfähig. Er liefert per se die gleiche Struktur wie der positive Wert. In andern Worten : er wiederholt für das Bewusstsein die Idee des Parmenideischen Seins. Deshalb ist der nicht-designierende Wert der Index des abbildenden Reflexionsprozesses, wie wir bereits sagten. Er gibt den ausserweltlichen ontischen Ort, in dem sich dieser Reflexionsprozess vollzieht.

Daraus folgt, dass die klassische Logik mono-thematisch ist. Sie besitzt nur ein einziges metaphysisches Thema, eben Sein-überhaupt als die Auflösung aller Unterschiede in der Einheit. Es folgt, dass der Gegensatz von Sein und das-Sein-abbildender Reflexion von ihr nicht bearbeitet werden kann, weil wir dafür mindestens *zwei* ontologische Themata besitzen müssten. In der klassischen Logik aber stehen keine zusätzlichen Werte zur Verfügung, um auf diesen Besitz hinzuweisen. Da die Hegelsche Logik aber mindestens vier ontologische Fundamentalthemata unterscheidet — nämlich reflexionsloses Sein, reflektiertes Naturbild (Anderssein), einfach reflektierte Subjektivität und doppelt reflektierte Subjektivität —, müssten weit mehr Werte zur Verfügung stehen, um diese Themata gesondert für sich designieren zu können. Weiterhin aber muss jedes Thema, um als Thema für ein Bewusstsein auftreten zu können, von entsprechenden nicht-designierenden Werten begleitet werden, die die Spiegelfunktion des « subjektiven » Denkprozesses übernehmen.

Das führt uns zu dem Thema der Mehrwertigkeit und zu der Frage, wie in generell m-wertigen Systemem Subjektivität und Objektivität, bezw. Designation und Nicht-Designation unterschieden werden können. Nun kann in einer formalen Logik Thema-Unterschied *nur* als Struktur-Unterschied definiert werden. *Struktur-Unterschied als Anreicherung logischer Komplexität aber kann seinerseits nur durch Differenz in der Wertzahl erzeugt werden !* (Dass Differenz in der Zahl der Variablen dabei ebenfalls eine Rolle spielt, davon weiter unten im Appendix).

Ist nun das Thema des reflexionslosen Seins durch einen einzigen Wert representiert, dann muss unser reflektiertes Naturbild, um es vom Sein selbst als neues Thema zu unterscheiden, mindestens durch zwei Werte designiert werden. Die Aufgabe, beide Themen in ihrer Kontrastsituation in einer neuen Logik zu absorbieren, erfordert also allein für Designationszwecke drei Werte. Aber nach dem bisher Gesagten dürfte klar sein, dass ein dreiwertiges System offenkundig keine Logik sein kann, die doppelthematisch den Gegensatz von Unmittelbarkeit und einfachster Reflexion umfasst. Eine Logik erfordert qua Logik das Vorhandensein von nicht-designierenden Werten. Da aber ein dreiwertiges System in dem eben beschriebenen Falle alle seine Werte für Designationszwecke konsumiert, besitzen wir keinen Restbestand an Werten, der für nicht-designative Zwecke zur Verfügung stünde. *Daraus folgt, dass ein dreiwertiges System überhaupt nicht als Logik interpretiert werden kann, denn zu einer Logik gehört ein denkendes Bewusstsein, und in diesem Bewusstsein muss sich das Sein, bezw. seine verschiedenen Varianten, in nicht-designativen Werten spiegeln.* Da diese Spiegelung in einem dreiwertigen System fortfällt, kann dasselbe nur als Ontologie und nicht als Logik betrachtet werden. D. h., ein dreiwertiges System ist die Beschreibung einer relativ komplexen Objektivität, die vorerst wieder ganz naiv als An-sich betrachtet wird, unter völliger Absehung von der Subjektivität, die diese Betrachtung ermöglicht. Dreiwertigkeit liefert nichts weiter als die Strukturtheorie einer « Dingheit », die mehr komplex ist als die Dingheit, die durch einen einzigen designierenden Wert vermittelt wird.

Sie beschreibt also ein in bestimmter Weise strukturiertes Sein, sie liefert aber keine Theorie des Denkens, in dem jenes komplexere Sein begriffen werden kann. Tafel I zeigt für ein dreiwertiges System die Schematik von Wertanzahl (m) und Verteilung der verfügbaren Werte auf Designationstypen in anschaulicher Weise.

TAFEL I

m	zwei Designationstypen	designationsfreie Werte
3	1 2	0

Wir unternehmen nun den folgenden Schritt : wir fügen dieser dreiwertigen Systematik einen vierten Wert hinzu und die Frage ist, wird dieser Wert jetzt ebenfalls Designationscharakter haben oder nicht ? Die Frage ist leicht zu beantworten. Als Einzelwert wiederholt derselbe nur die Struktur der ersten der beiden Designationen des dreiwertigen Systems. Er ist also ein Wiederholungswert für das erste Thema. Was das zweite Thema aber anbetrifft, das durch eine Dualität von Werten designiert ist, so kann er dasselbe nicht wiederholen, weil ein einzelner Wert nicht genügend Strukturreichtum für Wiederholung einer Zweiwertigkeit repräsentiert. Wir können aber auch nicht sagen, dass er relativ zu diesem Thema trotz seines Mangels an Wiederholungscharakter ein neues ontologisches Thema repräsentiert, denn um das zu leisten müsste er das durch Wertdualität repräsentierte Thema durch grösseren Strukturreichtum (also mindestens durch einen Wert) überbieten, was nicht der Fall ist. Daraus ergibt sich unzweideutig, dass der vierte Wert nicht-designierenden Charakter hat.

Ein System, das sowohl designierende wie nicht-designierende Werte hat, kann als eine Logik bezeichnet werden. Der vierte Wert indiziert in unserem Fall den ontisch-epistemologischen Ort, von dem aus ein denkendes Subjekt eine dreiwertige Seinstheorie entwickeln kann. Diese Seinstheorie wird aber einer Beschränkung unterliegen. Das denkende Subjekt steht unter dem Zwang, dass es nur das eine oder das andere Thema anvisieren kann, aber nicht beide zugleich. Die Einwertigkeit der Nicht-Designation deutet an, dass das reflektierte Thema dasjenige ist, das durch einwertige Designation repräsentiert ist, und jenes Sein, das durch Wertdualität vermittelt ist, wird in dieser epistemologischen Anvisierung nur als Neben - oder Hintergrundsthema mitgeführt. Tafel II demonstriet diese Situation.

TAFEL II

m	Designations-systeme		designationsfreie Werte
4	1	2	1

$$\text{1} \longleftarrow \text{Wertreflexion} \longrightarrow \text{1}$$

Tafel II zeigt, dass für das einwertige Designationssystem Wertreflexion zur Verfügung steht, da wir einen « überschüssigen » Wert haben, der die einwertige Struktur der ersten Designation wiederholt und sie damit als Thematik des logischen Bewusstseins fixiert. Die zweiwertige Designation bleibt im vierwertigen System Hintergrunds- oder Begleitthema (2).

Wie kann aber das, was vorerst als Begleit- oder Nebenthema mitgeführt wird, zum ontologischen Hauptthema werden ? Wer dem, was bisher zum Thema Designation gesagt worden ist, gefolgt ist, wird ohne Mühe die Antwort selbst finden. Wir müssen zu einem fünfwertigen System übergehen und damit die einwertige Nicht-Designation zu einer zweiwertigen erweitern. Für diese neue Zweiwertigkeit gilt auch, dass sie nicht selber designieren kann, weil Zweiwertigkeit als Designation ja schon durch das dreiwertige System eingeführt worden ist. Was diese neue Zweiwertigkeit leistet, ist das Folgende : sie reflektiert und wiederholt die zweiwertige Designation des drei-und des vierwertigen Systems. Aber damit ist automatisch der einwertigen Designation ihr nicht-designativer Gegenwert entzogen. D. h., was in der vierwertigen Logik Hauptthema war, wird jetzt Hintergrundsthematik ; und was dort Nebenthema war, ist jetzt dasjenige, auf das sich das Denken fokal einstellt. Dieser Themawechsel bezieht sich auf eine der Grundkategorien der transzendentalen Logik, nämlich die Kategorie des « als ». Wir können das unvordenkliche Sein *als* reflexionslose Dingheit, aber wir können es auch *als* Reflexion oder Subjektivität denken. In der zweiten Einleitung zur *Wissenschaftslehre* von 1791 bemerkt Fichte : «... dass in jedem Denken ein Objekt sein müsse, ist... keineswegs ein logischer Satz, sondern ein solcher, der in der Logik vorausgesetzt und durch welchen sie selbst erst möglich wird. Denken und Objekte bestimmen... ist ganz dasselbe ; beide Begriffe sind identisch » (3). D. h., Denken ist von vornherein epistemologisch qualifiziert, wir denken nicht Objekt schlechthin unter völliger epistemologischer Neutralität —

---

(2) Für die Unterscheidung von Wert überhaupt (positiv-negativ) und Designations-wert siehe G. GUNTHER : *Cybernetics and Transclassical Logic* ; BCL Report No. 3. 0, Sponsored by AF-AFOSR-Grant 480-64 ; Biological Computer Laboratory, Department of Electrical Engineering, University of Illinois. Urbana, Illinois. p. 1-9, 1965.
(3) J. G. FICHTE, *WW* (Ed. J. H. Fichte) I. S. 498.

denn dann ist es equivalent mit dem Nichts, wie Hegel richtig bemerkt — sondern wir denken es von vornherein *als* Etwas, als Bestimmtes. Und daraus ergibt sich auch bei Hegel sofort am Anfang der *Logik* durch die Vermittlung von Sein und Nichts das Dasein. Und Dasein ist — wie Hegel im zweiten Kapitel des ersten Buches der *Grossen Logik* ausdrücklich bemerkt — « *bestimmtes* Sein ».

Diese Möglichkeit, triadisches Sein zu bestimmen — was Unterscheidung der Bestimmungen fordert —, ergibt sich durch unsere Wahlfreiheit, dreiwertiges Sein sowohl durch eine vierwertige wie durch eine fünfwertige Logik zu denken. Der Unterschied der Bestimmungen ist durch den Unterschied der Akzentuierung der beiden Themen durch nicht-designative Werte gegeben.

Diese Überlegungen über die Differenz zwischen Designation und Nicht-Designation können jetzt generalisiert werden. In jedem beliebigen m-wertigen System ergibt sich die Zahl der nicht-designierenden Werte aus der folgenden Erwägung : wir betrachten ein beliebiges m-wertiges System — sagen wir von 24 Werten — und fragen uns, wieviel verschiedene Typen von Designation es akkomodieren kann. Da jeder Designationstypus den vorangehenden um einen Wert übertreffen muss, erhalten wir eine ansteigende Skala von Designationen durch einen Wert, durch zwei Werte, durch drei Werte usw. Unsere Frage, wieviel Designationstypen unser zur Diskussion stehendes 24-wertiges System beherbergen kann, wird dadurch beantwortet, dass wir die Zahl aller Werte, die durch die verschiedenen Designationen absobiert werden, zusammen addieren. Diese Summe darf gleich oder sie muss kleiner sein als die Gesamtsumme der Werte, die zur Verfügung stehen. In unserm speziellen Fall stellt sich heraus, dass sie kleiner ist und dass ein Wertüberschuss zurückbleibt, der den Designationstypus für unser in Frage stehendes System angibt. In der folgenden Tafel III ist die Situation schematisch dargestellt.

TAFEL III

m	Hierarchie der Designationssysteme	Designationsfreie Werte
24	1, 2, 3, 4, 5, 6	3
	└──── Wertreflexion ────┘	

Aus Tafel III ergibt sich, dass ein 24-wertiges System 21 Werte für Designationszwecke absorbiert, die sich in 6 verschiedene Designationstypen aufteilen. Damit ist die Kapazität dieses Systems für Designation erschöpft. Denn der nächste Designationsmodus würde 7 Werte erfordern, was die Gesamtzahl der vorhandenen Werte um 4 übertrifft. Es bleibt also ein Überschuss von drei Werten, der —

da er nicht designativ verwendet werden kann — notwendig designationsfrei bleiben muss. Damit aber ist zugleich gesagt, dass das durch die Reflexion in dem speziellen Fall von Tafel III anvisierte Thema ein dreiwertiges Sein ist.

Wenn nun jemand einwenden wollte, dass wir zwecks Designierung eines dreiwertigen Systems und seiner Reflexion in designationsfreien Werten gar nicht bis zu einem 24-wertigen System zu gehen brauchten, weil das schon in einem neun-wertigen System anvisiert ist, so sei das ohne weiteres zugegeben. Aber die Hegelsche Theorie verlangt ja gerade, dass die ontologischen Themata, verwoben in ständig reichere Beziehungen, immer wieder zurückkehren. Das gehört zu der Hegelschen Kreis-Struktur des Begriffes. In einer neunwertigen Logik ist die dreiwertige ontologische Thematik die reichste. Sie wird durch nichts übertroffen. Tafel III aber zeigt uns, dass diese Thematik nur einen Übergang zu vier —, fünf — und sechswertigen Themen darstellt. Diese höheren Themen können in einem 24-wertigen System allerdings noch nicht in den logischen Focus gebracht werden, weil vorläufig noch nicht genügend designationsfreie Werte zur Verfügung stehen. Erst ein 25-wertiges System würde z. B. das vierwertige Thema in den logischen Brennpunkt rücken — usw. Eine 27-wertige Logik würde dann die durch ein 21-wertiges System ontologisch vorgegebene Themareihe erschöpfen.

Wie man sieht, ist das Wiederkehren der dreiwertigen Thematik in unserm als Beispiel gewählten 24-wertigen System keine blosse Wiederholung von schon Bekanntem und monotone Iteration. De facto liefert uns das 24-wertige System bereits die dritte Wiederkehr des Themas. In der ersten Wiederkehr stand es in einem Zusammenhang, der noch *ein* reicheres Thema erlaubte. In seiner zweiten Wiederkehr schloss die logische Perspektive *zwei* reichere Themen ein und in Tafel III sind es schliesslich drei. Da mit einem 27-wertigen System jedem der sechs Themata der vorangehenden 21-wertigen Ontologie eine separate Logik entspricht, die dasselbe nicht-designativ reflektiert, ist folglich mit der Einführung eines weiteren Wertes eine neue Ontologie mit 7 Themen am Platze, und ihre Reflexion durch designationsfreie Werte muss dann durch 7 logische Stufen laufen.

Die folgende Tafel IV veranschaulicht die ansteigende Skala der logischen Systeme, beginnend mit dem einwertigen System und vorläufig endend mit dem 16-wertigen. Die vertikale Linie links trennt die jeweilige Zahl m der Werte von den Zahlen, die uns die Verteilung der Werte auf Designation und Nicht-Designation angeben. Die Trennung der bleiden Wertkategorien von Designation und Nichtdesignation findet durch die Doppellinie statt, die treppenartig von oben nach unten läuft. Wir wollen jede solche « Treppenstufe » als ein logisches Intervall bezeichnen. Jedes Intervall enthält eine Ontologie und konsekutive logische Systeme mit konstanter Zahl der

TAFEL IV

m	des.	designationsfrei				Systemcharakter	Intervall
1	1	0				Ontologie (mono-thematisch)	I
2	1	1				Logik (Klassisch)	
3	1	2	0			Ontologie (dia-thematisch)	
4	1	2	1			Logik	II
5	1	2	2			Logik	
6	1	2	3	0		Ontologie (poly-thematisch)	
7	1	2	3	1		Logik	III
8	1	2	3	2		Logik	
9	1	2	3	3		Logik	
10	1	2	3	4	0	Ontologie (poly-thematisch)	
11	1	2	3	4	1	Logik	
12	1	2	3	4	2	Logik	IV
13	1	2	3	4	3	Logik	
14	1	2	3	4	4	Logik	
15	1	2	3	4	5	0 Ontologie (poly-thematisch)	
16	1	2	3	4	5	1 Logik	

Themen und wachsender Anzahl der designationsfreien Werte. Ein Intervall endet dort, wo die Zahl der designationsfreien Werte die Zahl der verfügbaren logischen Themen erreicht hat. Die nächste wertreichere Struktur repräsentiert dann wieder eine Ontologie und mit ihr beginnt das nächste Intervall. In jedem Intervall sind die

Hauptthemen unterstrichen ; die nicht-unterstrichenen bilden den thematischen Hintergrund des jeweilig anvisierten Themas, das durch die Balance zwischen designierenden und nicht-designierenden Werten in den Vordergrund gerückt ist.

Die klassische Tradition ist allein durch das oberste Intervall, das eine einwertige Ontologie und eine mono-thematisch orientierte Logik enthält, vertreten. Alle folgenden Ontologien, die die späteren Intervalle einleiten, implizieren poly-thematische Systeme der Logik. —

Damit sind wir endlich so weit, dass wir zur Beantwortung der Frage nach den minimalen Strukturbedingungen einer Theorie des objektiven Geistes als Einheit der Geschichte schreiten können. Dass die klassische Logik keine genügende formale Basis für eine solche Strukturtheorie liefert, ist jetzt so selbstverständlich, dass wir das erste Intervall ohne weiteres übergehen und sofort das dreiwertige System in unsern Betrachtungskreis ziehen können. Bei der Hegelschen Vorliebe für Triadizität darf die Frage nach der diesbezüglichen Relevanz einer dreiwertigen Struktur nicht übergangen werden. Nichtsdestoweniger lässt sich das dreiwertige System angesichts der logischen Bedürfnisse, die jede wie immer geartete Geistesphilosophie impliziert, leicht abtun. Es lässt sich zeigen (s. Tafeln VI bis XII im Appendix), dass ein dreiwertiges System zwar bereits ein Vermittlungssystem ist und dass, wenn sein Formalismus mit drei Variablen ausgestattet wird, jede mögliche Werkonstellation durch andere vermittelt wird. Insofern ist man berechtigt zu sagen, dass das zweite Intervall bereits eine elementare (implizite) Logik des Geistes aufgrund einer ihr vorangehenden Ontologie des Geistes enthält, aber wir dürfen nicht vergessen, dass in der Hegelschen Systematik der Geist erst einmal in einer sich selbst entfremdeten Form, d. h. in seinem Anderssein als Natur auftritt. Wir haben also noch längst nicht die Stufe erreicht, wo der Geist sich nicht mehr sich selbst qua Natur, sondern als Geist vermittelt. Unter dieser Voraussetzung ist es ganz unmöglich, dass das zweite Intervall auch nur die minimalen Strukturbedingungen für eine explizite Theorie des objektiven Geistes enthält. Andererseits muss die Ontologie des zweiten Intervalls bereits ein Moment enthalten, durch das der Geist — wenn auch in völliger Selbstentfremdung — sich einen Platz sichert, der in der Ontologie des ersten Intervalls noch nicht aufweisbar war. Das erste Intervall kannte nur zwei ontologische Orte : Sein und Nichts. Eine Strukturtheorie der Dreiwertigkeit aber fordert einen zusätzlichen dritten Ort, der als Platzhalter des noch nicht auf der Weltbühne in eigener Gestalt auftretenden Geistes gelten kann. Dieser

Platz ist durch die Zeit besetzt (4), und zwar in ganz abstrakter Form — erstens als Moment der Reversibilität, zweitens als Moment der Irreversibilität und drittens schliesslich als generelle Komplementarität von Reversiblem und Irreversiblem. Im zweiten Intervall tritt die Zeit ausschliesslich in ihrer reversiblen Form auf, denn das zweite Thema der Ontologie dieses Intervalls ist strukturell durch zwei Werte festgelegt. Stehen uns aber nur zwei Werte zur Verfügung, so formen sie ein logisches Umtauschverhältnis. D. h., sie beschreiben ein reversibles System. Um ein ontologisches Thema mit struktureller Asymmetrie (Irreversibilität) zu erhalten, müssen wir mindestens zum dritten Intervall übergehen. Die Ontologie, die dieses Intervall einleitet, besitzt zum ersten Mal eine dreiwertige Thematik. In derselben ist die vollkommene Symmetrie von Position und Negation, die in einem zweiwertigen System herrscht, aufgehoben. Denn in jedem mehrwertigen System, das wir einführen können, ist immer nur ein Wert positiv ; alle andern sind seine Negationswerte auf verschiedenen Stufen der Reflexion (5).

Mit dem zweiten und dem dritten Intervall aber ist erst die Zeit als Reversibilität und Irreversibilität in die Theorie des Reflexionsbegriffes der Natur eingeführt worden. Um dieses Naturbild abzurunden, ist ein weiterer Übergang zum vierten Intervall notwendig. Dieses Intervall liefert für den reflektierten Naturbegriff eine neue vierwertige ontologische Thematik, in der zum ersten Mal Strukturen auftreten, die Zweiwertigkeit und Dreiwertigkeit miteinander vermitteln. Es ist bekannt, dass die Hegelsche Naturphilosophie triadisch gegliedert ist in : Mechanik, Physik und Organik mit steigender logischer Komplexität des Naturbegriffes. Auch die flüchtigste Analyse der Hegelschen Gedanken über die Natur als Anderssein des Geistes macht deutlich, dass man dieser Problematik nicht in einer dreiwertigen Ontologie genüge tun kann, die ohnehin nur zwei Fundamentalthemen umfasst.

Stattdessen sehen wir die Triadizität des Hegelschen Naturbegriffes in der Dreiheit der logischen Intervalle II, III und IV reflektiert. Die Hegelsche Theorie der Natur benötigt also in ausreichender logischer Reflexion ein 14-wertiges System formaler Logik.

---

(4) G. GUNTHER, *Time, Timeless Logic and Self-Referential Systems* in *Annals of the New-York Academy of Sciences* ; Roland Fischer (ed.), New-York, p. 396-406, 1967.

(5) BCL Report 3.0 ; siehe Tafel IV, p. 6.

Aber der Geist, der aus seiner totalen Entfremdung zurückkehrt, erreicht erst die Stufe des subjektiven Geistes, und der subjektive Geist hat nach Hegel wieder drei Stufen. Er ist an sich ; er ist für sich oder vermittelt ; und drittens ist er der sich in sich bestimmende Geist, d. h., er ist « als *Subjekt* für sich ». Analog der drei Stufen des Naturbegriffs wird jede Stufe des subjektiven Geistes wieder ein ganzes Intervall für sich allein beanspruchen. Unter dieser Voraussetzung okkupiert die Theorie des subjektiven Geistes das V., VI. und VII. Intervall. Zu ihrem Bereich gehören damit drei Ontologien : eine 15-wertige, eine 21-wertige und eine 28-wertige Ontologie.

Angesichts der steigenden Wertzahl ist es empfehlenswert, eine einfache Formel anzuführen, mit der der jeweilige Beginn eines Intervalls errechnet werden kann. Die Formel hat die Gestalt

$$m = \frac{1}{2} n(n + 1)$$

wo n die Nummer des Intervalls und m = 1,2,3,... die Zahl der Werte ist, die für die Ontologie zur Verfügung stehen, welche das Intervall einleitet. Überdies ist (wie aus Tafel IV ohne weiteres abzulesen ist) der jeweilige Wert von n immer gleich der Zahl von ontologischen Themen, die in dem gegebenen Intervall abgehandelt werden. So beginnt z. B. das V. Intervall mit einem 15-wertigen ontologischen

$$\frac{1}{2} (5 \cdot 6) = 15$$

System. Die Zahl der bearbeitbaren Themata ist ebenfalls fünf. Wollen wir wissen, mit einem wieviel-wertigen System ein Intervall abschliesst, so ergibt sich die gesuchte Wertzahl aus

$$m + n$$

was in unserem als Beispiel angeführten Intervall zu einer 20-wertigen Logik führt.

Die Gründe, warum wir mit dem fünften Intervall die Strukturtheorie des subjektiven Geistes beginnen lassen, können auch unabhängig von Hegel angeführt werden. Dieses Intervall hat als erstes eine fünf-wertige Thematik. Mit Vierwertigkeit aber ist die klassische Logik morphogrammatisch vollständig (6). Ein fünfwertiges System liefert *im morphogrammatischen* Sinne keine neuen Strukturei-

---

(6) Vgl. G. Gunther : *Cybernetic Ontology and Transjunctional Operations* in *Self-Organizing Systems 1962* ; M. C. Yovits, G. T. Jacobi and G. D. Goldstein (ed), Spartan Books, Washington D. C., p. 313-392, 1962. Dazu G. Gunther : *Das Problem einer Formalisierung der transzendental-dialektischen Logik in Hegelstudien*, Beiheft 1, F. Nicolin und O. Pöggeler (ed.) H. Bouvier u. Co Verlag, Bonn, S. 65-123.

genschaften. Dabei ist mit dem Terminus « Morphogramm » eine vierplätzige Leerstruktur gemeint. (Wenn wir von Leerstrukturen beliebiger Länge sprechen, gebrauchen wir den Ausdruck « Tritogramm ». Eine fünfwertige Logik liefert selbstverständlich neue Struktureigenschaften im tritogrammatischen Sinne). Eine fünf-wertige Ontologie wiederholt also zum ersten Mal die morphogrammatisch vollständige Thematik der Natur. Wiederholung aber ist Redundanz. Wir können also sagen, dass relativ zur Natur Subjektivität ein Redundanzproblem ist. Darüber hinaus ist zu sagen, dass in jedem Intervall das letzte Logik-System eine Art Ablösungsfunktionalität besitzt. Da in diesen jeweilig letzten Systemen eines Intervalls die Zahl der designationsfreien Werte gleich der Zahl der Werte in der komplexesten zur Verfügung stehenden thematischen Schicht der Objektivität ist, ergibt sich, dass die Reflexion, die in den nicht-designierenden Werten investiert ist, sich an dem vorhandenen ontologischen Material nicht mehr weiter steigern kann. Sie fällt damit selbst in ihren durch Abspiegelung erschöpften Strukturen in die Objektivität zurück und wird zum materialen Element einer Ontologie höherer Stufe. Tafel IV gibt als Systeme mit solchem Ablösungscharakter die zweiwertigen, fünfwertigen, neunwertigen und 14-wertigen Strukturen an. Die zweiwertige Struktur repräsentiert unser traditionelles Denken, und dass dasselbe einen reflectiven Ablösungsprozess von der kontingenten Unmittelbarkeit der Welt (reflexionsloses Sein) darstellt, das ist schon oft festgestellt und begründet worden. Aber insofern als die klassische Logik morphogrammatisch unvollständig ist und sich die in ihr verborgene volle ontologische Thematik der Reflexion erst in den nächsten drei Intervallen im Naturbegriff entwickelt, trägt die Funktion der Ablösung nicht die starken ontologischen Akzente, die sie beim Übergang vom vierten zum fünften Intervall durch Iterierung der totalen Naturreflexion gewinnt.

Dass die mit dem fünften Intervall beginnende Theorie des subjektiven Geistes ihrerseits drei Intervalle beansprucht, sollte eigentlich selbstverständlich sein. Was bei Hegel als das An-sich oder als die Unmittelbarkeit des subjektiven Geistes erscheint, kann strukturtheoretisch von uns als Bewusstseinsinhalt bezeichnet werden. Es ist essentiell für das subjektive Bewusstsein, dass es Inhalte hat. Ohne dieselben kann es nicht bestehen. Aber die Struktur dessen, was wir als Bewusstseins-*inhalt* bezeichnen, ist bereits ausserordentlich kompliziert. Erstens kehrt in ihr die naive Seinsthematik des ersten Intervalls wieder. Zweitens aber auch die ganze dreistufige Reflexivität des Naturbegriffs. Das aber bedeutet, dass der Bewusstseinsinhalt (jetzt nicht betrachtet als unmittelbares Sein und als Naturbegriff) als Material zur Vermittlung des subjektiven Geistes mit sich selbst bereits eine fünffache Thematik enthalten muss. Also die vier Themen, die der voll reflektierte Naturbegriff repräsentiert und zusätzlich dazu ein Thema, das diese Natur vermittlungsfähig macht.

Exkurs über Intervalle und « vollkommene » Zahlen

Da die Einteilung der Mehrwertigkeit in Intervalle etwas monoton wirkt, muss auch die Frage aufgeworfen werden, ob es noch eine andere reflexionstheoretische Einteilung gibt, in der die Intervalle nach anderen Regeln wachsen. Eine solche Möglichkeit wird durch die in der Antike entdeckten sogenannten « vollkommenen » Zahlen nahegelegt. Die Pythagoräer schrieben ihnen mystische Eigenschaften zu, die für uns als solche keine Wichtigkeit mehr haben und auf die wir nicht einzugehen brauchen. Andererseits aber ist die Möglichkeit nicht abzuweisen, dass die vollkommenen Zahlen mehrwertige Systeme mit bevorzugten Eigenschaften indizieren. Leider ist nicht viel über diese Zahlen bekannt und nur relativ wenige sind bisher festgestellt worden. Sie sind, wie ein englischer Mathematiker bemerkte, schwerer zu finden als die allerseltensten Briefmarken (7). Die Abstände zwischen diesen Zahlen wachsen sehr schnell : das neunte Exemplar in ihrer Folge hat bereits 37 Ziffern, und ein noch etwas grösseres ist 2^{126} (2^{127}-1).

Als diese Arbeit sich noch im Zustand einer letzten Formulierung befand, war dem Verf. lediglich bekannt, dass die ersten vier vollkommenen Zahlen 1, 6, 28 und 496 den Anfang eines logischen Intervalls bezeichnen. Es war für ihn nur eine aus reflexionstheoretischen Erwägungen hervorgegangene Konjektur, dass alle (geraden) vollkommenen Zahlen mit Ontologien logischer Intervalle koinzidieren müssten. Der Verf. teilte diese Vermutung seinem Kollegen Professor Heinz von Foerster (University of Illinois) mit. Dieser übernahm dankenswerter Weise die Aufgabe, die Beweisbarkeit dieser Konjektur zu untersuchen und kam zu dem Ergebnis, dass in der Tat jede beliebige (gerade) vollkommene Zahl mit dem Beginn eines logischen Intervalls zusammenfällt und uns die Wertzahl der betreffenden Ontologie liefert. Der Beweis beruht gemäss mündlicher und schriftlicher Mitteilung auf den folgenden Erwägungen : Wenn n die logische Wertezahl eines Intervalls ist und m = 1, 2, 3,..., dann

$$n = \frac{1}{2} m(m+1) = \binom{m+1}{2} = \sum_{1}^{m} i$$

Zu Illustrationszwecken ergänzen wir Tafel IV mit IVa.

---

(7) So Herbert W. Turnbull : *The Great Mathematicians* in *The World of Mathematics*, James R. Newman (ed.) Simon and Schuster, New-York, vol. I, p. 75-168, 1956.

TAFEL IVa

m	n	m	n
1	[1]	16	136
2	3	17	153
3	[6]	18	171
4	10	19	190
5	15	20	210
6	21	21	231
7	[28]	22	243
8	36	23	276
9	45	24	300
10	55	25	325
11	66	26	351
12	78	27	378
13	91	28	401
14	105	29	435
15	120	30	465
		31	[496]

Die vollkommenen Zahlen sind in Tafel IV a diejenigen, die wir in Klammern eingeschlossen haben. Eine Zahl ist dann eine vollkommene Zahl n^*, wenn für die Summe ihrer Divisoren $\sigma(n^*)$ gilt.

$$\sigma(n^*) = 2n^*$$

Die geraden vollkommenen Zahlen sind durch das Euclidische Theorem definiert, gemäss dem n^* eine gerade vollkommene Zahl ist, wenn und nur wenn

$$n^* = L^{k-1} \cdot \pi_k$$

falls π_k eine ungerade Primzahl der Form

$$\pi_k = L^k - 1$$

ist. Daraus folgt

$$n^* = (2^k - 1)2^k \cdot \frac{1}{2}$$

Nun ist aber

$$n^* = m^* \cdot (m^* + 1) \cdot \frac{1}{2} \ ;$$

daraus folgt nun für alle m*, die ungerade Primzahlen sind,

$$m^* = \pi_k = L^k{-}1$$

dass die ihnen assoziierten Intervalle durch vollkommene Zahlen bestimmt sind.

Die Zahlen π_k sind bekanntlich die Mersenne Zahlen. Die folgende Tafel IVb gibt einige der für uns relevanten Zahlen in ihren ersten 5 numerischen Werten.

TAFEL IVb

k	$\pi_k = m^*$	n*	$\sigma(n^*) = 2n^*$
1	1	1	2
2	3	6	12
3	7	28	56
5	31	496	992
7	127	8128	16256
..	..	..	..

Damit ist demonstriert, dass jede vollkommene gerade Zahl auf den Beginn eines logischen Intervalls fällt und dass damit diese Zahlen uns mit der Sequenz eines logischen Intervalltyps versehen, der offenkundig von anderer Natur ist als der Intervalltyp der ersten Art.

Das für uns in diesem Zusammenhang Wesentliche an den Intervallen der zweiten Art ist, dass sie die Reflexionstriadik überschneiden. Denn mit dem sechsten Intervall, auf das die zweite vollkommene Zahl fällt, trennen wir die Elementartriadik des subjektiven Geistes in zwei Teile, von denen der erste in das initiale Intervall der zweiten Art fällt, während der andere dem folgenden Intervall zweiter Art angehört. Der Grund, der uns zu der Konfrontierung der Intervalle der ersten Art mit den vollkommenen Zahlen geführt hat, ist der, dass wir ausdrücklich nach einem Intervall suchten, das in der *Mitte* der Reflexionsstruktur des subjektiven Geistes ansetzt, weil nämlich die Hegelsche Theorie der Reflexion eine Vermittlungskategorie fordert, die ihrerseits die vermittelnde triadische Gliederung untriadisch vermittelt.

Mit diesen kurzen Hinweisen müssen wir diesen Exkurs schliessen. Es ist nur noch festzustellen, dass wir ausschliesslich von *geraden* vollkommenen Zahlen gesprochen haben, weil von den Pythagoräern an bis jetzt keine ungeraden vollkommenen Zahlen entdeckt worden sind. Andererseits aber existiert kein Beweis, dass es solche Zahlen nicht geben kann. Die Entdeckung ungerader vollkommener Zahlen, resp. der Nachweiss, dass es diese Zahlenkategorie nicht geben kann, dürfte für die Reflexionstheorie selbstreferierender Systeme ebenfalls wichtig sein.

Für das Problem der strukturellen Minimalbedingungen einer Theorie des objektiven Geistes sind die Überlegungen dieses Exkurses nicht berücksichtigt worden. (Ende des Exkurses)

Wir gehen nach dieser Abschweifung zu unserer Interpretation der Intervalle zurück. Da wir jetzt zu Intervallen fortschreiten, die in Tafel IV nicht mehr repräsentiert sind, empfiehlt es sich, eine weitergehende Tafel V einzuführen, die den minimalen Reflexionsbereich der Theorie des objektiven Geistes einschliesst. Aus Raummangel haben wir uns allerdings genötigt gesehen, die Logiksysteme mit designationsfreien Werten wegzulassen, sodass jedes Intervall nur durch seine einleitende Ontologie vertreten wird. Die Intervalle, die zusammenhängende Reflexionsbereiche darstellen, sind durch Klammern zusammengefasst. Wir haben weiter oben im Text bereits auf die Vorläufigkeit dieser Zusammenfassungen hingewiesen. Sie stellen Minimalbereiche dar, die bei geeigneter Generalisierung der Theorie erweiterbar sein müssen. Die logische Theorie der Reflexion steht heute erst in ihren Anfängen, sodass man sich weitgehend auf Vermutungen beschränken muss.

Da das fünfte Intervall die Reflexivität der Bewusstseinsinhalte beschreibt, ist das nächste Intervall, das mit einer 21-wertigen Ontologie beginnt, dann der Subjektivität als Vermittlungsprozess gewidmet. Und in dem folgenden Intervall, das eine siebenfache Thematik beinhaltet, entwickelt sich dann die Theorie des subjektiven Geistes als « *Subjekt* für sich ». So hat der subjektive Geist nach Hegel drei Stufen. Er ist an sich ; er ist für sich oder vermittelt ; und drittens ist er der sich in sich bestimmende Geist, d. h. er ist das Subjekt für sich, das sich ganz in seine private Einsamkeit zurückgezogen hat. Damit ist unter den vorgetragenen Hegelschen Gesichtspunkten die obere strukturelle Grenze der Theorie des subjektiven

TAFEL V

n	Des.											Intervall (m)
1	1	0									Ontologie des reflexionslosen Seins	I
3	1	2	0									II
6	1	2	3	0							Ontologien der Reflexion-in-Anderes (Natur)	III
10	1	2	3	4	0							IV
15	1	2	3	4	5	0						V
21	1	2	3	4	5	6	0				Ontologien der einfachen Reflexion-in-sich (subj. Geist)	VI
28	1	2	3	4	5	6	7	0				VII
36	1	2	3	4	5	6	7	8	0		Ontologien der doppelten Reflexion-in-sich (obj. Geist)	VIII
45	1	2	3	4	5	6	7	8	9	0		IX
55	1	2	3	4	5	6	7	8	9	10	0	X

Geistes erreicht. Die 36-wertige Ontologie, mit der das achte Intervall beginnt, kann dann, wenn wir der einmal begonnenen Betrachtungsweise folgen, als die materialknappste und strukturell engste logische Basis für eine exakte Theorie des objektiven Geistes betrachtet werden. Wir schränken diese Behauptung bewusst durch den Hinweis auf den Hegelschen Gesichtspunkt ein. Die Identifikation der Unterscheidung von reflektiertem Naturbild, subjektivem Geist und objektivem Geist mit bestimmten Intervallen oder triadischen Gruppen von Intervallen ist eine vorläufige und dient nur dazu, mögliche strukturelle Minimalbedingungen, die unserm gegenwärtigen Wissen und unserer gegenwärtigen Fähigkeit zur Theorienbildung entsprechen, zu fixieren. Als sicher dürfte angesichts des heutigen Standes der Naturwissenschaften angenommen werden, dass ein Reflexionsbild der Natur, also eines, das in seinen Formulierungen den Beobachter der Objektivität einbezieht, bereits mit mehr als zweiwertigen Strukturen rechnen muss. Eine solche Auffassung wird heute durch logische Arbeiten von C. F. von Weizsäcker und E.

Scheibe überzeugend vorgetragen (8). Aber diese Arbeiten befassen sich nur mit einem reflexiven Naturbegriff von relativ geringer logischer Komplexität. Schreiten wir zu biologischen Systemen fort, so ist mit ganz ausserordentlich höheren Graden struktureller Komplexität zu rechnen. Darüber herrscht heute im Bereiche der biologischen Komputertheorie ziemliche Einmütigkeit. Eine ganz offene Frage aber ist, ob eine Reflexionstheorie der Natur wirklich mit drei logischen Intervallen auskommt. Das einzige, was sich sagen lässt, ist, dass unter den Voraussetzungen der Hegelschen Theorie der Reflexion ein Minimum von drei Intervallen notwendig ist. Aber man sollte nicht vergessen, dass ein im 19. Jahrhundert lebender Denker, der noch völlig in den Vorstellungen der klassischen Naturwissenschaft befangen war, und dem die Hegelsche Philosophie unbekannt war, vermutlich den Naturbereich ganz dem ersten Intervall zugewiesen haben würde, weil ihm die Unterscheidung von naivem und reflektiertem Naturbegriff formal-logisch nicht als wesentlich erschienen wäre (9). Führt man aber erst einmal den reflektierten Naturbegriff ein, dann

---

(8) Siehe C. F. von WEIZSÄCKER : *Komplementarität und Logik* in Die Naturwissenschaften, Springer Verlag, Bln, Göttingen u. Heidelberg 42, Heft 19 S. 521-529 und Heft 20, S. 545-555, 1955. Ausserdem : E. SCHEIBE : *Die kontingenten Aussagen in der Physik*, Athenäum Verlag, Frankfurt/M., 1964. Scheibes Ergebnisse dürften von weittragender Bedeutung für eine Reflexionstheorie des Naturbegriffes sein.

(9) Diese Unterscheidung ist grundlegend für E. Scheibes (s. Anm. 8) scharfsinnige Analyse der logischen Grundlagen der Physik und seine Trennung von ontischen und epistemischen Aussagen. Die ontischen Aussagen beziehen sich auf das, was in Hegelscher Terminologie das « reflexionslose Sein » heisst und die epistemischen auf unsere « Reflexionsform » der Natur. Geht man nun von der Ontik (unter Überspielung des klassisch-zweiwertigen Reflexionsbildes der Natur) zur *Ontologie* über, dann ergibt sich für die Quantentheorie, « dass für diese nur noch die Wahl zwischen einer ontolo-
« gischen Formulierung auf der Grundlage einer nicht-klassischen ' Quanten-
« logik ' und einer epistemologischen Formulierung mit klassischer Logik
« besteht ». Diese These lässt sich nach Scheibe in die folgenden Behauptungen aufgliedern : 1) dass « die klassische Logik mit einer quantentheoretischen ' Ontologie ' des kontingenten Verhaltens physikalischer Systeme
« unvereinbar ist, dass 2) eine solche Ontologie und eine 'Quantenlogik '
« existieren (wenn auch noch unbekannt sind) und miteinander zum Aufbau
« der Quantentheorie ausreichen, und dass 3) die klassische Logik mit einer
« quantentheoretischen Epistemologie des kontingenten Verhaltens physika-
« lischer Systeme verträglich ist, und beide zusammen zum Aufbau der Quan-
« tentheorie ebenfalls hinreichend sind ». (S. 23).
Scheibes Thesen sind von unschätzbarem Wert für eine Reflexionstheorie des Naturbegriffs. Denn wenn die im Text vorgetragene Theorie der Designation in mehrwertigen Systemen einwandfrei ist, dann gibt es in der Tat die von Scheibe postulierte Ontologie. Sie ist dann ein Glied in der unabschliessbaren Hierarchie von Ontologien mit stetig steigender logischer Komplexität.

muss man angesichts der Dreistufigkeit des Reflexionsbegriffes mit drei ontologischen Schichten in unserm Naturverständnis rechnen, was drei Intervallen entspricht. Unter diesen Umständen werden die strukturellen Minimalbedingungen einer Theorie des subjektiven Geistes von einer 15-wertigen Ontologie geliefert. Nun ist aber das menschliche Bewusstsein in seiner Geschichte einem Strukturwandel unterworfen, von dem der Reichtum seines Naturbildes abhängt. Es ist also durchaus möglich, dass ein künftiger Bewusstseinszustand des Menschen, von dem wir uns heute kaum adequate Vorstellungen machen können, in seinem Naturbild Reflexionsdifferenzen entdeckt, die durch drei Intervalle strukturell nicht befriedigt werden können (10). Und damit würden sich automatisch die strukturellen Minimalbedingungen für eine Theorie des subjektiven Geistes in höhere Intervalle verschieben. Von einer solchen Verschiebung aber würde die Theorie des objektiven Geistes dann ebenfalls betroffen. Andererseits aber ist es durchaus möglich, dass solche Bewusstseinsveränderungen den durch die Hegelsche Philosophie suggerierten immerhin sehr weit konzipierten strukturellen Rahmen nicht betreffen. In diesem Falle würden die Minimalbedingungen einer Strukturtheorie des objektiven Geistes mit einer Ontologie beginnen, die acht ontologische Fundamentalthemen enthielte, die durch 36 logische Werte konstituiert werden. Es ist vielleicht nicht unangebracht, an dieser Stelle an die Zahlenmystik der Gnostiker und speziell an die Rolle zu erinnern, die die Hebdomas und die Ogdoas, die Siebenheit und die Achtheit, bei diesen Denkern spielt (11). Nicht dass die « Rechenmethoden » der Gnostiker heute noch irgendwie ernst zu nehmen wären, aber das Zeitalter dieser Den-

---

(10) Dabei ist überdies die Frage, welche Rolle die super-astronomischen Zahlen, die sich unter kombinatorischen Gesichtspunkten für biologische Systeme ergeben, für eine Logik der Biologie spielen. W. R. AsHBY zitiert z. B. die Zahl 10^{477000} in *Mathematical Models and Computer Analysis of the Function of the Central Nervous System* in *Annual Review of Physiology*, vol. 28, p. 89-106 , 1966. Falls sich diese Zahl auf die Funktionen $m^{m^{m}}$ eines (balanzierten) m-wertigen Systems bezieht, dann dürften wir mit einer 14-wertigen Logik als möglicher oberer logischer Grenze einer reflexionstheoretischen Analyse komplexer biologischer Systeme ganz erheblich zu niedrig gegriffen haben.

(11) Siehe H. LEISEGANG, *Die Gnosis*, Kröners Taschenausgabe Bd. 32. Besd. S. 223 f. 1924.

ker besass unzweifelhaft einen instinktiven Sinn für den Zusammenhang von Zahl und Ontologie, der der Gegenwart in grossem Masse verloren gegangen ist.

Folgen wir wieder der Hegelschen Auffassung von der triadischen Reflexionsstruktur des objektiven Geistes, dann würde die entsprechende logische Theorie das achte, neunte und zehnte Intervall umfassen, wobei die obere Grenze des zehnten Intervalls durch eine 65-wertige Logik gebildet werden würde.

Wir betonen noch einmal ausdrücklich, dass diese Annahme nur gilt, wenn wir in der Lage sind, erstens an der Idee einer triadischen Elementarstruktur für die Theorie der Reflexion festzuhalten, und zweitens, wenn es zulässig ist, diese Triadik mit einer Dreiheit von Intervallen zu identifizieren. Speziell was das letztere betrifft, hat der gegenwärtige Autor ernsthafte Zweifel. Wie es scheint, kann nur die These, dass sowohl für die Reflexionstheorie der Natur als auch für die des subjektiven und objektiven Geistes ein absolutes Minimum von je drei logischen Intervallen notwendig ist, mit einiger Sicherheit vertreten werden. Unsere Zweifel beziehen sich auf die Problematik der Vereinigung des durch den Entropiemechanismus begründeten Geschichtsbegriffes der Natur mit dem kultur- und geistesgeschichtlichen Geschichtsbegriff der Geisteswissenschaften. In diesen Disziplinen wird zu leicht vergessen, dass Kulturen mit Entropie belastete Systeme sind. Es ist deshalb, wie bereits bemerkt, kaum wahrscheinlich, dass eine auf dem zweiten, dritten und vierten Intervall beruhende Reflexionstheorie unseres Naturbilds definitiv ausreicht und dass auch zukünftige Naturphilosophien sich durch diesen formalen Rahmen nicht beengt fühlen werden. In noch stärkerem Masse beziehen sich die von uns bereits geäusserten Zweifel auf die Theorien des subjektiven und des objektiven Geistes. Wir dürfen nicht vergessen, dass mit der Theorie des subjektiven Geistes bereits die Theorie unseres Geschichts*bildes* beginnt und mit der Theorie des objektiven Geistes die der *Real*geschichte. Geschichtsbild und Realgeschichte aber stehen in einem gegenseitigen Rückkoppelungsverhältnis, das auch unsere Naturvorstellungen umfasst.

Gewisse Formen des objektiven, institutionalisierten Geists früherer Geschichtsperioden haben heute ihre Institutionalität verloren, weil das durch den Zwang der Institution Erlernte längst in unser unbewusstes Instinktleben übergegangen ist. Das heisst aber, dass das, was einstmals erst im Bereich des objektiven Geistes greifbar war, heute schon als Bestandteil des subjektiven Geistes auftaucht. Weiterhin hat die Kybernetik ganz unwiderleglich gezeigt, dass gewisse Wirklichkeitseigenschaften, die wir früher dem sogen. psychischem Bereich zuschrieben, de facto in die Domäne des Physischen gehören. Es gehört zum Wesen der Hegelschen Begriffstriade von Natur, subjektivem und objektivem Geist, dass jedes dieser Daten in einer Hinsicht ein Prius gegenüber den andern beiden ist, in einer andern Hinsicht aber ein Posterius. Das führt zu dem Phänomen des Strukturwandels des subjektiven Bewusstseins in der Geschichte. Nicht nur die Inhalte des Bewusstseins verändern sich und reichern sich an, sondern auch seine Struktur.

Aus diesem Grunde können solche Intervallgruppierungen, wie wir sie auf den vorangegangenen Seiten vorgenommen haben, nur relativ sein. Sie beziehen sich nur auf die Reflexionsstufe, die das Hegelsche System in seiner originalen Gestalt repräsentiert. In andern Worten: Von dem Hegelschen Niveau der Philosophie aus können wir *nicht weniger* als drei Intervalle jedem der drei Gebiete von Natur, subjektivem und objektivem Geist zuweisen.

Die Möglichkeit, dass bereits der Reflexionstheorie der Natur zusätzliche Intervalle subsumiert werden, hängt abgesehen von den bereits erwähnten Problemkreisen der Biologie und der Entropie überdies von der Frage ab, wie weit sich später erst entfaltende Kategorien des subjektiven und objektiven Geistes in der Strukturtheorie der Natur bereits keimhaft angelegt sind und schon dort mit bestimmten Einschränkungen, die durch erhebliche Relationsarmut diktiert sind, studiert werden können.

Durch die bisherigen Arbeiten ist aber vorerst nur der anorganisch physikalische Bereich betroffen. Was die Biologie hier noch beitragen mag und wie ausgedehnt die Hierarchie der Ontologien ist, auf die sich biologische Theorien in der Zukunft stützen werden, darüber ist heute noch so gut wie nichts bekannt.

Da wir es als unsere Aufgabe betrachten, *nur* von Minimalbedingungen einer Strukturtheorie der historischen Objektivität des Geistes zu reden, ist wenig Schaden angerichtet, wenn wir uns später genötigt sehen, die untere Grenze dieser Theorie in eine höherwertige Ontologie zu verschieben. (Was freilich nicht an einer solchen Verschiebung und Ausdehnung seines Bereichs beteiligt wäre, ist das thematische Gebiet des ersten Intervalls. Die erörterten möglichen Verschiebungen beziehen sich ausschliesslich auf die reflexionstheoretische Domäne. Das erste Intervall aber betrifft das reflexionslose Sein, dessen Thematik sich nicht über weitere Intervalle ausdehnen lässt, ohne dass es damit jene wesentliche Eigenschaft verliert, die es zum Anfang macht — nämlich seine Reflexionslosigkeit).

Worauf es uns ausschliesslich ankommt, ist die These, *dass auch eine maximal abbreviierte Theorie des objektiven Geistes, die das Geschichtsproblem einschliesst, nicht entwickelt werden kann, wenn wir uns mit logischen Graden der Komplexität begnügen, die durch weniger als 36 Werte und 8 ontologische Themen konstituiert werden.* Das achte Intervall ist also die unterste Grenze, unter die nicht hinuntergegangen werden darf. Hat man das einmal festgestellt, so liegt natürlich die Frage nahe, worum es sich bei den acht Fundamentalthemen der ersten Ontologie der Theorie des objektiven Geistes handelt. Bei den Ophiten wird die Thematik der Ogdoas mit Nous, Geist, Seele, Lethe, Kakia, Zelos, Phthonos und Thanatos angegeben, wobei die Hebdomas von Geist bis Thanatos vom Nous umschlossen wird bezw. aus ihm emananiert (12). Mit solchen Termini können wir in diesem Zusammenhang nur wenig anfangen. Ganz nutzlos aber ist der Hinweis auf die gnostische Ogdoas wohl doch nicht, insofern, als ihre Einteilung in Monas und Hebdomas einer Struktureigenschaft der Mehrwertigkeit entspricht, nämlich der Tatsache, dass, wieviel Werte wir auch immer einführen, nur ein einziger positiv ist und alle andern seine (negativen) Reflexionen darstellen.

Wir werden uns an dieser Stelle begnügen, die achtfache Thematik, der wir beim Eintritt in die Theorie des objektiven Geistes begegnen, mit grösstmöglicher Abstraktion zu charakterisieren. Das erste Thema ist selbstverständlich das reflexionslose Sein des ersten Intervalls, das in allen folgenden Reflexionsstufen immer wiederkehrt. Ebenso tritt in der Theorie des objektiven Geistes die dreifache Reflexionsthematik der Natur wieder auf. Dann die dreifache Thematik des subjektiven Geistes, was uns bereits die Hebdomas gibt. Der gnostischen Thanatos-Idee aber entspricht die achte Thematik, die aus der Erschöpfung der nicht-designativen Reflexion auf der letzten Stufe des subjektiven Geistes hervorgeht. Diese Reflexion, die alle ihre Möglichkeiten durchlaufen hat, wird mit dem nächsten Intervall zur Objektivität. Die Subjektivität geht, wie Hegel sagen würde, in ihren Grund, d. h. in das Sein zurück. Die lebendige Reflexion, die sich in den sieben nicht-designativen Werten bespiegelte, rückt in den Bereich des designativ Gegenständlichen dadurch, dass zu ihr die Ur-Designation der Gegenständlichkeit, die Einwertigkeit, hinzugefügt wird. Damit ist das achte Thema und die erste Ontologie des objektiven Geistes erreicht.

Nun haben wir bereits angedeutet, dass die sich weiter entwikkelnde Reflexionskraft der Geschichte den strukturellen Minimalbereich des objektiven Geistes in logische Systeme verlegen könnte, die weit über die Triadik des VIII., IX. und X. Intervalls hinausgehen. Wir wollen deshalb kurz erörtern, welchen Gesetzen eine solche Verschiebung des Reflexionshorizontes folgen müsste. Jede solche Verschiebung müsste den gesamten vorangegangenen Bereich

---

(12) *Ibidem,* S. 177.

der Reflexionin-sich in die Reflexion-in-Anderes zurückprojizieren. In einer ersten solchen Verschiebung würde also der reflexive Naturbegriff bereits neun Intervalle umfassen. Die Naturphilosophie würde also dementsprechend mit einer 65-wertigen Logik abschliessen. Da aber der subjektive Geist die Natur reflektiert, muss seine Erweiterung in demselben Masse erfolgen. Das gleiche gilt für den objektiven Geist. Die Verschiebung folgt also exponentiellen Gesetzen. In Tafel V umfasst der Gesamtbereich der Reflexion neun Intervalle. Dieser Gesamtbereich würde also in der ersten Verschiebung auf 27 Intervalle steigen. Die Zahlen 9 und 27 ergeben sich aus der exponentiellen Steigerung der Ur-Triadik 3^n. Im Falle unserer Tafel V hat n den Wert 2 ; im Falle der ersten Verschiebung hat n den Wert 3. Wenn wir den Wert von n bis 9 steigen lassen, dann ergeben sich für die Erweiterung der Intervallbereiche die folgenden Zahlen

$$81$$
$$243$$
$$729$$
$$2187$$
$$6561$$
$$19683$$

Mit der letzten Ziffer haben die Intervallzahlen die Zahl der binarischen Funktionen erreicht, die in der einfachsten Form eines triadischen Systems, nämlich dem System S^3 (p,q) zur Verfügung stehen. Auf dieser Stufe würde die Theorie des objektiven Geistes maximal 19684 gesonderte logische Themata umfassen. D. h., die Zahl der Themata ist $3^9 + 1$, da ja das Thema des reflexionslosen Seins, das nur ein Intervall umfasst, durch alle Vertiefungen der Reflexion unverändert weitergetragen wird. Einer Ontologie mit $3^9 + 1$ Themata würde ein System mit $\frac{1}{2} (3^9 + 1) (3^9 + 2)$ Werten entsprechen. Diesem würden wieder $3^3 + 1$ Logiksysteme folgen. Da, wie erinnerlich, jedes dieser Systeme um einen Wert gegenüber dem vorangehenden wächst, würden wir eine obere logische Grenze mit einer Logik von $\frac{1}{2}(3^9 + 1) (3^9 + 2) + (3^9 + 1)$ Werten erreichen. Die Zahl der Funktionen dieser Logik als balanziertes System wäre dann mit

$$m^{m^m}$$

angegeben, wo

$$m = \frac{1}{2} (3^9+1) (3^9+2) + (3^9+1)$$

ist.

Solche Zahlen sind ungeheuerlich, und ihre logische Bewältigung scheint über Menschenkraft hinauszugehen. Aus diesem Grunde könnte man es als müssig betrachten, sich überhaupt mit solchen Überlegungen zu befassen. Eine solche Resignation ist aber nicht am Platze, denn es bestehen für diese enormen Quantitäten, die qua Quantität philosophisch bedeutungslos sind, weil in ihnen Grössendifferenzen von Billionen und Trillionen überhaupt keine Rolle mehr spielen, Mittel struktureller Reduktionen. Ein solches Mittel ist z. B. die progressive Reduktion von Wertstrukturen zu Trito-Strukturen, Deutero-Strukturen und schliesslich Proto-Strukturen. Eine andere Möglichkeit (die der Verf. aber erst flüchtig erwogen hat und die sorgfältige Untersuchung erfordert) scheint sich durch das Vermittlungsproblem anzubieten. Darauf wird am Ende des Appendix noch einmal hingewiesen werden. Übrigens ist die Hegelsche Reflexionstheorie nicht allein, wenn es sich um das Problem der strukturtheoretischen Bewältigung super-astronomischer Zahlen handelt. Das Problem ist in der Biologie längst akut geworden, und die dort gemachten Erfahrungen und die sich in ihnen anbahnende Vertiefung des Reflexionsbegriffs der Natur lassen die Vermutung fast als Gewissheit erscheinen, dass die Minimalbedingungen einer Strukturtheorie des objektiven Geistes sehr bald in höheren Wertbereichen gesucht werden müssen.

Es bleibt noch die Frage zu beantworten, in wie weit der objektive Geist unter den in dieser Untersuchung betrachteten Gesichtspunkten die Einheit der Geschichte garantiert. Diese Einheit ist selber kein absolutes Datum, sondern muss sich in der Geschichte immer neu konstituieren. Sie hängt auf jeder Stufe von der Reflexionstiefe der jeweiligen konkreten historischen Gestalt des objektiven Geistes ab. Diese Reflexionstiefe aber ist abhängig erstens von dem Grade, in dem das in einer Geschichtsepoche dominierende Naturbild durchreflektiert worden ist; und zweitens hängt sie davon ab, wie weit dieses Naturbild durch den subjektiven Geist technisch bewältigt ist. Wenn wir in Tafel V sowohl für die Reflexion-in-Anderes (Natur) wie für die einfache Reflexion-in-sich (subjektiver Geist) je drei Intervalle angenommen haben, so haben wir damit einen Idealzustand vorausgesetzt, in dem subjektiver Geist sowohl wie Natur auf der Basis der vorhandenen Mittel voll durchreflektiert sind. In diesem Fall ist die Einheit der Geschichte — immer unter der Voraussetzung, dass wir von einem zeitlich begrenzten konkreten Zustand der Geschichte sprechen — dadurch gegeben, dass die Intervalle VIII, IX, X eine systematische in sich geschlossene Reflexionseinheit bilden. Wir dürfen dann für den objektiven Geist weder weniger noch mehr Intervalle in Anspruch nehmen. An diesem Prinzip ändert sich nichts, wenn durch historische Entwicklungen das den objektiven Geist definierende Intervall seinen Ort ändert und an Umfang zunimmt. In allen seinen Erscheinungsformen ist der objektive Geist an den ihm systematisch vorangehenden Reflexionsstatus von Natur und subjektivem Geist gebunden. Indem er sie in einer Einheit zusammenfasst, konstituiert er damit zugleich die jeweilige Einheit der Geschichte. Aber Reflexion-in-Anderes sowohl wie Reflexion-in-sich befinden sich in einem ständigen Gestaltwandel. Nur das reflexionslose Sein des ersten Intervalls ist dem Fluss der Zeit enthoben. —

Der Verfasser hat die gegenwärtige Untersuchung unternommen, weil er der Meinung ist, dass die bisherigen Methoden der Hegelforschung nicht ausreichen, um der Phänomenologie und der spekulativ-dialektischen Logik Hegels jene fundierende Rolle in der Grundlagentheorie der modernen Wissenschaft zu verschaffen, die ihnen gebührt. Das gegenwärtige wissenschaftliche Klima aber ist der Erreichung eines solchen Ziels nicht günstig, weil es von dem Vorurteil beherrscht ist, dass hermeneutische und mathematisierende Methoden des Denkens von so heterogener Natur sind, dass sich zwischen ihnen keine natürliche Verbindung herstellen lässt. Wir leben in einer Diktatur des Methoden-Dualismus, der sich immer wieder erneuert, weil er so viele gläubige Anhänger findet. Aber schon der Hegelsche Terminus « objektiver Geist » ist eine Herausforderung an diesen Glauben. Die Introszendenz des Geistes als für sich seiende Subjektivität scheint nur den hermeneutischen Methoden zugänglich, aber alle Objektivität, qua Objektivität, ist durch analytische mathematische und quasi-mathematische Methoden berührbar. In der Hermeneutik begegnen wir philosophischer Tiefe, aber ohne Ansprüche auf Präzision. In den analytisch-mathematisierenden Disziplinen muss ein Verlust dieser Tiefe in Kauf genommen werden, aber der Denker wird dafür durch einen erheblichen Zuwachs an Präzision belohnt. Es wird heute meist vergessen, dass Hegel nicht nur einmal, sondern mehrfach davon spricht, dass die Kraft des Geistes nur so gross ist, als er sich im Objektiven äussert, und seine echte Tiefe nur so tief, als er sich in seiner Auslegung in der Welt des Gegenständlichen zu verlieren getraut. Es ist wahr, dass Hegel die Mathematik seiner Zeit mitleidlos kritisiert hat. Und mit Recht. Sie war und ist kein direktes Vehikel philosophischer Meditation. Was aber heute ebenfalls vergessen wird, ist, dass Hegel selbst den Gedanken einer « philosophischen Mathematik » konzipierte, « welche dasjenige aus Begriffen erkennte, was die gewöhnliche mathematische Wissenschaft aus vorausgesetzten Bestimmungen... ableitet » (13). Interessant ist, dass Hegel im Zusammenhang mit diesem Gedanken die traditionelle Mathematik unter dem Gesichtspunkt tadelt, dass sie gegenüber « reichern Begriffen » versagt, weil dieser Reichtum eine Zweideutigkeit mit sich bringt, die « allein durch die *Erklärung* behoben werden »

---

(13) HEGEL (Glockner ed.) IX, S. 84.

könnte (14). Eine Erklärung von Zweideutigkeiten aber ist interpretativ. Hegels philosophische Mathematik hat also offenkundig einen hermeneutischen Kern.

Diese Hegelschen Spekulationen sind heute insofern von höchstem Interesse, als durch die wissenschaftlichen Bemühungen der letzten Dekaden zwei wichtige wissenschaftstheoretische Gesichtspunkte in den Vordergrund zu treten beginnen. Erstens wird es immer deutlicher, dass die Fragestellungen der Hegelschen Reflexionstheorie ständig an Boden gewinnen und dass sich als geeignetstes Vehikel, dieser Problematik nachzugehen, eine relativ neue mathematische Disziplin, die kombinatorische Analysis, zu entwickeln beginnt. Zweitens hat sich deutlich herausgestellt, dass es völlig unmöglich ist, eine Theorie der Mehrwertigkeit (die Kombinatorik involviert) zu entwickeln ohne stärkste Beteiligung hermeneutischer Gedankengänge. —

Was der Verfasser auf den obigen Seiten abgehandelt hat, die Unterscheidung von designativen und designationsfreien Werten und die daraus abgeleitete Unterscheidung von mehrwertiger Ontologie und mehrwertiger Logik, ist *hermeneutische* Deutung von Kalkülen bei Annahme einer beliebigen Anzahl von Werten. Dass solche Deutungen nicht willkürlich sind, geht daraus hervor, dass eine andere Deutung, mit der man mehrwertige Systeme zuerst interpretierte, nämlich die Deutung dieser Strukturen als Wahrscheinlichkeits — und Modalkalküle, nach dem Eingeständnis daran beteiligter Forscher versagt hat. Eine Verbindung von kalkülmässigen und hermeneutischen Methoden ist keineswegs Willkür, wie der Methoden-Dualismus wahr haben möchte und wie speziell von mathematischer Seite immer wieder behauptet wird. Ein entscheidendes Kriterium der Legitimität hermeneutischer Interpretationen eines mehrwertigen Kalküls ist die Beachtung des Hegelschen Prinzips des Panlogismus. Übersetzt in die Theorie mehrwertiger Systeme bedeutet das, dass *jede* logische Funktion, die in einem mehrwertigen Strukturzusammenhang auftritt, durch den angewandten hermeneutischen Deutungsstandpunkt interpretierbar sein muss. Die mehrwertigen Modalitäts — und Wahrscheinlichkeitstheorien haben diese Forderung nicht erfüllt.

Ein zwingender Grund für die Einführung mehrwertig-analytischer Kombinatorik in die Interpretation der Hegelschen Reflexionsphilosophie und damit in die Theorie des objektiven Geistes ist damit gegeben, dass diese Theorie, da sie das ganze Geschichtsproblem in sich begreift, von einer so fantastischen strukturellen Komplexität ist, dass alle Intuition, die nicht von sicheren analytischen Mitteln geleitet

---

(14) *Ibidem*. S. 85.

wird, hier versagen muss. Die Unmöglichkeit, historische Katastrophen abzuwenden, legt beredtes Zeugnis ab für die erschütternde Unfähigkeit des menschlichen Intellekts angesichts dieser Aufgabe. Was benötigt ist, um diesen Zustand wenigstens zu lindern, ist eine enge Verbindung von exakten analytischen und hermeneutischen Methoden. Erst dann werden wir das Recht haben, von historischen Wissenschaften zu reden. Die Vernunft darf nicht verschmähen, sich des Verstandes zu bedienen, denn — wie Hegel im zweiten Teil der Grossen Logik sagt (15) — : « Es ist .. in jeder Rücksicht zu verwerfen, Verstand und die Vernunft so, wie gewöhnlich geschieht, zu trennen. Wenn der Begriff als vernunftlos betrachet wird, so muss es vielmehr als eine Unfähigkeit der Vernunft betrachtet werden, sich in ihm zu erkennen ».

Es bleibt nur noch übrig, die Rolle von Kunst, Religion und Philosophie in ihrem Verhältnis zum objektiven und zum absoluten Geist kurz zu berühren. Wir sehen davon ab, dass alle drei Produkte der *Subjektivität* des Geistes sind. Darüber hinaus aber ist schwer zu leugnen, dass konkrete Gebilde der Kunst, religiöse Institutionen, formulierte philosophische Systeme und die von ihnen ausgehenden Wirkungen zur Sphäre des objektiven Geistes gehören. Die Enzyclopädie allerdings führt die drei als Manifestationen des absoluten Geistes an. Das dürfte so zu verstehen sein : obwohl Kunst. Religion und Philosophie in jeder konkreten historischen Gestalt, in der sie dem Bewusstsein erscheinen, dem Bereiche des objektiven Geistes angehören, so haben sie die Eigenschaft, dass ihre Objektivationen unvermeidlich ein Element der Selbst-Transzendierung enthalten. Sie sind der spirituelle Ausdruck der auf die Zukunft hin offenen historischen Existenz des Menschen, und insofern, als der objektive Geist, wo immer er in seiner Institutionalität auftritt, eine solche Selbst-Transzendenz in sich beherbergt, kann man nur von seinen strukturellen Minimalbedingungen, aber niemals von strukturellen Maximalbedingungen der Objektivationskraft des Geistes sprechen. Die Anerkennung dieser Tatsache schliesst das resignierende Urteil ein, dass es niemals möglich sein wird, die Theorie der dialektischen Selbst-Realisation des Geistes abschliessend und endgültig zu formalisieren. Aber insofern als die Philosophie nach den Worten des Schlussabschnitts der Enzyklopädie « der denkend erkannte « Begriff » der Kunst und Religion » ist, hebt sie die letzteren in die Sphäre der Objektivität, wo sie als Formprinzipien erscheinen. « Die Philosophie bestimmt sich hiernach », sagt Hegel, « zu einem Erkennen von der Notwendigkeit des *Inhalts* der absoluten Vor-

---

(15) HEGEL (Glockner ed.) V, S. 51.

stellung, sowie von der Notwendigkeit der beiden *Formen, einerseits* der unmittelbaren Anschauung und ihrer Poesie und der voraussetzenden Vorstellung, der objektiven und äusserlichen Offenbarung, andererseits zuerst des subjektiven Insichgehens, dann der subjektiven Hinbewegung und des Identifizierens des *Glaubens* mit der Voraussetzung. Dies Erkennen ist so das *Anerkennen* dieses Inhalts und seiner Form und *Befreiung* von der Einseitigkeit der Formen und Erhebung derselben in die absolute Form... » (16). In dieser Bewegung, welche die Philosophie ist, die sich darum bemüht, ihren eigenen Begriff zu erfassen, kommt es, wie Hegel einige Zeilen weiter sagt, ganz allein darauf an, den « Unterschied der Formen des spekulativen Denkens von den Formen der Vorstellung und des reflektierenden Verstandes » (17) zu begreifen. Der Vollbegriff jenes Unterschiedes wäre die absolute Form, von der in § 573 der *Enzyklopädie* die Rede ist. Solange aber die Geschichte einen offenen Horizont auf die Zukunft hin hat, sind die Formen der Vorstellung und des reflektierenden Verstandes in der « absoluten Form » nicht versöhnt. Daraus folgt aber, dass die an sich unvollendbare Aufgabe der Formalisierung der Dialektik über jede geschichtlich erreichte Stufe der Formalisierung zu höheren Stufen fortgetrieben werden kann. Wir stehen heute erst am Anfang dieser Arbeit.

---

(16) HEGEL (Glockner ed.) X, S. 458 f.
(17) HEGEL (Glockner ed.) X, S. 459.

APPENDIX

Wir haben im Text darauf hingewiesen, dass ein dreiwertiges System « bereits ein Vermittlungssystem ist ». Damit haben wir einen etwas vagen Vermittlungsbegriff übernommen, der davon abgeleitet ist, dass bei Hegel die gegenseitige Unmittelbarkeit von These und Antithese in der Synthese vermittelt ist. Nach welchen generellen, aber präzisen Regeln sich dieser Prozess vollzieht, darüber ist in der interpretierenden Hegel-Literatur wenig Aufklärendes zu lesen. Vor allen Dingen besteht für das gegenseitige Verhältnis von erster und zweiter Negation im Vermittlungsprozess nur wenig Klarheit. Wir haben die folgenden dieses Thema betreffenden Bemerkungen in einen Appendix verwiesen, weil sie nichts weiter als Hinweise auf einen noch in der Entwicklung begriffenen Versuch des Verf. darstellen, eine formale Theorie der Vermittlung auszuarbeiten. Andererseits fand der Verf. aber, dass solche Hinweise nicht ganz unterdrückt werden sollten, weil es merkwürdig wäre, von einer Strukturtheorie der Hegelschen Reflexionsphilosophie zu sprechen, ohne dabei das Vermittlungsproblem einzubeziehen. Der Verf. hofft, dass diese Hinweise wenigstens insofern nützlich sein können, als sie unter einem andern Gesichtspunkt eine weitere Vorstellung von der enormen Komplexität der logischen Struktur des Hegelschen Reflexionsbegriffes geben. Überdies ist der Terminus « Komplexität » so oft gebraucht worden, dass es dringend wünschenswert ist, ihn genauer zu präzisieren. Das ist umso mehr notwendig, als die Vermittlung das Vehikel dieser Komplexität ist.

Unter Vermittlung verstehen wir eine logische Struktur, an der sowohl eine Mehrzahl von Werten als auch eine Mehrzahl von Variablen beteiligt ist. Daraus folgt, dass solche Minimalsysteme, die entweder nur eine Variable und eine beliebige Anzahl von Werten oder einen Wert und eine beliebige Anzahl von Variablen enthalten, nicht als Vermittlungssysteme gelten sollen. (Zum mindesten würden sie nicht dem entsprechen, was Hegel unter « Vermittlung » zu verstehen scheint).

Wir werden uns im Folgenden zwecks einer kurzen Skizze des Vermittlungsproblems auf Bemerkungen über neun elementare Systeme beschränken, die von dem absoluten Minimalsystem mit einem Wert und einer Variablen nur bis zu einem System mit drei Werten und drei Variablen aufsteigen. In der folgenden Tafel VI geben wir eine schematische Aufstellung dieser Systeme S^n, wobei der Index n, der die Wertigkeit des Systems S angibt, nur die Werte 1 bis 3 durchlaufen soll. Jedem S^n folgt eine Klammer, die die für das System verfügbaren Variablen enthält, die wir mit den kleinen

Buchstaben p, q, und r bezeichnen. Falls in einem solchen System die Zahl der Werte gleich der Zahl der Variablen ist, nennen wir dasselbe balanziert. Überschreitet die Zahl der Werte die der Variablen, so sprechen wir von einem überbalanzierten System. Unterschreitet die Wertzahl die der Variablen, so nennen wir das System unterbalanziert. In Tafel VI sind diese Eigenschaften auf der rechten Seite der senkrechten Linie durch die Anfangsbuchstaben der betr. Adjektive angegeben. Ausserdem findet sich dort in 4 Fällen der Buchstabe v. Er deutet an, dass die so ausgezeichneten Systeme Vermittlungseigenschaften haben.

TAFEL VI

S^1 (p)	b	S^1 (p,q)	u
S^2 (p)	ü	S^2 (p,q)	b v
S^3 (p)	ü	S^3 (p,q)	ü v

S^1 (p,q,r)	u
S^2 (p,q,r)	u v
S^3 (p,q,r)	b v

Das balanzierte System der ersten Gruppe S^1(p) ist die primordiale Ontologie, auf der sich die ganze Logik aufbaut (Hegels « reflexionsloses Sein »). Die darauf folgenden überbalanzierten Systeme stellen formale Negationssysteme dar, die per se keinen Vermittlungscharakter haben, weil ihnen eine zweite Variable als minimales Instrument der Vermittlung fehlt. Das erste System der zweiten Gruppe ist ebenfalls nicht vermittlungsfähig. De facto sind alle einwertigen Systeme, ganz gleich, wieviele Variablen man ihnen zuschreibt, Systeme der Unmittelbarkeit. Der nicht balanzierte Zuwachs an Variablen vergrössert nur die Redundanz der Unmittelbarkeit.

Das erste Vermittlungssystem, dem wir begegnen, ist das System S^2(p,q). Bevor wir den Vermittlungscharakter dieses Systems beschreiben, ist es empfehlenswert, etwas über den Anfang der Hegelschen Logik zu sagen. Diese Logik beginnt, qua Reflexionstheorie, mit einem solchen Vermittlungssystem. Hegel stellt dort Sein und Nichts als These und Antithese einander gegenüber und vermittelt sie durch die Synthesis des Werdens. Dabei legt Hegel ausserordentlichen Wert darauf festzustellen, dass Sein und Nichts einander invers equivalent sind. « Das Sein, das unbestimmte Unmittelbare, ist in der Tat *Nichts*, und nicht mehr noch weniger als Nichts ». Umgekehrt heisst es dann im nächsten Abschnitt : « Nichts ist .. dieselbe Bestimmung oder vielmehr Bestimmungslosigkeit und damit überhaupt dasselbe, was das reine *Sein* ist » (18). Wie wichtig Hegel diese Gleichsetzung ist, geht daraus hervor, dass er im nächsten Abschnitt, der « Werden » betitelt ist, mit dem von ihm gesperrten Satze beginnt : « *Das reine Sein und das reine Nichts ist also dasselbe* ». Aber nachdem Hegel diese formale Identität von Sein und Nichts so ausdrücklich betont hat, dass gar kein Zweifel daran besteht, wie wichtig es für ihn ist, sie — in einem bestimmten Sinn — festzuhalten, fährt er wenige Zeilen darauf dialektisch fort : « Aber ebenso sehr ist die Wahrheit nicht ihre Ununterschiedenheit, sondern dass sie *nicht dasselbe,* dass sie *absolut unterschieden,* aber ebenso ungetrennt und untrennbar sind und unmittelbar *jedes in seinem Gegenteil verschwindet* ». Übersetzen wir das in eine etwas modernere Terminologie, so lässt sich das Folgende dazu bemerken : Das reflexionslose Sein ist per se ein einwertiges System, in dem nichts unterschieden werden kann. (Das gilt auch für die Unterscheidung von Wert und Variablen, da angesichts der Einwertigkeit des Systems eine mögliche Variable ja den Charakter einer Konstanten haben müsste — eine Konstante aber ist ein Wert.) Versuchen wir uns aber reflexionstheoretisch ein *Bild* von dieser Einheit des Seins zu machen, dann bricht diese Einheit in eine Dualität auseinander. Aus dem Sein wird ein *Verhältnis*. Nun gibt es aber zwei Typen von Elementarverhältnissen : ein Verhältnis kann entweder ein lebendiges Umtauschverhältnis sein, bei dem die Glieder beliebig gegeneinander vertauschbar sind — ohne dass sich durch diesen Tausch das geringste ändert. Ein Verhältnis kann aber auch als starres (nicht umkehrbares) Proportions- oder Ordnungsverhältnis auftreten. In diesem Falle begründet es eine Hierarchie. Verkehrt man aber die Ordnung in einer Hierarchie, dann ist das Resultat nicht dasselbe.

Es ist aus dem Hegelschen Text ohne weiteres zu entnehmen, wie wichtig es ihm ist festzustellen, dass die Einführung der Reflexion in das reflexionslose Sein ein lebendiges Umtauschverhältnis produziert. In andern Worten : dieses Sein formt zusammen mit der es abbildenden Reflexion (Nichts) ein zweiwertig isomorphes System. Aber infolge der beliebigen Vertauschbarkeit von Sein und Nichts ist dieses Reflexionssystem vorerst unbalanziert. Hegel stellt seine Balance dialektisch dadurch her, dass Sein und Nichts in einer anderen Hinsicht keineswegs dasselbe, sondern dass sie *absolut unterschieden* sind. Formal und undialektisch betrachtet, bedeutet das, dass die symmetrische Entgegensetzung von Sein und Nichts zwar einen

---

(18) HEGEL (Glockner ed.) IV, S. 88 f.

einfachen Wertgegensatz von positiv und negativ produzieren kann, dass damit aber noch nicht die Notwendigkeit gegeben ist, dass die Reflexion, die ein Seinsbild erzeugt und sich dasselbe vermittelt, auch mindestens über zwei Variable verfügen muss. Und Sein und Nichts sind nicht dasselbe insofern, als durch diese Nicht-identität der vorerst nicht vorhandene Gegensatz von Wert und Variablen erzeugt wird. Denn — wie in der nächsten Tafel demonstriert werden wird und wie wir bereits weiter oben vorwegnahmen — sind Vermittlungsstrukturen nur mit einem Minimum von zwei Werten und zwei Variablen produzierbar.

Da aber die Hegelsche « LOGIK » eine bisher nicht dagewesene Verbindung von formaler Reflexionslogik und Ontologie darstellt, ist es notwendig, auf die ontologische Bedeutung des Faktums hinzuweisen, dass Hegel sein logisches System mit einem Umtauschverhältnis von Sein und Reflexion anstatt mit einem hierarchischen Ordnungsverhältnis beginnt. Das reflexionslose Sein ist factum brutum, krasse Kontingenz. Die Widerspiegelung einer solchen Kontingenz in der Reflexion aber muss das symmetrische Umtauschverhältnis sein, weil ein solches Verhältnis an uns zwar eine Forderung der Entscheidung stellt, aber uns nicht den geringsten Fingerzeig gibt, wie wir uns entscheiden sollen. Jedes Etwas ist (prädikativ betrachtet) entweder positiv oder negativ. Um Sein *bestimmen* zu können, müssen wir uns zwischen den beiden zur Verfügung stehenden Werten entscheiden. Aber infolge des Symmetrieverhältnisses der beiden Werte ist die Entscheidung zwischen beiden mit einer formalen Kontingenz behaftet, die der materialen Kontingenz der reflexionslosen Objektivität entspricht. Wäre das Verhältnis zwischen Sein und Reflexion schon am Anfang der Logik ein hierarchisches Ordnungsverhältnis, wo wir *Gründe* haben den einen Wert dem andern vorzuziehen, dann ginge schon am Anfang der Logik der Kontingenzcharakter des reflegionslosen Seins verloren. Und was schon am Anfang nicht da war, das kann auch nicht dialektisch wiedergewonnen werden.

Wir haben uns mit der fundamentalen Bedeutung des symmetrischen Umtauschverhältnisses für den Anfang der Logik deshalb so eingehend beschäftigt, weil ein genaues Verständnis dieser Situation für den strukturellen Charakter des Vermittlungsprozesses unerlässlich ist.

Nach Hegel wird die Vermittlung zwischen Sein und Nichts durch das Werden hergestellt. In dem Vermittlungsprozess zwischen Sein und Nichts verschwindet, wie Hegel sagt, jedes in seinem Gegenteil. Der Terminus Werden suggeriert also eine « Bewegung ». Aber diese Bewegung vollzieht sich nicht am Werden selbst, sondern an dem, was « wird » — nämlich dem Sein und dem Nichts.

Trotz dem Sprachsinn des Wortes, der verführen will, das Gegenteil anzunehmen, stellt Werden eine Invarianz dar gegenüber der Variabilität von Sein und Nichts. Da aber die einzige Bewegung, die sich an Sein und Nichts vollziehen kann, die des gegenseitigen Umtausches ist, also die eines zweiwertigen Negationsverhältnisses, lässt sich sagen, dass die Hegelsche Vermittlung auf einer Relation zwischen einer Konstanten und einem Umtauschverhältnis beruht. Damit wird ohne weiteres deutlich, warum wir für Vermittlungsstrukturen nicht nur zwei Werte, sondern auch zwei Variable benötigen. Ein gegenseitiges Umtauschverhältnis von zwei Werten auf einer Variablen lässt sich mit einer einzigen Variablen bewältigen, wie die bekannte klassische Negationstafel (Tafel VII) zeigt : Wenn

TAFEL VII

p	nicht-p
1	2
2	1

sich aber ein solches Umtauschverhältnis auf dem Hintergrund einer Konstanten abspielen soll, brauchen wir eine zweite Variable, die — obwohl sie per se alle im System verfügbaren Werte annehmen kann — für den speziellen Fall des Umtauschverhältnisses, zu dem sie den Hintergrund bildet, einen konstanten Wert zeigt.

Nach diesen vorbereitenden Bemerkungen können wir zur Tafel VIII übergehen, die die Vermittlungsstruktur des Systems $S^2(p,q)$ darstellt. Das genannte System soll durch die Wertfolgen 1 2 1 2 für p und 1 1 2 2 für q repräsentiert sein. Um den Vermittlungscharakter dieses Systems zu zeigen, ist es notwendig, es in vier Subsysteme

TAFEL VIII

$S^2(p, q)$	$S^2(p,1)$	$S^2(p,2)$	$S^2(1,q)$	$S^2(2,q)$
1 1	1		1	
2 1	2			1
1 2		1	2	
2 2		2		2

zu zerlegen. Alle dies Subsysteme behalten ihre Zweiwertigkeit, aber sie verfügen nur noch über eine Variable, die die im System zur Verfügung stehenden Werte annehmen kann und einen Wert aus dem Wertbereich der zweiten Variablen, der den wert-konstanten Hintergrund für den Wertwechsel der Variablen darstellt.

Das erste Subsystem, $S^2(p,1)$, repräsentiert also den Fall, in dem die Variable p beide Werte, 1 und 2, annimmt, wenn q konstant ist. Als Konstantenwert gilt für das zur Diskussion stehende System 1. Gehen wir zu $S^2(p,2)$ über, so nimmt die Variable p wieder die beiden zur Disposition stehenden Werte an, aber diesmal ist die Variable q durch den Wert 2 ersetzt. Analoges gilt für das dritte und vierte System. Wir weisen erneut darauf hin, dass die beiden Werte ein Umtauschverhältnis darstellen ; und ihre Vermittlungsstruktur konstituiert sich in ihrer gegenseitigen Abhängigkeit. D. h., wenn die Wertwahl für das System $S^2(p,1)$ faktisch diejenige ist, die wir in Tafel VIII angeschrieben haben, so ist damit die Wertwahl für das letzte System der Tafel, $S^2(2,q)$, ebenfalls voll bestimmt. Dass keine partielle Bestimmung möglich ist, liegt daran, dass Tafel VIII viel zu strukturarm ist, um mehr als Eigenschaftsfragmente der Vermittlung zu zeigen. In Tafel VIII durchlaufen alle Systeme genau den gleichen Wertbereich, und dieser Wertbereich ist überdies (wenn wir vom einwertigen System absehen) der engste, der sich denken lässt. Aus diesem Grunde ist unsere Tafel als Demonstrationsobjekt für eine Vermittlungsstruktur sehr unbefriedigend. Sie hat aber einen Vorteil gegenüber den später noch einzuführenden Tafeln : die in ihr dargestellten Relationen sind von äusserster Einfachheit und daher vollkommen übersichtlich. Diese empfehlenswerten Eigenschaften verschwinden in zunehmendem Masse, wenn wir zusätzliche Werte und Variable einführen. Wir müssen also einen Kompromiss schliessen und soweit wie möglich Vermittlungseigenschaften an denjenigen Demonstrationsobjekten diskutieren, in denen Übersichtlichkeit und Anschaulichkeit dem Verständnis am besten weiter hilft. Nun ist ohne weiteres zu sehen, dass die Systeme $S^2(p,1)$ und $S^2(p,2)$, jedes separat für sich betrachtet, ein internes Umtauschverhältnis von je zwei Werten manifestieren. Betrachtet man sie aber in ihrer gegenseitigen Relation, die durch den Wertwechsel von q etabliert ist, so stellen wir fest, dass beide zweiwertige Systeme ihrerseits ein Umtauschverhältnis auf dem Hintergrunde von q darstellen. D. h., ihre Relation ist die, die Hegel Unmittelbarkeit nennt und die in dem Gesamtsystem $S^2(p,q)$ eine Vermittlung erfordert.

Diese Vermittlung wird durch die beiden verbleibenden Systeme $S^2(1,q)$ und $S^2(2,q)$ geleistet. Dabei verbindet $S^2(1,q)$ die ersten Wertwahlen der beiden zu vermittelnden Systeme $S^2(p,1)$ und $S^2(p,2)$. Das letzte System der Tafel VIII leistet dann denselben Dienst für die zweite Wertwahl.

Nun stellen die beiden vermittelnden Systeme $S^2(1,q)$ und $S^2(2,q)$ ihrerseits ein unvermitteltes Umtauschverhältnis dar. Sie müssen also auch vermittelt werden. Diese Vermittlung wird nun durch jene Systeme geleistet, die von ihnen vermittelt worden sind. Jedes der vier Systeme ist also relativ zu einem zweiten unvermittelt, aber relativ zu den andern beiden vermittelt. Zwei Systeme sind unvermittelt, wenn alle ihre Werte zu derselben Variablen gehören. Der Prozess der Vermittlung besteht dann darin, dass ihre ein Umtauschverhältnis produzierenden Konstanten in den vermittelnden Systemen durch eine Variable ersetzt werden.

Wir wollen die möglichen Positionen, die die 4 zweiwertigen Systeme in Tafel VIII hinsichtlich ihrer Relation zu Wert und Konstante einnehmen können, als *Kontextwerte* der Systeme bezeichnen. Sie formen einen sich gegenseitig tragenden Vermittlungskontext ihrer Wertwahlen. Ein solcher Kontext liefert uns ein einfaches Negationssystem in einem durch den Zutritt einer zweiten Variablen schon leicht komplexen Strukturzusammenhang. Da sich aber in allen Subsystemen von $S^2(p,q)$ die gleiche Wertwahl wiederholt, wollen wir die so entstehende Form der Komplexität als eine *iterative Komplexität* bezeichnen. — Wir werden weiter unten sehen, dass wir davon zwei andere Formen logischer Komplexität zu unterscheiden haben, vorerst aber sei ein weiteres Beispiel iterativer Komplexität gegeben.

Tafel VIII representierte ein balanziertes zweiwertiges System, das als Vermittlungsverhältnis überbalanzierter zweiwertiger Systeme (mit zwei Werten aber nur *einer* Variablen) betrachtet werden konnte. Wir führen jetzt ein zweiwertiges System $S^2(p,q,r)$ ein. Dieses System ist unterbalanziert, insofern als wir nicht genügend Werte zur Verfügung haben, um Wertkonstellationen zu erzeugen, in denen jede Variable einen von den andern verschiedenen Wert annimmt.

Tafel IX zeigt die Schematik des Vermittlungsverhältnisses, das in einem solchen System herrscht. Es ist ohne weiteres zu sehen, dass sich durch die Einführung einer dritten Variablen die iterative Komplexität der Zweiwertigkeit etwas erhöht hat, insofern als hier nicht mehr einzelne Werte sondern Wertpaare vermittelt werden, die ihrerseits in einem Umtauschverhältnis stehen. Damit demonstriert Tafel IX zwar neue Vermittlungseigenschaften, aber keine solchen, die über den Rahmen einfacher iterativer Komplexität herausführen. Dasselbe gilt auch, wenn wir noch eine vierte, fünfte oder irgend eine beliebig hohe, aber endliche Anzahl von Variablen einführen. Der Komplexitätscharakter bleibt derselbe, nur seine Iterativität erfährt eine rein quantitative Steigerung. Um einen in der Umgangssprache üblichen, uns allen geläufigen Terminus zu benutzen : die Kompli-

TAFEL IX

$S^2(p, q, r)$	$S^2(p,q,1)$	$S^2(p,q,2)$	$S^2(p,1,r)$	$S^2(p,2,r)$	$S^2(1,q,r)$	$S^2(2,q,r)$
1 1 1	1 1		1 1		1 1	
2 1 1	2 1		2 1			1 1
1 2 1	1 2			1 1	2 1	
2 2 1	2 2			2 1		2 1
1 1 2		1 1	1 2		1 2	
2 1 2		2 1	2 2			1 2
1 2 2		1 2		1 2	2 2	
2 2 2		2 2		2 2		2 2

ziertheit eines zweiwertigen Systems wird durch die Einführung von mehr und mehr Variablen erhöht, nicht aber sein Komplexitätscharakter.

Ein neuer logischer Typus von Komplexität tritt auf, wenn wir anstatt die Zahl der Variablen die der Werte erhöhen. Sehen wir von dem Übergang vom einwertigen zum zweiwertigen System ab (der hier nicht diskutiert worden ist, weil er eine spezielle Problematik involviert), dann ist das einfachste System, das einen zweiten Typus von Komplexität demonstriert, das dreiwertige System mit 2 Variablen, $S^3(p,q)$. Infolge seiner überbalanzierten Struktur zeigt dieses System, wie wir sehen werden, allerdings nur eine sehr schwache Variante der Vermittlung. Wie schwach und unvollständig die Vermittlung ist, werden wir sehen, wenn wir weiter unten dem System eine dritte Variable zuweisen.

Die folgende Tafel X gibt den allereinfachsten Strukturabriss des Systems $S^3(p,q)$. In ihr sind nur die drei zweiwertigen Subsysteme, aus denen das Gesamtsystem besteht, auseinandergehalten. Da die innere Struktur dieser Subsysteme ignoriert worden ist, ist die Tafel von einer täuschenden Simplizität. Mit ihr aber wird ein neuer struktureller Gesichtspunkt, der die logische Komplexität betrifft, eingeführt. Die drei Subsysteme, deren individuelle Wertigkeit jeweilig durch die beiden durch einen Punkt getrennten Subskripte angegeben wird, stellen ebenfalls einen systematischen Zusammenhang dar, der aber nicht nach dem Kontextprinzip geordnet ist. D. h. die Unterscheidung der Systeme und ihr Platz im Ganzen richtet sich nach ihrer unterschiedlichen Wertigkeit. Wir haben diese Anordnung in mehreren früheren Veröffentlichungen als Stellenwert der zweiwertigen Logik bezeichnet (19). Da diese « Stellen » bezw. die damit erzeugte Komplexität durch einen Zuwachs an Wertigkeit und nicht durch Repetition von Werten erreicht wird, sprechen wir in diesem Falle von *akkretiver Komplexität*.

TAFEL X

$S^3(p, q)$	$S^3(p, q)$ 1-2	$S^3(p, q)$ 1-3	$S^3(p, q)$ 2-3
1 1	1 1	1 1	
2 1	2 1		
3 1		3 1	
1 2	1 2		
2 2	2 2		2 2
3 2			3 2
1 3		1 3	
2 3			2 3
3 3		3 3	3 3

Da die wesentlichsten Struktureigenschaften von Tafel X an anderem Ort bereits ausreichend beschrieben sind, können wir uns hier auf kurze Hinweise beschränken. Ein Stellenwertsystem produziert den Gegensatz von Akzeptions- und Rejektionswert. Ausserdem treten in ihm hierarchische sowohl wie heterarchische (zyklische) Funktionen auf. Was aber den Vermittlungszusammenhang der drei Subsysteme betrifft, so ist das in Tafel X sichtbare vermittelnde Element nur an der ersten, fünften und neuten Stelle der Gesamtwertfolgen für p und q vorhanden. Dort allein kann die Wertgebung des einen Systems jeweilig die eines andren beeinflussen. —

---

(19) Siehe Anm. 6) und G. GUNTHER, *Die aristotelische Logik des Seins und die nicht-aristotelische Logik der Reflexion*, Ztschr. f. Philos. Forschung XII. S. 360-407 ; 1958.

Da dieser Appendix keine explizite Darstellung der Theorie der Vermittlung liefern will und ausschliesslich die Absicht hat, den im Haupttext öfters gebrauchten Begriff der Komplexität etwas zu klären und ausserdem einen Hinweis darauf zu geben beabsichtigt, in wiefern die Theorie der Vermittlung Einfluss auf den Versuch hat, die minimalen Strukturbedingungen einer Theorie des objektiven Geistes festzulegen, sind wir in der Lage, sofort zu einer kurzen Betrachtung eines balanzierten dreiwertigen Systems überzugehen. Dazu benötigen wir zwei weitere Tafeln ; XI und XII.

Tafel XI ist in drei Teile eingeteilt. XIa enthält nur das zweiwertige Subsystem von $S^3(p,q,r)$, das durch die Werte 1 und 2 gebildet wird. Wie man sieht, tritt dieses System an neun verschiedenen Plätzen auf. Diese Plätze aber repräsentieren nicht Stellen — sondern Kontextwerte. D. h., Tafel XIa enthält nur eine iterative Komplexitätsstruktur für das genannte zweiwertige Subsystem.

Gehen wir zu Tafel XIb über, können wir das gleiche für das durch die Werte 1 und 3 gebildete Subsystem von $S^3(p,q,r)$ feststellen. Auch hier haben die neun Positionen, in denen dieses System sich wiederholt, keine Stellenwertrelation zueinander, sondern nur eine Kontextwertbeziehung. Das gleiche gilt auch von Tafel XIc mit dem einzigen Unterschiede, dass das eine iterative Komplexität formende Subsystem durch die Werte 2 und 3 gebildet wird.

Sehen wir aber vom Inhalt der drei Tafeln ab und fragen wir nach der Beziehung, die dieselben zueinander haben, dann ist die Antwort, dass sie drei unterschiedliche Stellenwerte der Struktur eines zweiwertigen Systems repräsentieren. Die drei Tafeln formen also einen systematischen Zusammenhang von akkretiver Komplexität. Die Rolle des Systems $S^3(p,q,r)$ ist nun die, beide Komplexitätsprinzipien miteinander zu vereinigen und dadurch eine letzte höchste Komplexität zu bilden, die wir als *integrative Komplexität* bezeichnen wollen. Tafel XII gibt uns Gelegenheit, diese Integrativität der vorangehend beschriebenen Figuren zu studieren. Wie wir von Tafel X wissen, demonstriert das dreiwertige System mit 2 Variablen $S^3(p,q)$ eine sehr einfache Form akkretiver Komplexität, die von seinen drei Subsystemen gebildet wird.

In Tafel XII ist diese akkretive Komplexität in neun Positionen iterativer Komplexität wiederholt ; denn jedes dreiwertige System (mit zwei Variablen) ist seiner internen Struktur nach akkretivkom-

TAFEL XIa

$S^3(p,q,r)$	$S^3(p,q,1)_{1,2}$	$S^3(p,q,2)_{1,2}$	$S^3(p,q,3)_{1,2}$	$S^3(p,1,r)_{1,2}$	$S^3(p,2,r)_{1,2}$	$S^3(p,3,r)_{1,2}$	$S^3(1,q,r)_{1,2}$	$S^3(2,q,r)_{1,2}$	$S^3(3,q,r)_{1,2}$
1 1 1	1 1			1 1			1 1		
2 1 1	2 1			2 1					
3 1 1									
1 2 1	1 2				1 1		2 1		
2 2 1	2 2				2 1				
3 2 1									
1 3 1						1 1			
2 3 1						2 1			
3 3 1									
1 1 2		1 1		1 2			1 2	1 1	
2 1 2		2 1		2 2				2 1	
3 1 2									
1 2 2		1 2			1 2		2 2	1 2	
2 2 2		2 2			2 2			2 2	
3 2 2									
1 3 2						1 2			
2 3 2						2 2			
3 3 2									
1 1 3			1 1						1 1
2 1 3			2 1						2 1
3 1 3									
1 2 3			1 2						1 2
2 2 3			2 2						2 2
3 2 3									
1 3 3									
2 3 3									
3 3 3									

TAFEL XIb

$S^3(p,q,r)$	$S^3_{1,3}(p,q,1)$	$S^3_{1,3}(p,q,2)$	$S^3_{1,3}(p,q,3)$	$S^3_{1,3}(p,1,r)$	$S^3_{1,3}(p,2,r)$	$S^3_{1,3}(p,3,r)$	$S^3_{1,3}(1,q,r)$	$S^3_{1,3}(2,q,r)$	$S^3_{1,3}(3,q,r)$
1 1 1	1 1			1 1			1 1		
2 1 1								1 1	
3 1 1	3 1			3 1					1 1
1 2 1					1 1				
2 2 1									
3 2 1					3 1				
1 3 1	1 3					1 1	3 1		
2 3 1								3 1	
3 3 1	3 3					3 1			3 1
1 1 2		1 1							
2 1 2									
3 1 2		3 1							
1 2 2									
2 2 2									
3 2 2									
1 3 2		1 3							
2 3 2									
3 3 2		3 3							
1 1 3			1 1	1 3			1 3		
2 1 3								1 3	
3 1 3			3 1	3 3					1 3
1 2 3					1 3				
2 2 3									
3 2 3					3 3				
1 3 3			1 3			1 3	3 3		
2 3 3								3 3	
3 3 3			3 3			3 3			3 3

TAFEL XIc

$S^3(p,q,r)$	$S^3_{2,3}(p,q,1)$	$S^3_{2,3}(p,q,2)$	$S^3_{2,3}(p,q,3)$	$S^3_{2,3}(p,1,r)$	$S^3_{2,3}(p,2,r)$	$S^3_{2,3}(p,3,r)$	$S^3_{2,3}(1,q,r)$	$S^3_{2,3}(2,q,r)$	$S^3_{2,3}(3,q,r)$
1 1 1									
2 1 1									
3 1 1									
1 2 1									
2 2 1	2 2								
3 2 1	3 2								
1 3 1									
2 3 1	2 3								
3 3 1	3 3								
1 1 2									
2 1 2				2 2					
3 1 2				3 2					
1 2 2		2 2					2 2		
2 2 2		3 2			2 2			2 2	
3 2 2		2 3			3 2				2 2
1 3 2		3 3					3 2		
2 3 2						2 2		3 2	
3 3 2						3 2			3 2
1 1 3									
2 1 3				2 3					
3 1 3				3 3					
1 2 3			2 2				2 3		
2 2 3			3 2		2 3			2 3	
3 2 3			2 3		3 3				2 3
1 3 3			3 3				3 3		
2 3 3						2 3		3 3	
3 3 3						3 3			3 3

TAFEL XII

$S^3(p,q,r)$	$S^3(p,q,1)$	$S^3(p,q,2)$	$S^3(p,q,3)$	$S^3(p,1,r)$	$S^3(p,2,r)$	$S^3(p,3,r)$	$S^3(1,q,r)$	$S^3(2,q,r)$	$S^3(3,q,r)$
1 1 1	1 1 1			1 1 1			1 1		
2 1 1	2 1 1			2 1 1				1 1	
3 1 1	3 1 1			3 1 1					1 1
1 2 1	1 2 1				1 1 1		2 1		
2 2 1	2 2 1				2 1 2			2 1	
3 2 1	3 2 1				3 1 3				2 1
1 3 1	1 3 1					1 1 1	3 1		
2 3 1	2 3 1					2 1 2		3 1	
3 3 1	3 3 1					3 1 3			3 1
1 1 2		1 1 1		1 2 1			1 2		
2 1 2		2 1 1		2 2 1				1 2	
3 1 2		3 1 1		3 2 1					1 2
1 2 2		1 2 1			1 2 2		2 2		
2 2 2		2 2 1			2 2 2			2 2	
3 2 2		3 2 1			3 2 2				2 2
1 3 2		1 3 1				1 2 2	3 2		
2 3 2		2 3 1				2 2 2		3 2	
3 3 2		3 3 1				3 2 3			3 2
1 1 3			1 1 1	1 3 1			1 3		
2 1 3			2 1 1	2 3 1				1 3	
3 1 3			3 1 1	3 3 1					1 3
1 2 3			1 2 2		1 3 2		2 3		
2 2 3			2 2 2		2 3 2			2 3	
3 2 3			3 2 2		3 3 2				2 3
1 3 3			1 3 —			1 3 3	3 3		
2 3 3			2 3 3			2 3 3		3 3	
3 3 3			3 3 3			3 3 3			3 3

plex. Zu gleicher Zeit steht es aber innerhalb eines dreiwertigen Systems mit drei Variablen in einem Zusammenhang iterativer Komplexität. Die akkretive Komplexität bezieht sich also im Falle der Tafel XII lediglich auf Zweiwertigkeit ; die Dreiwertigkeit erscheint hier nur in einem Kontextwertsystem. Falls wir auch für die Dreiwertigkeit per se ein Stellenwertsystem etablieren wollen, müssen wir zu einer vierwertigen Struktur übergehen, in der unter Voraussetzung von zwei Variablen die Dreiwertigkeit in vier Subsystemen auftritt, die miteinander eine Systematik akkretiver Komplexität formen.

Damit kommen wir zu den abschliessenden Bemerkungen dieses Anhangs, der sich mit dem Problem der Vermittlung befasst. Unsere flüchtige Skizze dieses Problem bezweckte nur, zu zeigen, dass mehrwertige Systeme in der Tat Vermittlungsstrukturen sind, wobei sich die Vermittlung auf verschiedenen Ebenen der Komplexität bewegt. Aber obwohl in einem balanzierten System jede Wertkonstellation seiner Subsysteme vermittelt ist, zeigen die Tafeln XI und XII doch deutlich, dass der Grad der Vermittlung, der auf der Basis von Systemen mit so wenigen Werten beschrieben werden kann, nicht ausreichend für eine Philosophie des subjektiven, geschweige denn des objektiven Geistes ist.

Man kann die Komplexität mehrwertiger Systeme unter zweierlei Gesichtspunkten betrachten, nämlich man kann nach ihrem Funktionsreichtum fragen, und der ist allerdings bei Systemen mit sehr wenigen Werten bereits ausserordentlich eindrucksvoll, wenn nicht überwältigend. Ein zweiwertiges System hat z. B. nur 16 binarische Funktionen ; damit ist dieses System logisch balanziert. Ein dreiwertiges mit zwei Variablen hat bereits 19683 Funktionen, und balanziert man dieses System durch Hinzufügung einer weiteren Variablen, so erhöht sich die Zahl der Funktionen auf 7.625.597.484.987 ! Im Falle eines vierwertigen balanzierten Systems ist die Zahl der Funktionen bereits auf ca. 10^{152} gestiegen. Von dieser Zahl kann man sich auch dann kaum eine rechte Vorstellung machen, wenn man vergleichsweise feststellt, dass die grössten von Astronomen benutzten Zahlen etwa in der Grössenordnung von 10^{80} liegen.

Betrachtet man aber dieselben Systeme unter dem Gesichtspunkt der Vermittlung, dann zeigt z. B. Tafel XII, dass die dreiwertigen überbalanzierten Subsysteme in dem balanzierten System, zu dem sie gehören, nur dreimal vermittelt sind. Und da in einem vierwertigen balanzierten System die Zahl der dreiwertigen balanzierten Subsysteme nicht über 64 hinausgeht, ist die Zahl der möglichen Vermittlungsrelationen für diesen speziellen Fall auch relativ bescheiden. Jedenfalls ist von einem rapiden Hineinwachsen in superastronomische Dimensionen gar keine Rede. Man sollte sich deshalb von dem

Funktionsreichtum dieser Systeme nicht abschrecken lassen. Er ist unter dem Gesichtspunkte der Hegelschen Reflexionstheorie nicht im entferntesten so wichtig wie die Vermittlungsrelation, die diese Systeme enthalten. Aber das langsame Anwachsen dieser Relationen ist, abgesehen von den weiter oben angeführten Gründen, ein weiteres Motiv dafür, die Strukturtheorie des objektiven Geistes nicht in den Regionen allzu niedriger Wertzahlen zu suchen.

DIE HISTORISCHE KATEGORIE DES NEUEN[1]

Die Gestalt Hegels, so wie sie in seinem Werke uns erscheint, steht in einem zwiespältigen Licht. Auf der einen Seite war Hegel ein liebevoller und ehrfürchtiger Bewahrer des Alten; auf der andern Seite hat kein Philosoph vor ihm das philosophische Denken so weit in neue Dimensionen der Reflexion vorgetrieben, daß die Verbindung zum Alten oft gefährdet, wenn nicht gar verloren zu sein scheint. Die dreifache Bedeutung des Hegelschen Begriffs des "Aufhebens" beschreibt die Dialektik der Situation. Das Alte ist im Neuen aufgehoben insofern, als es in ihm vernichtet und vergessen ist. Aber in einem tieferen Sinne ist es im Neuen bewahrt und erhalten. Und mehr noch: insofern als es erhalten und im Neuen selbst neu geworden ist, bedeutet das Aufgehobensein schließlich ein Emporgehobensein und eine Verklärung in den Strahlen der Reflexion.

In dieser dialektischen Entgegensetzung zum Alten enthüllt sich uns die Kategorie des Neuen in drei verschiedenen Gestalten je nach dem ontologischen Ort, an dem sie uns erscheint. Am Anfang der Geschichte des Absoluten ist das Neue nur ein unerfülltes Versprechen, die bloße Möglichkeit eines Kommens, auf das man hofft. Im Fortgang der Welthistorie ist das Neue das Revolutionäre und Gefährdende, das alte Gefäße und Formen zerbricht, und schließlich, im eschatologischen Rückblick auf die im Hier und Jetzt jeweilig vollendete Geschichte, enthüllt sich das Neue als die Erfüllung und Versöhnung der dialektischen Gegensätze, an denen das Alte zugrunde und damit, wie Hegel sagt, in seinen Grund zurück gegangen ist.

Die Sprache, die wir in diesen einleitenden Sätzen gesprochen haben, ist - wie auch Hegels Text des öfteren - bildhaft, romantisierend und wenig geeignet zur wissenschaftlichen Analyse. Wir wollen uns deswegen fragen, ob es möglich ist, den Hegelschen Begriff des Neuen einer strukturtheoretischen Analyse zu unterwerfen, in der das soweit nur hermeneutisch Verständliche sich auf exakte analytische Begriffe zurückführen läßt. Freilich, bevor wir an diese Aufgabe gehen, müssen wir feststellen, was Hegel selber zum Thema sagt. In Band IX der

---

[1] Prepared under the Sponsorship of the Air Force Office of Scientific Research, Directorate of Information Sciences, Grant AF-AFOSR 68-1391.

Originalausgabe finden wir in der Einleitung zu den VORLESUNGEN ÜBER DIE PHILOSOPHIE DER GESCHICHTE auf S. 67 den folgenden Passus: "Die Veränderungen in der Natur, so unendlich mannigfach sie sind, zeigen nur einen Kreislauf, der sich immer wiederholt; in der Natur geschieht nichts Neues unter der Sonne, und insofern führt das Vielförmige ihrer Gestaltungen eine Langeweile mit sich. Nur in den Veränderungen, die auf dem geistigen Boden vorgehen, kommt Neues hervor." Neues in einem grundsätzlichen und prinzipiellen Sinne gibt es für Hegel, wie es scheint, also nur in der Geschichte, denn er unterscheidet in derselben Einleitung ausdrücklich ein natürliches und ein geistiges Universum (S. 35). Das letztere ist für ihn die Weltgeschichte.

Entwicklungen und Veränderungen in der Natur folgen nach Hegel "einem inneren unveränderlichen Prinzip" und finden auf eine "unmittelbare, gegensatzlose, ungehinderte Weise" statt. Emphatisch fährt er dann fort: "Im Geist aber ist es anders ... er hat sich selbst als das wahre feindselige Hindernis seiner selbst zu überwinden; die Entwicklung, die in der Natur ein ruhiges Hervorgehen ist, ist im Geist ein harter unendlicher Kampf gegen sich selbst" (S. 68). Diese Unterscheidung ist Hegel so wichtig, daß er im nächsten Abschnitt noch einmal darauf hinweist, daß die Entwicklung der historischen Epochen nicht dasselbe ist wie das "harm- und kampflose bloße Hervorgehen" (S. 69), das nach seiner Meinung die Evolution des natürlichen Lebens kennzeichnet. Hegel resümiert dann seine geschichtsphilosophischen Gedanken mit der bündigen Feststellung: "Die Weltgeschichte stellt ... den S t u f e n g a n g der Entwicklung des Prinzips, dessen G e h a l t das Bewußtsein der Freiheit ist, dar" (S. 70).

Der Unterschied von Natur und Geist liegt also gemäß den Vorlesungen über die Philosophie der Geschichte darin, daß alle Entwicklung in der Natur auf dem Boden eines "inneren unveränderlichen Prinzips", das keine echten, d. h. prinzipiellen Gegensätze aufkommen läßt, statthat; daß Geschichte aber eine stufenartige Entwicklung eines Prinzips impliziert. Die Kategorie des Neuen, als eminent historische, steht also in wesentlicher Verbindung mit der V e r ä n d e r u n g eines allgemeinen Prinzips.

Damit hierüber nur kein Mißverständnis bestehe, führt Hegel auch einen unechten Begriff des Neuen an. Er erwähnt die Legende vom Phoenix als Sinnbild "von dem Naturleben, das ewig sich selbst seinen Scheiterhaufen bereitet und sich darauf verzehrt, so daß aus seiner Asche ewig das neue, verjüngte, frische Leben hervorgeht" (S. 90). Nachdem Hegel dieses Bild als nicht sachgemäß abgelehnt hat, fährt er kontrastierend fort: "Der Geist, die Hülle seiner Existenz verzehrend, wandert nicht bloß in eine andere Hülle über, noch steht er nur verjüngt aus der Asche seiner Gestaltung auf, sondern er geht erhoben, verklärt, ein reinerer Geist aus derselben hervor" (S. 90f.). Von Erhebung und Verklärung kann allerdings in der Monotonie der ewig gleichen Wiederkehr des Phönix nicht die Rede sein. Seine Auferstehung ist bloßer Naturvorgang. Sie ist die Selbstwiederholung eines unveränderlichen Prinzips, das auch durch den Tod in nichts Höheres transformiert wird. Darum ist ein solcher Tod nach Hegel irrelevante Vernichtung des vom Allgemeinen abgetrennten Einzelnen. Über diesen Tod lesen wir in der PHÄNOMENOLOGIE DES GEISTES, daß er "keinen inneren Umfang und Erfüllung hat" (II, S. 446). Diesen natürlichen "platten" Tod sterben Individuen und wohl auch Völker, obwohl die letzteren, wenn sie ihre historische Mission erfüllt haben, gelegentlich weiter dauern können. Eine solche Fortdauer aber ist, so bemerkt Hegel, "eine interesselose unlebendige Existenz ... eine politische Nullität und Langeweile. Wenn ein wahrhaft allgemeines Interesse entstehen sollte, so müßte der Geist eines Volkes dazu kommen, etwas Neues zu wollen, - aber woher dieses Neue? es wäre eine höhere, allgemeinere Vorstellung seiner selbst, ein Hinausgegangensein über sein Prinzip, - aber eben damit ist ein weiter bestimmtes Prinzip, ein neuer Geist vorhanden" (IX, S. 93).

Nun macht Hegel aber einen subtilen Unterschied zwischen dem natürlichen Tod, sei es eines Individuums oder eines Volkes, und dem Untergang einer Gruppe als Träger und Repräsentant eines historischen Prinzips. Ein gesellschaftlicher Verband, der von einem solchen Prinzip beseelt ist, existiert nicht nur in der Gegensatzlosigkeit natürlicher, sinnlicher Existenz, sondern er hat, wie Hegel sagt, auch Existenz als Gattung. Gattung aber ist das, was einen prinzipiellen Gegensatz in sich erträgt. Bloße Desintegration des Gegensatzes produziert den natürlichen Tod, der nichts weiter als bis zum äußersten getriebene Gegensatzlosigkeit ist. Aber während eine solche Auflösung für die Individualexistenz das unwiderrufliche Ende bedeutet, ist der Tod für die Gattung die unerläßliche Bedingung für den Anfang von etwas Neuem. Dazu bemerkt Hegel in seiner Ästhetik: "Der Tod hat eine doppelte Bedeutung; einmal ist er das selbstunmittelbare Vergehen des Natürlichen, das anderemal der Tod des nur Natürlichen und dadurch die Geburt eines Höheren, des Geistigen, welchem das bloß Natürliche in der Weise abstirbt, daß der Geist dies Moment als zu seinem Wesen gehörig, an sich selbst hat" (X, 1; S. 450).

So weit haben wir uns darauf beschränkt, im Rahmen von Zitaten die wichtigsten Termini zu sammeln, die Hegel mit seinem Begriff des Neuen assoziiert. Es sind dies hauptsächlich "Veränderung", "Geist",

"Gegensatz", "Prinzip", "Stufengang", "Tod" und "Auferstehung". Die Gewichtigkeit dieser Termini, die alle systematische Relevanz in der Hegelschen Philosophie haben, deutet darauf hin, daß unter der Kategorie des Neuen ebenfalls etwas Gewichtiges und Fundamentales zu verstehen ist. Es erübrigt sich, darauf hinzuweisen, daß, wenn Hegel vom Neuen spricht, er nicht solche Belanglosigkeiten wie neue Kleider oder neue Transportmittel meint. Wir fühlen uns zwar berechtigt, wenn wir von der biologischen Entwicklung der Organismen reden, zu sagen, daß im Laufe der Zeit neue Tiergattungen aufgetreten sind. Aber Hegels Gebrauch des Terminus "neu" ist so rigoros, daß auch diese Bedeutung ausgeschlossen werden muß, denn in der Natur geschieht ja - so wie er wenigstens behauptet - nichts Neues.

Wenn wir uns nun endlich der Frage zuwenden, ob und wieweit sich die Hegelsche Kategorie des Neuen strukturtheoretisch präzisieren läßt, dann fällt uns auf, daß die acht von uns erwähnten (und evtl. vermehrbaren) Fundamentalbegriffe, die Hegel mit der Kategorie des Neuen verbindet, sich in zwei Gruppen, wie in der folgenden Tafel, anordnen lassen:

säkular	mythologisierend
Veränderung (im Kreislauf)	Natur
Prinzip	Geist
Gegensatz	Tod
Stufe	Auferstehung

Wie man sieht, haben die Termini auf der linken Seite der Tafel wesentlich strukturtheoretisch-formalen Charakter. Die auf der rechten Seite bezeichnen nicht-säkularisierte Mythologeme. Jedem Begriff auf der rechten Seite entspricht also eine gewisse Struktureigentümlichkeit auf der linken - obwohl niemand ernsthaft behaupten kann, daß unsere Idee von 'Natur' damit erschöpft ist, daß wir stattdessen von kreislaufförmiger Veränderung sprechen.

Andererseits drängt das Verhältnis von linker und rechter Seite uns die folgende Überlegung auf: Wenn die Termini auf der linken Seite wenigstens den Anfang einer Formalisierung und Säkularisierung der Mythologeme bedeuten, dann sollte es möglich sein, einen solchen Prozess der Formalisierung solange fortzusetzen, bis alle Mythologeme auf der rechten Seite - und andere, die wir in unsere Tafel eintragen könnten - als entweder elementare oder komplexe Struktureigenschaften unserer empirischen Wirklichkeit entlarvt sind.

Daß ein solcher Säkularisierungsprozeß einer älteren Mythologie in der Hegelschen Philosophie wirksam ist, daran kann kaum ein Zweifel bestehen. Auch läßt sich kaum bestreiten, daß die Kategorie des Neuen davon betroffen ist, obwohl für uns Heutige das Wort, wenn überhaupt, nur schwache metaphysische oder mythologische Assoziationen mit sich trägt. Aber wir wollen nicht vergessen, daß Hegels These, daß in der Natur nichts Neues geschieht, ein Zitat aus dem Prediger Salomo ist, und daß der Terminus auch sonst in der Bibel häufig in einem fundamentalen Sinne gebraucht wird. Es sei nur an den Anfang des 21. Kapitels der Offenbarung Johannis erinnert, "Und ich sah einen neuen Himmel und eine neue Erde; denn der erste Himmel und die erste Erde verging, und das Meer ist nicht mehr." Hegels Assoziierung des Terminus "neu" mit "Prinzip" und "Stufe" z. B. enthält zwar den Ansatz einer solchen Säkularisierung, die über die biblische Tradition hinausgeht, aber auch nicht mehr.

Wir wollen jetzt diesen Ansatz um einen Schritt weiter treiben und fragen uns deshalb, was es bedeuten kann, wenn Hegel behauptet, daß die subalternen - nichts wirklich Neues produzierenden - Veränderungen, deren die Natur fähig ist, auf einer Gegensatzlosigkeit beruhen. Nun ist es ganz selbstverständlich, daß in j e d e r Veränderung irgendwelche Unterschiede und damit relative Gegensätze involviert sind. Hegel muß also zwei Gegensatztypen unterscheiden. Und er tut das in der Tat, wie allgemein bekannt ist. Funktionell charakterisiert er diese Gegensatztypen durch die Unterscheidung von partieller und totaler Negation.

Dabei fügt aber Hegel, wie ebenfalls bekannt, der ersten klassischen Negation mit ihrer partiellen und totalen Variante noch seine berühmte 'zweite Negation' hinzu. Zum Zwecke der Klärung des gegenseitigen Verhältnisses dieser beiden Negationen wollen wir ein neues Begriffspaar einführen, das wir mit den Termini 'Kontexturalität' und 'Diskontexturalität' bezeichnen. Was eine Kontextur ist, wollen wir zuerst an einigen einfachen Beispielen erläutern: Wenn wir vom Sein-überhaupt sprechen, so meinen wir damit einen totalen systematischen Zusammenhang, der in sich geschlossen ist, also eine Kontextur bildet, die sich als solche von dem abgrenzt, was Hegel das reine Nichts nennt. Alle theoretischen Mittel, derer man sich innerhalb eines solchen kontexturellen Zusammenhangs bedient, versagen, wenn man vermittels ihrer über die Grenzen der Kontextur hinaus schreiten will. Das ist in der Anwendung auf die Diskontexturalität von Sein und Nichts völlig trivial. Jede logische Kette oder jeder arithmetische Zählprozeß, deren wir uns im Bereich des Seins bedienen, finden ein Ende, wenn wir versuchen, die Grenze vom Sein zum Nichts zu überschreiten. Man kann im Nichts weder Schlüsse ziehen noch Dinge zählen.

Der Gegensatz von Sein und Nichts ist so der elementarste Fall von Diskontexturalität. Wäre er jedoch der einzige, dem unser Universum unterworfen wäre, so wäre die Hegelsche Logik überflüssig, und es wäre uns für immer unmöglich, über die klassische Tradition des Denkens und der Philosophie hinauszukommen. Tatsächlich aber ist unsere Wirklichkeit von weiteren Diskontexturalitäten durchwebt, die unendlich viele Kontexturen von einander trennen. So formt z. B. der Inbegriff aller bona fide Objekte eine Kontextur und der subjektive Bewußtseinsraum eines erlebenden Subjekts, das diese Objekte wahrnimmt, eine andere. Ein weiteres Beispiel der Diskontexturalität ist die radikale Trennung des Bewußtseinsraums eines Ichs von der sogenannten psychischen Sphäre eines Du. So sehr wir uns auch bemühen, wir können die Bewußtseinsvollzüge eines fremden Ichs nie als die unsern erleben, weil ja psychische Erlebnisse, die an verschiedene Ichzentren gebunden sind, unterschiedlichen Kontexturen angehören und damit relativ zueinander diskontexturell sind.

Für die Idee einer Kontextur ist wesentlich, daß inhaltliche Gleichheit oder Unterschiede - also intrakontexturale Identitäten und Differenzen - nicht das geringste für die Fusion oder Trennung zweier oder mehrerer Kontexturen beitragen. Wir wollen das an unserm letzten Beispiel der Kontexturalitätsdifferenz zweier Bewußtseinsräume, die sich als Ich- und Du-Sphären verhalten, etwas näher erläutern. Zuerst soll stipuliert werden, daß zwei Iche zu einer gegebenen Zeit "identische" psychische Erlebnisse haben, "dasselbe" fühlen, wollen oder auch die "gleichen" Gedanken entwickeln, - also des Poeten Wort verwirklichen: zwei Seelen und ein Gedanke, zwei Herzen und ein Schlag! Dann aber wollen wir umgekehrt stipulieren, daß zwei individuelle Ichzentren nicht die geringsten Gedanken "gemeinsam" haben und daß sowohl die Gefühle des einen Ichs als auch seine Willensintentionen dem andern völlig fremd und unverständlich sind.

Soweit nun das Problem der Kontexturalitätsdifferenz zweier gesonderter Ichzentren und der ihnen zugeordneten Bewußtseinsräume in Frage kommt, ist es völlig gleichgültig, welche der beiden oben beschriebenen Stipulationen wir akzeptieren. Sogenannte Gleichheit der Gefühle, Gedanken und Willensentscheidungen verringert die Kontexturalitätsschranke nicht im geringsten. Ebensowenig, wie gegenseitiges totales Unverständnis und die Unmöglichkeit des Nachvollzugs fremder Bewußtseinserlebnisse sie erhöht. Die jeweiligen spezifischen Inhalte, die in einer Kontextur zusammengefaßt und strukturell verbunden sind, sind qua Inhalt völlig irrelevant. Was allein in Frage kommt, ist der strukturelle Abbruch, der zwischen zwei Kontexturalitäten existiert und der es unmöglich macht, daß ein gegebenes Ich je die Erfahrungen eines Du als die seinen erlebt. Für das Verhältnis zweier strukturgleicher Kontexturen ist die Relation von Urbild und Abbild proto-typisch.

Es läßt sich vielleicht noch hinzufügen, daß eine notwendige - aber nicht zureichende - Eigenschaft einer Kontextur darin besteht, daß in ihr das Tertium non datur derart gilt, daß die Alternative, die das Dritte ausschließt, von einer solchen erschöpfenden Allgemeinheit sein muß, daß sie keinem übergeordneten Bestimmungsgesichtspunkt (der Alternativen von größerer logischer Spannweite erlaubt) unterliegt. Reflexionsloses Sein-überhaupt kann für seine Inhaltsbestimmungen im Sinne eines radikalen Drittensatzes logisch nicht überboten werden. Also stellt es eine geschlossene Kontextur dar. -

Wir behaupten nun, daß die klassische erste Negation Aristotelischer Provenienz als partielle Negation ausschließlich eine intra-kontexturelle Funktion hat. Sie negiert i n n e r h a l b einer Kontextur und sonst nirgends. Als totale aber negiert sie sich selbst und hebt damit die ganze Kontextur auf, in der sich ihre partiellen Negationsfunktionen bewegen. Das ist Hegelsches "Aufheben" im Sinne von Vernichten. Im Gegensatz dazu hat das, was Hegel als "zweite Negation" bezeichnet, überhaupt keine intra-kontexturelle Funktion. Dieses Negieren hat trans-kontexturellen Charakter. In dieser neuen Operation wird die Gesamtheit einer Kontextur dadurch "verneint", daß man an ihre Stelle nicht das Nichts, sondern eine andere positive Kontextur setzt.

Innerhalb jeder gegebenen Kontextur herrscht nun jenes andere unveränderliche Strukturprinzip, von dem Hegel spricht. Der Übergang von einer Kontextur zu einer anderen von ihr positiv unterscheidbaren (die Kontextur des Nichts ist n i c h t von der Kontextur des reflexionslosen Seins unterscheidbar) aber bedeutet Wechsel eines Strukturprinzips. Es gehört zur Definition einer Kontextur, daß ihr struktureller Charakter durch intra-kontexturelle Operationen in keiner Weise verändert werden kann. Er kann aber auch nicht durch Hegels zweite Negation verändert werden, denn die letztere hat ja nur die Aufgabe, einen neuen und reicheren Strukturzusammenhang an die Stelle des alten zu setzen. Dieser schließt zwar - als Sub-Struktur - die vorangehende Kontextur ein (Hegels "Aufheben" als Bewahren), aber diese Sub-Struktur hat jetzt ihren universalen, alles-beherrschenden Kontexturcharakter verloren.

Dadurch, daß die zweite Negation nirgends Inhaltsbestimmungen, sondern nur die strukturellen Zusammenhänge gegebener Inhalte "verneint", verändert sie das bis dato geltende logische Prinzip. Der Gegensatz, von dem Hegel im Zusammenhang mit der Kategorie des Neuen spricht und den er mit der Gegensatzlosigkeit der sogenannten natürlichen Veränderung kontrastiert, ist der "totale" Gegensatz sich qua Kontextur ausschließender sub-kontextureller Prinzipien und Zusammenhänge (s. Appendices). Verglichen mit ihm schrumpfen intra-kontexturelle, d.h. materiale, bzw. kontingente Differenzen bei gleichbleibendem Strukturprinzip zu relativer Gegensatzlosigkeit zusammen. Das Neue in der Geschichte, das nach Hegel aus der "unwillige(n) Arbeit" des Geistes an seinem Gegensatz entsteht, ist also nicht das Produkt sich bestreitender Inhaltsbestimmungen innerhalb einer gegebenen Kontextur. Es resultiert vielmehr aus dem Gegensatz zweier Kontexturen. Dieser Schluß ist unvermeidlich! Da das, was wir mythologisierend Geist nennen, reine Kontextur ist, kann der Geist sich selbst nur als Kontextur zum Gegensatz haben, und nicht als vereinzelter kontextureller Inhalt. –

Mit der einfachen Feststellung, daß die Hegelsche Kategorie des Neuen, die mit der Ablösung einer weltgeschichtlichen Epoche durch eine andere verbunden ist, identisch ist mit der Idee eines Kontexturwechsels in der Geschichte – deren historischer Motor die zweite Negation ist – könnten wir uns begnügen und unsere Betrachtung abschließen, wenn Hegel nicht darauf hinwiese, daß die Weltgeschichte einen Stufengang der Entwicklung eines Prinzips darstellt derart, daß ein höheres Prinzip ein niederes ablöst. Nun haben wir zwar die Idee eines Prinzips mit der strukturtheoretischen Konzeption einer geschlossenen Kontextur identifiziert. Was wir bisher aber über Kontexturen gesagt haben, gibt uns noch kein Recht zu behaupten, daß der Übergang von einer Kontextur zur nächsten ein Fortschreiten vom Niederen zum Höheren oder auch umgekehrt ein Regress vom Höheren zum Niederen ist. Im Gegenteil: die Beispiele von Kontexturen, die wir bisher angeführt haben, z.B. die Diskontexturalität von reflexionslosem Sein und Nichts, oder von Ich- und Du-Subjektivität, schließen eine solche Möglichkeit ausdrücklich aus. Die Diskontexturalitätsrelation zwischen den bisher angeführten Kontexturen ist symmetrisch – also ein Umtauschverhältnis – und nicht hierarchisch. Um festzustellen, daß Hegel recht hat, wenn er vom Stufengang eines sich immer neu verwandelnden Prinzips in der Weltgeschichte spricht, müssen wir einen weiteren Begriff, nämlich den der asymmetrischen Diskontexturalität einführen.

Was darunter zu verstehen ist, läßt sich am besten erläutern, wenn wir uns zuerst genau vergegenwärtigen, was unter symmetrischer Diskontexturalität zu verstehen ist. Zwecks Illustration wollen wir ein weiteres Beispiel elementarer Diskontexturalität anführen. Vielleicht der fundamentalste Ausdruck von elementarer Diskontexturalität neben dem die Hegelsche Logik eröffnenden Gegensatz von reflexionslosem Sein und reinem bestimmungslosen Nichts ist die Zeit. Zeit ist, strukturtheoretisch betrachtet, nichts anderes als die Aktivierung einer Diskontexturalitätsrelation zwischen Vergangenheit und Zukunft. Wir können zwar Aussagen über die Vergangenheit machen, und wir können auch mit gewissen Reservationen Aussagen über die Zukunft machen, wir sind aber in keiner Weise fähig, theoretische Feststellungen über die Gegenwart zu machen, weil die Gegenwart im Prozeß der Aussage selbst sofort zur Vergangenheit wird. Alle überhaupt möglichen Aussagen müssen in eine Kontextur einzuordnen sein. Gegenwart aber bedeutet nichts anderes als Übergang von einer Kontextur zur anderen. Die Entdeckung, daß Vergangenheit und Zukunft diskontexturelle Zeitdimensionen sind, läßt sich bis auf Aristoteles zurückführen. Er weist nämlich im IX. Kapitel von PERI HERMENEIAS darauf hin, daß der Satz vom ausgeschlossenen Dritten sowohl für die Vergangenheit als auch für die Zukunft gültig ist, daß er aber nur auf die Vergangenheit anwendbar ist. Die beiderseitige Gültigkeit des Tertium non datur für die Vergangenheit sowohl wie für die Zukunft weist darauf hin, daß diese beiden Kontexturen, soweit das Gültigkeitsproblem in Frage kommt, ein symmetrisches Umtauschverhältnis bilden. Sie sind aufeinander abbildbar. Auf dem Boden der klassischen Logik ist der Zeitverlauf nur chronologisch und reflexionslos, d. h. er ist umkehrbar. Die Diskontexturalität der beiden Zeitdimensionen Vergangenheit und Zukunft kommt nun darin zum Ausdruck, daß bei beiderseitiger Gültigkeit des Drittensatzes derselbe immer nur auf einer Seite anwendbar ist. Die Seite, auf der wir ihn anwenden, ist diejenige, die wir dann Vergangenheit nennen.

Wir können die chronologische, undialektische, Zeit also als eine "temporale" Folge zweier Kontexturen betrachten, aber da diese Folge umkehrbar ist, liegt in ihr nichts, was auf einen Stufengang und einen Fortgang vom Niederen zum Höheren hinweist.

Andererseits aber verbinden wir mit dem Übergang vom Alten zum Neuen die Vorstellung der Nicht-Umkehrbarkeit. Das Neue ist nur deswegen neu, weil es nach dem Alten kommt. Was wir benötigen, ist also eine nicht-umkehrbare Diskontexturalitätsrelation. Wenn wir von Sein und Nichts sprechen, oder von Ich-Subjektivität und Du-Subjektivität, oder von Vergangenheit und Zukunft nur im chronologischen Sinne, dann sprechen wir von ungeordneten Paaren von Kontexturen. Um aus ihnen einen Stufengang zu machen, der den Hegelschen Begriff des gerichteten Werdens impliziert, müssen wir ein Schema finden, nach dem sich alle überhaupt möglichen Kontexturen ordnen lassen. Die Lösung dieses Problems ist bereits in der Hegelschen Logik vorhanden. Wie bekannt, beginnt die große Logik Hegels mit der undialektischen E n t - g e g e n s e t z u n g von Sein und Nichts, die dialektisch betrachtet aber eine G l e i c h s e t z u n g ist. Sein-überhaupt designiert - worauf wir bereits hinwiesen - einen ungebrochenen ontologischen Zusammenhang. Sein-überhaupt hat nirgends Löcher. Genau das gleiche muß aber auch vom reinen Nichts behauptet werden. So wie das Sein keine Löcher hat, so wird das reine Nichts nirgends von Seinsbrocken unterbrochen. Hegel weist am Anfang der Großen Logik ausdrücklich darauf hin, daß beide Dimensionen strukturell völlig ununterscheidbar sind. Und doch sind sie diskontexturell, denn das Sein ist eben Sein und nicht Nichts. Der Sachverhalt ist in der mathematischen Logik längst bekannt, wo er als Isomorphie der Zweiwertigkeit und semantische Symmetrie von Affirmation und Negation erscheint. Diese Isomorphie stellt man auf die folgende Weise her:

a) Jede Aussage wird ihrer Negation zugeordnet.
b) Die Grundbeziehung 'Negation' wird sich selbst zugeordnet.
c) Der Grundbeziehung 'Konjunktion' wird die Grundbeziehung 'Disjunktion' zugeordnet.

Daraus erfolgt eine überraschende Tatsache: wenn wir uns in unsern Aussagen über die Welt, der klassischen zweiwertigen Logik bedienen, dann sind wir in der Lage, zwei Aussagemengen zu bilden, die sprachlich äußerst verschieden sein können, die aber ontologisch genau dasselbe sagen. In seinem Vortrag auf einem Hegel-Kongress, der 1931 unter anderen Auspizien als heute abgehalten wurde, wies der Mathematiker Reinhold Baer auf diese Isomorphie mit der Bemerkung hin: "Jede Aussage ist zwar von ihrer Negation verschieden, aber es besteht kein wesentlicher Unterschied zwischen positiven und negativen Aussagen, sogar schärfer zwischen einer Aussage und ihrer Negation." Obgleich Reinhold Baers Behauptung unantastbar ist, besteht unser logischer Instinkt darauf, daß zwischen einer Aussage und ihrer Negation doch ein wesentlicher ontologischer Unterschied besteht. Und dieser Instinkt hat recht. Wenn wir nämlich den Inbegriff aller affirmativen Aussagen, die aus der klassischen Logik hervorgehen, auf Hegels reflexionsloses Sein abbilden und den isomorphen Inbegriff aller Negationen dieser Aussagen auf das ebenso reflexionslose Nichts, dann demonstriert unsere Isomorphie die totale Diskontexturalität von Sein und Nichts. Hegel hat für diese Diskontexturalität einen wohlbekannten Terminus: Unmittelbarkeit. Aber Unmittelbarkeit allein ist noch keine Gewähr für Neues.

Wir wollen jetzt den Begriff der Isomorphie zweier Kontexturen, die trotz ihres isomorphischen Charakters diskontexturell getrennt sind, im Lichte der Hegelschen Kategorie des Neuen betrachten. Zwar ist jeder vorstellbare zähl-, denk- und objektivationsfähige Wirklichkeitsprozeß in eine gegebene strukturelle Kontextur eingeschlossen. Ist aber eine zweite Kontextur der ersten in dem von Baer beschriebenen Sinn also zweiwertig und undialektisch isomorph, dann lassen sich diese Prozesse in der zweiten Kontextur spiegelbildlich wiederholen. Das bedeutet nun, daß alle angeblichen Aussagen über das Nichts, in denen man sich negativer Aussageformen bedient - wie das z. B. die negative Theologie des Dionysius Areopagita tut -, in Wirklichkeit nichts anderes sind als maskierte Aussagen über das affirmative reflexionslose Sein! Und wenn Sein und Nichts nur einfache Spiegelungen voneinander sind, dann können wir im Abbild nichts lesen, was wir nicht schon im Urbild erfahren haben. Daraus folgt - um zu unserer thematischen Kategorie des Neuen zurückzukehren -, daß nach allem, was wir aus dem Sein gelernt haben, uns das Nichts keine Neuigkeit mehr bieten kann.

Damit wird deutlich, daß die Hegelsche Kategorie des Neuen mit dem strukturellen Prinzip der Anisomorphie verbunden sein muß. Wenn Hegel behauptet, daß es in der Natur nichts Neues gäbe, dann meint er damit, daß die Kategorie des Neuen, so wie er sie versteht, in Symmetriesystemen keine Anwendung finden kann. Damit ist das Mythologem 'Natur' im Sinne der Hegelschen Philosophie völlig säkularisiert. "Natur" bedeutet Symmetrie von Seinssystemen. D. h. das, was in einem gegebenen Objektivzusammenhang symmetrisch ist, das ist "natürlich". Unsere weiteren Ausführungen antizipierend, können wir sagen, daß ein erster Schritt zur Säkularisation des Terminus 'Geist' damit getan ist, daß wir von dem letzteren sagen, er sei eine Manifestation eines asymmetrischen Verhältnisses von Kontexturen.

Soweit unsere klassische Tradition des Denkens auf einer zweiwertigen, undialektischen Logik ruht, ist sie, wie bekannt, die Lehre aller Symmetriestrukturen der Welt. Eine symmetrische Welt aber ist eine total unhistorische Welt, in der in dem von Hegel definierten Sinn echtes Neues nicht auftreten kann. Umgekehrt ist Geschichte nur ein umgangssprachlicher Ausdruck für strukturelle Asymmetrie der Wirklichkeit.

Tatsächlich aber liegt in der Relation zwischen reflexionslosem Sein und reinem Nichts mehr, als Reinhold Baer darin gesehen hat. Diese Relation enthält - vom Standpunkt des Dialektikers her - eine Asymmetrie, der wir jetzt nachgehen wollen. Wir finden sie in der Hegelschen Unterscheidung von Unmittelbarkeit und Vermittlung. Sein und Nichts stehen sich einerseits als Unmittelbarkeiten gegenüber, und insofern entspricht ihre gegenseitige Beziehung der Baerschen Beschreibung. Sie sind aber auch, wie Hegel am Anfang der Großen Logik bemerkt, in der Kategorie des Werdens miteinander vermittelt. Aber Termini wie Vermittlung und Werden sind im Grunde genommen auch nur durch die Umgangssprache erzeugte Mythologeme, solange man nicht in der Lage ist, sie auf strukturelle Eigenschaften der Wirklichkeit zurückzuführen.

Um dieser Aufgabe zu genügen, weisen wir darauf hin, daß der Hegelsche Terminus 'Vermittlung' nur dann einen exakten Sinn haben kann, wenn der Terminus 'Sein' (oder invers auch der des Nichts) zwei verschiedenen Relationen angehört. Das ist in der Tat der Fall. Einerseits steht Sein in einem symmetrischen Umtauschverhältnis mit Nichts, und darüber haben wir bereits genügend gesprochen. Sein steht aber auch - und dies ist die subtilere Beziehung - in einer Relation zu dem symmetrischen Umtauschverhältnis, das zwischen ihm selbst und dem Nichts statthat! Um diesen Sachverhalt auf die einfachste Formulierung zu bringen, können wir sagen: Für die klassische, auf der zweiwertigen Logik fussenden, undialektischen Relationstheorie ist eine Relation nichts weiter als das Verhältnis zwischen zwei Relationsgliedern. Eine dialektische Theorie der Relation muß aber zusätzlich feststellen, daß jedes Verhältnisglied, abgesehen von seiner Beziehung zum anderen, auch noch eine Relation zu dem Umtauschverhältnis selbst hat, das zwischen ihm selbst und dem andern Relationsglied besteht. Es ist klar, daß diese Relation zwischen Verhältnisglied und dem Verhältnis selbst sich von dem symmetrischen Verhältnis zwischen den beiden Relationsgliedern insofern unterscheiden muß, als in ihm die Relationsglieder nicht mehr vertauschbar sind.

Solange sich Sein und Nichts als Unmittelbarkeiten gegenüber standen, waren sie beliebig vertauschbar, also umkehrbar eindeutig aufeinander abbildbar; und durch ihre Vertauschung konnte an ihrer gegenseitigen Beziehung nicht das geringste geändert werden. Sein und Nichts stellten deshalb kein geordnetes Paar dar. Formen wir jetzt aber ein neues eigenartiges Verhältnis, wo auf der einen Seite das Sein (oder auch das Nichts) steht und auf der andern Seite jedoch die Umtauschrelation von Sein und Nichts, dann stellen in diesem Verhältnis die beiden Relationsglieder ein geordnetes Paar dar. Da sie nicht mehr aufeinander abbildbar sind, besitzt die Relation einen Richtungssinn. Das ist, was der Hegelsche Terminus 'Werden' bedeutet, ein Werden, in dem das Sein und das Nichts am Anfang der Großen Logik vermittelt sind.

Wir wollen jetzt diese Überlegungen in die Sprache unserer Kontexturalitätstheorie übersetzen. Wir bemerkten, daß das Sein eine Kontextur ist und das Nichts eine andere. Wir führten weiterhin - auf dem Weg über Hegels zweite Negation - auch bereits den Begriff der Dis- und

Transkontexturalität ein. In dieser manifestiert und reflektiert sich die Relation zwischen den beiden Kontexturen. Damit sind wir in der Lage, im Rahmen der Kontexturalitätstheorie zwei fundamentale Relationen zu definieren: erstens die Umtauschrelation zwischen zwei sich gegenseitig ausschließenden Elementarkontexturen; u.zweitens die Relation zwischen Kontextur und Transkontexturalität, die uns infolge ihrer Asymmetrie die Möglichkeit gibt, logisch rechts und links und damit ontologisch auch vorher und nachher zu unterscheiden.

Da wir Transkontexturalität nur dort feststellen können, wo wir eine Beziehung zwischen mindestens zwei Kontexturen haben, läuft das Problem der zweiten asymmetrischen Relation auf die einfache Frage hinaus: Wie verhält sich eine Einzelkontextur zu Strukturen von höherer Komplexität, die aus mindestens zwei oder auch mehr Kontexturen konstruiert werden können?

Nun läßt sich zeigen, daß Systeme mit graduell wachsender Anzahl von Elementarkontexturen einen eigenartigen Aufbau formen, auf den der Hegelsche Terminus 'Stufengang' vorzüglich paßt. Es ist ebenfalls demonstrierbar, daß in transkontexturellen Zusammenhängen höherer Ordnung - infolge der größeren Komplexität des Gesamtsystems - logische Eigenschaften auftreten, die in den isolierten Elementarkontexturen schlechterdings nicht aufweisbar sind. Insofern existieren in den stufenartig sich erweiternden transkontexturellen Synthesen die ontologischen Bedingungen für das Auftreten von Neuem.

Der Übergang von einer Kontexturalitätsstufe zur nächsten wird durch Hegels zweite Negation besorgt. Es ist charakteristisch für die klassische erste Negation, daß durch ihre Anwendung nie und nirgends eine Anreicherung an kontextureller Struktur erfolgt. Umgekehrt ist charakteristisch für Hegels zweite Negation, daß jede erneute Anwendung die Komplexität des Gesamtsystems erhöht. Das bedeutet aber auch, daß diese Negation eine neue funktionelle Definition erfordert. Hegels berühmter Terminus 'zweite Negation' ist also im Grunde genommen ein Sammelbegriff für eine Hierachie von transklassischen Negationen von sich dauernd vergrößernder Reichweite. An dieser Stelle mündet eine Untersuchung der Hegelschen Logik in die philosophische Theorie transklassischer sogenannter mehrwertiger Logiken ein, die letzten Endes nichts anderes sind als progressive Formalisierungsstadien der Dialektik. Klassische Affirmation und Negation produzieren allein weder formal noch nicht-formal ein dialektisches Verhältnis. Sie sind, um ein einfaches Bild zu gebrauchen, in den Kontexturen gefangen. Die Trennungswand zwischen den Kontexturen vereitelt ein dialektisches Zusammen - oder auch Gegenspiel. -

Um diese Betrachtung abzuschließen, wollen wir noch einmal zu der Kategorie des Neuen in der Hegelschen Geschichtsphilosophie zurückkehren. Wir erinnern uns, daß Hegel in den von uns angeführten Zitaten die Kategorie des Neuen mit dem Auftreten einer frischen historischen Epoche assoziierte ... einer Epoche, die ein bisher nicht dagewesenes generelles Prinzip zum Ausdruck bringt. Auf der andern Seite ist es selbstverständlich, daß eine neue Epoche auch neue Inhalte hervorbringt. Der Gegensatz zweier historischer Epochen beruht also auf einer doppelten Negation: erstens einer gegenseitigen Negation von Inhaltlichkeit - das ist das Aristotelische Moment des Negativen - und einer gegenseitigen Negation von Kontexturprinzipien. Das ist Hegels zweite Negation.

Eine dialektische Struktur entsteht, wenn zu bloßen Inhaltsrelationen die spezifischen Strukturbedingungen einer Kontextur hinzukommen, die andere Kontexturverhältnisse ausschließt. Da sich aber gegenseitig widersprechende Kontexturen transkontexturell zusammenschließen lassen, entstehen Strukturbedingungen, die sich nicht mehr undialektisch behandeln lassen.

Da andererseits kein Zweifel daran bestehen kann, daß der Kontexturbegriff exakt definierbar ist und daß gleiches auch von dem Prinzip des Transkontexturellen gesagt werden kann, so ergibt sich, daß auch die Theorie der Dialektik progressiv einem Formalisierungsprozeß zugänglich sein muß. Wir sagen 'progressiv', denn die Totalität des dialektischen Prozeßes, die von absoluter Allgemeinheit bis zur letzten vereinzelten Individualität reicht, wird in toto unformalisierbar bleiben. Mathematisch gesprochen: Die Formalisierungsbedingungen der Dialektik müssen rekursiv sein.

Diese Rekursivität der dialektischen Strukturen ist unaufhebbar, weil sie auf einer grundsätzlichen ontologischen Voraussetzung für das Verhältnis von Reflexion und Zeit beruht - einer Voraussetzung, die auch in das Hegelsche Geschichtsbild eingegangen ist. Es ist oft bemerkt worden, daß die Griechen, die die Grundlagen unseres klassischen Weltbilds entwickelten, sich bemühten, ein zeitloses theoretisches Bild des Kosmos zu entwerfen. Dieser Kosmos unterlag dem Gesetze der ewigen Wiederholung des Gleichen, weil ihm die historische Dimension des Einmaligen und nicht Wiederholbaren fehlte. Für diese klassische Auffassung ist die Wirklichkeit eine einzige geschlossene Kontextur, in der es bestenfalls Diskontinuierliches von faktisch-inhaltlichem Charakter gibt. Alle Abbrüche von kontexturellen Zusammenhängen sind in diesem Weltbild nur scheinbar und vorläufig. Sie beruhen, wie Kant später sagt, auf einer transzendentalen Illusion. Für das klassische Denken finden sich alle Gegensätze, so wild und unversöhnlich sie sich auch in dieser Welt gebärden, letzten Endes zusammen in der göttlichen Coincidentia Oppositorum des Nicolaus Cusanus. In andern Worten: Das griechisch-christliche Weltbild ist mono-kontextural. Das Hegelsche ist polykontextural.

Es ist höchst bezeichnend, daß die Coincidentia Oppositorum bei Hegel nirgends systematisch verwertet wird; es sei denn, wir betrachten die dialektische Einheit von Sein und Nichts als Coincidentia Oppositorum. Aber diese Pseudo-Einheit ist bei Hegel nicht das Ende der Heilsgeschichte der Welt, sondern ein ganz säkularer elementarer Anfang. Deshalb gewinnen wir aus der Hegelschen Geschichtsphilosophie ein bisher nicht dagewesenes philosophisches Bild des Wirklichen. Vom Standpunkt der Hegelschen Dialektik aus gesehen ist die Welt nicht eine geschlossene Kontextur, die alles Inhaltliche umfaßt und es auf einen metaphysischen Generalnenner bringt. Sie ist vielmehr ein System von sich unendlich erweiternden Kontexturen von beständig wachsendem strukturellem Reichtum. In ihr verwirklicht sich eine unvollendbare, ins Unendliche ausgespannte Poly-Kontexturalität. In dem alten klassischen Weltbild, das zwar inhaltlichen Reichtum, aber totale kontexturelle Einfachheit besaß, konnte es nichts echt und wirklich Neues geben. Weshalb die nach Neuem suchende Sehnsucht des Menschen ein überirdisches Paradies oder seine das Neue fürchtende Angst eine unterirdische Hölle jenseits der Grenzen des Lebens setzte. Paradies und Hölle waren der einzige Kontrast zur ewigen Wiederkehr des Alten im Dasein. Die Idee eines himmlischen oder höllischen Jenseits ist in der Tat ein Ausdruck für Diskontexturalität aber eben nur ein mythologischer Ausdruck. Und die Weltgeschichte als Heilsgeschichte betrachtet, wie das die klassische Tradition tut, ist nichts weiter als Vorbereitung auf jenes Neue, das jenseits dieses irdischen Lebens west. Aber wenn die Heilsgeschichte nur auf das Neue v o r b e r e i t e t , dann kann in ihr selbst nichts Neues auftreten; denn damit verlöre sie ja ihren Charakter als Vorbereitung.

Der grundsätzliche Unterschied der Hegelschen Geschichtsauffassung gegenüber der klassischen Tradition besteht nun darin, daß er die Diskontexturalität, die in der platonischen Ideenlehre, und anderswo, das Diesseits vom Jenseits trennt, säkularisiert und in die Geschichte selbst hineinnimmt. Das Vehikel dazu ist für ihn die Kategorie des Neuen. Die Geschichte ist für ihn das Medium, in dem total Neues entsteht. Total Neues aber kann i n n e r h a l b einer gegebenen Kontextur nicht auftreten. Und da Hegel - richtig oder falsch - die Natur als geschlossene Kontextur interpretiert, kann sie nach seiner Auffassung intrakontexturell nichts echtes Neues hervorbringen. Der triviale Übergang von einem Inhalt zum nächsten produziert höchstens solche subalterne "Neuheit", wie wir sie in wechselnden Kleidermoden finden. Aber daran ist die Philosophie nicht interessiert. Das echte Neue, das dem philosophischen Blick standhalten kann, erfordert inhaltliche Veränderung sowohl als Wechsel der Kontextur. Damit ist aber nicht nur die erste sondern auch die zweite Negation involviert. Mit andern Worten: Die historische Kategorie des Neuen in Hegels Geschichtsphilosophie ist das Resultat eines real-dialektischen Prozesses.

Es kann somit keine historische Epoche geben, an deren Zukunftshorizont nicht schon ein Neues wartet. Nur die undialektische Betrachtung der Geschichte will ihr ein unüberholbares Ziel oder ein Jüngstes Gericht setzen. Die Dialektik des Neuen aber garantiert uns - kraft ihrer rekursiven Natur - die ewige schöpferische Offenheit des geschichtlichen Prozesses.

APPENDIX I

Wenn im Text bemerkt worden ist, daß die Idee des Diskontexturellen eine "zweite Negation" und eine transklassische Logik impliziert, so ist damit das Prinzip der Mehrwertigkeit ins Spiel gebracht, denn die Hegelsche zweite Negation konstituiert ja einen dritten Wert.

Mehrwertigkeit aber ist vorläufig ein Begriff, der meistens Verwirrung stiftet, weil die überwiegende Anzahl der Logiker immer noch nicht intrakontexturelle und trans-kontexturelle Mehrwertigkeit unterscheiden. D. h., wir können erstens mit einer gewissen Berechtigung von Mehrwertigkeit sprechen, wenn wir von logischen Themen handeln, die sich auf die inhaltlichen Details einer gegebenen und in sich geschlossenen Kontextur beziehen. Wir können zweitens aber auch in einem ganz andern Sinne von Mehrwertigkeit reden, wenn der Übergang von einer Kontextur zur anderen in Frage steht. Der erste Typ von Mehrwertigkeit ist zum mindesten seit 1920 bekannt, d. h. seit den frühen Arbeiten von Lukasiewicz und Post zu diesem Thema. Wir wollen diesen Begriff kurz erläutern.

Es ist möglich zwischen Negation und Position Zwischenwerte einzuführen, die dann meist als Wahrscheinlichkeitswerte oder Modalitätswerte interpretiert werden. Um die Position dieser zusätzlichen Werte zu bezeichnen, braucht Lukasiewicz ausdrücklich das Wort 'zwischen'. Und Post spricht von 'gemischten' (mixed) Werten, die weder voll negativ noch voll affirmativ sind, sondern einen Kompromiß zwischen diesen beiden logischen Wertextremen darstellen. Gebraucht man nach dem

Vorbild der Boole'schen Algebra für Negation das Zeichen 0 und für Affirmation das Zeichen 1, dann ergibt sich für die Lokation der zusätzlichen Werte das folgende Schema:

$$0 \ldots \ldots \frac{1}{4} \ldots \ldots \frac{1}{2} \ldots \ldots \frac{3}{4} \ldots \ldots 1$$

Man kann dann sinnvoll von einer dreiwertigen Logik sprechen oder auch von einer solchen, die eine unendliche Anzahl von Zwischenwerten zwischen Negation und Affirmation einführt.

Es ist berechtigt, von Mehrwertigkeit in diesem Sinne zu sprechen, solange man sich gegenwärtig hält, daß die derart eingeführten Werte nicht strikt formal sind, sondern kontingente Inhaltlichkeit implizieren, wie von Oskar Becker betont worden ist.

Es ist selbstverständlich, daß diese Mehrwertigkeit nur von geringem Nutzen in der Interpretation der Hegelschen Logik ist, da die letztere eine Theorie reiner Strukturen darstellt. Es gibt aber auch noch einen zweiten Begriff der Mehrwertigkeit, wie er vom Verfasser dieser Zeilen in den 50er Jahren in die Logik eingeführt worden ist. In diesem zweiten Fall sind die zusätzlichen Werte nicht **innerhalb** der Antithese von Negation und Affirmation lokalisiert, sondern sie befinden sich 'außerhalb' und dienen dem Zweck, neben der zweiwertig klassischen Logik, die völlig intakt gelassen wird, neue logische Systeme zu formieren.

Wir wollen, was wir meinen, an dem einfachen Beispiel der klassischen Konjunktion illustrieren. Wir werden aber für unsere Demonstration nicht den Boole'schen Symbolismus benutzen, sondern wir setzen, wie das in vielen Schriften über Mehrwertigkeit heute üblich ist, für Affirmation die natürliche Zahl 1 und führen für die Negationen dann die darauf folgenden natürlichen Zahlen (2, 3, 4, ...) ein. Und da im Bereich dieser Arbeit nur von relativ elementaren Fällen der zweiten Hegelschen Negation die Rede war, wollen wir uns für die Wertcharakterisierung mit den Zahlen 1, 2 und 3 begnügen. Außerdem benötigen wir noch ein Minimum von zwei Variablen p und q und ein Zeichen für Konjunktion: &. Die Tafel für die klassische zweiwertige Konjunktion hat dann die folgende Gestalt:

p	q	p & q
1	1	1
2	1	2
1	2	2
2	2	2

Diese Form der Konjunktion ist für den totalen Bereich einer geschlossenen ontologischen Kontextur gültig. In der klassischen Tradition ist die ganze Wirklichkeit eine solche einheitliche Kontextur, weshalb sie eine Struktur hat, die formal ausschließlich durch Zweiwertigkeit beschrieben wird. Damit ist implizit angenommen, daß die Elementarstruktur der Welt relativ einfach ist.

Wir wollen jetzt aber mit Hegel voraussetzen, daß die Welt kontexturelle Brüche enthält und letztlich eine Synthese sich gegenseitig ausschließender Kontexturen ist. Jede dieser Kontexturen ist intrakontexturell, d. h. inhaltlich wieder zweideutig. D. h., in allen gilt die klassische Logik lokal. Aber die klassische Logik gilt nicht für den trans-kontexturellen Übergang von einer gegebenen ontologisch-kontexturellen Lokalität zur nächsten. In andern Worten: eine logische Konfiguration wie die unseres konjunktiven Beispiels von

$$p \& q$$

muß für jede Kontextur separat wiederholt werden.

Wenn wir jetzt zu den beiden klassischen Kontexturen von Sein und Nichts noch eine dritte, die wir nach Hegelschem Vorbild das Werden nennen können, einführen, dann ergibt sich ein konjuktives Muster für eine dreiwertige Logik, das die folgende Form hat:

p	q	p & q	1 ↔ 2	2 ↔ 3	1 ↔ 3	1 ↔ 2 ↔ 3
1	1	W	1		1	1
2	1	?	2			2
3	1	F			3	3
1	2	?	2			2
2	2	?	2	2		2
3	2	F		3		3
1	3	F			3	3
2	3	F		3		3
3	3	F		3	3	3

Diese Tafel gibt angeblich eine einheitliche dreiwertige Konjunktion, wenn wir den Wert 1 als positiv = wahr (W), den Wert 3 als klassisch negativ = falsch (F) und den Wert 2 als Wahrscheinlichkeit von unbestimmter Größenordnung einsetzen, für die wir noch (als Symbol für das funktionelle Resultat) das Zeichen: ? einführen wollen. Die erste ungebrochene neunstellige Wertfolge auf der rechten Seite des vertikalen Doppelstrichs gibt dann eine konjunktive Wahrscheinlichkeitsfunktion, die sich i n n e r h a l b einer geschlossenen ontologischen Kontextur hält.

Nehmen wir aber an, daß wir es mit einer diskontexturellen Wirklichkeitsstruktur zu tun haben, dann ergibt sich aus den möglichen Wertkonstellationen der beiden Variablen p und q überhaupt keine einheitliche logische Funktion im klassischen Sinn, sondern unsere Tafel liefert uns drei zweiwertige Funktionen für die Konjunktivität, die sich auf v e r s c h i e d e n e Kontexturen beziehen, in denen unsere traditionelle klassische Logik mit den drei Wertpaaren

$$1 \leftrightarrow 2$$
$$2 \leftrightarrow 3$$
$$1 \leftrightarrow 3$$

auftritt. Diese drei separaten Zweiwertigkeiten erscheinen nun in einem dreiwertigen System in einem transkontexturellen Zusammenhang, der uns erlaubt, sie in einer geschlossenen Wertfolge

$$1 \leftrightarrow 2 \leftrightarrow 3$$

darzustellen, wie die obige Tafel zeigt. -

Die transkontexturelle Funktion der Mehrwertigkeit kommt aber dann am besten zum Ausdruck, wenn wir einen neuen Funktionsbegriff einführen, den wir 'Transjunktion' (Tr) nennen wollen, weil er jenseits der klassischen Dualität von Konjunktion und Disjunktion liegt.

In einer Welt, deren Wirklichkeitsstruktur diskontexturell ist, müssen wir annehmen, daß es Kontexturen von geringerer und größerer inhaltlicher Kohäsion gibt, und daß Werte aus stärkeren Kontexturen in den· Bereich schwächerer Kontexturen störend eindringen können. Um diese logische Eigenschaft, die zum ersten Mal in einem triadischen System auftritt, zu illustrieren, zeigt die folgende Tafel den Wertverlauf einer Transjunktion. Der Wertverlauf ist erst in geschlossener Folge gegeben und dann separat für die drei Kontexturen, auf die sich unser triadisches System bezieht. Wir sehen, daß hier in das zweiwertige System

$$1 \leftrightarrow 2$$

der Wert 3 aus den anderen Kontexturen an derjenigen Stelle eingebrochen ist, die kontexturell am schwächsten ist, weil die Variablen in ihrer Wertbesetzung differierten. Wie man sieht, trägt die eine Variable jeweilig den Wert 1, wenn die andere den Wert 2 hat. Die Bedeutung des transjunktiven Einbruchs ist nun darin zu sehen, daß das Auftreten des Werts 3 eine Verwerfung der Totalalternative darstellt, durch die die gesamte Kontextur, in die der Einbruch erfolgt, charakterisiert wird. Der Wert 3 stellt also in diesem Falle ein

p	q	p Tr q	1 ↔ 2	2 ↔ 3	1 ↔ 3
1	1	1	1		1
2	1	3	3		
3	1	2			2
1	2	3	3		
2	2	2	2	2	
3	2	1		1	
1	3	2			2
2	3	1		1	
3	3	3		3	3

ontologisches Novum dar. Und damit sind wir auf dem Weg über einige strukturtheoretische Überlegungen zu der Hegelschen Kategorie des Neuen zurückgekehrt.

Das für das System 1 ↔ 2 Gesagte gilt selbstverständlich auch für die Kontexturen, die durch 2 ↔ 3 und 1 ↔ 3 bezeichnet sind. Die oben angeführte Transjunktion ist total. Sie tritt ausnahmslos an allen Stellen auf, an denen die Möglichkeit besteht, eine auf p und q verteilte Wertalternative zu verwerfen. In dem System 2 ↔ 3 wird die Verwerfung sinngemäß durch den Wert 1 und in dem System 1 ↔ 3 durch den Wert 2 geleistet. Das gesamte dreiwertige System enthält aber selbstverständlich auch Funktionen, in denen eine solche Verwerfung nur für eine oder für zwei Kontexturen auftritt. Schließlich ist es möglich, daß die Verwerfung intrakontexturell-partiell ist; d. h., sie mag auftreten, wenn z. B. p den negativen Wert hat, aber nicht, wenn der negative Wert von q getragen wird. Da wir generell das Auftreten eines Rejektionswertes, der eine Wertalternative verwirft, als den logischen Index des ontologisch Neuen bezeichnet haben, ergibt sich aus dem eben Gesagten, daß wir vermittels der Mehrwertigkeit Intensitätsgrade des Neuen definieren können.

Der Verfasser hat in anderem Zusammenhang den transjunktiven Einbruchswert 3 in die Kontextur eines zweiwertigen Weltsystems mit den Werten 1 ↔ 2 als Index der Subjektivität in einer anderweitig subjektlosen Welt bezeichnet. Aber das sekundäre Auftreten der Subjektivität gegenüber dem primordialen Objekt ist nur ein Spezialfall des Neuen. Die Kategorie des Neuen selbst, von der Hegel spricht, ist von viel umfassenderer Allgemeinheit. Ihre Struktureigenschaften sind uns zugänglich, wenn wir mehrwertige Systeme studieren, in denen Mehrwertigkeit nicht intra-kontexturell gedeutet werden kann.

APPENDIX II

Wenn im Text gesagt worden ist, daß Hegels "zweite Negation" nur ein Sammelbegriff für eine Hierarchie transklassischer Negationsstrukturen ist, so erfordert das eine nähere Erklärung.

Wir definieren ein Negationssystem - sei das das klassische oder ein transklassisches - als eine Permutationsordnung der im System verfügbaren m Werte. Die Zahl der möglichen Permutationen ist dabei immer m!; also in dem uns vertrauten klassischen System 2. In einem dreiwertigen System wären das 6 und in einer vierwertigen Struktur 24, denn 4! = 24

Diese Permutationen gehören zu unterschiedlichen Klassen, deren Verteilung sich aus den Moduli der Stirlingzahlen der ersten Art $s(m, k)$ ablesen läßt. Die Tafel dieser Moduli von $m = 1$ bis $m = 7$, hat die folgende Gestalt:

k \ m	1	2	3	4	5	6	7	m!
1	1							1
2	1	1						2
3	2	3	1					6
4	6	11	6	1				24
5	24	50	35	10	1			120
6	120	274	225	85	15	1		720
7	720	1764	1624	735	175	21	1	5040

Um die Bedeutung der Tafel zu erläutern, stipulieren wir, daß m wieder die Zahl der Werte angibt und k die Zahl der Zyklen, auf die die Werte verteilt werden können. Statt von Zyklen können wir auch von speziellen Abbildungen sprechen. (Es sei nebenher bemerkt, daß die traditionelle Hegelinterpretation bisher an der Tatsache vorbei gegangen ist, daß, wenn Hegel von Kreisen und einem Kreis von Kreisen spricht, sich das als Reden über spezifische Abbildungssituationen deuten läßt). Für ein einwertiges System existiert selbstverständlich nur eine Abbildung, in der der einzig vorhandene Wert auf sich selbst abgebildet ist (Auto-referenz). Verfügen wir über zwei Werte, so existieren zwei solcher Abbildungsmöglichkeiten. Entweder kann jeder Wert auf sich selbst abgebildet werden oder auf den anderen. Mit dem Auftreten von drei Werten kommt der Begriff des Kreises oder Zyklus in sein volles Recht, denn erst in diesem Fall wird der Richtungssinn der Kreisbewegung relevant.

Wir geben anschließend die zyklischen Schemata, die einem dreiwertigen System entsprechen:

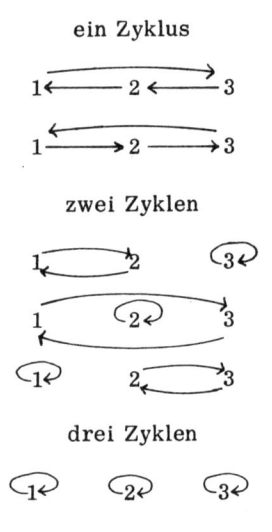

ein Zyklus

$$1 \longleftarrow 2 \longleftarrow 3$$
$$1 \longrightarrow 2 \longrightarrow 3$$

zwei Zyklen

$$1 \rightleftarrows 2 \quad \circlearrowleft 3$$
$$1 \quad \circlearrowleft 2 \quad 3$$
$$\circlearrowleft 1 \quad 2 \rightleftarrows 3$$

drei Zyklen

$$\circlearrowleft 1 \quad \circlearrowleft 2 \quad \circlearrowleft 3$$

Das entspricht den korrespondierenden Zahlen 2, 3 und 1 der Tafel der Moduli von s(m, k). D. h., wir begegnen in einem dreiwertigen System zwei echten "Kreisbewegungen" der Werte. Eine, in der sich die Werte im Uhrzeigersinn und eine, in der sie sich gegenläufig dazu bewegen. Im Falle von zwei Zyklen bestehen drei Möglichkeiten, je nachdem, welchen

Wert wir als "Selbstzyklus" (unit cycle) auftreten lassen. Die dann übrig bleibenden Werte formen somit logische Umtauschverhältnisse, die hier ebenfalls als Zyklen bezeichnet werden, obwohl die Umkehrung des Richtungssinns der "Kreisbewegung" nichts Neues ergibt. Im letzten Fall schließlich haben wir es mit drei Selbstzyklen zu tun, für die es selbstverständlich, im Gegensatz zu den vorangehenden Fällen, nur eine Version gibt.

Jeder Selbstzyklus stellt eine Elementarkontextur dar. Das gleiche gilt von einem Zyklus, der nur durch zwei Werte hindurchläuft, also die folgende Gestalt hat:

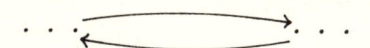

$$\cdots \underset{\longleftarrow}{\overset{\longrightarrow}{}} \cdots$$

Der Unterschied zwischen einer Elementar-Kontextur als Selbstzyklus und einer Elementar-Kontextur, die über zwei Werte distribuiert ist, besteht darin, daß im ersten Fall besagte Kontextur als "reflexionsloses Sein" (Hegel) und das andere Mal als zweiwertiges Reflexionsbild verstanden wird. D. h., wir besitzen zwar jetzt ein zweiwertiges System, aber das Thema der Reflexion ist strikte Einwertigkeit, die allein thematisch ist. Der jeweilig zweite Wert kommt als ontologisches Thema, d. h. kontexturell, nicht zum Zug. Er ist nicht designierend. Oder in Hegelscher Terminologie: er designiert das Nichts.

Diese kalkültheoretische Doppelsinnigkeit des Begriffs der Elementar-Kontextur ist genau das, was wir benötigen, wenn wir beabsichtigen, die Dialektik zu formalisieren. Einwertigkeit und Zweiwertigkeit referieren b e i d e auf Elementar-Kontexturen, aber in sehr verschiedenem Sinne; in einem Sinne aber, der durch die Unterscheidung von Einwertigkeit und Zweiwertigkeit exakt ausdrückbar ist. Gehen wir zu einem dreiwertigen System über, dann begegnen wir zum ersten Mal einer Struktur, die wir von jetzt ab als "Verbundskontextur" bezeichnen wollen. Das klassische zweiwertige System repräsentiert noch keine Verbundskontextur, weil der Isomorphiecharakter dieses Systems den zweiten Wert nur als reflektierte Wiederholung des ersten auftreten läßt. Der zweite Wert liefert also nichts Neues, und überdies steht er dem ersten u n v e r m i t t e l t gegenüber. Verbundskontextur aber bedeutet Vermittlung. Eine solche Vermittlung aber involviert nun nach Hegel eine "zweite" Negation.

Um festzustellen, was man unter dem Hegelschen Terminus zweite Negation kalkültheoretisch allein verstehen kann, stellen wir im folgenden eine zweiwertige und eine dreiwertige Negationstafel auf, wobei wir nochmals darauf hinweisen, daß wir eine Negation als Permutation der gegebenen Werte auffassen. Das ergibt für eine beliebige Variable p im Falle von zwei Werten die einfache Tafel:

p	$N_1 p$
1	2
2	1

Diese Tafel der klassischen Negation (hier bezeichnet als $N_1 \ldots$) stellt nichts weiter dar als ein symmetrisches Umtauschverhältnis von Positivität und Negation überhaupt. Da in der klassischen Logik von Diskontexturalität überhaupt noch nicht die Rede ist und das Universum als mono-kontextural betrachtet wird, arbeitet der Negationsoperator natürlich innerhalb dieser einzig vorgegebenen Kontextur. Fügen wir jetzt einen weiteren Wert 3 hinzu und stipulieren wir, daß zwischen ihm und seinem Vorgänger 2 sich wieder ein symmetrisches Umtauschverhältnis ergibt, das durch den Negationsoperator $N_2 \ldots$ aktiviert werden soll, dann erhalten wir die folgende Tafel

p	$N_2 \, p$
2	3
3	2

die mit der vorangehenden Tafel strukturell identisch ist. Fügt man die beiden Tafeln aber zusammen zu einem dreiwertigen Negationssystem, so ergibt sich die erweiterte Negationsstruktur

	klassisch	trans-klassisch				
p	N_1	N_2	$N_{2 \cdot 1}$	$N_{1 \cdot 2}$	$N_{1 \cdot 2 \cdot 1}$	$N_{2 \cdot 1 \cdot 2}$
1	2	–	2	3	3	3
2	1	3	3	1	–	–
3	–	2	1	2	1	1

trans-klassisch

In dieser aus 6 vertikalen Kolonnen bestehenden Tafel haben wir erstens die ursprüngliche klassische Negationstafel links oben von den trans-klassischen Negationsfolgen durch Doppelstriche abgegrenzt. Und zweitens haben wir jede vertikale Wertfolge durch die Negationsoperation (N ...) gekennzeichnet, durch die sie erzeugt wird. Wir bemerken, daß Kolonne 2 und 3 von links durch ein einzige Negationsoperation erzeugt werden. Für Kolonnen 4 und 5 sind zwei Negationsoperationen notwendig, und die letzte Kolonne benötigt drei, kann aber, wie man sieht, auf zweierlei Weise erzeugt werden. Diejenigen Werte, die sich relativ zu der Ausgangswertfolge 1, 2, 3 (ganz links) nicht verändern, sind in den Kolonnen nicht angeschrieben, sondern durch einen Horizontalstrich ersetzt worden. Wir stellen fest, daß in der ersten Negationsoperation, in der wir mit dem klassischen Operationsoperator allein arbeiten, der Wert 3 nicht berührt wird. In der trans-klassischen Operation N_2, die das Umtauschverhältnis der Werte 2 und 3 aktiviert, bleibt der Wert 1 unangetastet. In den Operationen $N_{2\cdot 1}$ und $N_{1\cdot 2}$, in denen eine vollzogene einfache Negationsoperation nochmal durch den jeweilig anderen Negationsoperator negiert wird, werden alle drei Werte der ursprünglichen Wertfolge 1, 2, 3 verändert. Im ersten der beiden Fälle bewegen sich die Werte zyklisch im Uhrzeigersinn und im zweiten Fall gegen den Uhrzeigersinn. In der sechsten, also letzten Kolonne bleibt wieder ein Wert, nämlich 2, konstant, dafür aber haben wir diesmal einen Umtausch der Werte 1 und 3.

Wir behaupten nun, daß das, was Hegel unter "zweiter Negation" versteht, sich, soweit Dreiwertigkeit in Frage kommt, auf die gesamte Wertstruktur bezieht, die außerhalb des klassischen Negationsbereiches, der links oben durch Doppelstriche abgegrenzt ist, liegt. Fügt man dann noch einen vierten, fünften, sechsten usw. trans-klassischen Wert hinzu, dann erweitert sich jener trans-klassische Strukturbereich ganz enorm, und wir verfügen dann über einen theoretisch unbeschränkten Bereich von Negationsrelationen, der den feinsten Verästelungen des dialektischen Fortgangs in der Hegelschen Logik entspricht.

In dieser ersten und einfachsten trans-klassischen Negationstafel spielt nun der Wert 2 eine vermittelnde Rolle zwischen 1 und 3. Das läßt sich vielleicht am besten zeigen, wenn wir etwas näher auf den Charakter des Umtauschverhältnisses der Werte 1 und 3 eingehen. Wie wir jetzt wissen, kann dieses Umtauschverhältnis durch den Operator $N_{1\cdot 2\cdot 1}$, aber auch durch den Operator $N_{2\cdot 1\cdot 2}$ aktiviert werden. Die obige trans-klassische Negationstafel gibt das "abstrakte" Resultat, das in beiden Fällen gleich ist. Da die Hegelsche Logik aber das Problem der Zeit einbezieht (und die Vermittlung ist wesentlich ein Problem der Kombination von Zeit und zeitloser Logik) muß uns die G e n e s e dieses Resultats wichtig sein. Aus diesem Grunde schreiben wir die obige transklassische Negationstafel noch einmal hin, aber diesmal so, daß uns das abstrakte Resultat eines Umtausches der Werte 1 und 3 in zwei Versionen erscheint.

	klassisch	trans-klassisch				
p	N_1	N_2	$N_{2\cdot 1}$	$N_{1\cdot 2}$	$N_{1\cdot 2\cdot 1}$	$N_{2\cdot 1\cdot 2}$
1	2	-	2	3	-	3
2	1	3	-	-	2	2
3	-	2	1	2	1	-

trans-klassisch

Wie man sieht, erscheinen in der neuen Tafel die leeren, nur durch einen Horizontalstrich bezeichneten Plätze an anderen Stellen. Außerdem hat sich ihre Zahl vergrößert. Das haben wir dadurch erreicht, daß wir diesmal unsere Horizontalstriche nicht dort gesetzt haben, wo ein Wert relativ zu der ursprünglichen Wertfolge in der Ersten Kolonne von links unverändert bleibt. Diesmal haben wir als "ursprüngliche" Wertfolge jeweils diejenige Wertfolge angenommen, die durch den l e t z t e n Operationsnegator verneint wird. Das sind im Falle der allerletzten Wertfolge 3, 2, 1 die beiden echten zyklischen Wertfolgen 2, 3, 1 und 3, 1, 2. Je nachdem, welche Negationsoperation man bevorzugt, bleibt ein anderer Wert konstant. D. h., in dem ersten der beiden Fälle befindet sich unser Horizontalstrich in der obersten, im zweiten aber in der untersten Position. Wir begegnen hier also wieder der für die Dialektik erforderlichen Doppeldeutigkeit einer logischen Funktion. - -

Das dreiwertige System ist das erste und elementarste Beispiel einer Verbundkontextur. Aber ebenso wie der Übergang vom einwertigen zum zweiwertigen System keine neue Kontextur produziert, so reicht der Übergang von einem dreiwertigen zu einem vierwertigen System keineswegs aus, um eine dritte Verbundkontextur zu erzeugen.

Die nächst höheren Verbundkonturen werden durch die Wertzahlen 6, 10, 15, 21, 28, ... angezeigt, d. h., ihre Folge ist berechenbar durch die Formel

$$\frac{m(m-1)}{2}$$

(Vgl. dazu die Arbeit des Autors: Many-valued Designations and a Hierarchy of First Order Ontologies, XIV. Internat. Kongreß f. Philos. 1968, III, 37 - 44, wo die Kontexturen noch 'Ontologien' genannt werden.)

Ein System wird erst dadurch zu einer Kontextur, daß sich aus ihm keine Werte als nicht-designierend abspalten lassen. Nicht-designierende Werte indizieren ein Bewußtsein, daß seinen Gegenstand sich gegenüber hat. Damit aber ist die Situation der Diskontexturalität gegeben. Die obige Formel gibt also an, wieviel Elementarkontexturen jeweilig zusammenkommen müssen, damit eine Verbundskontextur entsteht. Weiterhin läßt sich damit sagen, daß die Hegelsche "zweite Negation" nur im ersten Schritt (also beim Übergang vom zweiwertigen klassischen zum dreiwertigen System) aus einem einzigen Negationsoperator besteht. Bei dem Übergang zu komplexeren Verbundskontexturen erhöht sich die Zahl dieser Operationen, die jeweilig ein Umtauschverhältnis $m \rightleftarrows m+1$ erzeugen, sinngemäß nach der Formel

$$\frac{m(m-1)}{2} - 1$$

Betrachten wir die Kategorie des Neuen jetzt unter strukturtheoretischen Gesichtspunkten, so läßt sich sagen, daß die Systemfolge der Strukturen, welche mit 1, 3, 6, 10, 15, 21, 28, ... usw. Werten gebildet werden, insofern immer Neues produziert, als sich in jedem dieser Systeme der Objektbereich je um eine Objektklasse vergrößert. Im ersten System begegnen wir selbstverständlich nur einer einzigen Menge der einwertigen Objektklasse. Im dreiwertigen System tritt dann eine zweite Klasse hinzu, die nur durch das Umtauschverhältnis zweier Werte definiert werden kann. Im sechswertigen System begegnen wir zum ersten Mal einer Objektivität von echter zyklischer Natur. Aber während in einem solchen System der Zyklus, der diese Objektklasse von den beiden vorangehenden absondert, nur durch jeweilig drei Werte hindurchläuft, treten in dem nächst höheren, nämlich in dem zehnwertigen System bereits zwei solcher zyklischer Objektklassen auf, von denen sich die letzt auftretende von der vorangehenden dadurch unterscheidet, daß jetzt der Zyklus einen Wert mehr durchläuft. Das impliziert jedesmal ein strukturtheoretisches Novum. Soll ein weiteres theoretisches Novum auftreten, so muß zu den bisherigen Systemen ein zusätzliches treten, das alle bisherigen Systeme dadurch übertrifft, daß in ihm Zyklen auftreten, die noch einen Wert mehr durchlaufen, wenn eine separate Gegenstandsklasse, die bisher noch nicht aufgetreten ist, beschrieben werden soll. -

Was unser Essay und seine beiden Appendices liefern, ist noch sehr entfernt von einer durchgeführten Theorie der Kategorie des Neuen und seiner Selbstvermittlung durch das Alte im Lauf der Geschichte. Der Autor hat sich damit bescheiden müssen anzudeuten, nach welchen Gesetzen der Strukturreichtum der Wirklichkeit zu wachsen scheint, wenn im Laufe der Zeit ein Neues an die Stelle des Alten tritt.

MASCHINE, SEELE UND WELTGESCHICHTE

Es war Ende des Jahres 1918, als der Verfasser dieser Betrachtung — damals noch in seinen Gymnasiastenjahren — auf dem Schreibtisch seines Vaters das Buch eines ihm unbekannten Autors fand. Auf der Titelseite las er „Oswald Spengler, Der Untergang des Abendlandes". In wenigen Wochen hatte er den ersten Band ausgelesen und wartete mit Ungeduld auf den zweiten, dessen Erscheinen sich bis 1922 verzögerte. Zur Weltgeschichte im strengen Sinn gehören gemäß der in diesem Werk vertretenen Auffassung eine beschränkte Anzahl von Hochkulturen, „die mit urweltlicher Kraft aus dem Schoße einer mütterlichen Landschaft, an die jede von ihnen im ganzen Verlauf ihres Daseins streng gebunden ist, aufblühen, von denen jede ihrem Stoff, dem Menschentum, ihre *eigene* Form aufprägt, von denen jede ihre *eigene* Idee, ihre *eigenen* Leidenschaften, ihr *eigenes* Leben, Wollen, Fühlen, ihren *eigenen* Tod hat"[1]. Dem Seelentum jeder dieser Kulturen schreibt Spengler etwa ein Jahrtausend an historischer Dauer zu. Der Anfang der frühesten von ihnen ist ungefähr auf 3000 a.C.n. zurückzudatieren, und in dem Auflösungsstadium unserer eigenen befinden wir uns heute. Voran geht dieser Epoche der hohen Kulturen, die allein im eigentlichsten und menschlichsten Sinne historisches Schicksal sind, die Epoche der primitiven Kultur oder — wie Spengler später schlichter sagt — die Frühzeit. Er wird nicht müde zu betonen, daß diese Frühzeit ihrem innersten Wesen nach fast ungeschichtlich ist. Sie ist kaum mehr als nur natürliches Dasein, das dem primitiven Takt der Urzeit folgt und in dem sich die Bedeutung des Menschseins weitgehend im Biologischen erschöpft. Die Anwendung des Terminus ‚biologisch' an dieser Stelle hat dem Verständnis des Spenglerschen Werkes ganz empfindlich geschadet. Wenn Spengler diesen Ausdruck gebraucht, bezieht er sich auf einen viel umfangreicheren Wirklichkeitsbereich als den, den wir traditionell mit dem Worte „Bios" zu bezeichnen gewohnt sind. Ein paar Sätze aus dem zweiten Band des „Untergang des Abendlandes" zeigen deutlich, worum es Spengler hier geht. „Wenn zwischen zwei Negerstämmen des Sudan oder zwischen Cheruskern und Chatten zur Zeit Caesars, ... eine Schlacht stattfindet, so ist das lediglich ein Schauspiel der lebendigen Natur. Wenn die Cherusker aber im Jahre 9 die Römer schlagen, oder die Azteken die Tlaskalaner, so ist das Geschichte. Hier ist das Wann von Bedeutung; hier wiegt jedes Jahrzehnt, selbst jedes Jahr. Es handelt sich um das Fortschreiten eines großen Lebenslaufs, in dem jede Entscheidung den Rang einer Epoche einnimmt. Es ist ein Ziel da, auf das alles Geschehen zutreibt, das seine Bestimmung erfüllen will, ein Tempo, eine organische Dauer, und nicht das regellose Auf und Ab der Skythen, Gallier, Karaiben, dessen Vorfälle im

Einzelnen ebenso belanglos sind, wie die in einer Biberkolonie oder einer Steppe voller Gazellenherden ... Der Primitive Mensch hat Geschichte nur im biologischen Sinne. Auf ihre Ermittlung läuft alle prähistorische Forschung hinaus. Die zunehmende Vertrautheit mit Feuer, Steinwerkzeugen, Metallen und den mechanischen Gesetzen der Waffenwirkung kennzeichnet nur die Entwicklung des Typus und der in ihm ruhenden Möglichkeiten. Was mit diesen Waffen bei einem Kampf zwischen zwei Stämmen erzielt wird, ist im Rahmen dieser Art von Geschichte völlig gleichgültig ... Der ‚historische Mensch', wie ich das Wort verstehe, und wie es alle großen Historiker immer gemeint haben, ist der Mensch einer in Vollendung begriffenen Kultur. Vorher, nachher und außerhalb ist er *geschichtslos*. Dann sind die Schicksale des Volkes, zu dem er gehört, ebenso gleichgültig wie das Schicksal der Erde, wenn man es nicht im Bilde der Geologie, sondern der Astronomie betrachtet.

„Und daraus folgt eine ganz entscheidende und hier zum ersten Mal festgestellte Tatsache: daß der Mensch nicht nur vor dem Entstehen einer Kultur geschichtslos ist, sondern *wieder geschichtslos wird*, sobald eine Zivilisation sich zu ihrer vollen und endgültigen Gestalt herausgebildet und damit die lebendige Entwicklung der Kultur beendet, die letzten Möglichkeiten eines sinnvollen Daseins erschöpft hat."[2] Man mag mit diesem Gebrauch der Termini „Geschichte" und „Geschichtslosigkeit" einverstanden sein oder nicht, Spengler hat selbst deutlich gesagt, wie er sie zu gebrauchen denkt und damit hat er rein methodisch gesehen auch ein Recht, sie in dem angegebenen Sinne zu verwenden. Ob das aus Gründen der Allgemeinverständlichkeit praktisch und empfehlenswert war, ist eine andere und sehr subalterne Frage. Spengler hat in seinen späteren Arbeiten die Unterscheidung von Geschichte und Geschichtslosigkeit etwas subtiler dargestellt. Er hat Grade des historischen Ranges von Kulturen unterschieden, die er dürr und unverbindlich nur als ‚a-, b-, c- und d-Kulturen' bezeichnet. Aber trotz dieser späteren Differenzierungen hat sich seit 1918 für ihn nichts Wesentliches an dem Gesamtbild geändert. Der Mensch taucht auf aus einem quasi geschichtslosen Stadium, falls das Schicksal es ihm so bestimmt, wird von dem historischen Wirbel einer Hochkultur erfaßt und sinkt, wenn die letzte von ihnen wieder erloschen ist, zurück in die Dumpfheit einer Existenz, in der sich das historische Tempo derart verlangsamt, daß es immer weniger vom trägen Rhythmus des Biologischen zu unterscheiden ist. Spengler vermutet, daß die sogenannte *faustische* Kultur des Abendlandes die letzte gewesen ist; es besteht bestenfalls noch die Möglichkeit, daß das Zurücksinken in die nachgeschichtliche Existenz durch eine Spätkultur eine Weile lang aufgehalten wird. Aber auch das ändert nichts an der endgültigen Bestimmung des Menschen.

In einer Monographie, betitelt „Der Mensch und die Technik", die etwa eine Dekade nach dem Erscheinen des ersten Bandes seines Hauptwerkes an die Öffentlichkeit gekommen ist, findet man diese Ansicht ausdrücklich bekräftigt. Wir lesen dort: „Die faustische, westeuropäische Kultur ist *viel-*

leicht nicht die letzte, *sicherlich* aber die gewaltigste, leidenschaftlichste, durch ihren inneren Gegensatz zwischen umfassender Durchgeistigung und tiefster seelischer Zerrissenheit die tragischste von allen. Es ist möglich, daß noch ein matter Nachzügler kommt, etwa irgendwo in der Ebene zwischen Weichsel und Amur und im nächsten Jahrtausend, hier aber ist der Kampf zwischen der Natur und dem Menschen, der sich durch sein historisches Dasein gegen sie aufgelehnt hat, *praktisch zuende geführt worden.*"[3]

Geschichte im eminentesten Sinne bedeutet also für Spengler eine Auflehnung des Menschen gegen die Natur, auch seine eigene, sein Blut und seine Sinne. In ihr lebt ein verzweifeltes Greifen nach einem Übersinnlichen, das dem Angehörigen eines Kulturkreises in seinen mythischen Träumen vorschwebt. Aber das biologische Lebensprinzip ist stärker und zieht ihn zur Erde zurück, und damit endet alle hohe Geschichte.

Es ist tief beschämend, berichten zu müssen, daß, kaum daß der erste Band des „Untergang des Abendlandes" erschienen war, die deutsche Wissenschaft in unwürdiger Hast sich getrieben fühlte, „in geschlossener Haltung ein Buch zurückzuweisen"[4], in dem sie sich brüsk und geringschätzig ignoriert sah. Die philosophische Zeitschrift „Der Logos" veröffentlichte in dem IX. Band (1920/21) ein Heft, das ausdrücklich der wissenschaftlichen Disqualifikation Spenglers gewidmet war und in dem sieben Gelehrte der verschiedensten Fächer, anfangend mit einem Philosophen, sich daran machten, einen Kollegen abzutun, dem man den „Blick für gediegene Geschichtsforschung" absprach. In einem nichtsignierten Geleitwort, das den 7 Kritiken vorausgeht, hieß es, der „Mangel an Sinn für die innere Gesetzlichkeit der wahrhaft großen Leistung ist es, den die deutsche Wissenschaft zu einem Vorwurf gegen Spengler erhebt, dessen Ernst sie im vorliegenden Hefte des ‚Logos' durch die Äußerungen mehrerer Gelehrter zu bekräftigen wünscht"[5].

Vereinzelte Stimmen gesellten sich dem Chorus nicht bei. Von den frühen Würdigungen von „Der Untergang des Abendlandes" verdient besonders die des Göttinger Philosophen Georg Misch hervorgehoben zu werden, der schon am 18. November 1918 an Spengler schrieb: „Ich habe Ihr Werk erst einmal lesen können, aber ich weiß, daß hier ein großer Wurf vorliegt." Dieser Brief schloß mit der Frage, ob Spengler geneigt wäre, einen Lehrstuhl für Philosophie an der Universität Göttingen zu übernehmen. Spengler lehnte ab. Aber auch das Beispiel anderer, wie etwa Manfred Schröters in München, und das Urteil Georg Simmels, der den „Untergang des Abendlandes" als die bedeutendste Geschichtsphilosophie nach Hegel bewertete, zeugen für die Übertreibung des Logosheftes, daß die deutsche Wissenschaft als Ganzes sich hier gegen Spengler wandte. Freilich, die Verteidiger Spenglers blieben Ausnahmen, und das ist bis heute so geblieben[6].

Spengler begründete die Entwicklung seiner neuen Geschichtsphilosophie damit, daß das traditionelle Schema ‚Altertum — Mittelalter — Neuzeit' seine geistige Wirkung heute völlig erschöpft habe. Und er bemerkt, daß die Zahl von Jahrhunderten, die durch dieses Schema allerhöchstens zusammengehalten werden können, längst erreicht ist. Abgesehen von der Tatsache, daß in diesem Schema der Begriff der Neuzeit einem Bandwurm gleicht, der unermüdlich neue Epochen „ansetzt", zwingt die Einteilung Altertum — Mittelalter — Neuzeit den europäischen Historiker, in seiner Systematik enorme geschichtliche Entwicklungen einfach zu ignorieren. Die Zeit von Konfuzius und Laotse ist nicht *unser* Altertum, und das perikleische Athen gehört weder zum Altertum der Chinesen noch zu dem der mittelamerikanischen Hochkultur. Auch die Hegelsche Geschichtsphilosophie hat an diesem Punkte versagt. Daß man an dieser Einteilung trotz ihrer Widersinnigkeit so beharrlich festhielt, hat allerdings einen tieferen Grund. Sie stellt nämlich einen primitiven philosophischen Versuch dar, eine geschichts-philosophische Einheit und Kontinuität der Weltgeschichte zu konstruieren, in der die Menschheit von einem gemeinsamen metaphysischen Schicksal betroffen ist. Das Revolutionäre und Provozierende der Spenglerschen Geschichtsphilosophie besteht nun darin, daß hier mit erstaunlicher Konsequenz und harten Formulierungen diese Idee der Einheit der menschlichen Geschichte geleugnet wird. Das Phänomen der Hochkulturen, die sich in totaler Fremdheit gegenüberstehen oder einander zusammenhanglos folgen, bezeugt, daß es ein gemeinsames spirituelles Schicksal des Menschseins nicht gibt. Die Menschheit überhaupt ist, wie Spengler oft und krass bemerkt, nur eine zoologische Größe. Wenn wir von dem Menschen als einer *historischen* Figur reden wollen, dann müssen wir gesondert von *Ägyptern, Indern, Griechen, Mexikanern, Abendländern* usw. sprechen. Jeder dieser Namen bedeutet ein gesondertes metaphysisches Schicksal, das sich in einem eigenen Sinnbereich erfüllt, der sich fremdseelisch gegen jede andere Hochkultur absetzt.

Dem Denker unserer klassischen Tradition wäre hier noch der Einwand erlaubt, daß er zwar zugeben könne, daß die geistigen Entwicklungen der verschiedenen Hochkulturen nirgends auf Erden sich auf einen Generalnenner bringen lassen, daß aber alle in gleicher Weise auf ein transzendentes Ziel hin konvergieren, in dem sie sich schließlich vereinigen müssen. Und in diesem Sinne dürfte doch von einer überirdischen Einheit der Weltgeschichte auch dann gesprochen werden, wenn das Schema ‚Altertum — Mittelalter — Neuzeit' inadäquat sei. Es sei eben gar nicht von einer empirischen Folge von Epochen die Rede; in diesem Drei-Schema verberge sich vielmehr ein transzendentaler Sinn.

Nun redet Spengler in seinem Geschichtswerk reichlich von Metaphysik, aber außerirdische Transzendenz hat er nicht mehr im Sinn. Geschichte ist für ihn alles andere als sakrale Heilsgeschichte, in der Gott mit der Menschheit etwas vorhat. Sie ist nur ein hoffnungsloser Kampf des Geistes gegen die Natur, in dem die letztere schließlich obsiegt. Die Seele altert auf ihrem Weg durch die Geschichte und „endlich verliert sie müde, verdrossen und kalt, die Lust am Dasein und sehnt sich ... aus tausendjährigem Lichte wieder in das Dunkel urseelenhafter Mystik, in den Mutterschoß, ins Grab zurück"[4].

Aus diesem Grabe aber gibt es keine Auferstehung; und jede Kulturseele hat ihr eigenes Grab.

Will man über Spengler hinauskommen und eine Philosophie der Weltgeschichte entwickeln, die unserer Zeit und ihren historischen Umständen besser angemessen ist, muß man jedenfalls erst einmal seine Entdeckung bejahen, daß wir in dem bisherigen Dasein des Menschen eine Zäsur von unglaublicher Tiefe entdecken; d. h. einen Abbruch, der bis in das innerste Wesen des Menschen geht und den Spengler in seiner Unterscheidung von universaler primitiver Kultur und der strengen Lebensform der Hochkulturen beschrieben hat. Die primitive Kultur ist eine Erscheinungsform des Menschen, die sich mit nur unwesentlichen Unterschieden über den ganzen Erdball ausbreitet. Spenglers Hochkulturen aber sind regional begrenzte Gestaltungen von erstaunlich kurzer Lebensdauer, die nach einem individuellen Gesetz der Seele antreten und erlöschen, wenn dieses Gesetz erfüllt ist. Ihre gegenseitigen Kontakte engagieren nur die Oberfläche ihrer Existenz. In der Tiefe ihres Daseins aber sind sie sich so fremd wie eine Seele gegenüber der anderen.

Zweitens aber muß man, nachdem man erst einmal diese partielle Wahrheit des Spenglerschen Geschichtsbildes begriffen hat, in der Lage sein, es derart zu kritisieren, daß sich aus ihm eine weiterreichende Ansicht der Weltgeschichte ergibt, die die Spenglersche These widerlegt, daß der Mensch im Begriffe ist, wieder in einen geschichtslosen Zustand zurückzusinken. Eine solche Schlußbilanz der Geschichte kann nicht mit entrüsteten Beteuerungen und unermüdlichen Versicherungen, daß dies nicht so sei, widerlegt werden. Davon haben wir seit den zwanziger Jahren schon genug gehört, und außerdem haben wir von Hegel gelernt, daß in der Philosophie auf Versicherungen ganz und gar nichts zu geben ist. Die Spenglersche Geschichtsmalerei erledigt sich von selbst, wenn man kalt und positiv angibt, in welchem Sinne die spirituelle Auseinandersetzung des historischen Menschen mit der Natur noch nicht zu ihrem Ende gekommen ist und daß der Mensch eine noch unerledigte Aufgabe vor sich sieht, die es ihm für immer verwehren wird, in ein ahistorisches Naturdasein zurückzusinken.

Um diese kritische Aufgabe aber überhaupt ins Gesichtsfeld zu bekommen, muß — wie wir bereits betonten — erst einmal das bejaht werden, worin die große geschichtsphilosophische Entdeckung Spenglers besteht. In seiner Kultur-Theorie hat er gezeigt, in welcher Weise in der Entwicklung eines höheren Menschentums die historische Einheit der Menschheit verloren gegangen ist. Mit diesem Verlust muß sich der Mensch vorläufig abfinden, und er hat angesichts dieser schwer bestreitbaren Tatsache nur die Wahl — entweder zu hoffen, daß Gott in seiner unerforschlichen Heilsgeschichte doch noch alles zum besten wendet, oder anzunehmen, daß sein Schicksal ist, zu resignieren und in den Zustand des Naturmenschen zurückzufallen.

Diese beiden Perspektiven aber erledigen sich von selbst, wenn nachgewiesen werden kann, daß die Auflehnung des Menschen gegen sein natürliches Dasein — worin *alle* Geschichte besteht — in der faustischen Kultur nicht im entferntesten zu Ende geführt worden ist und daß im Gegenteil der größte Teil der Aufgabe in der Zukunft liegt und daß überhaupt keine regionale Hochkultur im Sinne der bisherigen geschichtlichen Erscheinungen in der Lage ist, die Geschichte erlöschen zu lassen oder auch einem eschatologischen Zustand näher zu bringen.

Es ist sehr relevant, unter welchem Gesichtspunkt Spengler das Verhältnis der Hochkulturen zu der primitiven Kultur der Frühzeit des Menschen sieht. Die Hochkulturen sind, wie er sagt, welthistorische Zufälle allergrößten Ausmasses. Schon im ersten Band seines Hauptwerkes lesen wir: „. . . es war ein Zufall, daß die Geschichte des höheren Menschentums sich in der Form großer Kulturen vollzieht, und Zufall, daß eine von ihnen um das Jahr 1000 in Westeuropa erwachte."[5] Und im zweiten Band führt er für die fürchterliche Zufälligkeit des Schicksals der großen historischen Lebensformen den Untergang der mittelamerikanischen Hochkultur an, die — wie er sagte — durch eine Handvoll Banditen in wenigen Jahren vollständig vertilgt wurde. Er bezieht sich dabei auf Cortez und seine Soldateska und fährt fort: „Das furchtbarste an diesem Schauspiel ist, daß es nicht einmal zu den Notwendigkeiten der abendländischen Kultur gehörte. Es war eine Privatsache von Abenteurern, und niemand in Deutschland, England und Frankreich hat damals geahnt, was hier vor sich ging. Wenn irgendwo auf Erden, so wurde hier gezeigt, *daß es keinen Sinn in der Menschengeschichte*, daß es nur eine tiefe Bedeutung in den Lebensläufen der einzelnen Kulturen gibt. Ihre Beziehungen untereinander sind ohne Bedeutung und zufällig. Der Zufall war hier so grauenhaft banal, so geradezu lächerlich, daß er in der elendesten Posse nicht angebracht werden dürfte. Ein paar schlechte Kanonen und einige Hundert Steinschloßgewehre haben die Tragödie eingeleitet und zu Ende geführt."[6]

Zufälligkeit und Schicksal sind nach Spengler aufs engste verbunden und gehören zum Wesen des Historischen, während das Auftreten von Kausalität und Notwendigkeit immer andeutet, daß wir es mit Naturzusammenhängen zu tun haben. Daß es solche Phänomene wie Hochkulturen überhaupt gibt, ist für ihn zwar ein Zufall höchsten Ranges, aber eben doch nur ein Zufall. Und begnügt man sich, das Verhältnis zwischen Frühzeit der Menschheit und Hochkultur ausschließlich unter diesem Gesichtspunkt zu sehen, so endet die Perspektive der Weltgeschichte hier. Zufälle kommen und gehen wieder. Sie sind mit dem, was ihnen vorangegangen ist, nicht durch eine innere Notwendigkeit der Entwicklung verbunden, und sie können deshalb allein durch ihre Existenz die Geschichte nicht weiter und über sich hinaustreiben. Es ist dieser Mangel an notwendigem Zusammenhang zwischen primitiver Kultur und dem individuellen Seelentum der Hochkulturen, der dieser Geschichtsphilosophie nicht erlaubt, eine künftige Dimension der Weltgeschichte von noch höherer Ordnung zu sehen, als sie die bisherigen Geschichtsläufe bieten.

Trotz allem Respekt vor der Spenglerschen Leistung und der Genialität seiner Geschichtskonzeption, die auch heute noch nicht im entferntesten gebührend gewürdigt wird, muß hier die Kritik an seinem großen Opus einsetzen. Und zwar muß diese Kritik eine positive sein. D. h., sie darf nicht in der Ablehnung stehen bleiben, sondern sie muß ganz konkret aufzeigen, welche historische Aufgabe dem Menschen vermutlich noch bevorsteht und in welcher Weise die gegenwärtige Entwicklung auf die Erfüllung dieser Aufgabe zusteuert. Hier ist eine einzige, aber fundamentale Korrektur an dem Spenglerschen Geschichtsbild notwendig. Obwohl man ruhig zugeben kann, daß die *Individualität* der einzelnen Hochkulturen gegenüber der Primitivkultur reinen Zufallscharakter hat, so ist doch die Tatsache, daß überhaupt Hochkulturen aufgetreten sind, alles andere als zufällig. Es gehört zu dem Wesen der primitiven Kultur, daß das menschliche Bewußtsein zu einer Erlösung aus diesem unfertigen Zustande drängt. Das Resultat dieses Drängens sind die regionalen Hochkulturen, die wir mit ihren rapiden geschichtlichen Abläufen in dieser Betrachtung als *Liquidationsprozesse* des primitiven Menschentums deuten wollen. Ganz kürzlich ist ein Buch von Hans Georg Wunderlich erschienen, das den bezeichnenden Titel trägt: „Die Steinzeit ist noch nicht zu Ende"[7].

Nach der Ansicht des Verfassers ist das Wesen des heutigen Menschen in der Steinzeit vorprogrammiert worden. Was damals in den Menschen hineinprogrammiert worden ist, hat sich im Wesentlichen als Grundeigenschaft des Menschlichen bis in die Gegenwart erhalten. Wir beabsichtigen nicht, uns auf das Buch von Wunderlich zu stützen, zumal uns der Terminus ‚Steinzeit' viel zu eng erscheint, aber dieses Buch weist doch wenigstens darauf hin, daß wir in einer sehr fundamentalen Hinsicht auch heute noch Primitive sind. Wir ziehen es vor, lieber ganz allgemein von der ‚Frühzeit des Menschen' zu sprechen, in der sich, wie Spengler doch zugegeben hat, gewisse historische Entwicklungen bemerkbar machen, deren Tempo freilich so minimal gewesen ist, daß hier die Geschichte, verglichen mit der historischen Raserei der Hochkulturen, fast stillzustehen scheint. Jedoch hatte sich in der primitiven Kultur allmählich eine Bewußtseinsverfassung gebildet, die mit solchen Termini wie *Magie, Animismus, Totem* und *Tabu* ungefähr bezeichnet werden kann. Diese archaische Bewußtseinsverfassung wird — wir wiederholen das noch einmal —, durch die Hochkulturen mit ihrer strengen Dichotomie von *Seele* und *Ding*, wobei in jeder einzelnen von ihnen Seele immer wieder anders begriffen wird, allmählich zur Auflösung gebracht. Der in ihnen wirksame Liquidationsprozeß ist unvermeidlich, und insofern ist das Verhältnis von menschlicher Frühgeschichte und Hochgeschichte nicht das eines weltgeschichtlichen Zufalls, sondern hier liegt eine Vorwärtsentwicklung vor, die es ganz unmöglich macht, daß der Mensch, sofern er Mensch bleiben will, jemals wieder in den Zustand der Vorgeschichtlichkeit oder gar Geschichtslosigkeit zurücksinken kann. Diejenige Natur, die ihn einst aus ihrem Schoß entließ, existiert nicht mehr, wenn er, seiner Geschichte überdrüssig, zu ihr heimkehren will. Nirgends paßt das Wort von Thomas Wolfe besser: You can't go home again.

Die historische Bedeutung der Hochkulturen ist aber keineswegs zureichend beschrieben, wenn man sie als örtlich begrenzte Auflösungsprozesse einer vorangehenden Weltepoche von enormen zeitlichen Dimensionen auffaßt. Sie würden ihre weltgeschichtliche Aufgabe nur halb erfüllen, wenn sie nicht zugleich über sich hinauswiesen und in ihnen nicht eine neue Weltepoche von vergleichbarer temporaler Größenordnung, wie wir sie der Frühzeit zubilligen müssen, schicksalhaft angelegt wäre. Wir sagen nichts Neues, wenn wir darauf hinweisen, daß die Rationalität des Menschen, die in den regionalen Hochkulturen in immer neuen Anläufen formuliert worden ist und die wir als die klassische bezeichnen, niemals mehr geliefert hat als eine Theorie des toten Dinges.

Daraus folgt, daß die Technik, die sich auf dem Boden dieser Rationalität entwickelt hat, ihrerseits nichts anderes als die Verhaltungsweisen eines leblosen Gegenstandes nachzeichnen kann. Es kommt uns absurd vor, daß eine von Menschen konstruierte Maschine Leben und seelische Innerlichkeit besitzen könnte. Nicht nur unser Gefühl sträubt sich dagegen, in einer Maschine, und sei ihr Mechanismus noch so kompliziert und unverständlich, ein Ich zu vermuten, daß uns als Du ansprechen könnte — mehr noch: die theoretische Begrifflichkeit, so wie sie in der exakten Logik kodifiziert ist, schließt es völlig aus, daß wir uns theoretisch auch nur annähernd vorstellen können, mit welchen Prozeduren eine Maschine arbeiten müßte, um Bewußtsein, Leben und Seele zu erzeugen. Von diesem Resultat der Hochkulturen die überall auf unserem Planeten den Schlußstrich unter die Geistesverfassung der menschlichen Frühzeit gesetzt haben, kann und darf nichts abgemarktet werden. Hier ist im Medium der Hochkulturen Endgültiges festgestellt und ganz und gar nichts zu widerlegen. Durch die klassische Maschine befreit sich der Mensch zu einem gewissen Grade physisch von der Herrschaft des toten Objekts. Soweit, aber eben nur soweit, ist die Auflehnung gegen die Natur in der Epoche der regionalen Hochkulturen geglückt.

Eine ganz andere Frage aber ist, ob durch das Dasein unserer exakten Wissenschaft und der aus ihr resultierenden Technik und Maschinentheorie die *ganze* Wahrheit hinsichtlich des Problems des Mechanismus entdeckt ist oder ob es sich vielleicht nur um eine partielle Wahrheit handelt — so unbestreitbar sie auch sein mag — oder ob es doch nur eine Teilwahrheit ist, hinter der sich noch tiefere Einsichten verbergen können. Wäre das letztere der Fall, so kann die Geschichte des Menschen mit dem Phänomen der regionalen Hochkulturen unmöglich zu Ende sein. Die Liquidation des primitiven Bewußtseinzustandes, der sich in ihnen allen mit mehr oder weniger großem Erfolg vollzieht, dient dann nur dem welthistorischen Zweck, den Weg für eine neue Epoche geschichtlichen Daseins frei zu machen.

Spengler hat die faustische Kultur als diejenige bezeichnet, in der der Kampf zwischen der Natur und dem Menschen im großen und ganzen zu Ende geführt worden ist. Und zwar durch die Entwicklung der maschinellen Technik, die in der faustischen Lebensform zu einer Höhe des Wachseins geführt hat, die keine andere Hochkultur je erreichen konnte.

Es ist alles andere als willkürlich, daß der zweite Band von „Der Untergang des Abendlandes" mit einem Abschnitt schließt, der „Die Maschine" betitelt ist. In dem, was in vorkybernetischer Zeit allein unter ‚Maschine' verstanden werden konnte, manifestiert sich für Spengler das letzte Resultat des Kampfes des Menschen gegen die Natur. Der Grad maschineller Perfektion ist der Maßstab der Befreiung, die dem Menschen gegenüber seiner Umwelt bisher gelungen ist. Aber die Natur, von der der Mensch sich hier los gesagt hat, ist ausschließlich Dingwelt. Eine geistige Befreiung hat nicht stattgefunden. Das konkrete Endresultat jenes Kampfes ist deshalb auch nur ein Maschinentypus, demgegenüber es völlig unmöglich ist, sich vorzustellen, daß er auch bei größter Verfeinerung je ein Bild des Lebendingen darstellen könnte. Das bedeutet aber, daß, wenn Spengler davon spricht, daß sich der Mensch durch sein historisches Dasein gegen die Natur auflehnt, das nur für die unbelebte Seite der Natur zutrifft. Die Maschinentheorie seiner Zeit bezeugt ausschließlich ein Wissen vom reflexionslosen toten Objekt.

Wie aber verhält es sich mit der Auflehnung gegen die Natur als einer lebendigen Macht, die dem einsamen Ich in der Gestalt der anderen Subjektivitäten als übermächtiges Du gegenübertritt, und von dessen Ansprüchen es sich permanent bedroht fühlen muß? Hier scheint das Problem der Maschine zu enden, und dort, wo Hegel von jener Bedrohung redet, formuliert er die Fragestellung in der „Phänomenologie des Geistes" unter dem einschränkenden Thema ‚Herr und Knecht'. Demgegenüber hat Hermann Lotze umfassender und grundsätzlicher die Problematik, um die es hier geht, in einem Satz zusammengefaßt, den man als Motto einer zukünftigen Kulturentwicklung des Menschen voranstellen sollte und der von höchster Relevanz für die Theorie des objektiven Geistes ist. Wir lesen im ersten Band seines „Mikrokosmos": „Nirgends ist der Mechanismus das Wesen der Sache; aber nirgends gibt sich das Wesen eine andere Form des endlichen Daseins als durch ihn."[8]

Der erste Teil des Zitats bestätigt die klassische Tradition, und man kann da schwer eine Einwendung erheben. Worauf es hier aber ankommt, ist der zweite Teil des Zitats, der mit „aber nirgends..." beginnt und der uns daran erinnert, daß das „Wesen" — das einen Begriff der Subjektivität bzw. Seele einschließt — in den Besitz seiner endlichen Gestalt, also seiner konkreten Wirklichkeit nur dadurch kommt, daß es sich der Gesetzlichkeit des Mechanismus unterwirft. Da aber das, was wir bisher als Mechanismus kennen, die gegenständliche Wirklichkeit von Wesen und Leben keinesfalls darstellen kann, liegt der Verdacht nahe, daß es sich bei Lotze um eine Idee von ‚Mechanismus' handelt, die mit klassischen Denkmitteln überhaupt nicht zu fassen ist. Der klassische Mechanismus ist eine getreue Nachbildung und Wirklichkeitsprojektion der Denkgesetze, wie sie sich im rationalen Bewußtseinsraum des Menschen abspielen. Diese Denkgesetze befassen sich nur mit Dingen und ihren Verhaltensweisen. Im transklassischen Mechanismus aber zielt die Ingenieurtätigkeit auf eine vom Menschen bewirkte Wiederholung der Grundgesetze alles gegenständlichen Daseins. Also eines, das auch Subjektivität einschließt! Man will sozusagen den Kode des Universums entdecken.

Für die Art und Weise, in der sich der Mensch dieser letzten Gesetzlichkeit der Wirklichkeit nähern kann, hat die Philosophie schon in der Antike die Bezeichnung ‚Dialektik' gefunden, und Hegel, der sie zu ihrer klassischen Vollendung gebracht hat, beschreibt sie näher als die Selbstbewegung des Begriffs. Diese Formulierung trifft genau den Kern der Sache; das Selbst, das hier denkt, ist nicht mehr das individuelle Ich der menschlichen Subjektivität, dessen Privatheit die höchste und radikalste Gestalt des Besonderen ist, sondern es ist das Allgemeine, die Objektivität, die in der Dialektik die Funktion des Denkers übernimmt. Sein und Denken sind in der Hegelschen Bewegung der Dialektik identisch. Der Hegelsche „Begriff" ist das Sein im denkerischen Vollzug seiner selbst.

Es ist selbstverständlich, daß die Selbstbewegung des Begriffs, wie Hegel sie beschreibt, kein brauchbares Rezept für den Ingenieur ist, der von dem Willen geleitet wird, eine Maschine zu bauen, die Subjektivität resp. Bewußtseinsfunktionen *leistet*. Wohlgemerkt: *leistet*, und nicht eine, die Bewußtseinsfunktionen *hat*! Eine Maschine, die Bewußtsein hat, ist eine contradictio in adjecto. Das gilt nicht nur für die klassische Tradition unseres Denkens, sondern auch für alle künftige transklassische Maschinentheorie.

Nun hat aber die Dialektik gegenüber der technischen Frage, ob und wie weit es dem Menschen möglich ist, vermittels maschineller Mittel Bewußtseinsleistungen in künstliche Gegenstände einzubauen, einen empfindlichen Mangel. In ihr verliert sich der Unterschied von Ich und Nicht-Ich in einem ungreifbaren Nebel. Die Dialektik in ihrer Hegelschen oder Marxistisch-Leninistischen Form gibt keine Antwort auf die Frage: was ist im Nicht-Ich der Unterschied zwischen dem Du und dem Es? Es ist bezeichnend, daß im Hegelschen System die Du-Subjektivität nirgends als eigenständige metaphysische Größe auftritt. Es ist immer nur schlechthin vom Subjekt die Rede. Hier bleiben Hegel und seine Nachfolger noch ganz der klassischen Tradition verhaftet, die ebenfalls nur eine Scheidung zwischen Ich und Nicht-ich kennt. Die Leistung des klassischen Denkens ist dort frühzeitig zu Ende, wo sie etwas aus dem Weltganzen abstrahiert und dasselbe als Nicht-Geist vor aller Geschichte entlarvt. Dieses Entlarvte ist das tote Sein in der Idee des Mechanismus, soweit wir von demselben heute einen Begriff haben. Wer aber glaubt, daß dieser Entlarvungsprozeß in der faustischen Kultur vollendet worden ist, wie Spengler in der Tat annimmt, begeht einen fundamentalen Irrtum und verbaut sich den Blick auf eine künftige Groß-Epoche der Weltgeschichte. An sein Ohr ist noch nicht die Frage gedrungen: was ist Nicht-Geist *im* geschichtlichen Prozeß? Anders formuliert: was ist das Kriterium für Objektivität in der Theorie des objektiven Geistes? Die Suche nach diesem Kriterium ist eine der Aufgaben der nächsten Epoche der Weltgeschichte.

Nicht nur Spengler, auch Hegel hat sich nicht von der Idee befreien können, daß in seinem philosophischen Blick auf die Welt die Geschichte der Selbstverwirklichung des Geistes prinzipiell verstanden worden ist. In anderen Worten: man glaubt jetzt endgültig zu wissen, was Subjekt und was Objekt, also Nicht-Geist ist, und in einem prinzipiellen, in die tiefsten Abgründe der Ontologie hinabreichenden Sinne bleibt hinsichtlich des Gegensatzes von Ich und Welt nichts weiter mehr zu erfahren übrig. Die Dichotomie zwischen beiden scheint klar und endgültig zu sein, und deshalb geht aus These und Antithese zuverlässig die Synthese hervor.

Dieser klassische Glaube aber ist durch die moderne Maschinentheorie und durch ihre jüngste Disziplin, die Kybernetik, widerlegt worden. Und hier liegt der tiefste Grund, warum die Maschine in der Gegenwart immer mehr als teuflisch und als die Zerstörerin der Kultur empfunden wird. Auch hier hat Spengler Wesentliches schon längst gesehen. In der abschließenden, der Maschine gewidmeten Betrachtung am Ende des zweiten Bandes seiner Geschichtsphilosophie lesen wir: „Der faustische Erfinder und Entdecker ist etwas Einziges. Die Urgewalt seines Wollens, die Leuchtkraft seiner Visionen, die stählerne Energie seines praktischen Nachdenkens müssen jedem, der aus fremden Kulturen herüberblickt, unheimlich und unverständlich sein, aber sie liegen uns allen im Blute. Unsere ganze Kultur hat eine Entdeckerseele. Entdecken, das was man *nicht* sieht, in die Lichtwelt des inneren Auges ziehen, um sich seiner zu bemächtigen, das war vom ersten Tage an ihre hartnäckigste Leidenschaft. Alle ihre großen Erfindungen sind in der Tiefe langsam gereift, durch vorwegnehmende Geister verkündigt und versucht worden, um mit der Notwendigkeit eines Schicksals endlich hervorzubrechen. Sie waren alle schon dem seligen Grübeln frühgotischer Mönche ganz nahe gerückt. Wenn irgendwo, so offenbart sich hier der religiöse Ursprung alles technischen Denkens. Diese inbrünstigen Erfinder in ihren Klosterzellen, die unter Beten und Fasten Gott sein Geheimnis *abrangen*, empfanden das als einen Gottes*dienst*. Hier ist die Gestalt Fausts entstanden, das große Sinnbild einer echten Erfinderkultur. Die scientia *experimentalis*, wie zuerst Roger Bacon die Naturforschung definiert hatte, die *gewaltsame* Befragung der Natur mit Hebeln und Schrauben beginnt, was als Ergebnis in den mit Fabrikschloten und Fördertürmen übersäten Ebenen der Gegenwart vor unsern Augen liegt. Aber für sie alle bestand auch die eigentlich faustische Gefahr, daß der Teufel seine Hand im Spiele hatte, um sie im Geist auf jenen Berg zu führen, wo er ihnen alle Macht der Erde versprach. Das bedeutet der Traum jener seltsamen Dominikaner wie Petrus Peregrinus vom Perpetuum Mobile, mit dem Gott seine Allmacht entrissen gewesen wäre. Sie erlagen diesem Ehrgeiz immer wieder; sie zwangen der Gottheit ihr Geheimnis ab, um selber Gott zu sein. Sie belauschten die Gesetze des kosmischen Taktes, um sie zu vergewaltigen, und sie schufen so die *Idee der Maschine* als eines kleinen Kosmos, der nur noch dem Willen des Menschen gehorcht. Aber damit überschritten sie jene feine Grenze, wo für die anbetende Frömmigkeit der anderen die Stunde begann, und daran gingen sie zugrunde, von

Bacon bis Giordano Bruno. Die Maschine ist des Teufels: so hat der echte Glaube immer wieder empfunden."[9]

Die Zukunftslosigkeit der Spenglerschen Geschichtsphilosophie gründet nun darin, daß er mit seinem historischen Empfinden zwar den negativen Charakter des Maschinendenkens im religiös-kulturellen Rahmen seiner Hochkulturen sieht, nicht aber die auch heute noch über alle unsere Vorstellung gehenden theoretischen Entwicklungsmöglichkeiten, die in der Idee des Mechanismus liegen. Daß Spenglers Horizont hier eng begrenzt ist, ist nicht anders zu erwarten und war in den Jahren vor 1920, in dem seine Ideen konzipiert wurden, ganz unvermeidlich. Die moderne kybernetische Maschinenkonzeption, die erst in den 40er Jahren zu keimen begann, war in seiner Zeit noch ganz unvorstellbar, und man muß hinzufügen: sie ist auch heute noch von dem durchschnittlichen Techniker und Ingenieur in ihren weltanschaulichen Konsequenzen nicht annähernd begriffen.

Wir haben darauf hingewiesen, daß man, um das Spenglersche Geschichtsbild zu überwinden, einen mehr als zufälligen Zusammenhang zwischen den Hochkulturen und der geschichtlichen Frühzeit des Menschen herstellen muß. Wir haben weiter diesen Zusammenhang dahin gedeutet, daß alle Hochkulturen als mehr oder weniger durchgeführte Liquidationsprozesse der menschlichen Frühgeschichte aufgefaßt werden sollten. Unter diesem Gesichtspunkt gesehen, haben alle höheren Geschichtsformen etwas Verwandtes und sie Verbindendes, das die Abgründe zwischen den einzelnen Kulturkreisen überbrückt. Diese Gemeinsamkeit manifestiert sich in der bedingungslosen Akzeption der abendländischen Technik auf allen Kontinenten des Erdballs. Die Technik kann überall verstanden und gebraucht werden, weil sie eben seelenlos und deshalb total indifferent ist gegenüber dem privaten sich in sich selbst einschließenden Charakter einer jeweiligen Hochkultur.

Da Spengler in vielleicht übertreibender Weise die Unzugänglichkeit einer bestimmten Kulturseele und das, was sie von jeder anderen trennt, in seiner Geschichtsphilosophie ausmalt, ist es notwendig, hier und speziell im Hinblick auf das Problem der Technik das Gemeinsame aller Hochkulturen näher zu beschreiben, das ihnen erlaubt, in ihren, sie terminierenden Zivilisationsstadien bereitwilligst die gleichen technischen Methoden zu adoptieren. Der Liquidationsprozeß, der in jeder Hochkultur gegenüber der Frühzeit durchgeführt wird, hat nämlich strukturell überall genau den gleichen Charakter. Man kann die Frühgeschichte des Menschen in allgemeinster Form damit kennzeichnen, daß man feststellt, daß ihr ein sogenanntes einwertiges Weltbild zugrunde liegt. Es gelingt dieser Geschichtsepoche nicht, die beiden kosmischen Grundwerte Subjekt und Objekt deutlich und allgemein verbindlich voneinander zu unterscheiden. Im archaischen Weltbild bleibt die Grenze zwischen Seele und Ding immer fließend. Darauf beruhen die animistischen Vorstellungen und der Glaube an die Magie, vermittels der die objektive Wirklichkeit durch den Ritus und den Zauberspruch beherrscht und verändert werden kann. Umgekehrt gehört es zum Wesen aller Hochkulturen, daß sie fähig sind, zwischen Subjekt und Objekt eine sich immer schärfer markierende Grenze zu ziehen. D. h., sie sind alle gemäß ihrer ontologischen Basis zweiwertig und gegenüber dieser allen gemeinsamen Haltung macht es weniger aus, wenn jede auf andere Weise zu verstehen sucht, was Seele und was Ding ist. Sie wissen aber alle, daß hier irgendwo ein existentieller Abbruch zwischen zwei kosmischen Werten existiert, der nicht ignoriert werden kann. Das Ding ist niemals Seele, und die Seele ist nirgends und in keinem Betracht ein Ding. Mit dieser Zäsur rechnet jede höhere Form der Geschichte, und nur in diesem Sinne kann Schopenhauer behaupten, daß Śaṃkara, Plato und er dasselbe sagen.

Der ontologische Grund, warum abendländische Technik auf dem ganzen Globus mit geöffneten Armen aufgenommen werden kann, ist das Faktum, daß die klassische Maschine nichts anderes darstellt als die elementarste und zugleich überzeugendste Manifestation der Teilung zwischen Subjekt und Objekt. Nur dort, wo wir von einem reinen Mechanismus konfrontiert werden, wissen wir mit unbeirrbarer Sicherheit, daß uns in seiner Funktion keine Seele begegnet.

Die Absonderung des Toten und Seelenlosen von Geist und Bewußtsein ist hier vollkommen.

Die Maschine ist also letzte und endgültige Bestätigung des inneren Antriebes aller Hochkulturen, die Primitivkultur dadurch zu liquidieren, daß sie von der Idee der ontologischen Einwertigkeit zum Zweiwertigkeitsprinzip übergehen. In dieser Idee erkennt *jede* Hochkultur ihre eigene Antriebskraft wieder, durch die sie sich von der Frühzeit abgelöst hat.

Die in dem isolierten Seelentum der höher entwickelten Lebensformen temporär schon verlorene Einheit der Weltgeschichte wird so auf dem Weg über die Maschine in dürftigster Gestalt zurückerobert, denn gegenüber den Forderungen des Mechanismus muß man sich überall auf gleiche Weise verhalten. Aber damit schließt sich eine neue historische Perspektive und die Eigenrolle des faustischen Weltgefühls auf. Es ist ein unbestreitbares Faktum, daß nur die abendländische Kultur die klassische Technik bis zu ihrem natürlichen Ende, d. h. bis zu den auf dieser Geschichtsstufe erreichbaren Grenzen getrieben hat. Damit hat sie den späten Zivilisationsstadien aller anderen regionalen Kulturabläufe wenigstens einen negativen, aber nichtsdestoweniger einen allgemein verbindlichen Begriff davon gegeben, was als Seele oder Subjektivität zu verstehen sei. Seelisch nämlich ist immer das — und nur das — was *nicht*-maschinell und *nicht*-mechanisch begriffen werden muß. Nur durch diese privative Definition des Geistes konnte die Maschine ihre allgemein verbindliche Bedeutung für die Abkömmlinge aller regionalen Kulturen erlangen. Implizierte sie eine *positive* Vorstellung von Geist und Seele, dann wäre sie als metaphysischer Abschluß für keine andere als die abendländische Geschichte verbindlich gewesen; denn das gerade unterscheidet die verschiedenen Kulturen, daß sich in ihnen Seele auf die verschiedenartigste Weise positiv manifestiert, weshalb angesichts zweier beliebiger historischer Gestaltungen, die durch die Umstände zu einer Auseinandersetzung miteinander gezwungen sind, wie z. B. Indien und China in der Gestalt des Buddhismus oder Griechenland und die magische Kultur auf dem Boden des Christentums, wir immer wieder vor nicht ausgeloteten spirituellen Tiefen stehen, für die Kiplings Wort gilt: ... and never the twain shall meet.

Da nun aber alle diese Liquidationsprozesse der menschlichen Frühzeit den Abschluß der primitiven Ära auf ihre eigene, nicht wiederholbare und nicht übertragbare Weise durchgeführt haben und sie selber eben in ihrer unterschiedlichen Individualität als welthistorische Zufälle größter Ordnung erscheinen, ist die folgende Frage nicht mehr zu umgehen: deutet diese vielfältige Differenz in dem positiven Erlebnis von Subjektivität nicht darauf hin, daß die Grenze, die der Mensch in seiner Geschichte zwischen Ich und Welt bisher gezogen hat, nur eine vorläufige ist und daß wir das Verhältnis von Seele und Ding noch längst nicht adäquat begriffen haben? Anders formuliert: ist die durch klassische Logik und Maschinentheorie definierte Wert-Dichotomie von Natur und Geist wirklich die einzige und endgültige Trennungslinie zwischen Subjekt und Objekt?

Nun ist es heute möglich, den deutschen Idealismus und speziell die Hegelsche Logik so zu interpretieren, daß diese Frage verneint werden muß. Die Berechtigung einer solchen Verneinung ist aber erst auf dem Boden der kybernetischen Maschinentheorie, so wie dieselbe in Amerika entstanden ist, erwiesen worden. Es ist sehr bezeichnend, daß der Grundgedanke der Kybernetik im Raum des nordamerikanischen Kontinents konzipiert worden ist, d. h. in einer Weltgegend, die von der ganzen Geschichtsepoche der Spenglerschen Hochkulturen wenn überhaupt dann erst am Ende und oberflächlich betroffen war. Der philosophische Grundgedanke, der als letzte geistige Perspektive hinter allen kybernetischen Bemühungen steht, läßt sich nach dem bisher Gesagten etwa auf die folgende Weise zusammenfassen: *In der bisherigen Geschichte der Technik ist das Verhältnis von Subjekt und Objekt insofern irrtümlich beschrieben, als das klassische Denken dem Bereich der Seele noch eine überquellende Fülle von Eigenschaften zuweist, die in Wirklichkeit auf die Dingseite gehören und dort als Mechanismen höherer Ordnung begriffen werden können.*

Solches bedeutet, daß die Geschichte der Technik als Auflehnung des Menschen gegen die Natur nicht im entferntesten zu Ende sein kann. Damit aber ist auch die Geschichte als Kultur- bzw. Seelengeschichte erst recht nicht zu ihrem Erlöschen gekommen, und es kann davon gar keine Rede sein, daß die Technik uns an den Rand einer metaphysischen Kehre gebracht hat, wo die Seele müde und verdrossen in ein geschichtsloses Dasein zurückkehrt. Eine solche Rückkehr ist dem Bewußtsein durch die Erkenntnis versperrt, daß das komplementäre Verstehen des Gegensatzes von Ich und Welt überhaupt erst in seinen dürftigsten Anfängen steht; denn wenn wir heute der Seelenseite noch pseudo-subjektive Daten zurechnen, die sich schließlich als objektive Eigenschaften der Umwelt demaskieren lassen, so bedeutet das, daß an der bisherigen Geistesgeschichte und dem Selbstverständnis des Menschen Erhebliches zu korrigieren ist. *Der Prozeß dieser Korrektur ist dasjenige, worum es sich in der nächsten Großepoche der Weltgeschichte handeln wird.*

Wenn wir davon gesprochen haben, daß der Mensch heute erst am Anfang eines komplementären Verstehens des Gegensatzes von Ich und Welt steht, so bedarf dies einer näheren Erläuterung. Wir alle wissen, daß die Entwicklung des menschlichen Intellekts unter dem Kenn- und Leitwort „Objektivität" vor sich gegangen ist. Seit Jahrtausenden hat sich der Mensch bemüht, das Subjektive als das Unverbindliche und Unfaßbare auszuschalten. Und dort, wo das Sein vergessen wird — um mit Heidegger zu reden —, verliert der Mensch auch seinen eigenen Begriff und verschwindet aus der Geschichte. In der Formel vom Sein des Seienden ist angekündigt, daß das Grundthema der Metaphysik das Ansich und die Objektivität ist, der sich der Mensch durch Selbstvergessenheit nähern muß. Die bisherige Geschichte des Wissens ist also eine Geschichte des Wissens vom gegenständlichen Sein, d. h. von der Welt und nicht vom Ich resp. der Subjektivität. Neben der Geschichte des reflexionslosen Weltverständnisses fehlt uns noch eine komplementäre Geschichte des Verständnisses selbstreflexiver Prozesse.

Zu derselben aber gibt es nur einen einzigen Zugang, nämlich zu begreifen, daß das, was wir bis dato als Idee der Subjektivität konzipiert haben, in Wirklichkeit ein trübes Gemisch von subjektiven und objektiven Komponenten der Realität gewesen ist. Wir besitzen in der klassischen Maschine nur das konkrete Resultat einer transzendentalen Kritik des Begriffs des Seins. Aber wir sind noch nicht fähig zu einer Geschichte, in der sich eine komplementäre Kritik des Selbsts vollzieht, die, unterstützt von neuartigen technischen Mitteln, die Grenzlinie zwischen Ich und Welt immer tiefer in die Hintergründe der Subjektivität zurückschiebt und immer mehr von dem, was aus jenen Hintergründen auftaucht, der gegenständlichen Dingwelt zuweist.

Wenn wir hier vom komplementären Verstehen gesprochen haben, so meinen wir damit, daß in diesem Prozeß das Verstehen nicht nur einen Seinsgewinn erfährt, sondern daß durch den Abzug pseudo-subjektiver Komponenten aus dem Ich eine korrespondierende Vertiefung des Wissens von dem, was Subjektivität ist, zustande kommt. Das erscheint paradox; aber wir müssen uns an die Idee gewöhnen, daß alles das, was wir im Ich als Nicht-Ich entlarven und aus ihm abziehen, nicht nur zur Reinigung, sondern auch zur Verinnerlichung und daher zur dauernden Bereicherung der Subjektivität beiträgt.

Wir spielen hier auf einen Tatbestand an, der heutzutage jedem geläufig ist, der sich auch nur über Zeitungen und ähnliche populäre Informationsmittel über Komputertheorie und -technik unterrichtet hat. Wenn die Maschine heute immer mehr als der Fluch des Menschen und als eine veritable Verkörperung des Gottseibeiuns betrachtet wird, so konzentriert sich die Furcht, die sich hier ansammelt, sehr oft auf die hochentwickelten Formen der Großrechenanlagen. Sie beginnen mehr und mehr dem traditionellen Bild der Maschine als Produkt der klassischen Technik zu widersprechen. Wenn etwa ein leidenschaftlicher Sportwagenfahrer seinen Wagen mit zärtlichen Gefühlen betrachtete und ihn beinahe wie eine Geliebte behandelte, so ist eine solche Introjizierung von Subjektivität in den Gegenstand nicht mehr wie ein unverbindliches Spiel von Emotion und Phantasie, dem kein oder nur wenig metaphysischer Ernst beizumessen war. Jedermann weiß, daß die Quelle der Leistungen eines Autos ganz zweifellos der Außen- und Objektwelt zuzurechnen ist, und daß sich das Urteil dabei nicht irren kann. Dazu aber kommt heute in der Gestalt der Komputer eine neue und höchst beunruhigende Erfahrung. Dieser erst kürzlich entwickelte Maschinentyp zeigt Eigenschaften, die das menschliche Bewußtsein bisher ausschließlich dem beseelten Leben zugerechnet hat. Es heißt, daß Komputer Differentialgleichungen lösen, algebraische und logische Theoreme prüfen, Entscheidungen treffen können, daß sie Gedächtnis haben, lernfähig sind, Spielstrategien entwickeln und mathematische Beweise entdecken. Daraus folgt für keinen seriösen Kybernetiker, daß ein Komputer ein Ichzentrum besitzt oder auch jemals besitzen könnte. Wohl aber ergibt sich daraus unwiderleglich, daß bestimmte Funktionen, die man bisher ausdrücklich als Manifestationen einer Subjektivität zugerechnet hatte und von denen man glaubte, daß man aus ihnen etwas über die letztere lernen könnte, uns in Wirklichkeit nur Neues über die Umwelt des Ichs, aber nichts über das Ich selbst erfahren lassen.

An dieser Erfahrung entwickelt sich ein neuer Menschentyp, zu dem der heutige Kybernetiker wenigstens eine schüchterne Vorstufe bildet. Gemäß Spengler wird unsere Erde gegenwärtig von zwei Menschentypen bewohnt. Erstens dem sogenannten primitiven Menschen, der seelisch nur demjenigen Lebenskreis angehört, dem die sogenannten Naturvölker angehören, und jenem Typ, der durch die intensive Geschichte einer Hochkultur hindurchgegangen ist. Jetzt aber beginnt sich ein dritter Typus langsam geltend zu machen. Den primitiven Typus können wir von jetzt an ausschalten. Aber es ist interessant zu beobachten, daß jener Menschentyp, der innerlich noch ganz von einer Hochkultur geformt ist und unter ihrem weiter dauernden Einfluß steht, die Entwicklung der Technik, wie sie sich in der Erscheinung des Komputers zeigt, mit einer Furcht betrachtet, die aus einer nicht unberechtigten Ahnung stammt, daß sein eigenster spiritueller Besitz bedroht ist. Dieser Menschentyp registriert mit tiefer Befriedigung alle jene Phänomene der Subjektivität in der Welt, die die Maschine nicht reproduzieren kann und wo er Hoffnung schöpft, daß sie sie auch nie reproduzieren wird. Der neu heraufkommende Typ, der sehr amerikanisch ist, registriert mit echter Enttäuschung den geringen Leistungsbereich der Komputer und wartet ungeduldig darauf, daß neue Leistungen, die man bisher ausschließlich den mit Leben begabten biologischen Systemen zugeschrieben hat, endlich auch im Bereich des Seelenlosen und Toten hervorgebracht werden können. Die seelische Reaktion des ersten, konservativen Typs zeigt an, daß es sich hier um seelisch ausgebrannte Geschichtsträger handelt, deren eigentliche historische Existenz hinter ihnen liegt und die seit der Ankunft der Maschine keine Zukunft mehr vor sich sehen. Die Ungeduld des anderen — wir wollen der Kürze halber sagen: des amerikanischen Typs — läßt vermuten, daß sich hier eine Geistigkeit zu äußern beginnt, die erst in einer kommenden Ära des Menschen ihre volle Entfaltung erfahren wird.

Ein Beispiel soll den historischen Klimawechsel, der für uns gerade beginnt, demonstrieren. Der im Sinne der abendländischen Hochkultur Erzogene und Gebildete, der deren Essenz in sich aufgenommen hat, wird z. B. wenn er von einer bestimmten Komputerleistung hört, folgenden subtilen Einwand machen: Es sei zwar heute erwiesen, daß Komputer Gedächtnisleistungen vollbringen können, aber man müsse eine Unterscheidung machen zwischen Gedächtnis und Erinnerung. Auch der klassische Mensch könne ohne weiteres zugestehen, daß das, was wir unter Gedächtnis verstehen, eine Eigenschaft der Dingwelt sei. Man müsse aber Er-innerung unterscheiden, wo es sich um eine Verinnerlichung einer in der vergangenen Zeit im System zurückbehaltenen Erfahrung handle. Also um die Idee der platonischen Anamnesis.

Es sei hier ausdrücklich festgestellt, daß dieses Argument in der spirituellen Welt der Hochkulturen mit ihrer radikalen Dichotomie von Ding und Seele unantastbar ist. Der Autor, der diese Zeilen schreibt, erkennt es in dem Denkbereich, in dem hier argumentiert wird, ausdrücklich an. Aber gerade die hier zutage tretende Problematik kann uns belehren, wie sehr sich das seelische Klima unter dem Einfluß der Maschine ändern muß. Eine Änderung, die so tief ist, daß sie eine neue Weltepoche heraufführt. Das Gegen-Argument des Kybernetikers, der ingenieurmäßig denkt, geht nämlich dahin, daß die an und für sich sehr tiefsinnige Unterscheidung von Gedächtnis und Erinnerung von seinem Standpunkt aus überhaupt nicht mehr relevant sei. In beiden Fällen würde durch die Suggestion der Sprache ein Mythologem eingeführt, dessen die Kybernetik völlig entraten könne. Die Feststellung, ein Komputer habe Gedächtnis oder Erinnerung, sei nämlich völlig gleichbedeutend mit der anderen, daß sich ein System, dem wir solche Eigenschaften zuschreiben, einer erschöpfenden Beobachtung entzieht. Daß diese beiden Behauptungen genau äquivalent sind, ist von einem der führenden Kybernetiker, William Ross Ashby, ausdrücklich konstatiert worden. Und da die Kybernetik eine amerikanische Schöpfung ist, wird unser Ingenieur, der die Unterscheidung von Gedächtnis und Erinnerung als irrelevant weiß, vielleicht auf seine englische Muttersprache hinweisen und lächelnd bemerken, daß er es dann gar nicht so gut hätte wie ein Deutscher, weil er memory, remembrance, retention, reminiscence, recollection und rememoration voneinander trennen müsse. Wie man sieht, verschiebt schon der Sprachunterschied das Problem. Alle diese Unterschiede, also auch der von Gedächtnis und Erinnerung, lösen sich in der Feststellung auf, daß wir es mit einem System zu tun haben, das sich teilweise unserer Beobachtung entzieht. Denn das geschieht schon, solange wir unter dem Denkzwang stehen, demselben Gedächtnis zuschreiben zu müssen. Erinnerung ist dafür noch lange nicht nötig. Aber andererseits können wir, wenn wir Erinnerung meinen, auch nicht mehr sagen.

Gerade dieses Beispiel zeigt deutlich, daß sich in der kybernetischen Betrachtungsweise ein geistiger Prozeß vollzieht, der auf eine Entmythologisierung der Subjektivität hinstrebt. In dem klassischen Denken der letzten Jahrtausende ist die Materie, bzw. die tote Natur, entmythologisiert worden. Wenn es donnert, denken wir nicht mehr an einen blitzeschleudernden Zeus. Und wenn die Quellen plätschern, dann spricht nur noch der Poet von Nymphen. Für den Wissenschaftler aber ist die Natur ergötzert. Und nachdem in der kurzen Periode der Spenglerschen Hochkulturen dieses Geschäft besorgt worden ist, wendet sich der Geist dem viel tieferen und folgenschwereren Unternehmen einer Entmythologisierung seiner selbst zu. Das ist das Geschäft der Kybernetik.

Was der heute von der Technik bedrohte und verschreckte Mensch meistens nicht sehen kann, aber auch weitgehend nicht sehen will, ist, daß es sich hier um eine unvermeidliche historische Aufgabe handelt, die im ureigensten Interesse des Menschen liegt und die der Einzelne umso mehr wollen sollte, je mehr er sich seines spirituellen Kerns bewußt ist.

Bei Hegel hat der Geist drei Stufen: er spricht vom subjektiven Geist, dann von seiner Vergegenständlichung im objektiven Geist und schließlich von seinem Endzustand als dem absoluten Geist. Diese Drei-Teilung weist erstens darauf hin, daß die Etappe des objektiven Geistes, also die Geschichte, niemals etwas abschließbares ist; und zweitens muß angemerkt werden, daß die von Hegel beeinflußten Geschichtsphilosophen an der Theorie des objektiven Geistes bisher immer nur die Lichtseite gesehen haben. Sie bewerten daran immer nur das Positive, nämlich daß der subjektive Geist die Objektivität braucht, um sich zu offenbaren. Sie deuten Hegel hier also ganz im Sinne des Johannesevangeliums: „Und das Wort ward Fleisch und wohnte unter uns, und wir sahen seine Herrlichkeit ..." Die Dingwelt strahlt das überirdische gestaltlose Licht zurück, das auf sie fällt, dem sie Gestalt gibt und das sich in dieser Rückstrahlung offenbart. Wir sind so tief und so zuinnerlichst in solchen Vorstellungen befangen, daß es uns gar nicht zum Bewußtsein kommt, daß der Objektivationsprozeß des Geistes auch im genau entgegengesetzten Sinn ausgelegt werden könnte. Wenn von einer Entmythologisierung der Subjektivität die Rede ist, kann das ebensogut bedeuten, daß sich im Objekt das Licht nicht offenbart, sondern sich in gegenständlichen Entstellungen immer tiefer verbirgt. D. h., was wir in der klassischen Begriffswelt vom Geist angeblich erfahren haben, war nirgends der Geist selbst, sondern die ausgebrannten Schlacken, die seine Spur zurückgelassen hat und die uns ein anderes nur ahnen ließen. Der Geist selbst als das ewig ungegenständliche Wesen ist unoffenbart geblieben. Die Theologie kennt ihn in der Idee des deus absconditus.

Der Begriff von Subjektivität, den die Geschichte bis dato hervorgebracht hat, ist deshalb noch völlig in Mythologemen der Objektivität befangen, weil das klassische Theorem von der metaphysischen Identität von Denken und Sein die Selbstreflexion geradezu dazu zwingt, Seele mit Sein zu verwechseln. D. h., soweit wir überhaupt einen Begriff von Geist haben, ist derselbe durch stellvertretende Objektivität definiert und gibt sich uns deshalb als transzendentaler Schein, um ein Wort Kants zu gebrauchen. Zu introszendentalen Korrekturen aber sind wir heute noch kaum fähig, weil die Brechungsgesetze, durch die sich das Licht des Geistes in der Objektivität spiegelt, von uns bestenfalls geahnt, aber bestimmt nicht begriffen sind. Diese kann uns nur eine Theorie der kybernetischen Maschine liefern.

Schon die Schriftzeichen stellen einen primitiven Objektivierungsprozeß dar; in ihnen gibt sich der Geist eine äußere Gestalt, die in der Welt angeschaut werden kann. Aber in der Erfindung der Schrift wird noch nicht geahnt, daß sich mehr vom Geiste objektivieren läßt, als was der bloße Buchstabe oder das Ideogramm uns zeigt. Es gibt eine Episode in der Weltgeschichte, die diesen Gedanken in tragischer Weise symbolisiert. Als Pizarro das Inkareich eroberte und dem Inkafürsten Atauhualpa verkündet wurde, daß sein Land der spanischen Majestät gehöre, fragte der Inka-Herrscher: Wer sagt so? Darauf hielt ihm der die Spanier begleitende Pater Valverde die Bibel mit den Worten entgegen: Dieses Buch sagt so. Der Indianer hielt das Buch einen Augenblick an sein Ohr und warf es dann verächtlich auf den Boden mit der Bemerkung: Das spricht ja nicht! Die Folge war – wie bekannt – ein Blutbad. Und doch hatte der Inka in einem Sinne, den er selber niemals ahnen konnte, recht. Ein Buch ist nur *gewesene* Aktivität des Geistes; in ihm ist die lebendige Bewegung des Gedankens erloschen. Ein Buch ist in diesem Sinne keine Maschine. Unter einer Maschine verstehen wir ein System, in dem sich das subjektive Erlebnis des Konstrukteurs, der sie ersinnt, im objektiven Ereignis der Maschinentätigkeit widerspiegelt. Transzendental betrachtet, ist die Theorie der Maschine nichts anderes als jene Gesetzlichkeit, in der der Bewegungscharakter des *Erlebnisses* in den Bewegungscharakter eines *Ereignisses*, das sich zwischen Objekten abspielt, übergeführt wird. Der Inka hatte recht. Jenes heilige Buch der Christen besaß keine wirkliche Autorität. Denn das Wesentlichste der Subjektivität – also des Geistes –, daß in ihr etwas geschieht und im Ereignis auf die Frage aktiv antwortet, war durch die toten Buchstaben des Bibelbuches nicht erfüllt.

Es ist vielleicht nicht ganz überflüssig, anzumerken, daß, wenn Atauhualpa eine Grammophonplatte gehört hätte, man ihn sicher damit hätte betrügen können. Ein Grammophon aber ist eine klassische Maschine, und in dem Vorgang einer rotierenden Platte, auf der eine Nadel schleift, vollzieht sich kein Sprechereignis, in dem einem fragenden Du ausdrücklich und intentional geantwortet wird. Und man wird schwerlich behaupten können, daß ein um eine Achse kreisendes Stück Material, eine Nadel, eine Membrane und was sonst noch zu einer Grammophonproduktion gehört, eine adäquate Projektion eines von einem Subjekt vollzogenen Urteilsaktes ist, das als

Schiedsrichter angerufen worden war. Der Inka war berechtigt, viel mehr zu erwarten, als eine klassische Sprechmaschine ihm hätte geben können.

Wollen wir das eben Gesagte verallgemeinern, so handelt es sich hier um die Erkenntnis, daß die Dokumente und Manifestationen unserer Geistigkeit, die unsere Kulturgeschichte bisher hervorgebracht hat und auf die wir so stolz sind, nur Bewußtseins*inhalte* in Schrift und anderen Symbolen vergegenständlichen. Bisher ist nirgends ein Versuch gemacht worden, eine Theorie dafür zu entwickeln, wie Bewußtsein bzw. Subjektivität als *Prozeß* — also als Leistung — in die Außenwelt übertragen werden kann. Gerade das aber ist es, worum es sich bei der kybernetischen Maschine handelt. Das physische Ding, das wir gemeinhin ‚Maschine' nennen, ist dabei ganz irrelevant. Worauf es einzig und allein ankommt und wonach gefragt wird, ist das, was es *tut*. Ganz mit Recht bemerkt deshalb *William Ross Ashby* in seiner 1956 erschienenen „Introduction to Cybernetics"[10] „Cybernetics ... is a ‚theory of machines', but it treats, not things but *ways of behaving*. It does not ask ‚what *is* this thing?' but ‚*what does it do?*' " Und in genau demselben Sinne ist oft genug in der Kybernetik etwas übertreibend festgestellt worden, daß ein kybernetischer Mechanismus überhaupt nichts anderes als ein Programm ist, d. h. *eine Anweisung, wie sich etwas ereignen soll.*

Damit sind wir genügend vorbereitet, um die geistige Wende, an der wir heute stehen und die uns in eine neue Groß-Epoche der Geschichte hinüberführen soll, in kürzester Formel anzugeben. In der vergangenen Zeit hat sich unser Nachdenken über die Welt und unser Verhalten, das sich nach solchem Nachdenken richtete, mit dem Verhältnis der Seele zu den Dingen beschäftigt. Darum auch war das Grundthema der Metaphysik der vergangenen Epoche die Frage nach dem Sein des Seienden. Und wie sich die Seele im Sein begreifen könnte. Darüber wissen wir nun im großen und ganzen genug. Wir sind aber jetzt im Begriff, in eine neue Epoche einzutreten, in der es nicht mehr um das Verhältnis von Seele und Ding geht, sondern um Seele und Geschehen, also um die Frage: wie kann sich das Subjekt, da es nun einmal kein Ding ist, wenigstens als in der Welt ablaufender Vorgang begreifen? Alles Geschehen ist — von der Seele her gesehen — Erlebnis; in der Welt aber erscheint es als Ereignis. Die wissenschaftliche Frage, der sich der Mensch der Zukunft gegenüber sehen wird, ist also die: wie reflektiert und begreift sich das Ich als eine Tätigkeit in der Welt?

Das einzige zuverlässige Mittel zu diesem Erkenntnisprozeß ist die Maschine, an der den Kybernetiker die Frage interessiert, was muß dieser Mechanismus *tun*, wenn er etwa Gedächtnisleistungen vollbringt, Differentialgleichungen löst oder logische Theoreme prüft. Erst im Zuge einer solchen Untersuchung erfahren wir, daß Erlebnisdaten, die wir bisher als konstituierend für unsere Subjektivität beurteilt und als ‚Geist' bewertet haben, in Wirklichkeit dem Es-Bereich, d. h. der Dingwelt angehören. Die Erkenntnis erscheint paradox, aber die Maschine bietet sich uns heute als das wirksamste Mittel zur Vergeistigung an, das dem Menschen bisher zur Verfügung gestanden hat. Es wird in Zukunft immer weniger gestattet sein, dasjenige als Geist zu erklären, was in Wahrheit Materie ist. In dieser Verwechslung hat der Glaube an Gespenster seine Wurzel. Das Gespenst ist die Materie, die sich als Geist ausgibt. Die historische Rolle der Maschine ist allerdings bis dato als Vehikel der Erkenntnis der Subjektivität schwer verständlich, weil die moderne Maschinentheorie – sieht man einmal vom bewundernden Laienurteil ab – noch ganz außerordentlich elementar, ja primitiv ist.

Wir alle halten es heute für selbstverständlich, unsere Körperleistungen durch geeignete technische Hilfsmittel zu erhöhen. Schon ein Affe, der im Urwald einen Stock oder eine Liane ergreift, verbessert damit den Funktionsbereich seines eigenen Körpers, und genau das gleiche tun wir, wenn wir Wagen oder Flugzeuge konstruieren oder unsern Stimmbereich durch das Telefon kolossal erweitern. Vorläufig aber ist uns der Gedanke noch völlig fremd oder gar absurd, daß unser Geist in größere Tiefen der Wirklichkeit dadurch dringen könnte, daß er sich analoger Prothesen zur Erweiterung und Stärkung unserer Bewußtseinsfunktionen bediente.

Man hört oft den Einwand, daß es sich ja hier immer nur um eine quantitative Datenbereicherung handeln könne, daß aber das Verhältnis von physischem Sein und erlebtem Sinn jedesmal eine qualitative Differenz involviere, die auf keine Weise überbrückt werden könne. Der Einwand sollte heute längst als unrichtig erkannt werden. Ein Philosoph hätte ihn schon nicht mehr machen dürfen, als er bei Hegel vom dialektischen Umschlag von Qualität in Quantität und von Quantität in Qualität las. Und heute treten in Abhandlungen, die sich mit Komputertheorie befassen, schon Zahlengrößen wie 10^{477000} auf (Eine 1 und 477000 Nullen). Selbstverständlich besteht da, wenn man es durchaus haben will, eine quantitative Differenz zwischen dieser Zahl und irgendeiner beliebigen Zahl aus dem Bereich des kleinen Einmaleins. Aber die quantitative Beziehung ist hier etwas ganz Subalternes. Was relevant ist, ist, daß man mit dem Gebrauch der angegebenen Potenzmenge in Wirklichkeitsbereiche vorstößt, die qualitativ von denen unterschieden sind, in denen das kleine Einmaleins regiert. Mit dieser flüchtigen Andeutung müssen wir uns hier begnügen. Wir stellen nur fest, daß der Mensch mit Hilfe der Maschine als Denkprothese Problembereiche sichtbar machen kann, deren bloße Existenz dem natürlichen und technisch ununterstützten Denken überhaupt nicht zum Bewußtsein kommen können. Es gehört zum Wesen des natürlichen Bewußtseins, das noch nicht durch kybernetische Denkprothesen unterstützt ist, daß es bestimmte spirituelle Fragen überhaupt nicht stellen kann, weil der Wirklichkeitsbereich, in dem sie auftreten, für es überhaupt nicht existiert. Eine solche Frage ist z. B. die nach Hegels zweiter Negation. Gewisse Aspekte dieses Operators lassen sich heute schon mit dem Komputer durchrechnen. Das ist geschehen, und als Resultat scheint sich eine neue philosophische Problematik zu ergeben, die der Geschichte der Philosophie bisher nicht nur unbekannt war, sondern unbekannt sein mußte, weil die Sichtbarmachung dieser Problematik kombinatorische

Leistungen erforderte, denen das technisch ununterstützte menschliche Gehirn schon rein physiologisch nicht gewachsen war. Hat die Maschine aber erst einmal eine solche Problemstellung offengelegt und die Bedingungen festgestellt, unter denen sie durchdacht werden kann, dann geht die Fragestellung an die menschliche Subjektivität zurück, die jetzt die Maschine wieder ablöst, bis eine neue Schwierigkeit auftaucht, bei der die Maschine wieder helfend eingreifen muß. Maschine und Mensch leisten hier komplementäre Arbeit und befinden sich in gegenseitiger Abhängigkeit.

Dort, wo die Maschine im Leben des Menschen die Rolle des Beelzebub spielt, hat man noch nicht begriffen, daß jeder Mechanismus, den der Mensch ersinnt, eine Teilprojektion seiner selbst in die Außenwelt ist. In einem mit Hebeln und Gelenken arbeitenden Apparat projiziert er eine Funktionsweise seines Körpers in seine Umwelt. Im Computer aber beginnt er den Prozeßcharakter seines Gehirns als des Trägers seines Bewußtseins in den Bereich der Objektivität zu übertragen. Und damit kommen wir zu einem tieferen Aspekt der weltgeschichtlichen Bedeutung der Maschine.

Wir haben weiter oben bereits angedeutet, daß schon auf der Stufe der regionalen Hochkulturen der Maschine eine einigende, wenn auch untergeordnete Bedeutung zufällt. Es gehört zu den Verdiensten der Spenglerschen Geschichtsphilosophie, darauf hingewiesen zu haben, daß, je intensiver und ausgeprägter die Subjektivität oder, wie es im „Untergang des Abendlandes" heißt, das Seelentum ist, das sich in einem Geschichtsablauf manifestiert, umso größere Gefahr droht, daß in ihm die Einheit der Weltgeschichte auseinanderbricht. Das ist der enorme Preis, der für hohe Geschichte gezahlt werden muß. Wenn heute die abendländische Technik sich über den ganzen Erdball ausbreitet, so ist das ein Zeichen dafür, daß wenigstens Einigkeit darüber herrscht, was man von der Dingwelt wissen kann. Aber die Einheit der Geschichte orientiert sich nur zum allergeringsten Teil an dem, was wir über den Objektivbereich der Welt wissen. Sie wird in unvergleichlich viel höherem Maße durch das konstituiert, was wir über uns selbst gelernt haben — oder noch lernen müssen. Wenn Spengler glaubt, daß die hohe Kulturgeschichte des Menschen mit der abendländisch-faustischen Kultur im wesentlichen zu Ende ist, so beruht das nicht zuletzt darauf, daß man sich um 1920 auch nicht annähernd vorstellen konnte, welche Entwicklung die Maschinentheorie noch nehmen würde und daß ihr einst die Aufgabe zufallen könnte, gewesene Selbstreflexion und sogenannte Bewußtseinsfunktionen in rein objektive Seinsvorgänge zu übersetzen.

Dadurch erhält die Weltgeschichte eine neue Chance, die bis dato kaum sichtbar war. Wir müssen davon ausgehen, daß in einer neuen Groß-Epoche die Einheit des geschichtlichen Ablaufs infolge erhöhter geistiger Differenzierung noch mehr gefährdet sein wird, als das bisher der Fall gewesen ist. An dieser Gefährdung müßte schließlich alle Geschichte zugrunde gehen und der Mensch doch ins Geschichtslose zurückfallen. Das ist, was Spengler prophezeit und was unweigerlich eintreten sollte, wenn die Maschinentheorie auf der Stufe stehengeblieben wäre, auf der Spengler sie vorgefunden hat. Wir dürfen aber heute mit ziemlicher Bestimmtheit sagen, daß das nicht der Fall ist und daß die Weiterentwicklung des Menschen in einer kommenden historischen Ära — vorausgesetzt, daß er nicht vorher Selbstmord begeht — dadurch gewährleistet sein wird, daß die technische Entwicklung eine gewisse weiterreichende seelische Übereinstimmung der Menschen insofern erzwingen wird, als ein ständig steigendes Minimum an gemeinsamem Wissen darüber entstehen muß, was Bewußtsein und Seele ist. Was die unkontrollierbare psychische Innenschau und Selbstversenkung angeht, wird sich die Diversität im Historischen noch steigern. Das ist notwendiges Requisit einer Weiterentwicklung. Zugleich aber wird immer mehr von dem, was der Mensch bisher als Subjektivität erfahren hat, als Eigenschaft in der Maschine, also als Bestandteil der Objektivität auftauchen. Und so wenig auf dem Wege der Innenschau und Selbstbesinnung die Einheit der Menschheit in der Geschichte zu erhalten ist, so brutaler wird sie auf dem Weg über die Komputertechnik erzwungen werden. Denn über jene gewesene Subjektivität, die ihre Projektion in die Maschine schon erfahren hat, kann nicht mehr gestritten werden.

Es ist selbstverständlich, daß in einem gegebenen Geschichtszusammenhang immer nur ein Minimum an Subjektivität maschinell so objektiviert und allgemein verbindlich gemacht werden kann und daß das überquellende und noch unverbindliche Innenleben, von dem hohe Geschichte sich nährt, jeden vollbrachten Objektivationsprozeß im Moment seiner Vollendung schon als überholt und abgetan betrachten muß. Die Weltgeschichte als ein unablässiges Vorwärtsdrängen des Menschen wird immer nur von derjenigen Subjektivität belebt und weitergetragen, in der sich der Mensch noch nicht erkannt und begriffen hat. Daher auch die prinzipielle Unvoraussagbarkeit der Geschichte. Daher die grundsätzliche Fehlsicht in allen Utopien. In der Utopie flüchtet der Mensch aus der Geschichte. Zu dieser Flucht aber ist er niemals legitimiert, weil sie ganz und gar der Einsicht — einer Einsicht, die ihm unendlich kostbar sein sollte — widerspricht, daß die Demaskierung der Subjektivität, die im Komputer erfolgt, niemals zu ihrem Ende kommen kann. Die vollendete Selbsterkenntnis der Seele im Objekt widerspricht sowohl dem ureigensten Begriff der Subjektivität als auch dem der Maschine. Daran ändert auch nichts, daß jeder neue maschinentheoretische Schritt uns hart und unbarmherzig demonstriert, daß das, was wir auf einer vorangehenden spirituellen Stufe als Manifestation von Ichheit und Subjektivität zu erfahren vermeinten, in Wirklichkeit nichts anderes als ein Gesetz der Außenwelt war. Wenn heute die Maschine als der Feind des Menschen empfunden wird, so verbirgt sich in diesem Gefühl eine Todesahnung der faustisch-abendländischen Kultur. Die ganze lebendige Subjektivität, die dieser Geschichtsepoche einmal innewohnte und sie auf ihrem großartigen Wege vorwärtstrieb, ist — soweit ihr Dauer zukommt — in diese Maschinenwelt eingegangen. D. h., das lebendige Seelentum, das diese Ära einstmals durchwaltete, tritt uns heute als kalte und seelenlose, vom Menschen produzierte Objektwelt entgegen. Die Furcht, die sich da regt, ist das letzte Restchen von klassischem Seelentum, was in dieser Objektivierung des Geistes noch nicht aufgesogen worden ist und auch nicht mehr aufgezehrt werden wird, weil es der Zerstörung der im Vergehen begriffenen Epoche weiterhilft.

Die Furcht ist ein schlechter Boden für einen neuen Aufbruch des Menschen in die Geschichte, und es ist kein Zufall, daß der amerikanische Wissenschaftler Isaac Asimov seine Robot-Novellen immer wieder um das Thema kreisen läßt: der Robot ist der beste Freund des Menschen. In der Einleitung zu diesen Erzählungen läßt er eine Robot-Ingenieurin aus einem der nächsten Jahrhunderte plaudern: „Es gab ... einmal eine Zeit, in der die Menschheit dem Universum allein und ohne Freund gegenüberstand. Jetzt besitzen wir Geschöpfe, die uns helfen. Sie sind stärker als wir selber, treuer, nützlicher und uns völlig ergeben.... Sie sind anständiger, sauberer und besser erzogen, als wir es sind. Die Menschheit ist nicht mehr allein."[1] Aus solchen Sätzen spricht ein seelisches Klima, das sich von der abendländischen Tradition auf einer tiefen Instinktebene unterscheidet. Hier waltet ein Gefühl, in dem, vorläufig noch unausgesprochen, die Einsicht lebendig ist, daß in dem intelligenten Robot dem Menschen seine eigene vergangene Geistigkeit entgegentritt; eine Geistigkeit freilich, die er als Arbeit an die Außenwelt hat abgeben müssen, um den Weg für ein weiteres und tieferes Verständnis seiner selbst freizumachen. Was uns in der Maschine begegnet, ist gewesenes Leben, ist lebendiges Fühlen und alte Leidenschaft, die der Mensch nicht gescheut hat, dem Tode der Objektwelt zu übergeben. Nur dieser Tod ist das Tor zur Zukunft. Die Geschichtsperspektive Spenglers mit dem Rückfall der Menschheit in den Bios ist die Perspektive der Kraftlosigkeit; jedoch bei Hegel, der zutiefst an eine Fortsetzung der Geschichte glaubte, lesen wir in der Vorrede zur „Phänomenologie des Geistes": „Aber nicht das Leben, das sich vor dem Tode scheut und von der Verwüstung rein bewahrt, sondern das ihn erträgt und in ihm sich erhält, ist das Leben des Geistes. Er gewinnt seine Wahrheit nur, indem er in der absoluten Zerrissenheit sich selbst findet." Dieses Sichsuchen in der Verwüstung und ein schrittweises Sichfinden in der Zerrissenheit, ein Sichfinden, das nie ans Ziel kommt, das ist der Gang der Weltgeschichte.

Anmerkungen

[1] Spengler: Der Untergang des Abendlandes I, München 1923, S. 27f.
[2] Spengler: Der Untergang des Abendlandes II, München 1923, S. 57f.
[3] Spengler: Der Mensch und die Technik, München 1931, S. 63.
[4] Spengler: Der Untergang des Abendlandes I, S. 144.
[5] A.a.O., S. 188.
[6] Spengler: Der Untergang des Abendlandes II, S. 52.
[7] H.G. Wunderlich: Die Steinzeit ist noch nicht zu Ende, Hamburg 1974.

[8] Lotze: Mikrokosmos I, S. 437.
[9] Spengler: Der Untergang des Abendlandes II, S. 622f.
[10] Ashby: Introduction to Cybernetics, London 1961, S. 1.
[11] I. Asimov: Ich, der Robot, Düsseldorf, Bad Salzig 1952, S. 9.

IDEE, ZEIT UND MATERIE

Ein englischer Philosoph bemerkte einst, daß die ganze Philosophie auf einer Doppelfrage samt den korrespondierenden Antworten ruhe: What is mind? No matter! Und: What is matter? Never mind! Dieses oft zitierte Aperçu ist meist nur als witziges Wortspiel zur Problematik der Philosophie gewertet worden, aber es weist doch auf eine sehr ernsthafte Perspektive hin. Mit ihr werden wir uns im Folgenden zu beschäftigen haben.

Wir beginnen mit einem trivialen Hinweis. Sowohl die Frage nach dem Wesen des Geistes wie die nach der Essenz der Materie wird mit einem negativen Hinweis auf den Gegenpol beantwortet. Weder die eine noch die andere Instanz ist aus sich heraus, also affirmativ, bestimmbar, sondern nur indirekt durch ihre Antithese hindurch. Das ist jedem Kenner der Dialektik bis zum Überdruß geläufig.

Soweit sind wir auf dem Boden der betrachtenden, also der entschlußlosen Reflexion. Wie aber, wenn Idee und Gedanke in Handlung umgesetzt werden sollen. Es ist evident, daß die oszillierende Bewegung der Dialektik keinen festen Boden für den Absprung in die Handlung bietet. Nur entdialektisierte Vorstellungen und Ideen liefern Motive für die Tätigkeit. Sie allein besitzen die Enge und Stärke affirmativer Eindeutigkeit. Die für Handlung — also Technik — unvermeidliche Entdialektisierung des Ideellen hat aber eine überraschende Folge, die zwar von tieferen Köpfen gelegentlich bemerkt, aber nie in ihren weiteren Konsequenzen verfolgt worden ist. Wird die antithetische Spannweite zwischen Idee und Materie entdialektisiert, so verschwindet das Dialektische nicht einfach im unartikulierbaren Nichts, sondern es verzieht sich auf merkwürdige Weise auf die eine Seite der ehemaligen Alternative.

Dem ersten Entdialektisierungsprozeß großen Stils begegnen wir in der Geschichte der Philosophie in dem Übergang von Platos Ideenlehre zum Organon des Aristoteles. Denn daß die Aristotelische Logik mit ihrem rigorosen Verbot des Widerspruchs einen Ausschluß des dialektischen Elementes aus der Platonischen Idee zur Folge hat, dürfte kaum bestritten werden. Die ausgeschlossene Dialektik äußert sich dann ganz undialektisch im Kampf der Weltanschauungen — von denen jede allein recht haben will —, ein Kampf, der bis in die Gegenwart fortgegangen ist. Indem der Gegensatz von Negation und Affirmation überhaupt durch Aristoteles seiner dialektischen Sprengkraft beraubt worden ist, kehrt er einseitig in der Domaine der Affirmation als Unversöhnlichkeit der positiven Weltanschauungen wieder.

Es scheint aber, als ob man auch heute noch nicht fähig ist, die logische Konsequenz aus dieser Erfahrung zu ziehen, obwohl sie in jüngster Zeit mehrfach ausgesprochen worden ist: Indem die dialektische Spannung aus dem universalen Gegensatz von Idealität schlechthin und Materialität überhaupt in die Objektivität des Materiellen ausweicht und in der konkreten Weltgeschichte ihre unaufhörliche Unruhe fortzeugt, hat sich für die formale Logik die ganz unaristotelische Einsicht ergeben, daß zwei logisch präzis äquivalente und komplementär notwendige Auffassungen der Wirklichkeit zur Verfügung stehen, von denen in einem gegebenen Moment immer nur die eine unser Bewußtsein besetzen kann.

Setzen wir voraus, daß sich das Weltgesetz in einem dialektischen Rhythmus bewegt, so kann man entweder das Verhältnis von Thesis und Antithesis als unentschieden betrachten oder als in einer Entscheidung aufgelöst (aufgehoben). Bildlich gesprochen: Im ersten Fall gilt unser ontisches Interesse dem Pendel und seiner Bewegung, das zwischen Pol und Gegenpol unparteiisch hin- und herschwingt, im zweiten Fall erblicken wir die Wirklichkeit verkörpert in den beiden Polen, in denen der Schwung des Pendels momentan zur Ruhe zu kommen scheint. In der abstrakten Terminologie der Logik: Das zweiwertig-symmetrische Relationsverhältnis der Negation (Umtauschverhältnis), das dem dialektischen Prozeß zugrunde liegt, kann entweder dadurch gedeutet werden, daß man vom Relator ausgeht oder aber von den Relationsgliedern. Im ersten Fall betrachten wir die Negationsalternative als unentschieden — und in dieser Unentschiedenheit birgt sich das Rätsel des Daseins. Gehen wir aber von der Festigkeit der Relationsglieder aus, dann ist in der Welt, der wir begegnen, alles entschieden.

Daraus resultieren zwei genau komplementäre Weltanschauungen. Betrachten wir das Negationsverhältnis als *unentschieden*, gehen wir also vom Relator N_1 aus, der uns per se nicht sagen kann, ob nun p oder nicht-p ist oder sein wird,

Tafel I

p	$N_1 p$
positiv	negativ
negativ	positiv

weil er nur einen Schwebezustand andeutet, dann erscheint uns die Realität zwangsläufig als ein „heraklitischer" Prozeß, in dem sich alle feste Dinglichkeit in einen bloßen Schein, einen Trug der Sinne, aufzulösen droht. Unser Suchen scheint nirgends auf eine vorgegebene, primordiale Grundgesetzlichkeit der Welt zu stoßen. Als letzte, unerreichbare, „transzendente" Größe ist uns dann nur ein Wille faßbar, der sich in einer Urentscheidung, die wir Schöpfung nennen, manifestiert. Ein solches Weltbild gründet sich auf den Primat der praktischen Vernunft, und es zielt auf die Idee einer letzten universalen Subjektivität.

Nun weiß man aber längst, daß eine solche Betrachtungsweise fundamentale Daseinseigenschaften ins Irrelevante verschiebt, weshalb die Logik ein komplementäres Weltbild implizieren muß. Ein solches ergibt sich, wenn wir das Negativverhältnis von p oder nicht-p jetzt als *entschieden* ansehen. In anderen Worten: Wir setzen jetzt nicht den Relationsprozeß $N_1 \ldots$, sondern mögliche Relata p, q, r ... als primär. Beide Setzungen erscheinen uns als einander ebenbürtig, und wir können keinen theoretischen Grund entdecken, die eine der anderen vorzuziehen. In jedem Moment unseres wachen Bewußtseins aber müssen wir uns für die eine oder die andere Ausgangssituation *entscheiden*. Wir können nicht in vornehmer Neutralität verharren, denn das bedeutete Bewußtlosigkeit.

Setzen wir nun nicht mehr den lebendigen Relationsprozeß, sondern die möglichen Relationsglieder als primordial vorgegeben, dann kristallisiert sich die Relationsbewegung zum unbeweglichen Gegenstande. Am Horizont des Denkens steigt die Konzeption des ewigen, „eleatischen" Seins empor und mit ihr das unveränderliche Ordnungsreich der ontologisch vorgegebenen Gesetze, denen sich sogar ein göttlicher Wille beugen mußte, wenn er eine Welt erschaffen wollte. Denn jetzt gilt der Primat der theoretischen Vernunft. Das zweite Weltbild zielt auf die Idee einer alles gründenden Objektivität.

Prima facie negieren beide Weltbilder sich gegenseitig, aber indem sie sich verneinen, sagen sie in der Negation dasselbe! Das ist eines der philosophisch relevantesten Resultate der modernen Logik. Schon in Wittgensteins Tractatus Logico-Philosophicus lesen wir 4.062 und 4.0621:

„... wahr ist ein Satz, wenn es sich so verhält, wie wir es durch ihn sagen; und wenn wir mit ‚p' $\sim$ p meinen, und es sich so verhält, wie wir es meinen, so ist ‚p' in der neuen Auffassung wahr und nicht falsch."

Soweit 4.062. In 4.0621 bekräftigt und erläutert Wittgenstein das oben Angemerkte mit dem folgenden Kommentar, der uns tiefer in die Problematik hineinführt[1]:

„Daß aber die Zeichen ‚p' und ‚$\sim$ p' das gleiche sagen *können*, ist wichtig. Denn es zeigt, daß dem ‚$\sim$' in der Wirklichkeit nichts entspricht.

Daß in einem Satz die Verneinung vorkommt, ist noch kein Merkmal seines Sinnes ($\sim \sim$ p = p).

Die Sätze ‚p' und ‚$\sim$ p' haben entgegengesetzten Sinn, aber es entspricht ihnen eine und dieselbe Wirklichkeit."

Noch präziser und eindringlicher ist der Sachverhalt, um den es hier geht, von dem Mathematiker Reinhold Baer in seinem Vortrag *Hegel und die Mathematik* auf dem zweiten Hegelkongreß 1931 in Berlin dargestellt worden.[2] Der gegenwärtige Verfasser hat Baer auf den Heidelberger Hegel-Tagen 1962 und in dem *Problem einer Formalisierung der transzendental-dialektischen Logik*[3] ausgiebig zitiert. Da der Hinweis unbeachtet und in seiner Tragweite völlig unverstanden geblieben zu sein scheint, soll er hier noch einmal nachdrücklichst wiederholt werden.

Baer betont in Anlehnung an die coincidentia oppositorum des Cusaners den isomorphischen Charakter der klassisch-zweiwertigen Logik und erklärt: Unter einem Isomorphismus wird „eine solche umkehrbare eindeutige Zuordnung der Dinge eines Systems zu den Dingen eines anderen Systems, der Relation zwischen den Dingen des ersten Systems zu denen des zweiten Systems verstanden, daß Dingen des ersten Systems, die die einschlägigen Relationen erfüllen bzw. nicht erfüllen, solche Dinge des zweiten Systems zugeordnet sind, die die zugeordnete Relation erfüllen bzw. nicht erfüllen."

„Diesen fundamentalen Begriff", so fährt Baer fort, „wollen wir durch ein auch an sich interessantes Beispiel illustrieren, durch die *logische Aufweisung* der coincidentia oppositorum. Der sogenannte (engere) Aussagenkalkül betrachtet einen Bereich von Dingen, die ‚Aussagen' genannt werden, und zwi-

---

1 Vgl. zu dem folgenden Zitat Henry Leroy Finch, *Wittgenstein — The Early Philosophy* (Humanities Press, New York 1971), S. 127.
2 In: Verhandlungen des zweiten Hegelkongresses vom 18.—21. Okt. 1931 in Berlin, Tübingen 1932, S. 104 f. Sperrung im letzten Satz von uns.
3 Hegel-Studien. Beiheft 1, Bonn 1962, S. 65 f.

schen denen, von abgeleiteten Beziehungen abgesehen, die Beziehungen: ‚Negation' und ‚Konjunktion' (= sowohl ... als auch ...) bestehen. Man kann aber auch die Beziehungen ‚Negation' und ‚Disjunktion' (= oder, nicht exklusiv, sondern im Sinn des lateinischen ‚vel') zugrunde legen. Es besteht dann die folgende Isomorphie, die eine Art Präzisierung des Dualismus zwischen Konjunktion und Disjunktion darstellt:
1. Jeder Aussage wird ihre Negation zugeordnet.
2. Die Grundbeziehung ‚Negation' wird sich selbst zugeordnet.
3. Die Grundbeziehung ‚Konjunktion' wird der Grundbeziehung ‚Disjunktion' zugeordnet.

Daß dies wirklich eine Isomorphie ist, folgt wesentlich aus dem Satz vom Widerspruch: a $\neq$ non-a, dem Satz vom ausgeschlossenen Dritten a = non-non-a, und der Tatsache, daß die Negation einer Konjunktion gleich der Disjunktion des Negierten ist: non-(a $\wedge$ b) = non-a V non-b.

Diese Isomorphie besagt nun bei inhaltlicher Interpretation des Aussagenkalküls tatsächlich die behauptete coincidentia oppositorum: Jede Aussage ist zwar von ihrer Negation verschieden, aber es besteht kein wesentlicher Unterschied zwischen positiven und negativen Aussagen, sogar schärfer zwischen einer Aussage und ihrer Negation."

Diese syntaktische Auffassung der Negation bei Wittgenstein und Baer bildet den formalen Hintergrund zu der semantischen These, daß jede zureichende Darstellung der Wirklichkeit sich auf zwei logisch äquivalente und komplementäre Aussagensysteme verteilt, die sich insofern wie Hegels Thesis und Antithesis zueinander verhalten, als es prinzipiell unmöglich ist, sie auf ein einziges zu reduzieren.

Eine solche einfache Feststellung aber beschreibt die Problemlage noch sehr unzureichend. Hegel war da in seiner Dialektik schon weiter gekommen. Die oben vorgetragene Auffassung über den isomorphischen Charakter der klassischen Logik stützt sich ausschließlich auf das, was auf Grund der Tafel I über Negativität ausgesagt werden kann. D. h., sie zieht nicht den Unterschied von totaler und partieller Negation in Betracht, der in der Dialektik ja eine erhebliche Rolle spielt und ohne den eine dialektische Bewegung überhaupt nicht in den Gang kommen kann.

Für die weitere Diskussion des Problems wollen wir deshalb eine zweite Tafel einführen, an der, was ferner zu sagen ist, sich mit einiger Anschaulichkeit erläutern läßt:

Tafel II
Eine welthistorische·Antinomie

Subjekt der Geschichte: Gott	Subjekt der Geschichte: Mensch
Adam „Kadmon" am Anfang	Nietzsches Übermensch am Ende
Sündenfall	Mensch als unschuldiges Tier
Rationalität (Vernunft)	Irrationalität (Wille)
„All men are created equal"	Prädestination (Ungleichheit)
Jüngstes Gericht	Negentropie
Emanation	Evolution
Jenseits	Diesseits
Idealismus	Materialismus

Es sei von vornherein darauf aufmerksam gemacht, daß wir Tafel II nicht *die*, sondern *eine* welthistorische Antinomie genannt haben. Die beiden Kolonnen haben nur exemplifizierenden Wert. Gegensatzpaare können ganz ausgelassen und durch andere ersetzt werden. In einigen Fällen können These und Antithese auch vertauscht werden.

In anderen Fällen dürfte das allerdings schwer sein, wie bei dem Begriffspaar ‚Diesseits' und ‚Jenseits'. Die Wahl der Motive, die hier antithetisch zusammengestellt worden sind, ist bis zu einem gewissen Grade Geschmackssache. Es lohnt sich also nicht, darum zu streiten. Jedenfalls soll die Tafel den Sachverhalt einer universellen Alternative demonstrieren, die zu der Behauptung führt, daß es in unserem (zweiwertigen) Denken zwei ebenbürtige Aussagesysteme gibt, die sich in unserer Beschreibung der Welt ergänzen müssen. Sie sind syntaktisch ununterscheidbar, spalten sich semantisch aber in Sinn und antithetischen Gegensinn.[4] Damit aber tritt die klassische Grundfrage aller Philosophie nach dem Sein des Seienden — Was *ist* Sein überhaupt? — in den Hintergrund. Sie wird verdrängt von der neuen Fundamentalfrage: Wie kann Wirklichkeit *gedeutet* werden?

Hier kündet sich ein weltgeschichtlicher Bruch an, der auch von den kühnsten modernen Theorien bisher nur vage ertastet worden ist. Die Wurzel dieses Glaubenswechsels haben wir in einer tiefen Zweideutigkeit der klassischen Logik selbst zu suchen. Seit Aristoteles hat man — von Ausnahmen abgesehen — als ziemlich selbstverständlich angenommen, daß dieses formale System uns eine Theorie des Denkens und seiner Gesetze liefert. Es antwortet angeblich auf die Frage: Wie kann die Wahrheit eines total mit sich identischen Seins *gedacht* werden? Leise Zweifel daran sind schon früher laut geworden, heute aber läßt es sich nicht mehr von der Hand weisen, daß der Inbegriff der Regeln, die diese klassische Systematik ausmachen, ebensogut als eine Theorie des Handelns interpretiert werden kann. Nicht umsonst wird im transzendental-spekulativen Idealismus immer wieder angemerkt, daß Denken eine Urhandlung ist. In den Altersschriften Fichtes lesen wir: „Die gemeine Logik hat gar nicht das Denken, sondern ein Reproduktionsbild des Denkens, welches sie nicht kennt, sondern für das Denken selbst hält."[5] Was hier als der Kern eines Begriffssystems erscheint, ist der Prozeß der Reproduktion, der sich im Reproduzierten abbildet und dem gegenüber das letztere nur eine untergeordnete Rolle spielt. Nur unter dieser Voraussetzung läßt es sich nämlich verstehen, warum dieses System der Logik zwei ebenbürtige und unvereinbare Deutungen ein und desselben Sachverhalts produzieren kann. Der Schwebezustand zwischen beiden weist auf den Charakter der Handlung hin, die noch nicht im Resultat ihre (vorläufige) Ruhe gefunden hat.

Betrachtet man unter diesem Gesichtspunkt den speziellen Gegensatz von

---

4 Daß es sich bei der Gegenüberstellung in Tafel II nicht um eine formallogisch exakte — unter dem Drittensatz stehende — Totalalternative handeln kann, ist selbstverständlich. Die Stichworte deuten nur geschichtliche Tendenzen an. Schon die generelle Situation Subjekt-Objekt weist auf kein universales Alternativverhältnis hin, insofern sich Subjektivität sofort in den Ich-Du-Gegensatz aufspaltet, dem auf der Objektivseite nichts genau entsprechen kann. Die Tafel demonstriert also nur Negationsverhältnisse, die sich der totalen Negation mehr oder weniger nähern können. — Was schon in dem Wittgensteinzitat angedeutet ist.

5 J. G. Fichtes Nachgelassene Werke I, S. 326.

dialektischem Idealismus und dialektischem Materialismus, schalten wir also jeden Einwand aus, der nicht sub specie aeternitatis gemacht werden kann, so werden wir auf Grund unserer Einsicht in den Charakter der Isomorphie, die uns durch die klassische Negation vermittelt ist, nicht umhin können, einzusehen, daß Idealismus und Materialismus in antithetischen Sinnzusammenhängen strukturell dasselbe sagen. Keine der beiden Weltanschauungen antwortet auf die letzte ontische Frage nach dem, was Ist, sondern nur auf die hermeneutische, wie das, was (zweideutig) ist, in der Bewegung der Negation *gedeutet* werden kann.

Damit ist das gegenseitige Verhältnis von Idee und Materie aber keineswegs endgültig festgestellt. Was die Isomorphie ausdrückt, ist nur eine zeitlose Relation zwischen den beiden Fundamentalmotiven des Denkens, die in ihr ebenbürtig gesetzt werden. In ihr fehlt die Zeit. Nun aber ist es eine unbestreitbare Tatsache, daß in der Geistesgeschichte des Abendlandes der Idealismus von Plato bis zu den spekulativen Denkern des Deutschen Idealismus dominiert hat. Die Lehre von der Materie spielt deutlich eine subordinierte Rolle in einem philosophischen Denken, das immer beharrlicher und nachdrücklicher um das Problem der Subjektivität kreist. Transzendental betrachtet wird die Materie schließlich ganz vergessen, und das Ende ist die Auflösung des Dinges an sich in der Hegelschen Logik. Freilich hat sich damit der Idealismus sein eigenes Grab gegraben. Materie und Idee sind klassisch-zweiwertig aufeinander angewiesene Gegenbegriffe, wie Positivität und totale Negation. Und wenn es kein absolutes Ansich mehr geben konnte, dann auch keine Idee. Ein philosophisches Denken hat sich selbst zerstört, und das ist das Ende einer historischen Epoche.

Jeder Kampf zwischen einer idealistischen und einer materialistischen Weltanschauung kann heute nur noch ein substanzloses Schattengefecht sein. Es ist einfach nichts mehr da, worum man kämpfen könnte! Es geht nicht darum, die alten Antworten und Lösungen durch neuere und bessere zu ersetzen. Die geschichtliche Entwicklung hat uns vielmehr an einen historischen Ort gebracht, an dem alle möglichen Antworten, die das in der klassischen Tradition befangene Denken zu geben fähig ist, nicht mehr interessieren können, weil die metaphysische Fragestellung, die die bisherige Geschichte des Denkens belebt und vorwärtsgetragen hat, kein neues Interesse mehr erwecken kann. Sie ist, wie so vieles andere auch, einem Säkularisierungsprozeß verfallen.

Das ist so zu verstehen: Wenn sich (wie oben bemerkt) die Dinglichkeit des Ansichs im Zuge der Hegelschen Logik auflöst, so betrifft dieser Vorgang doch immer nur die theoretische Reflexion. Nicht angesprochen hingegen ist die Materialität als handgreifliche Aufforderung, das autonome Denken (vorläufig) sein zu lassen und zum Handeln überzugehen. Der Materialismus ist insofern der Erbe des Idealismus, als er das klassische Denken — soweit es realitätsbezogen ist — ganz in der Technik aufgehen läßt, und nicht dadurch, daß er eine post-idealistische Begriffswelt konstruiert. Die Zeit für das begreifende Denken ist im Augenblick vorbei, und es wird lange dauern, bis sie wieder kommen kann.

Heidegger hat hier Essentielles berührt, wenn er im ‚Humanismusbrief' schreibt: „Das Wesen des Materialismus besteht nicht in der Behauptung, alles sei nur Stoff, vielmehr in einer metaphysischen Bestimmung, der gemäß alles Seiende als das Material der Arbeit erscheint."[6]

Arbeit aber kommt erst in der Zeit zustande, und sie wird nicht durch ideale Thesen gerechtfertigt, sondern durch praktische Resultate. Darum ist auch die idealistisch-materialistische Gegenüberstellung eines originalen und eines inversen Hegels, eine Gegenüberstellung, in der die Probleme der philosophia perennis zweimal und spiegelverkehrt auf die Weltbühne treten, philosophisch verfehlt. Das Zeitlose, das am beliebigen Orte in der Zeit erscheint und immer sich in die Schattengestalt des Gedankens kleidet, kann dem Zeitlichen, das ewig Wollen und Arbeit ist, überhaupt nicht begegnen. Von einem Kampf der idealistischen und der materialistischen Weltanschauung in der Gegenwart zu sprechen, das ist ungefähr dasselbe, wie wenn man die Schlacht von Leuthen unter der Voraussetzung diskutiert, daß in ihr die Legionen Cäsars gegen die Grenadiere Friedrichs des Großen angetreten seien. Ist der Materialismus die geschichtliche Folge des Idealismus, dann kann es zwischen den beiden überhaupt keine echte geistige Begegnung geben, ebensowenig wie sich der Geist zu einem Treffen mit seiner eigenen Pubertät aufmachen kann. Die angeblichen ideologischen Kämpfe der Gegenwart haben mit dem Gang der Philosophie, die sich in einer Epoche der Selbstentäußerung befindet, nichts zu tun.

Was bedeutet Selbstentäußerung? Erst einmal Verzicht auf das kontemplative Leben im Lichte der Idee zugunsten der Handlung. Daß das die Forderung der Zeit — und eine überzeugende! — ist, wissen wir zumindest seit den „Thesen über Feuerbach", wobei besonders an die zweite These erinnert werden soll, in der es heißt: „Die Frage, ob dem menschlichen Denken gegenständliche Wahrheit zukomme, ist keine Frage der Theorie, sondern eine *praktische* Frage. In der Praxis muß der Mensch die Wahrheit, i. e. Wirklichkeit und Macht, Diesseitigkeit seines Denkens beweisen."[7]

Soweit ganz schön, und man kann nur beipflichten, aber der eben zitierte Passus zeigt ganz deutlich, wie wenig im nach-Hegelschen Denken die Kritik am Idealismus und seiner Dialektik zu Ende geführt worden ist. Hier ist mit klassischer Selbstverständlichkeit nur von gegenständlicher Wahrheit die Rede. Damit wird eine Verliebtheit in das Ding, das Objekt, demonstriert, die in ihrer Leidenschaft für den soliden Gegenstand ganz vergißt, daß seit Heraklit und den frühesten Zeiten der Dialektik das Denken die Freiheit hat, in der ‚Reflexion-in-Anderes' sein Thema als schon entschiedenen Sachverhalt (eleatisches Sein) oder in der ‚Reflexion-in-sich' als noch nicht gefallene Entscheidung (heraklitischer Prozeß) zu verstehen.

Es ist ganz unbestreitbar, daß in den Worten Marx' in der zweiten These über Feuerbach nur jenem Denken zugunsten der Handlung ein philosophisches Ende gesetzt werden soll, das sich auf das gewordene Sein bezieht, und daß an die andere theoretische Haltung der Reflexion, in der das Unentschiedensein zum Ausgangspunkt des Denkens genommen wird, in dieser These gar nicht gedacht worden ist.

Mit anderen Worten, von den *beiden* isomorphen Aussagesystemen, die die *eine* Wirklichkeit intendieren und designieren, soll nur dasjenige durch die Kri-

---

6 Vgl. M. Heidegger: Platons Lehre von der Wahrheit. Mit einem Brief über den „Humanismus", Bern 1954, S. 87—89.
7 K. Marx, Die Frühschriften, Stuttgart (Kröner) 1953, S. 339.

tik von Marx betroffen sein, das den Idealismus erzeugt hat. Es soll weg! Was aber mit der komplementären Systematik geschehen soll, ist völlig rätselhaft. Es ist, wie wenn eines Tages dekretiert würde, daß von solchen antithetischen Gegenbegriffen, wie recht und links, hoch und tief und (klassisch) positiv und negativ, immer nur einer gedacht werden dürfe, weil der andere semantisch nichts bedeute. Man vergäße dann völlig, daß jedes der symmetrischen Gegensatzpaare seinen Sinn eben nur in der Antithese zu einem Gegensinn entwickeln kann. Und fällt der Sinn, dann fällt auch der Gegensinn. Eine solche Konsequenz ist gar nicht zu vermeiden. Wenden wir das auf die gegenwärtige historische Situation an, so ergibt sich, daß der dialektische Idealismus, indem er zwangsläufig in den ebenso dialektischen Materialismus übergeht und in ihm aufgesogen wird, den letzteren in seinem heute erreichten Stadium tödlich infiziert. Soweit man von einem Sieg des Materialismus sprechen kann, ist es ein Pyrrhussieg. Der Kampf der klassischen Weltanschauungen, insofern als er aus der Antithese Idee versus Materie hervorging, ist unwiderruflich vorbei. Die gemeinsame weltgeschichtliche Zukunft beider ist vorläufig die Technik auf ihrer ersten, vor-kybernetischen Stufe.

Jetzt zeigt sich aber, daß das geschichtliche Nacheinander, in dem der Materialismus als das Faktum des Idealismus auftritt, eine unerwartete neue historische Perspektive offenlegt. Wir wiesen darauf hin, daß in der zweiten These über Feuerbach die Ablösung des Denkens durch das Handeln nur für die *eine* Thematik des klassischen Denkens, nämlich für die Seinsthematik gefordert wird. Wir erinnern: Es geht dabei um jene Wirklichkeit, die als geworden, als schon entschieden betrachtet wird. Das Schlüsselwort dieses Denkens ist: Anamnesis.

Wir wissen alle, daß in jener Geschichte der Philosophie, die heute hinter uns liegt, die Reflexion über den gegenständlichen Existenzcharakter der Welt mit solcher Intensität und in solche Tiefendimensionen hin entwickelt worden ist, daß für das Thema des Nichtgegenständlichen, des noch nicht Entschiedenen, im Raum der exakten Reflexion, also außerhalb des Phantastischen, des logisch Ungebundenen, kein Platz und kein Drängen in eine neue Tiefe war.

In anderen Worten: Die Forderung, daß die schöpferische Handlung die denkende Betrachtung dessen, was ist, ablösen soll, erzwingt in unerwarteter Paradoxie eine zweite theoretisch-kontemplative Bewußtseinshaltung, die von der Frage beunruhigt wird, was *Handlung* im Gegensatz zum bloßen *Ereignis* eigentlich sein soll. Daß immerfort etwas in der Welt passiert, das ist uns allen geläufig. Aber aus dem Begriff des bloßen Passierens lassen sich keine Handlungskategorien ableiten. Die klassische Technik hat uns nur gelehrt, wie, abgesehen von dem, was sich im Universum ohnehin begibt, wir in menschlichen Artefakten auf der Basis der traditionellen Logik Ereignisse produzieren können. Handlungen können wir nur im subjektivitätsbegabten, organischen Körper erleben. Die Möglichkeit ihrer bewußten Machbarkeit aber ist uns trotz einer der tiefsten Einsichten des Idealismus, daß reines Denken Freiheit und als solche Handlung ist, völlig rätselhaft. „Freier Wille und freie Intelligenz sind Eins."[8] Der Satz ist dialektisch, weshalb seine Antithese: ‚Freier Wille und freie Intelligenz sind nicht Eins' ebenso richtig ist!

---

8 Siehe A. Gehlen, Theorie der Willensfreiheit, Berlin 1933, S. 120.

Die Frage ist nur, in welchem Sinn These und Gegenthese sich hier komplementär ergänzen und in welchem Bedeutungszusammenhang sie beide bejaht werden müssen und in welchem zweiten an ihrem Widerspruch die eine an der anderen zugrunde geht.

Es ist diese zweite Frage an das theoretische Denken, die vorläufig den Weg zur aktiven Lebendigkeit des konkreten Handelns verzögert und eine erneute kontemplative Bewußtseinslage unumgänglich macht. Glücklicherweise entwickelt eine Besinnung auf das Ende des Idealismus einige Andeutungen, die uns die Beantwortung unserer Frage nach dem Wesen der Handlung erleichtern.

Um weiter zu kommen, müssen wir uns zuerst daran erinnern, daß — wie wir oben ausführten — es zwei ebenbürtige theoretische Betrachtungsweisen der Welt gibt, die sich in keiner Weise auf Allgemeineres reduzieren lassen und von denen die eine davon ausgeht, daß sie alle Wirklichkeit als das Entscheidungs*resultat* ur-sprünglich unentschiedener Verhältnisse betrachtet. Der Prozeß der Entscheidung ist transzendental. Er heißt Schöpfung — eine Vorstellung, die ein mythologisches Subjekt verlangt —, und alle Wirklichkeit ist das Geschaffene. Sie ist das Endgültige. Hier ist sub specie aeternitatis alle Welt Vergangenheit und steht unter den Bedingungen des Jüngsten Gerichts. Es ist selbstverständlich, daß unter diesen Voraussetzungen es schlechterdings unmöglich ist, eine prinzipielle Theorie des Handelns zu erwarten, also einer wesentlichen Tätigkeit, die noch eine offene Zukunft vor sich sieht, in die hinein sie schöpferisch wirken kann. Wo alles schon durch göttliche Fügung vorbestimmt ist, bleibt nur noch Raum für bedeutungslose Geschäftigkeit. Charakteristisch ist, daß in dieser eschatologisierenden Denkweise, deren Grund- und Ausgangsthema in der griechischen Tradition das eleatische Sein ist, das Problem der Zeit nur als Störfaktor erscheint, wenn es in der Wissenschaftsgeschichte darum gegangen ist, die „ewigen" Gesetze des Wirklichen zu erforschen. Wir begegnen der Zeitlichkeit nur im vagen Bereich einer allgemeinen Geistesgeschichte, in der Erzählung vom verlorenen Paradies etwa, unter der sehnsüchtigen Märchenformel: Es war einmal ... oder auf den unkontrollierbaren Irrwegen der Utopie.

Dieser Weltbetrachtung aber steht, wie wir wissen, eine zweite mögliche gegenüber, die sich an das Vorbild Heraklits anschließt und die davon ausgeht, daß die Primordialität im Unentschiedenen zu suchen ist. *Alles fließt.* Daß hier die Zeit nicht mehr als Störfaktor (als religiös der Ewigkeit gegenüber abgewertetes Zeitliches) auftreten kann, ist evident. Es scheint sich jetzt also ganz allgemein darum zu handeln, wie die Zeit als essentielle Realitätskomponente ins Denken einzuführen ist, damit wir verstehen können, wie aus ihrem Schoß die Welt der Dinge geboren wird.

Das „zweite" Denken, das sich thematisch an Heraklit anschließt, intendiert den Schöpfungsvorgang, der in der klassisch eleatischen Tradition als transzendental, als die Arbeit Gottes, verstanden werden mußte, jetzt in die Welt hereinzuziehen. Denn Schöpfung ist Handlung. Im Thematausch vom Substanz- zum Handlungsbegriff, wird also das Nachträgliche (das Geschaffene), das in der klassischen Weltanschauung theoretisch dominierte, seiner thematischen Bedeutung entkleidet. Man erkennt die Vorläufigkeit dieser älteren Theorie. Anstelle des Nachträglichen wird das Vorträgliche zur theoretischen

Aufgabe. Man will die Mechanik eines Schöpfungsprozesses verstehen. Das Geschaffene ist begrifflich nur noch in Hilfestellung interessant. Darüber wird noch mehr zu sagen sein, wenn wir erst einmal den logischen Ort unserer potentiellen im Theoretischen ansetzenden und an das Praktische heranführenden Handlungslehre festgestellt haben. Unsere Reflexion wird diesen Ort unbedingt verfehlen, wenn wir folgendermaßen argumentieren. Die klassische Theorie des Denkens fußt auf dem platonischen Prinzip der Anamnesis. Also ist ihr letzter und endgültiger logischer Ort am Ende aller Zeiten zu suchen. Es liegt also nahe, zu erwarten, daß der ursprüngliche Ort der Handlung, d. h. der Platz, wo ihre urphänomenalen Kategorien zu suchen sind, am – als Schöpfung begriffenen – Anfang ihre ontische Stelle haben muß. Aber diese Vermutung trügt. Der gesuchte logische Ort liegt jeweils dort, wo die Mitte ist. Die Mitte aber ist das, was uns unter dem vertrauten Terminus ‚Gegenwart' geläufig ist.

Die Identifizierung von Mitte und Gegenwart ist der Geschichtsphilosophie längst bekannt; man hat jedoch niemals daraus ernsthafte Konsequenzen für eine exakte Theorie der Handlung gezogen. Will man aber einen seriösen Versuch in dieser Richtung machen, fallen mit der dienenden Rolle, die man der zweiwertig-klassischen Logik dann unvermeidlich zuweist, solche Grundkonzeptionen wie erste (göttliche) Schöpfung und letzte Entscheidung (Jüngstes Gericht) automatisch weg. Die Zeit und damit die Geschichte kann keinen Anfang und kein Ende haben, denn nur dann kann die sich fortbewegende Gegenwart die Mitte sein, die von einer im Unendlichen ruhenden Vergangenheit und von einem aus dem Unendlichen auf uns zukommenden Zukunftspunkt gleichweit entfernt ist. Das Problem der Schöpfung aus dem Nichts, das die vergangene Philosophie so beunruhigt hat, kann also ignoriert werden. Seine Quelle ist eine mythologische Fiktion. Wenn eine Handlung entstehen soll, muß immer schon etwas da sein, woran sich der Aktionsprozeß in Gang setzt. In anderen Worten: Es gehen ihm immer Seinsbestimmungen voraus, denen gegenüber die interesselose, theoretische Kontemplation in die interessierte Frage umschlägt, wie Altes in Neues verwandelt werden kann.

Man täusche sich nicht, das ist noch eine theoretische Frage ersten Ranges. Aber sie gehört nicht mehr in den Bereich des ersten, des klassischen Denkens, wo nach dem Grunde des Seienden geforscht wird. Das letztere wird nun mit seinen Gesetzen und konkreten Bestimmungen als gegeben hingenommen. Das Problem, wie und was Sein ist, interessiert nicht mehr. Es geht nur noch darum, wie die Weltgesetze der Objektivität, die so sind, wie sie eben sind, und an denen auch nichts zu ändern ist, durch eine zusätzliche und mächtigere Gesetzlichkeit übertrumpft werden können. Das ist die neue theoretische Frage des zweiten trans-klassischen Denkens. Neben ihr geht die klassische Vorform der Handlung, das die Seinskategorien nicht überbieten wollende Ereignis, schon immer einträchtig nebenher. Und scheint der Strom der Ereignisse einmal über seine gewohnten Ufer zu treten, so sprechen wir von einer schöpferischen Tat, ohne uns davon Rechenschaft zu geben, daß wir unter diesem Ausdruck nur unsere völlige Unwissenheit über das Wesen der Aktivität in lebenden Systemen verbergen.

Damit wissen wir schon etwas über den möglichen Ort einer transklassischen Handlungstheorie, da jeder an Subjektivität orientierte Vorgang zuvörderst und ontologisch grundlegend als Ereignis begriffen werden muß. Ein Ereignis, dessen kategoriale Struktur aus der klassischen Seinslehre mit ihren ewigen, d. h. zeitlosen, Gesetzen abzuleiten ist.

Nun haben wir aber festgestellt, daß die klassisch-zweiwertige Logik, mit einer Negation, die als Umtauschrelation arbeitet, mit genau gleichen strukturellen Mitteln semantisch zwei Deutungen erlaubt, von denen im Ereignisbegriff nur eine in Anspruch genommen wird. Auf dieser einseitigen Inanspruchnahme ruht unsere ganze abendländische, philosophische Tradition und Metaphysik. Wendet man sich jetzt dieser zweiten Deutung zu, die nicht auf bereits Entschiedenes (Sein) sondern auf Unentschiedenes hin tendiert, so ergibt sich ganz natürlich ein Handlungsbegriff mit der implizierten Aufgabe, durch die Handlung im Unentschiedenen Entscheidungen herbeizuführen. Wir haben es jetzt also mit einem vom zielbewußten Willen gelenkten Ereignis zu tun. Es passiert nicht nur etwas, sondern es wird etwas getan.

Die nächste Frage ist jetzt: Wo bezieht der Wille die Intentionen her, die seine Handlungen leiten? Dieselben können, da vorläufig nichts anderes als ein symmetrisches Umtauschverhältnis da ist, an dem sich seine Aktivität entzünden kann, prinzipiell nur darin bestehen, aus der Symmetrie der Weltdeutungen ein Rangverhältnis zu machen. Die kontemplative Reflexion kann nicht anders, als unentschieden zwischen zwei theoretisch ebenbürtigen — und deshalb vertauschbaren — Weltbildern hin- und herzuschwanken. Die Handlung aber entscheidet; und zwar tut sie das ganz pragmatisch. Ihr letztes und mächtigstes Ziel ist die totale imitatio mundi. Es ist kein Zufall, daß wir auch heute noch keine echte Theorie der Handlung besitzen, die sich an philosophischer Tiefe und detaillierter Präzision auch nur im entferntesten mit der Theorie des Denkens, die in den letzten zwei Millennien entwickelt worden ist, messen kann.

Der Grund ist leicht einzusehen. Solange der Glaube bestand, daß alle Begriffsbestimmungen der Welt sich in der coincidenia oppositorum letzten Endes in einem universalen, eindeutigen System zusammenordnen ließen und daß Mehrdeutigkeit nur ein ephemeres Phänomen sei, das nirgends in den innersten Kern des Realen hineinreiche, existierte nirgends ein ontologischer Ort, in dem ein Wille und eine Entscheidungskraft geboren werden konnten. Ein Wollen, das in dieselbe Tiefe hinabreicht wie der Begriff, kann aber nur dort entstehen, wo jedem Begriff eine primordiale Zweideutigkeit anhaftet, die theoretisch unauflösbar ist. Hier muß ein Wille entscheiden, der nicht mehr nach Gründen fragt und auch vergeblich fragen würde — weil keine mehr da sind.

Das freilich ist nicht das Ende des theoretischen Denkens schlechthin. Es ist nur das Ende der klassischen Periode des Denkens. Aber wenn das Wollen in der Handlung immer auf die technische imitatio mundi zielt, dann kann es einen primär blinden Willen à la Schopenhauer überhaupt nicht geben. Der Wille ist von vornherein intelligent. Genauer gesagt: Er setzt, was Intelligenz ist. Oder wie schon weiter oben bemerkt: „Freier Wille und freie Intelligenz sind eins."[9]

Wenn nun in der Geschichte der Philosophie das Denken erst als gegen-

---

9 Siehe Anm. 8.

ständliches Denken — und damit als Idealismus mit einer hypostasierten metaphysischen Objektivität — entwickelt worden ist, so handelte es sich hier vom Willen her gesehen um eine freie, aber obendrein intelligente Wahl zwischen zwei ebenbürtigen semantischen Deutungen ein und derselben formalen Logik. Wir sagen: Die Wahl war intelligent! Denn vom Denken her betrachtet, handelte es sich hier um eine praktisch-technische Notwendigkeit. Es war intelligent, erst die eleatische Seinsdeutung der Welt und nicht die heraklitische Geschehensdeutung aufzugreifen, weil damit eine historische Situation produziert wurde, die erlaubte, aus dem reinen theoretischen Denken vorerst einmal das Zeitproblem zu eliminieren und im Sein nach unveränderlichen Grundgesetzen zu suchen. Es ist evident und bedarf keiner weiteren Begründung, daß eine solche Ausschaltung der Zeit ganz unmöglich sein würde, wenn man das Wesen der Welt nicht im schon entschiedenen Zustand eines definitiven Seins, sondern im flüssigen Schweben eines noch unentschiedenen Werdens suchte.

Nun ist offensichtlich, daß mit dieser primordialen Entscheidung des Willens, der das Seinsthema zuerst aufgreift, sich das symmetrische Umtauschverhältnis der beiden Themen in ein historisches Rangverhältnis verschiebt. Das zuerst gewählte Thema stellt sich damit als etwas Vorläufiges dar. Damit, daß es erschöpfend abgehandelt wird, ist das theoretische Bild der Wirklichkeit noch längst nicht fertig. Es fehlt noch Wesentliches.

Marx hat den Mangel in seiner ersten These über Feuerbach zu formulieren versucht. Es heißt dort: Der Hauptmangel alles bisherigen Materialismus ... ist, daß der Gegenstand, die Wirklichkeit, Sinnlichkeit nur unter der Form *des Objekts oder der Anschauung* gefaßt wird; nicht aber *als sinnlich-menschliche Tätigkeit, Praxis,* nicht subjektiv. Gegen diese Formulierung aber muß der Logiker Bedenken anmelden. Denn in ihr stellt sich ein naiver Lokalpatriotismus des Menschengehirns zur Schau, der nur eine verengte Perspektive auf das Problem der Subjektivität und des Noch-Unentschiedenen erlaubt. Mit der Reduktion auf menschliche Tätigkeit geht dem zweiten semantischen Thema völlig die primordiale Ebenbürtigkeit mit dem ersten verloren. Die vorläufige Erscheinung menschlicher Subjektivität, die, wer weiß wie bald, in der Geschichte des Universums überboten sein wird, zerrt das Denken in Oberflächenschichten hoch, in denen es den antithetischen Anschluß an die eleatische Tiefenproblematik verliert. Hier ist die Frage nicht zu beantworten, was die *Zurückstellung* der heraklitischen Weltdeutung auf die letztere für einen Einfluß gehabt hat und wie sich dieselbe im Handlungsproblem auswirkt.

Gehen wir auf die primordiale Ebene zurück, dann stellt sich das Problem in der folgenden Überlegung dar: Die zweite semantische Thematik ist in der Geschichte des Denkens bisher — außer in intuitiven Vorgriffen — nicht zum Zuge gekommen, und das muß nachgeholt werden. In anderen Worten: Die logische Theorie der zweiten Sinnthematik muß derart verändert werden, daß in ihrem Kalkül ihr historisches Schicksal in einer einem Kalkül entsprechenden Weise zum Ausdruck kommt. Dafür steht die folgende Möglichkeit zur Verfügung. Wir trennen den logischen Wert von dem ontologischen Ort, an dem er möglicherweise auftreten kann — oder auch nicht. Tritt er dann an besagtem Ort wirklich auf, so ist das ein reines factum brutum, das nicht als logische Notwendigkeit, sondern nur als „Setzung", d. h. als Entscheidung oder Handlung gedeutet werden muß.

Da die Theorie der ontologischen Orte oder Leerstellen schon anderweitig dargestellt worden ist [10], können wir uns hier damit begnügen, bereits erzielte Resultate unter dem Aspekt unseres gegenwärtigen Problems neu zu beleuchten. In der klassischen Logik aristotelischer Provenienz sind logischer Wert und ontologischer Ort identisch, weil nach einem finalen Ist eines absoluten Seins gefragt wird, für das eindeutige Bestimmungen des Denkens postuliert werden. Diesen idealen Bestimmungen kann sich das Denken asymptotisch nähern. Es ist einer späteren Reflexion vorbehalten, zu entdecken, daß dieses klassische Denken nur zur Theorie eines subjekt- und handlungslosen Universums führt und daß alles Fragen nach einem absoluten Was Ist uns allein in die Welt der Mythologeme leitet. Man kann sich nur darüber Rechenschaft geben, was als Realität *gedeutet* werden kann und wie diese Deutung zu vollziehen ist. *Die Wahl der einen oder der anderen Deutung ist aber selbst keine theoretische Prozedur, sondern stellt einen Willensakt, resp. eine Handlung dar.* In der Tatsache, daß wir in dem semantischen Bereich der klassischen Logik schon zwei möglichen Deutungen des Seins begegnen, liegt die letzte Wurzel jeder möglichen Handlungstheorie. Die Trennung von logischem Wert und ontologischem Ort stellt das Bewußtsein sofort vor die Entscheidung, ob überhaupt und, wenn ja, mit welchem Wert eine gegebene Leerstelle besetzt werden soll. Da es für das in jeder Dimension unendliche Netz der Leerstellen keinen Anfang und bevorzugten Platz geben kann, ist der Willenscharakter bei der Initialbesetzung, die einen Anfang stipulieren soll, besonders eindringlich.

Tafel III

	A	B	C	D	E
α					
β		1	1	1	
γ			2	2	
δ				3	
ε					

Wie man sieht, besteht im Fall Bβ der Tafel III nur die einfache Alternative zwischen Besetzung und Nichtbesetzung der Leerstelle, was im Fall einer be-

---

10 Z. B. Gotthard Günther, Time, Timeless Logic and Self-Referential Systems. In: Annals of the New York Academy of Sciences, Vol. 138, S. 396—406, und G. Günther: Das Problem einer Formalisierung der transzendental-dialektischen Logik, in Hegel-Studien, Beiheft 1, Bonn 1962, S. 65—123.

grifflichen Interpretation nur dem Gegensatz von Sein-überhaupt und Nichts-überhaupt gleichgesetzt werden kann. Betrachten wir die Situation von Cβ und Cγ, so sind drei Möglichkeiten zu berücksichtigen. Erstens könnten die Leerstellen unbesetzt bleiben, zweitens kann die Wertbesetzung so erfolgen, wie das in Tafel III geschehen ist, und schließlich können die Werte vertauscht werden. Im letzten Fall Dβ, Dγ und Dδ ist, wenn man von dem völligen Fehlen von Werten absieht, außer der faktisch eingesetzten Wertfolge noch eine Permutationsfolge von weiteren fünf Wertbesetzungen möglich, was schon sechs hermeneutische Varianten des Seinsbegriffs erlaubt. Systematisch ist die gegenseitige Relation dieser Deutungen nur heterarchisch analysierbar.

Wir sagen ‚systematisch', denn historisch gesehen ist schon im Fall der klassisch-zweiwertigen Logik deutlich, daß die beiden auf ihrem Boden möglichen Weltdeutungen ein besonderes geschichtliches Verhältnis zueinander haben — ein Verhältnis, das über die Symmetrierelation der Isomorphie weit hinausgeht —, da in der wissenschaftlichen Entwicklung des Abendlandes die gegenständliche Weltdeutung zweifellos dominiert. Noch Kant spricht ganz naiv vom Ich an sich. Erst allmählich beginnt sich, unterstützt durch die stärker werdende Betonung des Funktionsbegriffs gegenüber der Substanzvorstellung, die zweite (heraklitische) Thematik der Weltbetrachtung durchzusetzen und dadurch das Problem des Handelns und wie praktisch gehandelt werden soll in ein neues Licht zu rücken. Es zeigt sich dabei, daß die bewußte und zweckvolle Handlung unlösbar mit theoretischen Motiven verknüpft ist. Man will ja nicht nur etwas tun, man will Sinnvolles machen.

In diesem geschichtlichen Nacheinander aber verschiebt sich unvermeidlich die ursprünglich gleichwertige Relation der beiden Themata zugunsten des zweiten Weltbildes, und, falls man die Problematik der Handlung vermittels der Trennung von Wert und ontologischem Locus in das Denken einführt, so ergibt sich eine erstaunliche Erweiterung des zweiten Themas, die der eleatischen Seinsthematik unzugänglich sein muß, weil für sie die naive Identifizierung von positivem Wert und ontologischem Ort selbstverständlich ist. Der Negation aber kommt hier ohnehin nur Vorläufigkeit zu. Sie hat in jenem Hauptstrom des Denkens, der schließlich in die abendländische Technik eingemündet ist, nur eine unterstützende Rolle gespielt. Nur in der Theologie der Mystik und dem verwandten Analogiedenken, wo man es mit begrifflicher Schärfe nicht so genau nahm, konnte die Negation eine der Assertion ebenbürtige Rolle spielen.

In den Tafeln IV und V soll dieser Sachverhalt der untergeordneten Stellung der Negation im gegenständlich-technischen Denken anschaulich illustriert werden. Wir haben dabei für die Negation das Zeichen 0 gewählt und für Assertion 1. Dann haben die bekannten Wertfolgen des traditionellen Aussagenkalküls die Gestalt der Tafel IV a) und b). Wir haben dabei sowohl in a) wie in b) je zwei Kolonnen durch vertikale Punktreihen ausgespart, um anzudeuten, daß bei der oben erwähnten Erweiterung des zweiten Themas an diesen Stellen bereits neue Wertfolgen einzusetzen sind. Weitere Wertfolgen schließen sich am rechten Ende der Kolonnen an, was ebenfalls durch Punktierung angedeutet ist.

Der gegenwärtige Autor hat bereits in einer Veröffentlichung aus dem Jahre

1960 [11] darauf aufmerksam gemacht, daß die Wertfolgengruppen von IV a) und IV b) auf einer ihnen gemeinsamen tieferen Strukturebene ruhen, die außer den in a) und b) demonstrierten acht Strukturen noch weitere sieben enthält. Der erste Schritt in dieser Richtung ist — wohl unwissentlich — von Leibniz gemacht worden, und zwar durch seine Entdeckung der arithmetischen Dyadik. Wir haben in Tafel IV b) unsere vertikalen Wertfolgen durch eine treppenartig steigende Linie unterbrochen. Was wir unterhalb dieser Linie ablesen können, ist der Anfang des dyadischen Zählsystems. Die treppenartige Grenze entspricht der Leibnizschen Forderung, daß keine seiner binär konstruierten Anschreibungen für Zahlen mit einer Null (außer der Null selbst) beginnen darf. Die arithmetische Ergiebigkeit von IV b) ist damit erschöpft. Der zweimal gewinkelte punktierte Pfeil zeigt an, daß die dyadische Folge dann in IV a) in umgekehrter Richtung weiterläuft. Es ist nicht notwen-

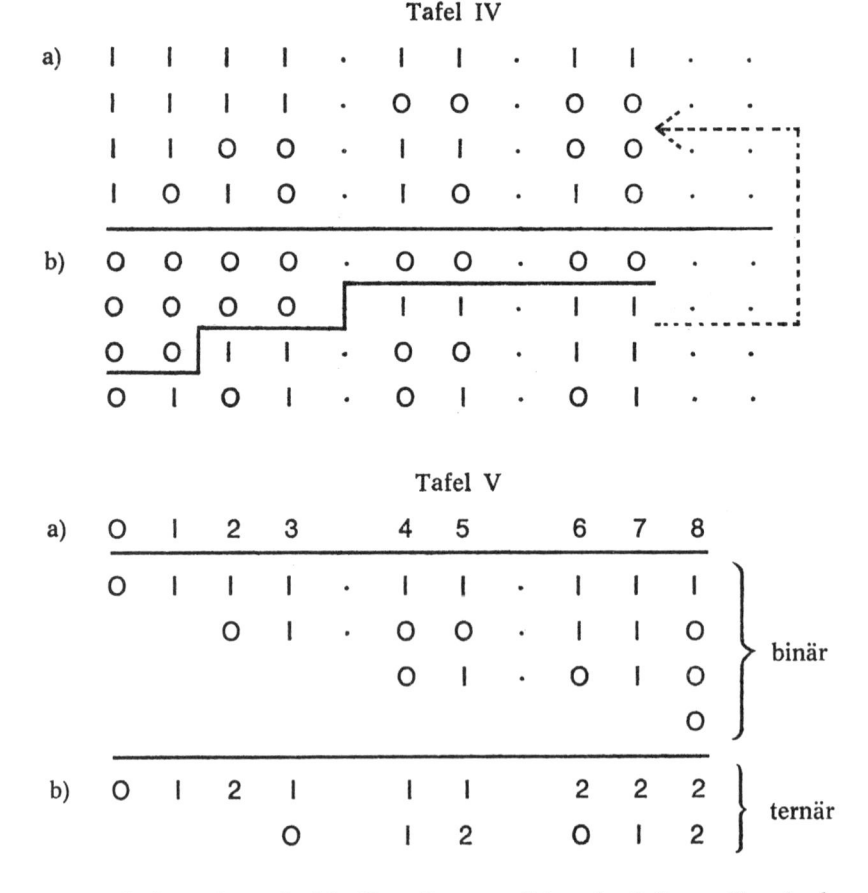

Tafel IV

a)
```
I I I I · I I · I I · ·
I I I I · O O · O O · ·
I I O O · I I · O O · ·
I O I O · I O · I O · ·
```

b)
```
O O O O · O O · O O · ·
O O O O · I I · I I · ·
O O I I · O O · I I · ·
O I O I · O I · O I · ·
```

Tafel V

a) 0   1   2   3   4   5   6   7   8

```
O   I   I   I   ·   I   I   ·   I   I   I
    O   I   ·   O   O   ·   I   I   O
            O   I   ·   O   I   O
                                O
```
} binär

b)
```
O   I   2   I       I   I       2   2   2
        O           I   2       O   I   2
```
} ternär

---

[11] G. Günther, Ein Vorbericht über die generalisierende Stellenwerttheorie der mehrwertigen Logik. In: Grundlagenstudien aus Kybernetik und Geisteswissenschaft I, 4., S. 99—104, Stuttgart 1960.

dig, weiter zu verfolgen, was mit der Dyadik geschieht, wenn sie rückläufig 1111 erreicht hat, da schon mit Tafel V a) und b) gezeigt werden kann, daß Leibniz, obwohl er ganz andere Zwecke verfolgte, den strukturellen Zusammenhang zwischen Zahl und zweiwertigem Begriff in der Dyadik aufgedeckt hat — aber eben nur zwischen Zahl und *zweiwertigem* Begriff.

Diese Beschränkung auf Zweiwertigkeit ist aus Tafel V dadurch abzulesen, daß wir a) und b) miteinander vergleichen. Über dem Strich in V a) haben wir die bekannten Dezimalzeichen angeschrieben. Wie man sieht, entspricht jeder Dezimalziffer (abgesehen von der strukturellen Identität von 0 und I) eine unterschiedliche strukturelle Konfiguration. Beiden Methoden, der binären sowohl wie der dezimalen, ist gemeinsam, daß es sich bei ihnen um Variationen mit Wiederholung handelt. Daraus aber folgt, daß dieselbe Methode auch ternär, quaternär, kurz n-ziffrig mit beliebigem n angewandt werden kann. In V b) haben wir die Zahlenfolge ternär behandelt. Und da zeigt sich sofort ein grundsätzlicher Unterschied zwischen der Dyadik und allen anderen klassischen Prozeduren, Zahlen zu bezeichnen. Die strukturelle Einzigkeit jeder dyadischen Bezeichnung verschwindet sofort, sobald man über die binäre Methode hinausgeht, denn in V b) repräsentieren 10, 12, 20 und 21 die gleiche Struktur. Dasselbe gilt für 11 und 22. Auch alle übrigen Folgen sind mit solcher Strukturredundanz belastet.

Das binäre System ist redundanzfrei, weil es der formalen, klassischen Logik genau angemessen ist. Seine Dyadik entspricht der Zweiwertigkeit. Aber diese Affinität von begrifflicher Ordnung und Zählmethode bezieht sich allein auf jene sub specie aeternitatis Situation, in der sich die beiden isomorphen Aussagensysteme invers gegenüberstehen und in der noch keine Rede davon ist, daß in der Geschichte dieses Verhältnis durch die Zeit verdreht und das eine zum Erbe des anderen wird. *Die Dyadik zählt im Zeitlosen.* Ihr unschätzbares Verdienst aber ist, daß sie uns die grundsätzliche Affinität zwischen Begriff und Zahl deutlich vor Augen führt. —

Damit sind wir endlich in der Lage, das im Gewebe der Zeit verschlungene Verhältnis von Idee und Materie etwas näher zu bestimmen und zu klären, wie sich zu ihm die Forderung von Marx verhält, daß es nach der in der Vergangenheit vollzogenen theoretischen Betrachtung der Welt heute darauf ankomme, sie handelnd zu verändern. Dazu haben wir festgestellt: Die klassische Logik entläßt aus ihrer Syntax zwei semantische Weltdeutungen, die zwar eine zeitlose Isomorphie konstituieren, die aber nicht gleichzeitig im Bewußtsein voll realisierbar sind. Das eine Thema wird jeweils dominieren und das andere nur als mehr oder weniger unterdrückte Komplementarität subthematisch mitschleppen.

Im konkreten Fall der abendländischen Wissens- und Bewußtseinsgeschichte ist das dominierende Thema die eleatische Idee des ewigen Seins gewesen, die sich selbst als Idealismus deklariert hat und die alle spirituellen Möglichkeiten erschöpfen mußte, ehe das zweite, das heraklitische Thema voll zum Zuge kommen konnte — was bis heute noch immer nicht geschehen ist. Damit aber hat sich das systematisch-dialektische Neben- und Gegeneinander der beiden Weltdeutungen in ein historisches Nacheinander verwandelt. Das Denken, das der in den Thesen über Feuerbach zum Handeln aufgerufene Wille als erledigt hinter sich läßt, kann also nur das gegenständliche Seinsdenken der eleatischen Tradition sein.

Wir haben diesen Willen, im Gegensatz zu Schopenhauers blinder Willenskraft, als intelligent bezeichnet, weil ihm die in der Geschichte erworbene Erfahrung der Seinsthematik zur Verfügung steht, die ihm erlaubt, seine Kraft in begrenzt sinnvollen Handlungen zu manifestieren und so das Vergangene zu liquidieren. Was dieses Handeln aber nicht hinter sich lassen kann, ist das zweite, das heraklitische Thema, das die Welt als ewige Unentschiedenheit versteht, in der das Begriffliche nie endgültig gegeben ist, sondern als Zukunft aufgegeben bleibt.

Das handelnde Bewußtsein befindet sich also in der eigentümlichen Lage, daß es eine Weltbedeutung hinter sich, die andere aber vor sich hat, und eine Philosophie, die von dieser Situation ausgehen will, muß sich vorerst fragen, wie sie Denken als Zukunft vom Denken als Vergangenheit mit einem dazwischen gestellten Willen unterscheiden kann. Als Beitrag zu einer Antwort soll darauf hingewiesen werden, daß die Abwendung von einem vergangenen, erschöpften Denken ein unmittelbarer Akt ist. Es steht zwischen Denken und Handeln nichts, was Distanz schaffen kann. Hinsichtlich der Zuwendung zur zukünftigen Idee aber ist in Rechnung zu stellen, daß das heraklitische Thema, das, zeitlos betrachtet, die genaue Widerspiegelung des anderen ist, durch seine Verschiebung in der Zeit eine reflexive Bereicherung gewonnen hat, für die die in der Geschichte bis dato erworbene Willensintelligenz doch nicht ausreicht. Man vergesse nicht: Diese historische Schulung des Willens hat sich nur auf das eleatisch-gegenständliche Seinsdenken erstreckt. Die handelnde Intelligenz hat noch nicht gelernt, von dem sich im Zeitlosen bewegenden Denken zu jener Begriffswelt überzugehen, die sich in der Zeit eine neue Dimension erworben hat. Dieser Mangel schafft Distanz, weil das Neue erst durch die Zeit vermittelt werden muß.

Das elementare Modell der Zeit aber ist die Reihe der natürlichen Zahlen (Peanofolge), die in die Analyse einer zukünftigen Begriffswelt verwoben werden muß, und nur an der Zahl kann sich das Verständnis des Daseins jetzt vorantasten. Das ist die historische Situation, die der Entwicklung des handelnden Willens entgegenkommt. Denn alles Wollen ist essentiell immer technisch-praktisch, und technische Begriffe bleiben Wunschphantasien, solange sie nicht arithmetisch-logisch untermauert sind. Aus diesem Grunde begegnet die Handlung dem Denken erst wieder durch das distanzierende Medium der Zahl, die ein Vor- und Nacheinander schafft und deren erste und sehr vorläufige, aber technisch brauchbare Integrierung in die Ideenwelt Leibniz mit seiner arithmetischen Dyadik geleistet hat. Allerdings ist die Bemühung von Leibniz kaum mehr als ein Ansatz, weil das Prinzip der Dyadik, wie schon bemerkt, noch im Zeitlosen arbeitet. Die Dyadik kennt Zweiheit nur als den Unterschied von Sein und Nichts, was natürlich nicht ausreicht. Schon wenn man das Konstruktionsprinzip binärer Folgen auf die Trinität anzuwenden versucht, erhält man, abgesehen von zusätzlicher Redundanz im *logischen* Bereich nur dasselbe, was die Dyadik uns auch schon sagt.

Immerhin ist damit die traditionelle Kluft zwischen Zahl und Begriff wenigstens für die zweiwertige Logik überbrückt. Aber es ist auch zu bedenken, daß auf der Seite der Zahlen daran vorläufig nur Null und Eins beteiligt sind.

Obgleich grundsätzlich erwiesen ist, daß Analoges auch für beliebig n-wertige Logiksysteme und größere Zahlbereiche geleistet werden kann [12], stößt man hier allseitig auf emotionale Hindernisse, die genau die oben geschilderte historische Situation spiegeln.

Man ist bisher gewohnt gewesen, daß die Philosophie voranging und Mathematik und Technik folgten. D. h. die Philosophie stellte das Thema und mathematisches und technisches Denken folgten ihm gelehrig. Dieses Thema aber war, wie wir wissen, das gegenständlich-reflexionslose Sein. Die totale, seelenlose Objektivität. Inzwischen ist aber durch die Technik, und zwar in der Gestalt der Kybernetik eine der Tradition ganz zuwiderlaufende Bewußtseins- und Erkenntnissituation geschaffen worden. Man philosophiert nicht zuerst und setzt die spirituellen Konzepte nachträglich auf dem Wege über die Mathematik in technische Handlungen um, sondern man treibt die Anwendung binärer Strukturen und Operationen in immer neuen Variationen vorwärts, um auf diese Weise festzustellen, welche bisher der Philosophie angehörenden Begriffe, wie Erinnerung, Entscheidungsfähigkeit, subjektives Abstandnehmen vom Sein, sich maschinell deuten und reproduzieren lassen und welche vorläufig und welche überhaupt nicht. Dabei entwickeln sich zwangsläufig neue philosophische Konzeptionen, wie etwa die des Gegensatzes zwischen einer monokontextural verstandenen Welt, die ohne einen metaphysischen Hintergrund aus logischen Symmetriegründen nicht auskommen kann, und einer polykontextural interpretierten Wirklichkeit, die eine transzendente Hinterwelt zwecks Erklärung des Phänomens der Subjektivität nicht mehr nötig hat.

Eine solche Begriffswelt aber kann, und daran muß unbedingt festgehalten werden, sich nur auf dem Nährboden einer Technik entwickeln, die sich anschickt, die Welt heraklitische als Subjektivität zu begreifen, nachdem sie sie in einer vergangenen Epoche eleatisch als Objektivität verstanden hat.

Um zum Schluß zu kommen, wollen wir unsere bisherigen Überlegungen resümieren, um aus dem Gesamtbild noch einige Folgerungen zu ziehen. Wir gingen davon aus, daß die Syntax der traditionellen Logik zwei Weltdeutungen erlaubt, die sich in einer zeitlosen Antithese spiegeln. Dieses zeitlose Verhältnis aber verschiebt sich in der Geschichte derart, daß erst das eine Thema zum Zuge kommt und mit historischer Retardierung dann das andere. Zwischen diesen Themawechsel schiebt sich die Notwendigkeit eines Handelns ein, in dem das dem Weltlauf verfallene Bewußtsein eine Ablösung von dem bisherigen Leitthema vollzieht und in letzter Konsequenz ganz der Technik verfällt. Diese Technik aber entwickelt in sich neue Kategorien, die zu dem bis dato zurückgestellten Thema führen. Eine solche Technik hat insofern ein zwiespältiges Gesicht. Als Liquidationsprozeß einer spirituell erschöpften philosophischen Tradition ist sie selber in ihrem Anfangsstadium noch klassisch, weil in ihr eine vergangene Geistigkeit ganz säkularisiert und mechanisiert worden ist. Andererseits aber ist dieselbe Technik durch arithmetisch-logische Notwendigkeiten gezwungen, über das klassische Weltbild hinauszugehen, weil die im Technischen unvermeidbare Fusion von Zahl und logischer Struk-

---

[12] Siehe G. Günther, Natural Numbers in Transclassic Systems, in: Journal of Cybernetics I, 2; S 23—33, und I, 3: S. 50—62. Dazu auch G. Günther, Natürliche Zahl und Dialektik, in: Hegel-Jahrbuch 1972, S. 15—22.

tur in der Leibnizschen Dyadik nur für Null und Eins geleistet worden ist. Das hat in der Kybernetik, in der das binäre Zählsystem eine ganz erhebliche Rolle spielt, heute schon zu konstruktiven Engpässen und Sackgassen geführt, die allmählich untragbar zu werden beginnen.

Nun läßt sich aber zeigen, daß die für das technische Denken unabdingliche Integration von Zahl und logischem Begriff sich ohne theoretische Schwierigkeiten unbeschränkt für die ganze Folge der natürlichen Zahlen durchführen läßt. Ein Verfahren, das bei seiner progressiven Durchführung automatisch eine andere nicht zugängliche exakte Begriffswelt freilegt.

Damit entwickelt sich eine bisher nicht dagewesene historische Situation. Hatte in der eben vergangenen Epoche die Technik am Ende eines geschichtlichen Prozesses gestanden, zu dessen endgültiger Liquidierung sie diente, so ist ihr Platz – in ihrer transklassischen Gestalt – jetzt am Anfang einer Epoche. Es zeigt sich also, daß die ursprüngliche Symmetrie der beiden Weltdeutungen durch das Einfügen der Zeit in ihren Gegensatz für die Philosophie eine neue geschichtlich-strukturelle Symmetrie produziert, in der sich das Verhältnis zwischen theoretischer Reflexion und sie ablösender Handlung umkehrt. Wurde in der klassischen Periode zuerst über die Welt nachgedacht und erzeugte das derart erreichte Resultat den Wunsch, sie zu verändern, drängt der technische Ehrgeiz, der sich durch Mangel an tieferen theoretischen Einsichten ingenieurtechnisch aufgehalten sieht, jetzt nach einem zweiten Denken, das sich nicht mehr, wie das erste, einem fertigen Sein gegenüber sieht, sondern das auf die ewig im Werden begriffene technische menschliche Schöpfung antwortet.

Das ist das durch die Zeit vermittelte Verhältnis von Idee und Materie.

„ALS WILLE VERHÄLT DER GEIST SICH PRAKTISCH"
(Hegel: Philos. Propädeutik. Einleitung § 1)

»Im Schweiße Deines Angesichts sollst Du Dein Brot essen, bis daß Du wieder zur Erde werdest, davon Du genommen bist. Denn Du bist Erde, und sollst zu Erde werden.« So heißt es im ersten Buch Mosis im 3. Kapitel, Vers 19. Die Koppelung von Schweiß der Arbeit und Erde ist nicht zufällig. Sie ist ein wesentliches Element der biblischen wie überhaupt der religiösen Tradition der Hochkulturen. Zur stillschweigenden Voraussetzung hat sie solche Sätze wie den, den wir im 12. Kapitel, Vers 7, des Predigers Salomos lesen: » . . . der Staub muß wieder zu der Erde kommen, wie er gewesen ist, und der Geist wieder zu Gott, der ihn gegeben hat.«

In diesen Zitaten begegnen wir einer welthistorischen Schwäche des Idealismus und der Hochreligionen, die im Osten und Westen aus ihm geboren sind. Sinn und Ziel des irdischen Daseins ist das Elysium, der Himmel, das Nirwana, wo nichts mehr gewußt wird vom Schweiße der Arbeit und wo die Gedanken leicht und schmerzlos beieinander wohnen.

Es ist nicht zu verkennen, daß in dieser Orientierung auf das Transzendente eine totale Entwertung der Arbeit liegt. Sie ist nichts weiter für den Gläubigen als eine vorübergehende Strafe für einmal begangene Fehltritte, die abgebüßt werden müssen, ehe man der ewigen Seligkeit teilhaftig werden kann. Die Vergänglichkeit der Bewährungsfrist weist darauf hin, daß im Schweiße des Angesichts nichts Dauerndes und Fundamentales geschaffen werden kann und daß uns als Frucht der irdischen Geschichte nur Ruinen bleiben. Darum heißt es im Prediger Salomo im achten Verse auch: »Es ist alles ganz eitel, sprach der Prediger, ganz eitel.« Daß hier nicht der Geist gemeint sein kann, ist selbstverständlich. Es muß der Staub sein, der eitel ist, und im Raum der Eitelkeit kann nichts von ewigem Wert geschaffen werden.

Erst bei Hegel findet der entgegengesetzte Glaube einen nachdrücklichen philosophischen Ausdruck, wenn wir in den Vorlesungen über die Philosophie der Weltgeschichte lesen: »Dies ist das unendliche Recht des Subjekts, daß es sich selbst in seiner Tätigkeit und Arbeit befriedigt findet. Wenn die Menschen sich für etwas interessieren sollen, so müssen sie sich selbst darin haben, und ihr eigenes Selbstgefühl darin befriedigt finden.«[1] Und wenn es sich um den postulierten Ewigkeitscharakter der Arbeit handelt, so gibt uns Hegel auch hier Rückendeckung. Denn wir können in den Vorlesungen über die Philosophie der Religion[2] lesen, daß » . . .Arbeiten als *reines Hervorbringen* und als *perennierendes* Arbeiten . . . der Zweck für sich selbst (ist) und ist somit nie fertig.«

Der Wert, den Hegel der Arbeit zuschreibt und der sie an die Stelle eines mythologischen Jenseitsglaubens setzt, kann nur die Folge einer philosophischen Wendung sein, die sich mehr oder weniger bewußt ausschließlich dem Diesseits zuwendet. Von nun an sind es nicht mehr Ideen, die dem Menschen sein Heil versprechen oder ihn verführen, sondern die Arbeit allein ist es, von der Befreiung erwartet werden kann.

Hegel nimmt hier etwas vorweg, wofür seine Zeit noch längst nicht reif war, und auch wir haben Mühe, uns der Phantasmagorie eines Jenseits zu entwöhnen, das uns

Ruhe und Behaglichkeit verspricht. Das Ende jener Gefühlswelt wird erst gekommen sein, wenn die Reflexion den Denkraum des Jenseits von allen Inhalten restlos entleert hat und nur jenes absolute Nichts bzw. die totale Negation übrig bleibt, von der am Anfang der Hegelschen Logik die Rede ist. Was man dabei aber immer wieder vergißt, ist, daß der Säkularisierungsprozeß, der von dem Jenseits nur eine »leere Nacht« (Hegel) übrig gelassen hat, einem Datum gegenüber machtlos ist: Das ist die Grenze selbst, die das Immanente vom Transzendenten trennt! Hier versagt der Säkularisierungsprozeß total, weil es sich für ihn ja immer nur darum handelte, Denkobjekte zu entfernen, deren angebliche Realität als Mythologem entlarvt war. Aber die Grenze selbst, die zwischen Immanenz und Transzendenz besteht, kann durch diesen Prozeß nicht angetastet werden.

Sie ist ja kein Gegenstand im Raum des Transzendenten, der wie ein Möbelstück aus einer verlassenen Wohnung entfernt werden kann. Sie ist ebensogut eine Eigenschaft des Diesseits, und es wird ihr von ihrem Charakter absolut nichts genommen, wenn man, statt wie früher zu sagen, sie scheide dieses Jammertal vom Himmelsraum mit Gott und seinen himmlischen Heerscharen, stattdessen formuliert: Sie ist die Grenze, wo Sein, so wie *wir* es verstehen, abbricht und sich das Bewußtsein dem absoluten Nichts gegenübersieht. Es ist Hegel gewesen, der entdeckt hat, daß in dem reflektierenden Säkularisationsprozeß die Bedeutung der Grenze sich nicht nur nicht vermindert, sondern ganz unvorstellbar gesteigert hat.

Wenn Hegel in der Vorrede zur Phänomenologie des Geistes von der ungeheuren Macht des Negativen spricht, so ist diese Negativität jetzt das dominierende Thema des Geistes. Derselbe »gewinnt seine Wahrheit nur, indem er in der absoluten Zerrissenheit sich selbst findet. Diese Macht ist er nicht als das Positive, welches von dem Negativen wegsieht, . . . sondern er ist diese Macht nur, indem er dem Negativen ins Angesicht schaut, bei ihm verweilt. Dieses Verweilen ist die Zauberkraft, die es in das Sein umkehrt«.[3]

Nun ist das Verweilen beim Negativen, von dem Hegel spricht, nichts, was sich von selbst ergibt. Die »kraftlose Schönheit« ist, wie er bemerkt, dazu unfähig. Sie kann sich nur widerstandslos in die Behaglichkeit des Absoluten hineinfallen lassen. Hingegen erfordert das Verweilen im Angesichte des Negativen die dauernde Anstrengung des Begriffs, und damit sind wir wieder bei unserem Zentralthema, der Arbeit. Denn die Anstrengung des Begriffs ist nichts weiter als die Praxis des Willens.

Mit diesen Voraussetzungen der Hegelschen Philosophie läßt sich jetzt in sehr allgemeiner Weise philosophisch beschreiben, was Arbeit in einem letzten primordialen Sinne ist. Es ist die Aufgabe, den Leerraum der totalen Negativität durch schöpferische Tätigkeit im Diesseits zu erfüllen. Denn bliebe dieser Leerraum eben leer und erinnerte uns nur die Grenze zu ihm an sein Unerfülltsein, dann hätten wir nie die Garantie, daß sich jenes ontologische Vakuum nicht wieder mit neuen Mythologemen füllen würde.

Eine solche Möglichkeit ist nur dann ausgeschlossen, wenn der Hohlraum der Negativität durch Arbeit im Diesseits mit technischen Schöpfungen erfüllt wird, die dem Hang zum Mythologischen keinen Platz mehr lassen, sich auszuleben. Die Grenze enthüllt sich hier als der Index für das Bewußtsein, daß es von der theoretischen Kontemplation zur aktiven Handlung übergehen muß.

Es gehört zum weltgeschichtlichen Verdienst Hegels, daß er begriffen hat, daß der Umschlag des Denkens in das Handeln nicht vermittels der Motorik einer einzigen totalen Negation geleistet werden kann. Aber hier stoßen wir auch auf die metaphysische Schwäche seiner Philosophie. Er erkennt in der zweiten Negation zwar an, daß die erste Schranke, die den Bewußtseinsraum des Ichs von einem total Anderen trennt, von einer zweiten komplementiert werden muß, die das gleiche für den Abgrund zwischen Du und Welt leistet, aber er sieht nicht, daß derselbe Abgrund sich zwischen Ich und Du auftut. Der Gegensatz zwischen Ich und Du spielt in seiner Philosophie überhaupt keine Rolle. Es ist immer das Subjekt überhaupt, das sowohl Ich als auch Du sein kann, das für ihn logisch relevant ist. Das ist, was ihn zum Idealisten macht und was die volle Rückkehr der Spekulation zur Erde und dem Arbeitsraum des Diesseits nicht gelingen läßt.

Der Grund, warum die Schranke zwischen Ich und Du dieselbe ontologische Größenordnung zugebilligt werden muß wie denen zwischen Ich und Sein und Du und Sein, ist in der strukturellen Differenz zwischen Denken und Wollen zu suchen. Das Denken weist immer in die Richtung auf ein übersinnliches Jenseits, weil es hierarchisch orientiert ist. Der letzte Gipfel der platonischen Pyramide kann nicht im Diesseits erklommen werden. Wenn es also die Aufgabe des Willens und der Handlung ist, ganz im Diesseits zu bleiben, dann darf die Mechanik des Willens sich nicht nach hierarchischen Gesetzen richten. Es ist unvermeidlich, daß sie heterarchisch strukturiert ist. Es gehört zwar zum Wesen des Denkens, daß es niemals sich selbst, sondern das Andere, Allgemeinste und Endgültige will, aber der Wille will letzten Endes nur sich selbst. Er ist seiner innersten Natur nach zyklisch. Er kann also nirgends aus dieser Welt hinausweisen.

Der Tatsache, daß Subjektivität in ihrer höchsten Form sowohl als Denken wie als Wille auftreten kann, entspricht eine tiefe Doppelsinnigkeit im Negationsprozeß. Einerseits geht die Negation von dieser Welt aus, die sie verneint; und diese Verneinung läßt sich in der Verallgemeinerung immer weiter treiben, bis schließlich das Denken diese Welt ganz aus den Augen verloren hat. Das ist der Mechanismus der Negativität in hierarchischen Bereichen, wo die Negativität es mit dem Sein zu tun hat. Andererseits aber kehrt die Negation dort, wo sie nicht Seiendes, sondern wo sie sich selbst verneint, heterarchisch zu ihrem Ursprung zurück. Das ist in seiner elementarsten Form uns allen bekannt in dem Wissen davon, daß eine doppelte Negation dasselbe besagt wie die ursprüngliche Affirmation. Diese Doppelsinnigkeit der Negation hat in die Geschichte der Philosophie längst Eingang gefunden in dem Satze: Omnis determinatio est negatio.

Was den zyklischen Charakter der Negation als Ausdruck eines Willensaktes – anstatt eines Denkvollzugs – vorerst verbirgt, ist der Umstand, daß die klassisch-zweiwertige Logik die Rückkehr der Negation nur als ein einfaches Umtauschverhältnis kennt. Das ändert sich aber sofort, wenn man von dem einfachen Wertdualismus zur Dreiwertigkeit übergeht. Nicht umsonst ist in den Hochreligionen der weltschöpferische (also handelnde) Gott als Trinität verstanden worden. Solange uns nur zwei Werte zur Verfügung stehen, haben wir hinsichtlich ihrer Anordnung keine echte Wahl. Sie bilden ein einfaches symmetrisches Umtauschverhältnis. Gehen wir andererseits über zu einer trinitarischen Struktur, so stehen wir vor der Alternative, entweder unsere Werte im Sinne einer Rangordnung zu behandeln oder aber sie als ebenbürtig und gleichrangig zu betrachten. Stipulieren wir eine Rangordnung, so ergibt sich unvermeidlich die platonische Pyramide der Begriffe. Verzichten wir auf eine Rangordnung, dann schließen sich die Werte zu einem Kreis, indem die Letzten die Ersten und die Ersten die Letzten sein können.

Im Falle der Hierarchie hängt alles vom übergeordneten Willen Gottes ab, dessen Ursprung das Unendliche ist. Menschliches Wollen ist unter diesen Bedingungen ganz im amor intellectualis dei untergegangen. Es hat keine metaphysische Relevanz.

Die hat nur das Denken. Aus diesem Grunde hat sich auch der Scotismus niemals so recht gegen den Thomismus durchsetzen können.

Gegenteiliges ist von der heterarchischen Ordnung der Negationszyklen zu berichten. Hier kann der Wille niemals mit den vom Evangelisten überlieferten Worten sprechen: »Nicht wie Ich will, sondern wie Du willst«. Nur unter der heterarchischen Bedingung ist Bewußtsein selbst-referentiell.

Es erübrigt sich, des näheren auszuführen, daß eine zyklische Anordnung der Werte, weil sie immer zum Ausgangspunkt zurückführt, dem Bewußtsein nie den Weg aus dem Diesseits in ein überirdisches Jenseits zeigen kann. Andererseits ist festzustellen, daß die hierarchische Strukturierung der Werte unvermeidlich zu der Idee jenes »undiscover'd country from whose bourn no traveler returns« hinleitet, von der in Hamlets berühmtem Monolog die Rede ist. Der hierarchische Gedanke ist der ältere; aber erst in der Heterarchie kommt das ontologische Problem der Kontingenz ernsthaft zum Wort. Warum ist überhaupt Etwas und nicht nur Nichts, und da nun einmal Etwas ist, warum ist es so und nicht anders? Da in einer heterarchischen Kreisordnung jeder Anfang eine Willkürwahl darstellt (und, ist einmal ein Anfangspunkt gewählt, es keinen originären Grund gibt, zu entscheiden, ob der Kreis links- oder rechtsläufig durchlaufen werden soll), stoßen wir hier auf das logische Motiv der Kontingenz. Und nur eine kontingente Welt läßt Raum für das Bewußtsein als Willen und freie Handlung. Vom reinen subjektlosen Sein läßt sich nur sagen, daß es eben so und nicht anders ist . . ., daß es aber auch ganz anders sein könnte. Und hier hakt der Wille ein, der zwar immer nur sich selbst, aber sich selbst in der negativen Kontingenz einer noch nicht durchgeführten Empirie sucht.

Vergegenwärtigt man sich, daß Hierarchie das genaue Gegenteil von Kontingenz, nämlich Grund und Notwendigkeit, beschreibt, daß Heterarchie aber ihre Wurzel im factum brutum findet, dann läßt sich sagen, daß wir im hierarchischen Prinzip das Wesen der Objektivität und im heterarchischen die Idee der Subjektivität dargestellt finden.

Die hierarchische Ordnung ist sowohl historisch als auch systematisch die frühere, weil sich ihre Grundbegriffe auf eine fundamentale Zweiwertigkeit nicht nur reduzieren lassen, sondern um ihrer unbeschränkten Allgemeinheit willen auch so reduziert werden müssen. Solange das nicht geschieht, sind sie von Wahrscheinlichkeit und ontologischer Schwäche angegriffen. Genau die entgegengesetzte Gesetzlichkeit dominiert die Heterarchie. Sie ist um so stärker, je mehr Werte ihr zur Verfügung stehen. Ein Werteschwund bedeutet für sie progressiven Verlust ontologischer Relevanz und technischer Funktionsfähigkeit. Nur im extremsten Fall darf die Mehrwertigkeit auf Dreiwertigkeit zurückgeschraubt werden. Man muß sich klar darüber sein, daß eine solche radikale Reduzierung nur einen letzten, nicht mehr verminderbaren Rest jener Eigenschaften zurückläßt, die den Nährboden eines geistbelebten Willens darstellen. Sucht man nach mehr als jenem absoluten Minimum, dann müssen auch mehr als drei Werte zum Verständnis einer Wirklichkeit zugelassen werden, in der sich der Wille praktisch verhalten kann. Wieviele im Einzelfalle, das hängt ganz von den Ansprüchen ab, die befriedigt werden sollen. Generell läßt sich sagen, daß eine totale Befriedigung des Willens eine Chimäre ist. Sie würde zu ihrer Beschreibung eine unendliche Anzahl von Werten erfordern. In einer solchen Unendlichkeit wäre der Geist als theoretischer ausgelöscht. Und damit wäre nach dem Gesetz der Dialektik auch der Wille kein Geist mehr, der sich praktisch verhalten könnte.

Mit einer unendlichen, nicht abzählbaren Wertemenge ließe sich nur das wiedergewonnene Paradies beschreiben als letzte sehnsüchtige Projektion eines Willens, der sich nicht mehr realisieren kann.

Anmerkungen

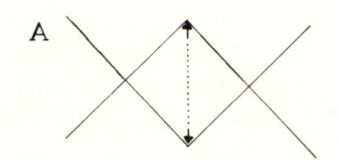

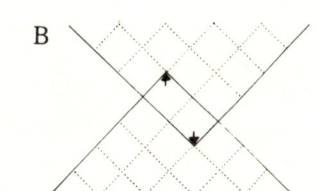

Tafeln   A   B

1 Hegel (Ed. Glockner) XI, S. 50 f.
2 Hegel (Ed. Glockner) XV, S. 248
3 Hegel (Ed. Meiner 1928) II, S. 29 f.
4 Herr Claus Baldus (Berlin) hat den Verfasser des Referats darauf aufmerksam gemacht, daß Kant das Versagen des theoretischen Denkens gegenüber den Jenseitsproblemen anläßlich der Kritik der Gottesbeweise aufgedeckt hat. Das hatte zur Folge, daß er der praktischen Vernunft bezüglich des Absoluten einen Vorrang einräumt. Ein solcher metaphysischer Primat ist auch bei Fichte zu finden, und in Hegels Phänomenologie steht ebenfalls die praktische Philosophie, die sich mit Moral, Staatsordnung, Sittlichkeit usw. befaßt, dem Absoluten näher als die theoretische, die von der sinnlichen Gewißheit, der Wahrnehmung und dem Verstande ausgeht. Weiterhin bemerkt Herr Baldus, daß der Philosophie Kants, Fichtes und Hegels die Bedeutung zukommt, daß sich in ihr der Idealismus selbst begreift und in diesem Sichselbstbegreifen kehrt er das Verhältnis von Kontemplation und Praxis zugunsten der Praxis um. Berücksichtigt man diese Umstände, dann relativiert sich die am Anfang des Referats sich befindende Bemerkung über die welthistorische Schwäche des Idealismus. So Herr Baldus. Gegen diese Argumentation ist folgendes einzuwenden: Es liegt hier eine petitio principii vor. Das höchste Gut, dementsprechend das Ziel des Willens die »Gemeinschaft der Heiligen« ist, läßt sich natürlich in eine nähere Beziehung zum Jenseits setzen als das theoretische Denken. Aber es ist in dem zur Diskussion stehenden Referat überhaupt nicht von einem spezifischen sittlichen Willen die Rede, sondern davon, wie überhaupt gewollt werden kann und welches Verhältnis das subjektive Bewußtsein als Wille der Objektivität gegenüber einnimmt. Es kam dabei darauf an, hinzuweisen, daß die Haltung des Bewußtseins als Denken und Wille *inverse* Funktionen hat. Denken zielt immer auf Einheit, die es a priori nicht besitzt. Hingegen zielt der Wille, dem Einheit selbstverständlicher Besitz ist, auf Vieles, das erst erarbeitet werden muß.

In einem extrem primitiven Schema, das die platonische Pyramidenordnung des Bewußtseins zugrunde legt, kann dann das Urverhältnis von Denken und Wollen in ineinander geschachtelten Pyramiden versinnbildlicht werden, bei denen die eine immer dann auf ihrer Basis ruht, wenn ihr Gegenstück auf der Spitze steht. Setzen wir in Tafel A voraus, daß die auf der Basis ruhende Pyramide das Denken repräsentiert, das von der Vielheit des Partikulären zur Allgemeinheit und Einzigkeit des Absoluten aufsteigt, so versinnbildlicht die sich von der Basis aus verbreiternde Vielheit aufsteigende Pyramide die Grundstruktur des Willens. Wir haben dabei den einfachsten Fall gewählt, wie er der klassischen Situation eines mono-kontexturalen Universums entsprechen würde. D. h. die Spitze der Willenspyramide befindet sich lotrecht unter der Spitze, in der das Denken gipfeln soll. Dieses elementare Schema versagt allerdings, wenn wir von der philosophischen Voraussetzung einer poly-kontextural zu verstehenden Wirklichkeit ausgehen. In diesem Falle können zwei Spitzen inverser Pyramiden gegeneinander verschoben sein, wobei aber solche Verschiebung gewissen Einschränkungen unterliegt, die zu diskutieren eine gesonderte Abhandlung erfordern würde.

Tafel B zeigt das Beispiel einer geringfügigen Verschiebung, wobei als Maßstab der Verschiebung nur Proto-Struktur vorausgesetzt ist, womit kaum mehr als das abstrakteste Prinzip einer solchen Verschiebung angedeutet werden kann.

Soweit läßt sich aus dem Schema der Tafeln A und B nur ahnen, daß die klassische Alternative des Primats der theoretischen oder der praktischen Vernunft (und wo bleibt dabei die Kritik der Urteilskraft?) aus einer falschen Fragestellung hervorgeht. Das Schema der Tafel B ist gar nicht denkbar, ohne daß heterarchische Implikationen sich ergeben. Aber in der klassischen Diskussion des Primats von Denken oder Wollen ist nirgends von Heterarchie die Rede gewesen. Insofern kann man sagen, daß der Streit sich überlebt hat.

Aber noch aus einem anderen Grunde scheint dem Referenten das Argument von Herrn Baldus nicht weiter zu tragen. Am Anfang des ersten Abschnitts von Kants Grundlegung zur Metaphysik der Sitten lesen wir: »Es ist überall nichts in der Welt, ja überhaupt auch außer derselben zu denken möglich, was ohne Einschränkung für gut könnte gehalten werden, als allein ein *guter Wille*« (Meiner, Philos. Bibliothek, Bd. 41, 1945). Damit will Kant für seine Ethik den Formalismus wahren. Aber ein formaler, sich ganz in die Subjektivität zurückziehender Wille ist nach Hegel überhaupt nicht auf dem Weg zum Absoluten. Anders allerdings die Ethik Kants, die frühe Wurzeln hat, etwa in dem Worte des Paulus »So halten wir nun dafür, daß der Mensch gerecht werde ohne des Gesetzes Werke, allein durch den Glauben« (Römer III. 28). Aber der ganze Sinn der Theorie des objektiven Geistes erschöpft sich in dem Gedanken, daß der Geist eben nur dadurch »gerecht« wird, daß er sich im Werke verwirklicht und sich nicht weltflüchtig in die bloße Gesinnung zurückzieht.

MARTIN HEIDEGGER UND DIE
WELTGESCHICHTE DES NICHTS

Für den Verfasser dieser Zeilen existiert nicht der geringste Zweifel, daß Martin Heidegger der tiefste philosophische Denker unserer letztvergangenen Jahre gewesen ist. Um so größeres Gewicht hat für ihn deshalb die Tatsache, daß weder aus Heideggers Schriften noch aus anderen seiner öffentlichen Äußerungen sich etwas Zuverlässiges darüber entnehmen läßt, wie die Welt in (sagen wir) hundert, zweihundert oder auch dreitausend Jahren aussehen könnte. Heidegger ist durch und durch ein Schüler Platons und der Tradition der Antike. Die enormen Tiefblicke, die er getan hat, nähren sich ganz und gar aus der Anamnesis, der Erinnerung an das Gewesene. Und dieser rückwärts gewandte Blick beherrscht all sein Denken. Er dominiert sein Denken aber in einer eigentümlichen Weise, die Zukunftsperspektiven, die über den Ablauf der gegenwärtigen Periode der sog. Hochkulturen hinausgehen, außerordentlich erschwert, ja fast unmöglich macht. Was wir meinen, ist dies: man kann auf das Gewesene blicken, um in ihm Tendenzen zu entdecken, die auf überhaupt noch nicht in Angriff genommene Aufgaben hinstreben und deren Rechtfertigung in einer nicht erreichbaren Ferne liegt, die alleine das einstmals Geschehene durchleutet und seinen letzten Grund enthüllt. Hier strebt die Zeit und alles, was sich in ihrem Strom ereignet, zu einem letzten erhellenden Grunde hin. Das ist die eine Möglichkeit, die die philosophische Sicht auf die Vergangenheit dem Fragenden anbietet. Die Welt wird erst im Jüngsten Gericht begriffen, und vorher weiß niemand ihren Grund. Ihr steht eine zweite, in der klassischen Tradition ihr ebenbürtige metaphysische Weltsicht gegenüber, in der der Grund des Seins nicht am Ende, sondern am Anfang, am Urquell der Zeit, zu suchen ist und wo das Seiende, das aus ihr bruchstückhaft hervortritt, nur Abfall und Verlust des Grundes bedeuten kann. Dieser progressive Verlust des Seins zeichnet sich im Leidensgang der abendländischen Metaphysik von Plato bis zur Gegenwart ab; ein geistiges Geschehen, in dem das Denken „immer mehr um die exzentrische Subjektivität des Menschen" kreist. (Löwith, „Heidegger, Denker in dürftiger Zeit", Frankfurt a. M., 1953, S. 9.)

Was Heidegger uns in seinem philosophischen Werk erzählt, ist die Mär der Weltzeitalter, die mit dem goldenen beginnt und mit dem eisernen endet. Die abendländische Geistesgeschichte ist die Geschichte des Nihilismus, den er unübertroffen in den „Holzwegen" beschreibt: „Der Nihilismus ist eine geschichtliche Bewegung, nicht irgendeine von irgendwem vertretene Ansicht und Lehre. Der Nihilismus bewegt die Geschichte nach Art eines kaum erkannten Grundvorganges im Geschick der abendländischen Völker. Der Nihilismus ist daher auch nicht nur eine geschichtliche Erscheinung unter anderen, nicht nur eine geistige Strömung, die neben anderen, neben dem Christentum, neben dem Humanismus und neben der Aufklärung innerhalb der abendländischen Geschichte auch vorkommt.

„Der Nihilismus ist, in seinem Wesen gedacht, vielmehr die Grundbewegung der Geschichte des Abendlandes. Sie zeigt einen solchen Tiefgang, daß ihre Entfaltung nur noch Weltkatastrophen zur Folge haben kann. Der Nihilismus ist die weltgeschichtliche Bewegung der in den Machtbereich der Neuzeit gezogenen Völker der Erde. Darum ist er nicht erst eine Erscheinung des gegenwärtigen Zeitalters, auch nicht erst das Produkt des 19. Jahrhunderts, in dem zwar ein geschärfter Blick für den Nihilismus wach und auch der Name gebräuchlich wird. Der Nihilismus ist ebensowenig nur das Produkt einzelner Nationen, deren Denker und Schriftsteller eigens vom Nihilismus reden. Diejenigen, die sich frei davon wähnen, betreiben seine Entfaltung vielleicht am gründlichsten. Es gehört zur Unheimlichkeit dieses unheimlichsten Gastes, daß er seine eigene Herkunft nicht nennen kann." Gott ist tot, 201 f.)

So profund diese Charakterisierung auch ist, fühlen wir uns versucht, eine geringfügige Korrektur vorzuschlagen, die den zweiten Satz des eben zitierten Textstücks betrifft. Es ist dort die Rede davon, daß der Nihilismus ein Grundvorgang im Geschick der abendländischen Völker ist. Warum nur der abendländischen? muß man sich fragen. Ist doch in der indischen Philosophie in der Konzeption des buddhistischen Nirvāṇa der Negativismus der Metaphysik der sogenannten Hochkulturen in einer Intensität ausgesprochen worden, wie er im Abendland selten erreicht worden ist. Auch auf den Taoismus in China sollte in diesem Zusammenhang hingewiesen werden. Es scheint uns vielmehr, als ob jener Nihilismus, den Heidegger im Auge hat, eine fundamentale Wesenseigenschaft aller sogenannten Hochkulturen ist, die sich von der Daseinsstufe der sogenannten Naturvölker abheben! Es scheint sogar, als ob Heidegger unserem Einwand gegen den Terminus „abendländisch" indirekt recht gibt; denn kaum zwei Seiten weiter lesen wir in den „Holzwegen": „Der Bereich für das Wesen und das Ereignis des Nihilismus ist die Metaphysik selbst, immer gesetzt, daß wir bei diesem Namen nicht eine Lehre oder gar nur eine Sonderdisziplin der Philosophie meinen, sondern an das Grundgefüge des Seienden im Ganzen denken, sofern dieses in eine sinnliche und übersinnliche Welt unterschieden und jene von dieser getragen und bestimmt wird. Die Metaphysik ist der Geschichtsraum, worin zum Geschick wird, daß die übersinnliche Welt, die Ideen, Gott, das Sittengesetz, die Vernunftautorität, der Fortschritt, das Glück der Meisten, die Kultur, die Zivilisation ihre bauende Kraft einbüßen und nichtig werden. Wir nennen diesen Wesenszerfall des Übersinnlichen seine Verwesung. Der Unglaube im Sinn des Abfalls von der christlichen Glaubenslehre ist daher niemals das Wesen und der Grund, sondern stets nur eine Folge des Nihilismus; denn es könnte sein, daß das Christentum selbst eine Folge und Ausformung des Nihilismus darstellt." (ebd. 204)

Aus diesen Zeilen ist deutlich zu entnehmen, daß der Terminus „abendländisch", den wir in dem Zitat von S. 201f. bemängelten, in der Tat zu eng ist und leicht dazu verführen kann, das Phänomen des Nihilismus zu mißdeuten, weil man es in einer zu engen Weltperspektive sieht. Denn das, was Heidegger vorschwebt, wenn er den Terminus „Metaphysik" gebraucht und mit dem Nihilismus in engste Beziehung setzt, muß mehr als die Basis der abendländischen Geschichte sein, weil unter die Heideggersche Kategorie die elementarsten metaphysischen Voraussetzungen aller sogenannten Hochkulturen fallen. Und selbst das reicht nicht aus. Denn Heidegger weist, jenem inbeirrbaren Instinkt folgend, der ihn zum großen Denker stempelt, darauf hin, daß dieser unheimliche Gast, den wir Nihilismus nennen, ein unbegreifliches Etwas ist, „das seine eigene Herkunft nicht nennen kann". Das bedeutet aber, daß der Nihilismus in seinen primordialen Ursprüngen nirgends ein Phänomen der Geschichte ist, sondern sich im Wesen des Natürlichen gründet.

Damit wird die Geschichte auf eine Art von Geschichtslosigkeit zurückgeworfen, und die keimende Seele auf ihre Geburt aus dem factum brutum. Deshalb auch ist die erste metaphysische Frage Heideggers: „Warum ist überhaupt Seiendes und nicht vielmehr Nichts?" Es ist die erste „freilich nicht in der zeitlichen Aufeinanderfolge der Fragen", wie es in den ersten Sätzen der „Einführung in die Metaphysik" bezeichnenderweise heißt.

Der Nihilismus zeigt an, wie sich in der Geschichte, als einem angeblich ephemeren Pänomen, das Natürliche wieder durchsetzt und sie schließlich erwürgt. Letztes Resultat des Nihilismus ist die Technik, die zuerst ganz unverstanden existiert und gedeiht. Wenn sie zögernd begriffen wird, dann ist die Seele tot und die Geschichte zu Ende. Darum lesen wir in den „Holzwegen": „Das Wesen der Technik kommt nur langsam an den Tag. Dieser Tag ist die zum bloß technischen Tag umgefertigte Weltnacht. Dieser Tag ist der kürzeste Tag. Mit ihm droht ein einziger endloser Winter. Jetzt versagt sich dem Menschen nicht nur der Schutz, sondern das Unversehrte des ganzen Seienden bleibt im Finstern. Das Heile entzieht sich. Die Welt wird heil-los. Dadurch bleibt nicht nur das Heilige als die Spur zur Gottheit verborgen, sondern sogar die Spur zum Heiligen, das Heile, scheint ausgelöscht zu sein. Es sei denn, daß noch einige Sterbliche vermögen, das Heillose *als* das Heillose drohen zu sehen. Sie müßten ersehen, welche Gefahr den Menschen anfällt. Die Gefahr besteht in der Bedrohung, die das Wesen des Menschen in seinem Verhältnis zum Sein selbst angeht, nicht aber in zufälligen Fährnissen. Diese Gefahr ist *die* Gefahr. Sie verbirgt sich im Abgrund zu allem Seienden." (ebd. 272 f.)

Was hier unmißverständlich ausgesprochen wird, ist, daß das angebliche Ende der Geschichte, dem wir heute ins Auge sehen, nicht ein partikuläres Ereignis des abendländischen Geschichtsverlaufs ist, sondern ein generelles In-Frage-Stellen des bisherigen Menschseins überhaupt.

Die Frucht des Nihilismus also ist die „unmenschliche" Technik. Und wie sehr der Nihilismus nicht nur ein Elementarphänomen der abendländisch-faustischen Kultur gewesen ist, sondern alles bisherige geschichtliche Dasein umgreift, zeigt sich ganz deutlich in der Freßgier, mit der dieses Produkt des faustischen Menschen in den außereuropäischen Lebensgebieten verschlungen wird. Jedermann sieht hier die letzte üppigste Frucht der eigenen dem Dasein zugewandten Sehnsüchte.

Es ist das Charakteristikum des Philosophen, sofern er Tiefe hat, daß er gelegentlich in Wortformulierungen oder auch Sätzen über sich selbst und seinen Systemhorizont hinausgreift. Das gilt auch für Heidegger. Auf der vorletzten Seite seines Büchleins „Die Technik und die Kehre" lesen wir: „Alles nur Technische gelangt nie in das Wesen der Technik. Es vermag nicht einmal seinen Vorhof zu erkennen." (S. 46) Der erste dieser beiden Sätze verrät uns, daß wir es hier mit einem Denker von Format zu tun haben, der zum mindesten versucht, die Implikationen denkerisch zu verwirklichen, die uns in einem der tiefsten Sätze von Lotzes „Mikrokosmus" I, S. 427 begegnen. Es heißt dort: „Nirgends ist der Mechanismus das Wesen der Sache; aber nirgends gibt sich das Wesen eine andere Form des endlichen Daseins als durch ihn." Der erste Teil des Zitats ist bei Heidegger durchgeführt; aber was man bei ihm vermißt, ist die Einschränkung Lotzes, die mit dem Wörtchen ‚aber' beginnt. Deshalb auch kann der zweite Satz Heideggers nicht befriedigen. Es mag in begrenztem Sinn zwar richtig sein, daß technische Aktivität nicht zur Wesensfrage der Technik vordringen kann, aber daß die Technik in der Person des Technikers nicht in ihren eigenen Vorhof vorstoßen kann, das muß wohl bestritten werden. Hier macht es sich Heidegger zu leicht; denn jener Vorhof ist genau der Platz, wo sich der Philosoph, der über das Wesen der Technik nachdenkt, und der Konstrukteur einer technischen Apparatur treffen sollten. Aber diesen Weg zum Vorhof vermißt man im ganzen philosophischen Werk Heideggers. Seine gelegentlichen Bemerkungen über Naturwissenschaftlich-Technisches gehen über das Landläufig-Triviale nirgends hinaus. Es sind Aussagen, denen man auch im Feuilleton einer guten Zeitung begegnen kann. Bezeichnend ist die kaum verhehlte Geringschätzung, die Heidegger dem Problem der Zahl und dem ‚rechnenden Denken' entgegenbringt. Rechnen und Denken, das ist eine Mesalliance, für die der Metaphysiker nichts übrig haben kann.

Hier macht sich die extrem dualistische Orientierung der Hochkulturen und speziell die geisteswissenschaftliche Tradition des Abendlandes geltend, für die ein unüberbrückbarer Abgrund zwischen dem Physischen und dem Metaphysischen bzw. zwischen dem Unwesentlichen und dem Wesen klafft. Wo immer Heidegger zu einem philosophischen Thema das Wort nimmt, sieht er nur die primordialen Ursprünge der Frage und nicht ihre letzten irdischen Konsequenzen.

Auf S. 22 seines Technik-Büchleins lesen wir: „Alles Wesende, nicht nur das der modernen Technik, hält sich überall am längsten verborgen. Gleichwohl bleibt es im Hinblick auf sein Walten solches, was allem vorauf geht: das Früheste. Davon wußten schon die griechischen Denker, wenn sie sagten: Jenes, was hinsichtlich des waltenden Aufgehens früher ist, wird uns Menschen erst später offenkundig. Dem Menschen zeigt sich die anfängliche Frühe erst zuletzt. Darum ist im Bereich des Denkens eine Bemühung, das anfänglich Gedachte noch anfänglicher zu denken, nicht der widersinnige Wille, Vergangenes zu erneuern, sondern die nüchterne Bereitschaft, vor dem Kommenden der Frühe zu erstaunen." Nichts aber kann dem Techniker ferner sein als jene philsophische Haltung des Erstaunens, die die Springquelle des philosophischen Denkens ist. Begegnet er der notwendigen Forderung, über sich selbst hinauszugehen und dem Philosophen im „Vorhof" der Technik zu begegnen, dann sollen sich nicht zwei Staunende, sondern ein Wissen Wollender und ein Wissender begegnen. Der Wissende soll erfahren haben, an welche engen Grenzen sein Wissen geführt hat, und fähig sein, diese Grenzerfahrung dem technischen Menschen mitzuteilen. Der letztere aber soll an dieser Erfahrung lernen, mit welchen Mitteln man sie überschreiten kann. Auf alle Fälle aber ist es nötig, daß beide sich in jenem Heideggerschen „Vorhof" begegnen.

An der Möglichkeit dieser Begegnung aber zweifelt Heidegger. Denn nach seinen eigenen Worten vermag die Technik ja nicht einmal, ihren eigenen Vorhof zu erkennen, und andererseits ist die Philosophie in ihrer letzten und äußersten Rückwendung nur noch an jenem interessiert, was Jegliches schon war (τὸ τί ἦν εἶναι). Es geht der Metaphysik also letzten Endes nur um die Essenz und nicht um die Existenz. Dem Techniker aber geht es im Vorhof nur um die keineswegs unsinnige Frage, ob und wie sich über den Abgrund, der zwischen Essenz und Existenz klafft, eine Brücke konstruieren läßt. Dafür aber stellt Heidegger aus aristotelischer Sicht keine Antwort mehr bereit. In einem Spiegel-Interview (23.9.1966), das erst nach seinem Tod veröffentlicht werden durfte, äußert er sich: „Der Mensch ist gestellt, beansprucht und herausgefordert von einer Macht, die im Wesen der Technik offenbar wird und die er selbst nicht mehr beherrscht. Zu dieser Einsicht zu verhelfen: mehr verlangt das Denken nicht.

„Die Philosophie ist am Ende." (Spiegel-Gespräch, 209)

Diese erschütternde Behauptung – erschütternd, weil sie von dem tiefsten Denker der Gegenwart stammt – wird im Gespräch mit den folgenden Worten vorbereitet: „Nur noch ein Gott kann uns retten. Uns bleibt die einzige Möglichkeit, im Denken und im Dichten eine Bereitschaft vorzubereiten für die Erscheinung des Gottes oder für die Abwesenheit des Gottes im Untergang; daß wir im Angesicht des abwesenden Gottes untergehen."

Im selben Gespräch, vor die Frage gestellt, was denn nach dem Abtreten der Philosophie nun kommen soll, antwortete Heidegger beiläufig: „Die Kybernetik". Worunter er offensichtlich eine von den Göttern verlassene raffinierte Theorie der Mechanik bzw. Elektronik versteht. Eine philosophische Möglichkeit kann er kaum darin gesehen haben, denn er hat seine Philosophie nach eigenen Worten als „Rückgang in die geschichtlichen Grundlagen des Denkens, das Durchdenken der seit der griechischen Philosophie noch ungefragten Fragen" (ebd. 212) verstanden. Und dann fügt er dieser Beschreibung seiner eigenen Tätigkeit das emphatische Bekenntnis hinzu: „Das ist keine Loslösung von der Überlieferung. Aber ich sage: Die Denkweise der überlieferten Metaphysik, die mit Nietzsche abgeschlossen ist, bietet keine Möglichkeit mehr, die Grundzüge des erst beginnenden technischen Weltalters denkend zu erfahren." Das ist letzte Resignation. Wenn aber im Verlauf des Interviews doch noch von Denken und „anderem Denken" die Rede ist, so läßt Heidegger keinen Zweifel daran, daß damit keine Philosophie mehr gemeint sein kann, denn gegen Ende des Berichts über das Interview lesen wir anläßlich einer Erwähnung des gegenwärtigen Verhältnisses von Philosophie und positiven Wissenschaften, daß „deren technisch-praktische Erfolge ein Denken im Sinne des philosophischen heute mehr und mehr als überflüssig erscheinen lassen". (S. 219) Ein erschöpfter und seinem Ende naher metaphysischer Reflexionsprozeß kann sich bestenfalls noch „abmühen, an schmalen und wenig weit reichenden Stegen eines Übergangs zu bauen".

Man wird sich fragen: eines Übergangs wohin? Aber darauf gibt die Heideggersche Philosophie keine Antwort. Und insofern, als die Heideggersche

Philosophie wohl das tiefste Resümee der die Hochkulturen tragenden Reflexion auf die Grundbedingungen des geschichtlichen Daseins der Menschheit darstellt, darf man sagen, daß hier in der Tat ein Ende erreicht ist. Die letzte Frage, die die klassische Metaphysik stellen kann und mit der sie sich selbst aufgibt, ist die Frage nach dem Wesen der Technik.

Man wird hier unwillkürlich an den exklusiven Satz aus Schellings Münchener Vorlesungen „Zur Geschichte der neueren Philosophie" erinnert, der lautet: „Der menschliche Geist ist ... nur der Schauplatz, auf dem der Geist überhaupt durch eigene Tätigkeit die Subjektivität, die er im Menschengeist angenommen, wieder wegarbeitet ..." (Münchener Jubiläumsdruck, V. Hauptbd. S. 224). Der Unterschied zwischen Schelling und Heidegger ist nur der, daß Heidegger diesen Sachverhalt als Gefahr bezeichnet, während er im Denken Schellings die Garantie der Erlösung ist. In der Schellingschen Philosophie befindet sich die Seele hier auf dem Weg ins Helle, während nach Heidegger dem Menschen jetzt die Weltnacht und ein einziger endloser Winter droht.

Vor einer Gefahr fürchtet man sich. Das ist natürlich und fast selbstverständlich. Aber da die Gefahr, von der Heidegger spricht, eben die metaphysische Gefahr ist, die die Substanz des Menschen bedroht, so ist auch die Furcht, die ihn letztlich ergreift, jenes metaphysische Fürchten, in dem er das Ende derjenigen Geschichte, die ihm bisher Halt gegeben hat, erahnt. Denn, wenn es nach der Weltnacht noch einen neuen Morgen geben sollte, dann wird er in dieser fernen Frühe das ihm teure Selbst unwiderruflich verloren haben. Der von Sorge geplagte Mensch, der in Heideggers Philosophie erscheint, ist nicht der, den Prometheus nach seinem Bilde geschaffen hat und der deshalb vom Geist der Geschichte sagen kann:

„Er kann uns nicht in unsre ewige Seele langen,
In Glück und Unglück bleibt mein Geist zusammenhangen."
(Spitteler, Olymp. Frühling, II.)

Darum gibt auch die Heideggersche Philosophie gar keine Auskunft darüber, was sich in der Winterzeit der Technik ereignet und auf welche Weise auf den Winter vielleicht der Frühling folgen könnte. Und wo Heidegger einmal zu Zukunftsperspektiven Stellung nimmt, da sagt er sachlich Falsches. In dem schon zitierten Interview befragt, ob etwa die Amerikaner schon ein explizites Verhältnis zur Technik haben, meint Heidegger: „Sie haben es auch nicht; sie sind noch in ein Denken verstrickt, das als Pragmatismus dem technischen Operieren und Manipulieren zwar Vorschub leistet, aber gleichzeitig den Weg verlegt zu einer Besinnung auf das Eigentümliche der modernen Technik. Indes regen sich in den USA hier und dort Versuche, sich vom pragmatisch-positivistischen Denken zu lösen." (Spiegel-Gespräch, 214) Hier scheint uns etwas schief gesehen und falsch gedeutet.

Der amerikanische Pragmatismus ist – um es auf die kürzeste Formel zu bringen – eine radikale Absage an die gesamte Tradition des Geistes in der östlichen Hemisphäre. Hier hat der Satz ‚Ex oriente lux' seine Gültigkeit so gründlich verloren wie noch nie. Man will nicht mehr so denken, wie die Menschheit bisher gedacht hat, und man will nicht mehr dieselbe Art von Geschichte haben, unter deren Joch die Menschheit bis dato gelitten hat. Das sind Formulierungen, die dem Autor dieses Essays mehr als einmal in Amerika begegnet sind. Wie aber kann man sich von jener jahrtausendelangen Tradition befreien? Darauf gibt der Pragmatismus eine Antwort. Und diese Antwort enthüllt den philosophischen Sinn, der allem amerikanischen pragmatischen Denken mehr oder weniger bewußt unterliegt.

Eine Befreiung von der bisherigen Tradition der menschlichen Geschichte ist nur dann möglich, wenn man begriffen hat, was unter historischer Tradition zu verstehen ist und welche Wirkung sie hat. Nun erzeugt eine Tradition zweifellos einen seelischen Consensus, der alle von ihm Betroffenen in einer bestimmten Weise spirituell formt. Dieses Betroffensein muß im allerweitesten Sinn verstanden werden. Wir benutzen nur eine Abkürzungsformel, wenn wir sagen, daß die bisherige Menschheit in allen metaphysischen Letztentscheidungen in ganz gleicher Weise fühlt und denkt insofern, als sie die Nachfolgerschaft der großen Ahnherren der Hochkulturen der östlichen Welthälfte gewesen ist, mag man in der Liste dieser Ahnherren nun Konfuzius, Laotse, Buddha, Plato, Christus oder andere anführen. Genau in diesem Sinne bemerkt Schopenhauer einmal: Śamkara, Plato und ich sagen dasselbe. Sie tun es in der Tat, denn sie haben in den entscheidenden und grundlegenden Fragen genau die gleichen subjektiven Evidenzerlebnisse, von denen sie sich nicht befreien könnten, selbst wenn sie wollten. Mehr noch, sie können es gar nicht wollen. Das ist geschichtliche Tradition.

Wie aber, fragt sich der Pragmatismus, steht es nun um den Menschen, der diesem Traditionszug nicht angehört und dessen Ahnen ihm niemals angehören konnten? Es ist offensichtlich, daß ihm jener spezifische Kreis von Evidenzerlebnissen, die in der Tradition der Hochkulturen der östlichen Hemisphäre wurzeln, unzugänglich sein müssen, denn sie stammen nicht aus dem Menschsein überhaupt, sondern wurzeln in einer relativ engen historischen Form menschlicher Erlebnisfähigkeit. Eine solche Situation ist und bleibt unvermeidbar, solange man Consensus durch *innere* Überzeugung legitimieren läßt. Speziell, was Wissenschaft anbelangt, darf man sich, was den sogenannten Verstehensprozeß betrifft, nur bis zu einem geringfügigen Grad auf das traditionsgebundene Denken verlassen. Generell aber muß man sagen: der Mensch versteht nur das absolut allgemeinverbindlich und jenseits aller historischen, eine bestimmte Spiritualität erzeugenden Grenzen, was er physisch machen kann.

Das bedeutet nun allerdings nicht, daß der Pragmatismus die Geschichte überhaupt verwirft. Daß aber selbst ein geschichtlicher Hintergrund, der den Menschen von seinen Uranfängen einbezieht, letzten Endes etwas historisch Vorläufiges ist, geht aus dem folgenden Ereignis hervor: Man hat unter der Annahme, daß stellare Zivilisationen existieren, Botschaften in den Weltraum hinausgesandt, in der vagen Hoffnung, daß sie eines Tages von den Angehörigen einer solchen Zivilisation aufgefangen und entziffert werden könnten. Sollte es möglich sein, eines Tages ein Kommunikationsmittel zu entwickeln, das nicht nur die Erde, sondern auch außerirdische Kulturen in seinem Verständnisbereich voll überdeckt, dann dürfte es notwendig sein, aus den elementaren hermeneutischen Bedingungen einer solchen interstellaren Sprache alles das auszuschließen, was ganz individuell irdisch ist und sich auf fremden Sternen vielleicht nicht wiederholt hat. Dann könnte überhaupt nicht mehr die Rede davon sein, daß der Mensch das Subjekt der Weltgeschichte ist, wie unsere geisteswissenschaftliche Tradition mit unglaublicher Naivität mehr oder weniger stillschweigend voraussetzt.

Auf die zusätzliche Frage, was dann wohl Subjekt eines universal-geschichtlichen Prozesses im Universum sein könnte, kann man heute bestenfalls antworten: das Universum selbst in seiner Kapazität, Reflexionsprozesse zu erzeugen.

Vom Pragmatismus her gesehen erscheint dann die Philosophie Heideggers mit ihrem Rückbezug auf die abendländische Tradition als nicht zukunftsträchtig. Zwar spricht Heidegger vage von einer „Rettung", die nach der endlosen Winternacht des Technischen kommen könnte; aber das Rettende kann nur von dem Göttlichen her kommen. „Nur noch ein Gott kann uns retten", wie es im Spiegel-Interview heißt. Schön und gut; aber mit der Anrufung der Metaphysik des Gewesenen ist jeder Ausblick auf eine substanziale Fortsetzung der Geschichte von vornherein versperrt. Das ist Verzicht auf die Zukunft. In der aus Ratlosigkeit und Resignation geborenen Anrufung Gottes kann nur das entstehen, was Spengler im zweiten Band von „Der Untergang des Abendlandes" die „Fellachenreligion" genannt hat, in der das Auf und Nieder oberflächlicher Veränderungen nur beweist, daß die innere Gestalt des Menschen der gegenwärtigen Geschichtsepoche endgültig fertig ist. Einem solchen Menschen ist zwar noch eine zweite, neue Form des natürlichen Daseins beschieden, eine innere Geschichte aber, die sich zur Weltgeschichte ausweiten kann und muß, hat er nicht mehr. Von Grundkategorien eines künftigen historischen Daseins des Menschen ist in der Philosophie Heideggers nichts zu finden. Dazu ist das Gewesene bei ihm zu gut verstanden. Sein Bild von der Technik als dem Nächtlichen verbietet von vornherein Zukunftsperspektiven eines Neuen jenseits der „Wahrheit des Seins".

Analog liegt der Fall mit Oswald Spengler. Zwar endet der zweite Band von „Der Untergang des Abendlandes" mit einem Sub-Kapitel, das „Die Maschine" überschrieben ist. Nur soll man nicht vergessen, daß die Vorstellungen, die Spengler dort vorträgt, spätestens in den 20er Jahren konzipiert worden sind. Schon die Ausdrucksweise macht das deutlich. Da ist von „Millionen und Milliarden Pferdekräften" die Rede. Da soll uns ein „phantastische(r) Verkehr, der Erdteile in wenigen Tagen kreuzt", imponieren. Da wird von „Riesenhallen für Riesenmaschinen" erzählt; da sollen uns „wahnwitzige Bauten bis in die Wolken hinauf" beeindrucken. Und obwohl die Maschinen immer mystischer und esoterischer werden, und in ihrem Lauf immer „verschwiegener", so sind es doch letzten Endes immer noch Räder, Walzen und Hebel, die für Spengler die Mechanik der Maschine ausmachen. Man hat sie als teuflisch empfunden. „Sie bedeutet in den Augen eines Gläubigen die Absetzung Gottes", wie es in dem Text des erwähnten Sub-Kapitels heißt. (Der Untergang des Abendlandes II, München. 1923, S. 625.)

Obwohl seither erst ungefähr ein halbes Jahrhundert vergangen ist, ist das Bild, das Spengler von der Technik gehabt hat, heute so gründlich überholt, daß es in einer modernen Geschichtsphilosophie, soweit dieselbe auf die Zukunft gerichtet ist, keine Rolle mehr spielen kann. Was man heute abstrakt unter einer Maschine versteht, hat überhaupt keine direkte Beziehung mehr zu solchen Vorstellungen wie Walzen, Rädern oder Hebeln. Der Begriff des Mechanismus wird viel genereller gefaßt und bedeutet einfach jedes System, dessen Zustand sich prinzipiell aus dem vorangehenden mehr-eindeutig bestimmen läßt, gleichgültig, welche praktischen Schwierigkeiten sich einer solchen Bestimmung entgegenstellen mögen. „Maschine" ist eine rein logische Konzeption. Ihre enorme und schlechthin nicht zu überschätzende weltgeschichtliche Bedeutung beginnt sich heute deutlich zu enthüllen. Die regionalen Hochkulturen, die die eigentliche historische Entdeckung Oswald Spenglers sind, repräsentieren eine eng begrenzte Geschichtsepoche, in der sich ein streng zweiwertiges Seelentum von seiner Umgebung ablöst und ihr in Form von Institutionen im allerweitesten Sinn seinen Stempel aufdrückt. Ganz in diesem Sinne lesen wir später bei Gehlen in „Urmensch und Spätkultur" (Bonn 1956): „Hochkultur ist Schriftkultur, und mit ihr entsteht das echte historische Bewußtsein" (S. 259). Die Schrift bewirkt, wie Gehlen auf derselben Seite bemerkt, eine Strukturänderung des Bewußtseins, und „das Zeitbewußtsein verändert sich offenbar in demselben Zusammenhang, in dem diejenige Abstraktionshöhe erreicht wird, die sich als Schrift ausweist".

Im Hinblick auf das, was dann in den letzten Entwicklungsstadien der Hochkulturen geschehen ist, darf man vielleicht sagen: in der Schrift und der Mechanik ihrer Buchstaben- und Symbolkombinatorik ist die abstrakte Grundkonzeption der Maschine bereits angelegt, und insofern, als jede Hochkultur Schriftkultur ist, haben sie alle eine unter- und hintergründige Beziehung zum Maschinellen. Anders gesagt: die Maschine ist ihr Schicksal, und sie ist es, wie wir noch sehen werden, auch dort, wo im geschichtlichen Verlauf die Beziehung zum Maschinellen sich nur im klassischen Ngativismus entlädt, wie etwa in der indischen Erlösungsreligion. Es mag schwer sein, sich eine Affinität zwischen dem Nirvāṇa und dem Walten des Mechanismus überhaupt vorzustellen, aber gerade, daß sich der absolute Negativismus schlechthin jeder Bestimmung entzieht, enthüllt eine Wehrlosigkeit gegenüber dem maschinellen Denken, das nirgends Unbestimmtheit dulden will.

So verschieden sich nun die regionalen Hochkulturen auf Erden entwikkelt haben, was festzuhalten ist, ist die Tatsache, daß jede Hochkultur, so sehr sie auch physiognomisch von jeder andern sich abheben und trennen mag, trotzdem in ihrer inneren Entwicklung einigen Grundgesetzen folgen wird, die sich invariant in jedem kulturellen Bereich wiederholen und die das absolut allgemein Verbindliche darstellen, das jenes historische Niveau auszeichnet, das die Entstehungsmöglichkeit höheren kulturellen Lebens gewährleistet.

Das dominierende strukturelle Element der gegenwärtigen geschichtlichen Großepoche ist seine kompromißlose Tendenz zur Zweiwertigkeit. Die Wirklichkeit ist aufgeteilt in ein Diesseits und ein Jenseits, dessen Vereinigung ein fruchtloses Sehnen bleibt. Deshalb liegt über dieser ganzen Geschichtsepoche jene spirituelle Atmosphäre, die Hegel die des unglücklichen Bewußtseins genannt hat.

Die abendländische Kultur nimmt nun in dieser geschichtlichen Dimension eine Sonderstellung ein, insofern sie *diese* Epoche historisch und systematisch abschließt. Sie stellt einen Weg dar, in dem die Vergeblichkeit jenes Sehnens, das sie in ihren Ursprüngen noch selbst erfüllt, begriffen und mit äußerster technischer Härte demonstriert wird. In ihr entwickelt sich nämlich auf der Basis griechischer Anstöße eine Logik, die die Grundbedingungen aller Zweiwertigkeit überhaupt umfaßt und damit die gemeinsame Elementarstruktur jeder regionalen Hochkultur, die jemals entstanden ist, oder die hätte entstehen können, exakt beschreibt.

Nun zeigt sich aber, daß jenes systematische Gitterwerk, in dem sich alles geschichtliche Leben des Menschen auf Erden einfängt, über den Menschen hinaus auf die Wirklichkeit des Universums schlechthin ausdehnbar sein muß, denn höhere Kategorien der Reflexion können sich keinesfalls im Widerspruch zu den niederen Kategorien nackter physischer Existenz entwickeln. Hier liegen die allgemeinen Schlüsselformen, die jeglichen historischen Abgrund allüberall überbrücken und damit den gesamten Zeitraum historischer Groß-Individualitäten im tradierten Sinn liquidieren. Dieser Liquidationsprozeß kommt dadurch zustande, daß die Logik in Technik übergeht, und zwar in eine Technik, die die gemeinsame Elementarstruktur *aller* bisherigen Kulturformen wiederholt. Diese Technik ist, obwohl sie erst in der letzten regionalen Hochkultur entstanden ist, transkulturell und entspricht deshalb, soweit elementare Grundbedürfnisse in Frage kommen, jedem Seelentum, das bisher in der Erdgeschichte aufgetreten ist. *Damit aber sind auf diesem weltgeschichtlichen Niveau weitere Differenzierungen der Subjektivität abgeschnitten!* Das ist der geschichtliche Sinn jenes Nihilismus, von dem erst Nietzsche und dann Heidegger sprechen. Die Weltbedeutung der Heideggerschen Metaphysik sollte darin gesehen werden, daß sie den geistigen Schlußstrich unter jedes Denken zieht, das in diesem Geschichtsraum gedeihen konnte.

Andererseits aber hat die von Heidegger nur sehr flach erfaßte Kybernetik in wissenschaftlicher Form Fragen nach dem Wesen der Subjektivität aufgeworfen, für die im vergangenen Geschichtsraum nicht nur keine Beantwortungsmöglichkeit bestand, sondern wo diese Fragen ausdrücklich und bewußt abgeschnitten worden sind. Soweit man in der Philosophie überhaupt nur über sie sprach, schob man sie dem Randgebiet der Mystik zu und bannte sie ganz in den Umkreis des Irrationalen, wodurch das Bemühen um *wissenschaftliche* Fragestellungen von vornherein desavouiert war. Da Wissen immer Erinnerung ist, eine Maxime, die auch Heidegger unterschreibt, konnte überhaupt nicht danach gefragt werden, ob im Geschichtsraum der Zukunft sich eine tiefere und weitergreifende Gestalt des historischen Seelentums entwickeln könnte. Ein Seelentum, für das der Spielraum des objektiven Geistes in einer einzelnen regionalen Hochkultur zu eng sein würde. So kommt es angesichts der Zukunft zu der Bankrotterklärung, die sich bei Heidegger in dem Ausruf entlädt: „Nur noch ein Gott kann uns retten"; eine Resignation, die bei Gehlen („Einblicke", Frankfurt a. M. 1975) in den beredten Worten geschildert wird: „Keine verrückte herrliche Gläubigkeit mehr, keine offenen Horizonte, keine Fata Morgana, keine atemeinschnürenden Utopien, sondern die Abwicklung, das Pensum. Und wer unter uns wollte sagen, daß er das nicht schon spürt? So wäre ein Zustand zu erwarten, den ich mit dem Ausdruck ‚Posthistoire' schon seit einigen Jahren bezeichne …" (S. 126) Der Mensch lebt physisch als sprachbegabte zweibeinige Ameise weiter, aber Geschichte hat er nicht mehr. Oder, genauer gesagt: auch die Gehlensche Philosophie bietet keine Möglichkeiten an, fernere Geschichtshorizonte zu sehen. Von Spengler wissen wir bereits, daß er Geschichte, die er tief als eine Auflehnung des Menschen gegen die Natur versteht, mit der faustischen Kultur zu Ende sein läßt, wenn er es auch noch für möglich hält, daß „ein matter Nachzügler" kommt. („Mensch und Technik". München. 1931, S. 63.)

Charakteristisch ist, daß alle drei Denker, die zu den bedeutendsten Köpfen des 20. Jahrhunderts gehören, ein völlig unzureichendes Verhältnis zur Technik in ihren Schriften demonstrieren. Sie alle gehen von der mehr oder weniger stillschweigenden Voraussetzung aus, daß die Technik ihren Gipfelpunkt erklommen hat und daß auf diesem Gebiete nichts Mächtigeres kommen kann. Natürlich hat Spengler recht, daß der Mensch seinen Kampf gegen die Natur schon verloren hat, wenn er keine besseren Mittel einzusetzen fähig ist als jene, die etwa am Anfang der 30er Jahre zur Verfügung standen. Und Spengler hat wahrscheinlich auch in dem tieferen Sinne recht, daß der Mensch einen solchen Kampf immer wieder verlieren wird. Das bedeutet aber noch lange nicht, daß der – wenn auch hoffnungslose – Kampf heute damit zu Ende ist. Dieser kleinmütige Glaube beruht auf der Voraussetzung, daß die Technik nicht in der Lage ist, Waffen einer höheren Ordnung zur Verfügung zu stellen. Technische Mittel also, denen gegenüber auch die raffiniertesten physischen Mittel der Gegenwart sich wie ein Ochsenkarren gegenüber einem Raumschiff ausnehmen würden. Diesen Perspektiven gegenüber muß ein Denker wie Heidegger, der dem sogenannten „rechnenden Denken" verächtlich den Rücken kehrt, versagen. Spengler muß hier versagen, weil – wie er im 2. Band von „Der Untergang des Abendlandes" darstellt – alles bisherige technische Denken für ihn ein letztes und äußerstes Destillat der klassischen Metaphysik und des Christentums gewesen ist. Prophetisch habem im Anfang der 20er Jahre, als der zweite Band von „Der Untergang des Abendlandes" herauskam, die Worte geklungen, die im Schlußkapitel des Spenglerschen Werkes stehen: „die Natur wird erschöpft, der Erdball dem faustischen Denken in Energien geopfert". (S. 627) Heute ist das keine Prophetie mehr, es ist einfache Beschreibung unserer Gegenwart. Eine Zukunftssicht, die weiter reicht, hat Spengler nicht. Dadurch, daß er die Technik ausschließlich als letzten, absolut allgemein verbindlichen Extrakt einer spirituellen Vergangenheit deutet, ist er, genau wie Heidegger, nicht fähig, fernere Dimensionen einer Weltgeschichte zu sehen.

Es muß hier mit aller Entschiedenheit und Deutlichkeit gesagt werden, daß es keinen Weg zu einer zukünftigen Weltgeschichte gibt, es sei denn über die Brücke der Technik. Sie allein ist der Bewahrer *jener* Spiritualität vergangener Epochen, die sich im Kampf mit der Materie – also den Naturgewalten – bewährt hat. Ist es also mit der Technik zu Ende, weil es auch mit der Physik zu Ende ist – wie das auch Gehlen glaubt –, dann existiert keine Brücke zu einer Weltgeschichte der Zukunft. Der Schluß ist einleuchtend: weil die Technik, so wie wir sie kennen, ihre geistigen Anstöße aus der Metaphysik des Seins empfangen hat und diese Metaphysik am Letzten ist, muß auch alle Technik am Schlusse sein? Der Schluß ist nicht einwandfrei.

Der technische Bereich, zu dessen theoretischem Hintergrund Mathematik und Physik und neuerdings auch Biologie gehören, gilt in der Tradition als das ganz Geistlose. Das ist ein Urteil, das unstreitbar richtig ist, soweit der Geist nur in der zweitwertigen aristotelischen Metaphysik wurzelt. Aber dieser Geist hat sich nur dadurch entwickeln können, daß er Gegenthemen brutal in die Rumpelkammer der Geschichte geschoben hat. Beispiele eines solchen historischen Gerümpels sind u. a. die Zahlenmystik der Pythagoräer, die Zahlenlehre Platos in der Altersvorlesung Περὶ τἀγαϑοῦ (die Aristoteles verächtlich beiseite schiebt), wesentlichste Elemente der Gnostik, Raimundus Lullus, Jacob Böhme u. a. mehr. Was in der abendländischen Technik ein letztes und endgültiges Destillat gefunden hat, sind nur diejenigen transzendentalen Themen, die in der vergangenen Geschichte wirklich abgehandelt worden sind und ihre Erledigung gefunden haben. Insofern weisen diese Themen nirgends auf die Zukunft hin; und der Philosoph, der Metaphysik und Transzendentaltheorie mit diesem Themenbereich identifiziert, verbaut sich damit selbst den Blick auf eine Weltgeschichte, die unter einem ganz anderen und radikal neuen Leitstern stehen muß.

Eine Ahnung davon finden wir in den „Holzwegen", wo Heidegger fragt: „Stehen wir gar im Vorabend der ungeheuersten Veränderung der ganzen Erde und der Zeit des Geschichtsraumes, darin sie hängt? Stehen wir vor dem Abend für eine Nacht zu einer anderen Frühe? Brechen wir gerade auf, um in das Geschichtsland dieses Abends der Erde einzuwandern? Kommt das Land des Abends erst herauf? Wird dieses Abend-Land über Okzident und Orient hinweg und durch das Europäische hindurch erst die Ortschaft der kommenden anfänglicher geschickten Geschichte? Sind wir Heutigen bereits abendländisch in seinem Sinne, der durch unseren Übergang in die Weltnacht erst aufgeht? Was sollen uns alle nur historisch ausgerechneten Geschichtsphilosophien, wenn sie nur mit dem Übersehbaren der historisch beigebrachten Stoffe blenden, Geschichte erklären, ohne je die Fundamente ihrer Erklärungsgründe aus dem Wesen der Geschichte und dieses aus dem Sein selbst zu denken? *Sind wir die Spätlinge, die wir sind? Aber sind wir zugleich auch die Vorzeitigen der Frühe eines ganz anderen Weltalters, das unsere heutigen historischen Vorstellungen von der Geschichte hinter sich gelassen hat?*" (Anaximander, 300 f.)

Heidegger stellt diese Fragen sehr emphatisch, aber er beantwortet sie nicht. In seinem Denken ist die Frage nach der Wahrheit des Seins alles Seienden das schlechterdings unüberbietbare Thema jeder geschichtlichen Existenz. Daß dieses Thema von etwas überholt werden könnte, welches von der historischen Reflexion bisher entweder scheu umgangen wurde oder noch nicht in ihren Gesichtskreis treten durfte, darauf kann er nicht kommen. —

Unter den Ideen, die die vergangene Geschichte auf die Hintertreppe verwiesen hat, wären noch zwei aufzuzählen, die wir geflissentlich ignoriert haben, um sie später um so ausdrücklicher hervorheben zu können. Erstens handelt es sich um die Doktrin vom absoluten Negativismus, wie er in der Lehre, die als Śūnyavāda im späteren Buddhismus bekannt ist und die sich auch in der sog. negativen Theologie des Areopagiten eingenistet hat, vertreten wird; und zweitens um die Lehre vom Primat des Willens, wie er sich als Antithese zum Thomismus manifestiert, und die ebenfalls so ins Abseits der Geschichte gedrängt wurde, daß wir bis heute noch keine Theorie des Wollens und der Freiheit besitzen, die unserer wohl entwickelten Theorie des Denkens auch nur annähernd ebenbürtig wäre. Hier zeigt sich die Zukunftslosigkeit der Heideggerschen Philosophie, denn Schelling, ein in seiner späten Epoche dem Duns Scotus sich innerlich immer mehr anähernder Denker, sagt ausdrücklich, daß Sein nur *gewesene* Freiheit ist. Es folgt, daß keine Lehre vom Wesen, so wie sie Heideggers Zentralproblem bildet, je in die Zukunft weist. Das Willensproblem, das in die Zukunft deutet und ihre Heraufkunft signalisiert, kann auf dem philosophischen Boden keiner Seinslehre je abgehandelt werden. Aus diesem Grund sieht die bisherige Philosophie auch die Rolle der Technik nicht richtig. Für sie steht das technische Können ausschließlich am Ende einer Entwicklung. Sie kann nicht begreifen, daß wir uns heute in einer einzigartigen und bisher nicht dagewesenen Geschichtssituation sehen, an der nämlich die Technik auch ganz am Anfang einer Geschichtsepoche steht und in der das Denken hinterherhinkt, weil es auf die Anstöße warten muß, die ihm der technische Wille gibt. Vom Willen aber ist zu sagen, daß er vorerst einmal schlicht und ohne Gründe *will*. Die theoretische Motivierung bzw. Rechtfertigung kommt dann erst nachträglich und hängt ganz von der Frage ab: was *kann* man wollen? D. h. was ist physisch möglich? Die Beantwortung der letzteren Frage ist abhängig vom jeweiligen Stand der Technik und von den Zukunftsperspektiven, die sich aus jeder neuen technischen Leistung ergeben.

Nun behauptet die Spenglersche Geschichtsmetaphysik – wie schon bemerkt –, daß menschliche Geschichte letzten Endes die Auflehnung gegenüber der Natur bedeutet und daß in der faustischen Kultur der Kampf zwischen der Natur und dem Menschen, der sich durch seine historische Existenz gegen sie erhoben hat, prinzipiell zu Ende geführt ist. Mit anderen Worten, es gibt angeblich keine stärkeren technischen Mittel, mit denen dieser Kampf in neuen Dimensionen fortgeführt werden könnte. Folglich muß der Mensch in ein geschichtsloses Dasein zurücksinken, wenn dasselbe auch anders aussehen mag als die Existenz der sog. primitiven, im Spenglerschen Sinne vorgeschichtlichen Naturvölker.

Nun darf man aber heute sagen, daß die Behauptung, dem Menschen stünden keine weiteren Mittel zur Auflehnung gegen die natur zur Verfügung, schlechterdings falsch ist. Darüber kann es überhaupt keine Diskussion mehr geben. Wenn Arnold Gehlen noch kurz vor seinem Ableben behauptete (siehe „Einblicke", Frankf. a. M. 1975; S. 123), daß sich vermutlich zu den Grundlagen der Physik nicht mehr viel hinzufügen läßt, daß auch in der Mathematik eine gewisse Stabilisierung eingetreten ist „und eine bis in die letzten Kategorien durchgreifende Wandlung" unseres Denkens kaum zu erwarten ist, so sind solche Vermutungen einfach unrichtig. Wenn er behauptet, „daß die Menschheit sich in dem jetzt vorhandenen Umkreis der großen Leitvorstellungen einzurichten hat" (S. 123), so vergißt er völlig jenen Problemkreis, der in Amerika in den letzten 10 bis 20 Jahren unter dem Stichwort „biological engineering" sehr eingehend diskutiert und bearbeitet worden ist. Die Frage der technischen Wiederholung der Subjektivität fällt aus dem totalen Bereich der Seinsthematik heraus, und stellt man sie etwa dem Problembereich gegenüber, der das Heideggerschen Denken ganz erfüllt, so könnte man sie bestenfalls dem Thema ‚Nihilismus' zuordnen, aber mit dem bemerkenswerten Zusatz, daß ‚Nihilismus' jetzt eine eminent „positive" Bedeutung erhält, die er in der Heideggerschen Philosophie noch nicht hat und die nihilistisches Denken über seine Seins- und Wesensthematik hinausgreifen läßt. Ist nicht das Auftreten des Nihilismus im Heideggerschen Sinne, der „die Geschichte nach der Art eines kaum erkannten Grundvorganges" bewegt, der Index dafür, daß das Problem des Lebens, der Subjektivität, des Ichseins – oder wie man den fraglichen Sachverhalt sonst noch benennen kann – in der bisherigen Geschichte nicht nur vergessen, sondern immer wieder bewußt beiseite geschoben worden ist? Wer sich dafür interessierte, mußte ihn in der Religion suchen, und auch da führte er ein mit Verdacht beladenes und angefeindetes Dasein, weil das meiste, was zu diesem Thema gehörte, in die Kategorie der Häresie fiel. Galt doch Gott als das letzte, urweltliche Sein alles Seienden, und je näher die Theologie die göttliche Wesenheit der Thematik des Nichts näherte, desto hilfloser und unartikulierter mußte sie sich geben. Gott war das lichterfüllte Pleroma, und je mehr sich das Denken dem Gegenpol des Kenoma näherte, desto mehr umgab es eine Dunkelheit, in der schließlich auch die letzten Lichtstrahlen erloschen, weil klassisches Denken eben immer und ohne Ausnahme eine Lichtmetaphysik (Bonaventura) involvierte.

Daß das Kenoma sein eigenes Licht (gleich pleromatischer Finsternis) besitzt, das ist in der Tradition schüchtern angedeutet; aber selten wird so deutlich ausgesprochen, welche Rolle Gott in der Kenose spielt, als bei Amos V. 18, wo wir lesen: „Weh denen, die des Herren Tag begehren! Was soll er Euch? Denn des Herren Tag ist Finsternis, und nicht Licht." In dieselbe Richtung zielen auch Vorstellungen aus der Zeit des Origines, Gregor von Nyssa und späterer, die implizieren, daß Gott sich dem Teufel gegenüber unwahrhaftig verhält (pia fraus). Wie weit bewußte Lüge und Fälschung (also athematische Negativität) als gottgefälliges Werk in der Geschichte des christlichen Dogmas verbreitet war, das ist in Adolf von Harnacks Dogmengeschichte II nachzulesen. Hierher gehört auch die Stelle im Johannes-Evangelium, VIII 44: „Ihr seid von dem Vater, dem Teufel, und nach Eures Vaters Lust wollt Ihr tun. Derselbige ist ein Mörder von Anfang an und ist nicht bestanden in der Wahrheit; denn die Wahrheit ist nicht in ihm. Wenn er die Lüge redet, so redet er von seinem Eigenen; denn er ist ein Lügner und ein Vater derselbigen."

Liest man religiöse Texte unvoreingenommen mit den Augen des Logikers, der an Struktureigenschaften interessiert ist, so drängt sich unvermeidlich der Eindruck auf, daß zwei Gottesvorstellungen immer wieder miteinander konkurrieren, die wir hier als den univalenten und den ambivalenten Gott bezeichnen wollen. Der univalente Gott ist der deus absconditus, der Gott der Mystik, der Gott, der im Zeitlosen west, dessen Tiefen sich niemals offenbart haben und dem gegenüber deshalb auch alle Aussagefähigkeit erlischt. Und er ist der Gott des radikalen Monotheismus, der keine anderen Götter neben sich dulden kann. Er ist nichts anderes als die Ewigkeit selbst, weshalb aus seinem Begriff alle Beziehung zum Zeitlichen total ausgeschlossen ist. Es ist evident, daß die historischen Religionen, wo immer auch sie sich entwickelt haben, mit einer solchen Gottesvorstellung schlechterdings nicht auskommen konnten, und sobald vom Walten Gottes in der Welt und im Zeitlichen die Rede ist, wird der univalente Gottesbegriff von einem ambivalenten in einen unsagbaren mythischen Hintergrund verdrängt, von wo aus er allerdings noch einen undefinierbaren Einfluß ausübt. Der ambivalente Gott ist der austauschbare Gott; er hat eine gegenpolige Identität. Er ist der heilige Gott, aber das Heilige ist, wie wir aus der Bedeutung des Wortes ‚sacer' wissen, sowohl das Verfluchte und Verworfene als auch das Selige und Verklärte. Der Gott der Liebe, der Barmherzigkeit und der alles vergebenden Gnade ist zu gleicher Zeit der Gott der Lüge, des Zorns, der Rache, der Vergeltung ausübt bis ins dritte und vierte Glied und der als Śiva im sadistischen Tanz die Welt zerstampft. Zwar haben die Hochreligionen im Dogma der Dreieinigkeit, welches in China im universistischen System (de Groot) des Ju Tao Fo sich historisch kristallisiert hat, in Indien am eindrücklichsten als die Lehre von der Trimurti konzipiert wird, und im Christentum als Dogma von der Dreieinigkeit endlose religiöse Streitigkeiten hervorgerufen hat, eine begriffliche Vereinigung der Idee der Univalenz mit der der Ambivalenz herzustellen versucht, aber nur in mystischer Ausdrucksweise.

Unter den oben angeführten Umständen ist es interessant festzustellen, daß am Abend der Entwicklung der klassischen Logik die Peirce'sche Entdekkung der triadischen Logik steht. Was Peirce hier geleistet hat, ist bis dato weitgehend unverstanden geblieben. In seinen nachgelassenen logischen Notizen lesen wir: „Triadic Logic is universally true." (S. Transactions of the Charles S. Peirce Society, Vol. II, 2, p. 80 und 81; 1966.) Die klassische Logik ist zwar nach Peirce in dem ihr gemäßen Bereich wahr bzw. richtig, aber dieser Bereich hat seine Grenzen und ist nicht universal. Universalität kann in der klassischen Tradition der Logik nicht erreicht werden, weil in ihr der letzte Charakter des Satzes vom ausgeschlossenen Dritten unbestimmt bleibt. Das Dritte kann entweder auf jenen subjektiven Zustand der Unwissenheit hinweisen, gemäß dem unser irdisches Denken die endgültigen Kategorien der Wirklichkeit nicht erreichen kann. Diese Auffassung resultiert in einer Wahrscheinlichkeitslogik, in der die endgültigen Grenzwerte von totaler Positivität und totaler Negativität nur schrittweise angestrebt werden. In diesem Falle siedelt sich ein relativer Vermittlungswert *zwischen* den transzendenten Zielen von endgültiger Positivität oder Negativität an. Oder aber das „Dritte" kann in einem ganz anderen Sinn interpretiert werden. „Potentiality – so schreibt er – „is a positive capacity to be Yea and to be Nay; not ignorance but a state of being." Das sollte endlich verstanden werden. Das ausgeschlossene Dritte ist nicht nur der Index einer subjektiven Schwäche unseres endlichen, sich in Möglichkeiten ergehenden Bewußtseins. Das Dritte weist hingegen auf einen „transzendenten" Zustand hin, der jenseits unseres irdischen Bewußtseinskreises liegt und in dem die klassische Logik endlich ihre Erfüllung findet.

Erst im Bewußtsein des dreieinigen Gottes spiegelt sich das absolut Wirkliche. Damit ist aber auch gesagt, daß kein Denken, nicht einmal ein übermenschliches, eine Theorie der Logik entwickeln kann, die über das Prinzip der Triaden (also der Dreieinigkeit) hinausgeht. Wo 4- oder 5-wertige oder noch höherwertige „logische" Strukturen auftreten, handelt es sich nur um rechnerische Funktionen, die keinen ontologischen Bezug haben. Sie können jederzeit nach Peirce auf Triadik zurückgeführt werden.

Hören wir jetzt, was Heidegger zum Thema zu sagen hat. In der Abhandlung „Grundsätze des Denkens" (Jahrb. f. Psychologie und Psychotherapie,

VI, 1958/9, p. 33—41) bestätigt Heidegger im ersten Absatz erst einmal, daß die Elementargrundsätze unseres traditionellen Denkens durch den Satz der Identität, den Satz des Widerspruchs und den Satz vom ausgeschlossenen Dritten repräsentiert werden. Er fährt dann im 2. Absatz fort: „Die Formeln der Denkgesetze spielen auf eine seltsame Weise ineinander. Man hat auch versucht, sie auseinander abzuleiten. Dies geschah auf mehrfache Weise. Der Satz des Widerspruchs, A nicht gleich A, wird als die negative Form des positiven Satzes, der Identität, A = A, vorgestellt. Aber auch umgekehrt: Der Satz der Identität gilt, insofern er auf einer verdeckten Entgegensetzung beruht, als die noch unentfaltete Form des Satzes vom Widerspruch. Der Satz vom ausgeschlossenen Dritten ergibt sich entweder als die unmittelbare Folge der beiden ersten oder er wird als deren Zwischenglied aufgefaßt".

Höchst bemerkenswert ist, daß Heidegger dem Tertium Non Datur (TND) eine mögliche Doppelposition zuschreibt. Der dritte Wert kann entweder als „Zwischenglied" zwischen Positivität und Negation aufgefaßt werden oder als Ausdruck einer Gesetzlichkeit, die ihnen folgt. Im ersten Fall gelangen wir zu der Deutung des Phänomens der Mehrwertigkeit, die zuerst von der polnischen Schule (Lukasiewicz) seit etwa 1920 verbreitet worden ist.

Nun weist aber Heidegger darauf hin, daß man dem TND noch eine andere Position zuweisen kann. Er tritt erst auf als „Folge" des ganzen logischen Relationsgefüges, das sich zwischen dem positiven und dem klassisch-negativen Grenzwert aufspannt. Heidegger macht diese Unterscheidung zwischen dem TND als Zwischenwert des klassischen Denkens oder als Folgewert nur leichthin und geht leider nicht weiter auf sie ein. Man kann sich des Eindrucks nicht erwehren, daß er sich der enormen Konsequenzen seiner Beobachtung entweder gar nicht bewußt gewesen ist oder daß er vor den Konsequenzen zurückgeschreckt ist, denn dieselben führen direkt in eine Dimension, in der er Probleme des Denkens unter keinen Umständen suchen wollte.

Deutet man nämlich das TND als Hinweis auf einen dritten Wert, der jenseits des klassischen Denkraums liegt, dann stößt man sofort auf das Problem der Zahl, und die Frage, wie sich Zählen und Denken zueinander verhalten, kann nicht mehr abgewiesen werden. Die elementare Basis aller Logik ist der Aussagenkalkül, und die klassische, von Aristoteles überlieferte Logik ruht auf einem symmetrischen Negationsoperator und 8 vierstelligen Wertfolgen, die man gewöhnlich mit Konjunktion, Disjunktion, Implikation, Gegenimplikation, Tautologie und Äquivalenz bezeichnet; dazu kommen noch 2 Wertfolgen für die Variablen p und q. Zählt man dazu noch die jeweilige Negation einer Folge hinzu, so erhalten wir 8 weitere vierstellige Wertsequenzen, die zusammen mit den ersten 8 eine Summe von **16 ausmachen**.

Führt man aber einen dritten Wert jenseits und als Folge der Total-Alternative von absoluter Positivität und klassisch-absoluter Negativität ein – innerhalb derer sich Wahrscheinlichkeiten und Modalitäten tummeln –, so steigt die Zahl jener Wertfolgen, die den ursprünglichen 16 Frege-Konstanten entsprechen, unmittelbar auf 7.625.597.484.987. D. h. von $2^{(2^2)}$ für die klassische Logik auf $3^{(3^3)}$ für das nächste System. Man muß schon sehr wenig logische Phantasie haben, wenn sich einem hier nicht sofort der Eindruck aufdrängt, daß mit dem Übergang von der Zwei- zur Dreiwertigkeit eine μετάβασις εἰς ἄλλο γένος stattgefunden hat. Ein Eindruck, der bestätigt wird, wenn man sich vergegenwärtigt, daß der Abgrund, der die Dreiwertigkeit ihrerseits von der Vierwertigkeit trennt, noch unvorstellbar größer ist und daß man mit ganz wenigen Wertschritten in Zahlenbereiche eintritt, die mehr als hundertstellig sind.

Wir fragen: Was geht hier vor? Daß man Zahlen, die millionen- oder gar milliarden-stellig sind, nicht mit klassischen Zählmethoden beikommen kann, darüber verlohnt sich kein weiteres Wort. Wir sind hier an dem Punkt angekommen, wo sich die Frage nach dem Verhältnis von Zahl und Begriff in ganz neuer Weise stellt.

Um diese Frage auch nur als Frage in beantwortbarer Gestalt aufzudecken, müssen wir zurückgehen bis zur Theorie der dyadischen Zahlen von Leibniz. Wie bekannt, benutzt das dyadische System nur zwei Zählzeichen: Null (0) und Eins (1). Es liegt nahe, die Null mit der Negation zu identifizieren und die Eins mit dem positiven Wert. Diese Unterscheidung hat Leibniz nur in der Weise vollzogen, daß er der Null lediglich die Funktion einer Leerstelle zuschreibt, in der die Eins in beliebiger Wiederholung auftreten kann. Um der Eins beliebige Repetition zu gestatten, sind auch die Leerstellen beliebig wiederholbar. Setzt man aber Zahlbedeutung auf dem Weg über die Wertigkeit mit einem logischen System gleich, dann ist man zu dem Schluß gezwungen, daß sich für eine Philosophie, die sich einer zweiwertigen Logik bedient, *nur* ein Zahlsystem relevant sein kann, in dem man fähig ist, bis zur Zwei zu zählen. In diesem Sinne ist die Verachtung des rechnenden Denkens, die Heidegger auszeichnet, philosophisch begründbar und berechtigt.

Die Ausdehnung der Dyadik über zwei Zahlen hinaus, die Leibniz vorgenommen hat, ist wenig mehr als ein konsequent durchgeführter Mechanismus ohne einen metaphysischen Hintergrund. Folgende Tafel illustriert die Leibnizsche Methode und enthält zugleich eine implizite Kritik.

Tafel I

```
                              1 1 1 1 1 1 1 1 1 1 1 1 1 1 1 1
                1 1 1 1 1 1 1 1 0 0 0 0 0 0 0 0 1 1 1 1 1 1 1 1
        1 1 1 1 0 0 0 0 1 1 1 1 0 0 0 0 1 1 1 1 0 0 0 0 1 1 1 1
    1 1 0 0 1 1 0 0 1 1 0 0 1 1 0 0 1 1 0 0 1 1 0 0 1 1 0 0 1 1
  0 1 0 1 0 1 0 1 0 1 0 1 0 1 0 1 0 1 0 1 0 1 0 1 0 1 0 1 0 1 0 1
```

    1 2 3 4 5 6 7 8
         1 2 3 4 5 6 7 8
             1 2 3 4 5 6 7 8 9 10 11 12 13 14 15 16

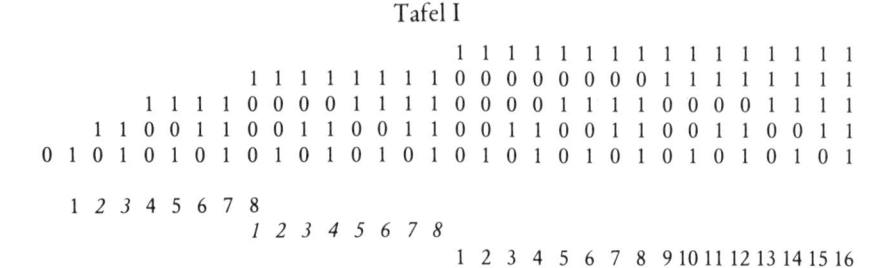

0, 1, 2, 3, 4, 5, 6, 7, 8, 9,10,11,12,13,14,15,16,17,18,19,20,21,22,23,24,25,26,27,28,29,30,31

In der oberen Hälfte der Tafel haben wir die Dyadik, so wie Leibniz sie konstruiert, in vertikalen Kolonnen dargestellt und in der untersten Reihe findet man die entsprechenden Ziffern des traditionellen dekadischen Systems. In dem Zwischenraum haben wir in dekadischer Zählweise drei Zahlenfolgen angeschrieben. Die erste beginnt mit 1 und läuft bis zu der ersten vierstelligen Zahlenfolge, was auch der dekadischen Methode ganz unten entspricht. Die zweite lassen wir mit der ersten vierstelligen Zahl beginnen und die dritte mit der ersten fünfstelligen Folge. In der ersten horizontalen Reihe sind die Zahlen 2 und 3 unterstrichen; die zweite Zählung der vierstelligen Sequenzen ist von Anfang bis zu Ende unterstrichen. Wenn man die über ihnen stehenden dyadischen Figuren betrachtet, wird man feststellen, daß die letzteren ein genaues Abbild der 8 positiven Frege-Konstanten bzw. ihrer 8 Negationen liefern. Es handelt sich hier also nicht um eine Wertdarstellung, sondern um eine Gruppe der negationsinvarianten Strukturen, auf die die klassischen Werte abgebildet sind.

Mit solchen Strukturen kann man nun rechnen, wie längst demonstriert worden ist. In einem modifizierten und abgeleiteten Sinn kann man deshalb auch sagen, daß man in einem dyadischen System *logisch-relevant* in einem Zahlenbereich rechnen kann, der immerhin bis 8 geht. In der Heideggerschen radikalen Trennung von Begriff und Zahl aber impliziert die klassische Metaphysik mit ihrer einfachen Gegenüberstellung von Sein und Nichts eben nur jene zwei fundamentalen Zahlbegriffe, die diese transzendenten Komponenten designieren.

Damit kann sich jeder Metaphysiker beruhigen, für den es logische Werte jenseits des Spannungsfeldes von totaler klassischer Assertion und ebenso totaler klassischer Negation nicht gibt. Für anders Denkende aber wäre es merkwürdig, wenn höhere Zahlen gar keine philosophische Relevanz haben könnte. Nehmen wir einmal an, wir hätten es mit einer, sagen wir, 17-wertigen Logik zu tun; so müßte in diesem Falle doch wenigstens die Zahl 17 einen logischen und damit philosophischen Akzent haben, der nicht vernachlässigt werden dürfte. Denn *eine* fundamentale philosophische Differenz hängt dann von dieser Zahl unvermeidlich ab, nämlich die Unterscheidung von Werten, die ontologische Designationsfähigkeit besitzen, und solchen, denen diese Eigenschaft fehlen muß. Das ist längst nachgewiesen. (S. G. Günther, „Many-valued Designations and a Hierarchy of First Order Ontologies", Akten des XIV. Intern. Kongresses f. Philosophie, 1968, III. pp. 37—44.) In unserem oben erwähnten Fall handelt es sich um eine sehr designationskräftige Logik, denn 15 Werte diesies Systems wären designativ, und nur zweien ginge diese Fähigkeit ab. Generell gesprochen: Jede beliebige Zahl n muß philosophisch interpretierbar in einem n-wertigen System sein. Das ist nun in der Tat der Fall, und um dieser Situation zu genügen, wollen wir die Idee der Dyadik im Hinblick auf das Mehrwertigkeitsproblem ergänzen.

Um den Anschluß an die Philosophie nicht zu verlieren, machen wir vorerst darauf aufmerksam, daß der positive Wert *als erster* unmöglich vermehrbar sein kann. Denn im Erstsein besteht gerade seine Positivität! Es ist unmöglich, daß zwei Werte zugleich erste sein können. Die Positivität ist also, vom Wertstandpunkt aus gesehen, eine Konstante, die keiner Veränderung unterliegen kann. Negativität hingegen wird immer durch (reflexive) Wiederholungswerte dargestellt, und die Wiederholung kann sich unbeschränkt fortsetzen, ohne zum Originalwert zurückkehren zu müssen.

Was dabei im Rückbezug auf die Heideggersche Philosophie wesentlich ist, ist, daß die Negationsoperationen einer „zweiten", einer „dritten", „vierten" usw. Negation immer tiefer in die totale Negativität hineinführen, die im Heideggerschen Denken als jenes hintergründige Nichts auftritt, das den Horizont des Seinsverständnisses schlechthin begrenzt.

Bei der Konstruktion „philosophischer" Zahlen gehen wir davon aus, daß jede Logik ihren eigenen Zahlbereich besitzt, mit dem allein sie Rechenoperationen vollziehen kann. Da diese neuen Zahlen Konfigurationen darstellen, die Negationsoperationen gegenüber invariant bleiben, erhalten wir für eine dreiwertige Logik einen arithmetischen Bereich, der fünf Zahlen umfaßt. In einer vierwertigen Logik können wir mit fünfzehn Konfigurationen rechnen, in denen sich Begriff und Zahl begegnen.

Tafel II

0															(1)
0 0															(2)
0 1															
0 0 0 0 0															
0 0 1 1 1															(5)
0 1 0 1 2															
0 0 0 0	0	0 0	0	0 0		0 0 0 0 0									
0 0 0 0	0	1 1	1	1 1		1 1 1 1 1									(15)
0 0 1 1	1	0 0	0	1 1		1 2 2 2 2									
0 1 0 1	2	0 1	2	0 1		2 0 1 2 3									
1 2 3 4	5	6 7	8	9 10		11 12 13 14 15									

Tafel II enthält die ersten vier Zahlbereiche, mit denen legitimerweise in einer einwertigen, zweiwertigen, dreiwertigen und vierwertigen Logik gerechnet werden darf. Daß wir im Gegensatz zur Leinizschen Dyadik unsere Zahlengebilde jedesmal mit 0 beginnen lassen, hat Gründe, deren Erläuterung hier zu weit führen dürfte, und deren Darstellung auch nicht notwendig ist für unsere spezielle Kritik der Zahlvorstellung Heideggers. (Im übrigen s. G. Günther, „Natural Numbers in Transclassic Systems", Journal of Cybernetics, Vol. I, 2; pp. 23–33 und 3, pp. 50–62, Washington, D. C. 1971). Wie ersichtlich ist, kehren die ersten Zahlen der Leibnizschen Dyadik im Zahlbereich der Vierwertigkeit wieder. Man muß nur die Nullen ignorieren, die über dem ersten Auftreten der Ziffer 1 stehen. Die Zahlindividuen des Zählbereiches 15 sind unter dem horizontalen Doppelstrich fortlaufend numeriert. So ist leicht festzustellen, daß zu der Leibnizschen Dyadik die Nummern 2, 3, 4, 6, 7, 9 und 10 gehören. Aus dem Bereich der Dreiwertigkeit sind abgeleitet die Nummern 5, 8, 11, 12, 13 und 14. Die letzte Nummer 15 gehört zur Vierwertigkeit.

Man kann aus der Tafel II sehr gut ablesen, daß Heideggers Ablehnung der Rechenmethoden der Logistik und des Neopositivismus durchaus berechtigt ist. Denn die neopositivistischen Methoden berücksichtigen nur den Zahlbereich (2), ignorieren den Zahlbereich (5) vollständig und klauben sich aus dem Zahlbereich (15) nur diejenigen Strukturen heraus, die ausschließlich durch diejenigen vertikalen Sequenzen dargestellt werden, die sich aus den Symbolen 0 und 1 zusammensetzen. Daß das zu einer „arithmetisch" fundierten Philosophie führt, auf die Philosophen vom Range Heideggers nur verächtlich herabsehen können, ist selbstverständlich.

Freilich entlastet das Heidegger nicht von dem Vorwurfe, die unterirdische Verbindung zwischen Zahl und Begriff nie in seinen Gesichtskreis bekommen zu haben, weil er den Zählprozess ausschließlich auf dem Boden der zweiwertigen Logik deutet, und dort hat schon das Zählen bis 3 keine philosophische Relevanz mehr!

Halten wir aber an der These fest, daß jede n-wertige Logik ihr eigenes Zahlsystem besitzt, dann können wir beliebig umfangreiche Zahlbereiche konstruieren, vorausgesetzt wir gehen zu logischen Systemen mit einer korrespondierenden n-Wertigkeit über. Die Menge der „philosophischen Zahlen" wächst relativ schnell. Tafel III zeigt die Anfänge dieses Steigens:

Tafel III

n	Ph
5	5 2
6	2 0 3
7	8 7 7
8	4 1 4 0
9	2 1 1 4 7
10	1 1 5 9 7 5
11	6 7 8 5 7 0
12	4 2 1 3 5 9 7
..	....

In dieser Tafel bedeutet n die Zahl der Werte einer Logik und Ph die Gesamtsumme der Zahlen, denen philosophische Relevanz zugebilligt werden soll. Bewegt man sich von einer 12-wertigen Logik zu einer, sagen wir, 25-wertigen Logik, dann ist die Summe schon 19-stellig. Und wählen wir eine 55-wertige Logik, die wir an anderer Stelle als strukturelle Minimalbedingung einer Theorie des objektiven Geistes angeführt haben, dann läßt sich die Summe der philosophisch relevanten Zahlen nur noch mit einer 54-stelligen Zahl ausdrücken. (S. G. Günther, „Strukturelle Minimalbedingungen einer Theorie des objektiven Geistes", Actes du IIIème Congrès International de l'Association Internationale pour l'Etude de la Philosophie de Hegel, Lille, 8 – 10 avril 1968. – Für die Berechnung dieser Zahlen sollte John Riordan, „An Introduction to Combinatorial Analysis, New York 1958, konsultiert werden.)

Es sollte bemerkt werden, daß Tafel III die sparsamste Berechnung der Zahlen darstellt, denen philosophische Relevanz zuerkannt werden muß. Es sind auch liberalere Auswahlprinzipien möglich, die diese Summe (Ph) erhöhen würden. Ob das zulässig wäre, muß einer künftigen Debatte über das Verhältnis von Zahl und Begriff vorbehalten bleiben. Der Verf. des gegenwärtigen

Textes hat gegen die Anlegung weniger strenger Maßstäbe erhebliche Bedenken. Jedenfalls würde auch bei solchen Liberalisierungen weiterhin ein ganz erheblicher Hiatus zwischen der Menge der jeweilig verfügbaren Zahlen und der Menge der logischen Konstanten bestehen, die die Grundlage einer n-wertigen Logik bilden. Das heißt: die logische Theorie wird immer den arithmetischen Methoden vorauseilen, die uns erlauben, den reinen Begriff in eine maschinelle Technik zu übersetzen. Das ist alles, was von dem Hegelschen und Heideggerschen Vorwurf der Begriffslosigkeit der Zahl übrig bleibt. –

Heidegger ist selbst der späte Denker der überlieferten Metaphysik, einer Metaphysik, deren letztes nicht überbietbares Thema die Wahrheit des Seins des Seienden ist. Für dieses metaphysische Denken bleibt das Nichts, von dem in der Heideggerschen Philosophie dem Anschein nach so viel die Rede ist, im unsagbaren Hintergrund. Die Gegenwart des Nichts ist a-thematisch. Sie stellt sich dem klassischen Begriff nicht zur Analyse. Nirgends wird dieses Nichts in einem neuen Sinn, der über die klassische Metaphysik hinausgeht, Thema des Denkens. Was die Philosophie des Nichts angeht, so gilt für Heidegger die Resignation der von ihm oft zitierten Zeile Stefan Georges: „Kein ding sei wo das wort gebricht."

Unsere Kritik an Heidegger und der Zukunftslosigkeit seiner Philosophie hätte keine Substanz, wenn es sich nicht zeigen ließe, daß es gerade das Nichts ist, welches das Denken vermittels der Sprache über das scheinbar nur technische Intervall der Weltgeschichte hinwegträgt. – Es gehört zum Grundwesen aller Sprachen, die bisher auf unserer Erde entstanden sind, daß sie sich auf dem Boden von Assertionen bewegen. Auch dort, wo wir in ihnen verneinenden Ausdrücken begegnen, dienen dieselben nur dazu, in indirekter Weise Positives zu konstatieren. Aufgrund des Isomorphie-Charakters der klassischen Logik kann das gar nicht anders sein. *Die Negation eines zweiwertigen Systems wiederholt nur die Positivität, die sie angeblich verneint!* Hier wird nichts Neues hinzugebracht. Ganz anders aber steht es mit den zweiten, dritten usw. Negationsoperatoren der Mehrwertigkeit (immer vorausgesetzt, daß die weiteren Werte jenseits des Denkbereiches angesiedelt werden, der zwischen der einzigen Positivität und der zu ihr gehörenden ersten Negation sich ausbreitet). Sie öffnen dem Denken eine neue Dimension, die der klassischen Seinsmetaphysik von jeher unerreichbar war.

Wir haben bereits anläßlich des Überganges von den $2^{(2^2)}$ klassischen Aussagefunktionen zu den $3^{(3^3)}$ entsprechenden Wertfolgen der Dreiwertigkeit darauf aufmerksam gemacht, daß sich mit dieser arithmetischen Erweiterung eine neue philosophische Dimension auftut. Heidegger trifft den Nagel auf den Kopf, wenn er in den „Holzwegen" bemerkt: „... man denkt zu oberflächlich, wenn man meint, das Riesige sei lediglich die endlos zerdehnte Leere des nur Quantitativen... Das Riesige ist vielmehr jenes, wodurch das Quantitative zu einer eigenen Qualität und damit zu einer ausgezeichneten Art des Großen wird... Sobald aber das Riesenhafte der Planung und Berechnung und Einrichtung und Sicherung aus dem Quantitativen in eine eigene Qualität umspringt, wird das Riesige und das scheinbar durchaus und jederzeit zu Berechnende gerade dadurch zum Unberechenbaren. Dies bleibt der unsichtbare Schatten, der um alle Dinge überall geworfen wird, wenn der Mensch zum Subjectum geworden ist und die Welt zum Bild... Dieser Schatten aber deutet auf ein anderes, das zu wissen uns Heutigen verweigert ist." (Weltbild, 87 f.)

Die enorme quantitative Differenz von $2^{(2^2)}$ und $3^{(3^3)}$ (also zwischen einer 2- und einer 13-stelligen Zahl!) bringt den philosophischen Denker, für den ja jede der dreiwertigen Aussagefunktionen eine individuelle Bedeutung haben soll, an den Rand des Heideggerschen Nichts. Im gewohnten Sinne kann hier kaum noch gerechnet werden; dafür aber nähern wir uns jenem „Schatten", um dessen Art und Gesetz zu wissen uns Heutigen angeblich verweigert ist – wie Heidegger resigniert behauptet.

Dieser Schatten ist das Nichts des Nihilismus, und in ihm wird nicht Seiendes, sondern die allumfassende Idee von Sein-überhaupt verworfen. Eine solche Verwerfungsfunktion tritt in der Dreiwertigkeit unverkennbar, obwohl in allerprimitivster Gestalt, auf. Die Heideggersche Idee des Nichts ist nämlich genauso wie das zweite Negative Hegels, das gemäß der ausdrücklichen Feststellung Hegels in die „Unwirklichkeit" weist, nichts anderes als der Sammelbegriff der unendlichen Iterierbarkeit der Negativität, die auch dort nicht aufhört, wo die Wahrheit alles Seins des Seienden längst in der Negation verschwunden ist. Beide Denker sahen sich von diesem Problem herausgefordert, und es ist kein Zufall, daß sie sich beide eine Art philosophisches Kauderwelsch erdachten, das die Grenzen der traditionellen Positivsprachen sprengen sollte. Angesichts des von beiden geteilten Vorurteils gegen die philosophische Relevanz der Zahl konnte bei ihnen gar nicht der Gedanke aufkommen, daß man Sprachen entwickeln könnte, deren Thema nicht die Wahrheit des Seins des Seienden, sondern die *Wahrheit der Negativität des Nichts* sein müßte.

Es muß nun gezeigt werden, daß es durchaus im Bereiche des Menschen liegt, im Kontrast zu den existierenden Positivsprachen der Geschichte auch Negativsprachen zu entwickeln. Wir gehen dabei von der jedermann geläufigen Tatsache aus, daß eine doppelte Verneinung (im klassischen Sinne) genau äquivalent einer positiven Aussage ist. Also:

$$p = N_{1 \cdot 1} p$$

N bedeutet hier generell einen Negationsoperator; das Subskript deutet an, um welchen Negator es sich handelt. Der obige Ausdruck betrifft also die erste klassische Negation. Es handelt sich hier aber um ein generelles Gesetz: d.h., jeder Negator Ni, auf sich selbst angewendet, annulliert seine Negationswirkung. Gehen wir jetzt zu einer dreiwertigen Logik über, so können wir anschreiben:

$$p = N_{1\cdot 2\cdot 1\cdot 2\cdot 1\cdot 2}p$$
$$p = N_{2\cdot 1\cdot 2\cdot 1\cdot 2\cdot 1}p$$

Der Positivität der Umgangssprache steht jetzt in der Negativsprache ein sogenannter Hamiltonkreis gegenüber, der wie jeder Kreis entweder im Urzeigersinne oder im Gegensinne durchlaufen werden kann. In dieser *Doppeldeutigkeit* von p in der Negativsprache entdecken wir die Wurzel aller folgenden Sprachsysteme, die sich in der Negativität bewegen und die bei wachsender Wertzahl einen geradezu überwältigenden Reichtum neuer Termini und Begriffe produzieren. Ein n-wertiger Hamiltonkreis umfaßt, wenn er vollständig ist n! Negationsschritte. Im Falle der Vierwertigkeit ist also n! = 24. In seinem Essay „Das Janusgesicht der Dialektik" (Hegel-Jahrbuch 1974, pp. 89–117) hat der Verf. einige Hamiltonkreise mit 24 Negationsstufen angegeben. Der von ihm zuerst gefundene, der aufgrund von einfachen Symmetrie-Überlegungen sehr leicht zu konstruieren war (die meisten sind dann später von Computer errechnet worden), ist im folgenden (Tafel IV) mit den zu ihm gehörenden Permutationen der Negativität angeschrieben:

Tafel IV

P	N	1	2	3	2	3	2	1	2	1	2	3	2	3	2	1	2	1	2	3	2	3	2	1	2	P
1		2	3	4	4	3	2	1	1	2	3	4	4	3	2	1	1	2	3	4	4	3	2	1	1	
2		1	1	1	1	1	1	2	3	3	2	2	3	4	4	4	4	4	3	2	2	3	3	3	2	
3		3	2	2	3	4	4	4	4	4	3	2	2	3	3	2	1	1	1	1	1	1	2	3		
4		4	4	3	2	2	3	3	2	1	1	1	1	1	1	2	3	3	2	2	3	4	4	4	4	

Solche (vollständigen) Hamiltonkreise sind für den Aussagebereich einer gegebenen Logik – in diesem speziellen Fall handelt es sich um Vierwertigkeit – die informationsreichsten „Worte" eines „Wörterbuchs" einer Negativsprache, die gerade nur über die Dimension der Dreiwertigkeit hinausreicht. Von diesen Kreisen gibt es, wenn man Drehsinn und Gegen-Drehsinn als einen Kreis rechnet, 44 Exemplare. Ihr Kennzeichen ist es, daß in ihren 24 Negationsschritten alle überhaupt möglichen Permutationen einmal und nur einmal auftreten. Das Wörterbuch einer vierwertigen Negativsprache wäre aber höchst unvollständig, wenn nicht auch die Gesamtheit aller derjenigen Negationskreise enthalten wäre, die weniger als 24 Permutationen einmal und nur einmal enthielten.

Damit nimmt unser Wörterbuch schon weit, weit mehr als tausend Termini auf – eine beachtliche Größe. Immerhin ist es, verglichen mit einem Wörterbuch des Englischen oder Deutschen, noch relativ schmalschultrig. Das ändert sich aber rapide, wenn man etwa die Absicht hat, ein Wörterbuch einer fünfwertigen Negativsprache zu konstruieren. Die Zahl der Termini, die dann zu registrieren sind, geht schon in die Milliarden.

Philosophisch ist zu dem Thema das Folgende zu sagen. Man hat das Problem der Mehrwertigkeit völlig mißverstanden, wenn man nicht einen grundsätzlichen philosophischen Unterschied zwischen Mehrwertigkeit „zwischen" den klassischen Grenzwerten und Positivität, direkter (erster) Negation eben dieser Positivität und wiederholter Negativität macht, die sich erst jenseits der maximalen Spannweite der klassischen Zweiwertigkeit ansiedelt. Negation in diesem neuen Sinn fällt gänzlich aus der bisherigen kulturellen Sprachtradition der Positivsprachen heraus. Es ist darum auch kein Wunder, daß man schon in den vierziger Jahren festgestellt hat, daß wichtigste Wertverläufe mehrwertiger Funktionen sich logischer Interpretation versagt haben (vgl. I. M. Bocheński, „Der Sowjetrussische Dialektische Materialismus", München und Bern, 1956, p. 132).

Die mächtigeren, trans-klassischen logischen Systeme haben nur dann eine philosophische Bedeutung, wenn mit dem Übergang zu ihnen die Philosophie auch ihr Grundthema wechselt, dem Sein und allem, was mit ihm zu tun hat, den Rücken kehrt und sich ganz jener „zweiten" Metaphysik zuwendet, von der im **Yoga-Sytem**, in der negativen Theologie des Areopagiten, in der Idee des Zimzum des Kabbalisten Isaak Luria und kürzlich bei Heidegger die Rede ist. In diesen geistigen Räumen, die unter dem Verlegenheitsnamen „Nichts" sich in tiefster philosophischer Dunkelheit ausbreiten, begegnen uns ungemessene Relationslandschaften, von denen freilich das gilt, was Hegel schon früh in seiner Phänomenologie des Geistes über das sog. „Innere" sagt: „Es zeigt sich, daß hinter dem sogenannten Vorhange, welcher das Innere verdecken soll, nichts zu sehen ist, wenn *wir* nicht selbst dahintergehen, ebensosehr, damit gesehen werde, als daß etwas dahinter sei, das gesehen werden kann.

Aber es ergibt sich zugleich, daß nicht ohne alle Umstände geradezu dahinter gegangen werden könne; denn dies Wissen, was die Wahrheit *der Vorstellung* der Erscheinung und ihres Innern ist, ist selbst nur Resultat einer umständlichen Bewegung, wodurch die Weisen des Bewußtseins, Meinen, Wahrnehmen und der Verstand verschwinden;... (Meiner 1928, p. 128 f.). Drei Zeilen später endet der Abschnitt über das Bewußtsein, und das Kapitel über das Selbstbewußtsein beginnt.

Was Hegel über das Nichts sagt, das uns aus den Hintergründen des Bewußtseins entgegenstarrt, kann uns eine Einsicht über das Verhältnis von Willen und Nichts schenken. Das Sein ist der Geburtsort des Denkens; das Nichts aber ist die Heimat des Willens. Im Nichts ist, wie uns die eben zitierte Stelle aus der Phänomenologie belehrt, nichts zu sehen, solange wir uns nicht entschließen, in das Nichts hineinzugehen und dort nach den Gesetzen der Negativität eine Welt zu bauen. Diese Welt hat Gott noch nicht geschaffen, und es gibt auch keinen Weltplan für sie, ehe ihn das Denken nicht in einer Negativsprache beschrieben hat.

Hier lauert die unendliche Verführung auf den Menschen; niemand kann ihn zu diesem Schritte zwingen. Er kann sich in seiner Weltepoche bescheiden und weiter auf das Heil und die Erlösung hoffen.

Dieser Versuchung sind Heidegger und seine philosophischen Zeitgenossen erlegen. Es ist diesen Denkern nicht gelungen (und das gilt auch von Hegel!), die metaphysische Schweißstelle zu entdecken, wo Zahl und Begriff zusammengeschmiedet sind. Sie liegt genau an der Umschlagstelle vom Sein zum Nichts. Das Problem ist uralt; es ist bei den Pythagoräern antizipiert, und es geistert in Platos berühmter Altersvorlesung. Aristoteles weist in seiner Metaphysik die Doppelrolle der Zahlen, die einerseits im Diesseits zählen, andererseits aber auch im idealen Jenseits ihre Funktion haben, bewußt ab, und dabei ist es bis heute geblieben. Bleibt man weiter dabei, dann kann man dem Rechnen keinen philosophischen Wert zubilligen. Dann kann man aber auch keine neue philosophische Begriffswelt aus dem Nichts entwickeln. Denn der Wortschatz einer Negativsprache kann nur aus der Koinzidenz von Zahl und Begriff entwickelt werden! Es gibt keinen anderen Weg, als eine neue Begriffswelt aus Strukturgebilden von Negationsrelationen abzulesen. Das ist die neue „Materialwelt", an der sich die Ideen künftiger Weltgeschichte bilden.

Die Erfahrungen mit der kombinatorischen Analysis machen es uns schwer, den Verdacht abzuweisen, daß auch die platonischen Ideen Composita sind. Und das, woraus sie zusammengesetzt sind, kann gemäß Definition nicht selbst Idee sein. Die Bausteine der Idee sind die Elemente des Nichts, und nur in der Zahl als gesichtsloser Einheit und anonymer Vielheit besitzen wir ein Werkzeug, mit dem wir das Nichts in Besitz nehmen können.

Da der Weg zu einer neuen Geschichtsepoche, die *mehr* als Technik ist, trotzdem unweigerlich durch die Technik führt, verschließt derjenige dem Geist alle Zukunft, der sich gegen die metaphysische Union von Zahl und Begriff wehrt. Es wird einmal keinen Geist geben, der nicht arithmetisch vermittelt ist. Jedenfalls wird er nichts Neues mehr zu sagen haben.

Es bleibt noch übrig zu erklären, wovon in den Negativsprachen eigentlich die Rede sein soll, nachdem wir vorerst nur den logischen Ort dieser Sprachen festgestellt haben. Suchen wir aber nach ihrem Gehalt, dann stoßen wir sofort auf das Identitätsproblem.

$$p \text{ und } N_{1 \cdot 1}p$$

können, klassisch gesprochen (und mit einer gewissen Reserve, auf die aus Raummangel hier nicht eingegangen werden kann), als unterschiedliche Ausdrucksweise eines identischen Sachverhalts angesehen werden. Das ist aber schon im Falle der dreiwertigen Ausdrücke:

$$^*N_{1 \cdot 2 \cdot 1 \cdot 2 \cdot 1 \cdot 2} p$$

und

$$N_{2 \cdot 1 \cdot 2 \cdot 1 \cdot 2 \cdot 1} p$$

nicht mehr der Fall. Obwohl die Folge der Negationsindexe hier noch ganz minimal ist, deuten sie trotzdem schon an, daß jedes p, das in einer Negativsprache auftritt, *eine Reflexionsgeschichte hinter sich hat, die in seine Definition eingehen muß*. Dabei ergibt sich sofort jenes Identitätsproblem, das wir alle kennen, wenn wir uns fragen, in welchem Sinne die Seele eines Neugeborenen noch mit dem Ich der erwachsenen Person identisch ist. Darüber sollte man etwas wissen, wenn man sich die weitere Frage vorlegt: in welchem Sinne verfügt Geschichte als Geschichte eines Universums, an dessen Existenz und Entwicklung die Subjektivität beteiligt ist, über potentielle Zukunftsdimensionen, über die man nur in Negativsprachen sich annähernd präzis verständigen kann? Der Grad der Präzision ist direkt proportional abhängig von der Anzahl der Negationen, die man in beherrschbarer Quantität einzuführen imstande ist. Diese Anzahl ist entsprechend dem heutigen Stande des Wissens ganz außerordentlich begrenzt.

Was nun das oben angeführte Identitätsproblem angeht, so scheint es, daß wir durch die bisherige Geschichte des menschlichen Bewußtseins in einem bestimmten Sinne vorbelastet sind. Wir werden bei der Frage nach dem Identitätsverhältnis zwischen neugeborenen und voll entwickelten Menschen immer bemüht sein, die Fäden der Beziehung so eng wie möglich zu knüpfen. Dafür zeigen u.B. die Biographien und Selbstbiographien bedeutender Persönlichkeiten, in denen der Biograph bzw. Selbstbiograph sich alle Mühe gibt, die Antezedenzien zurück in das Leben der Eltern, Großeltern und evtl. noch weiter in die Vergangenheit zu verfolgen. Man hat das Gefühl, daß man da kaum zu viel tun kann. Darüber aber wird leicht vergessen, daß im Bewußtsein zwar weniger aufdringlich, aber vielleicht mit tieferer Wirkung, ein Gegentrieb am Werke ist, der das Gewesene so bald und schnell wie möglich aus dem eigenen Identitätsgefühl abstoßen möchte. Für diesen Hang zur Zukunft hat selbst die Formel des Noch-Nicht, an der Ernst Blochs „Hoffnung" hängt, zu viel an Rückwendung. Das „Noch" will das Bewußtsein nicht aus seiner Vergangenheit entlassen. Alles Hängen am Sein – mag es sich nun mit dem Geschäft des Verbergens oder des Entbergens beschäftigen – ist von dem Blick auf die Vergangenheit fasziniert. Auch jede Gegenwart, und mag sie vor unserem Blick noch so weit in der angeblichen Zukunft liegen, ist immer wieder ein Noch-Nicht für den noch nicht eingetretenen Augenblick. In dieser Unmöglichkeit, zum Noch-Nicht zu kommen, sichert sich eine historische Großepoche ihre Selbstidentität.

In diesem Sinne zitiert Heidegger auch den Satz des Parmenides
τὸ γὰρ αὐτὸ νοεῖν ἐστίν τε καὶ εἶναι
Von dem Leitwort in diesem Satz, dem τὸ αὐτό, sagt Heidegger in „Identität und Differenz", daß es dunkel bleibt. „Wir lassen es dunkel"(Identität, 19). Nach einigen weiteren Reflexionen über den Sinn dieses Satzes stellt Heidegger fest: „Die Lehre der Metaphysik stellt die Identität als einen Grundzug im Sein vor. Jetzt zeigt sich: Sein gehört mit dem Denken in eine Identität, deren Wesen aus jenem Zusammengehörenlassen stammt, das wir das Ereignis nennen. Das Wesen der Identität ist ein Eigentum des Er-eignisses." (Ebd. 31)

Dieser Satz in dem 1957 erschienenen Werkchen gehört zu den aufschlußreichsten Formulierungen im Rahmen des Heideggerschen Denkens über Geschichte. Seine ganze Tragweite wird sich allerdings erst dann entschleiern, wenn wir ihn mit einem Passus aus der letzten Abhandlung in den „Holzwegen" zusammenhalten. Dort ruft Heidegger mit rhetorischer Emphase: „Wie aber, wenn das Frühe alles Späte, wenn gar das Früheste das Späteste noch und am weitesten überholte? Das Einst der Frühe des Geschickes käme dann als das einst zur Letze (ἐσχατονε̆), d.h. zum Abschied des bislang verhüllten Geschickes des Seins. Das Sein des Seienden versammelt sich (λέγεσθαι, λόγος) in die Letze seines Geschickes. Das bisherige Wesen des Seins geht in seine noch verhüllte Wahrheit unter. Die Geschichte des Seins versammelt sich in diesen Abschied. Die Versammlung in diesen Abschied als die Versammlung (λόγος) des Äußersten (ἔσχατον) seines bisherigen Wesens ist die Eschatologie des Seins. Das Sein selbst ist als Geschickliches in sich eschatologisch". (Anaximander, 301 f.)

Halten wir die erste Einsicht, daß das Wesen der Identität von Sein und Denken ein Eigentum des Er-eignisses ist, mit der andern zusammen, daß das

Allerfrüheste das Späteste überholt, so erscheint uns daraus sich die Einsicht zu ergeben, daß die absolute Geschichte nicht etwas ist, was sich innerhalb des Raums des Seins abspielt, sondern daß umgekehrt das Sein und sein räumliches Geschick eine Großepisode innerhalb der Historie des Absoluten ist.

Wenn aber das Wesen der Identität ein Eigentum des Ereignisses ist und nicht umgekehrt der Ereignisraum ein sekundäres Produkt der Identitätsrelation von Denken und Sein, dann ist nicht einzusehen, warum der Ereignisraum der Geschichte nicht noch andere Grundeigentümlichkeiten besitzen sollte, die das erstmalige Eigentum verdrängen, weil in ihm schließlich nichts mehr zu erinnern ist. Auf solche Möglichkeiten aber gibt die Heideggersche Philosophie keine Aussicht, weil sie unlöslich mit dem Auftreten jenes Sprachphänomens gekoppelt ist, das wir als Positivsprache gekennzeichnet haben.

Ein Denken, das über nichts sich zu äußern imstande ist als über die universale Wahrheit des Seins, kann nur in der Positivsprache reden, weil es selbst nichts weiter ist als die zweite, die wiederholte Gestalt des Seins.

Wenn in der Heideggerschen Philosophie vom Nichts die Rede ist, dann kann gemäß der klassischen Negation, die streng symmetrisch sich gegenüber der Positivität verhält und vermittels ihres Aussagebereichs ein isomorphes System zusammen mit der Assertivität bildet, nur von einem Nichts die Rede sein, das in sich das total verneinte Sein – und nichts weiter! – trägt. Der Heideggerschen Philosophie ist die Idee eines fundamentalen, „metaphysischen" Mächtigkeitsgefälles zwischen Positivität und Negativität fremd. So wie das Heideggersche Denken angelegt ist, müssen Sein überhaupt und Nichts überhaupt von gleicher ontologischer Größenordnung sein. D.h., wenn die Sprache des Seins verstummt, dann kommt aus dem Nichts auch nur noch Schweigen. Sie müssen sich beide der gleichen metaphysischen Sprachgestalt bedienen, die auch in der Verneinung noch vom Sein redet, und das ist eben die Positivsprache. Im Nichts ruht, klassisch gedacht, keine höhere Verneinungskraft, als sie durch die Wahrheit des Seins geliefert wird.

Das ist die spirituelle Basis, auf der die gesamte Epoche der regionalen Hochkulturen einschließlich der faustisch-abendländischen ruht. Und für denjenigen, der noch aus diesen metaphysischen Voraussetzungen denkt, ist der Blick in die Zukunft versperrt. Keine geschichtliche Epoche kann mit ihren eigenen Mitteln über ihre letzten Grenzen hinaussehen.

Wir müssen erkennen, daß der Begriff seine Wahrheit nicht allein in sich selbst hat, sondern auch in der Begriffslosigkeit der Zahl wurzelt. Dieses Zugeständnis ist die erste Voraussetzung für die Idee der Negativsprache. Die zweite ist die Einsicht in die höhere Mächtigkeit des Negativen gegenüber dem Positiven. Und von hier aus gesehen erhält auch die historische Gestalt der Technik einen tieferen Sinn.

Die Doppeldeutigkeit der Designierung des Positiven durch die Negativität zeigt an, daß es einen fundamentalen Hiatus in der Ideenwelt gibt. Ab origine west eine „erste" Idee *vor* der Zahl, und dann entwickelt sich eine „zweite" Idee aus und *nach* der Zahl. Das heißt, die Zahlenwelt formt ein begriffloses, „träges" (Hegel) Intervall zwischen der „ersten", klassischen und der „zweiten", trans-klassischen Idee.

Das ist die eine Seite des Problems, und damit müssen wir es aus Raummangel bewenden lassen, weil es in diesem Text allein darauf ankommt, auf die mangelnde Integration der Zahl in die Heideggersche Philosophie aufmerksam zu machen. Dieser Mangel produziert eine Zukunftsblindheit.

In seinem anthropologischen Hauptwerk „Der Mensch" (hier zitiert nach der 4. Aufl. von 1950) weist Gehlen auf die Entlastungsfunktion der Sprache hin. Er sagt dann: „Es sind… begierdelose *Fernintentionen*, die in der Sprache erscheinen und in sehr einmaligen kommunikativen Bewegungen verlaufen: alles kommunikative Verhalten ist selbst schon ein menschliches, entlastetes Lebendigwerden an einer zuerst erlebten, darin irgendwie ‚verwendeten' Welt. Diese Entlastung fortzusetzen macht dann gerade das innere Entwicklungsgesetz der Sprache selbst aus: wenn sie immer mehr an anschaulichem Gehalt, der aus ihr herausweist, einbüßt und *sich zunehmend in symbolischen Beziehungen innerhalb ihrer selbst* ausbreitet." (S. 271, letzte Sperrung vom gegenwärtigen Autor.)

Was Gehlen hier nichts ahnend beschreibt, ist ein wesentliches Charakteristikum der Negativsprache. Da jedes ihrer „Worte" einen in sich zurücklaufenden Kreis darstellt, verliert die ursprüngliche Außenintention der Sprache fortschreitend ihr seinsthematisches Gewicht. Die „wirkliche" Welt, die ja positives Sein ist, wird aus der Ideenwelt, die eine Negativsprache entwickeln kann, durch ihre eigene Negativität hinausverwiesen.

Tafel V liefert ein einfaches Beispiel für die Verdünnung, resp. Abweisung des seinsthematischen Motivs:

Tafel V

P	N	2	3	2	3	2	3	p
1		2	3	4	4	3	2	2
2		1	1	1	1	1	1	1
3		3	2	2	3	4	4	3
4		4	4	3	2	2	3	4

Das p auf der linken Seite der vertikalen Doppellinie repräsentiert ein beliebiges Weltdatum (Aussage) mit einer Wertfolge, die wir konventionell als Positivität betrachten wollen. Dieselbe ist in der ersten Negation auf der rechten Seite der Doppellinie durch den klassischen Wertwechsel in ihr Gegenteil verkehrt worden. D.h., entsprechend dem Umtauschverhältnis von Sein und Nichts am Anfang der Großen Logik Hegels hat das Sein jetzt den Wert von Nichts, und das Nichts übernimmt die Rolle des Seins. Die weitere Folge der Negationsoperatoren ist so gewählt, daß das Nichts (2) den assertiven Wert konstant behält. Die Negationsfolge konstituiert einen Kreis, der mit dem siebenten Negationsoperator zur Ausgangsposition der Negierungen zurückkehrt. Die klassische Ausgangsposition (auf der linken Seite des vertikalen Doppelstriches) ist selbst nicht mehr Kreisstation. Soll sie in den Kreis einbezogen werden, so bräuchte nur an siebenter Stelle der Negationsfolge die klassische Negation N_1 noch einmal eingefügt werden. Aus den 7 Negationsschritten würden dann 8. Damit aber wäre die Beispielrolle unserer Tafel zerstört, die ja gerade zeigen soll, wie bei konstanter Negation des Seins (aus p = 1 ist p = 2 geworden) und damit konstanter Designation des Nichts ein Kreis gebildet werden kann, in dem die verschiedenen Grade des Negativen in wechselnden Umtauschverhältnissen sozusagen miteinander „spielen". Aus diesem Kreis ist p mit der ursprünglichen Wertordnung 1, 2, 3, 4 ausgeschlossen. Zwischen p auf der linken Seite des Doppelstrichs und dem p auf der rechten Seite, das mit der Negativitätssituation $N_{1\cdot 2\cdot 3\cdot 2\cdot 3\cdot 2\cdot 3}$ behaftet ist, besteht nicht nur eine einfache Negationsdifferenz, sondern es ist auch festzustellen, das das erste p der Positivsprache angehört, das zweite aber zum Bereich einer Negativsprache zählt. Es existiert also, abgesehen von dem Negationsverhältnis eine ontologisch-semantische Sinndifferenz.

Mit allen bisherigen Überlegungen haben wir aber folgende philosophische Frage noch nicht angeschnitten: Warum zwingt uns die Frage nach der Zukunft, nach grundsätzlich neuen Methoden des Denkens zu suchen? Daß eine Philosophie, die sich ganz auf Erinnerung verläßt, in allen Fragen, die die Zukunft betreffen, nicht mehr kompetent ist, ist im Grunde genommen trivial. Wir verfügen aber noch über keine philosophisch assertive Rechtfertigung der Schritte, die wir bereits vorgeschlagen haben. Um eine solche Begründung zu liefern, müssen wir noch einmal erinnern, daß die bisherige Geschichte des Geistes uns zwar eine Theorie des Denkens geliefert hat, aber nichts auch nur annähernd Adäquates auf dem Gebiete des Wollens resp. des Handelns.

Es ist notwendig, den Grund dafür darzulegen. Wir finden ihn in einem mangelnden Verständnis für die Bedeutung von Kants kategorischem Imperativ. Was der kategorische Imperativ für die Weiterentwicklung der Philosophie bedeutet, ist, „daß die Notwendigkeit zu handeln *weiter reicht als die Notwendigkeit zu erkennen"*. (Diese Formulierung stammt von Arnold Gehlen, „Der Mensch", Bonn 1950, S. 328.) In der Notwendigkeit des Handelns wurzelt alle Weltgeschichte. Die Urhandlung ist – mythologisch gesprochen – die Schöpfung. Und nur soweit ein Sein geschaffen ist, hat ein Denken die Möglichkeit zu erkennen. Das Denken des Seins und sein Erkenntnisprozeß ist für unseren Rückblick eine vorübergehende Episode im Geschichtlichen. In diesem Sinne können wir von einer Epoche des Seins im Großrahmen der Weltgeschichte sprechen. Die Weltgeschichte selber, die Willen *und* Denken umfaßt, ist universal-thematisch die Weltgeschichte des Nichts. Die Freiheit des Willens entspringt aus dem Nichts und niemals aus dem Sein, weil letzteres ja „gewesene Freiheit", also Verlust der Entscheidung ist, wie wir weiter oben bemerkt haben.

Vom Denken her gesehen ist der transzendentale Ort aller Handlung immer der Freiraum des Nichts. Deshalb hatten wir oben schon angemerkt, daß das Nichts älter als die Geschichte sei, und wir es zuerst in der Natur, wenn nicht noch früher, zu suchen haben. Also vor dem, was für Heidegger die Geschichtlichkeit des Seins ist. Füllt aber die Seinsthematik nur eine vorübergehende Epoche der Weltgeschichte aus, dann muß bei ihrem Vergehen das Nichts wieder in seine welthistorischen Rechte kommen. Darum ist für Heidegger die Herkunft des Nihilismus so unbestimmbar. Er begegnet uns in der Vergangenheit sowohl wie im Zukünftigen. In der Vergangenheit war das Nichts eine Leere, die sich gefüllt hat und in diesem Prozeß der Erkenntnis zugänglich geworden ist. In die Zukunft sollen wir hineinhandeln; wir begegnen also wieder einem Nichts, das sich füllen und erfüllen soll. Dieses Soll muß, wie der kategorische Imperativ meint, weiterreichen als alle bis dato mögliche Erkenntnis.

Daraus ergibt sich für die Negativsprache, deren Grundidee wir hier in knappen Andeutungen eingeführt haben, die folgende Einsicht: Dieselbe ist keine Sprache, die in dem uns vertrauten Sinn Erkenntnisse vermittelt, die sich auf ein vorgegebenes Sein beziehen. Sie ist vielmehr ein allgemeiner Codex für Handlungsvollzüge.

Wenn wir die Gleichungen

$$p = N_{1\cdot2\cdot1\cdot2\cdot1\cdot2}p$$
oder
$$p = N_{2\cdot1\cdot2\cdot1\cdot2\cdot1}p$$

ermitteln, so handelt es sich nicht um Sachgehalte per se, die festgestellt werden und die uns sagen, was „p" eigentlich *ist,* sondern um eine Aufforderung, durch einen Wahlakt zu entscheiden, durch welche Negationsfolge p als eine mit sich selbst identische Objektivität festgestellt werden soll. Die beiden Negationsfolgen sind einander völlig ebenbürtig, und es gibt keinen theoretischen Grund, die eine der anderen vorzuziehen. In beiden Gleichungen handelt es sich um eine in sich selbst zurücklaufende Negationsrelation, also um einen Kreis, der wie alle Kreise in doppeltem Drehsinn durchlaufen werden kann, und es gibt keine theoretische Instanz im ganzen Universum, die uns mitteilen könnte, welcher Drehsinn dem anderen vorgezogen werden sollte. Andererseits aber läßt sich die Identität von p nur dann feststellen, wenn es entschieden ist, daß p im Sinne der ersten oder der zweiten Gleichung gedeutet werden soll. Alle theoretische und nachträglichem Denken zugängliche Identität gründet sich also auf einen ihr vorausgehenden, ganz untheoretischen Handlungsvollzug. Das wissen wir mit Sicherheit seit den Tagen des transzendentalen Idealismus.

In der religiösen Idee der Schöpfung ist der Inbegriff aller überhaupt möglichen untheoretischen Entscheidungen in der Hypostase einer allmächtigen Person zusammengefaßt worden. In der Negativsprache tritt an die Stelle der Allmacht die Einsicht, daß es keine größten Negationszyklen geben kann. Die Iterierbarkeit des Negativen ist bodenlos.

Insofern aber, als die Negativsprache uns einen Codex für Handlungsvollzüge anbietet, haben wir uns mit ihr in das Gebiet der Technik begeben. Die Umsetzung eines Gedankens in eine Maschine setzt Willensakte voraus. Was Technik ist, kann deshalb nur in einer Negativsprache annähernd adäquat begriffen werden. Da aber die Negativsprache dank ihrer Extension in ein transklassischen Nichts selber bodenlos ist, kann die Technik, die sich einer solchen Sprache bedient, niemals vollendbar sein. *Es gibt schlechthin keine technische Leistung, die nicht von einer stärkeren überboten werden könnte,* selbst wenn das auf Kosten von grundsätzlichen Veränderungen in der Struktur der Weltgeschichte geschieht.

Nur weil man das Wesen der Technik heute noch in einem hermeneutischen Raum zu analysieren versucht, der nach Peirce an der Dreieinigkeit – also in einem dreiwertigen System – seine oberste Grenze hat, kann man ein Ende der Technik absehen und wie Spengler sagen, daß „der Kampf zwischen der Natur und dem Menschen, der sich durch sein historisches Dasein gegen sie aufgelehnt hat, *praktisch zu Ende geführt* worden" ist. (Der Mensch und die Technik, München 1931, S. 63.) Hier ist die Technik auf der Basis einer Positivsprache begriffen. Und da die Heideggersche Philosophie ebenfalls – trotz dem Versuch gelegentlicher Ausbrüche – in ihren Denkgewohnheiten auch nicht vom Sprechen im Raum des Positiven loskommt, fehlt ihr das Verständnis dafür, daß sich im Technischen eine progressive Eroberung des Nichts vollzieht. Wo das aber geschehen ist, hat eine Metamorphose stattgefunden. Das Negative hat sich in ein Positives verwandelt. Denn jene in der Negativität wohnende Freiheit, ein gegebenes Datum so oder anders zu deuten, ist durch den Willensakt, der sich untheoretisch für die eine Deutung entschieden hat, ein Freiheitsraum verschwunden und an seine Stelle „gewesene Freiheit" getreten. Gewesene Freiheit aber ist, wie wir nur mit Schelling wiederholen können, Sein – also Objektivität, die jedoch diesmal nicht factum brutum ist, sondern entäußerte Subjektivität.

Wenn aber jetzt wieder vom Sein geredet wird, so handelt es sich nicht mehr um den klassischen Begriff – denn der betraf ja nur jenes Sein, welches die Subjektivität noch nicht kennengelernt hatte –, sondern um eine Subjektivität, die das Objektive nur als untergeordnetes Medium für ihren Selbstausdruck verwendet.

Das heißt aber, daß mit der Ankunft der Technik die Philosophie noch längst nicht am Ende ist; denn die technische Tätigkeit produziert dadurch, daß sie die Dimension gewesener Freiheiten unaufhörlich erweitert, neue, noch nicht dagewesene und nicht antizipierbare Gegenstände der philosophischen Reflexion.

Die Weltgeschichte geht weiter, weil sie mehr als die Geschichte des Seins ist. Sein hat immer nur ephemeren und in jeder historischen Phase endlichen Charakter. Die Weltgeschichte ist vielmehr das primordiale Geschehen im Nichts. Nur in diesem Nichts kann sich der Wille frei betätigen und aus ihm immer wieder neue, aber vorläufige Gestalten des Seins hervorrufen. Im Bereich des factum brutum mag das Denken seinen urvordenklichen Primat haben, einen Primat, der aber immer dann verloren geht, wenn der Wille im Raum des Nichts die Geschichte weitertreibt.

NACHWORT VON MAX BENSE

Jedes Nachwort zu einem Werk faßt Merkmale dieses Werks und seines Autors zusammen, die gemäß einem regulativen Prinzip ausgewählt wurden, das nicht immer ein Prinzip jenes Autors ist. Doch schon auf diese Weise wird das spezifische Verhältnis dessen, der das Nachwort schrieb, zu dem bezeichnet, der das Werk verfaßte. Eine solche Beziehung ist immer als der Versuch einer experimentellen Auseinandersetzung mit den Gedanken eines Anderen zu verstehen. Denn nicht alles in der Rekonstruktion der „intelligiblen Welt" des Anderen — und jedes Verstehen ist eine solche Rekonstruktion — kann evident und definitiv sein. Aber wo das Definitive und Evidente nicht völlig erreichbar ist, beginnt die spekulative Kommunikation, die mit der ästhetischen gemein hat, daß sie nicht an jeder Stelle normiert oder konventionalisiert werden kann, besonders dann, wenn die Aporien, von denen die Rede ist, immer wieder die philosophischen Fundamente streifen, und das ist in jedem der Aufsätze Gotthard Günthers der Fall. Daß es Aufsätze sind, erhöht für mich den experimentellen erkenntnistheoretischen Reiz, der von ihrem Sujet ausgeht. Denn nach und nach mißtraut man jeder angekündigten Vollständigkeit. Der Blick auf die Wahrheit setzt ein Facettenauge voraus.

Mario Bunge, der Physiker, sprach vom „technischen" Gebrauch, den man von der Philosophie mache, wenn man heute gewisse Grundlagen der Physik erhellen wolle. Die Freunde Richard Montagues, die vor ein paar Jahren die „Selected Papers" dieses jung verstorbenen Logikers herausgaben, gaben ihnen den Titel „Formal Philosophy". Gotthard Günther, so scheint mir, hat beide Intentionen mit einer dritten, wahrscheinlich der ursprünglichsten, nämlich der „spekulativen" kombiniert, und diese dreifache Beziehung, besonders da sie sich auf interdisziplinäre Grundlagen erstreckt, kann wie selbstverständlich durch den Terminus „nicht-Aristotelisch" charakterisiert werden, der im Titel der ersten zusammenfassenden Publikation „Idee und Grundriß einer nicht-Aristotelischen Logik" (1959) vorkommt. Bis zu diesem Werk wird Günthers, übrigens ebenso applikative wie theoretisierende Denkweise, von der Vorstellung der „Mehrwertigkeits-Logik", wie sie am frühsten von Peirce, Post und Lukasiewicz erwogen wurde, beherrscht. Erst danach, um 1958, taucht die völlig originale Konzeption der „Stellenwert-Logik" auf, und beide Modifikationen können, wenn auch in verschiedener Hinsicht, als „nicht-Aristotelische" Logiken bezeichnet werden, was ihre formale Rekonstruktion betrifft. Aber über die formalen unterschiedlichen Charakterisierungen der „Mehrwertigkeits-Logik" und der „Stellenwert-Logik" hinaus, gebraucht Gotthard Günther beide zu einer technologischen Interpretation kybernetischer Realisate, was sicherlich nicht im aristotelischen „Organon" identifiziert werden kann. Ich würde sagen, daß die Sammlung der Aufsätze Gotthard Günthers die Veränderung der theoretischen und applikativen Konzeption im Verhältnis zu „Idee und Grundriß einer nicht-Aristotelischen Logik" markant zum Ausdruck bringt, aber auch so, daß der übergreifende Zusammenhang und die tieferliegendere Grundlage nicht unsichtbar bleibt.

Gotthard Günther — Schlesier, Jahrgang 1900, über Leipzig, Südafrika (Universität Stellenbosch), die Vereinigten Staaten (Universität von Illinois) als naturalisierter Amerikaner 1955 wieder nach Deutschland zu Vorlesungen in Hamburg zurückkehrend, wie aus seiner glänzenden „Selbstdarstellung im Spiegel Amerikas" (1975) zu erfahren ist — Gotthard Günther also stellt in der angedeuteten Hinsicht tatsächlich eine neuartige philosophische Intelligenz dar. Es ist eine seltene Verbindung, wenn die Motivationen des Denkens zwischen historischer und theoretischer Argumentation und in den dazwischen eingebetteten Spekulationen technischer und theologischer Provenienz ihren entitativen Ort finden. Die historisch-theologischen Motivationen und Legitimationen seiner Argumentation reichen zweifellos in die Frühzeit zurück, als ihn die Schriften Heims, Spenglers und Sprangers beeindruckten. Hegels „Phänomenologie des Geistes" auf der einen, der substantiellen und seine „Wissenschaft der Logik" auf der anderen, der methodologischen Seite vermitteln die „historische" der „theoretischen" Intelligenz, wie man leicht aus Gotthard Günthers noch immer wichtigen Frühwerk „Grundzüge einer neuen Theorie des Denkens in Hegels Logik" (1933) erkennen kann. Denn diese neue Theorie des Denkens, wie sie — so muß man jetzt sagen, um der von N. Hartmann vermuteten Zweideutigkeit des Güntherschen Titels zu entgehen — aus Hegels „Logik" von Günther präpariert wurde, ermöglicht einen Übergang von der „klassischen" Rationalität (historisch-logisch über der Epoche von Aristoteles bis zum Idealismus definierbar) zu einer „trans-klassischen" Rationalität, wie sie eben von Hegel wenn auch nicht formal und theoretisch, sondern inhaltlich und spekulativ antizipiert worden sei. Die historisch-systematische Interpretation dieses Vorgangs wird — 1933 — vom Autor noch nicht an der modernen formalisierten Logik gespiegelt. Boole, Peirce, Frege, Peano und die Principia Mathematica von Russell und Whitehead sind in der Untersuchung Günthers bibliographisch nicht existent und wurden wohl bewußt ausgespart. Aber daß Hugo Dinglers „Philosophie der Logik und Arithmetik" von 1931 und Hermann Weyls „Philosophie der Mathematik und Naturwissenschaft" von 1927 zitiert werden, deutet die Richtung der zukünftigen Ausarbeitung des im Hegelbuch indirekt formulierten Programms bereits an.

Doch entsprechen solchen intelligiblen Vorgängen auch äußere Entwicklungen. Ich meine damit, daß sich gerade in Amerika Gotthard Günthers zunehmende und zugestandene Entfernung von der traditionalisierten „Katherphilosophie" vollzogen hat. In seiner ebenso erstaunlichen wie tiefliegenden Kulturkritik Amerikas, die sich in der zitierten „Selbstdarstellung" findet, wird zwar eine bedrückende Kluft zwischen europäischer und amerikanischer Denkweise aufgewiesen, aber gleichzeitig mit selbstverständlichem Behagen die Tatsache notiert, „daß er seine letzten zehn bis elf Berufsjahre bis zur Emeritierung als Professor für Biologische Komputerlogik im Department of Electrical Engineering an der Staatsuniversität von Illinois (USA) zugebracht hat". Aus jenen Jahren stammen zwei Arbeiten, deren Titel für diese nicht-kathederphilosophische Phase charakteristisch sind. Bei der einen handelt es sich um die erste wissenschaftliche Publikation zum Übergang von der einfachen Stellenwertlogik (begründet und dargstellt in „Die Aristotelische Logik des Seins und die nicht-Aristotelische Logik der Reflexion", 1958), unter der eine Distribution der klassischen zweiwertigen Fregefunktionen auf eine Mehrzahl von Stellen im „Reflexionssystem des Bewußtseins" zu verstehen ist, zur generalisierten Stellenwertlogik. Sie erschien in den damals in Stuttgart redigierten „Grundlagenstudien / Aus Kybernetik und Geisteswissenschaft" unter dem Titel „Ein Vorbericht über die generalisierte Stellenwerttheorie der mehrwertigen Logik" (1960). Mit dieser Generalisierung stieß Günther auf Funktionen, die nicht, wie die Fregefunktionen eine Beziehung innerhalb einer vorgegebenen ontologischen Thematik herstellen, sondern eine solche Thematik als ganze verwerfen – die „Transjunktionen". Die Theorie der Transjunktionen wurde in der anderen Arbeit, die 1962 vom „Electrical Engineering Research Laboratory/Engineering Experiment Station/University of Illinois/Urbana, Illinois unter dem Titel „Cybernetic Ontology and Transjunctional Operations" veröffentlicht wurde, ausführlich entwickelt. (Vgl. das in deutscher Sprache abgefaßte Gegenstück: „Das metaphysische Problem einer Formalisierung der transzendental-dialektischen Logik", 1. Beiheft der „Hegel-Studien", 1962.) Beide Arbeiten kennzeichnen offensichtlich Gotthard Günthers Übergang von der bloßen metaphysischen Begriffsbildung zu ihrer wissenschaftstheoretisch sicheren logischen Einbettung. Darüber hinaus aber auch seinen typisch modernen Weg zur *Grundlagenforschung*, die sich bei ihm auf die relativ junge und sehr verzweigte Kybernetik (McCulloch-Pitts-Wienerscher Prägung) bezog. Wenn ich in Bezug auf Gotthard Günther schon auf Grund seiner anfänglichen methodologischen Vielfalt von einer neuartigen philosophischen Intelligenz gesprochen habe, so kann ich das jetzt und zwar mit einem Hinweis auf Peirce verschärfen, der (allerdings in einer für einen ausgesprochen amerikanischen Denker einmaligen beständigen Reflexion auf europäische Philosophie) von einem Gegensatz zwischen „Seminary Philosophy" und „Laboratory Philosophy" gesprochen hat. Ich würde die Entwicklung Gotthard Günthers von Leipzig nach Richmond und Urbana, von der metaphysischen Ontologie zur „Cybernetic Ontology" als seinen Weg von der „Kathederphilosophie" zu einer Laboratoriumsphilosophie verstehen. Dabei interessiert mich in der ersten der beiden zitierten Arbeiten Günthers die meines Erachtens höchst innovative Einbeziehung des informationstheoretischen Gesichtspunktes der „Störung", also das „noise problem", das „zwischen verschiedenen Reflexionsschichten des Bewußtseins" existieren könne, wenn zwischen den beiden klassischen Wahrheitswerten w und f infolge auftretender semantischer Unbestimmtheiten ein dritter Wert, etwa „unbestimmt", plaziert werden muß. Die Semiotiker sind nämlich gezwungen, gerade sofern sie das Zeichen als eine „triadische" Relation mit subtriadischen oder „trichotomischen" Stellenwerten eingeführt haben, die enorme Störungsanfälligkeit solcher relationalen „Gebilde", die ja nicht nur „repräsentieren", sondern auch „transferieren", zu berücksichtigen. Günthers Hinweis, daß die „noise problems" immer wieder einmal zur Erweiterung semantischer Wertigkeit der klassischen Aussage in Richtung auf Mehrwertigkeit führen, sollte auch in der semiotischen Forschung beachtet werden.

Daß Ontologie, Probleme reiner Seinsthematik, im extensionalen wie im intensionalen, im „entitativen" wie im „existentialen" Sinne in den Nachbarschaften der Informationstheorie und Kybernetik auftauchen, kann seit Leśniewskis „Grundzüge eines neuen Systems der Grundlagen der Mathematik" (1929), darin eine logistisch formulierte klassenlogische „Ontologie" enthalten ist oder auch seit der „Metaphysik als strenge Wissenschaft" von Heinrich Scholz (1941) nicht verwundern. Doch mit seiner Einbeziehung der Formalismen mehrwertiger und stellenwertiger Logiken in nicht nur standardisierte Interpretantenbereiche der klassischen metaphysischen Ontologie geht Gotthard Günther kreierend und fundierend weit über die genannten Autoren, auch über Quine's berühmte Definition, hinaus. Denn Günther macht meines Erachtens völlig evident, daß, sofern überhaupt eine transklassische Rationalität auf der Basis einer transklassischen (nicht-Aristotelischen) Logik (die wiederum als mehrwertiges und stellenwertiges formales System eingeführt ist) rekonstruiert werden kann, diese erweiterte Funktionalität des Bewußtseins auch eine erweiterte metaphysisch-ontologische Seinsthematik involviert.

Es kann natürlich nicht die Aufgabe eines Nachworts sein, einen dermaßen verzweigten und subtilen Autor reduziert und verdünnt wiederzugeben. Man muß die Details der Beschreibungen und Begründungen, die er gibt, in den „Beiträgen" nachlesen. Wir haben uns hier höchstens auf die Umrisse zu konzentrieren. Die erste, gewissermaßen die kritische Phase der von Günther entwickelten transklassischen Rationalitätsthematik (der „Transzendenz" der gegebenen „Welt" wie auch der „Introszendenz" des reflektierenden „Ich") scheint mir am deutlichsten und umfänglichsten in dem Aufsatz „Metaphysik, Logik und die Theorie der Reflexion", veröffentlicht 1957, dargestellt. Das mindestens bis auf Fichtes „Wissenschaftslehren" zurückgehende Prinzip der *thetischen* Einführung des Weltobjekts und die vor allem in seiner „Transzendentalen Logik" verfochtenen These vom transzendentalen Abbildungscharakter der Reflexion sind die tiefsten Grundlagen der Güntherschen Kritik der zweiwertigen Logik, die nur ein reflexionsloses Sein statuiere, „das unfähig" sei, „sich ein Bild von sich selber zu machen", aber auch die tiefsten metaphysischen Grundlagen der Legitimation aller neuen begrifflichen Vorstellungen und apparativen Formalismen zur Überwindung der Aporien der klassischen Rationalität durch Rekonstruktion der transklassischen. Die volle Rekonstruktion der transklassischen Rationalität vollzieht sich, wie gesagt, in einer zweiten, in der kreativen Phase, für deren Kenntnis meines Erachtens die Arbeit „Logik, Zeit, Emanation und Evolution", die 1967 erschien, neben anderen, schon genannten die beste Quelle ist, die eine elementare Einführung in den Apparat der *Kenogrammatik*, der substituierbaren „Leerstellen" für „Wahrheitswerte" enthält, deren Substitutionsfolgen den Operationalismus einer jeweils relevanten „Logik" determinieren. Das System der Kenogrammatik gab Günther die Basis für Vorstöße, die er von 1971 an mehrfach in den Bereich von Grundlagen einer transklassischen, „poly-kontexturalen" Arithmetik unternommen hat (programmatisch: „Natural Numbers in Trans-Classic Systems", Part I and II in „Journal of Cybernetics", 1971). Metaphysisch wesentlich an den Güntherschen Konzeptionen und Lösungsversuchen zum *Problem der Vollständigkeit der Rationalität* scheint mir vor allem dies zu sein, daß die wachsende *Verfeinerung* in der Thematisierbarkeit der Rationalität eine wachsende *Umfänglichkeit* der ontologischen Thematisierung zur Folge hat. Den reicheren logisch-semantischen Ausdrucksmitteln entspricht die reichere Mächtigkeit der Seinsthematik. Zu bemerken ist dazu, daß, wenn ich ihn richtig verstehe, bei Günther die Verfeinerung der semantischen Thematisierung der Rationalität einer Leistung der Bewußtseinsfunktion entspricht, die in einer Art regulativer Auto-Iteration der Reflexion besteht, deren Intention auf einer im Prinzip transfinit reproduzierbaren Selbstabbildung der Seinsthematik des (gedachten) Gedankens beruht.

Ich möchte noch auf eine weitere Erörterung des Autors aufmerksam machen und die jene, im Rahmen der klassischen rationalen Denkweise auftretende, methodische Diskrepanz zwischen Logik und Ontologie oder Reflexionsthematik und Seinsthematik betrifft, die fast einer Auseinanderdrift nahekommt und in diesen Aufsätzen eine vielfältige Darlegung erfährt. Denn genau diese Diskrepanz wird nun, wie Günther entwickelt, indem er sie, das Problem historisch und existenziell konkretisierend, als wissenschaftstheoretische Aporie zwischen dem erkenntnistheoretischen Objekt und dem erkenntnistheoretischen Subjekt bestimmt, über den transklassischen logischen und semantischen Mitteln der Rationalität gewissermaßen suspendiert, also sowohl wegquantifiziert als auch wegqualifiziert. Die Thematisierungen sind im Rahmen der transklassischen Rationalität, wie sie Günther aufdeckt und beschreibt, dermaßen (überhegelsch) *vermittelt*, daß eine realitätsthematische Ausdifferenzierung nicht mehr möglich ist und als ein erfüllbares Prinzip ausgeschlossen bleiben muß. Doch ist natürlich andererseits mit dieser Expansion der Seinsthematik auch Günthers tiefgründige Idee der „Pluralität" und „Hierarchie" der Ontologien verknüpft, wie sie wohl am prägnantesten in „Many-valued Designations and a Hierarchy of First Order Ontologie" umrissen wurde und im Rahmen des „Internationalen Kongresses für Philosophie" 1968 vorgetragen und publiziert worden ist. (Vgl. die philosophisch ausführlichere Darstellung in „Strukturelle Minimalbedingungen einer Theorie des objektiven Geistes als Einheit der Geschichte".) Der entscheidende Aspekt dieser Untersuchung liegt darin, daß, vom Standpunkt einer transklassischen Rationalität die Theorie des Seienden in eine Hierarchie von „first order ontologies" als deren erste Stufe eingebettet ist. Es ist eine Idee, deren Konstituierung sicherlich auch von Seiten der kategorietheoretischen Konzeption der „Ontologien", wie sie etwa J. Lambeck 1972 mit den Mitteln intuitionistischer und kombinatorischer Logik zu formulieren versuchte, oder von Seiten der triadisch-trichotomischen Semiotik, zu deren Voraussetzungen das Prinzip gehört, daß mit wachsender trichotomischer Semiotizität des triadischen „Repräsentamen" auch die kategoriale Ontizität (Peircescher ordinaler Charakteristik) ansteigt, unterstützt werden kann. Man bemerkt: Gotthard Günther gehört zu den individuellsten und kreativsten Denkern eines Kreises philosophischer Grundlagenforscher, die sich vermutlich längst der Tatsache bewußt sind, eine gewisse, vielleicht sogar revolutionierende Umbildung methodologischer und entitätischer Fundamente des „Prinzips Forschung" eingeleitet zu haben. Mir scheint wesentlich, solchen Unternehmen nicht nur mit konservativ motivierter Kritik und mit dem Widerstand des Totschweigens zu begegnen. Derartige Verfahren gehören nicht zum „Prinzip Forschung".

Im Frühjahr 1980   Max Bense

NACHWEIS DER ERSTVERÖFFENTLICHUNG

Ideen zu einer Metaphysik des Todes, in: Archiv für Philosophie, Bd. 7, 1957, Nr. 3/4, S. 335–347 (Stuttgart: W. Kohlhammer Verlag).
Schöpfung, Reflexion und Geschichte, in: G. Günther, Beiträge zur Grundlegung einer operationsfähigen Dialektik, Bd. 3, Hamburg: Felix Meiner Verlag, 1980; Davon Erster Teil unter gleichlaufendem Titel, in: Merkur, 14. Jahrgang, 1960, S. 628–650 (Stuttgart: Verlagsgemeinschaft Klett-Cotta).
Logische Voraussetzungen und philosophische Sprache in den Sozialwissenschaften, in: Soziale Welt, Bd. (12) 1962, S. 289–303 (Göttingen: Verlag Otto Schwartz & Co).
Das Problem einer trans-klassischen Logik, in: Sprache im technischen Zeitalter, (16) 1965, S. 1287–1308 (Stuttgart: W. Kohlhammer Verlag).
Logik, Zeit, Emanation und Evolution, in: G. Günther, Logik, Zeit, Emanation und Evolution, (Arbeitsgemeinschaft für Forschung des Landes Nordrhein-Westfalen – Geisteswissenschaft, Heft 136), Opladen: Westdeutscher Verlag, 1967, S. 7–47.
Strukturelle Minimalbedingungen einer Theorie des objektiven Geistes als Einheit der Geschichte, in: Actes du IIIeme Congres Internationale pour l'Etude de la Philosophie de Hegel, Lille: Association des Publications de la Faculté des Lettres et Sciences humaines, 1968, S. 159–205.
Die historische Kategorie des Neuen, in: W. R. Beyer (Hg.), Hegel-Jahrbuch 1970, Meisenheim am Glan: Verlag Anton Hain, S. 34–61.
Maschine, Seele und Weltgeschichte, in: G. Günther, Beiträge zur Grundlegung einer operationsfähigen Dialektik, Bd. 3, Hamburg: Felix Meiner Verlag, 1980.
Idee, Zeit und Materie, in: W. R. Beyer (Hg.), Hegel-Jahrbuch 1976, Köln: Pahl-Rugenstein, 1978, S. 167–186.
„Als Wille verhält der Geist sich praktisch", in: W. R. Beyer (Hg.), Hegel-Jahrbuch 1977/78, Köln: Pahl-Rugenstein, 1979, S. 55–59.
Martin Heidegger und die Weltgeschichte des Nichts, in: V. Guzzoni (Hg.), Nachdenken über Heidegger, Hildesheim: Gerstenberg Verlag, 1980, S. 80–116.

BIBLIOGRAPHIE*

1. Bemerkungen zum Problem einer Strukturdifferenz der abendländischen und orientalischen Psyche. Zeitschrift für Missionskunde und Religionswissenschaft Bd. 41, 1926, 264—279
2. Individualität und Religionsgeschichte, I. Teil. Zeitschrift für Missionskunde und Religionswissenschaft Bd. 42, 1927, 337—356
3. Individualität und Religionsgeschichte, II. Teil. Zeitschrift für Missionskunde und Religionswissenschaft Bd. 43, 1928, 232—247
4. Die logisch-methodischen Voraussetzungen von Hegels Theorie des Denkens; Berlin, Philos. Dissertation v. 31. Mai 1933. Potsdam, Teildruck von: Grundzüge einer neuen Theorie des Denkens in Hegels Logik
5. Grundzüge einer neuen Theorie des Denkens in Hegels Logik. Meiner: Leipzig 1933
6. Philosophieren als Lebensnotwendigkeit. Die Tatwelt Bd. 12, 1936, 216—220
7. Buchbesprechung: Gohlke, P., Die Entstehung der aristotelischen Logik. Die Tatwelt Bd. 13, 1937, 210—212
8. Buchbesprechung: Schönfeld, W., Der deutsche Idealismus und die Geschichte. Die Tatwelt Bd. 13, 1937, 222—223
9. Buchbesprechung: Zschimmer, E., Die Logik des wissenschaftlichen Bewußtseins. Die Tatwelt Bd. 13, 1937, 219—220
10. Die philosophische Einheit der Wissenschaften. Die Tatwelt Bd. 13, 1937, 79—92
11. Religion, Metaphysik und transzendentaler Idealismus. In: G. Günther und H. Schelsky, Christliche Metaphysik und das Schicksal des modernen Bewusstseins, Leipzig 1937
12. Schlußbemerkungen zur ersten Arbeitstagung im Rudolf-Eucken-Haus

---

* Anm. d. Red.: Die Titel sind nach Erscheinungsjahren geordnet. Sind mehrere Arbeiten im gleichen Jahr erschienen, so sind sie in alphabetischer Folge aufgeführt. Die Entstehungsdaten einiger Arbeiten differieren zum Teil stark von den Zeitpunkten ihrer Veröffentlichung. Hierzu gehören „Metaphysik, Logik und die Theorie der Reflexion" (37.), dieser Aufsatz ist 1935 geschrieben worden, und die Entwürfe zum zweiten Band von „Idee und Grundriß einer nicht-Aristotelischen Logik" (84.), die kurze Zeit nach der Abfassung des ersten Bandes entstanden sind.

Die kursiv gedruckten Titel sind in durchgesehener und korrigierter Fassung in Günthers dreibändigem Werk „*Beiträge zur Grundlegung einer operationsfähigen Dialektik*", laufende Nummer *74, 82* und *85* dieser Aufstellung, enthalten. Diesen Titeln vorangestellte römische Ziffern geben die Bandbezeichnung an.

„Die Frage nach der Möglichkeit einer Einheit der Wissenschaft" Jena 1937. Die Tatwelt Bd. 13, 1937, 149
13. *(I) Wahrheit, Wirklichkeit und Zeit, die transzendentalen Bedingungen einer Metaphysik der Geschichte.* Travaux du IXe Congrès International de Philosophie, Paris 1937, Vol. VIII, 105—113
14. Buchbesprechung: Abhandlungen der Friesschen Schule, Neue Folge, Bd. VI, Heft 3 und 4. Physikalische Zeitschrift Bd. 39 1938, 668—669
15. Buchbesprechung: Die nachgelassenen Schriften von Johann Gottlieb Fichte, Bd. II, Schriften aus den Jahren 1790 bis 1800. Die Tatwelt Bd. 14, 1938, 222—224
16. Buchbesprechung: Keller, W., Der Sinnbegriff als Kategorie der Geisteswissenschaften, I. Teil. Blätter für Deutsche Philosophie Bd. 12, 1938/39, 447—448
17. Buchbesprechung: Cramer, W., Das Problem der reinen Anschauung. Die Tatwelt Bd. 15, 1939, 113
18. Buchbesprechung: Boldt, K., Die Erkenntnisbeziehung. Die Tatwelt Bd. 16, 1940, 54—57
19. *(I) Logistik und Transzendentallogik.* Die Tatwelt Bd. 16, 1940, 135—147
20. Die Entdeckung Amerikas und die Sache der Weltraumliteratur (Science-Fiction). Düsseldorf und Bad Salzig 1952
21. *(I) Edition und Nachwort „Die ‚zweite' Maschine":* Asimov, I., Ich, der Robot, Düsseldorf und Bad Salzig 1952
22. Edition und Nachwort: Campbell, J. W. jun., Der unglaubliche Planet, Düsseldorf und Bad Salzig 1952
23. Edition und Nachwort: Überwindung von Raum und Zeit, Phantastische Geschichten aus der Welt von morgen, Düsseldorf und Bad Salzig 1952
24. Edition und Nachwort: Williamson, J., Wing 4, Düsseldorf und Bad Salzig 1952
25. Can Mechanical Brains Have Consciousness? Startling Stories, Vol. 29, No. 1, New York 1953, 108, 110—116
26. *(I) Die Philosophische Idee einer nicht-Aristotelischen Logik.* Actes du XIème Congrès International de Philosophie, Bruxelles 1953, Vol. V, 44-50
27. The Logical Parallax. Astounding Science Fiction, Vol. LII, No. 3, New York 1953, 123—133
28. Achilles and the Tortoise.
    — Part I, Astounding Science Fiction Vol. LIII, No. 5, New York 1954, 76—88
    — Part II, Astounding Science Fiction Vol. LIII, No. 6, New York 1954, 85—97
    — Part III, Astounding Science Fiction Vol. LIV, No. 1, New York 1954, 80—95

29. Aristotelian and Non-Aristotelian Logic. Startling Stories Vol. 32, No. 1, New York 1954, 102—108
30. Dreiwertige Logik und die Heisenbergsche Unbestimmtheitsrelation. Actes du IIème Congrès International de l'Union Internationale de Philosophie des Sciences, Zürich 1954, Vol. II, 53—59
31. The Seetee Mind. Startling Stories Vol. 31, No. 3, New York 1954, 96—101
32. *(I) Seele und Maschine.* Augenblick Bd. 3, 1955, Heft 1, 1—16
33. The Soul of a Robot. Startling Stories Vol. 32, No. 3, New York 1955, 92—94, 96—98
34. The Thought-Translator. Startling Stories Vol. 33, No. 1, New York 1955, 62—67, 108
35. Das Bewußtsein der Maschinen. Eine Metaphysik der Kybernetik, Krefeld und Baden-Baden 1957
36. *(III) Ideen zu einer Metaphysik des Todes.* Grundsätzliche Bemerkungen zu Arnold Metzgers „Freiheit und Tod", Archiv für Philosophie Bd. 7, 1957, 335—347
37. *(I) Metaphysik, Logik und die Theorie der Reflexion.* Archiv für Philosophie Bd. 7, 1957, 1—44
38. *(I) Sein und Ästhetik.* Ein Kommentar zu Max Benses „Ästhetische Information", Texte und Zeichen Bd. 3, 1957, 429—440
39. *(I) Die Aristotelische Logik des Seins und die nicht-Aristotelische Logik der Reflexion.* Zeitschrift für philosophische Forschung Bd. 12, 1958, 360—407
40. *(I) Die gebrochene Rationalität.* Augenblick Bd. 3, 1958, Heft 3, 1—26
41. Idee und Grundriß einer nicht-Aristotelischen Logik. 1. Band: Die Idee und ihre philosophischen Voraussetzungen, Meiner: Hamburg 1959
42. *(II) Analog-Prinzip, Digital-Maschine und Mehrwertigkeit.* Grundlagenstudien aus Kybernetik und Geisteswissenschaft Bd. 1, 1960, 41—50
43. Ein Vorbericht über die generalisierte Stellenwerttheorie der mehrwertigen Logik. Grundlagenstudien aus Kybernetik und Geisteswissenschaft Bd. 1, 1960, 99—104
44. *(III) Schöpfung, Reflexion und Geschichte* (I. Teil). Merkur Bd. 14, 1960, 628—650. Siehe auch Nr. 88
45. *(I) Cybernetic Ontology and Transjunctional Operations.* In: M. C. Yovits, G. T. Jacobi, G. D. Goldstein (Hrsg.), Self-Organizing Systems, Washington D. C. (Spartan Books) 1962, 313—392
46. *(I) Das Problem einer Formalisierung der transzendental-dialektischen Logik unter besonderer Berücksichtigung der Logik Hegels.* In: Heidelberger Hegeltage 1962, Hegel-Studien Beiheft 1, 65—123
47. *(III) Logische Voraussetzungen und philosophische Sprache in den Sozialwissenschaften.* Eine Betrachtung zur ‚Sozialphilosophie der industriellen Arbeitswelt' von Friedrich Jonas, Soziale Welt Bd. 12, 1962, 289—304

48. *(II) The Tradition of Logic and the Concept of a Trans-Classical Rationality.* Allgemeen Nederlands Tijdschrift voor Wijsbegeerte en Psychologie Bd. 54, 1962, 194—200
49. Das Bewußtsein der Maschinen. Eine Metaphysik der Kybernetik, zweite, erweiterte Auflage, Baden-Baden und Krefeld 1963
50. Die „zweite" Maschine. In: Das Bewußtsein der Maschinen. Eine Metaphysik der Kybernetik, zweite, erweiterte Aufl. Baden-Baden und Krefeld 1963, 179—203
51. *(II) Information, Communication and Many-valued Logic.* Memorias del XIII. Congreso Internacional de Filosofía, México 1963, Communicaciones Libres Vol. V, 143—157
52. *(II) Zweiwertigkeit, logische Paradoxie und selbst-referierende Reflexion.* Zeitschrift für philosophische Forschung Bd. 17, 1963, 419—437. (Kap. I, 1 zum 2. Band von „Idee und Grundriß einer nicht-Aristotelischen Logik". Siehe auch Nr. 84.)
53. Cybernetics and the Transition from Classical to Trans-Classical Logic. Report No. 3.0, Biological Computer Laboratory, Department of Electrical Engineering, University of Illinois, Urbana, Illinois, 1965
54. *(III) Das Problem einer trans-klassischen Logik.* Sprache im technischen Zeitalter Heft 16, 1965, 1287—1308
55. *(I) Formal Logic, Totality and the Super-Additive Principle.* Report No. 3.3, Biological Computer Laboratory, Department of Electrical Engineering, University of Illinois, Urbana, Illinois, 1966
56. Some Remarks of Many-Valued Logic. In: L. Fogel, On the Design of Conscious Automata. Decision Science, Inc., San Diego, California 1966
57. Über Anschauung und Abstraktion. In: E. Heimendahl (Hrsg.), Dialog des Abendlandes — Physik und Philosophie, München 1966, 199—207
58. *(III) Logik, Zeit, Emanation und Evolution.* In: Arbeitsgemeinschaft für Forschung des Landes Nordrhein-Westfalen, Geisteswissenschaften, Heft 136, Köln und Opladen 1967
59. The Logical Structure of Evolution and Emanation. With a Comment by Heinz von Foerster. In: Annals of the New York Academy of Sciences Vol. 138, New York 1967, 874—891
60. Time, Timeless Logic and Self-Referential Systems. In: Annals of the New York Academy of Sciences Vol. 138, New York 1967, 396—406
61. *(II) Kritische Bemerkungen zur gegenwärtigen Wissenschaftstheorie.* Aus Anlaß von Jürgen Habermas: „Zur Logik der Sozialwissenschaften", Soziale Welt Bd. 19, 1968, 328—341
62. *(II) Many-valued Designations and a Hierarchy of First Order Ontologies.* Remarks concerning a philosophical interpretation of many-valued systems, Akten des XIV. Internationalen Kongresses für Philosophie, Wien 1968, Bd. III, 37—44
63. *(III) Strukturelle Minimalbedingungen einer Theorie des objektiven Geistes als Einheit der Geschichte.* Actes du IIIème Congrès International

pour l'Etude des la Philosophie de Hegel (Association des Publications de la Faculté des Lettres et Sciences Humaines de Lille) 1968, 159—205
64. Bewußtsein als Informationsraffer. Grundlagenstudien aus Kybernetik und Geisteswissenschaft Bd. 10, 1969, 1—6
65. *(II) Das Rätsel des Seins.* Civitas Bd. 24, 1969, 521—530
66. *(III) Die historische Kategorie des Neuen.* Hegel-Jahrbuch 1970, 34—61
67. *(II) Natural Numbers in Trans-Classic Systems.*
   — Part I: *Mathematico-Philosophical Prolegomena*, Journal of Cybernetics Vol. 1, 1971, No. 2, 23—33
   — Part II: *The Mapping of Natural Numbers onto Kenogrammatic Structures*, Journal of Cybernetics Vol. 1, 1971, No. 3, 50—62
68. Cognition and Volition. A Contribution to a Theory of Subjectivity, gekürzte Fassung in: Cybernetics Technique in Brain Research and the Educational Process, 1971 Fall Conference of American Society for Cybernetics, Washington D.C., 119—135
69. *(II) Die Theorie der „mehrwertigen" Logik.* In: R. Berlinger und E. Fink (Hrsg.), Philosophische Perspektiven Bd. 3, 1971, 110—131
70. *(II) Natürliche Zahl und Dialektik.* Hegel-Jahrbuch 1972, 15—32
71. *(II) Life as Poly-Contexturality.* In: H. Fahrenbach (Hrsg.), Wirklichkeit und Reflexion, Festschrift für Walter Schulz, Pfullingen 1973, 187—210
72. *(II) Das Janusgesicht der Dialektik.* Hegel-Jahrbuch 1974, 89—117
73. Selbstdarstellung im Spiegel Amerikas. In: L. J. Pongratz (Hrsg.), Philosophie in Selbstdarstellungen Bd. II, Meiner: Hamburg 1975, 1—76
74. Beiträge zur Grundlegung einer operationsfähigen Dialektik. I. Band: Metakritik der Logik — nicht-Aristotelische Logik — Reflexion — Stellenwerttheorie — Dialektik — Cybernetic Ontology — Morphogrammatik — Transklassische Maschinentheorie. Meiner: Hamburg 1976. Enthält: Vorwort/13/19/21/26/32/37/38/39/40/45/46/55
75. Cognition and Volition. A Contribution to a Theory of Subjectivity, gekürzte Fassung in: B. Kanitscheider (Hrsg.), Sprache und Erkenntnis, Festschrift für Gerhard Frey, Innsbruck (Innsbrucker Beiträge zur Kulturwissenschaft Bd. 19) 1976, 235—242
76. *(III) Idee, Zeit und Materie.* Hegel-Jahrbuch 1976, 168—186
77. *(III) „Als Wille verhält der Geist sich praktisch."* (Hegel: Philos. Propädeutik. Einleitung § 1), in: Hegel-Jahrbuch 1977/78, 55—59
78. Bewußtsein als Informationsraffer. In: Türk, K. (Hrsg.), Handlungssysteme, Opladen 1978, 175—180
79. Cognition and Volition (deutsche Übersetzung d. gekürzten Fassung). In: Türk, K. (Hrsg.), Handlungssysteme, Opladen 1978, 162—174
80. Grundzüge einer neuen Theorie des Denkens in Hegels Logik. 2., mit neuem Vorwort erweiterte Auflage, Meiner: Hamburg 1978
81. Idee und Grundriß einer nicht-Aristotelischen Logik. Die Idee und ihre philosophischen Voraussetzungen. Zweite, durchgesehene und mit einem neuen Vorwort erweiterte Auflage, mit einem Anhang „Materialien zur

Formalisierung der dialektischen Logik und der Morphogrammatik 1973–1975" von Rudolf Kaehr, Meiner: Hamburg 1978
82. Beiträge zur Grundlegung einer operationsfähigen Dialektik, II. Bd. Wirklichkeit als Polykontexturalität: Reflexion – Logische Paradoxie – Mehrwertige Logik – Denken – Wollen – Proemielle Relation – Kenogrammatik – Dialektik der natürlichen Zahl – Dialektischer Materialismus. Meiner: Hamburg 1979. Darin: Vorwort/42/48/51/61/62/67/69/70/71/72/83/84,52 enthaltend
83. *(II) Cognition and Volition. A Contribution to a Cybernetic Theory of Subjectivity*, vollständige Fassung in: G. Günther, Beiträge zur Grundlegung einer operationsfähigen Dialektik, II. Band, Meiner: Hamburg 1978
84. *(II)* (Idee und Grundriß einer nicht-Aristotelischen Logik. 2. Band:) *Logistischer Grundriß und Intro-Semantik* (Einleitung und lfde. Nr. 52 (= I. Kap., Abschn. 1) und I. Kap., Abschn. 2), in: G. Günther, Beiträge zur Grundlegung einer operationsfähigen Dialektik, II. Band, Meiner: Hamburg 1979
85. Beiträge zur Grundlegung einer operationsfähigen Dialektik, III. Bd. Philosophie der Geschichte und der Technik: Wille – Schöpfung – Arbeit – Strukturanalyse der Vermittlung – Mehrwertigkeit – Stellen- und Kontextwertlogik – Kenogrammatik – Theorie der Zeit. Meiner: Hamburg 1980. Enthält: Vorwort/36/44/47/54/58/63/76/77/86/87/88/ Nachwort Bense/Bibliographie/Register
86. *(III) Martin Heidegger und die Weltgeschichte des Nichts.* In: U. Guzzoni (Hrsg.), Nachdenken über Heidegger, Hildesheim 1980
87. *(III) Maschine, Seele und Weltgeschichte.* In: G. Günther, Beiträge zur Grundlegung einer operationsfähigen Dialektik, III. Band, Meiner: Hamburg 1980
88. *(III) Schöpfung, Reflexion und Geschichte*, II. Teil. In: G. Günther, Beiträge zur Grundlegung einer operationsfähigen Dialektik, III. Band, Meiner: Hamburg 1980. Siehe auch Nr. 44
89. Number and Logos. Unforgettable Hours with Warren St. McCulloch. Unveröffentlichtes Manuskript.
90. Identität, Gegenidentität und Negativsprache. Vortrag, Internationaler Hegel-Kongreß, Belgrad 1979. Veröffentlichung in den Hegel-Jahrbüchern vorgesehen.

NAMENREGISTER

Achilles II 8
Ackermann, W. I 16
Albrecht, W. I 148
d'Alembert, J. I 252
Amos III 276
Anaximander III 273, 290
Andrew, A. II 334
Antisthenes I 197
Archimedes II 161; III 98
Areopagita, P. I 40; II 288; III 193, 274, 287
Aristoteles I *X*, 13, 24, 35, 36, 47, 50, 129, 197, 198, 204, 218, 250, 252, 259, 296, 303, 304, 309, 328, 340; II 4, 5, 27, 31, 43, 44, 50, 62, 101, 116, 161, 175, 181–183, 186, 227, 296, 283, 284; III *VII, VIII, XIII*, 5, 14, 29, 63, 64, 71, 73–77, 80, 84, 89, 95–98, 100, 101, 117, 191, 236, 240, 273, 278, 288, 298
Ashby, W. R. I 82, 276, 274, 276, 323, 325, 326, 351; II 164, 166, 170; III 157, 227, 230, 235
Asimov, I. I 94, 112, 113; III 234, 235
Atauhualpa III 53, 229
Augustin I 355; II 27; III *XII*, 71

Bachofen, J. II 164
Bacon, R. II 181; III 221, 222
Baer, R. I 192, 193, 202, 212, 351; II 120, 151, 245; III 193, 238, 239
Bar-Hillel, Y. I 331
Basileides III *XVIII*
Becker, O. I 197; XVI II 184; III 100, 138, 199
Bense, M. I 328, 355–364; III 34
Berg, A. I. I 351, 353
Berkeley, E. C. I 110
Bernays, P. I 166; II 115
von Bertalanffy, L. I 350
Beyer, W. R. II *XVII*, 314, 332
Bloch, E. III 290
Bochenski, I. M. I 197; II 117, 138, 185; III 76, 94, 96, 287
Boethius II 177; III 75, 77

Böhme, J. II *XVI*; III 273
Bohr, N. I 359, 261, 263, 271
Bonaventura II 178; III 80, 276
Boole, G. I 14; II 116; III 65, 298
Bremermann, H. J. II 166
Brillouin, L. II 223
Broch, H. III *XVII*
Brouwer, L. E. J. I XVI 271; II 120
Bruno, G. I 31; III 222
Buddha I 77; III 63, 267
Bunge, M. III 297
Buridan, J. II 219, 220
Burkhart, W. I 103
Bush, V. II 133

Calvin, J. III *XII*
Cantor, G. I 59, 69, 117, 191, 207, 326; II 250
Capek, K. I 94
Carnap, R. I 15, 16, 141, 271, 324, 326, 331; II 181, 182, 236
Carroll, L. I 361; II 114, 252; III 72
Cassirer, E. I 326
Christus III 267
Church, A. II 107, 114
Chuang-tse III 62
Clauberg, J. I 255, 324; II 181
Cortez, H. III 216
Cowan, J. D. I 251, 324
Cusanus, N. I 192; 256, 315, 336; II 120, 173, 243, 267; III 85, 197, 238

Damascenus, J. II 200, 201; III 83
Dedekind, R. II 250
Demokrit II 216, 219; III 63; 71
De Morgan, A. I 260, 301, 305, 307; II 116, 233
Descartes, R. I 31, 191, 252; II 157; III 105
Dharmakirti II 27; III 63
Dignaga II 27; III 63
Dingler, H. III 298
Dürer, A. III 51
Duns Scotus II 207; III *XV*, 71, 115, 274

Eckhard, J. III 63
Einstein, A. I 250, 257
Elgar, Ed. II 240
Erdmann, B. I 324
Euler, I 252

Fechner, G. Th. II 250
Feuerbach, L. III 242, 251
Fichte, J. G. I 8, 44–46, 109, 151, 153, 157, 189, 191, 200, 201, 206, 207, 210, 211, 220–222, 232, 233, 242, 245, 259, 263, 269, 290–293, 295, 296, 303–305, 314, 325, 327, 328, 341, 351; II 4, 14, 19, 43–45, 71, 75, 77, 80–91, 95, 113, 114, 159, 196, 225, 245, 249, 288; III *XIII, XIV, XVI,* 56, 69, 73, 76, 118, 143, 240, 259, 300
Finch, H. L. III 238
von Foerster, H. 210, 234, 274, 275, 277–279, 311, 315, 316, 319, 321, 323, 324, 327, 328, 331, 332, 349, 351; II 121, 153, 170, 236; III *XI,* 71, 89, 94, 151
France, A. I 100
Frege, G. II 92, 101, 109; III 298
Freytag-Löringhoff, B. v. I 143, 149, 271, 327; II 117, 138, 140, 124

Gabrilow, G. P. III 71
Galilei, G. I 128
Gamow, G. I 118
Gandhi, M. III 16
Gehlen, A. I *XII,* 91, 110, 111, 192; II 213; III *XIII* 19, 32, 69, 72, 94, 110, 243, 296, 271–273, 275, 292, 294
Gentzen, G. I 19
George, S. III 284
Gerhard, P. I 86; III 79
Gershwin, G. I 956
Ghent, H. of II 207
Gödel, K. I 19, 21, 22, 145, 154, 253; II 73, 97, 100, 101, 105, 107, 114, 202
Goethe, W. II 283; III 63
Gonseth, F. II 93
Goodall, M. C. I 247
Günther, G. I *XVI,* 178, 223, 231, 324–326; 351; *VI,* 126, 136, 168, 246, 306; III 94, 102, 143, 148, 149, 175, 248, 250, 253, 281–283, 297–302
Gunkel, III 21, 24, 45

Habermas, J. II 157–160, 162, 168–170
Hamilton, R. W. III 286
von Harnack, A. II 175, 200, 201; III 94, 276
Hartmann, Ed. v. I 32; II 27
Hartmann, N. III 298
Hasenjäger, G. II 117
Hasse, H. II 248
Hegel, G. W. I *XI,* 5, 6, 34, 39, 49, 50, 52, 56, 57, 61, 62, 64, 70, 73, 74, 85, 92, 117, 126, 128, 142, 151–153, 155–157, 159, 166, 172, 173, 188, 189, 191, 194, 198–200, 202–207, 209, 210, 213, 215, 228, 230, 232, 233, 241, 242, 246, 247, 252, 263, 265, 290–292, 296, 304, 314, 319, 326–328, 330, 335, 337, 349, 350, 351, 361; II *XI, X, XV,* 4, 5, 9, 10, 17, 22, 23, 26–32, 44, 88, 91, 95, 114, 130, 158–169, 171, 173, 178, 180, 187, 188, 191, 207, 208, 240, 245, 249, 265, 266, 268, 269, 274, 276, 288, 289, 297, 306, 307, 309, 311, 314, 319; III *VII, IX, X, XIV, XVI, XVIII,* 1–4, 9–11, 14, 15, 22, 29, 32, 36, 42, 46, 48, 53, 61, 63–66, 67, 69, 71, 73, 80, 82, 83, 86, 93, 95, 101, 107, 108, 115, 117, 136–139, 144, 149, 150, 154, 160, 163–172, 183, 193, 194, 196, 197, 200, 203, 205, 207, 213–215, 219, 220, 228, 231, 234, 239, 242, 255, 256, 259, 298
Heidegger, M. I 11, 253, 353; II *XIII,* 172; III 225, 241, 242, 260–266, 268, 271–275, 277–279, 281–285, 287, 288, 290–292, 294, 295
Heim, K. I 327, 352; II 240; III 94, 298
Heisenberg, W. I 128, 186, 254–255, 257, 259, 261, 265, 304, 324, 328; II 213; III 57, 72
Helmholtz, H. v. II 19
Heraklit I 355; II *XV,* 10, 248; III *XV, XVI* 63, 98, 242, 244
Herkules I 30
Heyting, A. I 271
Hilbert, D. I 16; II 256, 269
Hobbes, Th. I 109
Hocke, G. R. II 115
Hoffmann, E. T. A. I 109
Hofmann, P. I 37, 42, 47; II 189
Hsieh, H.-S. I 323
Huxley, A. III 4

Jablonsky, S. V. III 71
James, W. I 259, 325
Jansen, C. III *XII*
Jesaia III *XIV*, *XVII* 23
Johannes I 5, 18, 77; III *XIV*, *XV*
Jonas, F. III 61, 62, 65, 68, 69, 71, 72
Joule, J. P. III 19
Juhos, B. I 142, 143; II 62, 64, 100, 114, 115, 181

Kalin, Th. I 103
Kant, I. I 13, 24, 56, 107, 116, 128, 141, 153, 155, 157, 158, 189–191, 194, 198–200, 202, 206, 207, 212, 233, 252, 254, 259, 353; II 4, 5, 27, 30, 41, 44, 45, 90, 109, 111, 114, 137, 158–161, 207, 208, 240, 245, 249, 288; III *XVI*, 17, 61, 66, 71, 73, 77, 86, 98, 196, 229, 248, 249, 259, 293
Kepler, J. III *XIII*
Kipling, R. II 264; III 224
Klages, L. II 190
Konfuzius I 355; III 16, 214, 267
Kries, J. v. II 115
Kyros, Th. v. II 200

Lambeck, J. III 302
Lange, O. I 247
Laotse I 355; III 63; 214, 267
Lask, E. I 277, 228
Leblanc, H. II 115
Lee, T. D. I 119
Leibniz, G. W. I 11, 13, 31, 35, 36, 45, 52, 75, 81, 153, 154, 252, 291, 327, 358; II 27, 51, 74, 100, 109, 191, 213, 260, 284; III 23, 63, 105, 115, 125, 250, 252, 279, 280, 282
Leisegang, H. III 23, 40, 157
Lenin, W. I. II 186, 307, 314
Lesniewski, St. III 301
Lewis, C. I. I 196, 250, 324; II 113, 115, 118, 138, 184; III 77
Linke, P. F. I 143, 148, 217; II 113, 115, 117
Litt, Th. I 243; 244
Locke, J. I 116; II 6
Löwith, K. III 260
Lotze, R. H. I *XV*, 32; III 219, 235
Lukasiewicz, J. I 29, 208, 214, 250, 271, 298, 303, 307, 325, 327; II 138, 182, 183, 320; III 75, 76, 93, 102, 198, 278, 297

Lullus, R. III 273
Luria, I. II *XVI*; III 287
Luther, M. III *XII*, *XVIII*

MacKay, D. II 170
Maimon, S. II 189
Malunkyaputta I 77
Markos III 23
Marx, K. I 194; II 307; III *XV–XVII*, 71, 72, 242, 243, 247, 251
Mayer III 19
McCulloch, W. S. I 254, 290, 323, 324, 327; II *XV*, 169, 170, 204, 228, 240, 241, 243, 308; III *XIV*, 65, 71, 96, 299
Menne, A. II 181
Metzger, A. III 5, 7–13
Michelson, A. A. I 117, 118
Milton, J. III 123
Minsky, M. II 166
Misch, G. III 213
Montague, R. III 297
Morgenstern, Chr. III 61, 64
Morley, E. M. I 117, 118
Müller, G. E. I 143

Nagarjuna II 27
Neumann, J. v. I 32, 325; II 63–65; 113, 115, 125, 129, 133
Newton, Y. I 129, 185; III 63
Nietzsche, Fr. I 32; II 179; III 265, 271
Novalis I 67, 75
Nyssa, G. v. III 276

Ockam, W. II 177, 207; III 96
Oken, L. III 116
Origines II 276
Owtschinnikow, N. F. II 314

Parmenides III 98, 290
Pascal, B. I 31, 252
Paulus I 77; III 2, 7
Peano, G. I 279; II 299; III 72, 298
Peirce, C. S. I 247; III 277, 295, 297–299, 302
Peregrinus, P. III 221
Pierce, J. R. I 103
Pitts, W. II 169, 243; III 299
Pizarro, F. III 229
Planck, M. I 276
Plato I *X*, 34, 60, 104, 129, 141, 142, 197, 265, 355; II *X*, *XVI*, 10, 19, 21, 26, 27, 29–31, 43, 51, 62, 101, 116,

175, 182, 186, 200, 206, 242, 249, 295, 300, 303, 308, 311; III, *VII, XVII*, 14, 16, 17, 20, 22, 29, 63, 64, 71, 73, 97, 223, 236, 241, 260, 267, 273, 288
Plotin I 355; III 14, 71, 80, 115
Post, E. I 29, 298, 325; II 138, 183, 249; III 198, 297
Proklos II 27
Prometheus III 266
Ptolemaius III 23
Pythagoras II 54

Quine, W. V. O. I 249; II 55, 63, 64, 112, 113, 115; III 300

Ramus, P. I 52
Ranke, L. III 57
Reichenbach, H. I 2, 7, 261, 325, 327; II 37, 118, 124, 138, 184; III 76, 92, 94
Reiser, O. L. I 326
Rickert, H. II 113, 115
Riordan, J. I 328; III 283
Rosser, B. I 196; II 64
Russel, B. I 15, 66, 271; II 52, 53, 92, 95, 101, 113–115; II 18, 298

Sabelli, H. C. II 205, 265
Samkara III 16, 223, 267
Schadach, D. III 133
Schalbruch I 324
Scheibe, E. III 156
Schelling, F. W. I *XV*, 141, 157, 189, 191, 192, 194, 206, 207, 242, 290, 303, 304, 326, 327; II 4, 26, 44, 91, 95, 159, 169; III *XVI*, 39, 61, 65, 69, 71, 73, 106, 116, 137, 274, 296
Schelsky, H. I 111; II 163, 169
Schmidt, H. A. I 196, 327; II 118, 120, 138
Schneider, P. K. III 106
Scholz, H. I 13; II 71, 113, 115, 117; III 74, 94, 300
Schopenhauer, A. I 32, 75, 252; II 27; III 223, 246, 252, 267
Schrödinger, E. I 193, 194, 202, 211, 253, 257–259, 261, 262, 265, 275–279, 315, 324–326, 351; II 120, 121; III 57, 60, 72, 78, 94, 105
Schröter, M. III 213
Segeth, W. II 185
Shannon, C. C. I 88; II 134, 135
Shepard, D. 102

Sigwart, Chr. II 61, 115
Simmel, G. III 213
Sluckin, W. 326
Supecki, J. I 303, 398
Sokrates II 206, 303; III 3
Sonnemann, U. III 18
Spencer, H. III 116
Spengler, O. I 324, 327; II 165, 115; III *XVIII*, 15, 21, 31, 211–222, 224, 226, 228, 232–234, 268, 269, 272, 295, 298
Speiser, A. II 119
Speusippos III 116, 117
Spitteler, K. III 298
Spranger, E. III 298
Stegmüller, W. I 216, 324
Stern, A. W. I 326
Stirling, H. I 234, 235, 238, 283, 292, 311, 323, 329; II 307; III 203
Struve, O. I 140
Studita, Th. II 201
Spinoza, B. I 52, 272; II 27
Sun Yat-sen III 16

Tarski, A. I 16, 19, 29, 36, 99, 160
Thales III 15
Thomas von Aquin I 141; II 27, 207; III *XV*, 71
Thomas a Kempis III *XIII*
Thomas, N. L. II 306
Topitsch, E. II 161–163
Troeltsch, E. II 157, 161; III 71, 94
Turing, A. M. I 87
Turnbill, H. W. III 151
Turquette, A. R. I 196

Valentinus III 23
Valla, L. I 52
Valverde, Pater III 53, 229
Vasubandhu I 34
Vico, G. I 31, 109; III 42, 43, 50, 53

Waisberg, M. V. I 298, 303
Wang, Hao II 64, 115
Weaver, W. I 359, 364
Weierstrass, K. I 250
Weizsäcker, F. V. I 129, 325; II 162; III 72, 155, 156
Werfel, F. II 248
Weyl, H. III 298
Whitehead, A. N. I 15, 166; II 35, 95, 114, 115; III 298

Whitrow, G. J. II 161, 175; III 98
Wiener, N. I 100, 254, 324, 364; II 170, 241, 242; III 299
Windelband, W. I 15, 235; III *XVIII*, 94, 98, 116
Wittgenstein, L. I 318; III 238, 239
Wolfe, Th. III 217
Wunderlich, H. G. III 217, 234

Xenokrates III 116

Yajnavalkya I 27, 34; II 27
Yang, Ch. N. I 119

Zenon II 8
Zinov'yev, A.A. I 195, 200, 201
Zopf, G. W. I 323
Zwingli, U. III *XII*

SACHREGISTER

Ableitbarkeit II 104
—, Nicht- II 104
Absolute, transsubjektive, ultrapersonale II 30
Abstraktion II 88
Absurdität II 9
Adam III 39—42, 44, 47
Aequivalenz I 25, 134, 180, 182; II 33; III 60, 103, 278
— -relation II 64
Aesthetik
—, Makro- I 338
—, Mikro- I 338
—, universell-integrative I 336
Affirmation II *IX*, 267; III 103, 108, 195, 199, 236, 257, 277
Akkretion II 270, 271, 276, 279, 282
—, konsequente II 274
Akkumulation II 271, 273, 276, 277
—, akkretive 269, 273
—, intra-kontexturale II 275
—, iterative II 269, 273
— -sprozeß II 273
Akzeption I 232—240; II 320, 323
— -sfunktion II 321
— -swert I 231, 232, 239, 240, 243, 245; II 320
— und Hierarchie II 323
Algonquins I 230
Allgemeinheit I 34, 55
— -sgrad I 53
allomorph III 31
Alte III 189, 210, 245
Alternative
—, thematische II 12
—, Ur- II 175
amor intellectualis dei III 257
Amphibolie I 128
Analog
— -ie II 175
— — -denken II 176; III 249
— — -problem II 177, 180
— — -schema II 178
— — -theorie, mathematische II 175
— -isierung II 133

noch Analog
— -maschine II 133
— -mechanismus II 123
— -prinzip II 131
— -prozedur II 130, 131, 133
— -Struktur II 126
— —, disjunktive II 131
— —, konjunktive II 131
— -Wert II 128, 130, 132
analogia entis I 272; II 174, 176—178, 180; III 43
Analytik II 157
—, transzendentale I 190; II 109
— und Hermeneutik II 160
Anamnesis III 227, 243, 245, 260
Andersheit II 42
Angst
— vor der Technik I *XV*
—, Welt- II 18
anima abscondita III 36
Animismus II 14
Antinomie I 32, 154, 155; II 66, 78; III 58, 239, 240
—, theologische I 1, 2
— von Wissen und Wollen I 2
Antithese
— von Affirmation und Negation III 86
— von Etwas und Nichts II 26
— zwischen Ich und Nicht-Ich II 17
Aporien III 397
—, wissenschaftstheoretische III 301
Arbeit III 242, 255, 256
— im Diesseits III 256
—, Kärrner- I *XII*
— -sraum III 257
Architektonik II 5
Argument II 52
—, Individual- II 63
— -werte II 52
Aristotelik II 83—85
—, Kontra- II 82, 84, 85
—, Nicht- II 91
Arithmetik I 175; II 92
—, polykontexturale III 301
Artefakt I 209, 337

Sachregister

Assertion III 280
atman I 287
Attitüde, meontisch trans-klassische II 40
Auferstehung III 7, 8
Ausdruck, prädikativer II 52, 53
Aussage II 94, 185
— -nkalkül I 24; II 93—95, 98, 320
— -nlogik II 109
— -system I 25
avidya II 17
Axiom
— -atik I 20, 62, 68; II 98
— — der totalen Rationalität I 69
— —, klassische I 38, 43, 50
— —, meontische I 60, 61, 63, 65, 67, 72
— —, trinitarische I 35, 36, 48, 53
— -ensystem I 19, 47, 144, 145, 150; II 93, 97, 98
—, Peano- II 175, 253

Balance II 164
Bedeutung I 339; III 90—92
— -serlebnis I 61
Begriff II 6, 74
— -s, Theorie des II 61
— und Zahl III 281
Begründung I 20
Benennungsprozeß II 71, 73
Bewusstsein I 3, 90; II 9; III 50
—, endlich -menschliches I 2; II *VII*
—, einwertiges II 15, 72
—, Freiheit des I 5
—, Funktionalität des II 300
—, göttliches I 5
—, häretisches II 18
—, individuelles I 188
—, praktisches I 2
—, primitives I 148
— -sanalogie I 141; III 36, 53
— -sbestimmungen I 53
— -serlebnisse, mehrwertige I 134
— -sgegenstand III 18
— -simmanenz I 5
— -sintention I 60
— -slage I 158
— -smotiv I 61
— -sprozeß III 18
— -sraum I 51
— -srealität I 8
— -sstufe I 51
—, subjektive I 207
— -sverfassung III 15, 51, 62

noch Bewusstsein
—, „Tatsachen des" II 75, 83, 86, 87
—, unglückliches I 70
—, zweiwertiges II 25
Bild I 3, 220; II 14; III 22, 56, 77, 85
—, Ab- I 49; II 201; III 22, 60, 61, 109, 189, 193
— — -problematik, transzendentale III 109
— — -ung I 220; III 109
— — — -sverhältnis I 209; III *IX*
— — — -srelation I 220
—, Eben-, Gottes III 21
— -erstreit III 83
—, Gegen- III 56
—, Projektions- III 22
—, Spiegel- III 61
— -theorie III 83
—, Ur- II 201; III 109, 189, 193
—, Vor- III *XIII*
—, Welt- III 78
— -wesen II 75
biological engineering III 275
Bruch III 186
—, logisch-temporaler II 186
— -stück III 137
—, weltgeschichtlicher III 240
Buddhismus III 274

Cārvākas II 27
Christentum III 20
—, Ost- II 200
—, West- II 200
circulus vitiosus II 44, 94
coincidentia oppositorum I 26, 129, 193, 213; II 21, 173, 175, 178, 308; III 4, 5, 85, 197, 238, 239
contradictio in adjecto II 260

Deduktion I 19
— des Du I 67
Demiurg III XII, XVI, 23, 24, 31, 32, 35, 37, 38
Denken I 2, 4, 5, 7, 8, III 240
— als Zukunft III 252
— -barkeit I 38, 39
— -bestimmung I 40, 46
—, denkendes II 68
— des Denkens II 45, 54
— des Seins II 45, 54
—, dreiwertiges III 11
— -ebene I 22

noch Denken
—, einwertiges II 13
—, exakt rationales I 24
— -formen I 24; II 29, 50
—, Fundamentalmotiv des III 241
—, gedachtes II 68
— -gegenstand I 22, 45
— -gesetze III 219
— -inhalt II 48
—, mehrwertiges III 11
—, menschliches II 48
— -methoden II 79
— -operation I 72
— -prothese III 231
—, reines I 20, 38, 46, 47, 56; III 1
— -s, Reihen des I 151
—, transklassische Formen des I 24
— überhaupt III 4
— -weise
— —, amerikanische III 299
— —, europäische III 299
—, zweiwertiges III 11
Designation III 140—145
—, Nicht- III 141—145
— -sfreiheit III 140
— -stypen III 142, 144
— -system III 143
Designatum II 49
deus absconditus II 162, 187; III *XIII, XV, XVIII*, 31—33, 35, 38—40, 48, 50, 131, 228, 276
Deutero-Struktur III 111—115, 120, 121, 125—129, 132—135, 162
Deutigkeit
—, Doppel- II *IX*, 68, 72; III 288
—, Ein- II 71
—, Mehr- II *IX, XI*, 72; III 246
—, Viel- II *VIII, XIV*
—, Zwei- II *XI*, 66; III 167, 298
— —, primordiale II 246
Diaeresis II 274
Dialektik I 32, 166, 199, 200, 230; II 10, 29, 30, 176, 277, 319, 323, 334; III 73, 198, 205, 220, 236, 239, 242, 258, 271
—, Formalisierung der III 166
—, operationsfähige III 1
—, transzendentale I 190; II 109
—, Strukturanalyse der II 319
Dialog II 30; III 42
Dichotomie II 78

noch Dichotomie
— von Ich und Nicht-Ich I 156
— von Inhalt und Form I 156
— von Seele und Ding III 217
— von Sein und Denken I 156
— zwischen Akzeption und Rejektion II 323
Diesseits II 190, 200, 201; III 240
differentia specifica I 276; II 258, 295
Differential
— -analysator II 133
— -kalkül, mehrwertiger II 133
Differentiation III 116, 120—122
—, logische II 46
Digital
— -Mechanismus II 123
— -prinzip II 125
— -system II 126
Ding I 60; II 73
— an sich I 38; II 3
Disjunktion I 134, 144, 164, 175, 179, 183, 193, 219, 229; II 33, 37; III 59, 103, 192, 239, 278
—, Pseudo- I 179
Distribution II 63; III 38, 39, 50
— der Subjektivität III 26, 56, 86
—, duale III 44, 46, 48, 49, 52
—, Null- III 49
— -sbereich III 28
— -sfähigkeit III 49, 50
— -sfaktor III 49
— -sform III 44
— -skoeffizient III 51
— -sproblem III 26
— -sprozeß III 49, 52, 53
—, Total- III 55
—, transfinite II 49
—, trinitäre III 45, 46, 51, 53
Dreiheit II 271, 273
Dritte II 9, 40, 41, 57, 85; III 28, 30
— metaphysische Komponente III 30
— s Objekt I 172
— Transzendentalwissenschaft I 9
Du I 25—29, 67, 68, 72, 73, 98, 172, 173; 3, 192; II 2—4, 9, 67, 68, 120, 191; III 24, 34, 38, 39, 41—44, 49, 53, 54, 67—69
— -projektion I 26
— -Reflexion III 49, 55
— -Sein II 2; III 52
— -subjektivität II 323; III 26, 27, 39, 41, 49—51, 56, 68, 120, 311

noch Dusubjektivität
— -s, Vielheit der III 120
Dualismus III 39
—, Methoden- II 157—160, 162; III 168
Dyadik III 250—252, 254, 279, 281, 282

Einheit
— der Geschichte III 147, 162
— der Logik I 243
— der Methode II 165
— des Ichs I 25
—, kontexturale II 189
— -swissenschaft II 160
—, synthetische II 123
Eins, triadische Struktur der II 266
Ektropie I 79
Element II 68, 79
— -begriff, von Neumannscher II 64, 70
Emanation III 115, 118, 119, 121, 122
— -sproblem III 120
— -stheorie III 120
Entdialektisierung III 236
— -sprozeß III 236
Entfremdung III 70, 71
Entmythologisierung III 228
Entropie I 79, 343; III 158, 159
— -mechanismus III 158
—, negative I 343
Entscheid
— -barkeit I 144, 169; II 107
— -ungsproblem I 145, 146
Entscheidung I 8, 30; III 170
— -sresultat III 244
—, transzendentale II 19
—, Ur- III 237
Entwurf I 3
Epoche II *VII*
— der geistigen Selbstbeschränkung I *X*
—, Groß- I *XIII*; III 225, 230
—, Wissenschafts- I 123
Ereignis II 2, 9; III 98, 223, 290, 291
Erfüllbarkeit I 150
Erinnerung I 4, 6, 204; III 47, 126
Erkennen I 56
Erlebnis II 2, 9; III 229
Es I 173; II 3; III 39
— -zusammenhang I 26
Eschatologie I 6, 118
Etwas I 37, 38
Eva III 39—42, 44, 47
Evidenz
— -gefühl II 22

noch Evidenz
—, innere I 335
Evolution III, 115—122, 239
— -sproblem III 116
— -sprozeß III 123
— -ssystem III 116
Ewigkeit II 186
Existenz I 8
— -begriff II 74
— -differenz I 27
—, ideelle II 74
—, mathematische II 34
—, reelle II 74
Ex oriente Lux III 267
Extensionalitätsprinzip II 60, 105
Extroszendenz I 101

factum brutum I 6; III 247; 262, 296
Faktizität I 8, 49; II 42, 47; III 34
—, irreflexive II 22
falsch I 30; II 7, 18, 25, 37, 186
feed-back I 105, 106, 112, 354
finit
—, de- I 66, 72
— —, entscheidungs- I 58
— — -iv I 170
— -e, In- I 59, 60, 70, 72
— -e Trans- I 59, 67, 71, 72, 135, 136, 207
— -e, Ultra- I 59, 67, 71
—, in- I 57, 59, 66, 207
—, streng I 58
Form I 198, 201; III *VIII*—*X*, *XII*, *XIV*
— -alisation II 109
— -alisierung I 205, 213
— — -skraft I 243, 244
— — -sstadien III 195
— — -stechnik I 194
— —alismus I 198, 199, 204, 211, 213
— —, apparativer III 301
— —, finiter I 53
— —, logischer III *VII*
— —, logoider I 148
— —, morphogrammatischer I 218, 226; II 5
— —, traditioneller II 88
— —, transklassischer I 192; II 88
— —, unbeschränkter I 213
— —, Wahr-Falsch- I 149
— —, Wert- I 198, 199, 211, 213, 227, 233
— -begriff I 15, 201; III *VIII*

noch Form
— -der Reflexion II 111
—, Denk- I 24
— der Form I 227; II 50
—, extensionale logische II 105
—, intensionale logische II 105
—, Kategorial- I 227
—, Minimal- II 36
— -prinzip, zweites II 88
—, reine II 314
—, Struktur- I 227
Formeln, DeMorgansche I 29
Frage
— -stellung I 32, 34; II *XV*
—, Ur- II *XV*
Fragment
—, morphogrammatisches III 93, 108, 137
—, strukturelles III 104
Freiheit I 46, 48; III 21, 35
—, absolute III 1
—, Dimension der III 5
—, gewesene III 296
— -sgrade I 47
— -sraum III 296
Fundamente, philosophische III 297
Funktion
— -alismus II 168
—, Doppel- I 20
—, hierarchische III 175
—, heterarchische III 175
—, meontische I 178
— -sreichtum III 181, 182
—, Wahrheits- I 164, 166, 177
futura contingentia III 75

Gabel
— -barkeit I 16
— -ung II 273
Ganzheit I 71
Gedachte II 89
Gegen
— -begriff III 241
— -Geschichte III
— -pol III 237
— -reflexion II 110
— -satz III 236, 240
— —, Subjekt-Objekt- I 26
— — von Denken und Denkgegenstand I 173
— — -paar III 240
— -sinn I 64; III 243
— -standsbegriff II 3

Geist I *XII*; 269
— -esphilosophie I *XII*, 12
—, objektiver II 17; III XII
—, subjektiver II 18
Geltungsanspruch I 72
genus proximum I 276; II 295
Geometrie, Einsteinsche II 161
Geschichte I *XIV*, 3; III 212
—, Früh- III 217
—, Heils- III 214 XVI, 197, 214
—, Hoch- III 217
— -sbild III 215
— -slosigkeit III 217
— -sphilosophie I 6; III 197, 213, 214, 245
— —, marxistische III 52
—, Ur- I *XV*
—, Welt- III 43, 211, 214, 225, 233, 296
Gestalt I 71; II 260
Gewissheit, sinnliche I 49
Glaubenswechsel III 240
Gnosis, Gnostik II *XVI*; III XVI
Gödelsche Entdeckung II 55, 64, 95, 100, 112
Gott I 2, 75; III 20—29, 32, 37—49
—, ambivalenter III 276
—, polythematisches Bewusstsein I 30
Griechentum III 3
Große Mutter III 28
Grund I 66
—, Ab- II 187
— im Sein II 77, 89
— -lagen
— — -forscher III 302
— — -krisis II 61, 92
— — -reflexion II 157
— — -theorie, geschichtsphilosophische III XVI
— — -verhältnis I 349; II 240
—, Un- III XIII

Häresie II 18
Halt I 108
Handlung I 8, 78; II 21, 83, 159, III 22, 31, 230, 240, 242—244, 248, 252, 256
— -sbegriff III 244
— -sfolie III 44
— -skapazität III 32
— -skategorien III 243
— -svorgang III 22
— -stheorie III 245, 246

Sachregister 321

noch Handlung
— -svollzüge, allg. Codex für III 294, 295
— -swissenschaft II 169
—, technische II 102
—, Ur- I 46; III 240, 294
Hermeneutik II 157, 165; III 164
— und Mathematik II 166
Heterarchie II 308, 314–317, 323; III 258, 259
Hierarchie II 80, 188, 308, 314–317, 323
— der logischen Sprachen II 80, 84
Himmel, neuer III *XVII*
Historismus II 157
Hyle I *X*

Ich I 2, 25–29, 37, 55, 58, 70, 72, 73, 98, 173; II 45, 46; III 24, 34, 39, 67–69
— an sich III 17
—, denkendes II 83
— -Du-Es II 4, 9, 192
—, gedachtes II 83
— -heit II *XVI*
— -Projektion I 26
—, reines I 68, 69
— -Sein II 2
— -Subjektivität II 323; III 26, 41, 49–51, 54
— und Es II 14
— und Nicht-Ich II 17
— und Du II 2, 4, 311
— -zusammenhang I 26
Idealismus I *XII, XIII*, 24, 46; II 27; III 241–243, 247
—, Deutscher II 3; III *X*
—, Ende des III 244
—, transzendentaler II 77; III 295
Idealität III 236
Idee III 236, 241, 243, 254
Identifikationsprinzip II 38
Identität I 4, 37–39, 42, 45, 46; III 8, 24, 33
—, ich-hafte III 4, 11
—, Ich- III 24, 35
—, Kern-, der Subjektivität III 51
—, logische II 54
—, ontologische II 54
—, primordiale III 23
—, private III 3
—, Reflexions- I 173
— -sbegriff III 11
— -sbewusstsein III 29, 11
—, Seins- I 173; II 32; III 24, 38, 54

noch Identität
—, selbstreferentielle III 83
— -serlebnis I 3
— -setzung I 40
— -slogik I 171; III 5
— -smetaphysik I 142; III 8
— -sprinzip I 3, 13, 18, 37, 38, 56, 147, 171, 339; II 32
— -ssystem I 19
— -sthematik I 13, 41, 44; II 40
— -stheorem II 28, 34; III 5, 7, 18, 24
— -stheorie II 60
—, Subjekt- III 38, 39
— -swechsel III 23, 24, 37, 38, 46
—, Transzendental- I 173
— von Denken und Sein I 142; II 57
Ikonoclasmusstreit II 200
Inkommensurabilität
—, primordiale, zwischen Denken und Wollen III *XVI*
— von Information und Bedeutung III 92
imitatio
— Christi III *XIV*
— mundi III *XIV*, 246
— vitae II *IX*
Immanenz I 43; III *XVII*, 256
— der Subjektivität III 92
— des Wahrheitsprinzips I 20
— der Widerspruchsfreiheit I 23
Implikation I 175, 180; II 37, 38; III 278
—, disjunktive I 180–182
—, generelles Prinzip der I 180
—, konjunktive I 180–182
indiscernibel II 87
Individualität III 217
Individuum II 52, 54, 55; III 121–123
— -envariable II 52–54
—, morphogrammatisches III 123
Infinitesimalrechnung II 8
Information I 104, 104, 111, 339, 343; II 14, 90, 91, 164, 166, 167
— -sraffer II 167
— -stheorie I 38, 336, 343; III 90, 300
— -stransfer III 28
Innenschau I 61
Innerlichkeit I 47, 73; III 29, 31
Integral, all-wertiges logisches II 133
Integration III 116, 122
intellectus infinitus I 272
Instinkt I 52; II 100; III 27
—, metaphysischer I 32
—, logischer III 192

Institution I 209; III 158, 269
— -alität III 33, 34, 158, 165
Intelligenz
—, historische III 298
—, theoretische III 298
Intensional II 60
Interpretation
—, philosophische I 162
— -sbereich I 65
—, seinsthematische I 165
Intervall, logisches III 145—148, 151, 153—155, 161
Introspektion I 109
Introszendenz I 47, 66, 101; II 19, 43, 75, 178—180; III 11, 107, 136, 163, 300
Intuition II *VIII*; III 164
— -isten II 34
Invarianz III 171
Inversion I 71, 72
— -sgesetz I 72
— -sprinzip I 65
— -ssatz I 64
—, thematische I 64, 65, 67, 68
—, transzendentale I 73
Irreduzibilität von Ich-Subjektivität und Du-Subjektivität III 92
Irreflexivität I 28, 78, 167; II 6, 22, 41— 43, 58, 76, 78, 107, 111, 128
—, Pseudo- II 55, 59, 67
Irrtum I 46, 158; II 56
— -s, Quelle des I 26
isomorph III 31, 193
Isomorphie I 193, 201; III 59, 192, 305, 238, 239, 241, 249, 251, 284
—, An- III 193
— -prinzip III 59—61
— -problem III 64
Isomorphismus I 192 III 238
Iterierbarkeit, Iteration, Iterativität I 53— 55, 57, 69, 207; II 86, 87, 270, 271, 273, 276, 279, 282
—, doppelte I 245
—, Idee der Totalität der infiniten Folge der I 57
—, konsequente II 274
—, lineare II 52
—, monotone I 245; II 271
— -scharakter des Ichs I 57
— -sreihe I 53
— -szustand II 282

Janusgesicht der Dialektik II *VII*, *XVII*,
noch Janusgesicht der Dialektik 108, 308, 317, 319, 323
Jenseits I 43; II 200, 201; III 246
Judentum III 20
Jüngstes Gericht I 118; III *XV*, 33, 136, 244, 245, 260

Kabbalah II 175
Kalkül
—, Aussagen- I 143, 144; II 93—96, 98, 103, 104
—, dreiwertiger II 90
—, Einheit des logischen I 196
— -forschung I 12, 17
—, Funktionen- I 153; II 99, 104
—, mehrwertiger II 32
—, polyvalenter II 39
—, Prädikaten- I 144, 145; II 99, 103— 105
— -rechner I 12
— -technik I 24; II 40
— -wissenschaft I 17
Kardinalität II 319
Kategorie
— des „als" III 143
— des Neuen III 119, 183, 184, 186, 187, 190, 193, 198, 202, 209, 210
— der Wiederholung III 110
— des Werdens III 194, 200
— Struktur II 314
Kenogramm III 109, 111, 114, 118, 121, 130, 133
— -atik II *VI*, 307
— -atisch
— — äquivalent III 125
— — -e Basis III 110
— — — Differentiation III 118
— — — Logik III 114
— — — Struktur der Logik III 110
— — — Strukturtheorie III 124
— — — Symbole III 129
— — — Systeme III 118
Kenoma III 23, 27, 275, 275
Kenose III 276
Kette I 223—226
—, dreistellige I 225, 226
—, morphogrammatische I 223, 235, 237
— -nglieder I 224
Klasse II 54, 79; III 121—123
— nbildung I 63
— -n, deduktive Theorie der II 55
— -ntheorie II 64

noch Klassen
—, selbstreferierende II 65
Knotenpunkte II 312, 332
Kombinatorik II 133, 164, 288
—, Buchstaben- III 270
—, Symbol- III 270
Kommunikation I 76, 335, 353; II 14; III 28, 40
— -skanal
— -smittel II *XII*
—, spekulative III 297
— -stheorie I 343
Komplementarität II 13, 57, 162; III *XI, XII* 251
— -sprinzip I 339; III *XIV*
—, thematische II 13
Komplexität II 314; III 136, 140, 159, 167, 176
—, akkretive III 173, 176, 181
—, integrative III 176
—, iterative III 173, 176, 181
—, logische III 141
— -scharakter III 173
— -sgrade II 314; III 140
—, strukturelle II 164, 165, 265, 316; III 139, 164
Komplikation I 12, 82
—, Grad der I 164
—, strukturelle I 164, 165
Kompliziertheit II 316; III 174
Kompositionsmodus II 37
Komputer
— -system II *XV*
— -technik II *XIV*
— -theorie I *IX*; II *VII*
Konjunktion I 134, 144, 164, 175, 177–179, 183, 193, 219, 229; II 33, 37, 126, 320
—, doppelt-reflexive I 29
—, irreflexive I 165
—, kommutative Gesetze für II 33
—, Pseudo- I 179
—, reflexive I 29, 30, 165
— -smotiv, irreflexives I 29
— -sglieder I 165
—, Voll- I 176; II 126
Konstanten
—, Frege- III 280
—, logische II 109; III 284
Kontemplation III 245
Kontext III 173
—, Individual-, kategorialer II 267

noch Kontext
— -prinzip III 174
— -wert III 173, 176
— — -logik II *VI*
— — -beziehung III 176
—, Vermittlungs- III 173
Kontextur II 188, 191, 202, 267–269, 275, 277; III 187, 189, 191, 195, 196, 200, 205, 209
— -abbruch II 201
— -a, intra- II 188, 190–192
— —, mono- II 190, 202; III 197
— —, poly- II 191; III 197
— —, trans- II 190, 191
— — -ität II 187
— — —, Dis- II 190; III 187, 188, 197, 206, 207
— — — —, asymmetrische III 190
— — — — -srelation III 191
— — —, Mono- II 201, 202, 267
— — — — -sthese II 268, 267
— — —, Poly- III 197
— — — — -sthese II *XIV*, 268, 281
— — — -sdifferenz III 188
— — — -srelation
— — — -stheorie III 195
— — —, Trans- III 195
— -bereich II 192, 278
—, dritte II 268
—, Einzel- II 191
—, Elementar- II 191–194, 198, 199, 201; III 195, 205, 209
— -grenze II 275, 277
—, klassische II 187
—, logische II 189, 190
—, Mono- II 202
—, Original- II 192
— -sprinzipien III 196
—, Universal- II *XIV*, 267–269, 275, 277, 280, 282
— —, dritte II 268
—, Verbund- II 181–194, 198, 199; III 205, 208, 209
— -wechsel III 190
Kontingenz I 25; II 1, 14; III, *XIV, XVII*, 32, 35
—, leere II 42
—, Real- III 33, 34
—, zweite III 33
—, zweite Real- III 35
Kontinuität II 124
—, Pseudo- II 124

Kontradiktion I 41; II 98
Kosmo
— -logie I *XI*, 118
— -s I 129
— —, Makro- I 92, 125; II 16
— —, Medio- I 125—129, 38
— —, Mikro- I 92, 125, 137, 138; II 16, 17
Kraft, logische II 321
Kreis I 9; II 310, 332; III 257, 293, 295
— -eigenschaften II 326
—, Hamilton- III 286
—, heterarchische Idee des II 308, 316
— -periphere II 326, 328
— -problem II 311
— -relationen, universales System der II 314, 328
—, Rückkopplungs- I 104
— -stationen II 317, 332; III 293
— -struktur des Begriffs III 145
—, vierwertiger II 326, 332
— -verhältnis II 316
— von Kreisen III 204
Kritizismus II 32
—, transzendentaler II 3
Kultur
—, faustische III 212, 218
—, Hoch- II 16—20, 39; III 211, 212, 214—216, 222, 260, 261, 264, 266, 269
— -kreis III 213
— -kritik Amerikas III 299
—, primitive III 216
—, Spät- III 212
Kunst II 18
Kybernetik I *XI*, 141; II 164, 170, 179, 180; III *XVI*, 35, 56, 102, 105, 106, 110, 221, 227, 228, 271, 300
— als Theorie biologischer Systeme II 123, 265
—, amerikanische II *XVII*

Leben überhaupt I *XV*
Leer
— -bereich, universaler II 268
— -formen I 215; II 81
— —, absolute II 20
— -heit II 20, 42, 268
— -räume III *VII*, *XVII*
— -stelle III 109, 248, 279, 301
— — -n, Netz der III 248
— — — einer Prädikatsfunktion II 52

noch Leerstellen
— -struktur I 217, 218
— — —, morphogrammatische I 219
Leiblichkeit III 83
Limesbegriff II 8
Liquidationsprozeß III 217, 222, 224, 253
logica
— nova II 181
— vetus II 181
Logik I 12, 13, 17, 18, 23, 143; II 181; III 237 (Logistik)
—, absolute I 7
—, Abstraktions- I 155, 157
—, Algebra der III 65
—, alte I 14, 52, 142, 152; II 181
—, Alternativ- I 29, 203
—, Ana- II 15
—, aristotelische I 25, 28, 30, 44, 55, 65, 104, 130, 147, 187, 199; II 13, 124; III *VIII* 8, 236
— der Geisteswissenschaften I 200, 245; II 34, 35
— der Kooperation III 67
— der Naturwissenschaften II 34
— der Philosophie II 45
— der Sozialwissenschaften II 161
— des Absoluten II 9
—, Dia- III 73
—, dialektische I 194, 216; II 186, 274; III 107
—, 3-wertige I 171; II 10, 68
—, Einheit der I 243
—, einwertige II 14
—, finitistische I 59
—, formale I 47, 243; II 124; II 58, 243
—, Gegenstands- I 187
—, Hegelsche I 14, 52, 191, 247; II *VII*, 275, 307; III 241
—, Identitäts- I 124
—, intensive I 197
—, intuitionistische III 302
—, -kalkül I 14, 17, 200; II 4
—, klassische I 15, 20, 24, 36, 42, 45, 48, 50, 60, 73, 129, 132, 198, 206, 246; II *V*, *XVI* usw. 124—126; III 9, 11, 239, 249, 251
—, kombinatorische III 302
—, kybernetische II 125
—, Leibniz- I 14, 15, 18—23
—, logistische Transzendental- (als zweites System der Logistik) I 20

Sachregister

noch Logik
—, mathematische I 11, 90; II 32; III 8
—, mehrwertige I *XIII* 105, 135, 136, 174, 196; II *X*, 12, 183, 190, 192
—, meontische I *XVI*, 63, 65, 67, 68, 71
—, Meta- I 170
—, Modal- I 197, 218
—, modale II 36
—, morphogrammatische I 217
—, nach-klassische I 13
—, neue I 59, 142, 143, 146, 152, 190; II 181
—, nicht-aristotelische I 130, 132; II 5, 126, 128; III 8
—, nicht-klassische I 58
—, Operatoren- I 190
—, operatorenlose II 5
—, philosophische I 12, 195
—, Quanten- III 92, 156
—, Reflexions- I 186, 203, 226
—, Relations- II *XVI*
—, Schul- I 171, 191, 194
—, Sinn- I 67
—, spekulative I 8; II 31
—, Sprach- I 13
—, Stellenwert- I 133, 139; II *VI*; III 87, 105, 175, 297, 299
—, symbolische I 24, 145, 207; II 80, 182 III 12, 13
—, traditionelle I 148; II 124; III 58, 243
—, trans-klassische I *XII*, *XV*, 28, 132, 185, 216—218, 247; II *VI*, 6, 40, 71, 192, 202, 309; III 300
—, Transzendental- I 14, 18, 20, 22, 23, 157, 187, 190, 192, 233
—, transzendental-dialektische I 194
—, transzendentale I 8, 20, 24, 190, 216
—, triadische I 247; III 277
—, trinitarische II 30
—, unendlichwertige III 135
—, Wahrscheinlichkeits- II 36, 124, 125
—, Wert- I 200, 212, 217—219; III 105, 113
—, zwei-wertige I 148, 236; II *III*, 9; III 61, 73, 85, 246, 252
Logizismus I 11, 12, 14
Logos III *IX*, *XI*, *XVIII*, *XV*, 79
— -idee III *VIII*, *XVI*
—, Inkarnation, Fleischwerdung des III *VIII*, *XV*, *XVII*
— -theorie II 162, 190
Lokalpatriotismus I *XV*; 247; III *IX*

lumen naturale I 51

Machbarkeit I X; III 243
Mächtigkeit I 55
—, logische I 41, 42, 48
—, metaphysische I 3, 7
—, transfinite I 67, 69, 71, 72
—, ultrafinite 67, 71—73
Majjhimanikaya I 77
Marxismus II 170; III *X*
Maschine I *IX*, 75, 81, 90, 93; II *VII*, 169; III 269, 270, 295
—, archimedische I 97
—, brain- I 85
—, Digital- II 125
—, Elimination der III 107
—, erste I 97
—, klassische I 84, 96; III 218, 229
— -nwelt I 79
—, original- I 83
—, Rechen- I *IX*
— -ntheorie I *XVI*; III 2, 9, 224
— —, transklassische I 95, 110; III 219
—, Turing- I 87
— -Umwelt I 79
—, zweite I 97
Maß II 319
Materialismus I *XII*, *XIII*; II 27; III 241, 247
—, dialektischer I *XV*, 125; II 170, 307; III *XVI*
Materialität III 236
—, Irrelevanz der II 164
Materialwelt III 288
Materie II 166, 179, 200, 201, 307, 308; III 236, 241, 243, 272
—, Anti- I 121; II 13, 15
— -begriff
— —, Aristotelischer II 200
— —, polykontexturaler II 202
Mathematik I *XIII*; II 162, 265; III 163
— organischer Systeme II 281
—, philosophische II 167; 266; III 163, 164
mecanical brain I 84, 87, 97
Mechanisierung I 14
Mechanismus I 78, 80, 81, 88, 89; III 219, 223, 296
—, Analog- II 123
—, archimedischer I 96
—, Digital- II 123
—, kybernetischer I 96

Meditation II 20
Menge II 65–70
—, infinite I 207
— -nbegriff II 76, 77
— -nlehre, transfinite II 8
—, transfinite I 207
Mensch I 50, 91
— -entyp III 266
— -en, Irrelevanz des I *XV*
—, Natur- II 91
— und Maschine II 196
—, Über- I 174
—, westliche II 10
Metamorphose I 22
Metaphysik I *X, XI*, 26, 35, 50, 73; II 23, 101
—, abgelebte II 170
—, klassische II 3
—, Licht- III *XVI* 80, 276
—, „zweite" III 287
Methoden
— -Dualismus III 163, 168
—, quasi-mathematische III 163
Minimal
— -bedingungen II 76
— —, strukturelle II 315; III 13, 283
Modalität II 25
Modell I 187
Möglichkeit I 107
Monadensystem II 51
Monismus III 39
Monolog III 42
Monomorphie III 125–127, 129, 133
Monotheismus III 48, 276
Moral II 18
Morphogramm I 215–225, 228, 230–239, 247; II 197–199; III 104, 108, 109, 111, 112, 115, 150
— -atik I 228; II *VI*
— -atischer Standpunkt III 105, 108
— -atisches Fragment III 93, 108, 137
— -atische Struktur der Logik III 110
— -atische Vollständigkeit III 105
—, klassisches II 197
—, transklassisches II 197, 198
Motiv
—, logisches I 183
— — dritter Ordnung I 183, 184
— — erster Ordnung I 183
— —, negatives I 183
— —, positives I 183

noch Motiv, logisches
— — zweiter Ordnung I 183, 184
Mystik III *XIII*, 249, 271
Mythologie I 6, 30; II 9, 16, 21; III 186, 187, 227
Mythos I *X*; II *VIII*

Nach
— -ahmung III 17
— -bildung II 123
— -folger II 274
— -trägliche III 244
Name II 11, 14, 71–73
Natur III 155
— -alismus II 157
— -begriff III 139, 141, 148, 150, 156
— -bild, reflektiertes III 155, 158
— -philosophie I *XI*; III 158
— —, Hegelsche III 148
— -reflexion III 150
— -verständnis II 123
— -wissenschaften I *XI*; III 155
natura naturans I 272
natura naturata III 81, 82
Negation, Negativität, Negative I 42, 138, 156–158, 163, 169, 199, 200, 213; II *XIII*, 267; III 9, 10, 60, 65, 103, 192, 195, 199, 236, 238, 239, 241, 277
—, Hohlraum der III 256
—, Leerraum der totalen III 256
—, Macht des III 256
—, Tiefenbereich der III 9
—, transklassische III *X*
Negation (logische) I 25, 27, 28, 46, 163, 164, 168, 193, 214, 221; II 37, 326; III 59, 64, 239, 278, 287
—, diametrale II 38
—, doppelte I 25
—, Elementar- III 10
—, elementare I 29, 168
—, iterierte III 64
—, klassische I 150; III 64, 241
—, klassische Theorie der III 8
—, partielle II *IX*, 188; III 187
— -sdifferenz III 293
— -sfolge II *XII, XIV*, 324, 326, 334, 335; III 293, 295
— -sindex II 328
— -skreis III 287
— -smotive I 26
— -soperation I 222; III 207

noch Negation
- -soperator I 27, 30, 168; III 64, 66, 206, 209, 284, 286
- -sordnung II 328
- -sprozeß II *IX, X*; III 64, 257
- -srelation I 25; III 295
- -sschritt II 310; 286
- -sserie II 310
- -sstruktur II *XIV*; III 206
- -sstufen II 324; III 286
- -ssymmetrie II 328
- -ssystem II 309; III 203, 206
- -stafel II 205
- —, transklassische II 208
- -sverhältnis I 341; III 293
- -szeichen I 25
- -szyklen III 258, 295
—, totale I *IX* III 189, 256
—, unmittelbare III 10
—, zweite II *X*, 309, 312; III *X*, 64, 196, 205, 231, 257
Negativismus III 274
Negativsprache III 285—289, 291—295
—, Wörterbuch einer III 286
neti neti I 288
Netzwerktheorie II 169
Neue III 183, 210, 245
—, Kategorie des III 187, 190, 210
Nichts I 203—206, 240, 244; II 9; III 187, 188, 190, 205, 275, 281, 284, 285, 288, 291, 296
Nihilismus III 255, 260—263, 295, 294
nirvāna II 10, 20; III 261, 270
—, pari- I 78
Noch-Nicht III 290
Noësis II 200
nonsense II 96
Novum, strukturtheoretisches III 209

Objekt I 192, 202, 213; II 3, 14, 89
- -bereich, transklassischer II 79; III 209
—, bonafide I 193; III 68
—, irreflexives II 3
- -ivation III 20
- -ivität III 236, 238
—, logisches II 40, 58, 62, 64
—, Pseudo- II 89; III 68
Omnilucentia III 80
omnis determinatio est negatio III 257
Ontik II 111
- -izität, kategoriale III 302
—, Me- II 112

Ontologie I 142, 206; II 10, 21, 39, 58, 101, 182, 184; III 64, 108, 114, 145—148, 301
—, Cybernetic III 299
—, einwertige II 193
—, entitative III 300
—, existentiale III 300
—, extensionale III 300
—, formale III 140
—, Funktions- I 339
—, intensionale III 300
—, klassenlogische III 300
—, operatorenlose I 213
— -n, Pluralität und Hierarchie der III 301
—, traditionelle II 4
—, Trans- II 8
Operator I 191
—, All- I 144, 160, 184
—, Existenz- I 144, 160, 184
Ordnung
—, Bewusstseins- I 85
—, irreflexive I 85
—, Neben- II 308
—, Rang-, transklassische hierarschische II 314
—, Rotations- II 325
—, Seins- I 85
- -sform, irreflexive I 85
— —, transzendentale I 84
- -sprinzip I 80
- -ssystem I 80
—, Über- II 314
Organon I 35, 37, 51, 56, 58; III 74, 298
— der Philosophie II 307
— des Verstandes I 56
—, Novum II 181
Original II 81
- -ssystem II 82
Ort III 147, 183, 245—249
—, dritter
—, entitativer III 298
—, epistemologischer II 124
— -e, Koexistenz der II 199
—, logischer I 58, 134; II 71, 79, 84, 126, 267; III 79
—, Materialität des II 163
—, ontischer III 140
— —, epistemetischer- III 142
—, ontologischer II 199; III 88
—, transzendentaler, aller Handlung III 294

noch Ort
— -swechsel II 311, 320
— swert II 315
— — -system II 315

Paar, geordnetes III 194
Panlogismus II 160; III *XI*, 160
Panpsychismus II 163
Paradoxie I 205; II 23, 30, 41, 48, 57, 59, 62, 63, 65, 66, 69, 72, 92, 99, 198; III 18
— der Eleaten II 8
— -n der Mengenlehre II 8, 77
Parität I 120
—, Nicht- I 120
Peano-Folge II 268—273, 275, 277, 280, 282, 252
Pegasus II 81
Peri Hermeneias III 74, 95—97, 99, 100, 107, 108
Perpetuum Mobile III 221
Persönlichkeit II 3
petitio principii II 26
philosophia perennis III 242
Philosophie II 11; III 297
—, Formal III 297
—, Katheder- III 298, 299
—, Laboratory III 299
—, Laboratoriums- III 299
—, Transzendental- II 11
—, westliche II 21
Physik
— -alismus II 161
—, Grundlagen der III 297
—, Mikro- II 123
Platonismus
—, Neu- II 44
Pleroma III 23, 32, 275
Pneuma I *IX*, *X*
Poesie I *X*
Polemik III *XVIII*
Position, Positivität I 42, 138, 149, 157, 158, 163, 167, 169, 199, 200, 203, 213; II 22, 42, 308; III 8—10, 60, 64, 65, 241
Positivismus, logischer II 22
Positivsprache III 285, 291, 293, 295
Prädestination
— -sglaube III *XII*
— -slehre III *XII*
Prädikat II 52, 54, 63, 67, 77, 94, 98, 99
— -bilität II 55

noch Prädikat
— -sfunktion II 52, 53, 63, 64
— -ion II 67, 98, 99, 112
— — -smechanismus II 111
— — -sprozeß II 55, 94, 98, 99
— — -system II 112
—, mehrstelliges II 52
—, pragmatisches II 36
— -zeichen II 52
prae-reflexiv III 56
Pragmatik II 7
Pragmatismus III *XVI*, 266—268
Praxis III *XVII*
— des Willens III 256
Primitive II 15
Prinzip
— der Zweiwertigkeit II 39
— Forschung III 302
Problem
— der Geschichte III 19
— der Relation III 18
— des Werdens I *XI*
— der Willensfreiheit III 69
— der Zukunft III 75, 84
—, Existenz- I 2, 3
—, Kommunikations- III 89
—, Modalitäten- III 74
—, Seins- III 100
Programm II 169; III 298
— -ierung
— —, Hetero- II 169
— —, Selbst- II 169
— — -stechniken II *XIV*
Prothese
—, begriffliche II *XIV*
—, Denk- II *VIII*, *IX*, *XIII*; III 231
—, Gehirn-, technische II *XV*
Protostruktur III 111—115, 120, 121, 127—129, 132—135
Prozeß, heraklitischer III 242
Psyche I *IX*, *X*
Pyramide II 308
—, Begriffs- III 120, 126
— des Denkens III 259
—, platonische II 274; III 120, 257
—, Stufen- II 274
—, Willens- III 259

Qualität II 319
—, Sub- II 276
— und Quantität II 276

Sachregister

noch Qualität
—, Ur- II 277
Quantentheorie III 156
Quantifikator I 144
— -ifizierung II 124
— — -sprinzip II 124
Quantität II 319
quaternio terminorum II 49

Rationalität
—, klassisch-zweiwertige III 298
—, menschliche II 101
—, Systematik der I 25
—, transklassische exakte II *XVI*; III 298, 301
Raum III 86
Realitätsnähe II 314
Reduktion III 162
Redundanz I 205; III 168, 178
—, akkretive II 282
—, iterative II 282
Reflexion I 4, 49, 50, 61, 75, 88, 127, 148, 150—152, 157, 161, 170, 172; II 4, 8, 42, 43, 54, 78; III 256
—, denkende II 58
—, Doppel- I 70
—, Du- III 49, 55
—, einfache II 85; III 28
—, erste I 154, 162
—, gedachte II 58
—, Gegen- I 64; II 110
—, göttliche III 20
—, ich-hafte II 22
— -in-Anderes I 64, 84, 172, 185, 188; II 66, 78, 81, 88, 91; III 136, 242, 138, 155, 161—163
—, infinite I 69
— -in-sich I 67, 84, 166, 172, 185, 188, 230; II 45, 51, 59, 66, 78, 81, 88, 91; III 83, 136, 242
— — und-in-Anders I 84, 151, 159; II 45, 91; III 82, 136
—, introszendentale III 58
—, Komplementär- I 128
—, Kräfte der I 90
—, lebendige III 160
—, menschliche III 56
—, Meta- II 76
—, Natur- III 150
—, Negation der III 10
—, nicht-designative III 160
—, Reihe der I 51, 57

noch Reflexion
— -sabstand II 84, 85, 91
— -sarbeit II 31
— -sbegriff I 59, 170; II 89, 136; III 157
— — der Natur III 148, 162
— -sbereich I 29; III 154
— -sbestimmung I 66, 67; II 101
— -sbild, zweiwertiges I 132, 137; II 87; III 205
— — der Natur III 155
— -sbreite I 54, 55, 171; III 9, 68, 69
— -sdatum II 87
— -sdifferenz III 157
— -sdimension I 49, 50, 53, 59; II *XIV*, 83, 84, 85, 95; III 61, 68
— -sdistanz II 46, 52, 53, 63, 130; III 68
— -sebene I 65
— -seinheit II 46, 47, 63; III 162
—, Seins- III 10
—, Selbst- I 341; II 44, 46, 50, 58, 97, 100; III 56, 232
— -selement I 212
— -serscheinung I 130, 137, 140
— -sfähigkeit I 169; II 102
— -sfluß III 43—47
— -sform I 153, 154; II 95; III 137, 138
— -sformel I 21
— -sfunktion I 177
— -sgefälle I 28, 76, 262; II 52; III 42, 69
— -sgegenstand I 153, 170
— -sgehalt II 87; III 16, 19
— -sgeschichte III 289
— -sgesetze III 71
— -sgestalt II 95
— -sgrenze III 44, 47—49
— -sgrund III 2
— -shelle III 14
— -shorizont III 160
— -sidentität I 66, 129, 173; II 32, 54; III 11, 24, 38, 43, 54
— -sintroszendenz III 31
—, sinnanalaytische I 24
— -skalkül I 221
— -skraft III 160
— -skreis III 55
— -slogik I 226
— —, Kategorien der III 271
— —, mehrwertige III 70, 180
— -slosigkeit II 55; III 159
— -smechanismus I 88; II 102; III 54, 67, 70

noch Reflexion
- -smedium III 54
- -smetaphysik I 341
- -smotiv I 64, 141, 158; II 102, 103; III 43
- -smuster I 215
- -sniveau I 157; III 49
- -sobjekt I 164
- -sphänomen I 129, 131, 132; II 68, 72
- -sphilosophie, Hegelsche III 164, 167
- -sproblem I 17; II 15, 85; III 64, 76, 110
- -sprozeß I 192–131, 147, 155, 157–159, 161, 162, 164, 165, 168–172, 203, 213, 226, 244; II 4, 41, 47, 50, 51, 55, 58, 72, 83, 84, 94; III 19, 22, 25, 26, 38, 47, 49, 52–55, 67, 83, 137, 140, 265, 268
- -sreihe I 58
- -srest I 169; II 15, 84, 91
- -sschicht I 88, 246
- -ssituation I 88, 148, 150, 157, 170; III 1
- -sstandpunkt I 56
- -sstatus III 163
- -sstrich I 221
- -sstruktur I 155, 162, 166, 167, 179, 184, 220, 221, 224, 245; II 45; III 33, 38, 40, 45, 66, 69
- – des objektiven Geistes III 158
- –, mehrwertige III 49
- -sstufen I 50–52, 56, 137, 150, 151, 242; II 76; III 159, 160
- –, dritte I 52
- –, zweite I 52, 53
- -stätigkeit II 84
- -sthematik I 166; II 74, 111
- -stheorie, Hegelsche, der Natur III 156, 158, 159
- –, allgemeine II 90
- –, mehrwertige II 71, 137, 154, 168
- -stiefe I 48, 49, 54, 55, 171, 185; III 9, 68, 69
- -stranszendenz III 31
- -striadik III 153
- –, -Stufen der I 239; III 148
- -süberschuß I 169, 231; II 57, 59, 82; III 18, 23, 31, 33, 36, 40, 42, 45–47
- -sumfang III 42
- -surteil III 27

noch Reflexion
- -sverhältnis I 49, 40, 63, 65, 66; III 25
- -sverlust II 47; III 46
- -svorgang I 168; III 55
- -swert I 131, 171; II 53; III 143
- -szentrum III 28, 57, 70, 86
- -szufluß I 77; III 42
- -szusammenhang I 8; III 42
- -szustand II 128; III 54
- -szuwachs I 245
- –, theoretische II 19, 21
- –, Theorie der I 166; III 136, 154
- –, totale I 151, 156
- –, trans-klassische I 154
- –, Voll-, doppelthematische II 28
- –, Wert- I 132, 172; III 143
- –, zweite (doppelte) I 58, 154, 156, 160, 163, 185, 186, 242; II 78
Reflexivität II 90, 123
–, doppelte II 66
–, einfache II 66
–, selbstreferierende II 67
–, subjektive II 110
Regel, logische II 108
Regreß II 50
- -ion, infinite II 52
–, unendlicher I 207
Reihen, zwei, des Denkens II 44
Rejektion I 229, 232, 240; II 321, 323; III 202
- -sbereich I 240
- -sfeld I 240
- -sfunktion II 321
- -swert I 229–232, 238–240, 243, 245
- und Heterarchie II 323
Rekonstruktion III 297
- der transklassischen Rationalität III 301
Rekursivität der dialektischen Strukturen III 196
Relation
–, asymmetrische III 195
- des Ich-denke-Etwas II 41, 42
- -sgliedes III 237, 238
- -sbewegung III 238
- -sprozeß III 237
- -stheorie II 163; III 194
–, symmetrische III 194
- -sverhältnis III 237
–, triadische III 300
Relevanz

Sachregister

noch Relevanz
—, semantische II 185
—, philosophische II 184
Religion II 18
Repräsentamen, triadisches III 302
Repräsentant II 73, 74; III 125, 130
Reversibilität III *VIII*, 123, 148
—, Ir- III 123, 148
Revision II 101
Robot I 94, 95, 98, 114; III 34, 234

Sadharmapundarika II 27
Säkularisation III 256
— sprozeß III 241, 256
Samen, göttlicher II 190
Satz
— der Identität I 35, 37, 42, 43, 69
— der infiniten Reflexionsfolgen I 65, 69
— der thematischen Inversion I 64, 69
— -form II 104
—, Fundamental-, meontischer I 60
—, Gödelscher I 19—22
— -struktur II 53
— -subjekt II 52—54
— vom ausgeschlossenen Dritten I 36, 40, 41, 69; II 40
— vom reflektierten Gegensinn I 64, 69
— vom transfiniten Ursprung I 67, 69
— vom verbotenen Widerspruch I 35, 38, 69
— vom zureichenden Grunde I 36, 42, 66, 69
Schema
—, trichotomisches II 124
— -tik, transzendentale I 3
Schicht
—, nachbildliche I 227
—, Struktur- I 228
—, urbildliche I 227
Schizophrenie I 21
Schlange III 40, 41, 45—47
Schlußverfahren, transfinites I 19
Schöpfung III *XIII, XIV*, 44, 51, 55, 245
— aus dem Nichts III 245
— -sbedingung III 51
— -sbegriff III 38
— -sgeschichte III 37, 38
— -sprozeß III 55, 245
— -stag III 46
— -svorgang III 37
—, technische III 256
—, Welt- III *XIV*

Schranke I 77; II 187, 189; XV, 257
—, kontexturale II 191
—, Quantitäts- II 166
Schrift III 229, 269, 270
— -zeichen III 229
— -kultur III 270
Schweigen III 291
Scotismus III 258
Seele I 82, 90, 110; III 50
—, Einzel- II 21
—, Erlösung der II 20
— -ngeschichte I 114
— -nleben I 114
— -nlehre, platonische II 16
— -nsubstanz II 16
Sein I 46—48, 50, 75, 85, 86, 89, 203—206, 240, 244; II 9; III 188, 190
—, eleatisches III 242
—, gedachtes I 50
—, reines I 30
— -sidentität II 75
—, Sinn des I 28
— -sthematik II 75
—, transzendentales I 30
— -szusammenhang I 86
—, überhaupt III 140
Selbst I 58, 66, 98, 100
— -bewegung II 265; III 36
— -bewusstsein I 1, 2, 17, 50, 51, 53, 54, 57, 58, 60, 63, 66, 71, 72, 210; II 2, 167; III 25, 28
— —, allwissendes I 6
— —, Einheit des I 20, 21
— —, Gottes I 2
— —, transfinites I 67
— —, Transzendentaltheorie des I 9
— -definition des Ichs I 58, 59
— — der Reflexion I 71
— -enthaltensein II 65
— -entthronung des Menschen I *XI, XII*
— -interpretation des reinen Denkens I 14; II 123
— -iteration I 245
— -organisation I 209
— -referierende Beschreibung II 68
— -referenz I 209; II 65, 66, 68, 90; III 28, 29
— -widerspruch I 56
— -Reflexion II 44—46
— -reflexiver Prozeß III 225, 232
Semantik II 7
—, Intro- II 129

Semiotik I 336
—, allgemeine II 6
—, triadisch-trichotomische III 302
Setzen I 290; II 71, 89
Singularität des Universums III 83
Sinn I 17, 35, 57, 60, 64, 65, 72, 162;
— als Nichtsein I 47 [III 243
— -analyse I 42
— des Seins I 28, 41, 43, 60, 68
— des Sinns I 68
— des Selbstbewusstseins I 48
— -differenz III 293
— -dimension I 41, 68; II 96
—, doppelt reflexiver I 30
—, formal-allgemeiner I 34
—, Gegen- I 64, 65
— -igkeit, Hinter- II *IX, XII*
—, irreflexiver I 30
— -komponenten I 64, 65
— -logik I 67
— -motiv I 64, 65
—, neue Thema I 61
— -prinzip I 34
—, reflexiver I 30
— -region I 68
—, Strukturform von I 60
— -thematik I 64, 65; III 247
— -verhältnis I 41
Skeptizismus I 70; II 27, 28
Soziologie II 158
Spirale II 316, 317, 334
Spiritualität II 39
Spontaneität I 82; III 18
Sprache III 84, 90, 284
— -akte II 280
—, Basis- I 17, 22; II 6, 49, 74, 84
—, Formal- II *XIV*
—, Hegel- II *X*
—, Hierarchie der logischen II 80
—, interstellare III 268
—, Logik- II 72
—, Meta- I 98, 154, 166; II 6, 48, 49, 51, 74, 80, 84
— —, Hierarchie der I 207, 208
—, Natur- II *VII, XIV, XII*
—, natürliche II *XII*
—, Negativ- II *XIII—XV*; III 285—289,
—, Objekt- I 154, 208; II 6 [291—295
—, Positiv II *XIII*; III 285, 291, 293, 295
—, Präzisions- II *XII, XIII*, 169
—, Syntax- I 17
—, Systeme III 286

noch Sprache
— -typ I *XIV*
—, Umgangs- I 206; II *VII, VIII, XII, XIII*, 71, 77
Sprung, dialektischer II 316
śrotapanna (der dem Strom Entstiegene) II 10
Standpunkt des Dialektikers III 193
Stationen II 328, 332, 334
—, Kreis- II 332
Stellen II 6
—, Individual- I 223, 237
—, leere I 214
—, logische II 127
—, ontologische I 131
— -realität I 132
— -wert I 131, 132, 174, 175, 186—188; II 132, 168
— — -e, Systematik der I 186
— — -e, Zahl der I 187
— — —, inner-reflexiver I 187
— — —, reflexiver I 186
— — —, subtriadischer und trichotomischer III 300
— — -system I 137, 138, 183, 185, 198, 223
— — -theorie I *VI*; III 87, 93
— — —, einstufige II 127
— — —, erweiterte II 129
Stockwerk II 56
Störung (noise problem) III 300
Struktur II 314
— -armut III 137
— -bedingung III 146, 176
— -differenz III 140
— -en, logisch-metaphysische III 138
— -gebilde II 188
— -klasse III 122, 123
—, Komplexitäts- III 176
— -komplexität II 314
— -konzeption II 165; III 139
—, Leer- III 150
— -lehre III 73
—, negationsinvariante III 280
—, Reflexions- III 136, 139, 158
— -reichtum III 139, 142
— -schranke II 188
— -technik II *VII*
— -theorie III 138, 147, 149
—, μ- I 238
—, $\bar{\mu}$- I 235, 237—239
—, überbalancierte III 174

noch Struktur
— -unterschied III 140, 141
—, urbildliche I 228
—, Vermittlungs- III 172, 181
Stufen
— -bau I 243
— der Formalisierung III 166
— -gang III 184, 186, 195
— -ordnung der Ideen II 51
—, Treppen- III 145
Subjekt I 192, 193, 202, 213; II 3, 14; III 17, 19, 24
—, denkendes II 84
—, gedachtes II 84
— -glauben II XVI
— -ivität III 245
— —, divine III 48
— —, menschliche III 48
— —, tierische III 46, 50
— —, totale III 27
— —, universale III 237
— —, weibliche II 28
— -zentren III 50
Sublimierung III XII
summum bonum II 308, 316
suñyatā II 20, 42
sunyavāda III 274
Syllogismen II 61
Syllogistik III VII
Symbol II 6, 7, 39, 72
Symmetrie I 120, 244; II 161; III 148, 192, 254
—, A- I 119, 120, 240; II 159, 161, 163; III X, XI, 89, 90, 148, 195
— -forderung III XII, XIII
— -Gedanke I 116
— -glaube II 159, 160
— -Logik II 162
—, logische II 159; III X
— -relation I 123, 167, 192; II 159
— -struktur II 159
Syntax II 45, 85, 112
—, logische II 6, 25
—, Proto- II 112
System (logisches)
— -atik, Meta- II 112
—, Aussage- I 25; III 242
—, balanziertes II 165; III 168
— der Unmittelbarkeit III 168
—, finites II 107
—, Kontra-Aristotelisches II 83
—, Initial- II 90

noch System
—, Meta- I 170; II 79, 88, 95
—, Minimal- III 167
—, Negations- III 168
—, überbalanziertes II 165; III 168, 174
—, unterbalanziertes II 165; III 168
—, vollständiges deduktives II 107
System III 80, 85
— -folge III 209
—, O- I 208—213, 230, 231, 242
—, Objekt- I 170; II 79
—, organisches II 265, 282
—, S- I 208—213, 231, 242, 230
—, Subjekt- II 127, 129, 131, 132
— -symmetrie III 67
— -theorie, universale II 170

Taoismus III 261
Tautologie, mehrwertige II 33
Technik I 30, 337; III XIX, 16, 34, 236, 243, 253, 254, 262, 264, 271, 273
—, klassische II 122
—, kybernetische II 125
—, Philosophie der I 96
—, „unmenschliche" III 263
—, Wesen der III 266
Temporalität II 9; III 106
Terminus II 72
Terror II 19, 91
tertium non datur I 40, 42, 147, 150, 193, 197, 198, 276, 232; II 12, 29, 44, 186, 189, 191; III 86, 100, 101, 103, 108, 189, 277, 278
Thema, Thematik, thematisch I 24
— des toten Seins I X
— des Wissens I X
—, doppel-, Vollreflexion
—, heraklitisches III 252
—, mono- I 30; II 30, 41
—, ontologische I 24; III 299
—, ortho- II 111
—, poly- I 30
—, Reflexions- III 301
—, Seins- I 167; II XIII, 10, 57, 111; III 301
— -tisierung III 301
— —, Fehl-, der Reflexion II 48
Thema (logisches)
—, Begleit- III 143
—, Haupt- III 143
—, Hintergrunds- III 142, 143
—, logisches I 158; II 43; III 161

noch Thema
— -tik III 140
— —, Doppel- II 13
— —, Hintergrunds- III 143
— —, Identitäts- II 47
— —, logische II 7
— —, transklassische I 158; II 45
— -tisch, dia- III 146
— —, poly- III 146, 147
— -unterschied III 141
— -wechsel I 153, 191; II 58, 59; III 38, 143
Theodizee I 339
Theologie I 75
—, negative II *XVI*, III *XV*, 193
Theorie II 6, 51, 52, 74, 82
—, Basis- II 88, 99
— des Denkens III 274
— des Wollens III 274
—, Meta- II 6, 48, 49, 51, 74, 82, 99
These-Antithese I 166, 199; III 236, 237, 239, 240, 244
Thomismus III 258, 274
Tier I 91, 92
Tod I *XI*, 78; II 189; III 1–113
—, der „zweite" III 7
— -esauffassung, christlich-paulinische III 5
— -esidee, klassische III 7
— —, christliche III 7, 8
— -esmetaphysik III 7–10, 12
— -esperspektive I 78
— -esproblem III 3, 5, 12
—, Opfer- III *XVII*
—, transontologischer Charakter des III 7
—, Transzendenz des III 10
Totalität I 1, 2, 71
Transformation, morphogrammatische I 222, 223
Transitivität, mangelnde I 8
Transjunktion I *XIV*, 230–231, 234; III 20, 201, 202, 299
Transzendental II 43
— -ität II 4
— — -sprinzip I 22
— -ismus I 14
— -logik I 14, 18, 23; II 90
—, ontisch- II 44
— -theorie I 13, 23; III 273
Transzendenz I 39, 42, 46, 47, 50, 101; II 278–280; III 256
Triadik, Triadizität, triadisch II 158,

noch Triadik
163, 323, 326; III 137, 139, 147, 148, 153, 158, 160, 277
—, Pseudo- II 159
—, Ur- III 161
Trichotomie I 191
Trimurti III 277
Trinität III 39, 48
— -sprinzip III 39
Trito
— -gramm III 150
— -Struktur III 111–115, 120, 121, 127, 130, 131, 133, 162
Typen
— -ebenen II 63, 72
— -stufe II 59, 65
— -theorie II 52, 53, 55, 56, 60, 65, 70, 72, 95, 96; III 18
— —, Russelsche I 35; II 79
— -vermengung II 56, 64
— -ziffer II 55, 56

Übergang, Überschreitung
—, akkretiver II 276
—, iterativer II 276
—, transkontexturale II 275, 276, 281, 282
—, unmittelbarer II 275
Überhang I 239, 240, 240, 243
Übertragung I 176
Ultratranszendenz II 180
Umgebung III 27, 80–82, 85
Umtausch
— -relation II 130, 132
— -verhältnis I 67, 86, 87, 116, 119, 138, 149, 150, 163, 167–170, 175, 185, 203, 212; II *X*, 164; III 8–10, 28, 60, 66, 69, 101, 169, 171–173, 194, 195, 206, 246, 247, 257
— —, symmetrisches II 160
Unabhängigkeit II 93
Unbestimmtheit II 37
— -srelation, Heisenbergsche I 119
Unendlichkeit, Unendliche II 85
—, affirmative I 207
—, Aktual- I 59, 69
—, Begriff des I 59, 117
—, Hegelsche I 207
—, iterative I 52
—, Problem des I 59
—, potentiell I 69
—, schlechte I 207, 245; II 314

noch Unendlichkeit
—, Totalität der introszendenten I 57
—, Über- I 136
—, wahre I 245
Universal
— -standpunkt II 163
— -subjekt III 87
Universalienproblem III 113
universe of discourse II 81
Universum I 131, 117, 118, 208; II 163; III 32, 81—83, 85, 88
—, Gegen- I 123
—, logisches II 81
Unmittelbarkeit II *XII*
Unvoraussagbarkeit III 213
Upanisad
— -en I 235; II 27; III 62
—, Brinadāranyaka- I 287
—, Chāndogya- II 43, 250
Ursprung
— im Denken II 77, 89
—, introszendenter I 66
Urteil
—, apodiktisches II 2
— -en, Lehre vom II 61, 62
— -s, Subjekt-Prädikat-Relation des II 61
— -sunsicherheit II 186
— -sverfahren II 62
Utopie III 233
—, anthropologische II 21
—, kosmologische II 21
—, soziale II 21

Valenz
—, Ambi- III 277
—, Uni- III 277
Venn-Diagramm III 80
Veränderung, Kategorie der III 115, 184, 185; II 9, 10
Verdecken III 64, 67
Vergangenheit II 183, 186
Verhältnis
—, Ordnungs- III 169, 170
—, Rang- II 164; III 246, 247, 257
—, Subsumptions- II 162
Verifikationsmethode II 22
Vermittlung I 9, 63, 241, 242, 244; II *XII*; III 27, 136, 144
—, formale Theorie der III 167
—, Grad der III 181
—, Hegelsche I 240
— -prinzip II *VI*

noch Vermittlung
— -skontext III 173
— -sproblem III 167
— -sprozeß 167, 173
— -sstruktur III 172, 181
— -swert III 277
— -ssystem II 85
— -szahlen II 272, 273, 275, 280
Vernunft I 30
Verschiebung I 167
—, parallaktische I 138
—, Pyramiden- III 259
Verstehen III 297
—, hermeneutisches II *VIII*, 167
— -skategorie I 109
— -sproblem I 335
Vierheit II 273
Vollständigkeit I 144, 145, 150, 169; II 93, 97
—, morphogrammatische III 105
— -sbegriffe II 104
— -sbeweis, Gödelscher II 105
—, Un-, morphogrammatische II 198
Vorgänger II 274
vorlogisch II 11
Vorstellung II 81, 87
— -smotiv II 87
—, Welt- II 87
Vorträgliche III 244

Wahnsinn I 117; II 70
Wahr I 30; II 7, 18, 25, 36, 37, 186
Wahrheit I 1, 7, 46, 158, 159; II 62, 86, 93, 94
— der Negativität des Nichts III 285
—, logische I 24, 114, 146
—, mathematische II 34
— -sanspruch I 66
— -sbegriff I 159, 160
— —, aristotelischer II 37
— —, introszendentaler I 66
— —, voll-intensionaler II 98
— -sfunktion I 29, 164, 166
— -skriterium I 66
— -smotiv I 25
—, Strukturcharakter der I 24
— -swerte I 191, 196; III 300, 301
Wahrscheinlichkeit II 124
— -slogik I 124, 125; III 277
— -skalkül III 307
— -stheorie II 124
Weib III 25—28, 45, 47, 52

noch Weib
—, metaphysische Abwertung III 28
Welt I 25, 49, 85, 133; III 14
— -angst II 18
— -anschauung III 236
— -Auffassung, eleatische III 97, 106
— —, heraklitische III 97, 106
—, Aussen- II 2
— -begriff III 20
— -bild I *XI*; III 237, 238
— —, animistisches II 91
— —, mono-kontexturales II 274
— —, poly-kontexturales II 277, 281
— —, primitives II 15
— —, Wechsel des III *VII*
— -bühne III 147, 242
— -deutungen III 249, 253
— -entheorie, Zwei- II 201; III 80
— -geist III *IX*
— -geschichte III 43, 211, 214, 225, 233,
—, Hinter- III 80   [296
—, Ideen- III 292
—, Innen- II 2
— -nacht III 262
—, Ober- III 80
— -religionen I 187
— -schöpfer III 23
— -schöpfung III *XIII*
— -seele II 20
— -system, polykontexturales II 275
—, Um- I 80, 85, 92, 208, 209
—, Zahlen- III 292
— -zeit I 118
Werden I 204–206, 244; II 9; III 168–171, 200
—, Modi des II 9
Werkzeug I 91, 92
Wert
—, Absolut- II 186
—, Akzeptions- II 320; III 175
—, Alternativ- II 123, 132
— -alternative I 230; III 202
—, Analog- II 128, 130, 132
— -begriff II 25
— -bereich II 321
— -besetzung I 217, 231, 232; II 199; III 144
— -bestimmtheit II 121, 129
—, designierender II 11, 12, 14, 47
—, dritter I 27; III 101
— -designation I 215
— -eigenschaft III 74

noch Wert
— -folge I 25, 29, 215, 218; II 37, 38, 278; III 104, 105, 278, 293
—, Fremd- II 127
— —, Pseudo- II 127
— -funktion III 138
— — -alität I 214
— -gewebe II 199
—, Grenz- II 183
—, Indifferenz- III 74
—, inverser II 89
—, irreflexiver II 132
— -kategorie III 145
— -knappheit II 311
— -kombination I 135
— -konstante III 172
—, Kontext- III 173
— -logik III 105, 113
—, logischer I 40, 204; II *X*, 46, 192; III 280
—, Modalitäts- III 198
— -motiv II 25
—, Negations- III 148
—, negativer III 85
—, nicht-designierender III 209
—, Original- II 186
— -paare II 37
—, positiver III 85
— -prinzip I 198
— -qualität I 39, 42
— -reihe II 37
—, Rejektions- II *XIII*; 323; III 175
— -serie I 30; II 39
— -situation II 321
—, Stellen- I 131, 132; III 176
— -überschuß II 144
— -umtauschverhältnis II 126, 130
— und Morphogramm I 234
— -unterschied I 161
— -verhältnis III 9
— -verlauf II 194, 195; III 201
— -wahl I 229
—, Wahrscheinlichkeits- III 100, 198
— -wechsel III 172
— -widerspruch I 216
— -zahl I 216
— -ziffer II 37; III 9
— -zuwachs I 236
—, Zwischen- II 130, 132; III 199, 278
— -zyklus II 312, 324
Wertigkeit
—, Drei- I 184; II 309, 320, 328, 332; III

noch Wertigkeit
    207, 223, 279, 284
—, Ein- III 205, 223
—, Mehr- I *XIII*, 196, 217, 218; II *X*, 7, 12, 13, 33, 91, 127, 192, 199, 307, 315, 323; III 93, 201, 203, 278, 287, 300
— —, intra-kontexturelle III 198
— —, Legitimation der III 216
— —, Theorie der I 187; II 25, 184; III 77, 114
— — —, orthodox-klassische II 186, 307
— — —, transklassische II 194; III 102
— —, trans-kontexturelle III 198
—, Vier- II 332; III 279
Widerspiegelung II 186, 310
Widerspruch I 2, 145, 170, 199; II 93, 94, 102, 314
—, dialektischer II 109
—, irreflexiver II 93, 98, 105
—, reflexiver II 96—98
—, Satz vom I 123
— -sfreiheit I 16, 19, 21, 23, 150, 196; II 93, 94, 97, 98
— — -der Reflexionsthematik II 111
— — der Seinsthematik II 111
—, Immanenz der, Grundsatz I 23
—, Transzendenz der I 21; II 100, 101, 104, 109
—, spezifischer II 314
— -slosigkeit II 100
— -sprinzip I 18, 20, 155
— -sverhältnis II 314
—, trans-aristotelische Form des II 105
—, transklassischer II 106
—, unhintertreiblicher II 111
—, Wert- I 199, 200
Wiederholung III 20, 37, 52, 53, 106, 109, 110, 113, 275
—, Kategorie der III 110, 111
—, Produktionsmodus der III *IX*
Wille I 2, 3, 8, 30; III 20, 237, 246, 252, 257—259, 296
—, göttlicher III 24, 33
—, guter III 259
—, menschlicher III 33—35
— -nsakt III 248, 296
— -nscharakter III 248
— -nsintelligenz III 252
— -nskraft III 252
— -ns, Primat des III 274
— -nsproblem, metaphysisches I 5—8; III

noch Wille
    274
— -nspyramide III 259
— -ns, Schulung des III 252
— -ns, transzendentale Theorie des, und Denken I 361; III 294
Wir I 42; III 50, 51
Wirklichkeit I 1, 3; III 242
Wirkungsquantum h II 133
Wissen
— -schaftsbegriff, neuer II 170
—, gewöhnliches I 157
— -slehre II 43, 82
— -stheorie I 124

Yoga II 19
—, Hartha- II 19, 20
—, Rāja- II 19
— -System III 287
— -technik II 20

Zähl
— -bereich III 282
— -methode III 279
— -prozeß II 267, 269; III 187, 283
— -ung des Gleichen II 271
— -ung des Ungleichen II 271
Zahl(en) II 278, 319; III 181, 264, 278, 284
— -begriffe III 280
— -bereiche III 253, 281—283
—, dialektische II 272, 275, 276
—, Doppelrolle der II 288
—, dyadische III 250, 279
— -folgen, intrakontexturale II 275
— —, transkontexturale II 275
— —, mehrlinige II 175
— -individuen III 282
—, Kardinal- I 69
— -kategorie III 154
— -Mystik II *XVI*; III 157, 273
—, natürliche II 266, 277
—, Ordinal- I 69
—, philosophische III 281, 283
—, Prim-, ungerade III 152, 153
—, pythagoräische II 167; III 118
—, reelle I 125
— -spekulation II 266
—, Stirling- I *XIII*; III 203
—, super-astronomische III 157, 162, 181
— -system III 283
— -typus II 274

noch Zahl(en)
— und Begriff II 265, 319; III 252, 279, 283, 284, 288, 289
— und Geist II 167
— und Ontologie III 158
—, Vermittlungs- II 274, 275, 280
—, vollkommene III 151–154
— —, gerade III 152, 154
— —, ungerade III 154
Zeichen I 22, 60; II 6, 7, 39, 49, 72; III 300
— -folge II 49
— -prozeß I 336
— -reihe I 224, 225
— -system II 74
— von leeren Stellen I 214
Zeit I *XI* 1–4, 6, 7, 9, 63; II 45; III 241, 242, 254
— -bestimmung I 2, 6
— -bewusstsein I 2
— der Erinnerung I 3
— -dimension III 97
— —, Geometrisierung der III 98
— -en, Ende aller I 5
— -erleben I 3

noch Zeit
— -folge I 4
— — -unbestimmt I 2
— -geist I *XVI*
—, geometrisierte II 162, 176
—, Gewebe der III 251
—, irdische II 186
— -lichkeit I 74; III 244
— — -lose III 242
— -losigkeit II 9, 10
— -mass I 3, 4, 73
— -problem II 161, 175; III 99, 100, 108, 123, 124, 136, 137, 244
—, Traum- I 3
— und Ewigkeit II 190
— und Logik III 115
Zimzum III 287
Zukunft II 183, 186
— -losigkeit III 284
— -sblindheit III 292
— -sperspektiven III 266, 274
Zweiheit II 271, 273; III 252
Zyklus II 312, 319; III 3, 204, 209
— modulo 4 II 326
—, Selbst- III 205

---

acceptance I 288, 289, 322; II 144
—, asymetrical II 144–148
—, capacity I 322
—, symmetrical II 144–148
action, volitive II 213
actus purus II 227
additivity, super- II 243, 246
affirmation II 149, 150
—, total I 334, 347
akkretion II 256, 298, 299
—, pure II 257, 258
aletheia II 249
Algonquins I 285
algorithm, logical II 224, 225
ambiguity II 259, 266; II 246
— of natural numbers II 246
amphiboly II 118, 246
analogy I 272
analysis, combinatorial II 211
anamnesis II 203
—, platonic II 244
antinomy I 258; II 247
Arithmetica Universalis II 248
arithmetization II 298

"as if"-category I 262
attitude
—, epistemological II 210
—, solipsistic II 210
array of data I 318
automata I 273; II 121

balanced
— II 230
—, under- II 230
Being
— I 249, 255; II 253, 283, 284
—, one-valued II 253, 254
black holes II 214
brain II 211
—, research II 210
Buridan's Ass II 219–221

calculus
—, many-valued I 278, 279
— of proemial relations II 239
— of volitional processes II 229
—, propositional II 141, 144
—, trans-classic I 250

Sachregister

noch calculus
—, trinitarian I 313
causality I 255
—, category of I 254
—, irreflexive II 213
—, physical II 212
—, reflected II 213
chasm II 219
classification of the binary constants II 145
coalition I 320, 331
cognition II 210, 211, 215, 216, 223, 224, 228–230, 238–240
coincidentia oppositorum I 256, 315; II 243
communicable and computable I 323
communication II 134, 148
—, channel of II 134, 135, 137
—, intersubjective II 121
—, logical structure of II 136
— theory II 135
compounds, morphogrammatic I 292–294, 298, 301, 310
— — of first order I 315
— — of second order I 315
— negator II 233
— of morphograms I 297
— structure of subject and object II 222
complementarity I 261, 263–265; II 223
—, contraposition I 261
complete, morphogrammatically I 308, 309, 286
—, in-, morphogrammatically I 308, 309, 284
complexity I 309, 331
—, logical II 289
—, structural II 213–215
consciousness I 254, 258, 270, 285, 288, 317
—, center of I 259
— in a machine I 273
context, ontological II 259
—, structural I 317, 318
—, two-valued I 281
contexture, contextural II 205, 217, 218, 286–292
—, compound II 291, 305
—, dis- II 211, 287
—, elementary II 305
— -ism, dis- II 249, 251
—, objective II 214, 225
—, two-valued II 291, 305

contexturality II 247, 252–254, 289, 292, 296, 297, 303
—, auto-referential II 255
—, compound II 290
—, dis- II 243, 246, 248, 251, 253
—, mono- II 288
—, poly- II 288
contingency II 223
conjunction I 260, 287, 289, 295, 302, 304–307, 309, 317, 318, 322, 331; II 231–235
—, total II 235, 236, 238
constants
—, binary II 138, 141, 145–148
—, propositional II 148
Constructionism II 117
concatenation I 344
core II 141, 144–148
— -positions II 144–148
cybernetics I 250, 252, 253, 255, 258, 266–270, 322, 329; II 203–205, 240, 243, 244, 246, 249, 286
—, hermeneutic II 244
—, ontologic foundations of I 251, 267
—, ontology of I 249
—, philosophic theory of II 264
—, problems of I 281

decision II 210
—, contingent II 208
—, free II 207
— making II 208, 209, 212
—, volitive II 21-
DeMorgan
— law for transjunction I 302, 305, 307
— -type relations (for conjunction and disjunction) I 301
designation I 341; II 149, 153
—, non- II 149, 151, 153
—, object- I 346
determination
—, causal II 213
—, law of II 213
determinism II 219, 220
—, in- II 220
deutero
— -numbers II 258
— -structure II 255–260, 302, 303
dialectics I 329; II 205, 248, 329
dichotomy II 137, 139, 142, 149
disjunction I 260, 281, 282, 295, 302, 304–306, 309, 331; II 231–235, 238

noch disjunction
—, exclusive I 341
—, inclusive I 341, 343
—, total II 235, 238
distribution I 263, 264, 276, 277, 278; II 120
— of morphograms I 305
— of values I 279, 305
— of value-systems I 277, 279, 316, 321
—, pattern of II 121
—, principle of II 120
—, system I 280
duality
— of disjunction and conjunction I 289
— of methods of enquiry II 222
— of two-valued logic I 260
—, ontologic II 205

Ego
—, alter II 210
—, subjective II 225
—, transzendental I 259
emantion II 222, 243
entropy, negative I 276
environment I 318, 320; II 208—210, 212, 218, 220, 235, 238, 239
—, inner and outer I 319, 320, 321
epistemology I 265
—, Aristotelian theory of II 285, 286
equivalence II 238
—, ontological I 256
—, quantificational I 287
equivocality I 343
evolution II 222
—, creative II 242
exchange II 229, 230
—, mutual II 227
— of matter and form II 227
— of relator and relatum II 225

factum brutum II 221
von Foerster's experiment (principle) I 275—278, 319, 321
form II 224
— and content II 224
— and matter II 227
—, Aristotelean form of pure II 227
Formalism I 253; II 117
frame II 141—148
—, irreflexive II 144—148
— -positions II 141
—, reflexive II 144—148

noch frame
— -structures, reflexive II 143
freedom, degrees of I 322; II 156

general II 284
geometry I 252
gnosticism II 247
grid, ontological II 292, 300

hierarchy
—, infinite I 314
— of morphogrammatic compounds I 309
— of ontologies II 153
— of value-systems I 309
history
—, emanative II 245
—, evolutive II 245
henism, neo-Platonic II 249
hermeneutics, algorithmetization of II 244, 245
heterarchy II 230, 231, 233, 234
holism II 242, 248, 249, 251
hyle II 228

identity
—, hetero-reflexive II 137
—, metaphysical I 256
— principle I 291
— problem II 291
—, self-reflexive II 137
image, mirror I 255, 291, 300, 305, 335
implication II 235—239
—, conjunctive II 236
—, disjunctive II 236
—, heterarchical II 237, 238
—, self- I 343
—, standard II 236, 237
implicand I 343, 344; II 239
implicate I 343, 344
implicator II 239
induction, numerical I 296
incompatibility I 317
infinity, problem of II 250
inference II 343
information II 134—136, 148, 211
—, meaningfull II 134
—, transmission of II 135
intervall, logical II 154, 156
Intuitionism I 253; II 117, 119, 120
introspection I 288
irrelevancy of the material aspects I 268

Sachregister 341

iteration I 314; II 154, 256, 298, 299
—, bottomless II 154
—, endless I 314
—, pure II 257, 258

Kabbalah II 247
kenogram II 227, 255
— -matic sequence II 255—257
— — structure II 226, 255, 256

language
—, meta- II 151, 225
—, object- II 151
Life II 210, 249
—, cybernetic theory of II 205
limitation I 331
logic I 250
—, Aristotelean I 311, 331; II 239, 283
—, classic I 285, 284; II 225, 298
—, classic foundations of I 250
—, dialectic I 331, 334; II 305
—, formal I 251, 305, 311; II 116
— —, symbolic I 253; II 117
—, many-valued I 251, 308, 311, 317; II 117, 218, 246, 249, 291, 297
—, morphogrammatic I 285, 303
— —, theory of II 136
—, New I 255, 270, 284
— of cybernetics I 274, 288
— of distributed systems I 278
— of probability I 276, 278
— of reflection I 312
—, one-valued I 291
—, ontological theory of I 252
—, philosophical II 117
—, probability I 276
—, transcendental I 290, 304
—, trans-classic I 281, 297, 343; 118, 204, 218, 240, 241, 256, 303
—, traditional I 315, 331; II 239, 283
—, transjunctional I 323
—, two-valued I 257, 260, 278, 283, 285, 291, 302, 312, 318, 322, 341; II 119, 120, 217, 297
—, three-valued I 283, 291, 293, 312—314, 342; II 230, 260
—, unity of I 251
Logicism II 117
locus
—, ontological II 253—257, 262—264, 287
— —, theory of II 264
Lullianism II 247

machines I 266; II 242, 243
—, concept of II 241
—, cybernetic II 239
mapping, new II 250
marks, meaningless I 282, 283
materiality I 267
meaning I 317; II 135, 148
metaphysics I 271
monism II 243
morphogram I 284, 290, 291, 293, 294, 299, 300, 305, 309, 310, 316, 320; II 141, 258—261
— [13] I 289
—, standard forms of I 285
—, transjunctional I 287, 296
nature, laws of I 255
negation I 278, 290, 291, 292, 300—302, 304, 317; II 149, 150, 217—219
—, classic I 341, 343
—, initial II 150
—, partial I 334; II 287, 298
—, table of I 293
—, total I 334; II 297
—, two-valued I 256, 334, 343
noise I 277—280, 297, 316, 319; II 135
— of transjunction I 308
number(s)
— and form II 303
—, astronomical III 139
—, mediative II 257, 258
—, natural I 241, 250, 251, 255, 257, 262—264, 289
— of morphogrammatic compounds I 311
— of value-sequences I 311
—, Peano II 256
—, rational II 250
—, real II 250
—, sequence of II 287
— —, auto-referential II 254
— -theory, Pythagorean II 206, 247, 248

object I 291, 304, 335, 341; II 121, 204, 220, 235, 283
—, absolute I 259
—, bona fide I 304; II 120, 240
—, isolated I 263; II 213
—, mythical I 295
—, pseudo- I 264; II 209
objectivity II 211, 214, 236, 238
objectivation II 286
observer

noch observer
—, ideal I 342
—, impartial I 341, 344, 347; II 223
—, neutral II 137, 209
—, non neutral II 137
ontology I 249, 250, 253, 303
—, Aristotelian I 251
—, arithmetization II 248
—, classic I 249–251, 259, 318, 322, II 243
—, first order II 149
—, hierarchy of II 153
—, inter- II 264
—, many-valued II 151, 241, 246
—, mono-contextural II 192
—, new I 255
— of cybernetics I 249
— of the object I 322
— of the subject I 322
—, one-valued II 151, 243, 246
—, three-valued II 156
—, two-valued I 256
order
— -from-disorder I 275, 277, 278
— -from-noise I 275, 278
— -from-(order-plus-disorder) I 277, 280
ordination
—, sub- II 228
—, super- II 228
organization, transjunctional I 321

paradoxes I 256, 271
particular II 283, 284
parity of form and matter I 256
patterns, abstract I 282
Platonism I 253; II 117
partitions, unrestricted II 156
picture
—, logical I 331
—, moving I 340
—, world I 258, 259
place-designator II 262, 263
plurality of centers of self-awareness I 267
place-value
— order
— — of morphograms I 308
— — of morphogrammatic compounds I 308, 309
— -systems I 310, 317; II 120–122, 140, 232
— —, decimal II 140
position II 217–219

power
—, reflective I 319
— to put a stop, to step out II 154
pragmatism, philosophical II 243
preference
—, hierarchical order of II 233
—, heterarchical order of II 233
principle
— of classification II 141
— of dichotomy I 256
— of duality II 302
— of numerical induction I 296
— of objectivation I 260
— of order-from-noise I 276, 321
— of superadditivity II 242, 245, 251
— of symmetry II 302
—, super-additive, of synthesis I 329
— —, nonlinear, of composition I 330
probability I 279
proemiality II 228, 229
proponent II 208
proto
— -numbers II 258
— -structure II 255–260, 291, 295, 297, 300–302
— —, quasi- II 258
psychism, pan- II 220
pyramid II 293, 295, 299
— of proto-structure II 296–298
—, Platonic II 296, 300–302
— —, non-symmetrical II 302
—, two-valued II 300, 302
Pythagorean II 247, 248

quantum mechanics I 254, 255, 261, 266, 304, 329; II 118
quale, metaphysical II 288

rationality
—, classical II 117
—, distributed II 120, 122
—, non-Aristotelean I 336; II 122
—, transclassic I 336; II 119, 122
Reality I 249, 251, 254–256, 282, 285, 304
reason II 206, 208, 209, 239, 240
—, theoretical II 205
receiver II 135–137
reduction II 293
redundancy I 308
—, pattern of II 155, 204
reference, referential

noch reference, referential
—, auto- II 208, 251, 253—255, 264
—, hetero- II 208, 209, 212, 225, 251, 254, 264
—, self- II 156, 207—209, 212, 225, 250, 251, 264
reflection I 291, 292, 302, 305, 315
—, calculus of I 291
—, centers of objective I 331
—, formulas of I 291
—, four-place I 291
—, gradient of I 262
—, hetero- I 336, 346
—, iterated I 291
—, level of I 341
—, metaphysical I 250
—, nine-place I 291
—, process of I 259, 296
— —, iterative II 154
—, "quindecimal" system of morphogrammatic I 293
—, retroverted I 318, 319
—, self- I 291, 321
— —, iterated I 336
— —, non-iterated I 336
— —, subjective I 252
— -symmetry I 335, 336
—, theory of I 295, 321
—, transverted I 319
reflector, ℜ-Operator I 293—301, 303, 305, 307
rejector I 320
rejection I 287, 289, 290, 317, 318, 320, 322, 323; II 144
—, partial I 287, 289
—, philosophic theory of I 319
—, radical I 287
—, total
— —, differentiated I 289
— —, undifferentiated I 289
relation II 224—227
—, basic structural I 343
—, exchange I 256, 278, 279, 290, 293, 334, 335, 338—341, 343—345; II 215, 217
— —, symmetrical I 225, 336, 257, 341, 347, 349; II 120, 137, 150, 218, 220, 221, 223—227, 239
— — of enantiomorphic equivalence I 335
—, equivalence I 330, 331
—, founding I 334, 336, 339, 343—347

noch relation
—, heterarchical II 235
—, hierarchical II 219, 228
—, logical II 224
—, ordered I 338, 343; II 216, 223, 224, 226
—, parity I 346
—, proemial II 226, 239, 240
—, transclassic II 225
—, triadic I 341
relatum, relata II 224—229, 239
—, individual II 226
relator, relationship II 224—229, 239
— in general II 226—229
— of higher order II 226
—, proemial II 226, 239
revolution, mental I 268
robot, ethical II 204

sameness II 291
saturation I 314
—, morphogrammatic I 314
secularization I 269; II 305
self
— -awareness I 252, 258, 267, 268, 270, 273, 289; II 136
— -consciousness I 266, 289, 290, 308
— -determination II 212
— -interaction I 267
— -iteration I 314
— -observation II 136
— -organization I 267, 269
—, personal II 212
— -reflection I 252, 270, 272, 273, 318, 321, 331, 341, 342; II 119, 136, 137
— -transparency I 295
sequence
—, kenogrammatic II 255, 256
—, mediative II 257
—, numerical II 299
— of natural numbers II 253
—, Peano II 254, 257, 264
—, symbol II 292, 296
—, value II 295
sets, theory of transfinite I 271
space I 252
standpoint, view-
—, discontexturalistic II 248
—, logical II 120
—, morphogrammatic I 284, 287
— of holism II 246

noch standpoint, view-
—, traditional classic II 210
Stoics I 255
strength
—, logical I 320; II 234, 336—338
— —, super-additive principle I 331
structure
—, empty place II 292
—, individual (Gestalt) I 284
—, kenogrammatic II 226, 255, 256
—, mono-contextural II 304
—, morphogrammatic compound I 313
—, multi-levelled II 289
—, poly-contextural II 298
—, transjunctional I 316
—, universal enantiomorphic I 256, 260
—, value II 226
subject I 291, 304, 332, 335; II 119, 204, 220, 235, 283
—, absolute I 259; II 121
—, individual II 119, 210, 217, 224
— -ivity I 260; II 211, 214, 215, 236, 238
— —, universal I 332, 335, 336
—, objective I 332, 333, 341; II 209, 210
—, self-reflective I 339
—, subjective I 332, 333, 341; II 209, 210
—, thinking II 120
subtractivity, super- I 331; II 246, 251
symmetry II 217
—, a- I 315; II 217
— between the designating and the non-designating value I 315
— between position and negation II 229
—, logical II 219
—, Procrustean bed of II 219
synthesis of exchange and order I 344, 347
system(s)
—, cognitive II 216, 218—220, 227, 229
— -distribution I 281
—, enantiomorphic I 260
—, four-valued I 309
—, infinite iterativity of I 323
—, living II 205, 208, 212, 213, 218, 220, 245, 249
—, logical I 249, 277
—, many-valued I 250, 251, 280, 303, 305; II 239
—, meta- I 314
—, morphogrammatic I 284
—, "noiseless" I 285

noch system(s)
— of reflection I 303
— of self-reflection I 296
—, place-value I 310, 317
—, self-organizing I 252, 270, 276, 290, 319, 321
—, self-referential II 249
—, self-reflecting I 290
—, self-reflective I 272, 273
—, sub- I 309, 313, 316, 331
—, three-valued I 290, 302, 308
—, two-valued I 256, 277, 280, 284
—, volitive II 214, 220, 227

tertium non datur I 256, 277; II 120, 286—288, 290, 291
time I 252
—, Bergsonian II 242
—, Newtonian II 242
themes
—, hidden II 240
—, logical I 341
— —, hierarchy of I 342, 343
— —, heterarchy of
theory, many-valued I 251
third II 297
— datum II 297
Thou II 210, 240, 254
thought II 254, 283
— -context II 254
—, laws of I 255
— -process I 255; II 209
—, theory of I 255
transformation I 299
—, ℜ- I 305
transjunction I 278, 287, 288, 295, 302, 304, 307, 309, 314, 315, 318, 320, 321; II 139
transjunctivity, problem of II 237
transmitter II 135—137
trichotomy II 137
trito
— -number II 259—264
— —, finite system of II 261
— -structure II 255, 256, 258, 259, 302, 303
true-false I 317; II 217
truth, classical concept of II 117
totality (Ganzheit) I 318, 329, 331, 335, 336, 343
—, formal logical texture of I 330
—, universal formal theory of I 347

unified science I 271
unit
—, logical I 281
— —, new I 281
—, self-organizing I 270
—, structural I 284
universe I 257, 259, 296, 318; II 210, 214, 247, 249, 283, 302, 303
—, animated II 248
—, poly-contextural II 304, 305
—, self-referential II 250
—, subjectless II 229, 248, 250
—, theory of II 264

value I 282, 318
—, acceptance I 317
— choice II 232
— —, hierarchical II 232
— -concept I 281
— configuration II 293
—, designating II 151
— differential I 341, 342
— -distribution I 266, 278
— excess II 152, 153, 155
— —, magnitude of the II 156
— —, non-designational II 156
—, fourth I 308
—, heterarchy of 234
—, hierarchie of II 234
—, irreflexive I 343
—, logical I 265, 279, 341; II 118, 119
—, negative I 343, 346; II 151, 239
—, non-designating II 151
— of rejection I 309

noch value
—, positive I 341, 343; II 151
—, repeater- II 151
— -sequence II 295
— -systems I 281
—, transclassic I 320
—, truth II 118, 119,
—, third I 250, 303
— —, hypotetical I 307, 315
validity, poly- I 346
valuedness
—, many- I 251, 281; II 250, 291, 292
—, two- II 250, 291
value occupancy I 283, 285, 290, 291, 298—300, 309, 311, 315, 316, 318; II 141, 142, 217, 218, 226, 227
—, possible I 282, 283
—, potential II 143
value-sequence I 298, 315; II 139
—, monoform I 302
—, polyform I 302, 307
volition, volitive II 209, 215, 216, 221, 223, 224, 228, 229, 238—240
—, active II 205
— -process II 211
— -system II 214, 215

will II 206, 209, 213, 221, 238—240
—, Divine II 205
—, Free II 219
—, pragmatic II 205
world I 254
— as content I 262
— in itself I 262

GOTTHARD GÜNTHER

Unter dem Titel „Selbstdarstellung im Spiegel Amerikas" gibt G. Günther in dem Band

Philosophie in Selbstdarstellung II
herausgegeben von Ludwig J. Pongratz

einen unmittelbaren Einblick in die Entwicklung seines Lebens und Denkens. Man kann sich keine lebendigere Einführung in die zum Teil recht komplizierten Denkzusammenhänge wünschen. Der Band enthält außerdem noch Beiträge von D. von Hildebrand, L. Landgrebe, B. Liebrucks, F. Mayer-Hillebrand, W. Schulz, W. Weischedel und C. F. von Weizsäcker
(1975, VI, 399 S. mit 8 Bildtafeln. Kart. DM 34,–).

Grundzüge einer neuen Theorie des Denkens in Hegels Logik
2., mit neuem Vorwort erweiterte Auflage 1978, XX, 228 S. Kart. DM 26,–

Im Rahmen einer ausführlichen Analyse von Hegels Theorie der Reflexion wird Hegels Kritik der klassischen „formalen" Logik und ihrer metaphysischen Voraussetzungen eingehend behandelt. Die Untersuchungen münden in die These, daß die klassische „formale" Logik nur die Bedingungen des Denkens (des Abbildens) von Objektivität (Seiendem) formuliert, daß aber die Metaphysik des Deutschen Idealismus ein zweites logisches Fundamentalthema enthält: „Subjektivität, Reflexion und Vermittlung". Zu dessen exakter Darstellung bedarf es jedoch einer zweiten (transklassischen) Logik.

Idee und Grundriß einer nicht-Aristotelischen Logik
2., durchgesehene und mit einem neuen Vorwort erweiterte Auflage und einem Anhang „Materialien zur Formalisierung der dialektischen Logik und der Morphogrammatik 1973–1975" von Rudolf Kaehr. 1978. XXX, 417, 117 S. Kart. DM 84,–

Günthers Hauptwerk weist das Scheitern der klassischen, noch am aristotelischen Begriff des Wahren orientierten Versuche, eine mehrwertige Logik aufzubauen, nach und zeigt die Notwendigkeit einer Theorie der Reflexion als transklassischer „ontologischer" Fundierung mehrwertiger Logiken auf. Die Voraussetzung eines „universalen Subjekts" ist das Gemeinsame aller klassischen Weltbilder. Die Grundlage einer transklassischen Metaphysik ist in der Distribution des universalen Subjekts in Ich- und Du-Subjektivität zu suchen, die dreiwertige Logik in der Formalisierung des reflexiven Zusammenhangs von Ich, Du und Objektivität. Kaehrs Nachwort hat die Aufgabe, über den Stand der kalkültechnischen Ausarbeitung des Grundrisses zu berichten.

Ein ursprünglich geplanter zweiter Band ist ersetzt durch die dreibändige Aufsatzsammlung:

Beiträge zur Grundlegung einer operationsfähigen Dialektik

Mit einem Nachwort von Max Bense

Band 1: Metakritik der Logik, nicht-Aristotelische Logik, Reflexion, Stellenwerttheorie, Dialektik, Cybernetic Ontology, Morphogrammatik, Transklassische Maschinentheorie. 1976. XVI, 365 S. Kart. DM 58,—

Band 2: Wirklichkeit als Poly-Kontexturalität, Reflexion, Logische Paradoxie, Mehrwertige Logik, Denken, Wollen, Proemielle Relation, Kenogrammatik, Dialektik der natürlichen Zahl, Dialektischer Materialismus. 1979. XVII, 336 S. Kart. DM 68,—

Band 3: Philosophie der Geschichte und der Technik, Wille, Schöpfung, Arbeit, Strukturanalyse der Vermittlung, Mehrwertigkeit, Stellen- und Kontextwertlogik, Kenogrammatik, Theorie der Zeit. 1980. XX, 345 S. Kart. DM 74,—

Diese Sammlung von Aufsätzen enthält alles Grundlegende, was der Verfasser zur Strukturanalyse der transzendental-dialektischen Theorie der Reflexion, Subjektivität und Vermittlung, des Willens, der Geschichte und der Zeit, zur Erschließung der Metaphysik des Deutschen Idealismus und zur Entwicklung des Dialektischen Materialismus geschrieben hat. Darunter zahlreiche leicht faßliche, einführende Arbeiten, die auch dem Nichtlogiker Einblick in die „polykontexturale" Konzeption der (mehrwertigen und reflexiven) Logik geben. Während alle klassische Metaphysik die empirische Vielfalt auf eine jenseitige Einheit reduziert, zieht Günther die Schranke, die die Welt von ihrem jenseitigen, unerforschlichen Ursprung trennt, in das natürliche Universum hinein, indem er sie zugleich vervielfacht.

FELIX MEINER VERLAG HAMBURG